Johannes Bähr, Christopher Kopper

MUNICH RE

Johannes Bähr, Christopher Kopper

MUNICH RE

Die Geschichte der Münchener Rück
1880–1980

C. H. Beck

Mit 38 Abbildungen, 2 Grafiken und 10 Tabellen

© Verlag C. H. Beck oHG, München 2015
Satz: Janß GmbH, Pfungstadt
Druck und Bindung: CPI – Ebner & Spiegel, Ulm
Umschlaggestaltung: Kunst oder Reklame, München
Umschlagabbildung: Peter Palm, Berlin
Gedruckt auf säurefreiem, alterungsbeständigem Papier
(hergestellt aus chlorfrei gebleichtem Zellstoff)
Printed in Germany
ISBN 978 3 406 68361 9

www.beck.de

Inhalt

1. Einleitung

Sie haben seit über 100 Jahren eine große Bedeutung für das Versicherungsgeschäft, sind aber weniger bekannt als die großen Universalversicherer. Die
Rede ist von den Rückversicherungsgesellschaften. Die 1880 gegründete Münchener Rückversicherungs-Gesellschaft AG (Münchener Rück) war bis 1914,
während der 1930er Jahre und seit den späten 1960ern das größte Rückversicherungsunternehmen der Welt, doch nahm die breite Öffentlichkeit selten
von ihr Notiz. Dies lag zum einen an der zurückhaltenden Presse- und Öffentlichkeitsarbeit dieses Unternehmens, das sich über ein Jahrhundert lang auf
die Mitteilung seiner Bilanzzahlen beschränkte. Zum anderen liegt der geringe Bekanntheitsgrad in der Natur dieses Geschäfts begründet: Rückversicherer schließen nur mit Versicherungsgesellschaften, den Erstversicherern,
und Versicherungsmaklern Verträge ab. Im Unterschied zu den Erstversicherern treten sie nicht durch Massenwerbung und ein sichtbares Vertriebsnetz
öffentlich in Erscheinung. Nur vor diesem Hintergrund erklärt sich, dass
die Münchener Rück sich auch im Umgang mit ihrer eigenen, bedeutenden
Geschichte bedeckt gehalten hat. Mit diesem Buch erscheint nun, 135 Jahre
nach der Gründung, erstmals eine umfassende Unternehmensgeschichte der
Münchener Rück, die seit 2009 weltweit als Munich Re auftritt.

Wenig bekannt ist auch die wirtschaftliche Funktion der Rückversicherer.
Ohne Teilung der Risiken mit den Rückversicherern hätten zahllose Erstversicherer die wirtschaftlichen Folgen von Naturkatastrophen wie Erdbeben und
Hurrikanen nicht überlebt und wären durch die Last ihrer Zahlungsverpflichtungen in den Konkurs gezwungen worden. Die Rückversicherung gegen katastrophale Schadensereignisse ermöglichte in vielen Staaten die Konzentration
hoher Werte – in Form von Wohn- und Wirtschaftsgebäuden, Maschinen und
Infrastruktur – in Regionen, die in regelmäßiger, aber unberechenbarer Folge
von Naturkatastrophen heimgesucht werden. Auch auf weniger spektakulären
Geschäftsfeldern wie der Feuerversicherung und der Kfz-Versicherung glätteten
die Rückversicherer den Schadensverlauf der Erstversicherer und erleichterten
die Kalkulation von Versicherungsprämien. Dieses Buch wird auch der Frage
nachgehen, ob und wie Rückversicherer die Versicherung bestimmter Risiken
erst möglich gemacht haben.

Dies bedeutet nicht, dass die Existenz eigenständiger Rückversicherungsgesellschaften funktional zwingend und damit alternativlos war. In Großbri-

tannien und in den USA wurde die Aufgabe der Risikoteilung nicht primär durch Rückversicherer, sondern durch die Kooperation zwischen Erstversicherern in Form von Mitversicherungsverträgen und Versicherungssyndikaten erfüllt. Das Versicherungssyndikat Lloyd's in London ist das bekannteste Beispiel dafür. Gleichzeitig bestand wegen des Informationsgefälles zwischen dem Erstversicherer und dem Rückversicherer die latente Gefahr einer Verlagerung schlechter Risiken auf den Rückversicherer. Daher soll die Studie erkunden, mit welchen Mitteln die Münchener Rück dieses Informationsdefizit reduzierte und durch das Instrument der Vertragsgestaltung einen einseitigen Risikotransfer zu ihren Lasten auszuschließen versuchte. Sie soll untersuchen, wie sich das Verhältnis zwischen den Rückversicherern und den Erstversicherern durch Verschiebungen der wirtschaftlichen Leistungsfähigkeit, neue Techniken der Risikobewertung und neue Formen der Zusammenarbeit veränderte.

Ein besonderes Augenmerk erhält die Evolution der wissenschaftlichen Risikobewertung. Während die Bewertung von Versicherungsrisiken bis in die 1960er Jahre auf Erfahrungswissen basierte und die Risiken mit vergleichsweise einfachen statistischen (aktuarischen) Methoden quantifiziert wurden, ging die Münchener Rück früher als viele Konkurrenten zu einer vorausschauenden und wissenschaftlich fundierten Risikobewertung über. Sie stellte vor allem die Bewertung von Georisiken wie Erdbeben und Stürmen auf naturwissenschaftlich fundierte Grundlagen und führte in den 1970er Jahren in der Sachversicherung mathematische Modelle zur Risikoberechnung ein.

Aus verschiedenen Gründen eignet sich kaum eine Rückversicherungsgesellschaft besser für eine Langzeitstudie als die Münchener Rück. Die Münchener Rück gründete 1890 die Allianz Versicherung und ermöglichte dieser durch eine hohe Rückversicherungsquote den Aufstieg zum weitaus größten Erstversicherer Deutschlands. Doch blieb das Verhältnis zwischen beiden keinesfalls statisch. Ihre zunehmende Größe und Kapitalstärke erlaubten der Allianz, das Verhältnis zur Münchener Rück neu zu justieren und einen geringeren Teil ihres Geschäfts in Rückdeckung zu geben. Doch auch weiterhin generierte die Münchener Rück durch die enge Bindung des größten deutschen Erstversicherers ein erhebliches Prämienvolumen, das ihr Wachstum begünstigte. Die enge Kooperation zwischen Münchener Rück und Allianz wurde in idealtypischer Weise durch einen Gemeinschaftsvertrag geregelt und auch durch eine gegenseitige Kapitalverflechtung (Überkreuzverflechtung) hergestellt. Durch die Vertretung im Aufsichtsrat des jeweils anderen Versicherers war eine enge personelle Verflechtung gegeben, die bis zur Auflösung des Gemeinschaftsvertrags im Jahr 2003 Bestand hatte.

Am Beispiel der gemeinsamen Tochtergesellschaften mit der Allianz und der eigenständigen Kapitalbeteiligungen bei Erstversicherern geht dieses Buch der Frage nach, mit welchen Mitteln sich die Münchener Rück ihre langfristigen Kundenbindungen sicherte. Neben ihrer Kapitalausstattung, ihren gut dotierten Rückstellungen und ihrem Renommee als kompetenter und leistungsfähiger Versicherer dienten ihre Kapitalbeteiligungen an Erstversicherern als ein Instrument der Kundenbindung, das eine systematische Untersuchung verdient. In diesem Zusammenhang widmet sich die Studie der Frage, ob die Münchener Rück als (Mit-)Eigentümer anderer Unternehmen eine Strategie der kurzfristigen Renditesteigerung verfolgte oder sich als idealtypischer Aktionär in der Wirtschaftsordnung des «Rheinischen Kapitalismus» (Michel Albert) auf eine längerfristige Eigentümerstrategie konzentrierte.

Rückversicherer unterschieden sich von Erstversicherern schon frühzeitig durch den sehr viel höheren Anteil des Auslandsgeschäfts. Die räumliche Streuung des Rückversicherungsgeschäfts über mehr als einen Kontinent war nicht primär der Tatsache geschuldet, dass auch ein großer nationaler Versicherungsmarkt wie Deutschland für eine expansive Unternehmensstrategie schnell zu klein wurde. Die transkontinentale räumliche Streuung der versicherten Risiken diente vor allem als Mittel des regionalen Risikoausgleichs und als Schutz gegen eine mögliche räumliche Kumulation von Risiken. Die Hindernisse für eine Internationalisierung waren niedrig. Im Unterschied zur Erstversicherungsbranche benötigte ein Rückversicherer für die Geschäftsaufnahme im Ausland keine Zulassung durch die nationale Versicherungsaufsicht und kein kostenaufwändiges Vertriebsnetz. Der Münchener Rück gelang so schon vor 1900 die Ausdehnung ihres Geschäfts von Kontinentaleuropa (v. a. dem Deutschen Reich und Österreich-Ungarn) über den Atlantik nach Nordamerika, dem größten Wachstumsmarkt dieser Zeit.

Durch das große Erdbeben von San Francisco (1906) wurde die Münchener Rück zum ersten Mal mit Großrisiken konfrontiert, die in ihrem europäischen Geschäft nicht existierten. Die Geschichte der Münchener Rück ist daher eine fast idealtypische Geschichte der Globalisierung bis zum Beginn des Ersten Weltkriegs (1914), der die erzwungene Desintegration des Weltmarkts folgte. Mit der militärischen Expansion des Dritten Reichs übernahm die Münchener Rück die Vorherrschaft über die europäische Rückversicherungsbranche, die mit der Beschlagnahme ihres gesamten Auslandsvermögens und einem Verbot des Auslandsgeschäfts endete. In den 1950er Jahren betrieb die Münchener Rück erfolgreich die Re-Internationalisierung, die wegen der zunehmenden Bedeutung des asiatischen und des nordamerikanischen Marktes zu Recht auch Globalisierung genannt werden kann. Bis zum Ende der 1970er Jahre hatte die Münchener Rück mit Versicherern in fast allen Ländern der Welt Geschäftsbeziehungen etabliert. Die Internationalisierung des Rückversicherungsgeschäfts zwang das Unternehmen schon frühzeitig, die Grenzen des Versicherbaren zu verschieben. Während die Münchener Rück

Erdbeben- und Überschwemmungsschäden zunächst als unkalkulierbare und daher nicht versicherbare Risiken behandelt hatte, musste sie sich nach ihrem Markteintritt in den USA und in Japan den Usancen der dortigen Versicherungsmärkte anpassen und diese Risiken rückversichern. Dies erwies sich als ein Motor für die wissenschaftliche Erfassung und Bewertung von Risiken.

Der Erste und der Zweite Weltkrieg führten zum Verlust eines erheblichen Teils oder sogar des gesamten Auslandsvermögens und warfen die Münchener Rück auf das Gebiet des Deutschen Reiches, seiner Verbündeten und der neutralen Staaten zurück. Der politische Regimewechsel von der Weimarer Republik zur nationalsozialistischen Herrschaft war mit dem Übergang zu einer rigiden Autarkiepolitik verbunden. Das umfangreiche Kapitel zur Münchener Rück während des Nationalsozialismus beschäftigt sich unter anderem mit der Frage, inwieweit die nationalsozialistische Wirtschaftspolitik die Handlungsmöglichkeiten im internationalen Rückversicherungsgeschäft einschränkte und die Versicherer mit Plänen zur Verstaatlichung der Versicherungsbranche konfrontierte. In diesem Zusammenhang stellt sich die Frage, wie die Münchener Rück zwischen der widerstreitenden Politik der konkurrierenden Akteure im NS-Regime agierte und wie der Primat der Rüstungs- und Kriegsfinanzierung ihre investiven Handlungsmöglichkeiten verengte. Damit ist auch die Frage verbunden, wie die Führung der Münchener Rück die Chancen und Risiken der nationalsozialistischen Politik wahrnahm und mit welchen Mitteln – auch auf der symbolischen Ebene – sie die Beziehungen zur politischen Elite gestaltete.

Zu den spezifischen Risiken unternehmerischen Handelns im Nationalsozialismus gehörte auch die Herausforderung durch die rassistische Politik des Regimes, vor allem die schrittweise Enteignung jüdischen Eigentums. In diesem Zusammenhang wird die Frage untersucht, ob die Münchener Rück die damit verbundenen Geschäftsmöglichkeiten wie die Notverkäufe von Lebensversicherungspolicen und Immobilien aus jüdischem Besitz bewusst zu ihrem eigenen Vorteil ausnutzte, auch wenn sie unter normalen Verhältnissen als moralisch problematisch, sittenwidrig und schädlich für die Reputation des Unternehmens angesehen worden wären. Eine ähnliche Herausforderung ergab sich im Zuge der deutschen Besetzung in Westeuropa und Ostmitteleuropa durch ein stark asymmetrisches Machtverhältnis zugunsten der deutschen Unternehmen.

Neben den von ihr versicherten Risiken und den Risiken von Krieg und Diktatur wurde die Münchener Rück auch mit makroökonomischen Risiken konfrontiert. Zu den bedeutenden und von der bisherigen Forschung noch wenig untersuchten makroökonomischen Schocks für die Versicherungsbranche gehört die Hyperinflation von 1923, die mit der vollständigen Entwertung des Geldvermögens endete. Die Folgen der 1929 beginnenden Weltwirtschaftskrise sind für die (Rück-)Versicherer noch wenig erforscht, ebenso welche Auswirkungen der zwischen 1971 und 1973 eingetretene Zerfall des Systems fester Wechselkurse (Bretton-Woods-System) hatte. Dieses Buch soll klären, mit welchen Strategien sich die Münchener Rück gegen externe Schocks wie Inflation, Einschränkungen des Geld- und Kapitalverkehrs und Währungsschwankungen abzusichern versuchte. Ein besonderes Augenmerk liegt auf der Anlagestrategie des Unternehmens, das in Deflationskrisen auf die Anlage in festverzinslichen Wertpapieren setzte und Zahlungsverpflichtungen in schwankenden Fremdwährungen durch Geldanlagen in den gleichen Währungen abdeckte.

Diese Studie stützt sich aufgrund der noch wenig entwickelten Forschung zur Geschichte der Rückversicherer überwiegend auf eigene Aktenstudien im Historischen Archiv von Munich Re. Ergänzend wurden Akten des Archivs der ERGO Versicherungsgruppe AG, der Swiss Re Company Archives und staatlicher Archive ausgewertet. Das vorliegende Buch ist die bislang ausführlichste Veröffentlichung zur Unternehmensgeschichte einer Rückversicherungsgesellschaft. Frühere Studien konzentrierten sich auf die Versicherungstechnik und die Versicherungsmärkte, verfolgten aber nur ansatzweise eine historische Fragestellung. Dies gilt auch für die mehrbändige unveröffentlichte Dokumentation, die Martin Herzog in den 1980er Jahren zur Geschichte der Münchener Rück verfasste. Ihr konnten die Autoren dieses Buchs eine Fülle von Informationen entnehmen. Die 2014 erschienene Studie zur Geschichte der Swiss Re gab einige wichtige Hinweise auf die lange Beziehungsgeschichte zwischen den beiden größten Wettbewerbern im weltweiten Rückversicherungsgeschäft und vermittelte methodische Anregungen zur Geschichte des Risikos. Für die Geschichte des Versicherungswesens und der staatlichen Versicherungspolitik im Nationalsozialismus ist Gerald D. Feldmans umfassende Geschichte der Allianz aus dem Jahr 2001 weiterhin grundlegend und beispielhaft.

Die Quellenlage zur Geschichte der Münchener Rück ist nicht unproblematisch. Ein Teil der Akten aus der Zeit vor dem Ersten Weltkrieg wurde im Winter 1946/47 vernichtet, als das Hauptgebäude der Münchener Rück in der Königinstraße 107 von der amerikanischen Militärregierung beschlagnahmt war und der Dachboden geräumt werden musste. Nachdem der ehemalige Allianz-Vorstand Herzog Ende der 1970er Jahre sein umfangreiches Manuskript zur Geschichte der Münchener Rück vollendet hatte, hielt der Vorstand die Erforschung der Unternehmensgeschichte für abgeschlossen und ließ den größeren Teil der historischen Akten vernichten. Der Aufbau eines Unternehmensarchivs, verbunden mit der Erfassung jüngerer Akten, erfolgte erst nach dem Jahr 2000.

Dieses Buch beginnt 1880 mit der Gründung der Münchener Rück und endet mit ihrer Hundertjahrfeier im Jahr 1980. Die Geschichte der Restrukturierung in den 1990er Jahren hätte nicht auf der Grundlage von Unternehmensakten und mit der nötigen zeitlichen Distanz geschrieben werden können.

Die Autoren danken für die vielfältige Unterstützung, die sie bei der Arbeit an dieser Stelle erfahren durften. Besonderer Dank gilt dem langjährigen Leiter des Historischen Archivs von Munich Re, Lic. Phil. Zoran Andric, der das Projekt mit angestoßen und von Anfang an begleitet hat. Markus Holmer, M.A., dem Leiter des ERGO-Archivs, gebührt Dank für seine Kooperation und wichtige Hinweise. Eine wertvolle Hilfe waren die ergänzenden Archivrecherchen, die Ramona Bräu, M.A., und Mathias Irlinger, M.A., im In- und Ausland durchgeführt haben. Dr. Sebastian Ullrich und seinem Team danken die Verfasser für die engagierte Betreuung des Bandes vom Manuskripteingang bis zur Drucklegung und für die stets anregende Zusammenarbeit.

Teil I:
Aufstieg, Bewährungsproben und Rückschläge
(1880–1932)

2. Die Anfänge der Rückversicherung: Der lange Weg zur Gleichstellung

Versicherungen sind bekanntlich keine Erfindung der Moderne. Schon im Altertum gab es Verträge zur Vorsorge für Notlagen und auch zur Absicherung gegen Risiken der Seefahrt. Zumeist geschah dies durch die Vergabe von Darlehen, die im Schadensfall nicht zurückgezahlt werden mussten.[1] Erst sehr viel später, im Italien des 14. Jahrhunderts, kamen Prämienversicherungsverträge auf. Sie bildeten die Voraussetzung für die Entstehung des Rückversicherungsprinzips, bei dem ein Versicherer einen Teil des übernommenen Versicherungsrisikos an einen anderen Versicherer abgibt und diesen entsprechend an der Prämie beteiligt. Der erste bekannte Rückversicherungsvertrag wurde am 12. Juli 1370 in Genua abgeschlossen, für die Fracht eines Schiffs, das von dort aus nach Brügge fuhr.[2] Da es noch keine Versicherungsgesellschaften gab, waren die Vertragsparteien einzelne Kaufleute und Schiffseigentümer. Im Genueser Rückversicherungsvertrag von 1370 behielt der Kaufmann Guilano Grillo das Risiko für die Schiffspassage durch das Mittelmeer und trat das Risiko für die weitere Fahrt ab Cádiz an die beiden ersten Rückversicherer, die Kaufleute Goffredo Benaira und Martino Sacco, ab. Derartige Verträge lassen sich in den folgenden Jahrhunderten nur auf dem Gebiet der Seeversicherung feststellen, die gewissermaßen den Ausgangspunkt der Rückversicherung bildete. Rückversicherungen waren auch hier allerdings nicht die Regel. Das Risiko wurde meist in Form einer Mitversicherung geteilt, indem der Versicherer andere Kaufleute – oft in großer Zahl – als weitere Erstversicherer in den Vertrag mit dem Kunden aufnahm.[3] Rückversicherungen wurden fast nur dann vereinbart, wenn ein Versicherer mit dem Eintritt des Schadensfalls rechnete oder den Vertragsabschluss nachträglich aus anderen Gründen bereute.[4]

Damit wird ein Grundproblem deutlich, das sich bei der Rückversicherung lange Zeit stellte und das erklärt, warum nach dem Genueser Vertrag von 1370 noch rund 500 Jahre vergehen sollten, bis diese Versicherungsform fest etabliert war. Keine andere Versicherungssparte hatte eine derart lange und schwierige Anlaufzeit. Durch den spezifischen Charakter der Rückversicherung als einer Versicherung für Versicherer ging die Initiative hier stets vom Erstversicherer (Zedent) aus. Dieser hatte zumeist einen Informationsvorsprung gegenüber dem Rückversicherer (Zessionär), weil er ja den Kunden kannte bzw. dessen Ware oder die Umstände des Transports. Der Rückversicherer ging also das größere Wagnis ein, was ihm durch eine ansehnliche Prämie vergütet wurde.

So kam es häufig vor, dass ein Kaufmann, der die Fracht eines Schiffs versichert hatte, dieses Risiko in Rückdeckung gab, wenn er keine Nachricht über einen planmäßigen Verlauf der Fahrt erhalten hatte. Noch größer war die Bereitschaft dazu, wenn der Erstversicherer erfahren hatte, dass in dem betreffenden Gebiet Stürme aufkamen oder Piraten gesichtet worden waren. In solchen Fällen übernahm der Rückversicherer ein schlechtes Risiko. Bereits im Genueser Vertrag war das Risiko sehr ungleich verteilt. Der Erstversicherer behielt sich die Passage durch das Mittelmeer vor und gab den gefährlicheren Teil der Überfahrt, die Strecke durch den Atlantik, in Rückdeckung. Um ein schlechtes oder auch gar nicht bekanntes Risiko wegen der Aussicht auf eine Prämie zu übernehmen, bedurfte es einer gewissen Waghalsigkeit. So war es nicht verwunderlich, dass die Rückversicherung Spekulanten und Hasardeure anzog. Daran änderte sich nur wenig, als sich der Schwerpunkt des europäischen Seehandels – und damit auch der Seeversicherung – von Genua und Venedig in die Niederlande und nach Großbritannien verschob.

Bis ins 18. Jahrhundert hinein waren Versicherungsverträge generell nur im Handel, besonders im Seehandel, verbreitet. Im Allgemeinen verließen sich die Menschen darauf, dass ihnen in Notfällen solidarische Hilfe von Angehörigen und karitative Unterstützung durch kirchliche Einrichtungen zuteil wurde. In der Zeit der Reformation bildeten sich im deutschsprachigen Raum die ersten Brandgilden, ländliche Genossenschaften, deren Mitglieder sich im Schadensfall gegenseitig unterstützten. Brände wurden nun nicht mehr als Strafe Gottes – und damit als unkalkulierbare Gefahr – angesehen, sondern als ein beeinflussbares Risiko.[5] Der Rückversicherungsgedanke war hier nicht relevant, da diese Form der Absicherung nicht auf Vertragsbeziehungen beruhte. Auch die ersten deutschen Versicherungsgesellschaften, die im Zeitalter der Aufklärung entstanden, kamen ohne Rückversicherung aus. Bei diesen Unternehmen handelte es sich um öffentlich-rechtliche Feuerkassen, die von Städten oder Landesherrn errichtet wurden, wie die 1676 gegründete Hamburger Feuerkasse – das nach eigenen Angaben älteste Versicherungsunternehmen der Welt – und die 1718 entstandene Feuersozietät Berlin, die spätere Berlin-Brandenburgische Feuersozietät.[6] Teure Schadensfälle brauchten diese Gebäudefeuerversicherungen nicht fürchten, da sie bei ihren kommunalen bzw. staatlichen Trägern einen sicheren Rückhalt hatten. Aber auch die privatwirtschaftlichen Feuerversicherungen, von denen die ersten in England nach dem Londoner Großbrand von 1666 als Aktiengesellschaften oder als Gesellschaften auf Gegenseitigkeit entstanden, gingen keine Rückversicherungsverträge ein. Sie sicherten sich ab, indem sie das Risiko klassifizierten und die Höhe der Prämie danach ausrichteten.[7]

Mit dem Aufschwung des Überseehandels nahm in Großbritannien auch die Bedeutung der Schiffs- und Transportversicherungen zu. Fast alle internationalen Versicherungsgeschäfte wurden in London abgewickelt, besonders in dem 1688 erstmals erwähnten Kaffeehaus von Edward Lloyd, wo sich Schiffseigentümer und vermögende Kaufleute (*notes*) trafen, um Versicherungsverträge auszuhandeln und in Form einer Mitversicherung abzuschließen.[8] Rückversicherungsverträge galten im England dieser Zeit nicht in erster Linie als ein Instrument zur Teilung von Risiken, sondern wurden zunehmend für spekulative Prämiendifferenzgeschäfte genutzt. Erstversicherer versuchten, Verträge mit hohen Prämien abzuschließen, um das Risiko dann gegen eine niedrigere Prämie vollständig in Rückdeckung zu geben. Rückversicherer ließen sich darauf in der spekulativen Erwartung ein, einen Versicherer zu finden, bei dem sie das Risiko gegen eine noch niedrigere Prämie vollständig in Retrozession geben konnten.[9] Nicht selten ließen englische Kaufleute Geschäftsfreunde auf dem Kontinent Versicherungsverträge abschließen, um diese dann in London gegen niedrigere Prämien in Rückdeckung zu geben.[10]

Die erste Hälfte des 18. Jahrhunderts war in Großbritannien wie auch in Frankreich und den Niederlanden eine Zeit heftiger Spekulationen. So kam es an der Londoner Börse 1720 durch Schwindelgeschäfte mit Aktien der South Sea Company zu einer der größten Spekulationsblasen der frühen Neuzeit. Nach dem anschließenden Crash sah sich die britische Regierung veranlasst, den Handel mit Aktien zu verbieten,[11] wodurch die Spekulation mit Seeversicherungen und Rückversicherungsverträgen wohl weiteren Auftrieb erhielt. Häufig wurden nun Schiffe von mehreren Spekulanten gemeinsam überversichert, als eine Wette auf ihren Untergang. Mitunter wurden derart überversicherte Schiffe auch ohne jede Fracht auf See geschickt.[12] Da sich diese Praktiken zu einer Bedrohung des Überseehandels entwickelten, veranlasste die britische Regierung mit dem Marine Insurance Act von 1746 ein Verbot von Rückversicherungsverträgen. Das Gesetz sah zwar einige Ausnahmen vor – etwa beim Tod eines Erstversicherers – und betraf nur die Seeversicherung, faktisch kam es aber einem Verbot der Rückversicherung in Großbritannien, dem damals führenden Versicherungsmarkt der Welt, gleich. Profitieren konnte davon vor allem Lloyd's, weil sich auf diesem kapitalstarken Markt auch größere Risiken in Form einer Mitversicherung unter den Mitgliedern verteilen ließen. Das Verbot blieb 118 Jahre lang bestehen und wurde erst 1864 von Königin Viktoria aufgehoben.[13]

In Hamburg verhinderte der Senat 1720 die geplante Gründung einer Versicherungsgesellschaft auf Aktienbasis, um der Spekulation keinen Vorschub zu leisten. Erst 45 Jahre später entstand hier die erste privatwirtschaftliche Versicherungsgesellschaft im deutschsprachigen Raum, eine Seetransportversicherung nach britischem Vorbild. 1779 wurde in Hamburg auch eine private

Feuerversicherung gegründet.[14] Nach den Napoleonischen Kriegen entstanden in den deutschen Staaten größere Gesellschaften dieses Typs, die sich überregional ausbreiteten wie die Gothaer Feuerversicherungsbank (1820 gegr.) und die Aachener Feuer-Versicherungs-Gesellschaft (1825 gegr.). Erstmals wurden nun auch hier Risiken in Rückdeckung gegeben. 1825 schloss die Vaterländische Feuer-Versicherungs-AG in Elberfeld mit der Compagnie Royale d'Assurance Contre l'Incendie in Paris den weltweit ersten Rückversicherungsvertrag einer Feuerversicherungsgesellschaft ab.[15] Die Rückversicherung war nun nicht mehr Gegenstand von Spekulationsgeschäften, sondern wurde als Instrument zur Teilung des Risikos genutzt, indem die Feuerversicherer Verträge untereinander in Rückdeckung gaben.

Anders als bei den früheren Rückversicherungsverträgen zwischen einzelnen Personen und bei der Mitversicherung stellte sich bei den Rückversicherungsverträgen zwischen Erstversicherern das Problem, dass sie sich leicht zum Nachteil des Zedenten auswirken konnten, wenn beide Unternehmen Wettbewerber waren. Der Rückversicherer gewann durch den Vertrag Einblicke in das Geschäft des Zedenten und konnte dieses Wissen für sein eigenes Erstversicherungsgeschäft nutzen. Die deutschen Feuerversicherer zogen es deshalb vor, Rückversicherungsverträge mit Gesellschaften abzuschließen, die auf anderen Märkten als sie selbst tätig waren, und gaben ihre Risiken zunehmend im Ausland in Rückdeckung.[16] Auf diese Weise trugen die Rückversicherungsverträge schon frühzeitig zu einer Vernetzung der Versicherer innerhalb Europas bei, allerdings in asymmetrischer Form: Die deutschen Erstversicherer gaben einen beträchtlichen Teil ihrer Verträge in Frankreich und in Belgien in Rückdeckung, während die französischen Versicherer kaum an deutsche Gesellschaften zedierten. Die britischen Feuerversicherer waren in den deutschen Staaten relativ stark vertreten, gingen aber keine Rückversicherungsverträge ein, sondern teilten ihre Risiken durch Mitversicherung.

Dass ein beträchtlicher Teil des Gewinns deutscher Versicherer über Rückversicherungsverträge ins Ausland floss, belastete die Leistungsbilanz der Staaten des Deutschen Bundes. Für die Kunden erwies es sich wiederum als Nachteil, dass sie praktisch keine Informationen über die Reserven und das Geschäftsgebaren der ausländischen Versicherer erhalten konnten. Preußen erließ deshalb im Mai 1837 ein Gesetz über das Mobiliar-Feuer-Versicherungswesen, das die ausländischen Gesellschaften einer recht rigiden Kontrolle unterwarf und den Konzessionszwang einführte. Der Abfluss von Prämien ins Ausland wurde dadurch aber noch verstärkt, weil eine Reihe britischer und französischer Versicherungsgesellschaften keine Konzession für das direkte Geschäft in Preußen erhielt, sich auf diesem Markt dann aber als Rückversicherer inländischer Gesellschaften betätigte.[17]

Vor diesem Hintergrund ist die Initiative zur Gründung der Kölnischen Rückversicherungs-Gesellschaft (Kölnische Rück) zu sehen, die im Dezember 1842 von einigen einflussreichen rheinischen Bankiers, Kaufleuten und Industriellen, darunter Gustav Mevissen (ab 1884: von Mevissen) und Simon Oppenheim (ab 1867: von Oppenheim), ausging. Der Hamburger Großbrand vom Mai 1842 dürfte dem Projekt förderlich gewesen sein, weil sich bei der Schadensregulierung zeigte, wie wichtig Rückversicherungsverträge waren. Anders als es oft dargestellt wurde, ging von dem Hamburger Brand aber nicht der entscheidende Anstoß aus.[18] Die Gründer der Kölnischen Rück wollten mit ihrem Aufruf vom 22. Dezember 1842 vor allem erreichen, dass «der Gewinn des deutschen Versicherungs-Geschäftes dem Inlande ganz erhalten würde.»[19] Zuvor war eine Versicherungsgesellschaft im niederrheinischen Wesel bereits dazu übergegangen, einen Rückversicherungsverein aus ihren Aktionären zu bilden, nachdem sich Verhandlungen über einen Rückversicherungsvertrag mit einem französischen Versicherer zerschlagen hatten.[20]

Unter den Gründern der Kölnischen Rück war zunächst umstritten, ob die Gesellschaft als selbstständiges, nicht zu einem Erstversicherer gehörendes Unternehmen oder als Tochtergesellschaft des Kölner Feuerversicherers Colonia entstehen sollte. Welche Lösung für einen Rückversicherer vorteilhafter war, blieb auch in den folgenden Jahrzehnten umstritten. Im Fall der Kölnischen Rück setzte sich der Unternehmer und Politiker Mevissen mit dem Argument durch, dass die Erstversicherer einen Rückversicherer bevorzugen würden, der nicht mit einem Wettbewerber verbunden war.[21] Im April 1846 wurde der Kölnischen Rück die Konzession erteilt, doch Auseinandersetzungen um die Kapitalausstattung, die Wirtschaftskrise von 1847/48 und die Revolution von 1848 sowie deren Folgen ließen zunächst keine geschäftliche Tätigkeit zu. Erst am 1. Juli 1852 konnte die Kölnische Rück als erste Rückversicherungsgesellschaft der Welt das Geschäft aufnehmen. Ihr Aktienkapital befand sich in Streubesitz und war über das Bankhaus Rothschild in Paris zu einem großen Teil bei französischen Anlegern platziert worden.[22] Bereits 1853 wurde in Aachen eine Rückversicherung nach einem anderen Modell gegründet, nicht als selbstständige Gesellschaft, sondern als Tochter der Aachener und Münchener Feuer-Versicherung.[23] Bis 1870 wurden in Deutschland, Österreich-Ungarn und der Schweiz insgesamt zwölf Gesellschaften als professionelle oder reine Rückversicherer gegründet.[24] Sie unterschieden sich von anderen Rückversicherern dadurch, dass sie wie die Kölnische Rück ausschließlich das Rückversicherungsgeschäft betrieben.

Die 1863 ebenfalls als professionelle Rückversicherungsgesellschaft entstandene Schweizerische Rückversicherungs-Gesellschaft AG (im Folgenden: Schweizer Rück; das Unternehmen tritt seit 1999 unter dem Namen «Swiss Re» auf) wurde zur wichtigsten Konkurrentin des Marktführers Kölnische Rück.

Dieses Unternehmen war von Moritz Grossmann, dem Direktor der Feuerver-
sicherung Helvetia, im Dezember 1863 mit Unterstützung der Schweizerischen
Kreditanstalt (Credit Suisse) gegründet worden. Die Helvetia, die Schweizerische Kreditanstalt und die Basler Handelsbank übernahmen jeweils ein
Drittel des Stammkapitals und gaben diese Aktien später zum größten Teil an
Geschäftskunden weiter.[25] Der Anstoß zur Gründung wird auch hier häufig in
einem Großbrand gesehen, dem Brand von Glarus im Jahr 1861. Die neue
Studie zur Geschichte der Swiss Re zeigt jedoch, dass dies ebenso wenig zu-
trifft wie bei der Kölnischen Rück. Auch die Schweizer Rück ist in erster Linie
aus dem Interesse heraus entstanden, die bislang ins Ausland abfließenden
Rückversicherungsprämien zu repatriieren.[26]

Mit der Gründung der Schweizer Rück war die professionelle Rückversicherungsgesellschaft zu einer Spezialität des mitteleuropäischen Versicherungswesens geworden. Als 1867 in Großbritannien erstmals eine professionelle Rückversicherungsgesellschaft entstand, die Reinsurance Company,
Ltd., gab es im Deutschen Bund bereits fünf derartige Unternehmen, in Österreich-Ungarn zwei, in Belgien und in der Schweiz jeweils eines.[27] Der Rückstand Großbritanniens ist besonders auffällig, weil das Land nach wie vor die
weltweit führende Versicherungsnation war. Der Grund dafür lag nicht in
dem bis 1842 in Großbritannien bestehenden Verbot von Seetransport-Rück-
versicherungsverträgen. Vielmehr hatte sich im Vereinigten Königreich und
von dort ausgehend auch in den USA die Mitversicherung als Form der Risikomischung bewährt. Der Wirtschaftshistoriker Robert Pearson nennt neben
den «Underwriting Traditions» noch weitere Gründe, weshalb sich die britischen Versicherer nicht stärker auf dem europäischen Rückversicherungsmarkt engagierten: Opportunitätskosten, geringe Gewinnmargen und Hindernisse aufgrund der staatlichen Regulierung.[28] Entscheidend war aber auch,
dass in den deutschen Staaten, in Österreich-Ungarn und in der Schweiz die
Banken frühzeitig in die Versicherungsbranche einstiegen. Anders als in
Großbritannien waren die Aktienbanken und einzelne Privatbanken in Mitteleuropa wichtige Finanziers der Industrialisierung. Sie investierten auch in
Versicherungsgesellschaften und konnten kein Interesse daran haben, dass
über die Rückversicherungsprämien Kapital ins Ausland abfloss, für das es im
Inland reichlich Bedarf gab. Bei der Kölnischen Rück gehörte das Bankhaus
Sal. Oppenheim zu den Gründern, bei der Schweizer Rück die Schweizerische
Kreditanstalt. Zunächst war freilich keineswegs sicher, ob den Banken damit
ein gutes Investment gelingen und das mitteleuropäische Modell einer reinen
Rückversicherungsgesellschaft auf Dauer Bestand haben würde.

Obwohl Rückversicherungsverträge in der Assekuranz-Branche inzwischen als unverzichtbar galten, da die Schadenssummen in der Feuer- und
Transportversicherung mit der Industrialisierung eine immer größere finan-

zielle Dimension erreichten, hatten die ersten professionellen Rückversicherungsgesellschaften einen schweren Stand. Die Kölnische Rück musste nach einem guten Start feststellen, dass die deutschen Erstversicherer weiterhin bevorzugt an ausländische Versicherer zedierten. Andere Erstversicherer betätigten sich selbst als Rückversicherer oder teilten Risiken in Form einer Mitversicherung. Die Kölnische Rück musste ihre Hagel- und ihre Lebensrückversicherung schon nach wenigen Jahren aufgeben.[29] Als in den 1860er Jahren die Schäden im Feuergeschäft stiegen, wurde bei der Kölnischen Rück vorübergehend erwogen, sich auch aus dieser Sparte zurückzuziehen und das Unternehmen in einen Erstversicherer, umzuwandeln.[30] Der Schweizer Rück erging es nicht besser als dem deutschen Marktführer, sie geriet fünf Jahre nach ihrer Gründung wegen hoher Verluste im Feuergeschäft mit dem Ausland in eine existenzbedrohende Krise. Ähnlich wie bei der Kölnischen Rück kamen hier Überlegungen auf, die Feuerrückversicherung aufzugeben und das Unternehmen in einen Erstversicherer umzuwandeln. Schließlich entschied man sich aber dafür, sich auf ein kleineres und qualitativ besseres Portfolio zu beschränken.[31]

Am 25./26. November 1868 kamen Vertreter von sieben selbstständigen – also nicht zu Erstversicherern gehörenden – europäischen Rückversicherungsgesellschaften in München zusammen, um sich über die kritische Lage ihrer Sparte zu beraten. Dabei ging es nicht um Preisabsprachen, sondern um das grundsätzliche Verhältnis zwischen Erst- und Rückversicherern. Über die Erstversicherer wurden bittere Klagen vorgebracht, die durchaus berechtigt waren. Wie schon an den Anfängen der Rückversicherung im 14. Jahrhundert tendierten diese auch jetzt dazu, gute Risiken nicht zu teilen und schlechte Risiken in Rückdeckung zu geben, wobei sie sich ihren Informationsvorsprung gegenüber den Rückversicherern zu Nutze machten. Wie der Erstversicherer das Risiko einschätzte, zeigte sich in der Regel daran, wie groß der bei ihm in Selbstbehalt verbliebene Anteil war. Doch ließen die Erstversicherer die Rückversicherer über die Höhe dieses Anteils meist im Unklaren, um schlechte Risiken leichter abgeben zu können. Rückversicherer galten den Erstversicherern «als eine willkommene Ablagerung für unliebsame Risiken», wie es Friedrich Wallmann, der Herausgeber einer der führenden Fachzeitschriften (*Wallmann's Versicherungs-Zeitschrift*), 1874 formulierte.[32] Der österreichische Versicherungsexperte Adolf Ehrenzweig charakterisierte den Rückversicherungsvertrag dieser Zeit als «leoninisch». Gemeint war damit die bereits von römischen Juristen unter Anspielung auf die bekannte Tierfabel des griechischen Dichters Äsops eingeführte Figur einer «societas leoninis», bei der einem Vertragspartner der gesamte Gewinn («Löwenanteil») zufällt. Der Rückversicherer war in diesem Bild das Schaf, mit dem der Erstversicherer als Löwe nach Belieben umspringen konnte.[33] Die im Verhältnis zwischen Erst- und Rückversicherern von Anfang an bestehende

Asymmetrie war durch die Entstehung selbstständiger professioneller Rückversicherungsgesellschaften in den 1850er und 1860er Jahren keineswegs überwunden worden. Unternehmen wie die Kölnische Rück und die Schweizer Rück waren für ihren Risikoausgleich darauf angewiesen, rasch eine größere Zahl von Rückversicherungsverträgen abzuschließen, da sie ja ausschließlich in dieser Sparte tätig waren. Sie konnten es sich deshalb zunächst nicht leisten, die Übernahme schlechter Risiken abzulehnen.

Das Interesse der Erstversicherer an «leoninischen Verträgen» dürfte auch der Grund gewesen sein, weshalb die meisten von ihnen weiterhin Risiken im Ausland in Rückdeckung gaben. Es kümmerte sie wenig, dass es ein volkswirtschaftliches und nationales Interesse gab, die Rückversicherungsprämien im Inland zu halten, da der Prämienabfluss dem Kapitalmarkt Mittel entzog und die Zahlungsbilanz belastete. Entscheidend war für die Erstversicherer ihr geschäftliches Interesse, und bei einem ausländischen Rückversicherer konnten schlechte Risiken nun einmal leichter abgeladen werden als bei einem inländischen. Eine Versicherungsgesellschaft in Paris, Brüssel oder London kannte die von einem deutschen Feuer- oder Transportversicherer übernommenen Risiken weniger genau als die Kölnische Rück oder die Aachener Rück. Die Schweizer Rück stellte dies vor besonders große Probleme, weil sie wegen des kleinen Heimatmarkts von Anfang an den größten Teil ihres Geschäfts mit ausländischen Versicherern bestritt. Wie die von Tobias Straumann verfasste Geschichte der Swiss Re belegt, kamen die hohen Verluste dieser Gesellschaft in den 1860er Jahren ausnahmslos durch Verträge mit ausländischen Versicherungsgesellschaften zustande.[34]

Die Teilnehmer des bereits erwähnten Münchner Treffens 1868 stellten als Ergebnis ihrer Beratungen einen Katalog von Wünschen an die Erstversicherer auf. Dazu gehörte, dass Erst- und Rückversicherer fortan der jeweils anderen Sparte keine Konkurrenz mehr machen sollten, dass die Rückversicherungs-Prämien bei besonderen Risiken erhöht werden und die Erstversicherer stets mitteilen sollten, wie groß der Teil des Risikos war, den sie auf eigene Rechnung behielten. Ein Rückversicherer sollte keine Summe mehr übernehmen, die höher lag als der Selbstbehalt des Erstversicherers. Die Teilnehmer der Konferenz hielten es sogar für «nicht thunlich», den Erstversicherern überhaupt noch Provisionen zu vergüten.[35] Auch der Münchner Konferenz gelang es nicht, das mittlerweile fast 500 Jahre alte Problem einer Übervorteilung der Rückversicherer zu lösen. Unter den Erstversicherern war zwar die Notwendigkeit der Rückversicherung längst unbestritten, doch sie zeigten sich von den in München gefassten Beschlüssen wenig beeindruckt und konnten schließlich nicht gezwungen werden, ihr Verhalten gegenüber den Rückversicherern zu ändern.

In der Hochkonjunktur nach 1870, dem sogenannten Gründerboom, erlebten die Rückversicherungsgesellschaften in Deutschland einen gewissen Aufschwung, auch weil die französischen Rückversicherer durch den deutsch-französischen Krieg vorübergehend Marktanteile verloren hatten. Doch inzwischen war das Rückversicherungsverbot in England gefallen, und in Deutschland kam es zu zahlreichen Neugründungen. Allein in den Jahren 1871/72 entstanden in Deutschland, der Schweiz und Österreich-Ungarn insgesamt 13 Rückversicherungsgesellschaften – mehr als bis dahin am Markt gewesen waren. Die meisten Neugründungen konnten sich nicht lange halten, aber der verschärfte Wettbewerb zwischen den Rückversicherern drückte die Prämien und damit auch die Gewinnspanne. Zehn Jahre nach der Münchner Rückversicherungskonferenz arbeiteten die deutschen Rückversicherer zwar durchweg mit Gewinn, der Schadenssatz lag aber nach einer Erhebung des Preußischen Statistischen Büros bei den Rückversicherungen mit 68 % deutlich höher als bei den Erstversicherungen (57,5 %).[36] Das Modell einer selbstständigen Rückversicherungsgesellschaft nach dem Vorbild der Kölnischen Rück galt seit den Erfahrungen der 1860er Jahre als beschädigt. Viele Experten empfahlen die Rückkehr zur Mitversicherung.[37] Nach wie vor ging der größte Teil des deutschen Rückversicherungsgeschäfts ins Ausland.[38] Und noch immer fehlte den Rückversicherungsgesellschaften ein gesichertes Fundament in Form allgemein akzeptierter Regeln, die es ihnen ermöglicht hätten, gleichgestellte Geschäftspartner der Erstversicherer zu sein.

3. Gründung und Anfänge der Münchener Rück

Carl Thieme und die Gründung der Münchener Rück

Die Münchener Rückversicherungs-Gesellschaft AG (im Folgenden: MR) wurde am 15. März 1880 gegründet. An diesem Tag erteilte das Königlich Bayerische Staatsministerium des Innern dem Bankhaus Merck, Finck & Co. und dem Rechtsanwalt Hermann Pemsel die Konzession zur Errichtung einer Aktiengesellschaft, «welche den Zweck hat, Rückversicherung auf die von Gesellschaften, Vereinen, Anstalten und einzelnen Personen abgeschlossenen Feuer-, Lebens-, Transport- und Hagelversicherungen zu gewähren».[1] Wer sich mit der Geschichte der MR beschäftigt, wird rasch feststellen, dass die beiden Konzessionsempfänger heute kaum noch als Gründer des Unternehmens in Erinnerung sind. Stattdessen wird diese Leistung zumeist dem damaligen Versicherungsagenten Carl Thieme (ab 1914 von Thieme) und dem Großindustriellen Theodor Freiherr von Cramer-Klett zugeschrieben. Thieme hatte den Vorschlag zur Gründung der Rückversicherungsgesellschaft gemacht, verfügte aber nicht über das erforderliche Kapital und hätte wohl auch kaum die Konzession beantragen können, ohne seine berufliche Stellung als Münchner Repräsentant der Thuringia-Versicherung aufzugeben. Möglich wurde die Gründung nur, weil Freiherr von Cramer-Klett, damals wohl der reichste Mann Bayerns, hinter diesem Projekt stand und bereit war, genügend Kapital in die neue Rückversicherungsgesellschaft einzubringen. Seine Finanzholding Klett & Co. und zwei ihm nahestehende Banken, das Bankhaus Merck, Finck & Co. und die Bank für Handel und Industrie, zeichneten zusammen über 80 % des Aktienkapitals von nom. 3 Mio. Mark.[2] Um die Konzession kümmerte sich Cramer-Klett nicht selbst, sondern überließ dies seinem Generalbevollmächtigten Hermann Pemsel und seinem Finanzberater Wilhelm Finck (ab 1905 von Finck), dem maßgebenden Gesellschafter von Merck, Finck & Co.

Obwohl die Beteiligung Cramer-Kletts, Pemsels und Fincks von kaum zu überschätzender Bedeutung war, ist Thieme unter den Gründern der MR an erster Stelle zu nennen. Von ihm kam nicht nur die Idee. Er war auch als einziger der Gründer mit der Versicherungsbranche vertraut, übernahm die Leitung des neuen Unternehmens und baute dessen Geschäft nach seinen Vorstellungen auf. Während Thieme bei der Gründung der MR aus unternehmerischem Pioniergeist handelte, ging es Cramer-Klett um die Diversifizierung seines bereits sehr ansehnlichen Firmenbesitzes. Vom Rückversicherungsgeschäft verstand er damals ebenso wenig wie Pemsel, der die Unternehmensgründung juristisch begleitete, und Finck, der die Kapitalausstattung regelte.[3]

Thiemes Motive werden durch einen Blick auf seinen Werdegang deutlich. Der am 30. März 1844 in Erfurt geborene Carl Thieme war praktisch mit dem Versicherungswesen aufgewachsen, da sein Vater Julius seit 1853 bei der Thuringia-Versicherung arbeitete.[4] Für ihn stand schon frühzeitig fest, dass er beruflich den Fußstapfen seines Vaters folgen wollte. Nach dem Schulabschluss und der Ableistung des Militärdienstes trat er in die Thuringia-Versicherung ein, wo er sich vom Lehrling zum Inspektor in Breslau und Hannover und schließlich zum Generalagenten in München hocharbeitete.

Die Thuringia war zwar keine Vorgängerin der MR, deren Gründung und Anfänge wurden aber durch Thiemes Tätigkeit bei dieser Versicherungsgesellschaft erheblich beeinflusst, und die Erfahrungen, die Thieme als Agent der Thuringia gemacht hatte, spielten für sein späteres Verhalten als Vorstand der MR eine wichtige Rolle. Die Thuringia war 1853 von Karl Ferdinand Wehle, einem Bürovorsteher der Thüringischen Eisenbahngesellschaft, als «Eisenbahn- und Allgemeine Rück-Versicherungs-Gesellschaft» gegründet worden. Sie weitete ihr Geschäft schon bald auf die Feuer- und Lebensversicherung aus, musste aber in den 1860er Jahren wie viele andere Versicherer Rückschläge hinnehmen. Wehle versuchte damals vergeblich, die Verluste durch eine Ausweitung des Geschäfts auf Russland und Frankreich wettzumachen.[5] 1866 gab die Thuringia ihr Rückversicherungsgeschäft völlig auf, da diese Sparte – wie es in der Festschrift zum 100-jährigen Jubiläum des Unternehmens heißt – «infolge der Zeitläufte Verluste gebracht hatte».[6]

Carl Thieme hat als Inspektor der Thuringia den Niedergang ihres Rückversicherungsgeschäfts aus nächster Nähe mit verfolgt. Wenige Jahre später wurde ihm eine der schwierigsten Missionen übertragen, die der Vorstand zu vergeben hatte: Er wurde zum Jahreswechsel 1869/70 zu der für ganz Bayern zuständigen Generalagentur nach München versetzt. Die Thuringia hatte dort im Feuergeschäft hohe Schadenssummen begleichen müssen, da die Zahl der Brände in Bayern mit der Zunahme der Feuerversicherungsverträge gestiegen war.[7] Dass vielfach Brandstiftung vorlag, war offensichtlich, konnte aber nur selten nachgewiesen werden. Der Leiter der Münchner Generalagentur, Gustav Knote, stand dieser Entwicklung offenbar recht hilflos gegenüber, so dass sich der Vorstand in Erfurt veranlasst sah, dem 27-jährigen Carl Thieme die Zuständigkeit für das bayerische Geschäft in den Sparten Feuer und Transport zu übertragen. Später hieß es, die Direktion habe damit «ihr bestes Pferd aus dem Stall geschickt».[8]

Schon bald überraschte Thieme den Generalagenten Knote nicht nur mit geschäftlichen Fähigkeiten. Er verbandelte sich im Februar 1870 mit dessen Schwägerin Marie von der Nahmer, die er bei einem Ausflug an den Klein-hesseloher See kennengelernt hatte. Nur wenige Monate später, am 10. Mai 1870, heiratete das Paar.[9] Im Februar 1871 kam das erste Kind von Carl und Marie Thieme auf die Welt, der Sohn Friedrich (Fritz), dem in den nächsten zwölf Jahren sechs Geschwister folgten. Aus einer unehelichen Verbindung hatte Carl Thieme bereits 1863, im Alter von 19 Jahren, den Sohn Oskar be-kommen, der bei der Mutter in Werneuchen bei Berlin aufwuchs.[10]

Der wirtschaftliche Boom, der in Deutschland auf die Reichsgründung von 1871 folgte, war auch Thiemes Geschäften förderlich. Wie viele Zeitgenos-sen ließ sich der junge Familienvater von der überaus optimistischen Stim-mung des «Gründerbooms» verleiten, privat an der Börse zu spekulieren. Als der Boom im Herbst 1873 in einem Börsencrash endete, verlor er ein nicht unerhebliches Vermögen.[11] Beruflich engagierte sich Thieme dagegen recht er-folgreich in Gebieten, die als relativ riskant galten. So führte er die Feuerver-sicherung der Thuringia auch in Niederbayern ein, das von den meisten Wett-bewerbern wegen der zahlreichen Brandstiftungen gemieden wurde.[12] Bereits im Frühjahr 1873 hatte er zusätzlich noch die Vertretung der Österreichischen Hagelversicherung für Bayern übernommen. Damit war er zwar weniger er-folgreich, aber seine Risikobereitschaft zeigte sich auch hier, weil Bayern als ein besonders hagelgefährdetes Gebiet galt.[13] Durch Thiemes Erfolge im Feuer-geschäft wuchs die Münchner Generalagentur zur größten Niederlassung der Thuringia heran. In Bayern gab es bald Dörfer, die geschlossen bei der Thurin-gia versichert waren.[14] Die Direktion belohnte Thieme, indem sie ihm 1874 die Leitung der Generalagentur übertrug. Sein «Gegenschwager» Knote hatte das Unternehmen schon einige Jahre vorher verlassen.[15]

Am Ende des Jahrzehnts hatte der erst 35-jährige Thieme viel erreicht. Er besaß ein gewisses Vermögen und genoss wegen seiner beruflichen Leistungen großes Ansehen. Doch der Erfolg hatte seinen Preis. Thieme war gesundheitlich angeschlagen, litt unter einer Stimmbandentzündung und musste im Frühsom-mer 1879 einen Kuraufenthalt in Bad Ems verbringen.[16] Zu dieser Zeit dachte er bereits über die Gründung einer neuen Versicherungsgesellschaft nach. Was ihn dazu bewogen hat, wird sich nicht mehr eindeutig klären lassen. Möglicher-weise drängte es den erfolgreichen Generalagenten danach, selbst ein Unterneh-men zu leiten. Bei der Thuringia konnte er sich keine Hoffnungen auf eine Beru-fung in den Vorstand machen, da sein Vater diesem Gremium angehörte und der Aufsichtsrat wohl kaum zwei Thiemes in der Direktion sehen wollte. Hinzu kam, dass Carl von Waldow, der damals an der Spitze der Thuringia stand, zu den beiden Thiemes ein recht gespanntes Verhältnis hatte. Er neidete Carl Thieme dessen Erfolge und glaubte – wie Julius Thieme seinem Sohn im Mai 1879 schrieb – «die Gen. Agenten wären zum Teil weit besser gestellt wie er».[17]

Vor diesem Hintergrund war es nur naheliegend, dass Carl Thieme nach anderen Perspektiven suchte. Als Leiter einer der größten Versicherungsagenturen Bayerns hatte er vielfältige Kontakte, darunter auch zu dem Rechtsanwalt Hermann Pemsel, der erst seit kurzer Zeit in München tätig war.[18] Über Pemsel und den Bankier Wilhelm Finck erfuhr Thieme, dass im Kreis um den Großindustriellen Cramer-Klett über die Gründung einer Versicherungsgesellschaft nachgedacht wurde. Cramer-Klett und seine Berater sahen darin eine sinnvolle Ergänzung zu den beiden Banken, die sie in München aufgebaut hatten: die 1870 von Cramer-Kletts langjährigem Bevollmächtigten Hermann Merck gegründete Privatbank Merck, Finck & Co. (ursprünglich Merck, Christian & Co.) und die ein Jahr später entstandene Süddeutsche Bodencreditbank.[19]

Was sich in den Monaten vor der Gründung der MR zwischen Thieme, Pemsel, Finck und Cramer-Klett im Einzelnen abgespielt hat, lässt sich nicht mehr rekonstruieren. Die überlieferten Berichte stammen durchweg aus späterer Zeit und sind zum Teil widersprüchlich. Hermann Pemsels Sohn Wilhelm schreibt in seinen Erinnerungen, dass sein Vater damals im Auftrag Cramer-Kletts an Thieme herangetreten sei: «1879 oder Anfang 1880 hatte Herr v Cramer-Klett meinem Vater gegenüber erwähnt, dass er Lust hätte einen größeren Betrag zur Gründung einer Feuerversicherungsgesellschaft zu verwenden. Mein Vater besprach dieses Projekt mit Thieme, welcher jedoch sagte, Feuerversicherung sei kein feines Geschäft, er würde Herrn v Cramer lieber die Gründung einer Rückversicherungsgesellschaft vorschlagen.»[20] Eine andere Darstellung findet sich in der Finck-Biografie von Bernhard Hoffmann, der sich dabei auf einen – nicht mehr überlieferten – Brief aus dem Jahr 1917 stützt. Demnach habe Thieme im Winter 1879/80 Finck einen Vorschlag zur Gründung einer Rückversicherungsgesellschaft in München unterbreitet.[21] Cramer-Kletts Biograf Johannes Biensfeldt berichtet wiederum, dass sich Thieme an Cramer-Klett mit dem Vorschlag gewandt habe, eine Gesellschaft für Hagelversicherung zu gründen. Cramer-Klett habe dies abgelehnt. Als beide sich im Sommer 1879 bei einem Kuraufenthalt wieder begegnet seien,[22] habe Cramer-Klett Thieme um Zahlenmaterial gebeten, weil Friedrich von Schauss, der Direktor der Süddeutschen Bodencreditbank, ihm die Gründung einer Mobiliar-Feuerversicherung vorgeschlagen hatte. Die von Thieme vorgelegten Daten ließen Cramer-Klett von diesem Projekt abrücken. Im Winter 1879/80 habe Thieme Cramer-Klett dann die Gründung einer Rückversicherungsgesellschaft vorgeschlagen und ihn davon überzeugen können, dass in Deutschland auf diesem Gebiet ein Nachholbedarf bestehe, weil die deutschen Versicherer nach wie vor zum größten Teil an französische und britische Gesellschaften zedierten.[23] Späteren Angaben Hermann Pemsels zufolge soll Thieme damals behauptet haben, dass allein über eine einzige Berliner Agentur jährlich deutsche Prämiengelder in Höhe von 20–25 Mio. Mark bei britischen Versicherern in Rückdeckung gegeben würden.[24] Falls diese Schilderung zutrifft, hätte Thieme übertrieben, um Cramer-Klett zu beeindrucken.[25] Doch das Argument, durch die Gründung einer neuen Rückversicherungsgesellschaft den Abfluss von Prämien ins Ausland verringern zu können, dürfte in diesem Fall ebenso ausschlaggebend gewesen sein wie bei der Entstehung der Kölnischen Rück und der Schweizer Rück.

Theodor von Cramer-Klett war 1878 von Nürnberg nach München gezogen und hatte seinen Generalbevollmächtigten Pemsel in die bayerische Hauptstadt mitgenommen. Sein Aufstieg als Unternehmer hatte mehr als dreißig Jahre zuvor mit einer Heirat begonnen, als der als Theodor Cramer geborene Sohn eines Textilwarenhändlers die Ehe mit Emilie Klett, der Alleinerbin des Nürnberger Industriellen Johann Friedrich Klett, eingegangen war. Cramer-Klett, der davor Buchhändler gewesen war, aber eine Banklehre absolviert hatte, baute die von seinem Schwiegervater gegründete Eisengießerei und Maschinenfabrik Klett & Comp. zum größten Unternehmen Bayerns aus. Für den Bau des Glaspalastes in München wurde er vom bayerischen König in den Adelsstand erhoben. Mit zunehmendem Reichtum interessierte sich Cramer-Klett immer weniger für das ererbte Unternehmen, das nun Maschinenbau-Actien-Gesellschaft Nürnberg hieß und später in der MAN aufging. Er kaufte sich in Eisenbahngesellschaften ein und arbeitete über seine Finanzholding Klett & Co. eng mit der Bank für Handel und Industrie in Darmstadt zusammen, einer der ersten deutschen Aktienbanken, deren Gründer (Gustav von Mevissen, Simon und Abraham von Oppenheim) schon bei der Gründung der Kölnischen Rückversicherung eine wichtige Rolle gespielt hatten. In München war Cramer-Klett maßgeblich an der Gründung des Bankhauses Merck, Finck & Co. und der Süddeutschen Bodencreditbank beteiligt. 1878 wurde er zum erblichen Reichsrat ernannt.[26] Der Industriefürst und Bankengründer hatte das, was Thieme fehlte: Kapital und hochrangige Verbindungen.

Die überlieferten Berichte über die Beratungen zwischen Cramer-Klett, Pemsel, Finck, von Schauss und Thieme im Jahre vor der Gründung der MR lassen den Schluss zu, dass diese Männer zunächst keineswegs auf die Gründung einer Rückversicherungsgesellschaft festgelegt waren. Cramer-Klett und von Schauss neigten offenbar zu einer Gesellschaft für Feuerversicherung, Thieme hätte nach Biensfeldts Angaben zunächst einen Hagelversicherer vorgezogen. Daran erinnerte sich später auch Thiemes Nachfolger Wilhelm Kißkalt.[27] Die Festlegung auf eine Rückversicherungsgesellschaft scheint eine Art gemeinsamer Nenner gewesen zu sein, auf den sich die Beteiligten schließlich einigen konnten.

Thieme konnte sich aufgrund seiner beruflichen Position allerdings nicht so frei entscheiden wie Cramer-Klett, Pemsel und Finck. Für ihn kam praktisch nur eine Rückversicherungs- oder Hagelversicherungsgesellschaft in Betracht, da ein Feuer-, Transport- oder Unfallversicherer Konkurrenz für seinen Arbeitgeber, die Thuringia, gewesen wäre, was diese ihrem Generalagenten kaum erlaubt hätte. Thieme war nicht gewillt, seine einträgliche Stellung als Münchner Generalagent der Thuringia wegen der Gründung der neuen Versicherungsgesellschaft aufzugeben. Schließlich war nicht abzusehen, ob dieses Projekt ein Erfolg werden würde und wie lange der 62-jährige, gesundheitlich stark angeschlagene Cramer-Klett seine Hand darüber halten konnte. Thieme leitete daher nach Gründung der MR noch sechs Jahre lang die Generalagentur der Thuringia, in deren Geschäftsgebäude in der Glückstraße sich auch, wie damals bei einem Generalagenten üblich, die Wohnung seiner Familie befand. Da die Thuringia ihr Rückversicherungsgeschäft bereits 1866 aufgegeben hatte, konnte Thieme eine Rückversicherungsgesellschaft auch als Generalagent der Thuringia leiten, ohne dass es zu einem Interessenkonflikt kam.

Die Berichte über die ersten Kontakte zwischen Thieme, Pemsel und Finck zeigen, dass der Kreis um Cramer-Klett in Versicherungsfragen vollständig auf die Expertise des Generalagenten der Thuringia angewiesen war und dessen Urteil vertraute. Hermann Pemsel war ein fähiger Anwalt, der sich auf Handelsrecht spezialisiert hatte. Als Generalbevollmächtigter Cramer-Kletts gehörte der gebildete und gesellige Großbürger mehreren Aufsichtsräten an.[28] Mit dem Rückversicherungsgeschäft hatte er sich aber noch nie beschäftigt, es war ihm gänzlich unbekannt. Er arbeitete sich dennoch rasch in diese Materie ein. In den Erinnerungen seines Sohns Wilhelm heißt es dazu: «Mein Vater, der später den Ruf genoss eine Autorität in Rückversicherungsfragen zu sein […], wusste damals nicht was dieses Wort bedeutete und veranlasste Thieme, einen Vorschlag auszuarbeiten.»[29]

Der Bankier Wilhelm Finck war mit 32 Jahren der jüngste unter den Gründern der MR und in diesem Kreis der Finanzexperte. Nach einer Banklehre in Frankfurt und einer Tätigkeit bei einer Importfirma in London war Finck 1870 als Prokurist in das Münchner Bankhaus Merck, Christian & Co. eingetreten, wo er Gesellschafter wurde und so viel Einfluss gewann, dass die Bank 1879 in Merck, Finck & Co. umbenannt wurde. Cramer-Kletts Vertrauen hatte er durch seine Unterstützung bei der Gründung der Süddeutschen Bodencreditbank und bei der Umwandlung der früheren Firma Klett & Comp. in eine Aktiengesellschaft gewonnen. Dafür hatte ihm Cramer-Klett einen Kredit gewährt, mit dem der junge Bankier Gesellschafteranteile bei Merck, Christian & Co. erwerben konnte. Finck war für seine konservativen Geschäftsprinzipien bekannt. Er galt als «Urbild der Solidität».[30] Während des Gründerbooms von 1871/72 war er nicht der Versuchung erlegen, spekulative Geschäfte zu tätigen, was sich nach dem anschließenden Börsenkrach bezahlt gemacht und zum Renommee des jungen Bankhauses beigetragen hatte.[31]

Neben Cramer-Klett, Thieme, Pemsel und Finck gehörten noch Friedrich von Schauss als Direktor der Süddeutschen Bodencreditbank und Philipp Nikolaus Schmidt-Polex zum Gründerkreis der MR. Von Schauss war zugleich Abgeordneter des Reichstags, gehörte dort lange der Nationalliberalen Fraktion an und hatte sich 1879 mit seiner Partei vorübergehend überworfen, weil er Bismarcks Schutzzollpolitik unterstützte. Erstklassige Verbindungen hatte von Schauss in München auch durch seine Verwandtschaft mit dem Großindustriellen Hugo von Maffei. Der pensionierte Frankfurter Privatbankier Schmidt-Polex vertrat wiederum die Bank für Handel und Industrie, bei der er stellvertretender Aufsichtsratsvorsitzender war. Auch war er als Mitinhaber des Bankhauses Philipp Nicolaus Schmidt früher einmal Fincks Lehrherr gewesen.[32]

Die MR hat ihre Entstehung also dem gemeinsamen, wenn auch auf ganz unterschiedlichen Motiven beruhenden Interesse Thiemes und Cramer-Kletts an der Gründung einer Versicherungsgesellschaft zu verdanken. Dass dieses Unternehmen in München entstand, hing damit zusammen, dass Cramer-Klett hier zwei Banken mit gegründet hatte, zu denen nun noch eine Versicherungsgesellschaft hinzu kommen sollte. Anders als im Fall der Kölnischen Rück hatte es an diesem Standort bisher noch keine von Kaufleuten, Industriellen und Bankiers gegründete Versicherungsgesellschaft gegeben. Die wichtigsten Unternehmen dieser Branche waren in den wirtschaftlich führenden Regionen des Reichs, im Rheinland, in Sachsen, Thüringen und Berlin, gegründet worden. In München hatte es dafür an privatem Kapital gefehlt. Ein Versicherungsstandort war die bayerische Hauptstadt durch Initiativen der Monarchen geworden, die zur Gründung der öffentlich-rechtlichen Allgemeinen Brandversicherungsanstalt (1811), der heutigen Bayerischen Landesbrandversicherung, und der Bayerischen Hypotheken- und Wechselbank (1834) einschließlich deren Versicherungsanstalt, der späteren Bayerischen Versicherungsbank, geführt hatten.[33] Erst in der Reichsgründungszeit war in München das Kapital für private Bankgründungen auf Aktienbasis vorhanden. Nun entstanden drei Aktienbanken, die Bayerische Vereinsbank (1868), die Bayerische Handelsbank (1869) und die Süddeutsche Bodencreditbank (1871). Hinzu kamen das Bankhaus Merck, Finck & Co. (1870) als Kommandite der Bank für Handel und Industrie sowie mehrere Privatbanken, darunter das Bankhaus Aufhäuser & Scharlach (1870).[34] Als unmittelbare Folge davon entstand einige Jahre später die MR als erste durch private Initiative gegründete Versicherungsgesellschaft Münchens.

Am 3. April 1880 fand in den Räumen des Bankhauses Merck, Finck & Co. der offizielle Gründungsakt der MR statt. Das Unternehmen wurde mit einem Aktienkapital in Höhe von nominell 3 Mio. Mark ausgestattet, das die Gründer zu 40 % (1,2 Mio. Mark) einzahlten. Anders als bei der Thuringia oder der

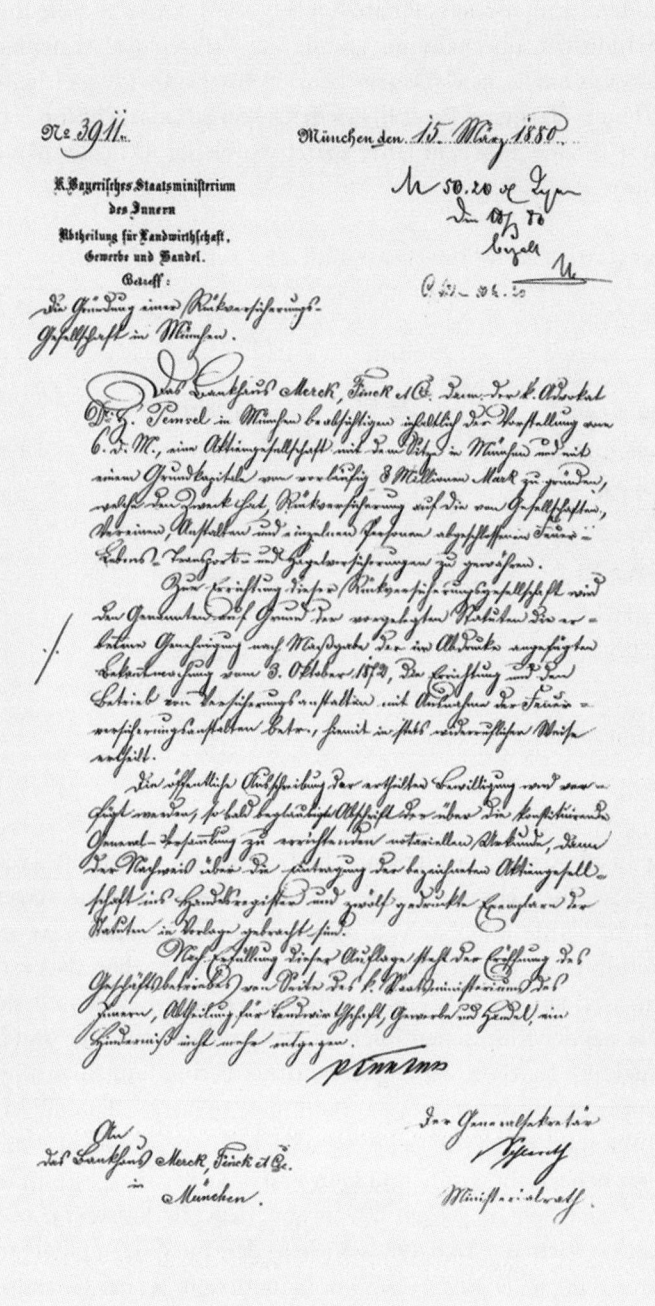

Abb.1 Das Konzessionsschreiben für die Münchener Rück von 1880

Kölnischen Rück blieben die Aktien der MR zunächst vollständig in den Händen der Gründer. Cramer-Kletts Finanzholding Klett & Co. und die Bank für Handel und Industrie übernahmen jeweils ein Drittel des Aktienkapitals, Merck, Finck & Co. ein Sechstel. Das restliche Sechstel entfiel zu gleichen Teilen auf Wilhelm Finck, Hermann Pemsel, Friedrich von Schauss, Philipp Schmidt-Polex und Carl Thieme. Erst acht Jahre später wurde die Aktie der MR an der Börse eingeführt.

Tab. 1 Gründungsaktionäre der Münchener Rück 1880[35]

Aktionär	Nom. Beteiligung in Mark	Stück Aktien
Freiherr Theodor von Cramer-Klett für Firma Klett & Co.	1 000 000	1 000
Bank für Handel und Industrie	1 000 000	1 000
Merck, Finck & Co.	500 000	500
Wilhelm Finck	100 000	100
Dr. Hermann Pemsel	100 000	100
Dr. Friedrich von Schauss	100 000	100
Philipp Schmidt-Polex	100 000	100
Carl Thieme	100 000	100
Gesamtes Aktienkapital	3 000 000	3 000

Von Anfang an stand fest, dass Thieme die Leitung der neuen Rückversicherungsgesellschaft übernehmen würde. Dass er weiterhin Generalagent der Thuringia blieb, wurde offenbar von niemandem als Hindernis angesehen. Eine enge Verbindung mit diesem Erstversicherer dürfte eher als Vorteil gegolten haben, weil sie der MR einen ersten gewichtigen Zedenten sicherte, ähnlich wie es bei der Kölnischen Rück die Colonia gewesen war und bei der Schweizer Rück die Helvetia. Zu eng sollte diese Verbindung allerdings auch nicht sein, um keinen Zweifel daran aufkommen zu lassen, dass die MR eine eigenständige, reine Rückversicherungsgesellschaft war, die nicht von einem Erstversicherer beherrscht wurde und kein Erstversicherungsgeschäft betrieb. Thieme, Finck und Pemsel gingen davon aus, dass die Erstversicherer eher an einen Rückversicherer zedieren würden, der nicht zu einem anderen Erstversicherer gehörte. Dieses Argument hatte bereits bei der Gründung der Kölnischen Rück den Ausschlag für die Errichtung einer selbstständigen Rückversicherungsgesellschaft gegeben.[36] Für Cramer-Klett, Pemsel, Finck und Thieme gab es aber noch andere Gründe, sich für einen unabhängigen

Abb. 2 Carl Thieme (von Thieme
seit 1914), Mitgründer der Münchener Rück und Vorstandsvorsitzender von 1880 bis 1921

Rückversicherer zu entscheiden, obwohl diese Form inzwischen vielfach als
Auslaufmodell galt. Cramer-Klett hätte sein Kapital wohl kaum in eine Versicherungsgesellschaft investiert, die unter dem maßgeblichen Einfluss eines
anderen Versicherers stand und bei der die Direktion der Thuringia letztlich
mehr das Sagen gehabt hätte als seine Vertrauten Finck und Pemsel. Auch
Thieme konnte kein Interesse an einem allzu großem Einfluss der Thuringia
haben, da seine Entfaltungsmöglichkeiten dann nicht viel größer gewesen
wären als bei der Generalagentur. So gesehen hatten die Gründer der MR
kaum eine andere Wahl, als auf eine eigenständige Rückversicherungsgesellschaft zu setzen.

    An einer engen Verbindung mit der Thuringia war Thieme freilich sehr
gelegen, was nicht verwundert, da er ja entschlossen war, die MR und die
Münchner Generalagentur der Thuringia in Personalunion zu leiten. Offenbar
gab es zunächst auch Pläne, die Thuringia am Kapital der MR zu beteiligen.
Wie aus den Briefen von Julius Thieme an seinen Sohn Carl hervorgeht, hatte
der Verwaltungsrat der Thuringia am 10. April 1880 – wenige Wochen nach
Erteilung der Konzession an die MR – über einen Vorschlag zur Gründung
einer Rückversicherungsgesellschaft zu entscheiden. Der Verwaltungsrat entschied sich gegen dieses Projekt, weil seine Mitglieder darin nach Angaben

Julius Thiemes «keinen Nutzen für die Actionäre» sahen,[37] sondern ein höheres Risiko für die Anteilseigner befürchteten. Als vorteilhaft wurde dagegen eine enge Geschäftsverbindung mit der MR angesehen («Anschluß an die Münchener Rückversicherungsgesellschaft»), weil die bisherige Rückdeckung im Ausland «ihre bedenklichen Seiten» habe und die MR eine Gewinnbeteiligung bot.[38] Nach Angaben von Julius Thieme sah der damalige Vorschlag die Gründung eines Rückversicherers als Tochtergesellschaft mit einem Stammkapital von 300 000 Mark vor.[39] Für eine neue Rückversicherungsgesellschaft hätte dieser Betrag bei weitem nicht ausgereicht, entsprach er doch nur 10 % des nominellen und 25 % des eingezahlten Aktienkapitals der MR. Man kann daher annehmen, dass es bei diesem Vorschlag um eine Kapitalbeteiligung an der MR ging, wofür auch die Darstellung in der Festschrift zum 100-jährigen Jubiläum der Thuringia spricht. Demnach wollte Carl Thieme «seine alte Gesellschaft an seinem Unternehmen beteiligen».[40]

Unmittelbar vor der Entscheidung des Verwaltungsrats in Erfurt wurde in der Presse berichtet, dass die MR in eine Tochtergesellschaft der Thuringia umgewandelt werden solle.[41] Carl Thieme reagierte darauf mit einem scharfen Dementi, das in den drei führenden deutschsprachigen Fachzeitschriften erschien. Darin erklärte er «dass die ‹Thuringia› mit der Gründung der qu. Rückversicherungs-Gesellschaft Nichts zu thun hat. Dieselbe wird sich vielmehr in keinerlei gleichsam töchterliche Beziehungen zu einer directen Gesellschaft setzen, sondern bereit sein, mit jeder soliden deutschen Anstalt in ein Rückversicherungs-Verhältnis zu treten.»[42] Dieses Dementi ist später als programmatische Erklärung Thiemes verstanden worden. Martin Herzog sieht darin dessen Entschlossenheit dokumentiert, «die Münchener Rück als selbstständiges, von keinem anderen Versicherer abhängiges Unternehmen aufzubauen und zu führen».[43] Thieme, Finck und Pemsel wollten keine Zweifel an der Eigenständigkeit der MR aufkommen lassen, die bald zu einem Markenzeichen des Unternehmens wurde. Das Dementi Thiemes stand aber nicht im Widerspruch zur gleichzeitig angebahnten Zusammenarbeit mit der Thuringia. Die von ihm betonte Unabhängigkeit bezog sich darauf, dass sich die MR nicht mehrheitlich im Eigentum einer anderen Versicherung befand («töchterliche Beziehungen»), was ja unstrittig der Fall war und auch nie zur Diskussion stand. Eine Minderheitsbeteiligung der Thuringia wäre mit diesem Prinzip aber durchaus vereinbar gewesen. Im Übrigen hatte Thieme ja nicht Unrecht, wenn er in seinem Dementi beteuerte, dass die Thuringia nicht an der Gründung der MR beteiligt war. Ob sich die Thuringia an der MR beteiligte oder mit ihr nur einen Rückversicherungsvertrag abschloss, entschied sich erst einige Wochen später, nach Gründung der MR. Vorwürfe, die Unabhängigkeit der neuen Rückversicherungsgesellschaft sei nicht gewährleistet, weil ihr Vorstand weiterhin Generalagent der Thuringia blieb, wies Thieme scharf zurück. Nur ein «Lump», so schrieb er damals, würde diese Personalunion dazu missbrauchen, Informationen der MR über ihre Kunden für geschäftliche Interessen der Thuringia zu nutzen.[44]

Die MR war von Anfang an als eigenständiger Rückversicherer konzipiert, aber nicht als völlig unabhängiger Solitär. Das konnte eine Rückversicherungsgesellschaft auch gar nicht sein, da sie zumindest einen größeren Zedenten benötigte, um sich am Markt etablieren zu können. Bei der Kölnischen Rück und bei der Schweizer Rück war dies zunächst nicht anders gewesen. Die MR arbeitete mit der Thuringia von Anfang an eng zusammen und konnte mit dieser ihren ersten Rückversicherungsvertrag abschließen, der vom Aufsichtsrat in seiner konstituierenden Sitzung am 23. April 1880 genehmigt wurde. In der gleichen Sitzung kooptierte das Gremium den Verwaltungsratsvorsitzenden der Thuringia, den Erfurter Privatbankier Hermann Stürcke.[45] Aus der Sicht der Thuringia stand Carl Thieme in der Traditionsnachfolge ihres Gründers Wehle, weil er «noch klarer als seinerzeit Wehle erkannt hatte, daß nichts dem Rückversicherungsgeschäft förderlicher ist, als enge Beziehungen zu einem starken Direktversicherer».[46] Eine allzu starke Abhängigkeit ergab sich daraus aber schon deshalb nicht, weil die MR über ihre Großaktionäre und den Aufsichtsratsvorsitzenden in die Unternehmensgruppe Cramer-Kletts eingebunden war.

Den Vorsitz im Aufsichtsrat der MR übernahm Wilhelm Finck, der dieses Amt dann mehr als vierzig Jahre lang, bis zu seinem Tod, behielt. Stellvertretender Vorsitzender wurde Hermann Pemsel. Weitere Mitglieder des ersten Aufsichtsrats waren Franz Dülberg, ein Vorstand der Bank für Handel und Industrie, Hugo von Maffei, Friedrich von Schauss, Philipp Schmidt-Polex und Hermann Stürcke.[47]

Der Aufstieg als Rückversicherer neuen Typs

Im April 1880 nahm Carl Thieme mit zunächst vier Mitarbeitern den Geschäftsbetrieb der MR auf.[48] Wenige Wochen später kam Carl Schreiner als Büroleiter hinzu. Neben Thieme war er damals der einzige Angestellte des neuen Unternehmens, der bereits in der Versicherungsbranche gearbeitet hatte. Schreiner war seit 1874 bei der Rheinisch-Westfälischen Rückversicherung in seiner Heimatstadt Mönchengladbach beschäftigt gewesen. Seine Kenntnisse waren so gefragt, dass er 1886 die Leitung der Badischen Rück- und Mitversicherung in Mannheim angeboten bekam, wo er vier Jahre lang als Generaldirektor tätig war.[49] Die ersten Büros der MR waren zwei Räume im Gebäude Maffeistraße 1, einem Gebäude, das ursprünglich unter den Namen «Birnbaum-Bräu» in der Stadt bekannt gewesen war. In der kurz zuvor

Abb. 3 Der «Börsenbazar» Maffeistraße 1, erster Geschäftssitz der
Münchener Rück (1880–1913)

erweiterten Maffeistraße waren neue, repräsentative Geschäftshäuser entstanden, in denen sich nun u. a. die Zentralen der Bayerischen Vereinsbank und
der Bayerischen Handelsbank befanden. Aus dem «Birnbaum-Bräu» war der
«Börsenbazar» geworden, wie der Block aus den Häusern Theatinerstraße 3
und Maffeistraße 1/3 nun bezeichnet wurde.[50]

Nicht weit entfernt vom «Börsenbazar» lag das Stammhaus von Merck,
Finck & Co. in der Pfandhausstraße (heute Pacellistraße) 16. Von dort aus
hatte der Aufsichtsratsvorsitzende Finck die Geschäfte der MR fest im Blick.
Finck und der stellvertretende Aufsichtsratsvorsitzende Pemsel beschränkten
sich nicht darauf, den Vorstand zu kontrollieren, sondern behielten sich auch
die letzte Entscheidung in Fragen der Geschäftspolitik vor. Das – wahrscheinlich von Pemsel verfasste – Statut der MR sah vor, dass der Aufsichtsrat die
Richtlinien der Geschäftspolitik bestimmte und über die Verwendung der
vorhandenen Gelder entschied.[51] Er hatte alle Verträge mit ausländischen Versicherern zu genehmigen. Ähnliche Bestimmungen enthielt der Dienstvertrag
Thiemes, der am 13. Juni 1880 abgeschlossen wurde.[52] Wie die Protokolle der
Sitzungen zeigen, legte Thieme zunächst sämtliche Verträge dem Aufsichtsrat
vor. Martin Herzog deutet diese weitreichenden Befugnisse des Aufsichtsrats
als Indiz dafür, «dass sich die Gründer des mit diesem Unternehmen verbundenen Risikos bewusst waren».[53] Tatsächlich war eine derartige Praxis damals
recht verbreitet. Das Allgemeine Deutsche Handelsgesetzbuch enthielt lediglich Bestimmungen über die Bestellung und die Kontrollfunktion des Aufsichtsrats. Eine strikte Trennung zwischen den Kompetenzen des Vorstands
und des Aufsichtsrats einer Aktiengesellschaft war dagegen nicht vorgeschrie-

ben. Dies änderte sich auch durch die Aktienrechtsnovelle von 1884 nicht grundlegend. Es war auch weiterhin möglich, dem Aufsichtsrat per Statut Befugnisse der Geschäftsführung zu übertragen.[54]

Im Fall der MR kam noch hinzu, dass der Aufsichtsratsvorsitzende einen anderen Geschäftsstil pflegte als der risikofreudige Thieme. Finck galt als ausgesprochen vorsichtiger und konservativer Bankier, der mit dem Statut wohl – wie Herzog andeutet – verhindern wollte, dass der Vorstand allzu große Wagnisse einging. Trotz ihrer unterschiedlichen Temperamente arbeiteten der Aufsichtsratsvorsitzende und der Vorstand recht gut zusammen. Für das Unternehmen erwies sich diese Verbindung unterschiedlicher Geschäftsstile als vorteilhaft. «Die vorwärtsstürmende Art Thiemes und die kühle Nüchternheit Fincks» – so formulierte es rückblickend ein Insider – «ergaben die glückliche Mischung …».[55]

Wie sich die MR entwickeln würde, war zunächst durchaus ungewiss. Zwar hatte die Rückversicherungssparte in Deutschland einen großen Nachholbedarf, doch waren die bisherigen Erfahrungen der selbstständigen Rückversicherungsgesellschaften nicht ermutigend. Die Gründer der MR hatten gleichwohl ambitionierte Erwartungen. Sie rechneten damit, dass die Prämieneinnahmen nach einigen Jahren bei rund 2 Mio. Mark liegen und später auf rund 5 Mio. Mark steigen würden.[56] Unter den damaligen Verhältnissen war diese Erwartung recht optimistisch. Die Prämieneinnahmen aller deutschen Rückversicherungsgesellschaften lagen im Jahr 1880 bei insgesamt 19,67 Mio. Mark.[57]

Die Bruttoprämieneinnahmen stiegen dann sehr viel stärker, als es die Gründer des Unternehmens erwartet hatten. Bereits im dritten Geschäftsjahr (1882/83) wurde die MR mit einer Prämieneinnahme von 2,8 Mio. Mark zur führenden deutschen Rückversicherungsgesellschaft, vor der Kölnischen Rück. 1884 überholte sie auch die Schweizer Rück und war nun der Marktführer unter den Rückversicherungen.[58] Ihr Marktanteil in Deutschland lag inzwischen bei rund 20 %.[59] Am Ende der 1880er Jahre nahm die MR bereits Prämien in Höhe von 10,5 Mio. Mark ein, das waren rund 25 % aller in Deutschland gezeichneten Rückversicherungsprämien.[60]

Der rasche Anstieg der Prämieneinnahmen ist auch dadurch zu erklären, dass die MR zu einem günstigen Zeitpunkt gegründet worden war. Die deutsche Versicherungsbranche erlebte in den 1880er Jahren einen Aufschwung. Mit der beginnenden Hochindustrialisierung nahm das Bedürfnis nach Vorsorge vor den damit verbundenen Risiken zu. Viele Unternehmen und private Haushalte waren nun eher in der Lage, Versicherungsverträge abzuschließen, und der Kapitalmarkt war wieder so leistungsfähig, dass sich die Assekuranzen problemlos refinanzieren konnten. Die Bruttoprämien der deutschen Versicherer stiegen zwischen 1880 und 1890 um rund 60 % an, die der Rückversicherer sogar um fast 140 %.[61]

Dies erklärt freilich noch nicht, warum die MR in ihrem ersten Jahrzehnt stärker wuchs als alle anderen deutschen Rückversicherungsgesellschaften und ihren Marktanteil fast kontinuierlich steigerte, obwohl die Zahl der Wettbewerber zunahm. Entscheidend dafür war die von Thieme verfolgte Geschäftsstrategie, mit der er letztlich einen neuen Typ von Rückversicherer begründete. Von Anfang an setzte Thieme darauf, die Prämieneinnahmen durch Verträge mit möglichst vielen Zedenten rasch zu steigern, um das übernommene Risiko breit zu verteilen. Schon im ersten Geschäftsjahr konnte er nicht weniger als 33 Rückversicherungsverträge abschließen.[62] Die meisten Rückversicherer verfolgten damals eine andere Strategie und zogen es nach den Rückschlägen der 1860er Jahren vor, sich auf Geschäftspartner von hoher Bonität zu fokussieren.[63] Thieme vertraute dagegen auf die ausgleichende Wirkung der Menge, wohl auch aufgrund seiner Erfahrungen mit dem Feuergeschäft der Thuringia in Bayern. Schon damals hatte er viele Kunden mit einem schlechten Risiko. Die Feuerversicherer mussten häufig für Schäden zahlen, die durch Brandstiftung zustande gekommen waren, ohne dass dies nachgewiesen werden konnte. Durch die große Zahl der versicherten Häuser ließ sich dies aber ausgleichen. Dass in einem Dorf mehrere versicherte Häuser gleichzeitig in Brand gesteckt wurden, war eben zu unwahrscheinlich.

Zunächst hatte Thieme durchaus Probleme, neben der Thuringia noch weitere gewichtige Vertragspartner zu finden. Sein Vater schrieb ihm am 16. Mai 1880: «Daß es Dir schwer werden wird, mit den einzelnen Gesellschaften anzuknüpfen, habe ich von Haus aus gedacht; Deine Mittheilungen über die in Frankfurt stattgehabten hierauf bezüglichen Unterredungen kamen mir deshalb nicht unerwartet.»[64] Doch dies änderte sich bald, weil Carl Thieme auch bereit war, mit Erstversicherern abzuschließen, die einen hohen Schadenssatz hatten. Dazu gehörte z. B. die Gladbacher Feuerversicherung, der aus ihrer Geschäftsverbindung mit den westfälischen Bauernvereinen wegen der zahlreichen Brandstiftungen in dieser Region erhebliche Verluste entstanden waren.[65] Andere Rückversicherer dürften sich kaum darum gerissen haben, solche Verträge in Rückdeckung zu nehmen. Thieme hatte dagegen mehr die Prämieneinnahmen im Blick und war sich sicher, dass Verträge mit schlechtem Risiko durch andere Verträge ausgeglichen werden konnten.

Dieses Kalkül ging auch deshalb auf, weil die MR keine Einzelverträge in Rückdeckung nahm, sondern obligatorische Globalverträge mit einer festen Quote abschloss. Damit wurde das alte Problem der Rückversicherer gelöst, dass die Erstversicherer die schlechten Risiken bei ihnen abluden. Bei obligatorischen Globalverträgen war dies nicht mehr möglich, weil sich der Erstversicherer verpflichtete, ganze Geschäftssparten, etwa das Feuergeschäft oder die Transportversicherungsverträge, geschlossen zu zedieren und der Zessionär dementsprechend hohe Beträge in Rückdeckung nehmen musste. Das

Risiko und die Prämie wurden zwischen beiden Vertragsparteien nach einer festen Quote aufgeteilt. In den meisten Fällen bestand die MR darauf, dass die von ihr übernommene Quote, der Exzedent, nicht höher lag als der beim Zedenten verbleibende Selbstbehalt.[66] Das Prinzip der Globalverträge wurde nicht erst von Thieme eingeführt, aber kein Rückversicherer hatte es bis dahin wohl so konsequent umgesetzt wie die MR. Auch das Quotensystem und die Selbstbehaltsregelung waren nicht neu. Die Rückversicherungsgesellschaften waren schon auf ihrer Münchner Konferenz von 1868 für ein derartiges Verfahren eingetreten, hatten sich damals aber nicht durchsetzen können. Thieme verstand es, den Erstversicherern klarzumachen, dass Globalverträge mit Quotenregelung auch in ihrem Interesse lagen. Die Zedenten konnten auf diese Weise nämlich ein sehr viel höheres Risiko in Rückdeckung geben als mit Einzelverträgen. Dass die versicherten Schadenssummen zu dieser Zeit erheblich zunahmen, dürfte der Durchsetzung des neuen Verfahrens förderlich gewesen sein. Trotz seines Verkaufstalents konnte Thieme allerdings nur wenige Vertragspartner dazu bringen, der MR den privilegierten Status eines alleinigen Rückversicherers zuzubilligen.[67]

Die MR konnte auch deshalb so rasch Marktanteile gewinnen, weil sie den Erstversicherern eine Gewinnbeteiligung – zumeist in Höhe von 10 % – bot. Ebenso wie die Globalverträge erwies sich diese als ein wirkungsvolles Instrument, um die Einstellung der Erstversicherer gegenüber den Rückversicherern zu verändern. Auf ihrer Münchner Konferenz von 1868 hatten die Rückversicherer noch gedroht, den Erstversicherern keine Provisionen mehr zu vergüten, aber ohne Erfolg. Thieme setzte hingegen mit der Gewinnbeteiligung auf Anreize. Die Erstversicherer sollten nicht länger auf Kosten der Rückversicherer Gewinne erzielen wollen, sondern aus eigenem Interesse dazu beitragen, dass der Rückversicherer Gewinne erwirtschaften konnte. Nach seinen Vorstellungen sollten Erstversicherer und Rückversicherer gleichwertige Geschäftspartner und am wirtschaftlichen Erfolg der jeweils anderen Seite interessiert sein.

Thieme wusste, dass seine Geschäftsstrategie nur in einem internationalen Rahmen Erfolg haben würde, zumal die meisten deutschen Erstversicherer nach wie vor nicht bereit waren, an Rückversicherer im Inland zu zedieren. Auch die älteren Rückversicherungsgesellschaften hatten schon frühzeitig im Ausland expandiert, um ihr Geschäftsvolumen zu vergrößern und die übernommenen Risiken zu mischen. Allerdings war eine Rückversicherung über die Risiken ausländischer Erstversicherer in der Regel schlechter informiert als über die von Zedenten auf ihrem Heimatmarkt. Die Kölnische Rück, die Schweizer Rück und auch die Rückversicherungssparte der Thuringia hatten deshalb im Auslandsgeschäft bittere Rückschläge hinnehmen müssen.[68] Thieme war dagegen bereit, im Ausland in gewissem Umfang auch schlechte

bzw. intransparente Risiken zu übernehmen, um das Geschäft der MR auszuweiten. Er sah darin nicht ein Wagnis, sondern eine Chance und setzte darauf,
dass sich die Risiken durch die regionale Streuung ausgleichen würden.

In der Branche wurde Thiemes Strategie zunächst mit einiger Skepsis gesehen. Daran erinnerte die *Deutsche Versicherungs-Zeitung* im Jahr 1896: «Es
ist noch nicht lange her, dass man mit Besorgnis, ja mit düsteren Prophezeiun-
gen den enormen Zuwachs einer noch jungen Rückversicherungsgesellschaft
begleitete, die nicht nur in Deutschland, sondern fast überall im Auslande
Verbindungen anknüpfte, um eine noch nie in Deutschland dagewesene Prämieneinnahme zu erzielen. Die, welche auf der in der Assecuranz langen Bank
der Spötter sassen, verlachten diese Geschäftsmethode, indem sie auf sie das
bekannte Wort der Ramschbazare anwendeten: ‹Die Menge muss es bringen›».[69] Tatsächlich war es in den ersten Geschäftsjahren der MR nicht sicher,
dass das Unternehmen mit diesem Prinzip auf Dauer erfolgreich sein würde.
Zwar stiegen die Prämieneinnahmen rasch an, aber manche der Geschäftsbeziehungen waren offenbar problematisch. Thieme betrieb ein zu sprunghaftes
Wachstum, um dem Unternehmen möglichst schnell eine breite Geschäftsbasis zu verschaffen. In Walther Meuschels Geschichte der MR heißt es dazu:
«In den ersten vier Jahren stieg nicht nur die Produktion, sondern es waren
auch schon schwere Probleme zu lösen.» Die Produktion sei «der Direktion
offenbar etwas davongelaufen».[70]

Die Geschäftszahlen der MR zeigen, dass nach dem stürmischen Wachstum
der ersten Jahre eine gewisse Konsolidierung stattfand (siehe Tabelle 2). Die weitere Entwicklung gab aber Thieme recht. Durch ihre breite Geschäftsbasis war
die MR im Unterschied zu vielen anderen Rückversicherungsgesellschaften in
der Lage, die in regelmäßigen Abständen auftretenden Krisen der Branche unbeschadet zu überstehen.[71] Thiemes Geschäftsprinzipien setzten sich mit dem
Aufstieg der MR bis zur Jahrhundertwende allgemein durch. Sie galten nun als
Grundlage des modernen Rückversicherungsgeschäfts und gingen später als
«Programm neuen Stiles» (L. Arps) und «Weltmodell der professionellen Rückversicherung» (P. Koch) in die Geschichte der Branche ein.[72]

Begünstigt wurde der Aufstieg der MR nicht zuletzt durch die Form der
Unternehmensfinanzierung, die für die damalige Zeit eher ungewöhnlich war
und die Handschrift des Aufsichtsratsvorsitzenden Finck erkennen lässt. Da
sich das Aktienkapital bis 1888 geschlossen in der Hand der Unternehmensgründer befand, musste die MR in den ersten Geschäftsjahren nicht so hohe
Dividenden ausschütten wie z. B. die Kölnische Rück, deren Aktien sich in
Streubesitz befanden.[73] Das junge Unternehmen konnte die Gewinne stärker
zum Aufbau von Reserven nutzen, die die MR zunächst nur in Consols und
anderen Staatspapieren anlegen durfte. Aktien waren erst ab dem Geschäftsjahr 1896/97 als Anlageform erlaubt.[74]

Zu den ersten Geschäftskunden der MR gehörten nach der Thuringia die Gladbacher Feuerversicherung und die Vaterländische Feuer-Versicherungs-AG in Elberfeld. Schon im ersten Geschäftsjahr wurde auch ein Vertrag mit einer ausländischen Versicherung geschlossen, der Allgemeinen Versicherungsgesellschaft Phönix in Wien, später kurz «Elementar-Phönix» genannt.[75] Es war der Beginn einer der engsten und dauerhaftesten Geschäftsverbindungen der MR. Über den Ende 1880 abgeschlossenen Vertrag mit der Transatlantischen Feuer-Versicherungs-Aktiengesellschaft in Hamburg, die eine Generalagentur in New York hatte, stieg die MR zumindest indirekt in das USA-Geschäft ein. 1881 ging sie durch einen Vertrag mit der Nadeschda in St. Petersburg auf den russischen Versicherungsmarkt. Im gleichen Jahr konnten u. a. Verträge mit der London and Lancastershire Fire Insurance Company und der Assicurazioni Generali, Triest, abgeschlossen werden.[76] Der Anteil ausländischer Versicherer an den Prämieneinnahmen der MR erreichte schon wenige Jahre nach Gründung des Unternehmens ein beachtliches Niveau. Im Feuergeschäft lag er am Ende des Geschäftsjahrs 1884/85 bei fast 50 %.[77] Allerdings war die regionale Streuung noch recht gering. Thieme baute zunächst eine Geschäftsbasis in den ähnlich strukturierten und relativ transparenten Märkten der Nachbarländer auf – von den ersten zehn ausländischen Vertragspartnern befanden sich acht in der Schweiz, in Österreich-Ungarn oder in Skandinavien.[78] Dagegen gelang es der MR im ersten Anlauf nicht, sich auf dem britischen und russischen Markt zu etablieren. Aus dem Vereinigten Königreich zog sie sich bereits 1883 – ähnlich wie andere ausländische Versicherer – wieder zurück, weil hier mehrere Großschäden eingetreten waren und das Geschäft unter der starken Konkurrenz auf dem britischen Markt litt.[79] Auch der Vertrag mit der russischen Versicherungsgesellschaft Nadeschda wurde schon bald aufgelöst. da die Schadensquote 200 % der Prämieneinnahme ausmachte. Der Aufsichtsrat beschloss damals, das Russland-Geschäft erst einmal aufzugeben.[80]

Erste Vertretungen der MR entstanden 1881 in Wien und Hamburg, wobei die Hamburger Vertretung auch für das Skandinavien-Geschäft zuständig war.[81] Fünf Jahre später wurde auch in Paris eine Vertretung errichtet, deren Leitung Paul von der Nahmer übernahm, ein Neffe der Gattin Thiemes, der zuvor längere Zeit bei einer französischen Privatbank tätig gewesen war. Von der Nahmer vertrat das Unternehmen von Paris aus auch in Belgien und in Spanien.[82]

Wie gut bzw. schlecht die MR über die Verhältnisse bei den ausländischen Vertragspartnern informiert war, lässt sich den überlieferten Unterlagen nicht entnehmen. Thieme bemühte sich, durch häufige Reisen die Geschäftskontakte zu pflegen und Informationen aus erster Hand zu erhalten, doch konnte er natürlich nur die wichtigsten Vertragspartner im Ausland besuchen, in den ersten Jahren z. B. die Svea in Göteborg und die Assicurazioni Generali in

Triest.[83] Zumeist erfolgte die Akquise durch ein schriftliches Angebot, so z. B. bei der Skandia, der Basler Feuerversicherung und der Helvetia.[84] Die MR musste sich dabei auf eingeholte Auskünfte verlassen, die stimmen konnten oder auch nicht. Auf die Einschaltung von Versicherungsvermittlern verzichtete die MR in der Regel, um Kosten zu sparen.[85] Dafür waren die Kontakte des Aufsichtsrats nützlich, wie das Beispiel der Transatlantischen Feuer-Versicherungs AG in Hamburg zeigt. Mit dieser ging die MR eine Geschäftsverbindung ein, nachdem Finck von einem Korrespondenten eine befriedigende Auskunft über die Bonität erhalten hatte.[86]

Tab. 2 Geschäftsentwicklung der Münchener Rück 1880/81–1890/91[87]

Geschäftsjahr (endend jeweils 30.06.)	Prämieneinnahmen in Mark	davon Feuer (ohne Nebenzweige)	Prämien- und Schadensreserven in Mark	Reingewinn in Mark
1880/81	1 051 521	83,9 %	415 216	64 723
1881/82	1 966 246	91,7 %	902 742	92 578
1882/83	2 788 773	85,0 %	1 138 639	94 098
1883/84	4 140 680	80,8 %	1 601 079	152 320
1884/85	4 515 049	76,9 %	1 939 678	202 635
1885/86	5 093 962	80,9 %	2 048 780	263 484
1886/87	5 381 607	75,5 %	2 378 371	286 186
1887/88	7 320 238	65,6 %	2 907 281	301 796
1888/89	9 483 501	62,2 %	3 320 604	347 651
1890/91	10 496 228	58,8 %	3 647 431	375 099

Während sich die MR in den 1880er Jahren insgesamt weit erfolgreicher entwickelte, als ihre Gründer zunächst erwartet hatten, blieb eine Form des Risikoausgleichs, die Verteilung des Geschäfts auf verschiedene Versicherungssparten, hinter den Vorstellungen Thiemes zurück. Nach ihrem Statut konnte sich die MR als Rückversicherer für Feuerversicherung, Lebensversicherung, Hagelversicherung und Transportversicherung betätigen.[88] Tatsächlich durfte der Vorstand aber nach einer Direktive des Aufsichtsrats zunächst nur das Feuergeschäft betreiben. Im zweiten Geschäftsjahr konnte die MR dann auch Verträge von Transportversicherern in Rückdeckung nehmen, doch nur insoweit «als hiervon gute Feuerversicherungs-Verträge abhängig gemacht werden sollten».[89] Nun war die Feuerversicherung zu dieser Zeit die nach wie vor dominierende Sparte der deutschen Assekuranz-Branche, auf die fast 50 % aller Prämieneinnahmen der Erstversicherer entfielen.[90] Ein

Rückversicherer konnte unter diesen Bedingungen nicht daran denken, Risiken durch einen Spartenmix auszugleichen. Auch die Kölnische Rück und die Schweizer Rück konzentrierten sich damals fast vollständig auf das Feuergeschäft, weil die Prämieneinnahmen aus der Transportrückversicherung stark zurückgegangen waren.[91] Bei Unfall- und Lebensversicherungen waren die versicherten Summen noch nicht groß genug, um eine Nachfrage nach Rückversicherung zu erzeugen. Thieme stellte jedoch bald fest, dass sich das Geschäft der MR mit den Transportversicherern sehr viel günstiger entwickelte als ihr Kerngeschäft mit den Feuerversicherern, auf das im Geschäftsjahr 1884/85 noch 76,9 % der gesamten Prämieneinnahmen entfielen. Bis 1888/89 ging dieser Anteil dann auf 62,2 % zurück, während der Anteil der Transportrückversicherung nun bei rund 32 % lag.[92] Nun entwickelte sich die Unfallversicherung zu einem Wachstumssektor der Assekuranzbranche. Diese kaum vorhersehbaren Wechsel in der Konjunktur der einzelnen Versicherungssparten ließen nach Möglichkeiten suchen, die starke Abhängigkeit von einem Zweig zu verringern.

Tab. 3 Die größten deutschen Rückversicherungsgesellschaften im Jahr 1888[93]

	Gründungsjahr	Prämieneinnahme 1888 in Mark
Münchener Rückversicherung	1880	7 320 238
Kölnische Rückversicherung	1852	4 002 646
Magdeburger Rückversicherung	1862	2 826 959
Badische Rück- und Mitversicherung, Mannheim	1886	2 393 144
Rheinisch-Westfälische Rückversicherungs AG, Mönchengladbach	1870	2 142 283
Deutsche Rückversicherung, Frankfurt am Main	1872	1 575 117
Leipziger Rückversicherung	1872	1 484 032
Mannheimer Rückversicherung	1884	1 366 230
Frankfurter Allgemeine Rückversicherung, Frankfurt an der Oder	1871	1 339 918
Transatlantische Rückversicherung, Hamburg	1876	1 322 117

Als die Aktie der MR im März 1888 an der Börse eingeführt wurde, bescheinigte die Finanzwelt dem Geschäftsmodell des Unternehmens glänzende Aussichten. Immerhin war die MR nun die mit Abstand größte Rückversicherungsgesellschaft. Sie hatte sich auf den wichtigsten Märkten Kontinentaleuropas etabliert und ihre Prämien- und Schadensreserven seit der Gründung auf mehr als das Achtfache gesteigert.[94] Aufgrund der hohen Erwartungen, die diese Erfolgsgeschichte geweckt hatte, konnte die mit 400 Mark eingezahlte Aktie zu einem Kurs von bis zu 710 Mark platziert werden. Finck beglückwünschte Thieme dazu schriftlich.[95] Doch dieser teilte die Euphorie des Aufsichtsratsvorsitzenden offenbar nicht, denn er arbeitete bereits daran, die MR breiter aufzustellen und die Rendite zu steigern.

«Die Gründung eines Unfallunternehmens neben unserer Rückversicherungs-Gesellschaft»: Wie die Allianz Versicherungs-AG entstand

Neben seiner Tätigkeit als Vorstand der MR leitete Thieme noch bis 1886 die Münchner Generalagentur der Thuringia. Dann trennte er sich von der Versicherung, für die er mehr als 20 Jahre lang tätig gewesen war. Die Gründe für diesen Entschluss sind nicht überliefert, man kann darüber nur Mutmaßungen anstellen. In der Festschrift zum 100-jährigen Bestehen der Thuringia heißt es nur, Thieme sei die mit der Personalunion verbundene Arbeit zu viel geworden.[96] Nach einer anderen Quelle hätten Zedenten der MR daran Anstoß genommen, dass ihnen der Vorstand als Generalagent der Thuringia im direkten Geschäft Konkurrenz machte.[97] Den Ausschlag könnten Pläne Thiemes für eine Umwandlung der MR gegeben haben, die mit einer weiteren Tätigkeit bei der Thuringia nicht zu vereinbaren waren. Die Aktionärsversammlung (Generalversammlung) der MR, die damals wie später stets gegen Jahresende stattfand, beschloss am 28. Dezember 1886 eine Änderung der Statuten. Das Unternehmen durfte sich nun als Mitversicherer im direkten Transportversicherungsgeschäft betätigen und war damit nicht mehr ein reiner Rückversicherer.[98] Schon in dieser Zeit verfolgte Thieme wohl ein weiter gehendes Ziel, nämlich den Einstieg in die direkte Unfallversicherung, die damals auch die Haftpflichtversicherung umfasste. Wie sich Victor Bernhardt später erinnerte, der 1887 in die MR eingetreten war, hatte Thieme «wohl schon ziemlich früh» den Entschluss gefasst, das von ihm geleitete Unternehmen durch Aufnahme eines Erstversicherungsgeschäfts breiter aufzustellen.[99] Dafür war es erforderlich, dass er die Leitung der Generalagentur abgab, da sich die MR als direkter Unfallversicherer zu einem Wettbewerber der Thuringia entwickeln würde.

Letztlich entschieden sich Thieme, Finck und Pemsel dann, die Unfallversicherung in einer eigenen Gesellschaft aufzunehmen und gründeten im Herbst 1889 dafür die Allianz Versicherungs-AG. Die überaus erfolgreiche Konstellation, in der die MR und die Allianz später zusammenarbeiteten, ist nicht durch einen Masterplan zustande gekommen, sondern als Ergebnis eines längeren, zunächst durchaus offenen Entscheidungsprozesses und als sorgsam

Abb. 4 Wilhelm Finck (von Finck
seit 1905), Mitgründer der Münchener Rück und Aufsichtsratsvorsitzender von 1880 bis 1924

austarierter Kompromiss zwischen den verschiedenen Interessen der Allianz-
Gründer.

Thieme trennte sich offenbar in gutem Einvernehmen von der Thuringia,
da die enge Geschäftsverbindung zwischen beiden Gesellschaften weiterhin
bestehen blieb. 1890 war die Thuringia immer noch der mit Abstand wichtigste Zedent der MR, auf den 11 % aller Prämieneinnahmen aus dem Feuergeschäft entfielen.[100] Thieme musste aber damit rechnen, dass andere Unfallversicherer die Geschäftsverbindung mit der MR lösen würden, wenn ihnen
der Rückversicherer in ihrer Sparte Konkurrenz machte. Die ersten Schritte
ins direkte Versicherungsgeschäft erfolgten denn auch im Ausland, wo das
neue Modell getestet werden konnte, ohne damit deutschen Geschäftskunden
Konkurrenz zu machen.

Gemeinsam mit der in Hamburg ansässigen Feuer-Assecuranz-Compa-
gnie von 1877 errichtete die MR eine Erstversicherungsgesellschaft im östli-
chen Mittelmeerraum, die Hamburg-Munich United. Der Hamburger Feuerversicherer hatte der MR ein derartiges Joint Venture schon Mitte der 1880er
Jahre angeboten. Damals hatte Thieme, der noch Generalagent der Thuringia
war, abgelehnt, 1887 sagte er zu. Die Hamburg-Munich United eröffnete Agen-
turen in Izmir, Saloniki, Alexandria und Konstantinopel.[101] Bedeutender war
die Beteiligung an der russischen Unfallversicherungsgesellschaft Pomoschtsch

ein Jahr später. Da die Statuten der MR eine Beteiligung an anderen Versicherern nicht zuließen, erwarben Thieme und mehrere Mitglieder des Aufsichtsrats das Aktienpaket persönlich. Faktisch handelte es sich um die erste Kapitalbeteiligung der MR und um ihre erste Beteiligung im Ausland.[102]

Im Mai 1889 plädierte Thieme in einem ausführlichen Memorandum an den Aufsichtsrat der MR für die Aufnahme eines direkten Unfallversicherungsgeschäfts. Auch eine Umbenennung in «Münchener Versicherung» war schon angedacht.[103] Thieme begründete seinen Vorstoß vor allem damit, dass die MR als reiner Rückversicherer kaum von den stattlichen Gewinnen und der dynamischen Entwicklung der Unfall- und Haftpflichtversicherer profitieren konnte.[104] Durch die zunehmende Industrialisierung und den Übergang zu großindustriellen Fertigungen war die Zahl der betrieblichen Unfälle angestiegen. Auch die Wahrnehmung der Risiken am Arbeitsplatz hatte sich geändert. Das Reichshaftpflichtgesetz vom 7. Juni 1871 hatte die Unternehmen für betriebliche Unfälle haftbar gemacht, sofern ihnen ein Verschulden nachgewiesen werden konnte, und vorgeschrieben, dass die Leistung einer Versicherung auf die Entschädigungssumme angerechnet wurde, wenn der Arbeitgeber mindestens ein Drittel der Prämie zahlte. Eine Reihe von Erstversicherern, darunter auch mehrere neu gegründete Unfallversicherungsgesellschaften wie die Allgemeine Unfallversicherungsbank in Leipzig, die Magdeburger Allgemeine Versicherungs-AG und die Kölnische Unfall-Versicherungs-AG, boten nun sogenannte Kollektiv-Unfallversicherungen für Beschäftigte eines Betriebs an.[105]

Die Bestimmungen des Haftpflichtgesetzes wurden bald als unzureichend empfunden. Reichskanzler Otto von Bismarck machte sich dies zu Nutze, als er Anfang der 1880er Jahre ein sozialpolitisches Programm entwickelte, um die wachsende Industriearbeiterschaft an den Staat zu binden und dem Einfluss der sozialistischen Arbeiterbewegung zu entziehen. Zu den Kernbestandteilen dieses Programms gehörte die Einführung einer obligatorischen gesetzlichen Unfallversicherung. Die beiden ersten Vorlagen scheiterten im Reichstag am Widerstand der Liberalen. Erst im dritten Anlauf konnte sich der Kanzler mit dem Unfallversicherungsgesetz vom 6. Juli 1884 durchsetzen, das als ein Markstein der deutschen Sozialversicherungsgesetzgebung gilt.[106] Mit diesem Gesetz wollte Bismarck auch die privaten Unfallversicherer verdrängen, was ihm nicht gelang.[107] Zwar mussten die privaten Versicherungsgesellschaften nun die kollektiven Betriebsverträge der gesetzlichen Unfallversicherung überlassen, sie spezialisierten sich aber erfolgreich auf die Versicherung individueller Risiken in Form von Einzel-Unfallversicherungen und auf die Haftpflichtversicherung von Selbstständigen. Durch die Debatten um das Gesetz von 1884 hatten sich die Vorteile einer Unfall- und Haftpflichtversicherung in weiten Kreisen der Bevölkerung herumgesprochen.[108]

Die privaten Unfallversicherer hatten eine höhere Rendite als andere Versicherungssparten, da die durchschnittliche Schadensquote (Anteil der bezahlten Schäden an den Prämieneinnahmen) in diesem Geschäft mit rund 35 % deutlich niedriger lag als bei der Feuer- oder Transportversicherung.[109] Bei der Rückversicherung des Feuergeschäfts der Thuringia hatte die MR im Geschäftsjahr 1890/91 z. B. eine Schadensquote von 67 %.[110] Von den hohen Gewinnen der Unfallversicherer konnte die MR kaum profitieren, da die Erstversicherer nur einen geringen Bedarf an Rückdeckung hatten. Bei Unfällen lagen die Schadenssummen eben in der Regel niedriger als bei Großbränden oder Schiffsunglücken. Entsprechend niedrig waren die Quoten und die Prämien, die Rückversicherer von den Erstversicherern erhielten. Thieme wollte sich nicht damit abfinden, dass die lukrativen Geschäfte der Unfallversicherer quasi an der MR vorbeiliefen. Dem Aufsichtsrat rechnete er vor, dass die MR, die aufgrund ihrer engen Verbindungen mit der Thuringia und der Pomoschtsch immerhin zu den führenden Unfall-Rückversicherern gehörte, von 1881 bis 1888 in dieser Sparte nur Prämieneinnahmen in Höhe von insgesamt 747 700 Mark hatte. Die Kölnische Unfall-Versicherung nahm dagegen allein im Jahr 1888 Prämien von brutto rund 1,2 Mio. Mark ein, und die Thuringia erzielte im gleichen Jahr mit ihren Unfallversicherungen brutto rund 1,1 Mio. Mark. Thieme schloss daraus: «Wenn wir also Resultate in der Unfallbranche erzielen wollen, so bleibt nur der Direktbetrieb übrig.»[111]

Für Thieme hatten sich das Rück- und das Erstversicherungsgeschäft nie gegenseitig ausgeschlossen. Sein Vorschlag, das direkte Unfallversicherungsgeschäft aufzunehmen, bedeutete für ihn keinen Bruch mit bisherigen Prinzipien.[112] Er konnte sich gut vorstellen, dass ein Unternehmen sowohl im Rückversicherungsgeschäft als auch im Erstversicherungsgeschäft tätig war, ohne dass es deshalb zu einer Kollision der Interessen kam. Entsprechende Erfahrungen hatte er ja schon bei der Thuringia machen können, die als Transport- und Rückversicherer gegründet worden war und neben dem Erstversicherungsgeschäft bis 1866 auch das Rückversicherungsgeschäft betrieben hatte. Die MR war als eigenständiges, von keiner anderen Versicherung beherrschtes Unternehmen gegründet worden. An diesem Prinzip hielten Thieme, Finck und Pemsel stets fest. Ob sie für immer eine reine Rückversicherungsgesellschaft bleiben sollte, war dagegen nicht entschieden worden. Bei der Gründung des Unternehmens hatte man dieser Frage offenbar keine besondere Bedeutung beigemessen. Dass Pemsel und das Bankhaus Merck, Finck & Co. die Konzession für eine reine Rückversicherungsgesellschaft beantragt hatten, musste nicht bedeuten, dass die Gründer dauerhaft auf dieses Geschäftsmodell festgelegt waren.

Wie die meisten Assekuranzexperten seiner Zeit sah Thieme den Wettbewerb auf dem Versicherungsmarkt spartengebunden, nicht spartenübergreifend. Eine Rückversicherungsgesellschaft hatte nach diesem Verständnis eigene Regeln und Interessen, an die sich ihr Vorstand auch dann hielt, wenn er zugleich Agent eines Feuer- und Transportversicherers war. Sie konnte aus dieser Sicht im direkten Unfallversicherungsgeschäft tätig sein, ohne dass es zu Interessenkollisionen mit ihren Geschäftskunden aus der Feuer- oder Transportversicherungssparte kommen würde. Es sollte nur vermieden werden, wichtigen Vertragspartnern in deren Sparten Konkurrenz zu machen. Ähnlich sah dies Carl Schreiner, der Thieme den Einstieg in das direkte Unfallversicherungsgeschäft nahegelegt hatte.[113] Schreiner war 1886 von der MR in den Vorstand der damals neu gegründeten Badischen Rück- und Mitversicherungsgesellschaft AG in Mannheim gewechselt, die auch ein direktes Geschäft als Transportversicherer betrieb und mit dieser Verbindung sehr erfolgreich war. Innerhalb weniger Jahre stieg das Unternehmen zur viertgrößten deutschen Rückversicherungsgesellschaft auf.[114]

In welchen Sparten sich eine Versicherungsgesellschaft aufstellte, war für Thieme mehr eine Frage der Praktikabilität und Rentabilität. Hatte er Anfang der 1880er Jahre erkannt, dass sich in der Rückversicherungssparte große Chancen boten, so wollte er am Ende dieses Jahrzehnts von dem nunmehr lukrativen Unfallversicherungsgeschäft profitieren. Einen Einstieg in das direkte Feuergeschäft – die bei weitem größte Sparte der Erstversicherer, zu der die wichtigsten Kunden der MR gehörten – hat Thieme nicht angestrebt, da hier wegen des starken Wettbewerbs und der hohen Schadensquote keine hohen Gewinne zu erzielen waren. Vielmehr hätten die Nachteile überwogen, weil die MR zum Wettbewerber ihrer wichtigsten Kunden geworden wäre, die sich dann wohl einen anderen Rückversicherer gesucht hätten. Im Unfallversicherungsgeschäft konnte Thieme dagegen in Kauf nehmen, dass sich einige Kunden von der MR abwendeten, wenn sie diesen als Erstversicherer Konkurrenz machte. Er war sich sicher, dass die beiden wichtigsten Kunden aus dieser Sparte, die Thuringia und die Pomoschtsch, wegen der engen – bei der Pomoschtsch auch kapitalmäßigen – Verbindungen weiterhin an die MR zedieren würden. Darauf wies Thieme in dem Memorandum vom Mai 1889 ausdrücklich hin: «Sollte unsere Gesellschaft den direkten Betrieb aufnehmen, so ist damit überdies nicht gesagt, daß ihr das bisherige Rückversicherungsgeschäft verloren geht; der größere Teil, vor allem das Thuringia-Geschäft und unsere Beteiligung an der Pomoschtsch, die zusammen zweidrittel unserer gegenwärtigen Prämieneinnahmen ausmachen, bleiben unbedingt erhalten.»[115]

Die von Thieme geplante Umwandlung der MR kam jedoch nicht zustande. Stattdessen entstand auf Initiative von Thieme und Finck eine eigene Unfall- und Transportversicherungsgesellschaft mit Sitz in Berlin, die Allianz Versicherungs-AG. Gegründet wurde dieses Unternehmen durch einen notariellen Vertrag vom 17. September 1889 von Merck, Finck & Co., der Deutschen Bank und einigen anderen Gesellschaftern.[116] Die MR beteiligte sich nicht am Aktienkapital der Allianz, da ihre Statuten dies damals nicht zuließen. Auch nachdem diese Bestimmung 1895 geändert worden war, ging sie keine Beteiligung bei der Allianz ein, sondern erst, nachdem Thieme Ende 1904 aus dem Vorstand dieses Unternehmens ausgeschieden war.[117] Die Aktien blieben zunächst im Kreis der Gründer, wie man es schon bei der MR gehandhabt hatte, und wurden erst einige Jahre später an die Börse gebracht.

Auch ohne Kapitalbeteiligung bestand von Anfang an eine sehr enge Verbindung zwischen der MR und der Allianz, da die wichtigsten Positionen beider Gesellschaften von Finck und Thieme in Personalunion wahrgenommen wurden. Finck übernahm den Aufsichtsratsvorsitz der Allianz, Thieme wurde Vorstand, zusammen mit Bruno Pohl, einem Fachmann für Unfallversicherung, der zuvor bei der Berliner Filiale der Zürich Versicherung tätig gewesen und von Schreiner an Thieme vermittelt worden war.[118] Im ersten Aufsichtsrat der Allianz waren außer Finck noch drei weitere Mitglieder des Aufsichtsrats der MR vertreten: Hermann Pemsel, Johannes Kaempf und Hugo von Maffei. In die Münchner Direktion der Allianz traten wiederum neben Thieme noch die beiden stellvertretenden Vorstandsmitglieder der MR, Paul Szelinski und Marc Mauel, als stellvertretende Direktoren ein.[119] Entstanden ist die Allianz als Schwestergesellschaft der MR – beide hatten die wichtigsten Gründer und den Großaktionär Merck, Finck & Co. gemeinsam –, geführt wurde sie aber zunächst wie eine Tochtergesellschaft.

Diese Lösung, die «Gründung eines Unfallunternehmens neben unserer Rückversicherungs-Gesellschaft», hatte Thieme noch in seinem Memorandum vom Mai 1889 verworfen. Er war damals zu dem Ergebnis gekommen, dass das angestrebte Ziel auf diesem Weg «nur unvollkommen und vor allem nicht dauernd» erreicht werden könne. Eine eigene Unfallversicherungsgesellschaft, so hieß es in dem Memorandum, werde der MR nur eine Quote und damit nur einen Bruchteil der Erträge aus dem direkten Geschäft einbringen. Vor allem aber werde eine Personalunion der Leitungsfunktionen nicht auf Dauer verhindern können, dass die «Unfallgesellschaft» sich später einmal aus dem Einfluss der MR lösen und eigene Wege gehen werde.[120]

Warum haben sich Thieme und Finck wenige Monate später dann für dieses Modell entschieden? Kam doch die Allianz-Lösung sehr viel aufwändiger und teurer, als es eine Erweiterung der MR um eine Unfallversicherungssparte gewesen wäre. Die Gründer mussten ein beträchtliches Kapital aufbringen, in Berlin mussten eigene Geschäftsräume gemietet werden und der MR hätte nach einer Kalkulation Thiemes ein eigenes Unfallversicherungsgeschäft drei Mal so hohe Prämieneinnahmen ermöglicht wie eine mit ihr über Personalunion verbundene Unfallversicherungsgesellschaft.[121]

Abb. 5 Carl von Thieme am Schreibtisch

Es muss für die damalige Entscheidung also gewichtige Gründe gegeben haben. Welche dies waren, kann nur vermutet werden, da Akten zur Gründung der Allianz schon vor dem Zweiten Weltkrieg weder bei der MR noch bei der Allianz aufzufinden waren.[122] Die lange Zeit geläufigste Erklärung geht auf den früheren MR-Vorstand Victor Bernhardt zurück, der den Vorgang noch als junger Mitarbeiter des Unternehmens erlebt hatte. Demnach sei eine eigene Unfallversicherungsgesellschaft in Berlin gegründet worden, um die juristischen Hürden für den Marktzugang in Preußen zu umgehen. Preußen hatte 1837 einen Konzessionszwang für ausländische Versicherer eingeführt, der auch nach der Reichsgründung noch für Versicherer aus anderen deutschen Staaten galt. Nach Bernhardts Darstellung hätte ein Versicherer aus Bayern oder Sachsen damals zwei Jahresabschlüsse vorlegen müssen, um die Konzession für Preußen beantragen zu können. Da Thieme und Finck nicht so lange warten wollten, hätten sie sich zur Gründung einer eigenen Gesellschaft in Berlin entschlossen.[123] Viele spätere Chronisten, darunter auch der langjährige MR-Vorstand Walther Meuschel und der Versicherungshistoriker Ludwig Arps folgten dieser Darstellung.[124] Martin Herzog meldete dagegen Zweifel an, weil er bei den Recherchen für seine Dokumentation keinen Beleg für eine derartige Regelung in Preußen finden konnte.[125] Eine weitere geläufige Annahme ist, dass sich Thieme und Finck aus Rücksicht auf die Geschäftskunden der MR entschlossen hätten, das Erstversicherungsgeschäft mit einer Neugründung in dem von München hinreichend entfernten Berlin aufzunehmen.[126] In der neueren Literatur geht Kluge davon aus, dass sich der Aufsichtsrat für diese Lösung und gegen Thiemes Vorschlag einer Umwandlung entschieden hat, um den Charakter der MR als einer reinen Rückversicherungsgesellschaft zu wahren.[127]

Tatsächlich dürfte das Problem des Marktzugangs in Preußen eine wichtige Rolle gespielt haben, da Thieme in seinem Memorandum selbst auf die Zwei-Jahres-Regelung hingewiesen hat.[128] Dafür spricht auch, dass die MR offenbar kurz zuvor eine einschlägige Erfahrung gemacht hatte. Für ihre 1887 aufgenommene Transportmitversicherung beantragte sie erst zwei Jahre später bei den preußischen Behörden eine Konzession.[129] Für Thieme war dieser Nachteil freilich nicht das entscheidende Argument gegen die Gründung einer Erstversicherung in Berlin gewesen. Er hatte vor allem befürchtet, dass sich ein derartiges Unternehmen bald von der MR entfremden würde. Eine Kapitalbeteiligung der MR war ja aufgrund des Statuts nicht möglich.[130]

Die Rücksicht auf die Geschäftskunden der MR dürfte dagegen bei der Gründung der Allianz kaum das ausschlaggebende Motiv gewesen sein. In der Branche wusste man sehr genau, wer hinter dieser Gründung stand, auch wenn die neue Gesellschaft ihren Sitz in Berlin hatte. Es war ja kein Geheimnis, dass Thieme Vorstand der Allianz wurde, Finck den Vorsitz des Aufsichtsrats übernahm und dessen Bankhaus einen großen Teil des Aktienkapitals gezeichnet hatte. Auch erhielt die Allianz eine eigene Direktion in München, die unter der Leitung Thiemes stand und ihre Geschäftsräume im selben Gebäude hatte wie die MR.[131] Hätte Thieme den Anschein erwecken wollen, dass die Allianz völlig unabhängig von der MR war, dann wäre er wohl kaum so vorgegangen. Die Geschäftskunden der MR scheinen sich an deren enger Verbindung mit der Allianz auch nicht gestört zu haben. Die meisten und wichtigsten von ihnen waren Feuerversicherer. Solange sich die Allianz nicht in dieser Sparte als Erstversicherer betätigte, nahmen sie an deren Nähe zur MR keinen Anstoß. Dies belegt ein Schriftwechsel zwischen Thieme und Generaldirektor Ernst Ribbeck von der Schlesischen Feuerversicherungs-Gesellschaft vom 26./30. September 1889. Ribbeck war alarmiert, da die Fachpresse fälschlicherweise berichtet hatte, dass die MR das direkte Feuergeschäft aufnehmen würde. Er verlangte von Thieme ein Dementi, das dieser umgehend erteilte. Damit war die Angelegenheit für Ribbeck erledigt.[132]

Bei der Entscheidung, die Allianz als ein eigenes, mit der MR nur durch Personalunion verbundenes Unternehmen mit Sitz in Berlin zu gründen, dürften drei Faktoren den Ausschlag gegeben haben:

1. Der Aufsichtsrat der MR strebte offenbar eine große Lösung an. Dafür spricht die Höhe des Stammkapitals der Allianz, das mit 4 Mio. Mark, einbezahlt zu 25 %, höher lag als das anfängliche Aktienkapital der MR. Größter Aktionär war Merck, Finck & Co. mit einer Beteiligung von 1,5 Mio. Mark (37,5 %). Wilhelm Finck musste daran gelegen sein, dass dieses Kapital so bald wie möglich Erträge abwarf. Das Interesse der Finanziers an einem raschen Zugang zum preußischen Markt – der nur durch eine Gründung in Berlin möglich war – dürfte letztlich schwerer gewogen haben als Thiemes Befürchtung, dass sich eine Unfallversicherungsgesellschaft mit Sitz in Berlin der Kontrolle durch die MR entziehen würde. Die Allianz erhielt denn auch bereits am 13. Januar 1890, vier Monate nach ihrer Gründung, die Konzession für Preußen.

2. Merck, Finck und Co. konnte das Aktienkapital der Allianz nicht alleine aufbringen. Da der andere Großaktionär der MR, die Bank für Handel und Industrie, offenbar nicht bereit war, sich auch an der Gründung der Allianz zu beteiligen, mussten Finck und Thieme weitere Finanziers suchen. Die ließen sich am ehesten in Berlin finden, dem damals mit Abstand führenden Finanzplatz Deutschlands. Schließlich sprang die Deutsche Bank ein, die ihren Sitz in Berlin hatte, und beteiligte sich mit nom. 1 Mio. Mark am Stammkapital der Allianz. Beide Großaktionäre gaben dann einen Teil ihres jeweiligen Aktienpakets an eine andere Bank ab, die Deutsche Bank an die Bayerische Vereinsbank und Merck, Finck & Co. an die Dresdner Bank. Später war auch eine kleinere Beteiligung der Disconto-Gesellschaft im Gespräch.[133]

3. In den Aufsichtsrat der Allianz wurden drei einflussreiche Persönlichkeiten aus Politik und Industrie berufen, die in Berlin, Mitteldeutschland und dem Rheinland tätig waren und mit der MR bis dahin in keiner Verbindung gestanden hatten: der Bergwerksbesitzer und nationalliberale Reichstagsabgeordnete Friedrich Hammacher, der Generaldirektor der Deutschen Continental-Gas-Gesellschaft, Wilhelm Oechelhäuser, der bereits dem Aufsichtsrat der Deutschen Bank angehörte, und Heinrich Lueg, ein Mitbegründer der Düsseldorfer Maschinenfabrik Haniel & Lueg.[134] In der Öffentlichkeit waren Oechelhäuser und Hammacher als Sozialreformer bekannt, die sich für eine Gleichberechtigung der Arbeiter einsetzten.[135] Hammacher, der später auch in den Aufsichtsrat der MR eintrat, verfügte über beste Verbindungen in Berlin. Er hatte im Mai 1889 zur Zufriedenheit des Kaisers im ersten Massenstreik des Ruhrbergbaus vermittelt. Oechelhäuser, Hammacher und Lueg übernahmen jeweils kleinere Beteiligungen am Aktienkapital der Allianz.[136]

Die Beteiligung der Deutschen Bank und die gegenüber der MR veränderte Zusammensetzung des Aufsichtsrats sprechen dafür, dass die Gründer der Allianz vor allem den preußischen Markt und den Finanzplatz Berlin im Blick hatten.[137] Dies lag schon deshalb nahe, weil bei einer direkten Unfallversicherungsgesellschaft – anders als bei einem Rückversicherer – der Schwerpunkt der Geschäftstätigkeit in den industriellen Ballungsgebieten des Reichs liegen musste, im Rheinland, in Sachsen und in Berlin. Thiemes Anliegen, die neue Gesellschaft so eng wie möglich an die MR zu binden, wurde auf andere Weise Rechnung getragen. Die Allianz wurde nicht nur in Personalunion mit der MR von Thieme geleitet, ihm unterstand auch die Münchner Direktion, während die Berliner Direktion vom Vorstandsmitglied Bruno Pohl geleitet wurde. Damit wurde über die Geschäftspolitik der Allianz in München bestimmt, auch wenn das Unternehmen seinen Sitz in Berlin hatte. Dies begann sich zu ändern, als 1894 Paul von der Nahmer die Berliner Direktion übernahm und fortan gleichberechtigt mit Thieme das Unternehmen leitete. Als Verwandter Thiemes genoss von der Nahmer dessen besonderes Vertrauen. Unter ihm verschob sich das Gewicht zunehmend nach Berlin.[138]

Anders als ursprünglich vorgesehen, betätigte sich die Allianz von Anfang an nicht nur als Unfallversicherer, sondern auch als Transportversicherer und als Rückversicherer auf Unfall-, Transport-, Feuer- und Lebensversicherung.[139] Dass die MR den Erstversicherern nun anbieten konnte, an die Allianz einen weiteren Exzedenten abzugeben, war nicht nur ein versicherungstechnischer Vorteil, sondern band beide Unternehmen zusätzlich aneinander. In einem Retrozessionsvertrag vom 9. April 1890 verpflichtete sich die Allianz, Feuerrückversicherungsverträge vollständig bei der MR in Retrozession zu geben. Im Gegenzug erhielt sie eine 10 %ige Quote am Feuerrückversicherungsgeschäft der MR zugesichert.[140] Wenige Wochen später, am 5. Mai 1890, schlossen beide Unternehmen einen Unfallrückversicherungsvertrag, dem zufolge die Allianz die MR bei Verträgen bis zu 60 000 Mark mit einer Quote von 50 % zu beteiligen hatte. Höhere Summen waren der MR zu 100 % zu übertragen. Auch ihre Transportversicherungsverträge gab die Allianz vollständig an die MR weiter.[141] Schon bald wurde die Transportversicherung einschließlich der Valorenversicherung (Versicherung von Wertgegenständen) zur wichtigsten Geschäftssparte der Allianz, vor der Feuerrückversicherung und der Unfallversicherung.[142] Thieme hatte dies wohl nicht vorausgesehen, aber auch für eine Transportversicherung war Berlin damals ein günstigerer Standort als München und Valoren wurden vor allem von Banken versichert.[143]

Wenige Monate nach Gründung der Allianz stand eine gleichnamige Rückversicherungsgesellschaft in Wien wegen Unterschlagungen des Vorstands vor dem Konkurs. Thieme wollte vermeiden, dass dieser Vorgang bekannt wurde, da es sich um einen Geschäftspartner der MR handelte, und wohl auch wegen der Namensgleichheit mit dem gerade gegründeten Erstversicherer. Die MR stützte die Allianz Rückversicherung mit Staatspapieren im Wert von 500 000 Mark. Gemeinsam mit einigen Aufsichtsratsmitgliedern der MR übernahm Thieme die wertlos gewordenen Aktien und teilte der Presse mit, die MR habe die Anteilscheine «behufs Umwandlung des Unternehmens in eine Filiale der Münchener Gesellschaft» erworben.[144] Obwohl die MR sicherlich einige Geschäftskunden von dieser Gesellschaft übernahm, konnte von einer Wiener Filiale nicht die Rede sein; eine Vertretung bestand in Wien ja schon seit mehreren Jahren. Thieme schickte seinen Mitarbeiter Manfred Knoke – einen Sohn des früheren Hauptagenten der Thuringia – nach Wien, um die Allianz Rückversicherung geräuschlos abzuwickeln, die 1897 in Liquidation ging.[145] Er hatte sich inzwischen entschieden, das Modell der Berliner Allianz auf Österreich zu übertragen und eine ähnliche Gesellschaft in Wien zu gründen, die Providentia Allgemeine Versicherungsanstalt. Das Stammkapital wurde von einem Konsortium aufgebracht, das dank der guten Verbindungen Wilhelm Fincks nach Wien zustande gekommen war und dem neben der MR die Österreichische Creditanstalt, die Österreichische Bodenkreditanstalt und der Österreichische Phönix angehörten. Der Phönix übertrug zudem sein Unfallversicherungsgeschäft auf die neue Gesellschaft. Finck, Thieme und von der Nahmer traten in den Aufsichtsrat der Providentia ein, dessen Vorsitz Gustav von Mauthner übernahm, der Direktionsvorsitzende der Österreichischen Creditanstalt.[146]

4. Die Eroberung des Weltmarkts und das Erdbeben von San Francisco

Geschäfte und Beteiligungen in Russland, Großbritannien und den USA

Zur Geschäftspolitik von Rückversicherungsunternehmen gehörte es von Anfang an, Verträge mit Erstversicherern in mehreren Ländern abzuschließen, um die übernommenen Risiken besser ausgleichen zu können. Die ersten deutschen Rückversicherer waren auf Geschäftskunden aus den Nachbarländern auch deshalb angewiesen, weil die meisten deutschen Erstversicherer damals Rückdeckung im Ausland suchten. Noch mehr galt dies für die Schweizer Rück, die wegen des kleinen Heimatmarkts praktisch nur im Ausland expandieren konnte. Es war nur naheliegend, dass auch die MR schon frühzeitig Verträge mit ausländischen Versicherungen schloss. Doch setzte sie im internationalen Geschäft bald neue Maßstäbe, hinsichtlich der Zahl der Vertragspartner und auch in Bezug auf die geografische Breite.

Die meisten ausländischen Vertragspartner der MR befanden sich zwar, wie bei anderen deutschen Rückversicherern auch, in Österreich-Ungarn, in der Schweiz und in Skandinavien. Thieme versuchte darüber hinaus aber schon bald, auf dem russischen Markt Fuß zu fassen. Davon ließ er sich auch nicht abbringen, nachdem der Aufsichtsrat, wie bereits beschrieben, den ersten Rückversicherungsvertrag mit einem russischen Versicherer wegen hoher Verluste aufgelöst hatte. Im Februar 1885 verhandelte Thieme erneut mit einem russischen Erstversicherer, der Moskowitischen Feuerversicherungs-Gesellschaft. Dem Aufsichtsrat konnte er diese Geschäftsverbindung schmackhaft machen, indem er zusicherte, «zur Herstellung einer günstigen Vertragsbasis» selbst nach Moskau zu fahren und Auskünfte über die Leitung dieser Versicherung einzuholen.[1] Thieme reiste nach Moskau, wo der Vertrag zustande kam und er weitere Kontakte knüpfen konnte. In den nächsten drei Jahren folgten elf Verträge mit russischen Versicherungsgesellschaften, darunter sechs Feuerverträge und der erste Lebensrückversicherungsvertrag der MR. Im Feuergeschäft erzielte die MR 1895 in Russland sogar höhere Prämieneinnahmen (umgerechnet 2,7 Mio. Mark) als im Deutschen Reich (2,5 Mio. Mark).[2] Kein anderer ausländischer Rückversicherer hatte in Russland ein Geschäft von ähnlicher Bedeutung.[3]

Natürlich wusste Thieme um die Probleme des russischen Markts und die schlechten Erfahrungen, die ausländische Rückversicherer dort gemacht hatten.

Wie die russischen Versicherungsgesellschaften aufgestellt waren, ließ sich vom Ausland aus kaum erkennen. Noch weniger ließ sich die Brandgefahr in den Großstädten des Landes abschätzen, die wegen der Holzbauweise generell relativ hoch war. In Irkutsk waren z. B. im Juli 1879 über 3000 Holzhäuser – zwei Drittel der Stadt – abgebrannt. Andererseits boten sich einem deutschen Rückversicherer in Russland große Möglichkeiten, die Thieme unbedingt nutzen wollte. Die einzige russische Rückversicherungsgesellschaft hatte ihre Geschäfte 1870 eingestellt, und mehrere ausländische, vor allem britische Versicherer hatten sich wegen hoher Verluste aus dem russischen Geschäft zurückgezogen.[4] Entsprechend hatte der Marktanteil der wenigen noch verbliebenen Rückversicherer zugenommen, bei denen es sich vorwiegend um deutsche Gesellschaften handelte. Auf deutsche Versicherungsunternehmen entfielen nun 80 % der von russischen Versicherern gezahlten Rückversicherungsprämien.[5]

Um die einseitige Abhängigkeit von ausländischen Rückversicherern und den damit verbundenen Abfluss von Prämien ins Ausland zu verringern, gründeten die russischen Versicherer auf Veranlassung von Finanzminister Sergej Witte Mitte der 1890er Jahre ein eigenes Unternehmen, die Russische Rückversicherungs-Gesellschaft. Russische Erstversicherer mussten bei ihr mindestens ein Viertel ihrer Verträge in Rückdeckung geben und durften jetzt nicht mehr als ein weiteres Viertel an ausländische Rückversicherer zedieren.[6] Das Russlandgeschäft der MR ging dadurch aber nicht zurück, da die Zahl der russischen Versicherungsgesellschaften zunahm. Die Prämieneinnahmen blieben im Feuergeschäft bis 1914 etwa gleich hoch wie in Deutschland.[7]

Bei der Unfallversicherungsgesellschaft Pomoschtsch (auf Deutsch «Rettung») in St. Petersburg übernahmen Thieme und einige Aufsichtsratsmitglieder der MR 1888 eine Kapitalbeteiligung. Ihr Paket von insgesamt 400 Pomoschtsch-Aktien ging sieben Jahre später an die MR über, die erst jetzt, nach einer Änderung des Statuts, Beteiligungen eingehen durfte.[8] Bis 1913 stieg die Beteiligung bei der Pomoschtsch auf 43,2 % an.[9] Inzwischen hielt die MR noch bei mehreren anderen Versicherern in Russland größere Beteiligungen, bei der bereits erwähnten Nadeschda in St. Petersburg, bei der Wolga Versicherung und auch bei der Russischen Rückversicherungs-Gesellschaft.[10] Seit 1887 baute die MR ihr Geschäft mit russischen Transportversicherern zielstrebig aus und schloss mit den Versicherungsgesellschaften Rossija, Russischer Lloyd und Wolga Rückversicherungsverträge für Fluss- und Seetransporte. Obwohl die MR 1906 einen Großschaden zu begleichen hatte, nachdem drei russische Dampfer untergegangen waren, brachte das Transportgeschäft offenbar stattliche Gewinne ein.[11]

Die überlieferten Berichte vermitteln nur ein vages Bild davon, wie das Russland-Geschäft der MR damals geführt wurde. Zunächst wurde es über das St. Petersburger Maklerbüro Mund, Fester, Heiseler und Wiese betrieben. 1897 soll dann ein Vertreter für Russland ernannt worden sein.[12] Auch richtete die MR in St. Petersburg ein eigenes Büro für das Transportversicherungsgeschäft ein, das den Kunden half, Schiffe zu klassifizieren.[13] Am Schwarzen Meer sollen Vertrauensleute des Unternehmens das Ein- und Ausladen von Schiffen beobachtet haben.[14] Sicher ist, dass Thieme das Russlandgeschäft persönlich in der Hand hatte und dass er regelmäßig in das Zarenreich fuhr. Auf diesen Reisen begleitete ihn stets sein Sekretär Ruckdeschl, so dass während der langen Fahrten gearbeitet werden konnte. Ruckdeschl soll auch über gute Fremdsprachenkenntnisse verfügt haben.[15]

Ende der 1880er Jahre hatte die MR Geschäftskunden auf dem gesamten europäischen Kontinent, in Frankreich wie in Russland, in Skandinavien wie in Italien und besonders auch in Österreich-Ungarn und in der Schweiz. Auf den beiden führenden Versicherungsmärkten der Welt, Großbritannien und den USA, war das Unternehmen dagegen nur indirekt, über in Rückdeckung genommene Verträge von Erstversicherern, präsent. Im Sommer 1890 begann sich dies zu ändern. Die MR wollte sich nun auch auf dem britischen Markt etablieren und beauftragte Carl Schreiner, in London eine Agentur zu errichten. Warum diese Entscheidung nicht schon früher fiel, lässt sich nur vermuten. Der britische Versicherungsmarkt galt als schwierig. In London, dem damaligen Handels- und Finanzzentrum der Welt, war eine große Zahl von Versicherern ansässig, darunter einige der international führenden Feuer- und Transportversicherungsgesellschaften. Mit hohen Renditen war im hart umkämpften britischen Inlandsgeschäft nicht zu rechnen. Die MR hatte sich von dort bereits 1883 nach einem ersten Engagement zurückziehen müssen. Die deutschen Erstversicherer hatten im Vereinigten Königreich bisher ebenfalls wenig Erfolg gehabt und klagten, dass die Briten inländische Versicherer bevorzugten.[16] Für ausländische Versicherer war in London das Übersee-Geschäft, vor allem das transatlantische Geschäft, attraktiv, das von britischen Gesellschaften dominiert wurde und nur von London aus aufgezogen werden konnte. Ein Einstieg in diesen Markt war ohne britisches Inlandsgeschäft nicht möglich.

Um in London Fuß zu fassen, musste die MR eine andere Strategie einschlagen als etwa in Russland, wo nur wenige Versicherungsgesellschaften bestanden, die von Thieme persönlich bearbeitet werden konnten. In London konnte man – wie schon in Paris – nur über einen fähigen Agenten ins Geschäft kommen, der vor Ort präsent war. Im Sommer 1890 war es gelungen, eine ideale Besetzung für diesen Posten zu finden: Carl Schreiner, einer der ersten Mitarbeiter der MR, der inzwischen Vorstand der Badischen Rück- und Mitversicherungsgesellschaft geworden war, konnte für die Eröffnung einer Generalagentur in London gewonnen werden.

Wie sich der Aufsichtsrat der MR zur Gründung der Londoner Agentur stellte, ist nicht mehr eindeutig auszumachen. Nach Meuschel verfolgte er das Projekt «mit großer Skepsis».[17] Schreiner selbst schrieb, er habe die Entsendung nach London dem stellvertretenden Aufsichtsratsvorsitzenden Pemsel zu verdanken gehabt.[18] Es ist möglich, dass die Bedenkenträger im Aufsichtsrat der Errichtung einer Generalagentur in London nur unter der Bedingung zustimmten, dass ein so erfahrener Fachmann wie Schreiner diese Aufgabe übernahm. Die Entscheidung, in London nicht eine Vertretung der MR zu eröffnen – wie in Paris oder Wien –, sondern das Geschäft von einem Agenten unter dessen Namen betreiben zu lassen, deutet darauf hin. Möglicherweise entstand die Londoner Generalagentur deshalb auch nicht früher, denn Schreiner musste erst aus seiner gutdotierten Vorstandsposition in Mannheim abgeworben werden.

Dass Schreiner für die MR nach London ging, erwies sich als Glücksgriff. Dabei hatte der Sohn eines rheinischen Baumwollspinnereibesitzers bis dahin keinerlei Auslandserfahrung. Er war auch später nicht gerade ein weltläufiger Typ. Schreiner galt als eigensinnig und wird als «enthusiastischer deutscher Patriot und Verehrer des Militarismus» beschrieben, aber auch als «ein lebhafter Rheinländer, eine ungewöhnliche Kraftnatur von einer zähen zielbewussten Arbeitskraft».[19] Ähnlich wie Thieme, mit dem er später familiär verbunden war, hatte Schreiner ein großes Talent als Verkäufer, gepaart mit einer Arbeitswut, die an Besessenheit grenzte. Mit seinen Mitarbeitern verfuhr er wenig zimperlich. Angeblich sind einige der besten von ihnen «in seiner Zucht fast zerbrochen».[20] Schreiners Fähigkeiten wurden zu einem entscheidenden Faktor für das Geschäft der MR in Großbritannien, dann aber vor allem in den USA. Seine Bedeutung für den Aufstieg des Unternehmens in den Jahrzehnten vor dem Ersten Weltkrieg ist kaum zu überschätzen, auch wenn er erst 1913 in den Vorstand berufen wurde.

Nachdem Schreiner nach London übergesiedelt war, erhielt er vom Aufsichtsrat die Direktive, sich hauptsächlich im transatlantischen Geschäft zu betätigen. Im britischen Inlandsgeschäft sollte er nur soweit aktiv werden, wie dies für das Übersee-Geschäft erforderlich war.[21] Schreiner hielt sich daran nicht, das britische Inlandsgeschäft der Generalagentur Schreiner war lange Zeit umfangreicher als das transatlantische Foreign-Geschäft.[22] Aus München gab es dagegen keine Einwände, weil der Erfolg Schreiner recht gab. Obwohl die Schadenssätze der Feuerversicherer im Vereinigten Königreich damals stiegen, konnte Schreiner Gewinne vorweisen, und es gelang ihm, die MR innerhalb weniger Jahre auf dem britischen Markt zu etablieren. Die Generalagentur profitierte davon, dass es in Großbritannien nach wie vor keine professionellen Rückversicherungsgesellschaften gab und Rückversicherungsverträge neuen Typs, wie sie die MR anbot, noch gänzlich unbekannt waren. Obligatorische Rückversicherungsverträge mit fester Quote, wie sie nun von der Generalagen-

Abb. 6 Carl Schreiner, Leiter des
Foreign Departments der
Münchener Rück (1890 – 1914),
der First Reinsurance Co. of Hartford
(1912 – 1917) und der Pilot Reinsurance
Company of New York (1925 – 1939)

tur Schreiner angeboten wurden, stießen auf großes Interesse. Die Erstversicherungen waren dadurch in der Lage, die damals rasch ansteigenden Beträge für versicherte Schäden nach einem einfachen Verfahren zu zedieren, ohne sie wie bei der Mitversicherung mit Wettbewerbern teilen zu müssen. Die von der MR angebotene Gewinnbeteiligung stellte einen weiteren Anreiz dar. Nach einigen Jahren hatte Schreiner einige der führenden britischen Versicherer, auch des Übersee- und Transatlantikgeschäfts, unter Vertrag: Guardian Fire & Life, London & Globe, Phoenix London und die Royal Exchange Assurance.[23]

Im August 1892 reiste Carl Schreiner das erste Mal über den Atlantik, um den US-Markt für die MR zu erschließen. Wiederum setzte er sich dabei über Bedenken des Aufsichtsrats hinweg.[24] Es war der Beginn einer Erfolgsgeschichte, die dazu führte, dass Schreiner später mitunter als «Vater der amerikanischen Rückversicherung» bezeichnet wurde.[25] Seine Verdienste sind unbestreitbar, doch war er eben auch zur richtigen Zeit mit dem richtigen Produkt am richtigen Ort. Die USA waren dabei, zur führenden Wirtschaftsnation der Welt aufzusteigen. Die Versicherungsbranche wuchs dort entsprechend rasch, ebenso wie in Großbritannien gab es aber in den Vereinigten Staaten keine professionellen Rückversicherungsgesellschaften. Obligatorische Rückversicherungsverträge mit fester Quote und Gewinnbeteiligung waren auch hier noch nicht bekannt. Zumeist wurden Rückversicherungsverträge von Agenten angeboten, die für mehrere Versicherungen arbeiteten, die sie dann jeweils beteiligten. Dieses Verfahren war schwerfällig und intransparent und hatte zudem den Nachteil, dass Erstversicherer an Agenten nur Beträge geben konnten, die nicht über ihren Selbstbehalt hinausgingen.

Der Vorstand ließ Schreiner in New York wie zuvor schon in London weitgehend freie Hand, zumal Thieme mit dem wachsenden Geschäft in Kontinentaleuropa und der Leitung der Allianz Versicherung voll ausgefüllt war. Schreiners Umtriebigkeit und seine hemdsärmelige Art kamen in den USA gut an. Er errichtete in New York eine eigene Direktion, leitete aber das USA-Geschäft hauptsächlich von London aus und reiste zwei bis drei Mal pro Jahr über den Atlantik.[26] Die Londoner Generalagentur wurde für das Übersee-Geschäft erweitert und erhielt die Bezeichnung Foreign Department. Sie war nun eine Abteilung der MR, die damit die Geschäfte in London und New York unter eigenem Namen führte. Neben Schreiner spielte hier Curt Uhlig als stellvertretender Leiter eine wichtige Rolle, der spätere Finanzchef der Münchner Zentrale.[27]

In den USA waren die 1890er Jahre keine gute Zeit für die Feuerversicherer. Die Schadenssätze stiegen und den inzwischen recht zahlreichen ausländischen Rückversicherern wurde vorgeworfen, sich mit unzureichenden Prämien in den Markt zu drängen.[28] Mehrere Bundesstaaten führten daraufhin eine Konzessionspflicht für Rückversicherungsgesellschaften ein. Um eine Konzession zu erhalten, musste die MR einen Sitz in den USA nachweisen. Sie richtete daher 1897 eine Auslandsfiliale in New York – die erste der MR – ein, die als Munich Re-Insurance Company, United States Department firmierte. Das Geschäft wurde weiterhin von London aus verwaltet. Angeblich hatte die MR 1905 in New York nur sechs bis acht Mitarbeiter, in London dagegen 110–130.[29] Die Konzession für die USA und den Staat New York erforderte, eine Kaution in Höhe von insgesamt 500 000 US-Dollar zu stellen. Ferner mussten eigene Treuhänder (Trustees) eingesetzt werden. Für dieses Amt konnte die MR John A. MacCall, den Präsidenten der New York Life Insurance Co., einer der größten amerikanischen Versicherungsgesellschaften, gewinnen. Weitere Trustees wurden die beiden «Hausbankiers» der MR in New York, Ernst Thalmann von Ladenburg, Thalmann & Co. und Isac N. Seligman von J. & W. Seligman & Co.[30] Erstmals übernahm die MR nun auch eine Kapitalbeteiligung an einem amerikanischen Versicherer, der International Insurance Co., New York. Hinzu kam eine vorübergehende Beteiligung an der Feuerversicherungsgesellschaft American Union.[31] Als nach und nach immer mehr Bundesstaaten eine Konzessionspflicht einführten, erwarb die MR Konzessionen für Wisconsin, Pennsylvania, Massachusetts, New Hampshire und Kalifornien.[32]

Dank Schreiners Initiative war die MR früher auf dem US-Markt etabliert als ihre wichtigsten Wettbewerber. Die Kölnische Rück nahm erst 1898 ein eigenes Nordamerika-Geschäft auf und war zuvor nur indirekt über eine enge

Tab. 4 Prämieneinnahmen der Zentrale und des Foreign Departments der Münchener Rück in der Feuerrückversicherung 1890/91–1906[33]

	A	B		C	.	D	E
	Zentrale in 1000 Mark	**Foreign Dep.** in 1000 brit. Pfund	in 1.000 Mark*	**davon USA** in 1000 brit. Pfund	in 1000 Mark*	**Insgesamt** (A+B) in 1000 Mark	**Anteil B an D**
1890/91	7 587	15,5	314			7 901	4,0 %
1893/94	9 405	211,2	4 295	35,6	730	13 700	31,3 %
1896/97	16 152	522,0	10 584	271,8	5 511	26 736	39,6 %
1900	26 422	981,3	19 892	607,8	12 320	46 314	42,9 %
1903	28 400	1 606,3	32 560	1 213,6	24 600	60 960	53,4 %
1906	38 473	1 697,3	34 455	1 268,1	25 704	72 928	47,2 %

* umgerechnet nach dem Jahresmittel des Wechselkurses

Verbindung mit der German American Insurance Company in New York vertreten.[34] Die Schweizer Rück konnte sich wegen der häufigen Großbrände in amerikanischen Städten nicht für ein eigenes USA-Geschäft entscheiden. Ihr Vorstand lehnte es noch 1899 ab, eine Konzession für einen US-Bundesstaat zu beantragen. Erst elf Jahre später errichtete sie eine Filiale in New York.[35]

Das Foreign Department der MR machte in den Vereinigten Staaten hohe Gewinne. Schon im Geschäftsjahr 1896/97 lag der Gewinn des Foreign Departments höher als der Gewinn der Zentrale in München, ebenso in den beiden folgenden Jahren sowie in den Geschäftsjahren 1902/03 und 1904/05.[36] Im Feuergeschäft der MR entfielen 1903 erstmals über 50 % der Prämieneinnahmen auf die USA und Großbritannien. Allein das US-Geschäft hatte nun einen Anteil von 40 % (siehe Tabelle 4).

Nach dem Erdbeben von San Francisco (1906) kam es in den USA zu einer Reform des Versicherungsrechts. Wegen der neuen Bestimmungen ging Schreiner daran, eine amerikanische Tochtergesellschaft zu errichten, die First Reinsurance Co. of Hartford (First Re). Sie wurde 1912 mit einem Stammkapital von 500 000 US-Dollar gegründet.[37] Der Aufsichtsrat genehmigte die Gründung unter der Auflage, dass mindestens 75 % der Aktien im Eigentum der MR bleiben müssten.[38] Tatsächlich behielt die MR eine Beteiligung von 88 %, die sich bis zur Konfiskation im Ersten Weltkrieg nur geringfügig veränderte. Amerikanische Geschäftspartner hielten rund 10 %, Schreiner und Finck waren mit kleineren Aktienpaketen beteiligt.[39] Schreiner wurde Präsident der First Re und baute für diese Gesellschaft ein eigenes Geschäft auf, das auch die Rückversicherung für die in den USA stark expandierende Lebensversicherung umfasste. Das USA-Geschäft der MR führte er unter deren Namen weiter, verlegte allerdings das New Yorker Büro zur First Re.[40] Hartford im Bundesstaat Connecticut war mit Bedacht als Sitz der amerikanischen Tochtergesellschaft gewählt worden. Die Stadt hatte sich aus steuerlichen Gründen zur «Versicherungshauptstadt» der USA entwickelt,[41] die Branche hatte hier aber auch eine große historische Tradition. Bereits 1683 war in Hartford die Travelers Insurance Company gegründet worden, 1810 dann die bedeutende Hartford Fire Insurance Company. Heute ist die MR-Gruppe dort mit der 1866 gegründeten Hartford Steam Boiler Inspection and Insurance Company vertreten.

Durch die Gründung der First Re verschoben sich die Gewichte innerhalb des Foreign Departments der MR. Die Mitarbeiterzahl ging in der Zentrale in London zurück, während sie in Hartford zunahm. Schreiner konnte als Präsident der First Re das USA-Geschäft nicht mehr wie bisher von London aus leiten, sondern war nun häufig zwischen den Kontinenten unterwegs. Angeblich soll er beim Norddeutschen Lloyd als der Passagier mit den meisten Überfahrten bekannt gewesen sein.[42]

In den Jahrzehnten vor dem Ersten Weltkrieg war die MR der unbestrittene Weltmarktführer unter den Rückversicherungsgesellschaften. 1913/14 lag ihre Bruttoprämieneinnahme bei 204 Mio. Mark, während die beiden nächstgrößeren Rückversicherungsgesellschaften, die Schweizer Rück und die Kölnische Rück, auf rund 42 bzw. 41 Mio. Mark kamen.[43] In Deutschland lag der Marktanteil der MR damals bei rund 40 %.[44] Wie hoch der Anteil an den Prämieneinnahmen aller Rückversicherungsgesellschaften der Welt war, lässt sich nicht mehr ermitteln. Erheblich niedriger war mit Sicherheit der Anteil der MR am gesamten Welt-Rückversicherungsmarkt, weil Rückversicherungsverträge zu einem großen Teil eben auch von Erstversicherern abgeschlossen wurden, besonders im Vereinigten Königreich und in den Vereinigten Staaten.

Die MR profitierte von der wachsenden Integration der damaligen Weltwirtschaft, die durch den klassischen Goldstandard, das erste internationale Währungssystem, miteinander verbunden war. Historiker sehen in diesem Zeitraum die erste Globalisierungsphase.[45] Aus der Perspektive der Globalgeschichte war die Versicherungsbranche vor 1914 freilich wegen ihrer einseitigen Ausrichtung auf Europa und Nordamerika nicht im heutigen Sinne globalisiert.[46] Auch das Geschäft der MR beschränkte sich damals auf Europa (einschließlich Russlands) und Nordamerika. Es war nicht so global aufgestellt wie das mancher Erstversicherer, vor allem britischer Transport- und Feuerversicherer. In Südamerika und in Asien war die MR fast nur indirekt, als Rückversicherer dort tätiger Erstversicherer im Geschäft. So umfasste der 1882 mit der Helvetia abgeschlossene Rückversicherungsvertrag z. B. auch deren Verträge mit Kunden in Brasilien, Chile, Mexiko, Indien, Japan und

Singapur.[47] In Südamerika und Asien gab es erst wenige inländische Versicherer. Der Risikoausgleich erfolgte hier weitgehend nach dem britischen Modell als Mitversicherung mit europäischen, zumeist britischen Versicherungsgesellschaften. Erst in den letzten Jahren vor dem Ersten Weltkrieg hatte die MR, zunächst noch zögerlich, Verhandlungen mit einem japanischen Versicherer aufgenommen. Ein Manager der Nippon Feuerversicherung hatte 1908 Thieme besucht, doch bis zu einem Vertragsabschluss sollten noch einige Jahre vergehen. Der Großbrand von Osaka im Jahr 1909 dürfte der Bereitschaft zu einem Engagement in Japan nicht förderlich gewesen sein. Hinzu kamen Warnungen Schreiners, der nach München berichtete, dass die japanischen Versicherungen nicht für Rückversicherungsverträge aufgeschlossen wären. Gleichwohl ging die MR 1913 einen Vertrag mit der Nippon Fire ein.[48]

Statistiken über die regionale Zusammensetzung der Prämieneinnahmen sind aus dieser Zeit bei der MR nicht überliefert. Meuschel ging später in seiner Geschichte der MR davon aus, dass 1913 knapp 70 % des Geschäfts auf das Ausland entfielen.[49] Die wichtigsten Märkte waren allerdings weiterhin Deutschland und Österreich-Ungarn. Mehr als die Hälfte aller Prämieneinnahmen kam aus diesen beiden Staaten (siehe Grafik 1). Nach einer anderen Quelle lag der Anteil Deutschlands am Geschäft der MR im Jahr 1913 bei 30 %,

Grafik 1 Verteilung des Geschäfts der Münchener Rück im Jahr 1913 nach Ländern[50]

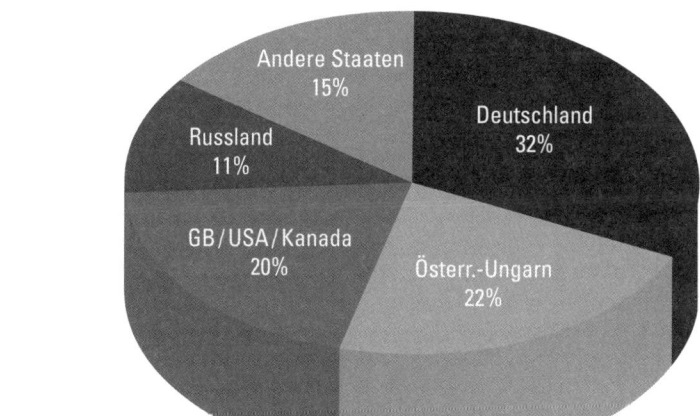

während rund 25 % auf das Foreign Department (Vereinigte Staaten, Kanada, Großbritannien) und 10 % auf Russland entfielen.[51] Unstrittig ist demnach, dass der Anteil des Auslandsgeschäfts bei rund 70 % lag. Ein derart hoher Anteil lässt sich für diese Zeit nur bei wenigen deutschen Firmen, etwa beim

Kraftfahrzeugausrüster Bosch, aber auch einigen Erstversicherern wie der Mannheimer Versicherungsgesellschaft, feststellen.[52] Noch höher als bei der MR lag der Anteil des Auslandsgeschäfts freilich bei der Schweizer Rück, die nur über einen kleinen Heimatmarkt verfügte. Hier kamen 1913 rund 80 % der Prämieneinnahmen aus dem Ausland.[53]

Bei professionellen Rückversicherungsgesellschaften war Deutschland nach wie vor das mit Abstand wichtigste Anbieterland mit einer Bruttoprämieneinnahme von 14,66 Mio. britischen Pfund im Jahr 1913, vor Österreich-Ungarn (2,62 Mio.) und Russland (1,28 Mio. im Jahr 1912), das inzwischen die Schweiz überholt hatte.[54] Rückversicherungsleistungen waren zu einem wichtigen Exportprodukt des Deutschen Kaiserreichs geworden. Nach Angaben aus der älteren Forschung bestritten die deutschen Feuerrückversicherer 1913 nicht einmal ein Viertel ihres Geschäfts im Inland und erhielten Prämieneinnahmen in Höhe von rund 300 Mio. Mark aus dem Ausland.[55] Auch weiterhin zedierten viele deutsche Versicherer ins Ausland, aber größer war nun der Betrag, den ausländische Versicherer in Deutschland rückversicherten. Hatte Deutschland bei Rückversicherungsleistungen noch 1892 einen Importüberschuss von 6 Mio. Mark, so bestand 1913 ein Exportüberschuss von 112 Mio. Mark.[56] Dass sich die Richtung des Kapitalstroms gedreht hatte, war gewiss nicht das alleinige Verdienst der MR, aber sie war daran stärker beteiligt als jedes andere Unternehmen.

Das Erdbeben von San Francisco und andere Großschäden

Im Jahrzehnt vor dem Ersten Weltkrieg ereigneten sich mehrere Großbrände und Naturkatastrophen, die zu den schwersten des 20. Jahrhunderts zählen. Für die Rückversicherer wurden diese Großschäden zu einer entscheidenden Bewährungsprobe, zumal sich die Katastrophen mit den höchsten Gesamtschäden in den USA ereigneten, dem inzwischen wichtigsten Versicherungsmarkt der Welt, der auch für die MR von größter Bedeutung war. Diese Großschäden fielen bei der MR durchweg im Feuergeschäft an. Beim einzigen Großschaden, der in dieser Zeit die Unfallversicherer traf – dem Untergang der Titanic im April 1912 –, war die MR nur mit dem relativ geringen Betrag von umgerechnet 500 000 Mark beteiligt.[57]

In den USA spielten ausländische, vor allem britische Feuerversicherungsgesellschaften seit Mitte des 19. Jahrhunderts eine wichtige Rolle. Mit dem raschen Wachstum der Wirtschaft nach dem Bürgerkrieg nahm hier die Nachfrage nach Feuerversicherungen zu, zumal auch in den Städten die meisten Häuser aus Holz gebaut waren. Da es immer wieder zu Großbränden kam, wie dem Great Chicago Fire vom Oktober 1871, waren die Prämien in der Feuerversicherung recht hoch. Immer mehr europäische Versicherer zog es deshalb auf den US-Markt, und nicht wenige von ihnen erzielten hier bald höhere Prämien als auf ihrem Heimatmarkt.[58] 1881 hatten ausländische Feuerversicherer in den Vereinigten Staaten bereits einen Marktanteil von 25 %.[59] Ende 1913 waren insgesamt 89 ausländische Feuer- und Seeversicherer in den USA am Markt, darunter 42 britische und 13 deutsche Gesellschaften.[60] Neuere Untersuchungen zeigen, dass die Zahl der Großbrände in den USA ab Mitte des 19. Jahrhunderts trotz des Städtewachstums abnahm, bedingt vor allem durch Veränderungen in der Bauweise und bessere Brandschutzeinrichtungen.[61] So gesehen handelten die europäischen Feuerversicherer, die auf den US-Markt drängten, durchaus nach einem rationalen Kalkül. Dass in Nordamerika bis 1898 insgesamt 832 Feuerversicherungsgesellschaften in Konkurs gingen, hing mehr mit der geringen Leistungsfähigkeit des amerikanischen Rückversicherungswesens zusammen.[62] Die meisten dieser Unternehmen dürften lokale oder regionale Versicherer gewesen sein, die das Risiko untereinander geteilt hatten und bei einem Großschaden wegen ihres geringen Eigenkapitals gemeinsam untergingen.

Am 7. Februar 1904, einem Sonntag, brach in der Innenstadt von Baltimore ein Großbrand aus, den selbst ein Aufgebot von mehr als 1200 Feuerwehrleuten erst nach 30 Stunden unter Kontrolle bekam. Ein großer Teil des Stadtzentrums, 70 Häuserblocks mit 2500 Gebäuden, wurde durch die Flammen zerstört. Augenzeugen wussten zu berichten, dass 20-stöckige Gebäude wie «Vogelkäfige in einem Schmelzofen» zusammenbrachen.[63] Es war die schwerste Brandkatastrophe seit mehr als drei Jahrzehnten. Dass sich das Feuer so rasch ausbreiten konnte, lag hauptsächlich daran, dass die Löscharbeiten durch starke Winde aus wechselnder Richtung behindert wurden. Hinzu kamen Mängel bei den Brandschutzanlagen und der feuerwehrtechnischen Ausrüstung. Automatische Feuerlöschanlagen (Sprinkleranlagen) waren nicht vorhanden, die Feuerwehren mussten mit Hydranten und mit von Pferden gezogenen Dampfspritzen löschen. Auch passten die Schläuche der herbeigerufenen Feuerwehren aus Washington, Philadelphia und New York nicht zu den Anschlüssen in Baltimore. Die versicherten Schäden des «Great Baltimore Fire» beliefen sich nach Angaben von Clive Trebilcock auf 15 Mio. britische Pfund (304 Mio. Mark).[64] Sie verteilten sich auf rund 200 Feuer- und Rückversicherer, darunter auch sechzehn britische und sechs deutsche Gesellschaften. Die MR musste für Schäden in Höhe von rund 4 Mio. Mark netto aufkommen, was etwa dem Zweifachen ihres Gewinns im Geschäftsjahr 1903/04 entsprach. Da sie diesen Betrag zahlen konnte, ohne auf ihr Vermögen zurückgreifen zu müssen,[65] stellte der nächste Geschäftsbericht fest, dass das US-Geschäft «die Feuerprobe bestanden» hatte.[66]

Tatsächlich zeigte sich bei der Schadensregulierung nach dem Großbrand von Baltimore, wie leistungsfähig das Versicherungswesen inzwischen

durch das Wachstum der Rückversicherung geworden war. Nach der Brandkatastrophe von Chicago im Jahr 1871 waren 68 Feuerversicherer in Konkurs
gegangen, 80 weitere hatten nur zum Teil zahlen können. Nach dem «Great
Baltimore Fire» stellten dagegen nur zwölf Gesellschaften die Zahlungen ein,
darunter fünf lokale Versicherer.[67] Die Regulierung der Brandschäden von
Baltimore wäre als wichtiger Meilenstein in die Versicherungsgeschichte
eingegangen, wenn nicht zwei Jahre später eine noch größere Katastrophe
die Branche vor noch größere Herausforderungen gestellt hätte: das Erdbeben von San Francisco.

Kalifornien war seit den 1870er Jahren das Klondike der Feuerversicherer.
Durch den Bau mehrerer Transkontinentaleisenbahnen erlebte der noch junge
Bundesstaat am Pazifik einen wirtschaftlichen Aufschwung und einen raschen
Anstieg der Bevölkerungszahl. San Francisco, die damals mit Abstand größte
Stadt Kaliforniens, hatte 1906 bereits 450 000 Einwohner, gegenüber 150 000
im Jahr 1870. Die Feuerversicherer profitierten hier von hohen Prämien und
einer niedrigen Schadensquote.[68] Fast 50 % des kalifornischen Feuergeschäfts
lag bei ausländischen Gesellschaften, unter denen deutsche Versicherer den
zweiten Platz einnahmen – freilich mit weitem Abstand hinter den britischen.[69] Auch bei der MR wusste man, wie lukrativ der kalifornische Markt
war. Carl Thieme hatte 1889 sogar damit geliebäugelt, in das direkte Feuerversicherungsgeschäft in Kalifornien einzusteigen, weil dort «geradezu glänzende
Verhältnisse vorliegen».[70] Der Bundesstaat am Pazifik war zwar schon 1857
von einem schweren Erdbeben heimgesucht worden, aber dass von den tekto-
nischen Verschiebungen im Sankt-Andreas-Graben eine ständige Gefahr ausging, wurde erst sehr viel später erkannt. Für eine größere Bedrohung hielt
man das Risiko eines Großbrands, waren in San Francisco doch 92 % der
Häuser aus Holz gebaut. Doch die Stadt rühmte sich, über eine der am besten
ausgestatteten Feuerwehren der Vereinigten Staaten zu verfügen.[71]

Im Frühjahr 1906 wurde der kalifornische Traum zum Alptraum. San
Francisco, das florierende «Paris des Westens», wurde am Morgen des 18. April 1906 von einer der schlimmsten Naturkatastrophen der Moderne heimgesucht. Ein Erdbeben der Stärke 8,3 (Richterskala), ausgelöst durch tekto-
nische Verschiebungen im nahegelegenen Sankt-Andreas-Graben, erschütterte
die Region. In San Francisco brachen durch dieses Beben und die anschließenden Nachbeben Brände aus, die durch geplatzte Gasleitungen und umge-
fallene Öfen angefacht wurden und in der Stadt noch verheerendere Schäden
anrichteten als die Erdstöße. Vier Tage lang wütete die Feuersbrunst. Am
Ende waren über 3000 Menschen ums Leben gekommen und rund 28 000
Häuser zerstört.[72] Dass in San Francisco fortschrittliche Brandschutzeinrichtungen bestanden, nützte wenig, da durch das Erdbeben der Strom ausgefallen
war.

Erste Schätzungen ergaben einen Gesamtschaden in Höhe von rund 300 Mio. US-Dollar und versicherte Schäden in Höhe von rund 175 Mio. US-Dollar.[73] Vom Staat hatte die Bevölkerung der zerstörten Stadt keine Gelder zu erwarten, da derartige Hilfsprogramme damals nicht üblich waren. Die Zukunft San Franciscos und das Wohl seiner Einwohner hingen somit weitgehend von den Versicherern ab. Beteiligt waren 114 Feuerversicherer, darunter 32 ausländischen Gesellschaften.[74] Elementarschadenversicherer im heutigen Sinne gab es noch nicht, und die Lebensversicherung spielte bei der Schadensregulierung praktisch keine Rolle, weil die meisten Todesopfer in den ärmeren Vierteln San Franciscos, besonders in Chinatown, gelebt hatten, wo man gar nicht oder nur geringfügig versichert war.[75]

Die weitaus meisten Feuerversicherungspolicen in den USA wurden damals nach dem Muster der New York Standard Fire Insurance Policy ausgestellt. Zu Erdbebenschäden und erdbebenbedingten Brandschäden fanden sich darin keine Bestimmungen, dafür enthielten die Verträge eine Einsturzklausel (Fallen Building Clause), die reine Einsturzschäden vom Versicherungsschutz ausnahm. Nach dem Rechtsverständnis und den Gepflogenheiten in den USA hafteten die Feuerversicherer daher für die Schäden in San Francisco.[76] In Europa und besonders in Deutschland sah man dies anders. Hier galten Erdbeben als nicht versicherbar, weil man darin – in heutigen Begriffen ausgedrückt – nicht ein kalkulierbares Risiko, sondern eine unberechenbare Gefahr sah. Die Allgemeinen Versicherungsbedingungen des Verbandes deutscher Privat-Feuerversicherungs-Gesellschaften nahmen alle Schäden, die durch Krieg, Aufruhr, Landfriedensbruch oder Erdbeben entstanden waren, vom Versicherungsschutz aus.[77] Lediglich die öffentlichen Brandkassen übernahmen mit wenigen Ausnahmen die Haftung für erdbebenbedingte Feuerschäden.[78] Die privaten Feuer- und Gebäudeversicherer mussten nach deutschem Rechtsverständnis für diese Schäden nur zahlen, wenn sie in ihren Verträgen ausdrücklich dafür eine Haftung übernommen hatten. Die Feuerversicherungsverträge deckten nach dieser Auslegung in San Francisco nur Schäden ab, die nicht durch das Erdbeben, sondern erst durch das anschließende, mehrtägige Feuerinferno entstanden waren.

Am 21. April 1906, als die Brände in San Francisco gerade gelöscht waren, trat in München der Aufsichtsrat der MR zusammen, um über die Regulierung der Schäden zu beraten. Thieme präsentierte ein Telegramm Schreiners aus London, wonach «unser Bruttoschaden 5½ Millionen Dollar nicht übersteigt, netto 3 Millionen Dollar», was umgerechnet 12,6 Mio. Mark entsprach. Diese erste Schätzung war bemerkenswert genau, sie lag nicht weit von der später gezahlten Summe entfernt. Der Aufsichtsrat beschloss, Schreiner mit dem Auftrag in die USA zu schicken, dort «die Ansicht des Aufsichtsrates und des hiesigen Vorstandes dahin auszusprechen, daß zu Akten der Liberalität

Abb. 7 Blick auf San Francisco am 18. April 1906

bei der Schadensregulierung im Hinblick auf den Umfang der Katastrophe keine Möglichkeit gegeben, vielmehr jeder über den rechtlich verpflichtenden Inhalt der maßgebenden Policen und Verträge hinausgehende Entschädigungsanspruch abzulehnen sei, und zwar ohne Rücksicht auf etwaige bestehende oder künftig zu erhoffende geschäftliche Beziehungen und Vorteile.»[79] Am Schluss der Sitzung gab Wilhelm Finck «die eventuelle Abstoßung des gesamten Feuergeschäftes in Anregung». Bei dem stets vorsichtigen, auf Sicherheit bedachten Aufsichtsratsvorsitzenden lagen offenbar die Nerven blank. Sein Antrag wurde nicht weiter verfolgt.[80]

Es stand außer Zweifel, dass die MR die von Schreiner geschätzte Schadenssumme und selbst einen noch höheren Betrag zahlen konnte. Das Unternehmen hatte für das Geschäftsjahr 1904/05 eine Prämieneinnahme von 143 Mio. Mark und Reserven in Höhe von 86 Mio. Mark ausgewiesen.[81] Thieme ging es um das Prinzip. Er war bereit, umgehend für alle Schäden zu zahlen, für die eine Haftung der MR bestand. Nach den in Deutschland üblichen Versicherungsbedingungen galt dies nur für reine Brandschäden, nicht für erdbebenbedingte Schäden. Mit der restriktiven Weisung an Schreiner sollte erreicht werden, dass sich die amerikanischen Zedenten an dieses Prinzip hielten und nicht für erdbebenbedingte Brandschäden aufkamen oder Zahlungen aus Kulanz leisteten. Schreiner bekam dafür ein starkes Argument in die Hand. Noch am 21. April bewilligte der Aufsichtsrat per Zirkularabstimmung einen Kredit der New Yorker Niederlassung beim dortigen Bankhaus Seligman & Co. in Höhe von einer Mio. US-Dollar.[82] Mit diesem Betrag konnte Schreiner nach seiner Ankunft in den USA sofort auch größere Summen an die Zedenten auszahlen und eine rasche Schadensregulierung ermöglichen. Unter den europäischen Rückversicherungsgesellschaften war wohl nur die MR in der Lage, einen derartigen Dispositionsfonds aus dem Stand zu bilden und in den USA zur Auszahlung kommen zu lassen. Thieme verfolgte den amerikanischen Zedenten gegenüber somit eine Doppelstrategie. Sie sollten sich bei der Schadensregulierung an die restriktiven Vorgaben der MR halten und konnten im Gegenzug sofort Zahlungen des Rückversicherers in Anspruch nehmen.

Diese Strategie erwies sich als ein sehr geschickter Schachzug. Thieme war offenbar von Anfang an klar, dass von den Feuerversicherern in den USA erwartet wurde, für alle Schäden der Katastrophe von San Francisco aufzukommen. Das von der MR vertretene Prinzip, dass Erdbebenschäden nicht versicherbar seien, ließ sich unter diesen Bedingungen in der amerikanischen Öffentlichkeit kaum vermitteln. Solange Schreiner aber auszahlte, und das auch noch schneller als andere, würde man der MR kaum vorwerfen, dass sie nicht für alle Schäden aufkommen wolle. Auch war nicht klar, ob ein Rückversicherer berechtigt war, sich der Beteiligung an einer Zahlung des Erstversicherers zu entziehen, die seiner Ansicht nach über die vertraglich festgelegte Haftung hinausging. Der Österreichische Phönix war der Ansicht, dass sich ein Rückversicherer widerspruchslos mit der vertraglich vereinbarten Quote zu beteiligen hatte.[83] Für die MR hätte dies bedeutet, dass sie verpflichtet gewesen wäre, sich auch an Zahlungen ihrer amerikanischen Zedenten für erdbebenbedingte Feuerschäden und an Kulanzzahlungen zu beteiligen. Mit einem derartigen Szenario musste man in München rechnen. Angesichts der Berichte aus der zerstörten Stadt am Pazifik bedurfte es schon einer gewissen Abgebrühtheit, sich jeder Kulanz zu verweigern. Auch hatte Lloyd's mit einer überaus kulanten Haltung schon frühzeitig einen Maßstab gesetzt, an dem nun andere Versicherer in der amerikanischen Öffentlichkeit gemessen wurden. Cuthbert Heath, ein prominentes zeichnendes Mitglied (Underwriter) von Lloyd's, hatte an die Agenten in den USA noch am Abend des 18. April 1906 die legendär gewordene Weisung herausgegeben, allen erdbebengeschädigten Kunden ohne Rücksicht auf die Vertragsbedingungen volle Zahlung zu leisten («pay all of our policyholders in full, irrespective of the terms of their policies»).[84]

In den Wochen nach der Katastrophe von San Francisco kam es innerhalb der Versicherungsbranche zu einer hektischen Krisendiplomatie. Die Rückversicherungsgesellschaften hatten gegenüber den Feuerversicherern den Vorteil, dass sie sich leichter abstimmen konnten, da es in dieser Sparte weltweit nur drei große «Player» gab, die nicht weit voneinander entfernt saßen, in München, Köln und Zürich. Die «großen Drei» zogen auch jetzt die Fäden. Schon am 30. April trafen sich Vertreter von 20 europäischen Rückversicherungsgesellschaften in Frankfurt, um eine gemeinsame Position zur Regulierung der Schäden von San Francisco zu vereinbaren.[85] Man einigte sich auf den Standpunkt, den der Aufsichtsrat der MR bereits mit der Weisung an Schreiner vom 18. April eingenommen hatte. In einem später veröffentlichten Zirkularschreiben an die in San Francisco beteiligten Feuerversicherer bekannten sich die Teilnehmer der Frankfurter Konferenz zu dem Grundsatz, dass eine Feuerversicherung «für den Schaden, der direkt oder indirekt durch ein Erdbeben verursacht ist, nicht aufzukommen hat». Ferner erklärten sie, sich nur an Schadenszahlungen beteiligen zu wollen, zu denen sie rechtlich verpflichtet waren. Von den Erstversicherern erwarteten die Rückversicherer, sich ebenso zu verhalten.[86] Einen ähnlichen Beschluss fassten am 3. Mai 1906 Vertreter britischer Versicherer auf einer Konferenz in London.[87] Die amerikanischen Versicherungsgesellschaften konnten sich dagegen nicht auf eine einheitliche Position einigen. Sie waren zwar entschlossen, an der Einsturzklausel der Standard Policy festzuhalten, empfahlen aber auch, in Zweifelsfällen einen «vernünftigen Kompromiss» einzugehen, womit nur ein Vergleich in Form einer bestimmten Quote gemeint sein konnte.[88]

Es war offensichtlich, dass die Vorstände der Versicherungsunternehmen in New York und in Europa keine Vorstellung davon hatten, wie sich die Schadensermittlung in San Francisco gestaltete. Der von den europäischen Rückversicherern vertretene Grundsatz ging ebenso an der Realität in der zerstörten Stadt vorbei wie das Insistieren amerikanischer Feuerversicherer auf der Einsturzklausel. Die feuerversicherten Einwohner San Franciscos erklärten natürlich unisono, dass ihre Häuser nach den Erdstößen noch gestanden hätten und ausschließlich durch den späteren Feuersturm zerstört worden wären. Die Versicherer mussten ihnen glauben, weil sie nichts anderes beweisen konnten. Nach Auffassung der kalifornischen Gerichte standen die Versicherungsgesellschaften und nicht deren Kunden in der Beweispflicht. Oft ließ sich nicht einmal mehr ermitteln, ob überhaupt eine Feuerversicherung bestanden hatte, weil viele Versicherungsbüros in Schutt und Asche lagen.

In der amerikanischen Öffentlichkeit wuchs inzwischen der Unmut über das zögerliche Verhalten der Versicherer. Dass sich deren Direktoren auf Vertragsbestimmungen beriefen, während die Bevölkerung von San Francisco Not litt, wurde als unerträglich empfunden. Die Presse schoss sich auf die Assekuranzen ein. Im zerstörten San Francisco, wurde Versicherungsvertre-

tern angeblich sogar mit Lynchjustiz gedroht.[89] Unter dem Druck der Öffentlichkeit erklärten sich im Juni sechs große amerikanische und britische Feuerversicherer, darunter Aetna, Hartford und Liverpool London, zur vollen
Auszahlung bereit.[90] Die MR und die anderen großen Rückversicherungsgesellschaften hielten dagegen weiterhin daran fest, nur für reine Feuerschäden
zahlen zu wollen. Am 29. Juni konnte Thieme dem Aufsichtsrat einen Bericht
Schreiners vorlegen, aus dem hervorging, dass sich die Zedenten an die ihnen
mitgeteilten Grundsätze gehalten hatten. Thieme rechnete nun damit, dass
sich die Schäden von San Francisco «auch bei ungünstiger Regulierung» auf
etwa 65 % der Versicherungssumme belaufen würden, was einem Betrag von
rund 8 Mio. Mark entsprach.[91]

Ähnlich wie die MR erklärten sich insgesamt 59 Versicherer bereit, einen
bestimmten Anteil zu zahlen. Sechs Versicherer lehnten Zahlungen dagegen
völlig ab, weil ihre Verträge explizit eine Ausschlussklausel enthielten, die sie
von der Haftung für direkte und indirekte Erdbebenschäden freistellte. Der
Österreichische Phönix gehörte zu dieser Gruppe, die Transatlantische Feuer-
Versicherungs AG aus Hamburg, die Rhein & Mosel Versicherung aus Straßburg und die Helvetia Feuerversicherung aus Winterthur.[92] Diese Unternehmen befanden sich aus ihrer Sicht und auch nach Auffassung der Gerichte in
ihren Heimatländern im Recht, doch in den Vereinigten Staaten sah man dies
anders. Den «Verweigerern» war klar, dass sie in den USA mit ihrer Haltung
kein Geschäft mehr machen konnten und dass Klagen vor amerikanischen
Gerichten auf sie zukommen würden. Sie zogen sich rasch vom US-Markt zurück, gerieten dadurch freilich noch mehr ins Visier der amerikanischen
Presse, in der sie nun als «run away companies» galten.[93] Die kompromisslose,
geradezu zynische Haltung der «Verweigerer» drohte das Image aller in den
USA konzessionierten Feuerversicherer aus den deutschsprachigen Ländern
zu beschädigen. Die amerikanische Öffentlichkeit differenzierte nicht allzu
sehr zwischen den einzelnen Gesellschaften. Die bisher recht beliebten deutschen Versicherer drohten in Verruf zu geraten, während Lloyd's von seiner
kulanten Haltung profitierte.

Im August 1906 zeichneten sich die ersten Klagen gegen Versicherungsgesellschaften ab. In San Francisco hatte sich eine Schutzvereinigung der Versicherten gebildet, die Policyholders' Leaguc, deren Anwälte gegen die «run
away companies» aus Deutschland, Österreich und der Schweiz vorgingen.[94]
Gegen die MR waren bisher dank der Zahlungen aus Schreiners Dispositionsfonds keine Vorwürfe laut geworden. Doch nun drohte ihr ein Debakel, da sie
praktisch zu allen Gesellschaften, die Zahlungen vollständig verweigerten,
Geschäftsbeziehungen unterhielt. Am brisantesten war dies in Bezug auf die
Helvetia, deren Direktor Moritz Grossmann mit Thieme in engem Kontakt
stand.[95] Die Helvetia hatte im Mai 1906 ihre US-Verträge auf die Rhein &

Mosel Versicherung übertragen, die diese dann bei der Helvetia zu fast 100 % in Rückdeckung gegeben hatte.[96]

Im September 1906 reichte ein Anwalt der Policyholders' League, L. A. Redman, eine Klage gegen die Rhein & Mosel Versicherung ein, die sich seiner Ansicht nach Zahlungen in Höhe von 4,2 Mio. US-Dollar entzug. Redman beantragte, die von der Helvetia in New York für ihre US-Konzession hinterlegte Kaution von 200 000 US-Dollar zu pfänden.[97] Darüber hinaus wollte der Anwalt an die Forderungen der Helvetia gegen ihre Retrozessionäre herankommen. Größte Retrozessionäre waren die MR, die Allianz und die Kölnische Rück. Thieme hatte ohne Wissen Schreiners und des Aufsichtsrats noch zusätzliche Retrozessionen von der Helvetia übernommen, also Beteiligungen an der Haftung für die Rückversicherung der Rhein & Mosel-Verträge.[98] Ein Jahr später beschlagnahmte der Superintendent of Insurance des Staates New York wegen dieses Verfahrens die Depots mit den Kautionen der MR und der Kölnischen Rück, die drei Jahre lang gesperrt blieben.[99] Wäre die MR mit der Helvetia auf die Anklagebank gesetzt worden, dann hätte sie ihr USA-Geschäft möglicherweise aufgeben müssen. Die Helvetia und die Rhein & Mosel konnten sich das leisten, die MR aber nicht, da auf die Vereinigten Staaten immerhin ein Drittel ihres gesamten Feuergeschäfts entfiel. Allein im Jahr 1906 nahm die MR von ihren amerikanischen Feuer-Zedenten Prämien in Höhe von umgerechnet knapp 26 Mio. Mark ein.[100]

Mit den Klagen der Policyholders' League war für Thieme wohl der Punkt erreicht, an dem er seine Haltung revidierte. Ende September 1906 beharrte er jedenfalls nicht mehr darauf, den ohnehin nicht ermittelbaren Anteil der erdbebenbedingten Feuerschäden von den Zahlungen für die Schäden von San Francisco auszunehmen. Spree kann dies anhand eines Briefs von Hermann Pemsel belegen. Der stellvertretende Aufsichtsratsvorsitzende der MR teilte seinem Sohn Wilhelm am 27. September 1906 mit, «dass Thieme zahlen möchte, die anderen Herren aber Zeit gewinnen wollen».[101] Offenbar war der Aufsichtsratsvorsitzende Finck wieder einmal zögerlicher als Thieme, der sich jedoch durchsetzte. Bereits im Oktober wurde Schreiners Dispositionsfonds durch einen weiteren Kredit beim New Yorker Bankhaus J. & W. Seligman & Co. auf 2 Mio. US-Dollar (8,4 Mio. Mark) aufgestockt, da sich der Schadenssatz des Foreign Departments auf 80 % erhöht hatte.[102] Dies dürfte auch der Anteil gewesen sein, den die MR insgesamt gezahlt hat. Bei den meisten beteiligten Versicherungen lag die Quote ähnlich hoch. Thieme hat seine Haltung zur Regulierung der Schäden von San Francisco vor der Generalversammlung der MR vom 28. Dezember 1906 unumwunden dargelegt: Nicht die Notlage der Menschen in der zerstörten Stadt hatte ihn zu höheren Zahlungen bewogen, sondern kaufmännisches Kalkül. Das USA-Geschäft der MR warf trotz der Katastrophen von Baltimore und San Francisco ansehnliche Gewinne ab.

Es werde dort, so Thieme, in Prozenten so viel verdient wie in Deutschland in Promille. Unter dem Beifall der Aktionäre erklärte er: «Ich verzichte nicht auf Amerika».[103]

Wie Thieme dem Aufsichtsrat am 22. Oktober 1906 mitteilte, hat die MR für die Schäden der Erdbebenkatastrophe von San Francisco auf eigene Rechnung rund 11 Mio. Mark (2,62 Mio. US-Dollar) gezahlt, wovon 10,5 Mio. Mark auf das Foreign Department entfielen. Aufbringen musste die MR zudem noch einen Betrag von 3,75 Mio. Mark für die Sanierung der Süddeutschen Feuerversicherungs-Bank, die durch die Schadenszahlungen für San Francisco in eine Schieflage geraten war und mit der Allianz fusioniert wurde, sowie weitere 5,25 Mio. Mark «für die Rückdeckung bei unserer Gruppe».[104] Die Finanzspritze für die Süddeutsche Feuerversicherungs-Bank kann nicht den Schadenszahlungen der MR zugerechnet werden, zumal ihr Einschüsse und flüssige Mittel dieser Gesellschaft in Höhe von rund 2,6 Mio. Mark gegenüberstanden.[105] Ähnliches gilt für die Gelder, die zur Rückdeckung bei Beteiligungsgesellschaften benötigt wurden. Hier handelte es sich um Retrozessionen, die diese Unternehmen nicht zahlen konnten. Die MR sprang ein und erhielt später etwa die Hälfte dieser Gelder zurück.[106]

In den meisten späteren Darstellungen – auch in der Dokumentation von Herzog und in der Pressemitteilung der MR zum 100. Jahrestag der Katastrophe von San Francisco – wurden die Schadenszahlungen mit dem von Thieme genannten Verlust in Höhe von rund 11 Mio. Mark angegeben.[107] Unter Einschluss der indirekten Zahlungen ergibt sich ein Betrag von 15 Mio. Mark. Bedenkt man, dass die MR im US-Feuergeschäft 1903/04 eine Prämieneinnahme von umgerechnet 25,5 Mio. Mark erzielt hatte und 1905 einen Gewinn von umgerechnet 4,7 Mio. Mark, dann ist gut nachvollziehbar, dass Thieme an diesem Geschäft unbedingt festhalten wollte.[108]

Verglichen mit den Zahlungen bei Großschäden der letzten Zeit erscheinen die Zahlungen für die Schäden von San Francisco in Höhe von 11 Mio. Mark – in Kaufkraftäquivalent umgerechnet entsprechen sie heute einem Betrag von 62,7 Mio. Euro[109] – als ein recht überschaubarer Betrag. Wegen des Hurrikans Katrina vom August 2005 kamen auf die MR z. B. Schadenszahlungen von rund 1,6 Mrd. Euro zu. Doch stellt sich der Vergleich anders dar, wenn man die Beträge mit der Prämieneinnahme der jeweiligen Jahre in Bezug setzt. Die Zahlungen für die Schadensregulierung nach der Katastrophe von San Francisco machten 7,3 % der Bruttoprämieneinnahme des Geschäftsjahres 1905/06 aus. Sie lagen damit nicht sehr viel niedriger als der Anteil der Zahlungen für die Schäden des Hurrikans Katrina (8,4 %), der prozentual die bislang höchste Belastung des Unternehmens aus einer Naturkatastrophe darstellt.[110]

Die MR konnte eine Schadenszahlung dieser Größenordnung schon 1906 problemlos finanzieren, verlor dadurch allerdings viel von ihrer Liquidität.

Allein auf ihren Bankkonten in München, London und New York standen Guthaben in Höhe von insgesamt knapp 10 Mio. Mark zur Verfügung.[111] Die Bilanz für das Geschäftsjahr 1905/06 wies erstmals seit Gründung des Unternehmens einen Verlust aus, der sich mit 250 000 Mark freilich im Rahmen hielt und durch einen Gewinnvortrag aus dem Vorjahr in Höhe von 711 000 Mark mehr als abgedeckt werden konnte. Die MR hätte auch gar keinen Verlust ausweisen müssen, da sie gleichzeitig in der Lage war, eine Dividende von 15 % auszuschütten, die aus der Schadensreserve finanziert wurde. Meuschel vermutete später, es habe sich um ein «nobile officium gegenüber den Aktionären» gehandelt.[112] Auch ist nicht sicher, ob der Verlust allein durch die Schäden von San Francisco zustande gekommen war. Später wurde bekannt, dass die MR im selben Jahr auch noch einen Schaden von insgesamt 5 Mio. Mark zu begleichen hatte, nachdem die russischen Dampfer Kujas, Gortschakoff und Kasanj im Hafen von Wladiwostok auf Minen gestoßen und untergegangen waren.[113] Ebenso wie das amerikanische Feuergeschäft dürfte das russische Transportgeschäft für die MR so einträglich gewesen sein, dass es sich trotz des Großschadens rechnete.

Nicht alle der in San Francisco beteiligten Versicherer konnten die Schadenssumme so reibungslos aufbringen wie die MR. Nach einer Schätzung des Versicherungswissenschaftlers Peter Koch sind 20–50 Gesellschaften durch die Katastrophe von San Francisco zahlungsunfähig geworden sind, davon 10–15 in Deutschland.[114] Diejenigen Feuer- und Rückversicherer, die diese Bewährungsprobe ohne größere Verluste bestanden hatten, profitierten in den folgenden Jahren von indirekten Nachwirkungen. Die Feuerversicherer konnten ihre Prämiensätze nach San Francisco kräftig steigern, und die Rückversicherer gingen dazu über, ihre Selbstbehalte zu senken, wodurch wiederum die Nachfrage nach ihren Leistungen stieg.[115] Zu den mittelbaren Folgen des Erdbebens von San Francisco wird häufig die schwere Finanzkrise von 1907 gerechnet, wobei ein Zusammenhang allerdings nur in Form einer Kausalkette bestand. Da die Währungen der führenden Industrieländer damals durch den Goldstandard aneinander gekoppelt waren, führten die Zahlungen der britischen Versicherer für die Schäden von San Francisco zu einem massiven Goldabfluss in die USA. Um ihre Währungsreserven zu schützen, erhöhte die Bank of England den Diskontsatz, die Zentralbanken in Paris und Berlin zogen nach. Nun floss Gold wieder aus den USA nach Europa. Die Folge war eine Liquiditätskrise in den USA, die auch den Finanzplatz New York erfasste und eine Entwicklung in Gang setzte, die zu einer Rezession und nach dem Zusammenbruch der Knickerbocker Trust Company im Oktober 1907 schließlich zu *Bank Runs* und einem Börsencrash führte. Aufgrund der Lehren aus dieser Krise wurde in den Vereinigten Staaten wenige Jahre später das Federal Reserve System (Fed) errichtet.[116]

Die Sachschäden der Katastrophe von San Francisco werden heute auf rund 520 Mio. US-Dollar geschätzt, die versicherten Schäden auf rund 180 Mio. US-Dollar (jeweils in damaligen Werten).[117] Nach amerikanischen Angaben beteiligten sich die 20 wichtigsten Rückversicherungsgesellschaften mit einem Betrag von insgesamt 8,1 Mio. US-Dollar an der Schadensregulierung, was gemessen an der Gesamtsumme der versicherten Schäden einem Anteil von 4,5 % entsprach.[118] Die Leistung der Rückversicherer lag mehr darin, dass diese eine bessere Verteilung der Risiken ermöglichten, ohne die noch mehr Erstversicherer zusammengebrochen wären. Mit einem Betrag von rund 2,6 Mio. US-Dollar brachte die MR von allen Rückversicherungsgesellschaften den höchsten Beitrag auf.[119]

Wie bei vielen Versicherungsunternehmen wurde auch bei der MR der eigene Beitrag zur Regulierung der Schäden von San Francisco später verklärt. Wenn es um die Geschichte dieses Unternehmens geht, wird stets darauf hingewiesen, dass sich Thieme und Schreiner durch rasche Zahlungen nach der Katastrophe von San Francisco einen legendären Ruf in den USA erworben hätten. Die einprägsame Formel «Thieme is money», die angeblich in diesem Zusammenhang entstanden ist, wurde bei der MR zu einem festen Bestandteil der Erinnerungskultur, ja des eigenen Selbstverständnisses. Tatsächlich war der Beitrag des Unternehmens zur Regulierung dieses Großschadens keineswegs herausragend. Die Zahlungen der MR machten lediglich 1,4 % der Gesamtsumme aller in San Francisco versicherten Schäden aus. In der amerikanischen Öffentlichkeit wurden damals andere Versicherer bewundert, besonders Lloyd's und Fireman's Fund. Lloyd's leistete durch die Kulanz von Cuthbert Heath nach eigenen Angaben Schadenszahlungen in Höhe von mehr als 50 Mio. US-Dollar (in heutigem Wert mehr als 1 Mrd. US-Dollar).[120] Fireman's Fund – heute eine Tochter der Allianz – konnte als führender Feuerversicherer Kaliforniens durch einen innovativen Zahlungsplan und eine Neugründung des Unternehmens volle Auszahlung leisten, obwohl die Schadenssumme das Eigenkapital um 4 Mio. US-Dollar übertraf und vielfach auf Treu und Glauben ausgezahlt werden musste, weil das Gebäude der Zentralverwaltung in San Francisco mit allen Unterlagen abgebrannt war.[121] So gesehen gehörte die MR nicht zu den «Helden» von San Francisco, hat sich ihr Vorstand doch erst fünf Monate nach der Katastrophe zu einer großzügigen Lösung durchgerungen, um den wichtigen US-Markt nicht zu verlieren. Dennoch wäre es falsch, «Thieme is money» als eine reine Legende zu bezeichnen. Die MR hat im Rahmen von Thiemes zweigleisiger Strategie eben auch früher als andere Rückversicherer ausgezahlt und zahlte von allen Rückversicherungsgesellschaften den höchsten Betrag. Den Zedenten in den USA und deren Kunden dürfte dies stärker in Erinnerung geblieben sein als die Tatsache, dass die MR für einen erheblichen Teil der Schadenssumme zunächst nicht zahlen wollte.

Mit «Thieme is money» verfügte die MR über ein einprägsames Schlagwort, das sich rasch verselbstständigte. Von wem diese Formulierung stammt und wann sie in Umlauf kam, lässt sich nicht mehr feststellen. Bei der MR gab es in dieser Zeit keine Unternehmenskommunikation. Überhaupt war das Unternehmen in der breiten Öffentlichkeit kaum ein Begriff, da Werbung für einen Rückversicherer keinen Sinn ergeben hätte. Mit «Thieme is money» gab es nun aber eine griffige, geistreiche und in aller Welt verständliche Assoziation mit diesem Unternehmen. Journalisten, die über trockene Geschäftszahlen der MR zu schreiben hatten, flochten das geflügelte Wort dankbar ein und malten es bereitwillig aus. Nach wie vor verzichtet kaum ein Beitrag zur Geschichte des Unternehmens auf diese Formel, wobei die Legendenbildung mitunter bizarre Formen annimmt.[122] Die Wirkung war und ist enorm. So gesehen stellt «Thieme is money» wohl den größten Kommunikationserfolg in der Geschichte der MR dar. Dass die Aachener und Münchener Feuer-Versicherungs-Gesellschaft für die Schäden von San Francisco Zahlungen von 15 Mio. Mark leistete – mehr als die direkten Zahlungen der MR –, findet dagegen nur in der Fachliteratur Erwähnung.[123]

Rückversicherer und Feuerversicherer gingen schon bald nach der Katastrophe von San Francisco daran, sich auf eine generelle Erdbebenklausel in den Verträgen zu verständigen. Bereits bei der Frankfurter Konferenz am 21. April 1906 hatte es erste Überlegungen dazu gegeben. Zwei Monate später trafen sich die Direktoren der MR, der Kölnischen Rück, der Schweizer Rück und der Badischen Rück- und Mitversicherungsgesellschaft in München, um über eine zukünftige Ausschlussklausel für Erdbebenschäden zu beraten.[124] Als am 16. August 1906, vier Monate nach der Katastrophe von San Francisco, ein Erdbeben der Stärke 8,6 im chilenischen Valparaiso rund 20 000 Todesopfer forderte und diese Hafenstadt weitgehend zerstörte, hatten viele Versicherer bereits eine Erdbebenklausel in die Verträge aufgenommen. Sie zahlten für die durch Brände einige Tage nach dem Erdbeben entstandenen Schäden per Vergleich einen Satz von 50 %. Einige britische Feuerversicherer, die keine Ausschlussklausel in den Verträgen hatten, wollten es auf Prozesse ankommen lassen. Die Öffentlichkeit und die Gerichte konnten hier keinen derartigen Druck ausüben wie in den USA, und auf den chilenischen Markt konnten die Versicherer auch leicht verzichten. Die MR hatte in Valparaiso nur ein Risiko von 100 000 US-Dollar, da die meisten chilenischen Feuerverträge nicht rückversichert waren. Insgesamt zahlten die siebzehn ausländischen Gesellschaften, die als Feuerversicherer, Rückversicherer oder Retrozessionäre an der Schadensregulierung nach der Katastrophe von Valparaiso beteiligt waren, weniger als 10 Mio. US-Dollar.[125]

Die MR, die Schweizer Rück, die Kölnische Rück und die Badische Rück- und Mitversicherung hatten inzwischen eine informelle «Erdbeben-Commission» gebildet, die eine Standardklausel für den Ausschluss von Erdbeben-schäden ausarbeitete. Damit wurde ein neues Kapitel in den Beziehungen zwischen Rück- und Erstversicherern aufgeschlagen. Erstmals gingen die gro-ßen Rückversicherungsgesellschaften nun daran, eine Norm für die gesamte Versicherungsbranche zu setzen. Darin spiegelte sich wider, dass die Markt-macht der «großen Drei» zumindest auf dem europäischen Kontinent durch die Folgen der Katastrophe von San Francisco zugenommen hatte. In Deutsch-land erreichte die Kommission, dass der Reichstag die von ihr ausgearbeitete Ausschlussklausel in das 1908 verabschiedete Versicherungsvertragsgesetz aufnahm.[126] Im Deutschen Reich abgeschlossene Feuerversicherungsverträge mussten nun die standardisierte Erdbebenklausel enthalten.

In Großbritannien und in den Niederlanden konnte sich die Branche nicht auf eine derartige Klausel einigen. Britische und amerikanische Versicherer zogen aus den Schäden von San Francisco eine andere Konsequenz, sie boten nun Erdbebenversicherungen an, zumeist als Zusatz zur Feuerversicherung, und erschlossen sich so ein neues Geschäftsfeld. Als einer der ersten Versicherer bot Lloyd's seinen Kunden an, Erdbeben-Feuer-Risiken zu übernehmen.[127] In Kalifornien wurde 1909 per Gesetz eine Genehmigungspflicht für Erdbeben- und andere Ausschlussklauseln eingeführt. Wahrscheinlich hätte es hier gar nicht des Konzessionszwangs bedurft, um Erdbebenklauseln zu verhindern, da eine derartige Bestimmung in Kalifornien nach den Erfahrungen von 1906 verpönt war. Angesichts des weiterhin starken Wettbewerbs auf dem kali-fornischen Markt konnte es sich kein Feuerversicherer leisten, solche Verträge anzubieten.[128] Die Versicherungsgesellschaft Rhein & Mosel wurde von ameri-kanischen Gerichten ungeachtet ihrer Erdbebenklausel zu Zahlungen für die Schäden von San Francisco verurteilt, vor deutschen Gerichten erhielt sie dagegen in allen Punkten Recht.[129]

Außerhalb Kontinentaleuropas hatten die großen Rückversicherer aus Deutschland und der Schweiz nicht so viel Einfluss, dass sie den Standard vor-geben konnten. Trotz der ausgeprägten Internationalisierung der Versiche-rungsbranche in dieser Zeit kam ein Weltstandard nicht zustande. Die Unter-schiede zwischen den angelsächsischen und den kontinentaleuropäischen Rechtsauffassungen und Geschäftsstilen erwiesen sich als stärker. Auch in Japan konnte die Erdbebenklausel später nicht durchgesetzt werden.

5. Die Münchener Rück vor dem Ersten Weltkrieg

Mitarbeiter und Vorstand

Mit dem Geschäftsvolumen hatte die Beschäftigtenzahl der MR bis zur Jahrhundertwende stark zugenommen. Waren es Ende 1880 erst sechs Mitarbeiter gewesen, so stieg diese Zahl bis 1890 auf 55 an. Weitere zehn Jahre später hatte die MR bereits 348 Angestellte.[1] Nach Angaben von Herzog lag die Zahl der Mitarbeiter 1905 bei 485, von denen 104 im Ausland beschäftigt waren.[2] Trotz dieses Anstiegs der Mitarbeiterzahl gab es bei der MR nur männliche Angestellte. Für Frauen kam damals eine derartige Tätigkeit bei einer Versicherungsgesellschaft nicht in Betracht, da es für sie keine entsprechende Ausbildung gab. Die beiden ersten Mitarbeiterinnen der MR, Frau Fiedler und Frau Hirsch, wurden 1913 als Telefonistinnen eingestellt.[3]

Zum besonderen Profil des Unternehmens gehörte damals, dass man auf die Ausbildung eines eigenen Nachwuchses verzichtete und keine Berufsanfänger einstellte, sondern Bewerber, die bereits in der Versicherungsbranche gearbeitet hatten. Berufserfahrung schien das entscheidende Kriterium gewesen zu sein, verbunden sicher mit Empfehlungen und Auskünften des bisherigen Arbeitgebers. Ein abgeschlossenes Studium gehörte erst später zu den Einstellungsvoraussetzungen. Die Fluktuation war sehr gering, weil kaum ein Mitarbeiter die MR verließ. Daher war die Belegschaft im Durchschnitt älter als bei anderen Versicherern und wohl auch erfahrener.[4] Unter diesen Herren scheint es recht steif zugegangen zu sein. Auch spätere Mitarbeiter erinnerten sich noch an eine strenge Atmosphäre in den Büros: «dieses strenge Überwachen [...] war doch ein Zug, der durch das ganze Haus ging».[5] Dabei war Thieme mit den Abteilungsleitern durchaus nachsichtig. Wie sich sein Nachfolger Wilhelm Kißkalt erinnerte, der 1909 in den Vorstand eingetreten war, hat er bei der Besetzung dieser Positionen «offenbar nicht lange ausgewählt in seinem Optimismus und im Vertrauen auf seine erzieherische Wirkung, das so weit ging, dass er sogar glaubte Menschen ändern zu können.»[6]

Die Mitarbeiter identifizierten sich stark mit dem Unternehmen, in der frühen Zeit wohl noch mehr als später, mit einer größeren Zahl von Beschäftigten. Wer einmal bei der MR arbeitete, ging von dort nicht weg, weil «jeder bei der Münchener eine Lebensstellung sah».[7] Das Unternehmen zahlte höhere Gehälter als andere Versicherer, und die Arbeitszeiten waren mit täglich sie-

Abb. 8 Angestellte der Münchener
Rück am Stehpult

ben Stunden sehr viel kürzer als in der Industrie. Gearbeitet wurde im Sommer von 8 bis 15 Uhr und im Winter von 9 bis 16 Uhr.[8] Wie sich ein Mitarbeiter
aus dieser Zeit später erinnerte, wurde aber oft bis 19 Uhr freiwillig und ohne
Vergütung oder Ausgleich weitergearbeitet, weil die Post innerhalb von drei
Tagen erledigt sein musste.[9]

Die meisten Münchner wussten nichts über die Geschäfte einer Rückversicherungsgesellschaft, wohl aber, dass man bei der «Münchener» einen sicheren Arbeitsplatz hatte, gut bezahlt wurde und manche Vergünstigung gewährt
bekam. Entsprechend begehrt waren die Stellen. Das Unternehmen zahlte die
sozialen Leistungen und die relativ hohen Gehälter natürlich nicht uneigennützig. Thieme wollte damit fähige Mitarbeiter an die MR binden. Schon 1890,
anlässlich des 10-jährigen Unternehmensjubiläums, gründete er eine Pensions-
kasse. Späteren Aussagen zufolge erlangten Angestellte aber erst nach 15-jähri-
ger Tätigkeit im Unternehmen den Status eines «Beamten» mit Pensionsbe-
rechtigung.[10] Auch deshalb könnte die Fluktuation so gering gewesen sein. 1905
kam eine betriebliche Krankenkasse hinzu. Bekannt war die MR aber vor

allem für recht ausgefallene soziale Leistungen, die sich schon deshalb in der Stadt herumsprachen, weil es sie bei anderen Unternehmen nicht gab.[11] Thieme hatte selbst geregelt, dass alle Mitarbeiter sich auf Kosten des Unternehmens bei einem Professor für Zahnheilkunde behandeln lassen konnten.[12] Ab 1896 erhielten die «Beamten und Bediensteten» täglich auf Kosten des Unternehmens ein warmes Essen und Tee.[13] Später zahlte die MR jedem Mitarbeiter auch eine komplette Skiausrüstung und Fahrten in die oberbayerischen Skigebiete. Wie aus Zeitzeugeninterviews hervorgeht, hätten manche Mitarbeiter die «Skiwochenenden» in Wirtshäusern fern aller Pisten verbracht. Thieme soll die Freifahrten schließlich aufgehoben haben, nachdem er erfahren hatte, dass diese auch zu ehebrecherischen Ausflügen in die Alpenregion genutzt wurden.[14]

Tab. 5 Zahl der Angestellten der Münchener Rück-Zentrale 1880–1910[15]

Jahr	1880/Juli	1885	1890	1895	1900	1905	1910
Zahl	4	17	55	119	348	400	421

Durch die wachsende Beschäftigtenzahl erhöhte sich der Raumbedarf ständig. War man bei der Gründung des Unternehmens mit zwei Bürozimmern im Gebäude Maffeistraße 1 ausgekommen, so wurden in den folgenden Jahren immer weitere Räume gemietet. Nachdem auch die Münchner Allianz-Direktion dort eingezogen war, mussten Büroräume in der Nachbarschaft gemietet werden. Bereits im Juli 1895 schlug Thieme dem Aufsichtsrat vor, ein größeres Grundstück an der Leopoldstraße in Schwabing zu kaufen und dort ein eigenes Verwaltungsgebäude zu errichten, konnte sich aber nicht durchsetzen.[16]

Acht Jahre später beschloss die Generalversammlung (Hauptversammlung), einen Betrag von 250 000 Mark für die Einrichtung eines Baukontos bereitzustellen. Dabei blieb es bis 1910, weil die Bankguthaben der MR für die Zahlungen nach der Katastrophe von San Francisco herangezogen wurden und anschließend erst wieder aufgestockt werden mussten. Viele Angestellte mussten sich derweil mit kleinen, für den Bürobetrieb ungeeigneten Räumen abfinden, die sich angeblich auf bis zu sechs Gebäude verteilten. Die Brandschutzeinrichtungen, auf die das Unternehmen in seinem Geschäft als Rückversicherer so großen Wert legte, waren in der eigenen Zentrale alles andere als modern.[17]

Im Herbst 1910 schien es vorübergehend, als würde die MR kein neues Verwaltungsgebäude in München mehr benötigen. Die bayerische Abgeordnetenkammer hatte die Einführung einer allgemeinen Einkommensteuer und einer Gewerbesteuer beschlossen. Das Gewerbesteuergesetz vom 14. August

1910 traf die MR besonders, weil die Finanzbehörden nun auch den Teil des Gewinns besteuern wollten, der an die Katastrophenreserve abgeführt wurde. Thieme drohte daraufhin mit einem Wegzug aus München. Er rechnete vor, dass die MR mit einer Verlegung ihres Sitzes nach Hamburg Steuern in Höhe von 400 000 Mark sparen würde, bei einem Umzug nach Basel wären es sogar 700 000 Mark.[18] In der Fach- und Tagespresse schlug der Konflikt um die zukünftige Steuerbelastung der MR hohe Wellen. Die bayerische Staatsregierung nannte Thiemes Angaben übertrieben. Daraufhin gewährte Thieme den *Münchner Neuesten Nachrichten* Einblick in seine Berechnungen. Das Ergebnis war eine schallende Ohrfeige für die Regierung. Die größte Tageszeitung Münchens konnte bestätigen, dass Thiemes Angaben sorgfältig recherchiert waren.[19] Unterstützung erfuhr die MR nicht nur aus der bayerischen Wirtschaft, wo man über die neuen Steuern empört war, sondern auch von führenden Fachzeitschriften wie den *Annalen des gesamten Versicherungswesens*, die Thieme zurieten, wegen der «kapitalfeindlichen neuen bayerischen Steuergesetzgebung» aus München wegzuziehen.[20] Inzwischen stand auch ein Umzug der MR nach Brüssel oder nach Straßburg zur Diskussion und die Regierung des Großherzogtums Sachsen-Weimar-Eisenach wollte das Unternehmen mit günstigen Bedingungen nach Weimar locken.[21]

Tatsächlich handelte es sich nicht um eine taktische Drohung, wie sie Unternehmen häufig gegenüber Stadtverwaltungen und Landesregierungen einsetzen. Thieme war es wohl Ernst, und er schien in Kauf nehmen zu wollen, dass die MR dann ihren Namen hätte ändern müssen, der inzwischen als eine Art international eingeführtes Markenzeichen von hohem Wert war. Doch die Drohung Thiemes und der Aufschrei in der Presse zeigten Wirkung. Das Bayerische Staatsministerium und die Stadt München vereinbarten mit der MR im Dezember 1910 einen Kompromiss, über den die Beteiligten Stillschweigen bewahrten. Sicher ist nur, dass die Gewinnzuwendungen an die Katastrophenreserve steuerfrei blieben.[22] Der Magistrat und das Gemeindekollegium der Stadt München sollen sich damals auch bereit erklärt haben, der MR «für den Fall ihres Verbleibens in München einen Bauplatz für ein großes Verwaltungsgebäude zum Selbstkostenpreis zur Verfügung zu stellen».[23]

Ob es ein derartiges Angebot gegeben hat, lässt sich den überlieferten Akten nicht entnehmen. Die MR hatte wenige Monate später jedenfalls einen Bauplatz im Stadtteil Schwabing im Blick, den sie von der Eigentümerin, Frau Therese Schmederer, für 900 000 Mark erwerben konnte. Wie in der Aufsichtsratsitzung vom 20. Februar 1911 berichtet wurde, befand sich dieser zwischen der Königin-, Gedon-, Kaulbach- und Martiusstraße.[24] Der Aufsichtsrat wollte sich auf die bauliche Verwendung des Geländes noch nicht festlegen, stimmte aber dem Kauf zu, da sich inzwischen abzeichnete, dass ein Teil der Büros in der Maffeistraße nicht mehr lange gehalten werden konnte.

Abb. 9 Verwaltungsgebäude der Münchener Rück in der Königinstraße 107, das heutige Hauptgebäude, in einer Aufnahme von 2011

Die Eigentümerin des der MR-Zentrale benachbarten Hauses Maffeistraße 3, in das u. a. die Transportabteilung verlegt worden war, verkaufte dieses Gebäude im Frühjahr 1911 an die Bayerische Handelsbank. Da der Mietvertrag der MR zum 1. April 1913 ablief, stand der Zeitplan für das Bauprojekt fest. Die MR musste vorher in das neue Verwaltungsgebäude einziehen.

Nachdem die MR im Juni 1911 das Gelände an der Königinstraße erworben hatte, wurde der Bau eines Verwaltungsgebäudes offiziell beschlossen. Das Unternehmen schrieb einen Architektenwettbewerb aus, bei dem 156 Entwürfe eingingen. Im September trat die Jury zusammen, der auch Finck und Thieme als Sachpreisrichter angehörten. Das Preisgericht tat sich mit der Entscheidung nicht leicht und entschied sich schließlich für den Entwurf «Säulenhof» der Münchner Architekten Eduard Oswald Bieber und Wilhelm Hollweck.[25] Offen blieb nur noch, ob die Hauptfront zur Kaulbachstraße oder zur Königinstraße ausgerichtet sein sollte. Thieme dürfte sich für den Entwurf von Bieber und Hollweck eingesetzt haben, hatte Bieber doch kurz zuvor als Mitarbeiter des Architekten Georg Meister am Bau des neuen Verwaltungsgebäudes der Thuringia-Generalagentur in der Widenmayerstraße 16 mitgewirkt.

Die Baukosten in Höhe von 2 Mio. Mark konnten größtenteils aus dem inzwischen gut gefüllten Baukonto bestritten werden. Sie blieben ebenso im vorgesehenen Rahmen wie der Zeitplan. Bereits am 28. Juni 1912 konnte die Fertigstellung des Rohbaus («Hebeweihe») gefeiert werden. Am 20. März 1913 wurde das Gebäude einzugsfertig übergeben – zehn Tage bevor die MR die Büros in der Maffeistraße 3 aufgeben musste.

Abb. 10 Bau des heutigen Hauptgebäudes (1912/13)

Das Verwaltungsgebäude in der Königinstraße 107, das heutige Hauptgebäude der MR, wurde in einer Verbindung aus Neoklassizismus und Jugendstil errichtet. Der vorgelagerte Säulenhof war der Palastarchitektur der Renaissance entlehnt und gab dem Eingangsbereich ein repräsentatives, schlossartiges Gepräge. Die Innenarchitektur war vom Jugendstil inspiriert. Auf Vorschlag Biebers wurde der Kunstmaler Fritz Erler damit beauftragt, den Sitzungssaal mit Fresken auszuschmücken. Reinhold Max Eichler, der wie Erler der Künstlervereinigung «Die Scholle» angehörte, entwarf für das Treppenhaus im Eingangsbereich das Wandfresko «Kampf der Elemente» – gewissermaßen eine Allegorie auf das Geschäft eines Rückversicherers.[26]

In der in London erscheinenden *International Review of Commerce and Industry* schrieb Max Rittenberger ein Jahr und Fertigstellung des Baus: «Die Grundnote des Gebäudes ist Würde und Zurückhaltung. Es ist nicht prunkhaft schön, es ist nicht palastartig, es ist nicht nach dem Muster eines öffentlichen Museums erbaut. Und doch macht es in seiner Einfachheit einen größeren Eindruck als mancher Palast.»[27] Rittenberger wies auch darauf hin, dass die MR kein Publikumsgeschäft hatte und das Gebäude in einem vornehmen Wohnviertel, nicht im Zentrum der Stadt, errichtet worden war. Tatsächlich sagten die Architektur und die Lage viel über das Selbstverständnis des Unternehmens aus. «Würde und Zurückhaltung» – das entsprach recht genau dem Image, das die MR damals von sich vermitteln wollte. Das Unternehmen hatte seinen Sitz nun in feiner Distanz zum quirligen Geschäftszentrum der Großstadt und war nicht mehr wie früher in der Maffeistraße zwischen Dienstleistern mit Publikumsverkehr angesiedelt. Empfangen wurden bei der MR fast

Abb. 11 Wandfresko «Kampf der Elemente» von Reinhold Max Eichler (1912/13)

nur Geschäftspartner, die beeindruckt sein und wie ein Staatsgast vorfahren können sollten. Die große Gartenanlage wurde mit einer Mauer umzäunt, um selbst von den wohlhabenden Bürgern in der Nachbarschaft nicht eingesehen werden zu können. Hier wollte man unter sich sein, in einem sich «abseits von Tageslärm und Publikum abspielenden Betrieb», wie es in der Chronik zum 50-jährigen Unternehmensjubiläum hieß.[28]

Als das Verwaltungsgebäude in der Königinstraße bezogen wurde, war Carl Thieme fast 69 Jahre alt. Aus dem Vorstand der Allianz hatte er sich längst zurückgezogen und seine Position im Vorstand der MR war nicht mehr so unumstritten wie in den ersten Jahrzehnten. Wilhelm Kißkalt schreibt in seinen Erinnerungen, dass der Aufsichtsrat über «die Folgen der San Francisco-Katastrophe doch einigermaßen erschüttert» gewesen sei.[29] Der Grund dafür lag nicht nur in der Höhe der Zahlungen. Vielmehr hatte sich eben auch herausgestellt, dass Thieme auf eigene Faust von der Helvetia Retrozessionen im USA-Geschäft übernommen hatte, die das Unternehmen in eine schwierige Lage brachten. Wilhelm von Finck und Hermann von Pemsel – beide waren inzwischen nobilitiert worden – hatten nun den Eindruck, dass sich Carl Thieme mehr Macht nahm, als es einem Vorstand nach dem Statut zustand.[30]

Ein ständiger Konfliktpunkt zwischen Thieme und dem Aufsichtsrat waren die Kapitalbeteiligungen an anderen Versicherungsgesellschaften, die das von Finck und Pemsel bei der Gründung der MR verfasste Statut nicht zuließ. 1895 wurde das Beteiligungsverbot aus dem Statut gestrichen, weil es sich als Hemmnis für die Geschäftsentwicklung erwiesen hatte. Thieme ging nun zunehmend mehr Kapitalbeteiligungen bei Erstversicherern ein, um diese an die MR zu binden und dadurch die Prämieneinnahmen zu steigern. Der Aufsichtsrat blieb hingegen misstrauisch, wie ein Brief belegt, den das Aufsichtsratsmitglied Johannes Kaempf im Januar 1909 an Pemsel schrieb: «Das Problem der Freimachung der Münchener Rückversicherungs-Gesellschaft von ihren Beteiligungen wird uns noch manchmal beschäftigen.»[31] Wenige Monate später beschloss der Aufsichtsrat, dass der Vorstand ihm jede einzelne Kapitalbeteiligung zur Genehmigung vorlegen musste.[32] Thieme wurde aufgefordert, für alle in den Jahren 1899 bis 1907 eingegangenen Beteiligungen nachträglich eine Genehmigung einzuholen – eine ungewöhnliche Weisung, die ein selbstbewusster Vorstand als demütigend empfinden musste und die wohl auch so gemeint war. Als Thieme in der Aufsichtsratssitzung vom 20. Mai 1909 die Verträge präsentierte, wurden sechs Beteiligungen nachträglich genehmigt.[33] Bei der nächsten Sitzung des Kontrollgremiums stellte sich heraus, dass der Aufsichtsrat über einige Beteiligungen noch nicht informiert worden war, darunter auch das 1907 übernommene Paket von Aktien der Europäischen Güter- und Reisegepäck-Versicherungs AG, Budapest. Thieme beteuerte, einige Verträge versehentlich nicht vorgelegt zu haben, doch ließ sich das schwer beweisen. Der Aufsichtsrat war nun entschlossen, den Vorstand zu zügeln,[34] hatte das Kontrollgremium doch nach dem Statut die Richtlinien der Geschäftspolitik zu bestimmen und die letzte Entscheidung über die Verwendung der erwirtschafteten Mittel.[35] Hermann von Pemsel schrieb im Juni 1909 seinem Sohn Wilhelm: «Wir haben seit Jahren die Allmacht Thiemes als unheimlich und jedenfalls als ungewöhnlichen Zustand angesehen.»[36]

Zu diesem Eindruck trug auch bei, dass Thieme seinen Sohn Friedrich (Fritz) protegierte, der 1891 in die MR eingetreten war und inzwischen Prokura erhalten hatte. Der junge Thieme hatte bei weitem nicht das Talent seines Vaters, aber er war eben ein Sohn des Vorstands, wurde von seinem Vater gefördert und ging offenbar daran, eine Art Kamarilla zu bilden. Finck und Pemsel mussten befürchten, dass Carl Thieme den Sohn zu seinem Nachfolger aufbauen würde. Immerhin war der Vorstand schon im Pensionsalter und ein Nachfolger war bisher nicht in Sicht. So ging es bei dem Konflikt vom Frühjahr 1909 eben nicht nur um die Beteiligung an der Europäischen Güter- und Reisegepäck-Versicherung. Pemsel geriet über das Verhalten des jungen Thieme geradezu in Rage. In seinen Briefen wetterte er gegen das «Protektionsgeschwür»[37] und die «Marmeladenwirtschaft von Fritz Thieme».[38]

Pemsel zufolge sei der Aufsichtsrat im Mai 1909 wegen dieser Vorgänge sogar entschlossen gewesen, Carl Thieme durch Carl Schreiner zu ersetzen. Dieser habe jedoch abgelehnt, auch weil seine Tochter Hertha inzwischen mit Thiemes Sohn Walter verheiratet war.[39] Eine Trennung von dem prominenten und erfolgreichen Vorstand hätte freilich so gar nicht dem Bild entsprochen, das die MR von sich nach außen vermittelte, und zu einem Aufschrei in der gesamten Branche geführt. Da es außer Schreiner keinen geeigneten Nachfolgekandidaten gab, beschloss der Aufsichtsrat, Thieme einen Aufpasser im Vorstand zur Seite zu stellen, der sich nach den Wünschen Fincks und Pemsels verhalten würde. Pemsel beschrieb das Anforderungsprofil in einem Brief vom 22. Juni an seinen Sohn Wilhelm: «Es handelte sich darum, eine Person ausfindig zu machen, welche von Thieme nicht abhängt und ihm nichts verdankt, eine Person, die dem Aufsichtsrat gegenüber keine Verstecke duldet, der gewissermaßen das formelle Gewissen des Vorstandes repräsentiert. Herr Finck war mit Recht der Ansicht, dass dies nur ein Jurist sein könne.»[40] Damit hatte sich der Jurist Pemsel einen entscheidenden Einfluss auf die Auswahl gesichert und schlug denn auch einen Rechtsanwalt aus seiner Kanzlei, Wilhelm Kißkalt, vor. Kißkalt hatte zwar keinerlei Erfahrung im Versicherungsgeschäft, war in Pemsels Kanzlei aber seit längerem für Versicherungsfragen zuständig. Er hatte sich als Prozessbevollmächtigter der MR in die Materie eingearbeitet und als Anwalt der Rhein & Mosel-Versicherung einen vielbeachteten Prozess um deren Verhalten bei der Regulierung der Schäden von San Francisco gewonnen. In der Versicherungsbranche war er mit einem Aufsatz in einer Fachzeitschrift über die Vollstreckung kalifornischer Urteile in Deutschland bekannt geworden.[41] Was Kißkalt am meisten für den Vorstand der MR qualifizierte, war aus der Sicht des Aufsichtsrats, dass das Kontrollgremium von ihm uneingeschränkte Loyalität erwarten konnte. Schließlich verdankte er seinen Aufstieg allein Pemsel.

Kißkalt wurde zum 1. Oktober 1909 stellvertretendes Vorstandsmitglied der MR und war nun für die Sparten Unfall- und Haftpflichtversicherung zuständig. Thieme war natürlich nicht gerade begeistert darüber, dass ihm der Aufsichtsrat einen 36-jährigen Rechtsanwalt, der noch nie in einer Versicherungsgesellschaft gearbeitet hatte, als eine Art Aufseher zur Seite stellte. Wenn Kißkalt in seinen Lebenserinnerungen schreibt, das Verhältnis zu Thieme sei «anfangs nicht einfach» gewesen, dürfte das untertrieben sein.[42] Nach Angaben Kißkalts entspannte sich das Verhältnis, als er mit der Übernahme einer Beteiligung an der Neptun-Versicherung in einem Fall quasi die Seiten wechselte. Bei der MR erfuhr man damals aus der Zeitung, dass die Neptun-Versicherung, ein Geschäftskunde, von der Frankfurter Allgemeinen Versicherung übernommen werde. Kißkalt gelang es, durch beherztes Zugreifen und ohne vorher die Zustimmung des Aufsichtsrats einzuholen, von einer Bank noch eine Sperrminorität bei der Neptun zu erwerben. Die MR konnte dadurch ihre Interessen bei dieser Gesellschaft weiterhin wahrnehmen. Kißkalt hatte damit gegen den Beschluss des Aufsichtsrats verstoßen, zu dessen Einhaltung er in den Vorstand berufen worden war. Aber Thieme war beeindruckt und der Aufsichtsrat musste nachträglich seine Zustimmung erteilen.[43]

1913 wurde der Vorstand der MR von vier auf acht Mitglieder erweitert. Die bisherigen Mitglieder wurden zudem ausnahmslos befördert. Carl Thieme erhielt nun auch formal den Rang eines Vorstandsvorsitzenden und durfte sich Generaldirektor nennen, obwohl er seit dem Konflikt von 1909 nicht mehr so viel Macht hatte wie in den ersten Jahrzehnten. Wilhelm Kißkalt, Paul von der Nahmer und Paul Szelinski rückten von stellvertretenden zu ordentlichen Vorstandsmitgliedern auf. Carl Schreiner und Conrad Müller wurden als ordentliche Vorstandsmitglieder neu berufen, Rudolf Schmidt und Fritz Thieme traten als stellvertretende Vorstandsmitglieder in das Gremium ein.[44] Fritz Thiemes Berufung dürfte nicht allein aus Gefälligkeit gegenüber seinem Vater erfolgt sein. Er gehörte lange Zeit dem Vorstand der MR an und erhielt auch heikle Aufgaben übertragen wie z. B. die Schadensermittlung nach dem Großbrand von Bergen im Jahr 1916.[45] Für den Aufsichtsrat kam er aber nie als Nachfolger seines Vaters in Betracht.

Nach wie vor dachte Carl Thieme nicht daran, sich in den Ruhestand zurückzuziehen. Auch im 70. Lebensjahr befand er sich noch 200 Tage lang auf Reisen, zumeist mit der Bahn.[46] Er hatte inzwischen eine Prominenz, die weit über die Versicherungsbranche hinausging, und gab sich zunehmend als Grandseigneur, stieg in Grandhotels ab und ließ einen persönlichen Empfang für den König von Sachsen ausrichten.[47] Zu seinem 70. Geburtstag am 21. März 1914 wurde ihm der höchste Orden verliehen, mit dem der bayerische König nichtadelige Bürger des Landes und ausländische Staatsbürger auszeichnen konnte. Thieme erhielt das Ritterkreuz des Verdienstordens der Bayerischen Krone, das mit dem persönlichen Adelstitel verbunden war.[48] Aus Carl Thieme wurde Carl von Thieme. Gemessen an den Verdiensten des Generaldirektors, erfolgte seine Nobilitierung recht spät. Der stellvertretende Aufsichtsratsvorsitzende Hermann von Pemsel hatte das Ritterkreuz und den Adelstitel schon 1903 erhalten. Wilhelm von Finck war 1905 in den Ritterstand erhoben und sechs Jahre später auf Lebenszeit zum Reichsrat der Bayerischen Krone ernannt worden, eine Auszeichnung, durch die er nun der Ersten Kammer des Bayerischen Landtags angehörte.

Thieme hatte im Frühjahr 1885 ein zweites Mal geheiratet, nachdem seine Frau Marie rund zwei Jahre vorher nach der Geburt des siebten Kindes zusammen mit diesem Kind gestorben war. Damals war er noch Generalagent der Thuringia gewesen und hatte im Haus der Generalagentur in der Glückstraße 1 gewohnt. Nach der Heirat mit der 17 Jahre jüngeren Else von Witz-

Abb. 12 Familie Thieme (um 1891/92)

leben, der Tochter eines kaiserlichen Oberforstmeisters,[49] erwarb Thieme 1887 ein Doppelhaus in der Georgenstraße 7, einer noch wenig bebauten Verbindungsstraße in der Maxvorstadt.[50] Dieses Haus ließ er in eine Stadtvilla umbauen und repräsentativ einrichten.[51] Aus der Ehe zwischen Carl und Else Thieme gingen vier Kinder hervor, drei Mädchen und ein Junge. Carl Thieme hatte nun elf Kinder, von denen das jüngste 1890 geboren wurde. Seit 1898 lebte die Familie während der Sommerferien auf Schloss Weißenstein bei Matrei in Osttirol, das 1921 von Else von Thieme erworben wurde und sich heute noch im Besitz der Familie befindet.[52]

Eine Dynastie von Generaldirektoren hat Carl von Thieme nicht begründet, aber sein Sohn Fritz arbeitete insgesamt 37 Jahre lang bei der MR und gehörte von 1913 bis 1928 dem Vorstand an,[53] sein Sohn Carl war in den Jahren 1919/20 stellvertretendes Mitglied des MR-Vorstands und wechselte dann in den Vorstand der Europäischen Güter- und Reisegepäck-Versicherung, dem er bis 1935 angehörte.[54] Oskar Thieme, der älteste, unehelich geborene Sohn, wurde Miteigentümer einer Versicherungsagentur in den USA und später Vorstandsmitglied der Versicherungsvermittlung Hafag in Berlin.[55]

Geschäftsentwicklung, Beteiligungen und neue Versicherungszweige

Die Prämieneinnahmen der MR nahmen in den Jahrzehnten vor dem Ersten
Weltkrieg in einer bis dahin nicht vorstellbaren Größenordnung zu. Im Geschäftsjahr 1913/14 waren sie fast zwanzig Mal so hoch wie 1890/91 (siehe
Tabelle 6). Auch die Gewinne erreichten in den letzten Vorkriegsjahren eine
neue Dimension. An die Aktionäre wurden Dividenden von bis zu 40 % aus-
geschüttet.[56] Das sprunghafte Wachstum des US-Geschäfts und die dynamische Entwicklung der Allianz trugen dazu entscheidend bei. Nachdem die MR
die mit Abstand größte Rückversicherungsgesellschaft der Welt geworden
war, wurde das Wachstum aber auch gewissermaßen zu einem Selbstläufer.
Als Branchenführer konnte sie den sichersten Rückhalt bieten, zumal die
finanzielle Dimension der zu versichernden Risiken immer weiter zunahm.
Natürlich profitierte die MR auch davon, dass die gesamte Versicherungsbranche stark wuchs. Mit dem Ausbau der Industrie nahm in Europa wie in
Nordamerika die Nachfrage nach Feuer-, Transport-, Unfall- und Lebensversicherungen zu. Im Geschäftsjahr 1913/14 belief sich die Bruttoprämieneinnahme der MR auf rund 204 Mio. Mark – ein Wert, der später für lange Zeit
eine Referenzgröße darstellte.[57]

Tab. 6 Geschäftsentwicklung der Münchener Rück 1890/91–1913/14 in Mark[58]

	Prämieneinnahme	Prämien- und Schadenreserve	Reingewinn	Aktienkapital
1890/91	11 102 574	3 780 329	166 031	4 800 000
1895/96	34 874 323	12 636 526	1 169 121	10 000 000
1900/01	96 309 231	50 239 606	1 847 286	20 000 000
1906/07	159 638 845	103 721 409	3 076 436	20 000 000
1910/11	176 320 852	149 994 230	5 468 680	30 000 000
1913/14	204 454 297	196 250 773	3 328 998	30 000 000

Nach Kluges Berechnungen stammten in der Zeit vor dem Ersten Weltkrieg
rund 10 % der Prämieneinnahmen der MR und fast 38 % ihres Gewinns aus
dem Geschäft mit der Allianz, die vor allem in der Transportversicherung
überaus erfolgreich war und in dieser Zeit zur größten deutschen Sachversicherung heranwuchs.[59] Um den Stellenwert der Allianz für die Geschäftsentwicklung der MR vor 1914 beurteilen zu können, muss man allerdings zeitlich
differenzieren. Die genannten Zahlen ergeben sich zum größten Teil aus den

Daten für die Jahre 1906–1914. Im Zeitraum 1890–1905 lag der Anteil der Allianz am Prämienaufkommen der MR noch weitaus niedriger, bei knapp 7 %, 1890–1899 sogar lediglich bei rund 3 %.[60] Die Abgaben der Allianz waren demnach zwar ein wichtiger Faktor für das starke Wachstum der MR im Jahrzehnt vor 1914, aber nicht für deren Aufstieg zum Weltmarktführer, der sich bereits vor 1905 vollzog. Dafür war vielmehr die Geschäftsentwicklung des Foreign Departments in den 1890er Jahren entscheidend. Der Anteil des Geschäfts in den USA, in Kanada und Großbritannien am Prämienaufkommen der MR vor dem Ersten Weltkrieg lag nach den von Kluge veröffentlichten Daten bei 26,6 %.[61] Meuschel gibt den Anteil des Foreign Departments an den Prämieneinnahmen des Jahres 1913 mit 19,6 % an.[62]

Ein weiterer wichtiger Faktor für den geschäftlichen Erfolg war die von Thieme betriebene Beteiligungsstrategie. Bis Ende 1913 ging die MR nicht weniger als 41 Beteiligungen an anderen Versicherungsgesellschaften ein.[63] Dazu gehörten an erster Stelle natürlich die Allianz und die amerikanische Tochtergesellschaft First Re. Bei der Allianz hatte sich die MR 1905 beteiligt, nachdem Thieme aus deren Vorstand ausgeschieden war, die Beteiligung wurde aber erst 1921 auf 25 % des Aktienkapitals erhöht.[64] Mehrheitsbeteiligungen der MR oder gar eine fast 100 %ige Beteiligung wie bei der First Re waren eher die Ausnahme. In den meisten Fällen begnügte sich das Unternehmen damit, über Sperrminoritäten Einfluss auszuüben. Auf diese Weise ließen sich die Beteiligungen breiter streuen. Die MR war zwar weiterhin ein reiner Rückversicherer, doch hatte sie durch die zahlreichen Beteiligungen nun auch starke Interessen in der Erstversicherung, vor allem in der Transport- und Unfallversicherung. Als einer der großen Kapitaleigner gestaltete sie fortan die Struktur dieser Sparten mit.

Versicherer, zu denen eine besonders enge Verbindung in Form einer hohen Kapitalbeteiligung oder – im Fall der Allianz – einer Personalunion von Vorstands- und Aufsichtsratsmitgliedern bestand, wurden bei der MR auch als «Konzerngesellschaften» bezeichnet.[65] Zu diesen gehörten neben der Allianz die Providentia in Wien, die Schweizerische National-Versicherungs-Gesellschaft (Schweizer National) in Basel und der Wiener Lebensversicherer Phönix (im Folgenden: Lebens-Phönix). Bei der Providentia hielt die MR eine 20 %ige Kapitalbeteiligung, bei der Schweizer National, dem ehemaligen Schweizerischen Lloyd, stieg ihre Beteiligung von 38,75 % (1904) auf 50,7 % an.[66] Der Lebens-Phönix war aus dem Lebensversicherungsbestand des Österreichischen Phönix hervorgegangen. Hier hatte die MR eine 25 %ige Beteiligung am Aktienkapital übernommen, die bis 1912 auf 50 % anstieg, dann aber zurückging.[67]

Kapitalbeteiligungen übernahm die MR auch bei zahlreichen kleineren Gesellschaften wie der Arminia Lebens-, Aussteuer- und Militärdienst-Versicherungs-Aktien-Gesellschaft in München, der Baltischen Versicherungs-

Aktien-Bank in Rostock oder den Versicherern Globus in Hamburg und Urania in Dresden. Besonderes Gewicht hatten die Beteiligungsgesellschaften im Auslandsgeschäft. So war die MR 1913 an fünf russischen Versicherern beteiligt, an vier französischen Versicherern und an insgesamt acht Gesellschaften in Österreich-Ungarn.[68]

Nicht selten kam eine Beteiligung der MR zustande, wenn ein Erstversicherer neues Kapital benötigte. In der Branche war Thieme dafür bekannt, dass er sich an Sanierungen durch Übernahme eines Aktienpakets beteiligte, wie z. B. bei der Compagnie Générale d'Assurances contre les Accidents in Paris.[69] Dort wird man ihm dankbar gewesen sein, doch Thieme ging auch solche Beteiligungen nicht uneigennützig, sondern mit einem klaren Kalkül ein. Eine Versicherungsgesellschaft, bei der eine Kapitalbeteiligung bestand, war für die MR ein sicherer Zedent. Mit einer größeren Beteiligung war in der Regel auch ein Aufsichtsratsmandat verbunden, durch das die MR wiederum an interne Informationen über den Status des betreffenden Unternehmens gelangte. Zwischen 1904 und 1915 trat Thieme bei siebzehn Versicherern, darunter acht ausländischen Gesellschaften, in den Aufsichts- oder Verwaltungsrat ein. Allein in Wien hatte er drei Aufsichtsratsmandate.[70]

Während sich die MR durch ihre Beteiligungsgesellschaften einen starken Einfluss bei den direkten Sachversicherern sichern konnte, tat sie sich mit dieser Strategie in der Personenversicherung zunächst schwer. Thieme hatte zwar schon 1897 vom Aufsichtsrat die Genehmigung erhalten, die MR an einer Lebensversicherungsgesellschaft zu beteiligen, der Deutschen Lebens- und Pensions-Versicherungs AG Anker. Weitere Beteiligungen wurden bei den Lebens- und Krankenversicherern Arminia, Urania und Prudentia eingegangen. Doch gelang es nicht, aus diesen Gesellschaften eine schlagkräftige Unternehmensgruppe in der stark wachsenden Lebensversicherungssparte zu formen. 1911 übernahm die Arminia die Urania, acht Jahre später auch die Prudentia und den Anker. Ende 1922 verschwand die Arminia vom Markt, sie wurde auf die Allianz fusioniert und als Mantel für die Allianz Lebensversicherungsbank genutzt.[71] Erfolgreicher war die MR mit ihrer Beteiligung an der großen Wiener Lebensversicherungsgesellschaft Phönix. Insgesamt nahm ihr Prämienvolumen in der Lebensrückversicherung stark zu, was auch dem rührigen Leiter der Lebensabteilung, Rudolf Schmidt, zu verdanken war. 1913/14 war die Lebensversicherung bereits die drittgrößte Geschäftssparte der MR.[72]

Einen wichtigen Beitrag leistete die MR in den Jahrzehnten vor dem Ersten Weltkrieg bei der Einführung neuer Versicherungszweige. Die Versicherungsbranche war inzwischen so dicht besetzt, dass viele Gesellschaften versuchten, völlig neue Geschäftsfelder zu erschließen. Die Branche reagierte auch auf den technologischen Wandel und technische Innovationen mit neuen Angeboten. Die MR engagierte sich dabei, weil die Erstversicherer die neuartigen Verträge häufig nur mit ihrer Rückdeckung auf den Markt bringen wollten. So wurde bei der MR 1898 die Maschinenversicherung entwickelt, als deren «Vater» Fritz Böhrer gilt, der im gleichen Jahr als Oberingenieur in das Unternehmen eingetreten war.[73] Zur Jahrhundertwende konnte die Allianz die erste «Unfallversicherung für Maschinen» anbieten, zunächst allerdings nur in Bayern. Das Risiko lag ausschließlich bei der MR, die eine 100 %ige Rückdeckung übernommen hatte. Vier Jahre später erhielt ein von der MR geformter «Pool» aus Allianz, Stuttgarter Mit- und Rückversicherung und Kölnischer Unfallversicherung die Genehmigung, die Maschinenversicherung im gesamten Deutschen Reich zu betreiben.[74] Faktisch stellten derartige «Pools» Kartelle dar, wie sie in der deutschen Wirtschaft damals gängige Praxis waren.

Lange Diskussionen gab es um die Einführung von Elementarschadenversicherungen. Die meisten deutschen Versicherer vertraten die Ansicht, dass es sich bei Sturm und Hochwasser um unkalkulierbare und daher nicht versicherbare Gefahren handele. Schon 1899 bot die Kölnische Unfall-Versicherung aber erstmals eine Sturmversicherung an. Die MR übernahm hier eine Quote von 50 %. Später gründete sie zusammen mit der Allianz, der Providentia und der Schweizer National den als «Pool» aufgestellten Hochwasserversicherungs-Verband.[75] Eine andere Neuerung war die Einbruchdiebstahlversicherung. Sie wurde 1895 von der Fides Versicherung in Deutschland eingeführt, an deren Kapital sich die MR wenig später beteiligte.[76]

Als der Holzhändler Max Engel von Cserkut 1907 in Budapest die Europäische Güter- und Reisegepäck-Versicherungs AG (im Folgenden auch: Europäische) gründete, beteiligte sich die MR an diesem Unternehmen mit zunächst einem Sechstel des Aktienkapitals. Die Europäische, die eine Niederlassung in Berlin hatte, bot Reisenden erstmals die Möglichkeit, ihr Gepäck am Schalter kurzfristig und pauschal zu versichern, ohne dass – wie in der Transportversicherung – genaue Angaben über die Ware erforderlich waren.[77] Der spätere MR-Vorstand Walther Meuschel schrieb in seinen Erinnerungen, Engel von Cserkut habe sich erst vergeblich an die Versicherungsgesellschaften Foncière, Generali und Riunione gewandt; er sei dann an Thieme verwiesen worden, «der als wagemutiger Versicherer bekannt war» und die Idee «zündend» gefunden habe.[78] In den ersten Jahren erwirtschaftete die Europäische fast nur Verluste, doch die MR und die Generali erklärten sich bereit, ihr zusätzliches Kapital zur Verfügung zu stellen. Nach einer Kapitalerhöhung im Jahr 1912 waren beide mit jeweils 45 % des Aktienkapitals an der Europäischen beteiligt.[79]

Ein weiteres neues Geschäftsfeld war die Automobil-Haftpflichtversicherung, die in Deutschland 1899 vom Allgemeinen Deutschen Versicherungsverein in Stuttgart eingeführt wurde. Zwei Jahre später bot die Agrippina Versicherung erstmals eine Fahrzeug-Unfallversicherung an, die praktisch der späteren Kasko-Versicherung entsprach.[80] Zu dieser Zeit war das Automobil in Deutschland noch ein Luxusgut, ein Hobby der Reichen, das durch die populären Autorennen von sich reden machte.[81] Als die Zahl der geschäftlich genutzten Kraftfahrzeuge zunahm, entstand auch auf diesem Gebiet ein Versicherungsverband, für dessen Mitglieder die gleichen Prämien und Bedingungen galten. Die MR ging eine relativ geringe Beteiligung an diesem Verband ein. Herzog berichtet, dass das Unternehmen damals mit der Automobilversicherung, die häufig das Risiko von Autorennen einschloss, noch keine guten Erfahrungen gemacht hatte.[82]

Tab. 7 Anteile einzelner Versicherungszweige an der Gesamt-Bruttoprämie der Münchener Rück 1913/14[83]

Feuer	Transport	Leben	Unfall	Haft-pflicht	Hagel	Einbruch/Diebstahl	Maschinen	Andere
49,5 %	22,3 %	11,9 %	5,1 %	4,3 %	2,7 %	1,9 %	0,7 %	1,6 %

Bei den Prämieneinnahmen entfiel vorerst nur ein geringer Anteil auf die neuen Versicherungszweige. Nach wie vor dominierte die Feuerversicherung mit fast 50 % vor der Transportversicherung, in der die MR vor allem von den großen Erfolgen der Allianz profitierte. Unter den deutschen Rückversicherungsgesellschaften hatte die MR dagegen bei der Lebens- und Unfall-Rückversicherung den höchsten Marktanteil. Im Geschäftsjahr 1913/14 entfielen auf die MR 39 % der Feuerprämie, ein Drittel der Transportprämie und 72 % der Lebens- und Unfallprämie der insgesamt 38 deutschen Rückversicherungsgesellschaften.[84]

Nach einem mehrere Jahrzehnte dauernden Vorlauf wurde in Deutschland mit dem Gesetz über die privaten Versicherungsunternehmen vom 12. Mai 1901 (VAG) ein Kaiserliches Aufsichtsamt geschaffen. Die Versicherungsgesellschaften mussten der Behörde ihre Jahresabschlüsse vorlegen und wurden von ihr angehalten, ihre Bedingungen zu standardisieren. Das Aufsichtsamt schrieb u. a. vor, die Lebensversicherung strikt von der Sachversicherung zu trennen.[85] Reine Rückversicherungsgesellschaften und Transportversicherer nahm das Gesetz ausdrücklich von der Staatsaufsicht aus. Diese Regelung war lange umstritten gewesen. Bei der Beratung des Gesetzentwurfs im Reichstag hatte schließlich das Argument den Ausschlag gegeben, dass die Rückversicherungsleistungen zu einem großen Teil an ausländische Versicherer gingen und eine Beaufsichtigung die deutschen Rückversicherer gegenüber der ausländischen Konkurrenz benachteiligen würde. Man befürchtete sogar, dass es zu Verlegungen ins Ausland kommen könnte.[86] Sieben Jahre nach Verabschiedung des VAG wurde die Aufsichtspflicht dann doch auf die Rückversicherer ausgedehnt, möglicherweise als Folge der Rechtsstreitigkeiten bei der Regulierung der Schäden von San Francisco. Eine Anordnung des Bundesrats stellte alle Unternehmen unter Staatsaufsicht, die sich als Rückversicherer in den gesetzlich aufsichtspflichtigen Versicherungszweigen – das waren alle Zweige der Erstversicherung mit Ausnahme der Transport- und Kursverlustversicherung – betätigten.[87] Prompt wurden Befürchtungen laut, dass die deutschen Rückversicherer nun weniger Retrozessionen von ausländischen Versicherern erhalten würden, weil diese dem Kaiserlichen Aufsichtsamt keinen Einblick ermöglichen wollten.[88] Wie die Geschäftsentwicklung der MR belegt, war dies dann offensichtlich nicht der Fall.

6. Der Erste Weltkrieg und die Neuordnung des Weltmarkts

Wie die gesamte Versicherungsbranche war auch die MR im Sommer 1914 nicht auf einen mehrjährigen Krieg zwischen den Großmächten eingestellt. Man hatte zwar damit gerechnet, dass es über kurz oder lang einen Krieg geben würde. Anzeichen dafür gab es so reichlich, dass die Lebensversicherer bereits hohe Rücklagen für den Kriegsfall gebildet hatten. Aber die MR ging wie die Militärs und die Bevölkerung in den kriegführenden Staaten davon aus, dass dieser Krieg nicht lange dauern würde.

In den ersten Kriegsmonaten war man bei der MR recht zuversichtlich. Obwohl das Unternehmen 70 % seiner Prämieneinnahmen aus dem Ausland bezog und mit Versicherungsgesellschaften in Frankreich, Großbritannien und vor allem Russland in enger Verbindung stand, wurde der Beginn des Krieges keineswegs als eine Katastrophe für das eigene Geschäft angesehen. Die MR konnte diese Einschätzung auch mit nüchternen Zahlen begründen. In ihrem Bericht für das Geschäftsjahr 1913/14, der Ende Dezember 1914 vorgelegt wurde, hieß es, der Geschäftsbetrieb sei «nicht ungünstig» verlaufen. Der Schadenssatz hatte in der Transportversicherung zugenommen, in der Unfall- und Haftpflicht dagegen abgenommen – ein Spiegelbild eines Jahres, in dem ein großer Teil der männlichen Bevölkerung einberufen und an die Fronten befördert worden war. Durch die in den letzten Jahrzehnten angehäuften Reserven sah sich der Vorstand in der Lage, «auch einer über alles Erwarten ungünstigen Entwicklung mit Ruhe und Zuversicht entgegenzusehen».[1] Die MR konnte sich auch deshalb recht gelassen geben, weil zunächst nicht allzu viele Mitarbeiter zum Militär einberufen worden waren.[2] Die meisten Angestellten waren dafür zu alt – ein ungewollter, aber sehr willkommener Nebeneffekt der bereits geschilderten Einstellungspraxis der MR. Im weiteren Verlauf des Krieges wurden Aushilfskräfte eingestellt, deren genaue Zahl sich nicht mehr ermitteln lässt.[3] Vorstand und Aufsichtsrat wussten, was von einem Unternehmen dieser Größenordnung an der Heimatfront erwartet wurde. Die MR zeichnete während des Krieges nicht nur deutsche und österreich-ungarische Kriegsanleihen in Höhe von insgesamt rund 30 Mio. Mark.[4] Sie richtete im rückwärtigen Teil ihres Verwaltungsgebäudes in der Königinstraße auch auf eigene Rechnung ein Lazarett mit 90 Betten ein. Dieses Lazarett wurde bis Kriegsende von der MR unterhalten. Die Verwaltung übernahm die Gattin des Generaldirektors, Else von Thieme.[5]

Die Versicherungsbranche war so stark international vernetzt, dass durch den Kriegsbeginn bei fast allen Gesellschaften in den kriegführenden Staaten Zahlungen unterbrochen wurden, weil sich Geschäftspartner auf der anderen Seite der Front befanden. Zwischen den Versicherern gab es über die nationalen Grenzen hinweg einen Konsens, wie man damit umzugehen hatte. Kriege galten als eine Angelegenheit der Staaten, nicht der Versicherungswirtschaft. Deshalb wollte man an bestehenden Verträgen festhalten, fällige Zahlungen im gegenseitigen Vertrauen zurücklegen und nach Kriegsende miteinander abrechnen. Carl Thieme hatte diese ungeschriebene Regel der Branche als junger Agent der Thuringia während des deutsch-französischen Krieges von 1870/71 kennengelernt, wie er der Allianz am 7. August 1914 mitteilte: «Im Kriege 1870/71 wurden die bestehenden Verträge ausnahmslos eingehalten.» Selbst die Versicherungsgesellschaften in Paris, die während der deutschen Belagerung vier Monate von der Außenwelt abgeschnitten waren, hätten «nachträglich alles aufgearbeitet».[6] So wollte man es auch nach dem Beginn des Ersten Weltkrieges halten. Ähnliche Mitteilungen empfingen die deutschen Versicherer von britischen Vertragspartnern. Man werde das Geschäft einstellen, aber an der Geschäftsverbindung festhalten.[7] Ein besonders eindrückliches Beispiel für diese Haltung ist die damalige Korrespondenz zwischen der Nippon Fire und der MR. Im August 1914, wenige Tage vor der japanischen Kriegserklärung an Deutschland, schrieb Nippon Fire nach München: «… wir werden unser Rückversicherungsgeschäft leiten, wie wir es gewohnt sind, was auch immer über die beiden Regierungen kommen mag.»[8] Die MR antwortete einige Wochen später im gleichen Tenor. Beide Unternehmen einigten sich darauf, die vertragsmäßig anfallenden Zahlungen einzubehalten, mit 4 % pro Jahr zu verzinsen und nach Kriegsende miteinander zu verrechnen.[9]

Bei der MR musste man bald feststellen, dass dieser Krieg sich anders auf die eigenen Geschäfte auswirkte, als man es erwartet hatte. Die Regierungen der kriegführenden Staaten verstanden den Krieg auch als Wirtschaftskrieg, was in dieser Form neu war. Es war eben auch der erste Krieg zwischen Ländern mit hochindustrialisierten Volkswirtschaften. In fast allen kriegführenden Ländern wurden Gesetze erlassen, die den Handel mit feindlichen Staaten verboten. Auch die Versicherer galten, ob sie es wollten oder nicht, als Teil des jeweiligen Staats, und sollten ihre Geschäftsfreunde auf der jeweils anderen Seite der Front als Feinde ansehen. Präzisiert wurde das Handelsverbot durch Schwarze Listen, auf denen nicht nur Unternehmen der feindlichen Staaten standen, sondern auch deren Tochtergesellschaften und Geschäftspartner in neutralen Ländern. Die britische Regierung verbot schon zu Kriegsbeginn jeden Handel mit den Mittelmächten (Trading with the Enemy Act), beschlagnahmte das deutsche Eigentum im Vereinigten Königreich und untersagte durch eine eigene Verordnung vom 9. September 1914, Versicherungsverträge mit dem Feind abzuschließen. Alle Verträge mit deutschen Gesellschaften wurden aufgehoben. Das Foreign Department der MR in London wurde von den britischen Behörden nicht offiziell geschlossen, musste aber seine Geschäfte einstellen. Frankreich zog nach und erklärte alle Verträge mit deutschen und österreich-ungarischen Versicherern für ungültig. Mit dem sogenannten Vergeltungsgesetz vom 30. September 1914 verbot dann der Bundesrat in Berlin alle Zahlungen in die Staaten der Kriegsgegner. Russland erließ dagegen erst 1916 ein allgemeines Verbot des Handels mit dem Feind.[10]

Die Prämieneinnahmen der MR brachen im Geschäftsjahr 1914/15 ein, vor allem durch den Wegfall der Zahlungen aus Frankreich und Großbritannien. Nachdem sie seit Gründung des Unternehmens in jedem Jahr gestiegen waren, sanken sie jetzt von 204 Mio. Mark (1913/14) auf 177 Mio. Mark (1914/15). Im weiteren Verlauf des Krieges stiegen die Prämieneinnahmen wieder. Im Geschäftsjahr 1917/18 lagen sie bereits bei 259 Mio. Mark, wobei der gesunkene Wechselkurs der Mark ebenso eine Rolle gespielt haben dürfte wie die immer weniger zu kaschierende Geldentwertung als Folge der Kriegsfinanzierung.[11] Der größte Auslandsmarkt der MR, Österreich-Ungarn, blieb dem Unternehmen erhalten. Vor dem Krieg kamen rund 50 % der Prämieneinnahmen aus Deutschland und Österreich-Ungarn.[12] Zählt man noch die neutralen Länder hinzu, mit denen das Geschäft weiterging, dann war bis zum Kriegseintritt der Vereinigten Staaten der bei weitem größte Teil der Prämieneinnahmen von 1913/14 nicht von der Feindstaatengesetzgebung betroffen. Die Zahl der Zedenten brach noch einmal kräftig ein, als die MR Ende 1917 ihr USA-Geschäft einstellen musste. Rund 40 % des Prämienvolumens von 1914 dürfte dann auf die Länder der Kriegsgegner entfallen sein.[13]

Die MR versuchte, über Geschäftspartner und Beteiligungsgesellschaften in der Schweiz und in Schweden zumindest per Post den Kontakt zu Zedenten in den Staaten aufrechtzuerhalten, mit denen kein Zahlungsverkehr mehr stattfinden konnte. Als Deckadressen fungierten u. a. die Eidgenössische Versicherung in Zürich, die Schweizer National und auch ein Prokurist der MR in Stockholm.[14] Einen Teil ihrer Verträge mit russischen Versicherern konnte die MR auf die Rückversicherung Atlas (Återförsäkrings-Aktiebolaget Atlas) in Stockholm übertragen, bei der sie eine rund 50 %ige Kapitalbeteiligung hielt.[15] Auch auf ihre wichtigste Beteiligungsgesellschaft in der Schweiz, die Schweizer National, übertrug die MR russische Verträge. Die Schweizer National gab diese Risiken zum Teil per Retrozession wieder an die MR.[16] In allen Fällen war wohl vereinbart worden, die Verträge nach Kriegsende zurück zu übertragen.

Die Versicherungsunternehmen fanden durch ihr internationales Netzwerk praktisch immer einen Weg, die Feindstaatengesetze zu umgehen, aber sie befanden sich damit auf dünnem Eis. Wenn auch nur indirekte Zahlungen in Feindstaaten bekannt wurden, standen sie am Pranger. Daher war man bei diesen Kontakten um höchste Geheimhaltung bemüht, es wurde mit Deckadressen und Decknamen gearbeitet, und die meisten derartigen Vorgänge werden wohl nie bekannt werden. Die Rückversicherer konnten es schon wegen der übernommenen Retrozessionen aus neutralen Ländern kaum vermeiden, ständig mit der Feindstaatengesetzgebung zu kollidieren. Herzog nennt als Beispiel den Fall, dass sich ein französischer Versicherer bei einem Schweizer Versicherer rückversichert hatte, der wiederum einen Teil des Geschäfts per Retrozession an einen deutschen Rückversicherer weitergab. Nach Ansicht deutscher Juristen und auch des Reichsaufsichtsamts verstieß der deutsche Rückversicherer gegen das Vergeltungsgesetz, wenn er die in diesem Retrozessionsvertrag vorgesehenen Zahlungen an die Schweizer Gesellschaft leistete, weil diese Gelder indirekt an den französischen Erstversicherer gingen.[17] In der deutschen Presse wurde die MR z. B. beschuldigt, per Retrozession für Schäden gezahlt zu haben, die durch einen deutschen Luftangriff auf Paris zustande gekommen waren.[18] Das Unternehmen konnte glaubhaft dementieren, aber da ein derartiger Fall durchaus möglich war, gerieten die Rückversicherer schnell in Verdacht.

Es kam auch vor, dass deutsche Versicherer für Schäden zahlen mussten, die das deutsche Militär angerichtet hatte. Nachdem im Februar 1917 mehrere niederländische Schiffe im Ärmelkanal durch deutsche U-Boote versenkt worden waren, musste der Schaden in Höhe von 15–20 Mio. Gulden größtenteils von deutschen Versicherungsgesellschaften reguliert werden.[19] Versicherungsrechtlich handelte es sich in diesem Fall nicht um einen Kriegsschaden, da die Niederlande kein kriegführender Staat waren und die deutsche Regierung die niederländische Neutralität explizit garantiert hatte. Die Zahlungen lagen zudem politisch im deutschen Interesse. Die Reichsregierung hatte sich in Den Haag für die Versenkung der Schiffe entschuldigt und Schadensersatz versprochen, um die Niederlande von einem Kriegseintritt auf Seiten der Entente abzuhalten.[20] Ein herausragender Versicherungsfall war die Schadensregulierung nach der Versenkung des britischen Passagierschiffs Lusitania durch ein deutsches U-Boot im Mai 1915, bei der rund 1200 Menschen ums Leben kamen. Diese Katastrophe brachte die Öffentlichkeit in den damals noch neutralen USA gegen Deutschland auf, zumal sich unter den Opfern viele amerikanische Staatsbürger befanden. Die Lusitania war bei der London & Liverpool War Risk Insurance Association versichert und zu 80 % bei der britischen Regierung rückversichert.[21] Wenig bekannt wurde, dass auch die MR an der Schadensregulierung mit umgerechnet 680 000 Mark beteiligt war. Für Lebens- und Unfallversicherungen der Passagiere hatten amerikanische Gesellschaften rund 6 Mio. US-Dollar zu begleichen, die zum Teil bei der US-Niederlassung der MR in Rückdeckung gegeben worden waren.[22]

In der französischen und britischen Presse wurden die deutschen Rückversicherer und besonders die MR der Spionage beschuldigt. Die Unternehmen würden das deutsche Militär gezielt über Fabrikanlagen, Lagerhäuser und Kriegsschiffe des Gegners informieren. Die Pariser Zeitung *Le Matin* nannte die deutschen Rückversicherer eine «nationale Gefahr». Sie hätten es ermöglicht, dass das deutsche Militär beim Einmarsch in Nordfrankreich wusste, wo alles Nötige zu finden war.[23] In der britischen Presse wurde behauptet, das Londoner Büro der MR hätte der Reichsregierung zugearbeitet und deutschen Zeppelinen bei Angriffen auf England den Weg gewiesen.[24] Natürlich dementierte die MR diese Verdächtigungen und wies darauf hin, dass die von Erstversicherern bei ihr eingehenden «Borderos» nur Angaben zu den Versicherungssummen und den Prämien enthielten. Aber Dementis nutzten wenig, wenn sie aus dem Land des Feindes kamen.

In der Versicherungswirtschaft war man sich schon seit langem einig gewesen, dass das Kriegsrisiko nicht von privaten Feuer-, Transport- und Unfallversicherern gedeckt werden konnte. Dafür hatten die kriegführenden Staaten aufzukommen. In den allgemeinen Geschäftsbedingungen wurden Kriegsschäden als unkalkulierbare Gefahren vom Versicherungsschutz ausgenommen. Die Überschüsse der MR aus dem Geschäft in Deutschland, Österreich-Ungarn und in den neutralen Ländern blieben denn auch während des Ersten Weltkrieges recht konstant. Im Januar 1916 kam es allerdings zu einem Großschaden ohne Kriegseinwirkung, als die norwegische Stadt Bergen durch einen Brand stark zerstört wurde. Die Schadenssumme von knapp 35 Mio. Kronen wurde hauptsächlich von norwegischen Versicherern aufgebracht.[25] Die MR war als führender Rückversicherer in Norwegen mit 3,5 Mio. Kronen (5,25 Mio. Mark) an der Schadensregulierung beteiligt. Wie nach dem Erdbeben von San Francisco war sie einer der ersten Versicherer, der Auszahlungen leistete. Da die Zahlungen in Devisen zu erfolgen hatten, griff die MR dabei auch auf ihre Guthaben in den USA zurück.[26]

In der Lebensversicherung hatten viele Gesellschaften eine Haftung für das Kriegsrisiko übernommen. Nach Angaben von Arps hatte sich die Gothaer Lebensversicherungsbank 1888 angesichts eines drohenden deutsch-französischen Krieges als erster deutscher Versicherer in einer patriotischen Geste entschlossen, das Kriegsrisiko in ihre Verträge aufzunehmen. Andere Lebensversicherer mussten nachziehen, und als im August 1914 Hunderttausende von Kriegsfreiwilligen unter allgemeiner Begeisterung an die Front fuhren, wollten nur noch wenige Gesellschaften an Ausschlussklauseln festhalten. Aber die Bedingungen für die Versicherung des Kriegsrisikos waren sehr unterschiedlich. Ein Teil der Lebensversicherer, darunter die öffentlich-rechtlichen, übernahm dieses Risiko für alle Versicherten ohne Zuschlag, ein anderer Teil war dazu nur gegen einen Sonderbeitrag bereit, und ein dritter Teil verlangte nur für Berufssoldaten einen Zuschlag, nicht aber für Zivilisten, Wehrpflichtige und Reservisten.[27] Eine besondere Kriegsrisikoversicherung wurde erst während des Ersten Weltkrieges eingeführt. Viele Versicherer hatten das Kriegsrisiko offenbar nur zum Teil rückversichert. Gleichwohl hatte sich die MR mit einer Reserve zur Deckung von Kriegsschäden in Höhe von 1,8 Mio. Mark abgesichert.[28]

Obwohl allein in Deutschland drei Millionen Opfer des Ersten Weltkriegs zu beklagen waren, darunter fast eine Million Zivilisten, blieben die Lebensversicherer zahlungsfähig. Auch die Bilanz der MR als Lebensrückversicherer lässt das Grauen dieses Krieges nicht erkennen. Das kann daran gelegen haben, dass die Lebensversicherer ähnlich wie die MR große Kriegsreserven gebildet hatten. Als bei der MR nach Kriegsbeginn eine besorgte Anfrage aus den USA einging, ob das Unternehmen die zu erwartenden Zahlungen in der Lebensrückversicherung aufbringen könne, antwortete der Leiter der Lebensabteilung, Rudolf Schmidt, auch bei einer längeren Kriegsdauer werde die MR nicht über die Lebensversicherung erschüttert.[29] Schmidt behielt Recht. Die Kriegsprämienreserve der MR konnte während des Krieges durch die eingeführten Zuschläge sogar noch aufgestockt werden.[30] Allein durch die Reserven der Lebensversicherer ist dies nicht zu erklären. Vermutlich waren die meisten gefallenen Soldaten nicht lebensversichert. Auch waren die Versicherungssummen nicht allzu hoch, und die «Schadensfälle» verteilten sich, anders als bei einem Großbrand, über vier Jahre.

In den kriegführenden Ländern waren inzwischen neue, staatliche Assekuranzen entstanden, die gegen das Kriegsrisiko versicherten oder bei Versicherungsverträgen mit Feindstaaten als Ersatz für ausländische Versicherer einsprangen. In Deutschland waren dies die Vereinigung für ausländisches Feuerversicherungs-Geschäft und die Deutsche Seeversicherungsgesellschaft von 1914, die auch Schiffe unter neutraler Flagge versicherte.[31] Die Regierungen Großbritanniens, Frankreichs und Italiens vereinbarten wiederum, dass ihre Staaten norwegische Dampfer rückversicherten, die von der britischen Marine gechartert waren.[32] Während des Krieges entstanden auch neue, auf den militärischen Bedarf und die Rüstungsfinanzierung ausgerichtete Versicherungszweige wie die Fliegerschadenversicherung und die Kriegsanleiheversicherung.[33] Sie erlangten freilich keine größere Bedeutung und blieben nicht über das Kriegsende hinaus bestehen.

Mit zunehmender Dauer des Krieges ließen sich die Geschäftsbeziehungen zwischen Versicherungen verfeindeter Staaten immer weniger aufrechterhalten. Die Behörden in den jeweiligen Ländern drängten nun energisch darauf, derartige Beziehungen zu beenden, und die Versicherer waren sich längst nicht mehr sicher, wie lange dieser Krieg noch dauern und wie die Situation danach sein würde. Im Mai 1917 traf bei der MR auch eine Depesche aus

Tokio ein, die über die schwedische Rückversicherung Atlas nach München gelangt war. Darin teilte die Nippon Fire mit: «Behörde schlug Eingabe um Erlaubnis ab – Die Umstände zwingen uns den Vertrag ab heute außer Kraft zu setzen».[34]

1917 wurde für die MR ein entscheidendes, rabenschwarzes Jahr. Am 6. April erklärten die Vereinigten Staaten Deutschland den Krieg, nachdem deutsche U-Boote wieder einmal amerikanische Frachter versenkt hatten. Fast alle deutschen Firmen mussten daraufhin ihr USA-Geschäft einstellen, ihr Vermögen in den Vereinigten Staaten wurde beschlagnahmt. Für die deutschen Versicherer galt wegen ihres hohen Marktanteils zunächst eine Sonderregelung. Vor allem in den bevölkerungsreichen Bundesstaaten an der Ostküste befürchteten die Behörden, dass der von den deutschen Gesellschaften gewährte Versicherungsschutz nicht von anderen Versicherern übernommen werden könnte. Schätzungen zufolge waren mehr als zwei Millionen Amerikaner bei deutschen Gesellschaften versichert, die über 8000 Agenten, überwiegend amerikanischer Nationalität, beschäftigten. Die deutschen Versicherer durften sich zwar nicht mehr im Seetransportgeschäft betätigen, wohl aber noch im Feuergeschäft.[35] Auch die MR-Tochter First Re konnte ihre Geschäfte nach dem Kriegseintritt der USA zunächst weiterführen, bis im November 1917 die Ausnahmeregelung für die deutschen Versicherer aufgehoben und deren Vermögen in den Vereinigten Staaten unter Feindvermögensverwaltung gestellt wurde.[36] Was Thieme nach dem Erdbeben von San Francisco 1906 unbedingt vermeiden wollte, war jetzt eingetreten: Die MR musste auf Amerika verzichten.

Fast gleichzeitig ging durch die Oktoberrevolution in Russland ein ehemals bedeutender Markt der MR dauerhaft verloren. Ein Teil der russischen Verträge war zwar zur Tarnung auf Versicherer in neutrale Länder übertragen worden, aber das nutzte wenig, weil dort nun keine Zahlungen aus Russland mehr eingingen. Die russischen Versicherungsgesellschaften wurden in ihrem Heimatland enteignet. Viele von ihnen verlegten den Sitz ins Ausland, vor allem nach Skandinavien, und versuchten, sich dort am Markt zu etablieren. Die russischen Rückversicherer hatten sich in den Jahren vor 1914 gut entwickelt, sie waren inzwischen auch auf dem US-Markt stark vertreten und gehörten nach den deutschen und den österreichisch-ungarischen zu den führenden der Welt. Für die MR bedeutete dies, dass sie nach der Revolution in Russland nicht nur den dortigen Markt verlor, auf den vor dem Krieg rund 10 % ihrer Prämieneinnahmen entfallen waren, sondern auf den verbliebenen Märkten auch noch zusätzliche Konkurrenz durch die aus Russland vertriebenen Wettbewerber erhielt.

Durch den amerikanischen Kriegseintritt verlor die MR praktisch den Weltmarkt, den sie nach 1890 erobert hatte. Sie hatte zwar immer noch die führende Position auf den Rückversicherungsmärkten in Deutschland, Österreich-Ungarn, der Schweiz und den skandinavischen Ländern –, doch war sie damit praktisch auf Mittel-, Ostmittel- und Nordeuropa zurückgedrängt. Der Prozess der Internationalisierung der deutschen Versicherungswirtschaft erlitt durch den Ersten Weltkrieg einen schweren Rückschlag. Davon profitierten die Versicherer in den neutralen Ländern, vor allem in der Schweiz und in Schweden. Unter dem Eindruck der Kriegserfahrung, der Feindgesetzgebung und der seit 1917 sicheren Erwartung einer deutschen Niederlage zogen es immer mehr Versicherer vor, nicht mehr an die MR, sondern an die Schweizer Rück zu zedieren. Anders als noch während des Krieges von 1870/71 wurde nicht mehr zwischen den Unternehmen und der Politik eines Landes getrennt. Auch waren in den Entente-Ländern inzwischen neue Rückversicherungsgesellschaften entstanden, die in die von der MR und anderen deutschen Rückversicherern hinterlassene Lücke drängten. Dies wog aus Münchner Sicht vielleicht am schwersten, weil damit die Aussichten schwanden, die verlorengegangenen Märkte in Frankreich, Großbritannien und den USA nach einem Friedensschluss zurückzuerobern. Eine vorübergehende Abschnürung ließ sich verkraften, solange man mit einer Rückkehr nach Kriegsende rechnen konnte. Doch die Gründung zahlreicher neuer Rückversicherungsgesellschaften in diesen Ländern und die Anteilsgewinne der Schweizer Rück deuteten auf eine dauerhafte Veränderung der Wettbewerbssituation hin. Zwischen 1913 und 1918 hatten die Prämieneinnahmen der Schweizer Rück bereits um rund 150 % zugenommen, von 52 Mio. CHF auf 126 Mio. CHF. Im transatlantischen Feuergeschäft hatte das Unternehmen seine Feuerprämieneinnahme während des Krieges sogar vervierfachen können.[37]

Während des Krieges hatte man bei der MR auch schon Überlegungen zur Nachkriegszeit angestellt. Man ging davon aus, dass die deutsche Wirtschaft nach Kriegsende einen großen Kapitalbedarf haben, die Kreditgewährung aufgrund der Kriegsfolgen dann aber mit höheren Risiken verbunden sein werde als in der Vorkriegszeit. Daher gründete die MR gemeinsam mit ihrer Beteiligungsgesellschaft Globus und der zur Phönix-Gruppe gehörenden Kompass Kreditversicherungs-Bank am 7. Oktober 1917 in Berlin die Hermes Kreditversicherungsbank, an deren Aktienkapital sie sich mit 50 % beteiligte.[38]

7. Vom Weltmarkt verbannt:
Der Konzernausbau in Mitteleuropa während der Inflationszeit

Das Ende des Ersten Weltkrieges war auch in München mit dem Sturz der Monarchie verbunden. Nach vier Jahren eines überaus verlustreichen Krieges mit wachsenden Entbehrungen, Hunger und Not sprang die von Kiel ausgehende Revolution in kurzer Zeit auf die bayerische Hauptstadt über. Am 7. November 1918 proklamierte Kurt Eisner von der linkssozialistischen USPD den Freistaat Bayern. Wenige Stunden zuvor war der letzte bayerische König, Ludwig III., aus der Stadt geflohen. Die von Eisner gebildete Revolutionsregierung blieb nur wenige Monate im Amt, Eisner selbst wurde von einem rechtsradikalen Studenten ermordet. In München rief daraufhin ein revolutionärer Zentralrat am 7. April 1919 eine Räterepublik aus. Die wenige Wochen vorher gewählte Regierung unter dem Mehrheitssozialdemokraten Johannes Hoffmann wich nach Bamberg aus. Am 2. Mai 1919 wurde die Räteherrschaft von Freikorps und Einheiten der Reichswehr blutig niedergeschlagen, es kam zu Masseninternierungen und Gewaltexzessen. Erst im August kehrte die gewählte Regierung Bayerns nach München zurück.[1]

Über die Entwicklung bei der MR in diesen Monaten ist nicht viel bekannt. Das Unternehmen hatte die Kriegsfolgen zu bewältigen und die zurückkehrenden Mitarbeiter wieder einzugliedern. Enteignungen fanden unter der Regierung Eisner nicht statt, und die Räterepublik hatte dafür zu wenig Zeit. Wilhelm Kißkalt schrieb in seinen Erinnerungen, dass die Angestellten der MR mit den Arbeiter- und Soldatenräten sympathisiert hätten, wenn auch weniger als in anderen Unternehmen. Thieme habe dies als Undankbarkeit empfunden: «Niemand empfand dies schmerzlicher als Thieme, für den doch die Fürsorge für die Beamten stets eine besondere Herzensangelegenheit gewesen war […] Sogar einem allgemein proklamierten politischen Streik schlossen sich die Beamten an, freilich nicht alle; […] Der Einmarsch der Weißen Truppen machte schließlich dem Spuk der Räterepublik ein Ende.»[2]

Geschäftlich bekam die MR die Auswirkungen der Räteherrschaft und des Bürgerkrieges eher indirekt zu spüren. München war im April 1919 von der Außenwelt weitgehend abgeschnitten, Eisenbahnverbindungen, Post- und Telefonverkehr waren unterbrochen. Für ein Unternehmen, das sein Geschäft hauptsächlich per Post betrieb, war das eine Katastrophe, zumal die MR nun die im Krieg abgebrochenen Verbindungen mit vielen ausländischen Versicherern wiederaufnehmen wollte. Stattdessen kamen besorgte Anfragen von Zedenten aus Österreich und Norddeutschland, die an der Handlungsfähigkeit des Rückversicherers zu zweifeln begannen.[3]

Anfang Mai 1919 setzte die Räteregierung einen kommissarischen Leiter für die MR ein, der aber vor dem Einmarsch der Regierungstruppen und der Freikorps nicht mehr tätig werden konnte.[4] Andernfalls wäre es wohl in der Königinstraße 107 zu heftigen Auseinandersetzungen gekommen. Der kommissarische Leiter Christian Frohner, ein früherer Mitarbeiter des Sekretariats der MR, hatte sich an einer bizarren Schmähschrift seines ebenfalls entlassenen Mitstreiters Otto Zaduck mit «vernichtenden Enthüllungen» über die MR beteiligt und darin die Vorstands- und Aufsichtsratsmitglieder als «Tantiemen-Vampire» angeprangert. Gegen seinen früheren Arbeitgeber hatte er auch schon Strafanzeige erstattet.[5] Frohner wurde am 3. Mai 1919 von einer Einheit des Freikorps Lützow als mutmaßlicher Aufrührer festgenommen, zwei Tage später vor ein «Standgericht» im Hofbräuhaus gestellt und auf dem anschließenden Transport erschossen.[6]

Kißkalt machte in seinen Erinnerungen keinen Hehl aus der Erleichterung, die der Vorstand darüber empfand.[7] Die MR spendete für die Münchner Einwohnerwehr, die 1919 als eine Art Wehrersatzformation entstanden war, und später auch für den rechtsradikalen Kampfbund Oberland.[8] Doch kann daraus nicht geschlossen werden, dass der Vorstand antidemokratisch eingestellt gewesen wäre. Vielmehr gehörte Carl von Thieme nun der linksliberalen Deutschen Demokratischen Partei (DDP) an, die sich vorbehaltlos zur Weimarer Republik bekannte. Politisch betätigt hat sich der erste Generaldirektor der MR nie, doch galt er als einer «der treuesten Freunde des liberalen und demokratischen Gedankens».[9]

Forderungen nach Verstaatlichung der privaten Versicherungsgesellschaften gab es während der Revolutionsmonate nicht nur in München. In Berlin arbeitete eine vom Rat der Volksbeauftragten eingesetzte Sozialisierungskommission an einem entsprechenden Gesetzentwurf. Was man bei der MR davon hielt, lässt sich dem im Dezember 1918 vorgelegten Bericht für das Geschäftsjahr 1917/18 entnehmen: «Wir halten die Verstaatlichung der Privatversicherung für sozial verfehlt, finanziell wirkungslos und für geeignet, die Stellung Deutschlands in der Weltwirtschaft zu schädigen.»[10] Die Rückversicherungsgesellschaften hatten von allen privaten Versicherern am wenigsten eine Sozialisierung zu befürchten. Auch die Sozialisierungskommission war sich darüber im Klaren, dass mit einer Rückversicherung des deutschen Staats so kurz nach dem Krieg im Ausland kein Geschäft zu machen war. Wegen der schwierigen wirtschaftlichen Lage wurde schließlich keiner ihrer Vorschläge umgesetzt.[11]

Die sozialen Errungenschaften der Revolution von 1918/19 führten hingegen auch bei der MR zu Veränderungen. Für die Mitarbeiter galt seit Mai 1919 der Reichstarifvertrag für Angestellte, der den Achtstundentag vorschrieb. Während sich in den allermeisten deutschen Unternehmen die Arbeitszeit dadurch verkürzte, fiel bei der MR das von Thieme gewährte Privileg einer lediglich siebenstündigen Arbeitszeit weg. Durch die längere Arbeitszeit erhöhten sich aber die Gehälter. Für das Unternehmen ergab sich aus der Einführung des Tarifvertrags wohl vor allem deshalb eine Mehrbelastung von 600 000 Mark.[12] Auf der Grundlage des Betriebsrätegesetzes vom 4. Februar 1920 konstituierte sich ein von der Belegschaft gewählter Betriebsrat. Ab Juli 1922 gehörten zwei Mitglieder des Betriebsrats dem Aufsichtsrat an.[13]

Mehrere deutsche Versicherungsgesellschaften hatten schon in den letzten Kriegsmonaten auf die zunehmenden Unruhen reagiert und eine Aufruhrversicherung angeboten. Die MR stieg im Sommer 1918 durch einen Vertrag mit der Stuttgart-Berliner Versicherungs-AG in diese neue Sparte ein. Herzog zufolge soll sie sich hierfür sehr engagiert und Quoten bis zu 90 % übernommen haben.[14] Viel Erfolg hatte dieses Geschäft nicht, zumal die gewaltsamen Auseinandersetzungen in Deutschland nach 1920 abebbten. Auch in Österreich und in Italien nahm die MR Verträge gegen das Risiko von Aufruhr und Plünderung in Rückdeckung. Aufgrund einer vom Istituto Italiano di Riassicurazioni Generali übernommenen Retrozession musste sie im Sommer 1922 «Faschistenschäden» in Höhe von rund 1 Mio. Lire begleichen. Nach der Machtübernahme Mussolinis im Oktober 1922 wollte die MR nicht mehr für Schäden zahlen, die von Mitgliedern linksradikaler Parteien verursacht worden waren. Die italienische Regierung bestand aber darauf. Eine Eingabe an Mussolini schickte die MR auf dringendes Zuraten des italienischen Vertragspartners nicht ab. Insgesamt brachte das italienische Aufruhrgeschäft dem Unternehmen beträchtliche Verluste ein.[15]

Nach Kriegsende war der Vorstand der MR davon ausgegangen, dass es bald wieder möglich sein würde, auf verlorengegangene Auslandsmärkte zurückzukehren.[16] Doch mit dieser Einschätzung hatte man sich gründlich getäuscht. Der am 28. Juni 1919 in Versailles unterzeichnete Friedensvertrag besiegelte die Konfiskation des gesamten deutschen Auslandsvermögens in den Staaten der früheren Kriegsgegner mit Ausnahme der USA, die diesen Vertrag nicht unterzeichneten. In einer Anlage zu Artikel 313 des Vertrags wurden Rückversicherungsverträge zwischen Versicherern aus den Ländern der Siegermächte und deutschen Gesellschaften für aufgehoben erklärt.[17] Die im Versailler Vertrag festgelegten Gebietsabtretungen des Deutschen Reichs hatten auf das Geschäft der MR keine größeren Auswirkungen. Ins Gewicht fiel nur der Verlust des Markts von Elsass-Lothringen, wo sich deutsche Rückversicherer nicht mehr betätigen durften. Vergeblich versuchte die MR, ihr dortiges Geschäft auf die Schweizer National zu übertragen, aber die französischen Behörden setzten auch diese Gesellschaft auf die Schwarze

Liste, weil sie ein Tochterunternehmen der MR war.[18] In den an Polen abgetretenen Gebieten konnten die Geschäftsbeziehung durch neu gegründete
Beteiligungsgesellschaften weitergeführt werden, auf die noch einzugehen
sein wird. Der vor dem Krieg so wichtige russische Markt war dauerhaft verloren. Noch härter traf die MR aber die Aufhebung aller Verträge mit Versicherern aus Frankreich, Großbritannien und den USA. Auch wurden dort
immer weitere Rückversicherungsgesellschaften gegründet, die in die von
den deutschen und österreichischen Unternehmen hinterlassene Lücke einsprangen. Die Dominanz der MR auf dem Weltmarkt der Rückversicherungsgesellschaften war gebrochen, und wenig sprach dafür, dass es einmal
gelingen würde, sie wiederherzustellen. Der Vorstand behielt zwar die Wie-
dererlangung der früheren Position stets als Ziel im Blick. Erst einmal musste
man sich aber auf die Sicherung und den Ausbau des Geschäfts in Europa
konzentrieren.

Am stärksten profitierten von diesen Veränderungen die Rückversicherer
der im Krieg neutral gebliebenen Länder, vor allem die Schweizer Rück. In
den Jahrzehnten vor dem Ersten Weltkrieg hatte sich der Vorsprung der MR
gegenüber der Schweizer Rück immer weiter vergrößert. Entscheidende Faktoren waren dabei gewesen, dass die Schweizer Rück sich nicht wie die MR an
zahlreichen Erstversicherern beteiligte, in den USA einen sehr viel geringeren
Marktanteil hatte und im Vereinigten Königreich nicht vertreten war. Während des Krieges hatte sich dies geändert. Die Schweizer Rück hatte in London
die Mercantile General Insurance Company erworben und ihre Präsenz in
den USA durch die Konzessionierung der Tochtergesellschaft Prudentia ausgeweitet.[19] 1919 hatte die MR erstmals eine geringere Bruttoprämieneinnahme
als die Schweizer Rück, die nun der Weltmarktführer war.[20]

Die amerikanische Tochtergesellschaft der MR, die First Re, war nach
dem Kriegseintritt der Vereinigten Staaten beschlagnahmt und dem Office of
Alien Property Custodian – der US-Behörde für die Verwaltung von Feind-
vermögen – unterstellt worden. Ihr Präsident Carl Schreiner kam zunächst bei
Freunden in New York unter und kehrte im Dezember 1919 nach Deutschland
zurück, eigenen Angaben zufolge mit dem ersten Dampfer, der von New York
wieder nach Hamburg fuhr.[21] Die First Re wurde vom Alien Property Custodian zu einem Preis von 175 US-Dollar pro Aktie (bei einem Nennwert von
100 US-Dollar) an insgesamt zehn Versicherungsgesellschaften verkauft. Im
April 1925 kam sie dann unter die Kontrolle der Rossia Insurance Company,
die aus der US-Filiale der ehemals in St. Petersburg ansässigen Rossija hervorgegangen war.[22] Ihr Präsident war Carl F. Sturhahn, ein Deutsch-Amerikaner,
der früher als Stellvertreter Carl Schreiners bei der First Re gearbeitet hatte.[23]
Die MR versuchte noch, strittige Forderungen gegen die First Re aus 1917 übertragenen Rückversicherungsverträgen einzuklagen, unterlag aber in mehreren

Instanzen.[24] 1936/37 wurde die First Re gemeinsam mit der Rossia vom Rossia-Großaktionär Northeastern Insurance Co. liquidiert.[25]

Die MR war nun mehr oder weniger auf Mittel-, Nord- und Südosteuropa zurückgeworfen. Ihre Geschäftsverbindungen in den Mittelmeerraum waren nicht sehr bedeutend. Außer der Generali in Triest – das bis 1919 zu Österreich-Ungarn gehört hatte – spielte hier nur die Beteiligungsgesellschaft Alleanza in Genua für die MR eine wichtige Rolle. Die Geschäfte mit Lateinamerika und Asien waren schon vor dem Krieg sehr überschaubar gewesen. Im Wesentlichen handelte es sich dabei um einen seit 1904 bestehenden Hagel-Rückversicherungsvertrag mit der Rural in Buenos Aires und um den im Krieg aufgelösten Vertrag mit der Nippon Fire, der offenbar nicht so rasch wiederhergestellt werden konnte.[26] Bei der schlimmsten Naturkatastrophe dieser Jahre, dem großen Kantō-Erdbeben in Japan vom 1. September 1923, war die MR nicht an der Schadensregulierung beteiligt, weil die Geschäftsverbindungen mit japanischen Versicherern noch nicht wiederaufgenommen worden waren.[27] Die großen Geschehnisse der MR-Geschichte spielten sich jetzt nicht mehr in London, New York oder San Francisco ab, sondern in Zürich oder in Wien. Die Unternehmensentwicklung spiegelt anschaulich die Desintegration der Weltwirtschaft wider, die mit dem Ersten Weltkrieg begann und sich in den folgenden Jahrzehnten fortsetzte.[28]

In den ersten Nachkriegsmonaten musste die MR befürchten, auch in Ostmitteleuropa zurückgedrängt zu werden, ihrer wichtigsten Geschäftsregion außerhalb Deutschlands. Österreich-Ungarn wurde in die Nachfolgestaaten Österreich, Tschechoslowakei und Ungarn aufgeteilt und musste die übrigen Gebiete an Italien, Polen, Rumänien und das Königreich der Serben, Kroaten und Slowenen (ab 1929 Königreich Jugoslawien) abtreten. Mit der staatlichen Neuordnung wurde der Versicherungsmarkt des zerfallenen Habsburgerreichs aufgeteilt. Wien war auch die Versicherungsmetropole Österreich-Ungarns gewesen. Damit drohte den österreichischen Versicherern nicht nur der Verlust ihres Geschäfts in den anderen Nachfolgestaaten. Auch am Standort Wien wurden die Gewichte neu verteilt. So versuchte die im nunmehr italienischen Triest ansässige Riunione Adriatica di Sicurtà ihre bereits recht starke Präsenz in der österreichischen Hauptstadt durch eine Übernahme des Elementar-Phönix auszuweiten, Der Lebens-Phönix, der eine größere Kapitalbeteiligung beim Elementar-Phönix hielt, versuchte dies zu verhindern. Sein Vorstand wandte sich hilfesuchend an die MR und bat sie, der Riunione zuvorzukommen. Wilhelm Kißkalt, der inzwischen immer mehr die Geschäftspolitik der MR bestimmte, war zu einer Übernahme des Elementar-Phönix bereit, der Aufsichtsratsvorsitzende Wilhelm von Finck lehnte dies jedoch wegen der unsicheren Verhältnisse in Österreich ab.[29] Die Riunione erwarb im Oktober 1919 eine Mehrheitsbeteiligung am Elementar-Phönix, verkaufte ihre

Anteile aber nach einem Jahr mit Ausnahme eines kleineren Aktienpakets an die MR weiter.[30] Neben der hohen Inflation in Österreich könnten auch die guten politischen Verbindungen des Lebens-Phönix dazu geführt haben, dass sich die Riunione aus dem Elementar-Phönix zurückzog.[31]

Beim Lebens-Phönix hatte die MR bis 1912 vorübergehend die Majorität des Aktienkapitals gehalten, dann war diese Gesellschaft unter stärkeren Einfluss der Allgemeinen Verkehrsbank geraten. Auf Drängen des Vorstands des Lebens-Phönix hatte die MR ihre Kapitalbeteiligung 1916 wieder auf rund 36 % erhöht.[32] Bis 1927 ging diese Beteiligung auf rund 30 % zurück, doch hatte sich der Lebens-Phönix inzwischen zur drittgrößten Versicherungsgesellschaft Europas entwickelt. Durch ihren gestärkten Einfluss auf die expandierende Phönix-Gruppe, als Mehrheitsaktionär des Elementar-Phönix und Großaktionär des Lebens-Phönix, gehörte die MR zu den Gewinnern bei der Neuordnung des Versicherungsplatzes Wien.[33]

Zum Erfolg des Lebens-Phönix trug die MR aktiv bei, indem sie mit diesem zusammen Joint Ventures in mehreren Nachfolgestaaten Österreich-Ungarns einging. 1919 entfielen beim Lebens-Phönix mehr als 50 % des Versicherungsbestandes auf die Gebiete des früheren Kaiserreichs, die nun von Wien aus gesehen Ausland waren.[34] In der Tschechoslowakei wurden die ausländischen – d. h. vor allem österreichischen und deutschen – Versicherer gezielt diskriminiert, um sie zum Verlassen des Landes zu bewegen.[35] Das polnische Finanzministerium setzte im Juni 1919 die Verträge ausländischer Versicherer in den ehemals zu Deutschland und Österreich-Ungarn gehörenden Gebieten des Landes außer Kraft.[36] In beiden Ländern waren die inländischen Versicherer aber nicht sehr leistungsfähig. Die Prager Gesellschaften hatten stets im Schatten der Wiener Konzerne gestanden. Das Gebiet des wiedererrichteten polnischen Staats hatte vorher zu Russland, Österreich-Ungarn und Deutschland gehört. Eine inländische Versicherungswirtschaft war nur in Ansätzen vorhanden. Größere Rückversicherungsunternehmen gab es in Polen überhaupt nicht, und in der Tschechoslowakei konnte die einzige inländische Rückversicherungsgesellschaft, die Erste Böhmische Rückversicherungsbank, nicht den Bedarf der Erstversicherer abdecken.[37]

Die MR, der Lebens-Phönix und die Providentia, die älteste MR-Tochter in Wien, nutzten diese Lücke, um durch Neugründungen ihr Geschäft in diesen Staaten zu behaupten. In Budapest hatten sich MR und Lebens-Phönix schon 1917 gemeinsam an der Gründung der Ungarischen Landes-Versicherungs-Anstalt beteiligt.[38] In Warschau, Krakau und Prag zogen die MR und ihre Wiener Partner nach Kriegsende Joint Ventures auf, die als inländische Gesellschaften getarnt waren und die Verträge des Lebens-Phönix bzw. der Providentia übernehmen konnten. MR-Vorstandsmitglied Kißkalt war überzeugt, dass es über kurz oder lang zu einer wirtschaftlichen Wiedervereinigung der ehemals zu Österreich-Ungarn gehörenden Gebiete kommen würde, da er die neu gegründeten nationalen Unternehmen in den einzelnen Nachfolgestaaten für zu klein hielt.[39]

Am 14. Februar 1919 gründeten die MR und der Lebens-Phönix in Warschau die Lebensversicherungsgesellschaft Przyszłość, die den Versicherungsbestand des Lebens-Phönix in dem ehemals zum Habsburgerreich gehörenden Galizien übernahm. Nach außen hin firmierte die Przyszłość als polnisches Unternehmen. Die Aktien wurden von polnischen Strohmännern gegen eine Provision gehalten, gehörten aber zu 50 % der MR. Als Rückversicherer trat der Atlas in Stockholm auf, an dessen Kapital die MR ebenfalls maßgeblich beteiligt war, und retrozedierte dieses Geschäft wiederum zu 100 % an die MR.[40] Die Tarnung gelang durch das Zusammenspiel zwischen Providentia, Lebens-Phönix und MR. Die österreichischen Erstversicherer kannten die Märkte in der Tschechoslowakei und in Polen sehr genau, sie konnten auch das Personal für die Tarngesellschaften stellen, in der Regel durch Mitarbeiter ihrer früheren Vertretungen in diesen Gebieten. Die MR wiederum brachte nicht nur Kapital, sondern auch internationale Verbindungen ein.

Im Juli 1919 beteiligte sich die MR an der Gründung eines weiteren Erstversicherers in Polen, dem Port. Diese in Krakau und Warschau vertretene Gesellschaft übernahm Verträge der Providentia und der Ersten Österreichischen Versicherungs-Gesellschaft gegen Einbruch. Die Leitung wurde Ananjacz Einhorn übertragen, einem früheren Generalagenten dieser Unternehmen, der die polnische Staatsbürgerschaft besaß. Die MR hielt beim Port zunächst 30 % des Aktienkapitals mit einer «stillen Unterbeteiligung» ihrer österreichischen Partner.[41] Die Aktien waren auf Einhorn ausgestellt. Auch die Providentia und die Erste Einbruch, die jeweils 15 % des Kapitals hielten, ließen ihre Aktien auf Strohmänner ausstellen. Solche Personen zu finden, war offenbar nicht schwer. Meuschel zufolge reichte das Spektrum «von jüdischen Kaufleuten bis zu Angehörigen des höchsten polnischen Adels».[42] Auch andere österreichische Versicherer übertrugen ihre Verträge in den polnisch gewordenen Gebieten auf den Port. Die MR konnte wiederum 13 deutsche Versicherer dazu bewegen, ihr «herrenlos» gewordenes Geschäft in den abgetretenen Ostgebieten an den Port weiterzugeben. Auf diese Weise wuchs die von Einhorn geleitete Gesellschaft zu einem der größten Versicherungsunternehmen Polens heran.[43]

Ähnlich ging man in Prag vor. Gemeinsam mit dem Lebens-Phönix gründete die MR hier durch Strohmänner am 6. August 1919 die Slavische Lebens-Versicherungs-Anstalt (im Folgenden: Slovanska). Die Slovanska übernahm die Verträge des Lebens-Phönix auf dem Gebiet der Tschechoslowakei. Am Aktienkapital in Höhe von 2 Mio. Kronen waren die MR und der Lebens-Phönix mit jeweils 45 % beteiligt. Zur Tarnung sprang auch hier der Atlas ein,

Abb. 13 Werbeplakat der
Europäischen Güter- und Reise-
gepäck-Versicherungs-AG
(um 1920), Entwurf von Walter
Schnackenberg, einem Schwieger-
sohn Carl von Thiemes

Vorstand und Verwaltungsrat wurden mit tschechoslowakischen Staatsbür-
gern besetzt. Als das Aktienkapital dieser Gesellschaft später erhöht wurde,
brachte ihr tschechoslowakischer Vorstandsvorsitzender Jaromir Rašin weitere Strohmänner bei, die mit Darlehen der MR die neu ausgegebenen Anteilscheine zeichneten.[44] Während die Beteiligung der MR unentdeckt blieb,
wurde der Slovanska in Prag immer wieder vorgeworfen, eine Tarngesellschaft
des Lebens-Phönix zu sein. Beweisen ließ sich das aber nicht, zumal der Vorstandsvorsitzende die Rückendeckung des Finanzministeriums hatte – er war
ein Neffe des ersten tschechoslowakischen Finanzministers Alois Rašin, der
Anfang 1923 an den Folgen eines Attentats starb.[45] Für die deutschsprachige
Minderheit in der Tschechoslowakei gründeten die MR und der Lebens-
Phönix über tschechische Strohmänner in Prag noch zwei weitere Versicherungsgesellschaften, die Elbe Lebensversicherungsanstalt AG und die Elbe
Schadenversicherungsanstalt AG.[46]

Weitere Tarnungen bestanden bei einigen Gesellschaften der Europäischen
Güter- und Reisegepäck-Versicherung, wo die MR 1921 die Majorität übernahm. Der Gründer der Europäischen, Max von Engel, reagierte auf die
veränderten Verhältnisse nach dem Ersten Weltkrieg, indem er die Auslands-
niederlassungen seines Budapester Unternehmens in selbstständige nationale
Gesellschaften umwandelte und in den neu entstandenen Nationalstaaten
weitere Gesellschaften gründete. Die damalige Entwicklung in Europa spie-

gelte sich somit unmittelbar im veränderten Aufbau der Europäischen wider. Nach und nach entstanden neben den Gesellschaften an den ältesten Standorten der Europäischen, Budapest, Berlin und Bern, weitere in Amsterdam, Belgrad, Brüssel, Bukarest, Helsinki, Konstantinopel/Istanbul, Kopenhagen, Lissabon, Luxemburg, Madrid, Oslo, Prag, Reval, Riga, Rom, Stockholm, Warschau und Wien.[47] Diese Unternehmen handelten mit den Eisenbahngesellschaften des jeweiligen Landes exklusive, aber für die gesamte Gruppe der Europäischen verbindliche Verträge aus. Ihre in der jeweiligen Landessprache verfassten Policen waren inhaltlich identisch und konnten daher auch in anderen Ländern leicht entziffert werden.[48] Zum 1. September 1921 zog sich die Generali aus der Europäischen zurück, vermutlich weil deren Geschäft für den italienischen Konzern wegen der Inflation in Deutschland, Österreich und Ungarn nicht mehr rentabel war. Die MR wurde nun bei allen Gesellschaften dieser Gruppe Mehrheitsaktionär. Bei der Europäischen in Berlin hielt sie 90 % des Aktienkapitals, bei den Schwesterunternehmen dürfte die Beteiligung nicht viel niedriger gelegen haben. Eine 10 %ige Kapitalbeteiligung blieb in der Regel bei Max von Engel.[49] Mit den Vorgängern der Deutschen Reichsbahn hatte die Europäische in Berlin schon 1918 einen Monopolvertrag abschließen können. An den Fahrkartenschaltern durfte nur die Reisegepäckversicherung der Europäischen verkauft werden, deren Wertmarken die Reisenden dann auf ihre Fahrkarten kleben konnten. In Polen und in der Tschechoslowakei durfte nicht publik werden, dass hinter den jeweiligen nationalen Gesellschaften der Europäischen ein deutscher Großaktionär und Rückversicherer stand. In Prag gaben sich daher zur Tarnung sechs tschechoslowakische Gesellschaften als Eigentümer und Rückversicherer der Europäischen aus. Ähnlich verhielt es sich in Polen.[50]

Auch das Geschäft der MR litt unter der rasch fortschreitenden Geldentwertung in Deutschland und Österreich. Die durch die Kriegsfinanzierung ausgelöste Inflation hatte schon bis Ende 1918 die Kaufkraft der Mark gegenüber dem Vorkriegsstand halbiert. Angesichts der hohen Staatsverschuldung, der blutigen Auseinandersetzungen der Revolutionszeit und der Reparationsforderungen der Siegermächte hätten eine Währungsstabilisierung oder ein Staatsbankrott wohl das frühzeitige Ende der ersten deutschen Demokratie bedeutet. Die Reichsbank erhöhte die Geldmenge immer weiter, Löhne und Preise stiegen entsprechend an. Im Dezember 1919 lag der Außenwert der Mark bereits bei weniger als einem Zehntel des Vorkriegsstands. Im Januar 1922 bekam man für einen US-Dollar 191,81 Mark gegenüber 4,19 Mark im August 1914.[51] Profitiert haben von dieser Entwicklung wie bei jeder Geldentwertung die Besitzer von Devisen, die Eigentümer von Sachwerten, vor allem von Immobilien, und die Schuldner. Das Reich, die Länder und die Kommunen konnten ihre Schulden mit entwertetem Geld abtragen. Zu den Nutznießern gehörte zugleich die deutsche Exportindustrie, die ihre Produkte im Ausland wegen des immer geringeren Außenwerts der Mark zu Dumpingpreisen absetzen konnte. Günstig entwickelte sich auch der Arbeitsmarkt. Da die Unternehmen Löhne und Gehälter in entwerteter Währung zahlen konnten, herrschte in Deutschland Vollbeschäftigung, obwohl Millionen ausgemusterter Soldaten wiedereingegliedert werden mussten. Eine Katastrophe war die Inflation für die Sparer und für die Eigentümer von Geldvermögen, sofern sie nicht rechtzeitig in Devisen investiert hatten.

Die Kunden der Versicherungsgesellschaften konnten ihre Verträge durch Nachversicherungen anpassen. Als sich die Inflation beschleunigte, ließ sich aber auch dadurch nicht mehr verhindern, dass die vereinbarten Leistungen rasch an Wert verloren. Am härtesten traf es die Kunden von Lebensversicherern. Sie konnten sich ausrechnen, dass sie für ihre – oft noch in wertbeständiger Währung vor dem Krieg geleisteten – Einzahlungen eine völlig wertlose Gegenleistung bekommen würden. Aber auch bei der Feuer- und Unfallversicherung gingen die Kunden leer aus, sofern sich nicht unmittelbar nach Vertragsabschluss ein Schadensfall ereignete. Die Versicherungsgesellschaften hatten dagegen den Vorteil, dass sich die Schadenssumme in der Zeit zwischen dem Eintreten des Schadensfalls und der Auszahlung entwertete. Gleichzeitig stiegen in dieser Branche aber die Kosten, da sich der Verwaltungsaufwand beträchtlich erhöhte. Aushilfskräfte für das Zählen der Geldscheine mussten eingestellt werden, und bald rechnete es sich z. B. für die Lebensversicherer nicht mehr, die zumeist kleinen Beiträge ihrer Kunden einzusammeln, weil sie für die Portokosten und die Löhne der Kassierer mehr zahlen mussten, als sie mit solchen Beträgen einnahmen. Das Prämienvolumen nahm zwar durch die Inflation stark zu, aber diese Zahlen geben, wie alle Geschäftszahlen aus dieser Zeit, nicht den tatsächlichen Geschäftsverlauf wieder. Die Produkte der Versicherer verloren für die Kunden über kurz oder lang ihren Sinn, was für die Zukunft der Branche nichts Gutes erwarten ließ.

Die Rückversicherer waren gegenüber den Folgen der Geldentwertung weniger anfällig als die meisten Erstversicherer. Ihr Geschäft verteilte sich auf alle Versicherungszweige, so dass ein Ausgleich zwischen den Risiken der einzelnen Sparten bestand. Die MR hatte zudem ein erhebliches Vermögen in Sachwerten, nämlich den über vierzig Beteiligungen an Versicherungsgesellschaften des In- und Auslands. Die Beteiligungen standen zum Anschaffungspreis und somit erheblich unter Wert in den Büchern. Nach Angaben Kißkalts hatte das Unternehmen allein dadurch im Juli 1923 stille Reserven in Höhe von rund 20 Mio. Schweizer Franken angehäuft.[52] Durch ihr immer noch bedeutendes Auslandsgeschäft und ihre internationalen Verbindungen konnte die MR auch im laufenden Geschäft leichter der Inflation entkommen als die meisten deutschen Erstversicherer. Sie hatte ansehnliche Prämieneinnahmen in Devisen. Die Hoffnungen des Vorstands richteten sich aber vor allem auf das in den USA beschlagnahmte Vermögen aus der Zeit vor 1917, mit dessen baldiger Freigabe man allgemein rechnete. Dieses Vermögen belief sich auf rund 4 Mio. US-Dollar. Im Deutschland der Inflationsjahre war dies ein kaum vorstellbarer Wert, der die Fantasie beflügelte, obwohl er noch gar nicht verfügbar war.[53] Durch ihren vorhandenen und noch zu erwartenden Devisenbestand verfügte die MR über einen großen Vorteil gegenüber deutschen Wettbewerbern. Sie konnte leichter als andere ihre Marktposition im Inland durch Zukäufe ausbauen oder – wie es Thiemes bewährte Strategie war – angeschlagene Gesellschaften durch Finanzspritzen an sich binden.

Im Auslandsgeschäft hatte die MR freilich das Problem, dass ihr Eigenkapital in Mark bewertet war. Das Aktienkapital und die Reserven verloren mit der deutschen Währung an Außenwert. Vor dem Krieg hatte das Eigenkapital einen Gegenwert von 15 Mio. US-Dollar, im April 1923 belief es sich hingegen nur noch auf umgerechnet 46 000 US-Dollar.[54] Für die Geschäftskunden in Hartwährungsländern wie der Schweiz war dies beunruhigend. Mit einem Rückversicherer zusammenzuarbeiten, der in der Vertragswährung praktisch keine Reserven hatte, stellte ein hohes Risiko dar. Schadenszahlungen in die Schweiz, nach Schweden oder in die Niederlande konnte die MR praktisch nur aus ihren laufenden Prämieneinnahmen in diesen Ländern leisten. Wie aber wollte sie zahlen, wenn es dort zu einem großen Schadensfall kam, der nicht mehr aus der Portokasse beglichen werden konnte? Die Eerste Nederlandse bat die MR im Februar 1923, Reserven bei ihr zu deponieren oder den Vertrag aufzulösen. Ähnliches verlangten dann einige norwegische, Schweizer und auch deutsche Versicherer, zum Teil weil ihre Aufsichtsräte beschlossen hatten, gegenüber deutschen Rückversicherern auf Depotstellungen zu bestehen.[55] Ein derartiges Ansinnen hätte man in München vor dem Krieg noch als unfreundlichen Akt angesehen, doch jetzt musste die MR dem nachgeben. Inzwischen war selbst eine Schweizer Versicherungsgesellschaft, die Basler Feuerversicherung, durch die deutsche Inflation in Schwierigkeiten gekommen, weil sie vor dem Krieg einen Teil ihrer Reserven wegen der günstigeren Verzinsung in Mark angelegt hatte.[56] Nicht wenige Versicherungen in Hartwährungsländern entschlossen sich vor diesem Hintergrund, lieber gleich mit einem Schweizer Rückversicherer zusammenzuarbeiten. Der Schweizer Rück, die schon durch den Krieg ihren Marktanteil in Europa und Nordamerika erheblich hatte steigern können, arbeitete nun auch die große Inflation in Deutschland und Österreich in die Hände.

Vor diesem Hintergrund kam es an der Spitze der MR Anfang 1922 zum ersten, seit längerem überfälligen Führungs- und Generationenwechsel. Carl von Thieme hatte sich bis dahin nicht vorstellen können, die Leitung seines Lebenswerks abzugeben. Der Aufsichtsrat ließ ihn im Amt, und während des

Krieges war Thiemes Erfahrung auch dringend benötigt worden. Die Geschäftspolitik wurde aber immer mehr von Kißkalt geleitet. Dass er der nächste Generaldirektor würde, war unstrittig. Doch erst Ende 1921, wenige Monate vor seinem 78. Geburtstag, zog sich Thieme zurück. Er, der ein Unternehmen von Weltruf aufgebaut hatte, tat sich wohl schwer, den Ruhestand im Kreis seiner mittlerweile 23 Enkel und Urenkel zu genießen. Es war ihm auch nicht lange vergönnt. Am 24. Oktober 1924 starb Carl von Thieme im Alter von 80 Jahren in München.[57]

Ein halbes Jahr vorher, am 8. April 1924, war Wilhelm von Finck gestorben. Der Bankier hatte bis zuletzt die Aufsichtsratssitzungen der MR geleitet und seit Gründung des Unternehmens bei keiner dieser Sitzungen gefehlt.[58] Mehr als vier Jahrzehnte lang hatten Thieme und Finck die MR geprägt, jeder auf seine Weise und häufig im Dissens, aber in einer insgesamt überaus erfolgreichen Zusammenarbeit. Mit Fincks Tod trat der Kreis der Unternehmensgründer endgültig ab. Hermann von Pemsel war bereits acht Jahre vorher, am 20. November 1916, gestorben.

Zum 1. Januar 1922 wurde Wilhelm Kißkalt neuer Generaldirektor der MR. Er war nicht nur fast dreißig Jahre jünger als Thieme, sondern auch ein völlig anderer Typ. Seine Karriere war für die damalige Versicherungsbranche ausgesprochen ungewöhnlich. Kißkalt war am 21. August 1873 als ältestes von sechs Kindern eines Hotelier-Ehepaars in Würzburg geboren worden. Nach dem Studium der Rechtswissenschaft in seiner Heimatstadt hatte er zunächst im Bayerischen Justizministerium gearbeitet, um bereits nach acht Monaten Anfang 1902 in die Kanzlei Hermann Pemsels zu wechseln.[59] Kißkalt galt als exzellenter Jurist. Er wurde von Pemsel gefördert und auf dessen Vorschlag hin zum 1. Oktober 1909 in den Vorstand der MR berufen, wo er vermutlich der erste Akademiker war. Dass er ohne jede Berufserfahrung im Versicherungswesen in diese Position gelangte, war nur vor dem Hintergrund des damaligen, bereits an anderer Stelle beschriebenen Konflikts zwischen Thieme und dem Aufsichtsrat möglich. Kißkalt arbeitete sich rasch in das Versicherungsgeschäft ein, doch profitierte das Unternehmen auch von seinen juristischen Fähigkeiten, besonders während des Ersten Weltkrieges. 1921 erhielt er den Ehrentitel Justizrat verliehen, ein Jahr später gehörte er zu den Gründungsmitgliedern der Münchener Universitätsgesellschaft. Als Generaldirektor zeichnete sich Kißkalt durch einen kooperativeren Führungsstil aus als Thieme, und anders als dieser konnte er auch Verantwortung delegieren. So war das Vorstandsmitglied Rudolf Schmidt nun Stellvertreter des Vorstandsvorsitzenden für «allgemeine Fragen und Fragen von größerer Bedeutung».[60]

Zweieinhalb Jahre nach dem Wechsel von Thieme zu Kißkalt fand an der Spitze des Aufsichtsrats ein ebenso auffälliger Generationenwechsel statt. Nach dem Tod Wilhelm von Fincks wurde dessen erst 26-jähriger Sohn Au-

Abb. 14 Wilhelm Kißkalt, Vorstandsvorsitzender von 1922 bis 1937

gust am 12. Juli 1924 neuer Vorsitzender.[61] Dass ihm diese Position zustand, war unstrittig, weil Merck, Finck & Co. inzwischen der mit Abstand größte Aktionär der MR war. In der Aktionärsversammlung vom 6. Februar 1923 waren auf Wilhelm von Finck 39,1 % aller Stimmen entfallen.[62] Unter dem jungen Finck veränderte sich das Verhältnis zwischen Aufsichtsrat und Vorstand. Der Vorstand wurde nicht mehr so stark bevormundet wie in der Zeit Wilhelm von Fincks und konnte das operative Geschäft zunehmend in alleiniger Regie ausüben. August von Finck gab schon bald die bisherige Praxis der sogenannten Revisionssitzungen auf, bei denen ein Mitglied des Aufsichtsrats regelmäßig sonntags in den Geschäftsräumen der MR den Bestand der Kapitalanlagen prüfte.[63] Ende 1926 erhielt der Vorstandsvorsitzende das Recht, Entscheidungen über Rückversicherungsverträge, Kapitalanlagen und Beteiligungen in dringenden Fällen selbst zu treffen.[64]

Kißkalt sagte später, dass er den Charakter der Inflation damals nicht erkannt habe.[65] Doch hat der Jurist erstaunlicherweise früher als die Bankiers im Aufsichtsrat geahnt, welche Gefahr von der Geldentwertung drohte, die in Deutschland in dieser Form völlig unbekannt war. Schon bald nach Kriegsende drängte Kißkalt darauf, die MR gegen die zunehmende Inflation abzusichern. Damit konnte er sich zunächst nicht durchsetzen. Ein Antrag, Devisen zu kaufen, wurde 1919 als zu teuer abgelehnt. Im Dezember 1919 schlug Kißkalt erfolgreich eine Statutenänderung vor, die es der MR ermöglichen sollte, Immobilien zu erwerben.[66] Während der Jahre 1920/21 kaufte die MR konsequent Häuser auf, insgesamt erwarb sie damals 51 Gebäude mit einem «Friedensgeldwert» (um die Preissteigerungen seit 1914 bereinigter Wert) von 16,5 Mio. Mark. Zum Immobilienbesitz gehörte natürlich auch das 1913 bezogene Verwaltungsgebäude in der Königinstraße mit einem «Anschaffungsgoldwert» von 4,1 Mio. Mark. Mit Ausnahme eines Hauses in Frankfurt am Main befanden sich sämtliche erworbenen Immobilien in der bayerischen Hauptstadt.[67] Dort konkurrierte die MR vor allem mit ausländischen Investoren. Wegen des Wertverfalls der Mark befand sich in München Ende 1922 bereits ein Achtel des bebauten Grundbesitzes in ausländischer Hand.[68]

Ein weiteres Projekt Kißkalts war in diesen Jahren eine umfassende vertragliche Regelung des Verhältnisses zur Allianz. Durch den Wegfall wichtiger Auslandsmärkte war die Verbindung mit der Allianz für die MR zum wichtigsten Pfeiler ihres Geschäfts geworden. Die Beziehungen zwischen beiden Unternehmen waren bisher nur in Form eines erweiterten Rückversicherungsvertrags vom Mai 1917 festgelegt worden.[69] Thieme hielt eine weiter gehende Regelung nicht für erforderlich, da er sich über alle wichtigen Fragen mit dem Vorstandsvorsitzenden der Allianz, Paul von der Nahmer, verständigen konnte, der auch dem Vorstand der MR angehörte. Ihm brachte er uneingeschränktes Vertrauen entgegen, da er ein Neffe von Thiemes erster Frau Marie war. Inzwischen war jedoch absehbar, dass sich die immer vielfältigeren wirtschaftlichen Verbindungen zwischen der MR und der Allianz nicht mehr lange auf der Basis verwandtschaftlichen Vertrauens gestalten ließen. Von der Nahmer wurde 1920 62 Jahre alt, Thieme war noch vierzehn Jahre älter. Der Jurist Kißkalt wollte unbedingt noch vor dem Ausscheiden der beiden erreichen, dass beide Unternehmen einen umfassenden Vertrag miteinander schlossen. Bei von der Nahmer stieß er dabei auf Verständnis. Beide arbeiteten gemeinsam einen Entwurf aus, dem Thieme zustimmte, nachdem er ihm vorgelegt worden war.[70] Paul von der Nahmer erlebte die Unterzeichnung dieses Gemeinschaftsvertrags nicht mehr. Er starb wenige Wochen vorher. Sein Nachfolger wurde der erst 35-jährige Jurist Kurt Schmitt.[71]

Der am 23./29. April 1921 unterzeichnete Vertrag zwischen der MR und der Allianz sah eine Geltungsdauer bis Ende 1970 vor. Beide Unternehmen vereinbarten darin eine Überkreuzvertretung in den Aufsichtsräten durch ihre Vorstandsvorsitzenden. Die Allianz sicherte zu, die MR wie bisher mit einer 50 %igen Quote und dem ganzen Exzedenten zu beteiligen, ihre Verträge also ausschließlich bei der MR in Rückdeckung zu geben. Im Gegenzug erhielt sie von der MR eine höhere Gewinnbeteiligung von 20–25 % zugesagt. Die MR stockte ihre Kapitalbeteiligung bei der Allianz auf 25 % des Aktienkapitals auf und sagte zu, nur gemeinsam mit der Allianz Kapitalbeteiligungen bei Versicherern zu halten, die in den gleichen Sparten tätig waren wie diese. Fortan sollte sich die Allianz auf das direkte Versicherungsgeschäft konzentrieren, die MR auf das Rückversicherungsgeschäft – eine Aufteilung, die in dieser Form neu war und zeigte, dass man inzwischen beide Sparten nicht mehr als in einem Unternehmen vereinbar ansah. Die Allianz gab ihr Rückversicherungsgeschäft an die MR ab, doch schloss die vereinbarte Regelung nicht aus, dass beide Unternehmen, etwa bei ausländischen Beteiligungsgesellschaften, gemeinsam als Rückversicherer auftraten. Beide Gesellschaften konnten sich auch weiterhin an Versicherern der jeweils anderen Sparte beteiligen. Alle Neugründungen und Kapitalbeteiligungen sollten fortan aber von beiden Unternehmen gemeinsam und mit gleich hohen Anteilen vorgenommen werden.[72]

Für die Allianz stellte der Gemeinschaftsvertrag vom April 1921 einen entscheidenden Schritt zum Aufbau einer eigenen Konzernstruktur dar, den Kurt Schmitt in den folgenden Jahren weiter vorantrieb. Die Allianz wurde nun neben der MR Großaktionär der Hermes Kreditversicherung. Die MR übertrug ihr Anteile an weiteren Erstversicherern, der Globus Versicherung in Hamburg, dem Feuerversicherer Securitas in Berlin und der Badischen Lebensversicherungs-Bank in Karlsruhe. Wenige Monate später stieg die Allianz auf dieser Grundlage in das Lebensversicherungsgeschäft ein, indem sie am 14. Januar 1922 gemeinsam mit der MR – mit jeweils 25 %iger Kapitalbeteiligung – die Allianz Lebensversicherungsbank (im Folgenden: Allianz Leben) gründete. Durch die Fusion auf die MR-Beteiligungsgesellschaft Arminia, die in Allianz Leben umbenannt wurde, erhielt das Unternehmen bald darauf einen ansehnlichen Vertragsbestand.[73] Auf den ersten Blick erscheint es wenig verständlich, dass Allianz und MR in dieser Zeit der galoppierenden Inflation ausgerechnet eine Lebensversicherungsgesellschaft gründeten. Doch Rudolf Schmidt, der Leiter der MR-Lebensabteilung, und Allianz-Generaldirektor Kurt Schmitt sahen darin gerade wegen der Inflation eine vielversprechende Investition in die Zukunft. Die Allianz Leben konnte das Geschäft ohne Verpflichtungen in Devisen aufnehmen, was angesichts des Kursverfalls der Mark einen wichtigen Wettbewerbsvorteil darstellte.[74] Dass sie auch keine Einnahmen in Devisen hatte und ihr Stammkapital laufend an Außenwert verlor, weil es in Mark gezeichnet worden war, ließ sich durch den Rückhalt der Allianz und der MR verkraften. Eine ähnliche Strategie verfolgte damals der Versicherungsunternehmer Robert Gerling, der seinen Konzern im August 1922 durch die Gründung einer Lebensversicherungsgesellschaft erweiterte.[75]

Auch die MR profitierte vom Gemeinschaftsvertrag mit der Allianz. Seit Gründung der Allianz hatte es hier die Sorge gegeben, dass sich diese von der MR lösen und einen eigenen Weg einschlagen könnte. Durch die lange Vertragsdauer hatte sich die Allianz nun an die MR gebunden. Darüber hinaus hatte die MR weiterhin eine Quotenabgabe von 50 % durchsetzen können. Kluge vermutet wohl zu Recht, dass es sich hier um eine Machtfrage handelte, weil bei der Allianz inzwischen nicht mehr ein Rückversicherungsbedürfnis in dieser Höhe bestand.[76] Die Kapitalbeteiligung von 25 % sicherte der MR eine Sperrminorität und stellte damit eine weitere Garantie gegen ein mögliches Abdriften der Allianz dar. Die MR konnte dadurch aber auch die steuerlichen Vorteile des Schachtelprivilegs nutzen, das mit der Einführung einer einheitlichen Körperschaftsteuer 1921 eine wichtige Bedeutung erlangte. Bei Kapitalbeteiligungen von mehr als 20 %, später ab 25 %, war der auf die Beteiligung entfallende Gewinn von der Doppelbesteuerung befreit.[77]

In der Neujahrsnacht 1922/23 bekam die MR die Auswirkungen der Inflation durch einen Großschaden in der Schweiz zu spüren. Damals brannte der stattliche Kuppelbau des Goetheanums der Allgemeinen Anthroposophischen Gesellschaft in Dornach bei Basel ab. Die MR war als Rückversicherer der Basler Feuerversicherung am Risiko beteiligt und hatte Retrozessionen in Mark abgegeben. Von den Retrozessionären erhielt sie entwertetes Geld, den Schaden musste sie dagegen in Schweizer Franken zahlen. So hatte sie rund eine halbe Mio. CHF auf eigene Rechnung aufzubringen.[78] Fortan wurden Rückversicherungen und Retrozessionen bei der MR nur noch in der Währung des betreffenden Erstversicherungsvertrags abgeschlossen.[79]

Die deutsche Versicherungsbranche versuchte inzwischen, durch ein ganzes Bündel von Maßnahmen ihr Geschäft vor der beginnenden Hyperinflation zu retten. Wo immer es ging, wurde der Betrieb vereinfacht und kostengünstiger gestaltet. Zumeist handelte es sich dabei nicht um planmäßige Rationalisierungen, sondern um Einsparungen aus Not. Man sparte zunächst an Porto, Reisekosten und Drucksachen, dann auch bei den Arbeitskosten.[80] Weil sie von der Kundschaft zur beschleunigten Erledigung von Aufträgen, vor allem zur Nachversicherung, gedrängt wurden, hatten die Versicherer eine große Zahl von Hilfskräften eingestellt. Einige Unternehmen hatten im Innendienst bei einem vergleichbaren Geschäftsvolumen nun mehr als doppelt so viele Mitarbeiter wie vor dem Krieg. Vor allem bei den Lebensversicherern lagen die Arbeitskosten inzwischen vielfach höher als die Erträge. Mitte 1922 ging die Branche dazu über, die eingestellten Hilfskräfte zu entlassen und die Beschäftigtenzahl zu drücken. Bei der Gothaer Lebensversicherungsbank sank die Zahl der im Innendienst tätigen Angestellten von 560 im Juli 1922 auf 77 im November 1923.[81] Die Victoria stellte schon im März 1922 das Neugeschäft in der Volksversicherung, der Lebensversicherung der kleinen Leute mit entsprechend niedrigen Summen, ganz ein.[82] Andere Gesellschaften folgten, weil das Geschäft mit Kleinkunden mehr kostete, als die Prämien einbrachten. Als die Hyperinflation im Frühjahr 1923 durch die immensen Ausgaben für den

Abb. 15 Notgeld der Stadt München, 14. August 1923

passiven Widerstand an der Ruhr ihr höchstes Stadium erreichte, verursachte ein einziger Geschäftsbrief bereits Kosten von 1000 Mark.[83] Bei der MR wurden die Gehälter nun täglich in Anteilen ausgezahlt. Ein Mitarbeiter erinnerte sich später, dass die Frauen der Angestellten vormittags in die Königinstraße 107 kamen, um das ausgezahlte Geld abzuholen, weil dieses nachmittags oft schon wertlos geworden war.[84] Die Auszahlungen konnte die MR inzwischen problemlos mit kleinen Devisenbeträgen bestreiten. Es reichte, wenn ein Bote morgens 10 Schweizer Franken umtauschte. Mit dem Gegenwert in Mark konnten die Gehälter für einen Tag ausgezahlt werden.[85]

Die deutschen Versicherungsgesellschaften wollten ihren Kunden auch Policen in Fremdwährungen anbieten. Die Behörden lehnten dies aber aus währungspolitischen Gründen ab, das Reichsaufsichtsamt erklärte solche Verträge für genehmigungspflichtig.[86] Generell waren Geschäfte in Devisen im Inland verboten.[87] Anfang 1923 wurde deshalb die sogenannte Festmarkversicherung – eine Art Ersatz-Fremdwährungsversicherung – eingeführt. Die von den Kunden in (Papier-)Mark eingezahlte Prämie passte sich bei dieser Vertragsform als Festmark nach einem bestimmten Index – etwa dem Goldankaufspreis der Reichsbank – den Preissteigerungen an. Die Leistungen wurden dann nach Tageskurs ausgezahlt.[88] Aber auch die Festmarkversicherung erwies sich nicht als eine tragfähige Lösung. Die Einzahlungen verloren oft schon auf dem Weg vom Versicherer zur Bank so viel an Wert, dass die Kunden

nachzahlen mussten. Auch konnten die Versicherungsnehmer im Schadensfall wenig mit Leistungen in Festmark anfangen. Dieses Geld verlor nach der
Auszahlung schneller an Wert, als z. B. ein Hausbesitzer Handwerker zur Be-
seitigung eines Brandschadens bestellen konnte. Große Hoffnungen setzten
viele in die Goldmarkversicherung auf Dollarbasis («Gomadoba»), die nun
von den Assekuranzen ebenfalls angeboten wurde. Ihre Ausbreitung scheiterte nicht nur am Devisenmangel, sondern auch an ähnlichen Problemen,
wie sie sich bei der Festmarkversicherung stellten. Da die Reichsbank und das
Reichsaufsichtsamt eine Auszahlung in Devisen nicht zuließen, war jede
Schadensleistung innerhalb kurzer Zeit entwertet.[89]

Die MR konnte gerade in diesem Katastrophenjahr der deutschen Hyperinflation entscheidend von ihrer früheren Stellung auf dem Weltmarkt profitieren. Ein Teil ihres in den USA während des Ersten Weltkrieges konfiszierten
Vermögens wurde im März 1923 von den amerikanischen Behörden freigegeben. Die Vereinigten Staaten hatten den Versailler Vertrag, der die Enteignung
des deutschen Auslandsvermögens in den Staaten der Siegermächte fest-
schrieb, nicht unterzeichnet. Wie es damals zu der Freigabe kam, lässt sich den
überlieferten Akten und Berichten nicht entnehmen. In der Regel gaben die
USA zu diesem Zeitpunkt lediglich deutsches Vermögen bis zu 10 000 US-
Dollar frei. Erst fünf Jahre später, auf der Grundlage des Settlement of War
Claims Act vom 10. März 1928, wurde die Beschlagnahmung für den größten
Teil des deutschen Auslandsvermögens in den USA aufgehoben.[90] Während
die deutsche Wirtschaft im Frühjahr 1923 verzweifelt versuchte, an Devisen zu
gelangen, ging über der MR ein Dollar-Regen nieder. Der freigegebene Betrag,
etwa eine Million US-Dollar, stellte unter den damaligen Bedingungen in
Deutschland eine geradezu unvorstellbare Summe dar, die im April 1923 einen
Gegenwert von fast 25 Mrd. Mark hatte, im November 1923 dann 4,2 Trillio-
nen Mark.[91] Spätestens jetzt stand fest, dass die MR die Inflation ungleich
besser überstehen würde als der größte Teil der deutschen Wirtschaft.

Wilhelm Kißkalt setzte im Aufsichtsrat durch, dass die freigegebenen Devisen nicht nach Deutschland transferiert, sondern für eine Direktinvestition in
der Schweiz genutzt wurden. Dort sollte mit dem wertbeständigen Geld aus den
USA eine Rückversicherungsgesellschaft als 100 %iges Tochterunternehmen der
MR gegründet werden. Carl Schreiner, der sich inzwischen wieder in den USA
befand und sich dort für die Freigabe des gesperrten Vermögens eingesetzt
hatte, riet Kißkalt von diesem Plan ab. Er empfahl, die Gelder «sorgfältig zu
konservieren und lediglich zur Stärkung unserer Gesellschaft zu nutzen».[92]
Ähnlich wie Schreiner dürften auch in München viele nicht verstanden haben,
warum die wertvollen Devisen für den Aufbau einer Rückversicherungsgesellschaft in der Schweiz verwendet werden sollten. Kißkalt hatte dafür sehr plausi-
ble Gründe, die er in einem ausführlichen Schreiben an Schreiner vom 14. April

1923 darlegte.[93] Eine Tochtergesellschaft mit einem Aktienkapital in Schweizer Franken war nach dem Kalkül des Vorstandsvorsitzenden am besten geeignet, der MR das Vertrauen ihrer ausländischen Kunden zu erhalten. Das in Mark vorhandene Garantiekapital des Unternehmens war praktisch wertlos geworden und mit dem bloßen Hinweis auf stille Reserven oder das US-Vermögen ließen sich die Bedenken der ausländischen Geschäftspartner nicht zerstreuen. Immerhin waren bereits drei deutsche Rückversicherungsgesellschaften in stille Liquidation getreten, weil sie ihren Verbindlichkeiten im Ausland nicht mehr nachkommen konnten.[94] Erstversicherer aus Polen, der Tschechoslowakei und Serbien würden sich zudem wegen der «Nachwirkungen der Kriegsfeindschaft» mit einem Schweizer Rückversicherer leichter tun als mit einer deutschen Gesellschaft, auch wenn sie wüssten, dass es sich um eine Tochter der MR handelt. Kißkalt brachte dies in seinem Schreiben an Schreiner recht treffend auf den Punkt: «Es genügt ihnen, die Façon gewahrt zu sehen».[95] Anders als die ältere Konzerngesellschaft Schweizer National sollte die Neugründung nicht vorrangig den Schweizer Markt bearbeiten. Sie war vielmehr als eine Art Unterpfand für das übrige Auslandsgeschäft der MR gedacht. Mit einer Tochtergesellschaft, die ein Aktienkapital von mehreren Millionen Schweizer Franken besaß, stand die Zahlungsfähigkeit der MR gegenüber Geschäftspartnern im Ausland außer Frage. Die Schweizer National kam dafür nicht in Betracht, da sie das direkte Versicherungsgeschäft betrieb, und innerhalb Deutschlands ließ sich dieses Modell nicht realisieren, weil es hier rechtlich nicht möglich war, Aktienkapital in einer fremden Währung festzulegen.

Aus dem Aufsichtsrat der MR war damals offenbar der Vorschlag gekommen, die Dollar-Million bei einer amerikanischen Bank ins Depot zu legen, statt in eine neue Rückversicherungsgesellschaft in der Schweiz zu investieren. Kißkalt setzte sich durch, indem er darauf hinwies, dass die Schweizer Unternehmensgründung stärker beachtet werde und steuerliche Vorteile biete. In einem von ihm damals verfassten Exposé zu dieser Frage heißt es auch: «Die Schweizer Gründung kann bei der ganzen politischen Lage als Reserve für alle Zwecke eine Bedeutung gewinnen, wie sie die Hinterlegung in Amerika nie haben kann.»[96] Man muss sich vergegenwärtigen, vor welchem Hintergrund Kißkalt diesen Satz schrieb. Das Deutsche Reich drohte damals im Chaos zu versinken, das Ruhrgebiet war von französischen und belgischen Truppen besetzt worden, Extremisten und Separatisten machten mobil, sieben Monate später kam es in München zum Hitler-Putsch. Angesichts dieser Risiken kann man vermuten, dass Kißkalt bei der Errichtung einer «Reserve für alle Zwecke» auch eine zumindest vorübergehende Verlagerung der MR in die sichere Schweiz im Blick hatte. Die Erinnerung an die Verhältnisse in der Zeit der Münchner Räterepublik, in der das Unternehmen von der Außenwelt abgeschnitten war, dürfte noch sehr frisch gewesen sein.[97]

Da die Zeit drängte, wurde die Unternehmensgründung in der Schweiz bereits am 2. Mai 1923 vollzogen. Die neue Tochter der MR erhielt den Namen Union Rückversicherungs-Gesellschaft (im Folgenden: Union Rück) und hatte ihren Sitz in Zürich. Das Aktienkapital wurde auf 10 Mio. CHF festgesetzt, einbezahlt zu 25 %.[98] Die MR investierte somit weniger als die Hälfte des aus den Vereinigten Staaten erhaltenen Betrags von 1 Mio. US-Dollar, der umgerechnet rund 5,4 Mio. CHF entsprach, in das Grundkapital der Union Rück.[99] So blieb ihr noch mehr Liquidität in Devisen, als dies bei einer Hinterlegung des Betrags in den USA der Fall gewesen wäre. Als Standort hätte sich auch Basel angeboten, wegen der Nähe zur Schweizer National. Für Zürich sprach vor allem die Einbindung der Schweizerischen Bankgesellschaft (SBG), deren Präsident Rudolf Ernst den Vorsitz des Verwaltungsrats der Union Rück übernahm. Neben Ernst traten noch SBG-Direktor Paul Jaberg und der Schweizer Industrielle Friedrich Arthur Schoeller von Planta, der spätere Präsident der Eidgenössischen Bank, in das Gremium ein. Wilhelm Kißkalt als Vertreter der MR wurde Vizepräsident des Verwaltungsrats.[100] Es dürfte für Kißkalt nicht schwer gewesen sein, Ernst und Jaberg für ein Mandat bei der Union Rück zu gewinnen. Man kannte sich schon lange aus dem von Ernst geleiteten Verwaltungsrat der MR-Tochter Schweizer National, dem auch Jaberg angehörte.[101] Ernst und Schoeller von Planta übernahmen jeweils eine 5 %ige Beteiligung an der Union Rück, weitere 10 % wurden an die SBG abgegeben und 80 % des Grundkapitals blieben bei der MR.[102]

Kißkalts Schachzug erwies sich als weitsichtig und brachte der MR später noch mehr Vorteile, als man damals ahnen konnte. Das Unternehmen fuhr damit sehr viel besser als Versicherer wie die Kölnische Rück und die Hamburger Mutzenbecher-Gruppe (Versicherungs-Gesellschaft Hamburg, Albingia Versicherungs-AG, Hamburg-Mannheimer Versicherungs-AG), die ihr freigegebenes US-Vermögen in amerikanische Firmen investierten, deren Aktienkurse nach dem Börsencrash vom Oktober 1929 zusammenbrachen.[103] Die MR war im Übrigen nicht der einzige und auch nicht der erste deutsche Versicherer, der sich während der Inflationszeit eine Schweizer Tochtergesellschaft zulegte. Die Frankfurter Allgemeine Versicherungs-AG kaufte damals die Berner Allgemeine Versicherung, die Mannheimer Versicherung gründete in Zürich die Tochtergesellschaft Alpina, der Gerling-Konzern errichtete in Basel die Rheinische Rückversicherungsgruppe.[104] Kißkalt hatte dies natürlich beobachtet, konnte aber erst nach der Teilfreigabe des beschlagnahmten US-Vermögens ein derartiges Projekt angehen. So kam die Gründung der Union Rück erst vergleichsweise spät zustande, doch dafür bildete diese Gesellschaft dann die bei weitem größte Direktinvestition einer deutschen Versicherungsgesellschaft in der Schweiz.

Im September 1923 tätigte die MR noch ein weiteres Investment in der

Schweiz, indem sie sich unter strikter Geheimhaltung an der Sanierung der Basler Feuerversicherung beteiligte, die durch die Anlage von Reservegeldern in Deutschland hohe Verluste erlitten hatte. Im Auftrag der MR übernahm die Union Rück 1000 neu ausgegebene Vorzugsaktien der Basler Feuer im Nominalwert von einer Mio. CHF. Gezeichnet wurden die Anteile von drei im Verwaltungsrat der Basler Feuer vertretenen Schweizer Banken, die als Strohmänner agierten. Eigentümer dieser Aktien war, wie sich aus den Unterlagen der Union Rück ergibt, die MR. Die Basler Feuer verpflichtete sich, ein Drittel ihres Geschäfts an die Union Rück zu zedieren, die davon wiederum ein Drittel an die MR abgab. Die 1000 Vorzugsaktien wurden einige Jahre später in 4000 Stammaktien umgewandelt und zu jeweils einem Drittel auf die Union Rück, die MR und die Allianz verteilt. Alle Beteiligten vereinbarten, darüber auch weiterhin nichts nach außen dringen zu lassen.[105]

Mitte November 1923 gelang es der Reichsbank und der Reichsregierung, die Hyperinflation durch die Einführung einer neuen, grundschuldgestützten Währung zu überwinden, die sich fast wider Erwarten als stabil erwies. Nun wurde deutlich, wie gut die MR durch ihre hohe Devisenreserve und den Verbund mit der Allianz aufgestellt war. Schon wenige Wochen nach der Währungsumstellung konnten MR und Allianz ihre Marktposition in Deutschland weiter ausbauen, indem sie am 10. Dezember 1923 die Versicherungsgesellschaft der Bayerischen Hypotheken- und Wechselbank (Hypo-Bank), die Bayerische Versicherungsbank, erwarben. Der Kaufpreis wurde mit 5000 Aktien der Allianz, 2000 Aktien der MR und 3,5 Mio. CHF in bar bezahlt.[106]

Die Bayerische Versicherungsbank war 1906 aus der Versicherungsabteilung der Hypo-Bank entstanden, nachdem der Gesetzgeber eine Trennung zwischen dem Hypotheken- und dem Versicherungsgeschäft vorgeschrieben hatte.[107] Warum sich die Hypo-Bank damals von ihrer Versicherungsgesellschaft trennte, konnte nie eindeutig geklärt werden. Auch die Akten der MR geben darüber keine Auskunft. Die Bayerische Versicherungsbank war wirtschaftlich gesund und hatte einen ansehnlichen Vertragsbestand. Auch erfolgte die Transaktion hinter dem Rücken des Vorstands. Der Vorstandsvorsitzende Ernst Drumm erfuhr von dem Verkauf angeblich aus der Presse und reichte wenig später seinen Rücktritt ein.[108]

Wahrscheinlich hatte die Hypo-Bank schon länger geplant, sich von der Bayerischen Versicherungsbank zu trennen.[109] Es wurde auch vermutet, dass die Bank aufgrund einer starken Expansion in Liquiditätsprobleme geraten war.[110] Ausschlaggebend dürfte gewesen sein, dass die Allianz und die MR damals 3,5 Mio. Schweizer Franken in bar zahlen konnten. Später wurde bei der Allianz und der MR gerne darauf hingewiesen, dass die Bayerische Versicherungsbank unter Wert gekauft worden sei und dass man in deren Tresoren nach dem Verkauf noch einen Barbetrag von einer Million CHF gefunden habe.[111] Für die Hypo-Bank waren 3,5 Mio. CHF unter den damaligen Bedingungen von kaum zu überschätzender Bedeutung. Die Bank hatte unter der Inflation gelitten und besaß als regionales Institut nicht so viele Geschäftsverbindungen ins Ausland. Zudem zeichnete sich nach der Währungsstabilisierung ab, dass der deutsche Kapitalmarkt ausgetrocknet war und es für die Banken schwer werden würde, ihre Firmenkunden mit Kapital für aen erwarteten wirtschaftlichen Aufschwung zu versorgen. Die *Münchner Neuesten Nachrichten* deuteten den Verkauf der Bayerischen Versicherungsbank denn auch als Beleg dafür, dass die Hypo-Bank «ihr Geschäft mehr und mehr auf Goldbasis zu stellen sucht».[112]

Die Übernahme der Bayerischen Versicherungsbank durch die Allianz und die MR passte gut zu der auf Expansion ausgerichteten Geschäftsstrategie des neuen Vorstandsvorsitzenden der Allianz, Kurt Schmitt. Er nutzte die Inflation bzw. deren Folgen für gezielte Zukäufe und trieb dadurch die Konzentration innerhalb der deutschen Versicherungswirtschaft voran.[113] Schmitt hatte 1923 zunächst eine Übernahme der Colonia Versicherung geplant, die aber von der Aachener und Münchener Feuer-Versicherungs-Gesellschaft verhindert worden war.[114] Eine Übernahme der Colonia durch die Allianz hätte die Zerschlagung der Rheinischen Gruppe, eines der größten deutschen Versicherungskonglomerate nach der Gruppe MR/Allianz, bedeutet. Der Kauf der Bayerischen Versicherungsbank im Dezember 1923 bot einen gewissen Ersatz. Bei der MR könnte man auch geahnt haben, dass die Schweizer Rück sich für die Bayerische Versicherungsbank interessierte, die natürlich auch in Schweizer Franken zahlen konnte, aber erst einige Wochen später eine Beteiligung sondierte.[115]

Die Hypo-Bank hatte seit 1911 auch eine Tochtergesellschaft, die als Hausrückversicherer für die Bayerische Versicherungsbank diente: die Bayerische Rückversicherungsbank, der durch den Verkauf des Schwesterunternehmens nun die Geschäftsgrundlage entzogen war. Die MR und die Allianz hatten an der Bayerischen Rückversicherungsbank kein Interesse. Angeblich hatte man sie bei den eilig durchgeführten Kaufverhandlungen schlichtweg vergessen. Die Aktien der Bayerischen Rückversicherungsbank wurden im Januar 1924 auf Ernst Drumm, den ehemaligen Vorstandsvorsitzenden der Bayerischen Versicherungsbank, übertragen, der sich mit der Schweizer Rück abstimmte. Bei einer wenige Monate später durchgeführten Kapitalerhöhung trat Drumm seine Bezugsrechte an die Schweizer Rück ab, die dadurch die Majorität erlangte.[116] Die Bayerische Rückversicherungsbank wurde nun zum deutschen Stützpunkt der Schweizer Rück-Gruppe ausgebaut und entwickelte sich mit diesem Rückhalt zur fünftgrößen Rückversicherungsgesellschaft im Deutschen Reich.

8. «Die Versicherung hat ihre eigene Konjunktur»: Die Münchener Rück in der Großen Weltwirtschaftskrise

Nachdem in Deutschland Ende August 1924 die Reichsmark (RM) als neue, durch Gold und Devisen gedeckte Währung eingeführt worden war, konnten die Unternehmen erstmals seit langem wieder Bilanzen mit realen Zahlen erstellen. In dieser sogenannten Goldmarkeröffnungsbilanz wurde das Aktienkapital der MR von 120 Mio. Mark auf rund 12 Mio. RM umgerechnet. Vor dem Krieg hatte es noch 30 Mio. Mark betragen. Die Prämieneinnahmen beliefen sich 1924 auf rund 65 Mio. RM gegenüber 204 Mio. Mark im Jahr 1914.[1] Dieser Rückgang ist nur zu einem Teil durch den Verlust der Märkte in Frankreich, Belgien, Großbritannien, den Vereinigten Staaten und Russland bzw. der Sowjetunion zu erklären, auf die rund 40 % der Prämieneinnahmen von 1914 entfallen waren.[2] Die Inflation hatte das Auslandsgeschäft weiter eingeschränkt, und innerhalb Deutschlands waren viele Zedenten der MR als Folge der Geldentwertung vom Markt verschwunden. Andere hatten einen Teil ihrer Kundschaft verloren.

In den Jahren nach der Währungsstabilisierung erlebte die deutsche Versicherungsbranche zwar einen Aufschwung, aber keine fundamentale Erholung. Die Assekuranzen hatten durch die Inflation Kapital und Kunden verloren. Hinzu kam, dass sich die deutschen Versicherer nun einen Verdrängungswettbewerb lieferten. Um möglichst schnell wieder ihr früheres Geschäftsvolumen zu erreichen, unterboten sie sich bei den Prämien gegenseitig. Auch weiteten nun die öffentlich-rechtlichen Versicherer, die bisher hauptsächlich in der Feuersparte vertreten waren, ihr Geschäft auf andere Zweige aus und wurden in der Lebens-, Unfall- und Transportversicherung zu einer Konkurrenz für die privaten Gesellschaften. So nahmen die Umsätze der deutschen Versicherer nach 1924 insgesamt stark zu, aber die Renditen der Vorkriegszeit wurden nicht mehr erreicht. Bei der MR bewegte sich der Anteil des Überschusses an den Prämien während der Jahre 1925–1929 im Bereich zwischen −0,75 % und 0,15 %, während er 1913 noch bei 4,72 % und 1911 bei 3,91 % gelegen hatte.[3]

Anders als in der Vorkriegszeit entfiel bei der MR nun der größte Teil des Geschäfts auf das Inland. Der Anteil des Auslandsgeschäfts lag 1925/26 bei 30 % – gegenüber 70 % im Jahr 1914.[4] Das verbliebene Auslandsgeschäft entfiel wiederum zum größten Teil auf Österreich, Schweden, die Tschechoslowakei und die Schweiz. Das Überseegeschäft war demgegenüber von marginaler Bedeutung.[5] Der Weltmarkt war für die MR auch noch sechs Jahre nach Kriegsende verloren. Durch die Dominanz des Inlandsgeschäfts hatte die Risikostreuung bei der Zusammensetzung des Vertragsbestands abgenommen. Die MR war in hohem Maße von der Entwicklung der Versicherungsbranche in Deutschland abhängig, die in den folgenden Jahren recht wechselhaft verlief. Damit hatte auch die Verbindung mit der Allianz eine ungleich größere Bedeutung als in der Vorkriegszeit. Nach Berechnungen von Kluge stammten in den Geschäftsjahren 1923/24 bis 1929/30 rund 45 % aller Prämieneinnahmen der MR von der Allianz, der Allianz Leben und der Hermes Kreditversicherung. Unmittelbar nach der Währungsumstellung hatte dieser Anteil sogar bei 76,5 % gelegen.[6] Die Allianz bildete damit die zentrale Stütze des Geschäfts der MR.

Ihre Position als größter deutscher Erstversicherer baute die Allianz im Jahr 1927 durch die Fusion mit der Stuttgarter Verein Versicherungs-AG aus. Das Unternehmen firmierte fortan 13 Jahre lang als Allianz Stuttgarter Verein Versicherungs-AG.[7] Dieser Zusammenschluss war weitaus mehr als eine der vielen damaligen Fusionen. In der Öffentlichkeit wurde er als die Bildung eines «Versicherungstrusts» wahrgenommen. Nach Ansicht der *Vossischen Zeitung* schuf die Fusion zwischen Allianz und Stuttgarter Verein «infolge ihres Ausmaßes und der damit verbundenen Versicherungen aller Art im deutschen Privatversicherungswesen eine neue Liga».[8] Die Bildung von «Trusts» war auch in anderen Branchen ein Merkmal der Entwicklung während dieser Jahre. Großindustrie und Großbanken setzten angesichts der schwierigen Rahmenbedingungen darauf, vor allem durch Rationalisierung und Skalenerträge zu wachsen. In der Chemischen Industrie entstanden so die I.G. Farben (1925), in der Stahlindustrie die Vereinigten Stahlwerke (1926), und im Bankgewerbe kam es wenig später zu einer Mega-Fusion zwischen der Deutschen Bank und der Disconto-Gesellschaft (1929).

Mit der Übernahme der Verträge der Frankfurter Allgemeinen Versicherungs-AG (FAVAG), des damals zweitgrößten deutschen Versicherungskonzerns, wurde die Allianz mit ihren Tochter- und Beteiligungsgesellschaften vollends zu einem Großkonzern. Anders als bei der Fusion mit dem Stuttgarter Verein handelte es sich hier um eine Stützungsaktion. Die FAVAG war unter der Leitung ihres langjährigen, hoch angesehenen Generaldirektors Paul Dumcke rasch gewachsen. Dabei war in der Branche bekannt, dass diese Versicherungsgruppe über zu wenig Eigenkapital verfügte. Tatsächlich hatte Dumcke jahrelang die Bilanzen geschönt und versucht, die FAVAG mit spekulativen Finanzgeschäften über Wasser zu halten. Die Bilanzmanipulationen fielen weder dem Aufsichtsrat noch dem Reichsaufsichtsamt auf. Nach Dumckes überraschendem Tod im Februar 1929 wurden sie von einem investigativen Journalisten der *Frankfurter Zeitung*, Artur Lauinger, aufgedeckt. Eine aktienrechtliche Sonderprüfung förderte einen der größten Skandale der deutschen Versicherungsgeschichte zu Tage. Die FAVAG hatte Schulden an in- und ausländische Kreditgeber in Höhe von 104 Mio. RM und musste am 17. August 1929 die Zahlungen einstellen.[9]

Noch am selben Tag einigte sich der Vorstand der Allianz darauf, die Verträge der Konkurrentin zu übernehmen, verbunden mit einer Garantie für diesen Bestand. Wilhelm Kißkalt wurde im Urlaub in der Schweiz benachrichtigt und riet nachdrücklich davon ab, die Verträge zu übernehmen, bevor eine Revision durchgeführt worden war. Diese Reaktion war indessen weniger seinem konservativeren Geschäftsstil geschuldet als dem Informationsstand. Nachdem Kißkalt in Frankfurt eingetroffen war, stimmte er Schmitt zu. Dabei ging es nicht nur darum, das Vertrauen in die deutsche Versicherungsbranche zu retten – zur FAVAG-Gruppe gehörten drei große Lebensversicherungen –, sondern auch anderen Interessenten zuvorzukommen. Kaufbereite Vertreter der Schweizer Rück sollen angeblich bereits «im Nebenzimmer» gewartet haben.[10]

Die FAVAG selbst wurde wegen ihrer hohen Schulden nicht übernommen. Die Allianz ließ die übernommenen FAVAG-Verträge von einer eigens dafür gegründeten Tochtergesellschaft, der Neuen Frankfurter Allgemeinen Versicherungs-AG, weiterführen. Gemeinsam mit der MR übernahm sie die Mehrheitsbeteiligungen der FAVAG an der Karlsruher Lebensversicherungsbank AG, der Vereinigten Berlinischen und Preußischen Lebens-Versicherungs-AG und der Hammonia Allgemeine Versicherungs-AG in Hamburg.[11] Der Zusammenbruch der FAVAG zog jahrelange Verhandlungen mit den Gläubigern und Prozesse gegen die Verantwortlichen nach sich. Sechs Direktoren und leitende Mitarbeiter wurden zu Haft- und Geldstrafen verurteilt.[12] Als Lehre aus dem FAVAG-Skandal wurden durch eine Änderung des Gesetzes über private Versicherungsunternehmungen im März 1931 die Versicherungsaufsicht und die Bestimmungen über die Kapitalanlage verschärft. Größere Versicherungsunternehmen waren nun verpflichtet, eine jährliche Abschlussprüfung durch externe Prüfer vornehmen zu lassen und deren Bericht der Aufsichtsbehörde vorzulegen.[13]

Das Reichsaufsichtsamt genehmigte die Übernahme der FAVAG-Verträge durch die Allianz. Seine Aufgabe war es nicht, den Wettbewerb zu schützen. Von einer marktbeherrschenden Stellung der Allianz konnte im Übrigen selbst nach der Übernahme der FAVAG-Verträge kaum die Rede sein. Der Marktanteil dieses Konzerns betrug in Deutschland bei der Lebensversicherung etwas mehr als 20 %, lediglich in den Sparten Kreditversicherung und Maschinenversicherung lag er über 50 %.[14] Schmitt konnte geltend machen, dass die Allianz mit der Übernahme der FAVAG-Verträge die deutsche Versicherungswirtschaft vor einem schweren Schaden bewahrt hatte. Zur FAVAG-Gruppe gehörten mehrere große Lebensversicherer, vor allem die Karlsruher Leben und die Vereinigte Berlinische und Preußische Lebensversicherung. Deren Kunden hätten ihre Einlagen verloren, wenn die Verträge nicht von einem anderen Versicherungskonzern übernommen worden wären. Einen Sicherungsfonds der Versicherungswirtschaft gab es nicht, und die Reichsregierung zeigte keine Neigung, eine Auffanggesellschaft zu gründen. Für die Politik kam der Zusammenbruch der FAVAG zum denkbar ungünstigsten Zeitpunkt, da gleichzeitig auf einer Regierungskonferenz in Den Haag die Konditionen eines neuen Reparationsabkommens, des im Mai 1930 in Kraft getretenen Young-Plans, verhandelt wurden. Eine Stützungsaktion des Reichs für einen zusammengebrochenen Konzern wäre kaum geeignet gewesen, die Reparationsgläubiger nachsichtig zu stimmen. Den Schaden hatten in jedem Fall die vielen Mitarbeiter der FAVAG, die nicht von der Allianz bzw. der Neuen Frankfurter Allgemeinen Versicherungs-AG übernommen wurden. Die Gläubiger der FAVAG mussten für die kriminellen Machenschaften des früheren Vorstands aufkommen, da sie nach langen Verhandlungen nur rund 23 % ihres Geldes zurückerhielten, die Aktionäre sogar nur 15 %.[15] Die Allianz hatte hingegen mit der Übernahme ein gutes Geschäft gemacht. Der Kaufpreis in Höhe von 37 Mio. RM lag deutlich unter Wert.[16]

Nach diesem Quantensprung wurde die Allianz nicht mehr nur als «Versicherungs-Trust» wahrgenommen. Es wurde beklagt, dass sie «zum allein ausschlaggebenden Versicherungs-Konzern in Deutschland» geworden wäre.[17] Bei der Schweizer Rück war fortan von der «alles verschluckenden Muenchener Rueck-Allianzgruppe» die Rede.[18] Dabei war die starke Expansion der Allianz für die MR keineswegs unproblematisch. Durch die vereinbarte 50 %-Quote profitierte sie zwar vom Wachstum der Allianz, doch ohne ein entsprechend starkes Auslandsgeschäft drohte die MR über kurz oder lang ein bloßes Anhängsel des sich rapide vergrößernden Allianz-Konzerns zu werden.

Im Gemeinschaftsvertrag von 1921 hatten MR und Allianz zwar vereinbart, Kapitalbeteiligungen bei anderen Versicherungsgesellschaften gemeinsam einzugehen. Doch Schmitt verfolgte mit der Übernahme von Beteiligungen ein anderes Ziel als die MR. Das von Thieme begründete und für die MR so erfolgreiche Modell, Minderheitsbeteiligungen bei vielen, auf zahlreiche Länder verteilten Erstversicherern zu halten, um sich diese dauerhaft als Zedenten zu sichern, war für die Allianz nicht lukrativ. Herzog gibt eine Äußerung der Allianz zu dieser Frage sinngemäß wieder: «Bei der Allianz sei es nicht üblich, sich an anderen Unternehmen zu beteiligen, nur um im Rückversicherungsweg Geschäft zu erhalten. Man pflege lediglich dann Kapitalbeteiligungen zu erwerben oder zu behalten, wenn man selbst nach eigenem

Ermessen arbeiten könne.»[19] Schmitt setzte auf Fusionen und wollte nur Kapitalbeteiligungen eingehen, die der Allianz auch bestimmenden Einfluss auf die Geschäftspolitik sicherten. Unter den damaligen Verhältnissen schien dies die zeitgemäßere Strategie zu sein. Die MR hatte zwar mit Mehrheitsbeteiligungen wie bei der Schweizer National und beim Elementar-Phönix auch eine Konzernbildung betrieben. Ihr ging es dabei aber in erster Linie um die Rückversicherungsabgaben, nicht um Einfluss auf die Geschäftspolitik.

Ein sprunghaftes Wachstum, wie es die Allianz mit den Fusionen der 1920er Jahre praktizierte, hatte die MR nie angestrebt. Einer Rückversicherungsgesellschaft wäre dies auch kaum möglich gewesen. 1925 hatte der Allianz-Konzern bereits 4260 Mitarbeiter im Innen- und Außendienst, 1930 dann sogar 9050.[20] Bei der MR arbeiteten dagegen 1930 nur 342 Angestellte – ebenso viele wie um die Jahrhundertwende. Während der Inflationszeit war die Zahl der Mitarbeiter durch die Einstellung von Aushilfen auf einem Höchststand, nach der Währungsstabilisierung ging sie deutlich zurück. Die nur sehr spärlich überlieferte Personalstatistik der MR weist für das Jahr 1920 614 Angestellte aus – ein Stand, der erst nach dem Zweiten Weltkrieg wieder erreicht wurde.[21] Auch die Betriebsabläufe in der Königinstraße 107 hatten sich seit dem Kaiserreich offenbar kaum verändert. Wesentlichen Anteil hatte daran der bis 1931 tätige Verwaltungsdirektor Victor Bernhardt, einer der dienstältesten Mitarbeiter des Unternehmens, der auch stellvertretendes Vorstandsmitglied war und als ein «sehr strenger Herr» galt.[22] Ein Mitarbeiter, der 1930 in die MR eingetreten war, erinnerte sich rückblickend an «die kolossale Sparsamkeit, die hier herrschte […], es wurde mit allem herumgeknausert, Papier, Bleistifte und was sonst zum Bürobedarf gehörte. Die ganze Einrichtung war sehr veraltet, es hat noch diese großen Stehpulte gegeben mit den Drehschemeln …»[23] Verglichen mit der Berliner Allianz-Zentrale, wo man inzwischen mit Schreibmaschinen, Lochkarten und Rohrpost arbeitete, herrschten bei der MR demnach rückständige Verhältnisse.[24]

Doch machten in dieser Zeit einige fähige junge Versicherungsfachleute bei der MR Karriere. Zu erwähnen sind hier besonders Walther Meuschel und Gustav Mattfeld. Beide wurden nach wenigen Jahren in den Vorstand berufen, wodurch es in diesem Gremium zu einer deutlichen Verjüngung kam, die sich auch in der Atmosphäre innerhalb des Unternehmens widergespiegelt haben dürfte. Meuschel, ein Vetter des Vorstandsvorsitzenden Kißkalt, war bis 1921 bei der Reichswehr gewesen, hatte dann bei der Allianz und der Hermes Kreditversicherung gearbeitet und wechselte 1925 zur MR, nachdem deren stellvertretendes Vorstandsmitglied Georg Süß überraschend auf einer Reise in Athen gestorben war. Meuschel war für das Feuergeschäft und das Personalwesen zuständig. Schon 1926, im Alter von 29 Jahren, wurde er stellvertretendes, vier Jahre später ordentliches Vorstandsmitglied. Er gehörte dem

Abb. 16 Ein Innenraum im Verwaltungsgebäude der Münchener Rück, Aufnahme aus den 1920er Jahren

Vorstand der MR dann bis Ende 1962 an.[25] Gustav Mattfeld trat 1924 in die MR ein, nachdem er zuvor Chefmathematiker und stellvertretendes Vorstandsmitglied der Freia Bremen Hannoverschen Lebensversicherungsbank gewesen war. 1930 übernahm er die Leitung der Lebensabteilung, wurde stellvertretendes und zwei Jahre später ordentliches Vorstandsmitglied.[26] Sein sicheres Gespür für Bilanzzahlen sollte sich für die MR als außerordentlich nützlich erweisen.

Am Ende der 1920er Jahre bot sich der MR die Chance, nach dem Muster der Allianz nun auch ihrerseits durch die Übernahme eines Rückversicherers zu expandieren. Die Düsseldorfer Rückversicherung, die eine Reihe von Tochtergesellschaften, darunter auch einen niederländischen Versicherer, besaß, war wegen hoher Verluste in Bedrängnis geraten und benötigte einen finanzstarken Partner.[27] Für die MR war die Düsseldorfer Rückversicherung außerordentlich interessant, weil sich über diese ein Segment der Branche erschloss, mit dem die Gruppe MR/Allianz bisher kaum ins Geschäft gekommen war: die öffentlichrechtlichen Feuerversicherer. Private und öffentlich-rechtliche Gesellschaften waren damals in der Feuerversicherung, anders als in der Lebensversicherung, noch strikt getrennt. Zwischen beiden Lagern kam es immer wieder zu Konflikten. So warf Allianz-Vorstand Eduard Hilgard 1926 den öffentlich-rechtlichen Versicherern Wettbewerbsverzerrung vor, weil sie von den öffentlichen Körperschaften bevorzugt behandelt würden.[28] Die Düsseldorfer Rückversicherung

Abb. 17 Ein Büroraum der Münchener Rück, Aufnahme von 1931

hatte sich 1924 mit der Übernahme der Deutschen Gemeinnützigen Rückversicherungs AG als Rückversicherer in diesem Bereich etabliert. Dass die MR nun
die Düsseldorfer Rückversicherung übernahm und damit vor dem Zusammenbruch rettete, sorgte für einiges Aufsehen und verschob auch die Gewichte
innerhalb der deutschen Rückversicherungsbranche. Die MR erhielt von der
Düsseldorfer Rückversicherung im Gegenzug den Vertrag mit dem Deutschen
Gemeinnützigen Rückversicherungs-Verband.[29] Diese Übernahme war in
der Geschichte der MR ein Novum und gewissermaßen ein Abschied von der
Strategie Thiemes. Bisher hatte die MR noch keinen großen inländischen Rückversicherer geschluckt. Offenbar hatte man in der Königinstraße nun von der
Allianz gelernt, dass ein Wachstum durch Fusionen unter den veränderten wirt-
schaftlichen Rahmenbedingungen dieser Zeit die angemessene Strategie war.
Durch die Übernahme stieg der ohnehin recht hohe Anteil des Inlandsgeschäfts
freilich noch weiter, und die regionale Risikostreuung nahm entsprechend ab.

Dabei waren Wilhelm Kißkalt und seine Vorstandskollegen keineswegs
gewillt, sich mit einer Fokussierung der MR auf den Inlandsmarkt und einige
Nachbarländer zu begnügen. Sie hatten die frühere Weltstellung als Leitbild

vor Augen und betrieben die Rückkehr auf die verlorengegangenen Auslandsmärkte mit hoher Priorität, lag in der internationalen Verflechtung doch die
originäre Kompetenz der MR, auch im Vergleich mit der Allianz, die ihr Auslandsgeschäft nun stark ausbaute.[30] In mehreren Ländern übernahmen MR
und Allianz gemeinsam Kapitalbeteiligungen, so z. B. in Spanien bei der Plus
Ultra und bei der italienischen Versicherungsgesellschaft La Pace.[31]

In den Ländern der früheren Kriegsgegner gab es Mitte der 1920er Jahre
nach wie vor eine Abneigung gegen deutsche Versicherer. Noch schwerer wog,
dass die deutschen Rückversicherer dort, anders als vor 1914, nicht benötigt
wurden. Die Nachfrage konnte von neu entstandenen einheimischen Rückversicherungsgesellschaften in Verbindung mit solchen aus der Schweiz oder
aus Skandinavien abgedeckt werden. In Großbritannien z. B. erreichte die MR
erst in den Jahren 1929/30 wieder ein gewisses Geschäftsvolumen.[32] Es fehlte
nicht an Ansätzen, das Auslandsgeschäft durch die Erschließung neuer Märkte
in Übersee zu erweitern. Südamerika rückte nun stärker ins Blickfeld, und
1928 wurde das Geschäft mit China aufgenommen.[33] Schon im Frühjahr 1924
hatten sich die MR, die Allianz und die Providentia an einem Transportrück-
versicherungsvertrag britischer Versicherer mit der staatlichen Monopolversicherung der Sowjetunion, dem Gostrach, beteiligt. Während der Inflationszeit waren über eine Hamburger Handelsfirma auch direkte Kontakte mit dem
Gostrach zustande gekommen.[34] Derartige Geschäfte boten aber keinen Ausgleich für die verlorengegangenen Marktanteile in den führenden westlichen
Industrieländern.

Große Hoffnungen setzten die Münchener auf Frankreich, wo man 1927
wieder eine Konzession erhielt, nachdem zwischen beiden Ländern erstmals seit
dem Krieg ein Handelsabkommen zustande gekommen war. Die MR eröffnete
ein Büro in Paris, das über eine spezielle Kompetenz für Tarifierungsfragen bei
der Versicherung erhöhter Risiken verfügte. Diese Neuerung, auf die noch näher einzugehen sein wird, war bei Lebensversicherern in vielen Ländern sehr
gefragt. Die MR stellte das Büro auch der Pariser Rückversicherungsgesellschaft
Les Réassurances gegen eine Beteiligung an deren Geschäft auf diesem Gebiet
zur Verfügung. Bald stellte sich heraus, dass Les Réassurances ein hohes Defizit
hatte, so dass die MR zunächst mit einer Finanzspritze von 2,4 Mio. Franc ein-
sprang und sich 1929 dann an der Sanierung des Unternehmens beteiligte. Das
Aktienkapital wurde zusammengelegt und mit Geldern aus München wieder-
aufgefüllt. Danach hielt die MR eine rund 70 %ige Kapitalbeteiligung bei Les
Réassurance. Da eine deutsche Majorität bei einem französischen Unternehmen
in Frankreich auch mehr als zehn Jahre nach Kriegsende nicht akzeptiert
wurde, entschloss man sich, die Beteiligung der MR zu tarnen. Offiziell wurden
die Aktien von einer Tochtergesellschaft der Banque Nationale de Crédit sowie
dem Generaldirektor von Les Réassurances, einem weiteren Vorstandsmitglied

und einem gerade in Paris weilenden Mitarbeiter der MR gezeichnet.[35] Die MR ging diese teure und auch später noch verlustreiche Beteiligung ein, weil sie in Les Réassurance einen Türöffner für den französischen und spanischen Markt sah.[36] Das bislang recht einseitig auf Ostmitteleuropa, Nordeuropa und die Schweiz ausgerichtete Auslandsgeschäft sollte durch die Ausweitung auf Westeuropa ausbalanciert und breiter gestreut werden. Dazu dienten auch der bereits erwähnte Einstieg bei der Plus Ultra in Madrid und eine weitere Beteiligung in Paris, bei der Versicherungsgesellschaft La Cité.

In der zweiten Hälfte der 1920er Jahre zeichnete sich damit eine Rückkehr der MR auf den Weltmarkt ab. Für die internationale Position war freilich nach wie vor das US-Geschäft der Maßstab. Hier entschied sich, ob die MR wieder an ihre frühere Rolle anknüpfen konnte. Entsprechend groß waren die Erwartungen, als Carl Schreiner 1925 in New York eine neue US-Tochter gründete, die Pilot Reinsurance Company of New York. Diese Gesellschaft war damals das einzige größere Tochterunternehmen deutscher Versicherer in den USA. Die MR hatte bei der Pilot, anders als bei der früheren US-Tochter First Re, nur indirekt die Majorität. Sie hielt 40 % des Aktienkapitals von 400 000 US-Dollar, weitere Großaktionäre waren die Union Rück (24 %), die Generali (20 %) und die Allianz (16 %).[37] Präsident der Pilot wurde natürlich Carl Schreiner, der 14-köpfige Aufsichtsrat setzte sich aus amerikanischen wie deutschen Bankiers und Versicherungsdirektoren zusammen. Die Pilot entwickelte sich in den ersten Jahren recht gut, kam aber bei weitem nicht an die Erfolge der First Re in der Zeit vor 1914 heran. Bei einer Kapitalerhöhung im Frühjahr 1929 konnte trotz des damaligen Börsenbooms in den USA nur ein Teil der neuen Aktien am Markt platziert werden.[38] Die im April 1928 mit einem Aktienkapital von 500 000 US-Dollar gegründete Tochtergesellschaft Pilot Life Reinsurance Company erwies sich als ein Fehlschlag.[39]

Dass die Pilot die Erwartungen nicht erfüllen konnte, führte der zeit seines Lebens deutschnational eingestellte Schreiner später auf die «englisch-amerikanische Ablehnung» zurück.[40] Andere sahen den Grund eher darin, dass Schreiner, der bei der Gründung der Pilot schon 71 Jahre alt gewesen war, an überholten Geschäftspraktiken festhielt. Kißkalt schrieb rückblickend: «Abgesehen von politischen Ressentiments fehlte ihm [d. i. Schreiner] die Verbindung zur jüngeren Generation».[41] Hinzu kam, dass es für eine neue Rückversicherungsgesellschaft in den USA aufgrund der mittlerweile großen Konkurrenz nicht leicht war, Marktanteile zu gewinnen. Nach britischen Angaben waren die USA 1926 dem Prämienaufkommen nach die führende Rückversicherungsnation, vor Deutschland und der Schweiz.[42]

Der gesamte Weltmarkt für Rückversicherer hatte sich durch den Ersten Weltkrieg und dessen Folgen grundlegend verändert. Unter den 32 größten Rückversicherungsgesellschaften befanden sich 1926 elf Unternehmen aus den

USA, jeweils fünf aus Deutschland, Großbritannien und Skandinavien, vier aus Frankreich und zwei aus der Schweiz. Die ehemals in St. Petersburg ansässigen Rückversicherer setzten ihr Geschäft durch Neugründungen in Dänemark und in den USA fort. Allein in Dänemark bestanden nun vier große Rückversicherungsgesellschaften, darunter die Nachfolgeunternehmen der früheren St. Petersburger Gesellschaften Rossija und Salamandra. Bei den Unternehmen lag die Schweizer Rück weltweit an erster Stelle, vor der MR, der Rossia of America und der Salamandra aus Kopenhagen.[43]

Auch die Anteile der einzelnen Versicherungszweige am Geschäft der MR hatten sich gegenüber der Vorkriegszeit stark verändert. Statt der Feuersparte, die das Rückversicherungsgeschäft in den ersten Jahrzehnten der MR dominiert hatte, war nun die Lebensversicherung der wichtigste Zweig, bedingt durch deren überproportionales Wachstum und die mittlerweile starke Marktposition des Allianz-Konzerns in diesem Bereich. Eine weitere Wachstumssparte war die Kraftfahrzeug-Versicherung, die dazu beitrug, dass die Unfall- und die Haftpflichtversicherung nun höhere Anteile am Prämienaufkommen der MR hatten, als dies vor dem Ersten Weltkrieg der Fall gewesen war (siehe Tabelle 8).

Tab. 8 Anteile einzelner Versicherungszweige an der Gesamt-Bruttoprämie der Münchener Rück 1913/14 und 1929/30[44]

Jahr	Feuer	Transport	Leben	Unfall	Haftpflicht	Hagel	Einbruch/Diebstahl	Maschinen	andere
1913/14	49,5 %	22,3 %	11,9 %	5,1 %	4,3 %	2,7 %	1,9 %	0,7 %	1,6 %
1929/30	21,3 %	7,8 %	37,9 %	7,5 %	13,5 %	4,1 %	2,7 %	2,0 %	3,2 %

Die Prämieneinnahmen aus der Kraftfahrzeug-Versicherung stiegen zwischen 1924 und 1929 von 4 auf 7 Mio. RM an. Allerdings wurden hier nur in wenigen Jahren Gewinne erzielt.[45] Nachdem die Motorisierung des Straßenverkehrs in Deutschland während des Krieges und der Inflation zurückgeblieben war, nahm die Zahl der Personenkraftwagen nun deutlich zu. 1928 wurde auch die erste deutsche Automobilrechtsschutz-Versicherung, die D.A.S., gegründet.[46] Eine Kraftfahrzeug-Lebensversicherung, wie sie damals ein Erstversicherer einführen wollte, wurde von MR-Oberingenieur Fritz Böhrer mit der Begründung abgelehnt, dass der Versicherungsnehmer jederzeit die Lebensdauer des Autos verkürzen könne, während der Versicherer keinen Einfluss auf die Instandhaltung des Autos habe.[47]

Nach wie vor bestand für Kraftfahrzeughalter und -fahrer keine obligatorische Haftpflichtversicherung. Während der ADAC auf ein entsprechendes

Gesetz, verbunden mit der Gründung einer eigenen Versicherungsanstalt, drängte, hatten die Kraftfahrzeugversicherer daran kein Interesse. Eine obligatorische Haftpflichtversicherung galt in der Branche als kein gutes Geschäft, und man wollte unbedingt vermeiden, dass in diesem Bereich ein Versicherungsmonopol des Staats bzw. einer öffentlich-rechtlichen Gesellschaft entstand. So wurde die Zwangshaftpflicht zunächst nur für Droschkenfahrer, Busfahrer und Fahrschulen eingeführt. Das Reichsverkehrsministerium arbeitete an einem Gesetzentwurf, der nach Angaben des Verbands der Kraftfahrzeugversicherer 1932 vorlag, dann aber vor der nationalsozialistischen Machtübernahme nicht mehr umgesetzt werden konnte.[48] Eingeführt wurde die obligatorische Haftpflichtversicherung für Kraftfahrzeughalter erst nach der Annexion Österreichs, wo bereits eine derartige Pflichtversicherung bestand, durch ein Gesetz vom 7. November 1939.[49]

Noch in den Anfängen befand sich die Versicherung von Flugzeugrisiken. Immerhin betätigte sich die MR bereits im Frühjahr 1919 auf diesem Gebiet, indem sie die Fliegerunfall- und Fliegerhaftpflichtversicherung einer schwedischen Gesellschaft in Rückdeckung nahm. Drei Jahre später wurde sie Zessionär für Versicherungsverträge eines ungarischen Luftfahrtunternehmens.[50] Damals wurde die zivile Luftfahrt noch weitgehend mit kleinen Motor- oder Segelflugzeugen durchgeführt. Als Passagiermaschinen aufkamen, wollte die MR dieses Risiko nur noch gemeinsam mit anderen Rückversicherern übernehmen. Sie trat dem 1925 gebildeten Deutschen Luftpool, einer Rückversicherungsgemeinschaft deutscher Luftfahrtversicherer, bei.[51]

Auf dem Gebiet der Reisegepäckversicherung entwickelten sich die von der MR übernommenen bzw. mitgegründeten Gesellschaften der Europäischen recht erfolgreich. Sie machten durch ihre Monopolverträge mit den nationalen Eisenbahngesellschaften ein gutes Geschäft, aber auch durch Verträge mit dem Reiseveranstalter Thomas Cook und der Hapag. Von Engel hätte gerne auch eine Gesellschaft in den USA gegründet, konnte jedoch diese Pläne nicht umsetzen. Kißkalt und Schreiner lehnten es ab, das dafür erforderliche Eigenkapital in Höhe von rund 1 Mio. US-Dollar bereitzustellen, solange das in den USA blockierte Vermögen der MR noch nicht vollständig freigegeben worden war. Die American Express Company war wiederum nicht bereit, mit einer Gesellschaft zu kooperieren, die einen deutschen Mehrheitsaktionär hatte. Schließlich wurde das Projekt begraben, weil sich herausstellte, dass ähnliche Versicherungen bereits von mehreren amerikanischen Gesellschaften angeboten wurden.[52]

Zu einer besonderen Neuerung kam es in dieser Zeit in der Lebensversicherungsabteilung der MR. Schon während des Ersten Weltkrieges hatte es in Deutschland erste Ansätze gegeben, nach amerikanischem Vorbild auch die Personengruppen zu versichern, die wegen «erhöhter» oder «anomaler» Risiken nicht in die allgemeine Lebensversicherung aufgenommen wurden. 1916 war dafür von mehreren Versicherern eine eigene Gesellschaft, die Hilfe, gegründet worden, die während der Inflation Konkurs anmelden musste. Bei der MR war mit der Gründung der Hilfe eine eigene Abteilung für die Versicherung erhöhter Risiken entstanden, unter der Leitung eines ärztlichen Direktors. Für diese Position konnte Oscar Rücker-Embden gewonnen werden, der früher bei der New York Life Insurance Co. gearbeitet hatte und mit den amerikanischen Ansätzen vertraut war.[53] Nachdem bei der MR ab 1924 auch Gustav Mattfeld begonnen hatte, sich als Versicherungsexperte intensiv mit einer Lebensversicherung für «erhöhte Risiken» zu beschäftigen, verfügte das Unternehmen auf diesem Gebiet über eine im In- und Ausland gefragte Expertise. Rücker-Embdens Abteilung errichtete 1927 das bereits erwähnte Tarifierungsbüro in Paris, später kam noch ein Büro in Buenos Aires hinzu.[54] Die Lebensversicherung für erhöhte Risiken erfüllte auch die Erwartungen, die man bei der MR in sie als «Türöffner für andere Versicherungszweige» (M. Herzog) gesetzt hatte.[55] Dass die MR Mediziner für die Bewertung von Risiken einstellte, war ein Novum. Bis dahin war man davon ausgegangen, dass eine Versicherungsgesellschaft nur wissenschaftliche Erkenntnisse von Juristen und Mathematikern benötigte. Für die Unfall- und Maschinenversicherung waren auch Ingenieure wie Fritz Böhrer bei der MR tätig. Erstmals errichtete das Unternehmen nun aber eine eigene Forschungsstelle, in der Risiken mit klinischen und statistischen Methoden untersucht wurden. Nach amerikanischem Muster wurde ein numerisches Tarifierungssystem ausgearbeitet. Es waren die Anfänge einer wissensbasierten Expertise in der Rückversicherung, die auch damals schon als Wettbewerbsvorteil erkannt wurde.

Am 24. Oktober 1929, dem «Schwarzen Freitag» – der in Wirklichkeit ein Donnerstag war –, begann an der Wall Street ein Crash, auf den die bislang schwerste Weltwirtschaftskrise folgte. Die Zeitgenossen gingen zunächst davon aus, dass es sich um eine kurzfristige Reinigungskrise handeln würde, die nach ein bis zwei Jahren überwunden wäre. Das volle Ausmaß der Depression wurde in Deutschland erst mit der Bankenkrise vom Juli 1931 deutlich, die vorübergehend zur Einstellung des Zahlungsverkehrs führte und die Arbeitslosenzahlen nochmals deutlich steigen ließ. Die deutsche Industrieproduktion lag nun um 30 % unter dem Stand von 1929.[56] In den USA wie in Deutschland gingen während der Weltwirtschaftskrise nicht wenige Versicherungsgesellschaften in Konkurs, wobei das technische Versicherungsgeschäft bei weitem nicht so stark einbrach wie die Industrieproduktion. Mancher Versicherer war jedoch in den Jahren zuvor wegen des Kapitalmangels nach der Inflation und der schwierigen Marktlage übermäßige Risiken in Form einer hohen kurzfristigen Verschuldung oder spekulativer Finanzgeschäfte eingegangen, wie sie bereits der FAVAG zum Verhängnis geworden waren.

Tab. 9 Geschäftszahlen der Münchener Rück in RM 1924–1933[57]

	Prämieneinnahme (brutto)	Prämienreserve	Reingewinn (ohne Vortrag)
1924/25	126 526 188	69 105 308	1 403 144
1929/30	240 662 983	237 359 969	2 196 358
1930/31	248 548 836	266 934 548	2 249 653
1931/32	248 698 680	275 242 119	2 248 107
1932/33	217 350 865	290 268 243	2 717 076
1933/34	197 283 836	256 806 940	2 943 767

Die MR war finanziell gut aufgestellt, sie hatte dank ihres Devisen- und Immobilienbesitzes in der Inflation wenig Schaden gelitten und anschließend eine konservative Neubewertung ihres Aktienkapitals vorgenommen. Ihr technisches Geschäft erwies sich während der Weltwirtschaftskrise als recht stabil. Im Bericht für das Geschäftsjahr 1929/30 konnte der Vorstand feststellen, die Geschäfte seien «nicht unbefriedigend verlaufen». Auch eine Erklärung lieferte der Geschäftsbericht: «Die Versicherung hat ihre eigne Konjunktur».[58] Für das Geschäft eines Versicherers ist der Schadenssatz entscheidend. Der Anteil der Schadenssumme am Bruttoprämienvolumen war als Folge der Weltwirtschaftskrise in der Feuer-, Unfall-, Haftpflicht- und Transportversicherung rückläufig.[59] Wenn in den Fabriken weniger gearbeitet wird und der Güter- und Personenverkehr abnimmt, kommt es zu weniger Bränden und Unfällen. Die Prämien bleiben dagegen konstant. Am ehesten noch machte sich die Wirtschaftskrise bei der Lebensversicherung bemerkbar. Hier gingen die Prämieneinnahmen infolge von Stornos zurück. Im Geschäftsjahr 1931/32 hielten sich Zugänge und Abgänge erstmals die Waage. Der Anteil von Selbstmorden an den «Gesamtschäden im deutschen Exzedenten-Geschäft» war auf rund 28 % gestiegen. 1929 hatte er noch bei 18 % gelegen.[60]

Die MR machte nun auch die eigentümliche Erfahrung, dass sich ihre schwache Präsenz auf dem Weltmarkt als Vorteil erwies. Von der Großen Depression in den USA wurde sie kaum getroffen, weil sie dort nicht so stark vertreten war wie vor dem Ersten Weltkrieg. Auf dem amerikanischen Aktienmarkt hatte die MR keine nennenswerten Investments getätigt. Auch von der deutschen Bankenkrise vom Juli 1931, auf deren Höhepunkt der Zahlungsverkehr einige Tage lang völlig eingestellt werden musste, war das Unternehmen kaum betroffen. In der schwedischen Presse wurde die MR mit der Darmstädter und Nationalbank in Verbindung gebracht, deren Zusammenbruch die Bankenkrise ausgelöst hatte. Dabei wurde darauf hingewiesen, dass die Vor-

Abb. 18 Kunden vor der Sparkasse der Stadt Berlin am Mühlendamm während der Bankenkrise, 13. Juli 1931

gängerin dieser Bank, die Darmstädter Bank für Handel und Industrie, zu den Gründern der MR gehört hatte. In einem Rundschreiben an ihre schwedischen Geschäftspartner stellte die MR klar, dass ihre Beteiligung an der Darmstädter und Nationalbank nur bei rund 1,8 % des Aktienkapitals lag. Aus dem Schreiben geht hervor, dass die MR inzwischen mit 13 deutschen und 42 ausländischen Banken zusammenarbeitete.[61] Diese breite Streuung der Bankverbindungen bewährte sich in der Bankenkrise als Risikomischung.

Die Deflationspolitik des Reichskanzlers Heinrich Brüning traf die Versicherer vor allem durch die Senkung der Zinsen für Staatsanleihen.[62] Neue Kunden der Unfall- oder Haftpflichtversicherung konnten damit rechnen, dass die Leistung der Versicherungsgesellschaft bei einem Schadensfall einen höheren Wert haben würde als beim Vertragsabschluss. Andererseits erhöhte sich für die Versicherer durch den Rückgang der Preise der Wert der eingesammelten Prämien. Eine Belastung entstand für Lebensversicherer, die angesparte Verträge in diesen Jahren in höherwertiger Mark auszahlen mussten.

Vor dem Hintergrund stillgelegter Fabriken und einer Arbeitslosenzahl von bis zu sechs Millionen und mehr musste es geradezu zynisch wirken, wie die MR in ihrem Geschäftsbericht 1931/32 den Schadensverlauf im Feuergeschäft kommentierte: «Dieser günstige Schadensverlauf hat auch im Jahr

1932 angehalten; es muß befürchtet werden, daß er in das Gegenteil umschlagen wird, sobald es gelungen sein wird, die Wirtschaft wieder in stärkerem Maße in Gang zu bringen.»[63] Die Geschäftszahlen der MR scheinen diese «Befürchtung» auf den ersten Blick zu bestätigen. Nachdem die deutsche Wirtschaft im Herbst 1932 die Talsohle der Weltwirtschaftskrise durchschritten hatte und die Konjunktur wieder angesprungen war, ging das Prämienaufkommen zurück (siehe Tabelle 9).

Ganz so eindeutig sind die Zusammenhänge allerdings nicht, denn viele Abschreibungen von während der Weltwirtschaftskrise notleidend gewordenen Verträgen wurden erst in der Bilanz für das Geschäftsjahr 1933/34 wirksam. Auch musste die MR zwischen 1930 und 1933 hohe Kapitalverluste bilanzieren, die durch den Rückgang der Aktienkurse entstanden waren. Hinzu kamen «Währungsverluste», besonders durch den Kurssturz des britischen Pfundes nach dessen Abkoppelung vom Goldstandard, der die skandinavischen Währungen folgten und ein Jahr später auch der US-Dollar. Insgesamt hatte die MR in den Geschäftsjahren 1930/31 bis 1932/33 Kapitalverluste in Höhe von rund 13 Mio. RM erlitten, darunter «Währungsverluste» von über 4 Mio. RM. Im gleichen Zeitraum konnte sie wegen der Hochzinspolitik der Reichsbank und anderer Zentralbanken aber auch Kapitalerträge in Höhe von rund 15 Mio. RM erzielen.[64]

Mehr noch als von der «eigenen» Konjunktur der Versicherungsbranche in dieser Krise profitierte die MR damals von ihrer konservativen Strategie bei den Kapitalanlagen.[65] Über 60 % des Anlageportfolios bestanden aus festverzinslichen Wertpapieren, fast 30 % aus Aktien von Beteiligungsgesellschaften, die dauerhaft gehalten wurden. Nur 10 % entfielen auf andere Aktien (siehe Tabelle 10). Das größte Vermögen besaß die MR in Anteilscheinen nicht börsennotierter Unternehmen, die in der veröffentlichten Bilanz nicht aufgeführt werden mussten, weil sie keinen Kursschwankungen unterlagen.

Tab. 10 Konto Wertpapiere und Beteiligungen der Münchener Rück, 30. 6. 1931[66]

	Nominalwert in RM	in %
Anleihen, Obligationen, Pfandbriefe	21 891 609	61,7
Aktien von Nichtversicherungsunternehmen mit Kapitalbeteiligung unter 10%	3 547 184	10,0
Aktien von Nichtversicherungsunternehmen mit Kapitalbeteiligung von 10% und mehr	138 500	0,4
Aktien anderer Versicherungsgesellschaften* mit Kapitalbeteiligung von 10% und mehr	9 908 027	27,9

* ohne nicht börsennotierte Aktien anderer Versicherungen

Auch die Allianz konnte sich in der Weltwirtschaftskrise zunächst relativ gut behaupten. Dann brach vor allem ihr Transport- und Kfz-Geschäft stark ein.[67] Besonders hart wurde der Kreditversicherer Hermes von der Weltwirtschaftskrise getroffen, an dem die MR und die Allianz beteiligt waren. Der Hermes musste nach der Bankenkrise vom Juli 1931 sein wichtigstes Geschäft, die pauschale Versicherung gegen das Ausfallrisiko bei Forderungen aus Lieferungen und Dienstleistungen (Delkredere-Versicherung), einstellen. Der Bilanzverlust von 1931 überstieg bereits die Reserven, 1932 machten die Verluste mehr als die Hälfte des Aktienkapitals aus. Da der Hermes wegen seiner Exportkreditversicherung für die deutsche Außenwirtschaft von großer Bedeutung war, sprang der Staat ein. Der Reichsfinanzminister übernahm, gestützt auf eine Notverordnung des Reichspräsidenten, Garantien bis zu 30 Mio. RM. Das Reich trat fortan beim Hermes als Rückversicherer auf.[68]

Im Unterschied zur MR hatten viele deutsche Versicherungsgesellschaften vor der Weltwirtschaftskrise den Aktienanteil bei ihren Kapitalanlagen erhöht, um die Inflationsverluste auszugleichen. Das Reichsaufsichtsamt hatte dafür den Weg geebnet, als es 1923 die bis dahin geltende Beschränkung auf mündelsichere Anlagen aufgehoben hatte. Als Folge der Krise wurden die Kapitalanlagevorschriften 1931 wieder enger gefasst.[69] Auch international lag bei vielen Versicherern der Anteil der Aktien am Anlageportfolio relativ hoch, weil sie vom Höhenflug des US-Aktienmarkts in den Jahren vor 1929 profitieren wollten. Dazu gehörte auch die große Konkurrentin der MR, die Schweizer Rück, die in der Weltwirtschaftskrise ein Desaster erlebte. Der Aktienanteil lag hier bei 16 %. Generaldirektor Hürlimann hatte die Dimension der Weltwirtschaftskrise lange nicht wahrgenommen und auf eine rasche Erholung des US-Markts gesetzt. Der Einbruch des Aktienmarkts, der Kurssturz des britischen Pfundes und später auch des US-Dollars führten in den Jahren 1931–1933 zu Finanzverlusten in Höhe von insgesamt 50 Mio. CHF.[70] Von diesem Rückschlag konnte sich die Schweizer Rück nur langsam erholen.

Viele deutsche Rückversicherer überlebten die Weltwirtschaftskrise nicht. Von 42 Gesellschaften, die 1929 im Deutschen Reich bestanden hatten, waren Ende 1932 nur noch 30 übrig.[71] In der gesamten Versicherungsbranche häuften sich damals die Zusammenbrüche. Schon 1929 brach die traditionsreiche Vaterländische Feuer-Versicherung zusammen. Sie wurde von der Nordstern-Versicherung übernommen, die drei Jahre später an die Colonia ging. Auch blieb der FAVAG-Skandal keineswegs der letzte dieser Art. Immer wieder stellte sich heraus, dass Vorstände von Versicherern riskante Spekulationsgeschäfte getätigt, Schuldenberge angehäuft und durch Bilanzmanipulationen vertuscht hatten. Die Aufsichtsräte und das Reichsaufsichtsamt hatten den Vorständen vertraut und waren bis zuletzt im guten Glauben geblieben. «Versicherungsskandale und kein Ende» titelte die Berliner Zeitung *Montag Mor-*

gen, als die Allgemeine Brandenburgische Versicherungs AG im Juni 1930 Konkurs anmelden musste.[72]

Anfang Dezember 1932 wurde bekannt, dass die Kölnische Rück vor der Zahlungsunfähigkeit stand. Der Aufsichtsrat hatte aufgrund der schwachen Jahresbilanz eine Revision durchführen lassen. Dabei war ein bislang unentdeckt gebliebenes Millionen-Defizit zu Tage getreten.[73] Die Kölnische Rück hatte bereits in ihrer Goldmarkeröffnungsbilanz von 1924 den folgenschweren Fehler begangen, das umgestellte Aktienkapital zu hoch anzusetzen – und damit die inflationsbedingten Verluste unterzubewerten. Der Vorstand um Heinrich Grünwald, ein Pionier der deutschen Rückversicherungsbranche von hohem Renommee, hatte damit die Geschäftspartner beeindrucken und verlorengegangene Kunden wiedergewinnen wollen. Auch war man überzeugt, dass nach der Inflation ein kräftiger Aufschwung eintreten würde, was sich als Irrtum herausstellte. Nach Beginn der Weltwirtschaftskrise machte die Kölnische Rück wie viele andere Unternehmen den Fehler, den Kursverfall der eigenen Aktie durch Aufkäufe zu stoppen. Als der Kurs weiter fiel, entstanden immer höhere Verluste, während zugleich das Eigenkapital an Wert verlor. Weitere Defizite häuften sich bei der US-Tochter an, die mit dem in den USA freigegebenen Vorkriegskapital erworben worden war. Schließlich mussten beim Wertpapierbestand 3 Mio. RM abgeschrieben werden und bei der US-Tochter weitere 1,5 Mio. RM. An der Kölnischen Rück war die Colonia mit 20 % des Aktienkapitals beteiligt, die dieses Aktienpaket von der Iduna Versicherung übernommen hatte. Als die Kölnische Rück nun vor dem Zusammenbruch stand, drohte auch der Colonia ein Desaster. Das Aktienkapital der Kölnischen Rück war nur zu 25 % einbezahlt. Bei einem Konkurs hätte es voll bezahlt werden müssen, wodurch sich allein für die Colonia eine Belastung von 1,5 Mio. RM ergeben hätte. Die Fäden liefen letztlich bei der Aachener und Münchener Feuer-Versicherungs-Gesellschaft zusammen, die Großaktionärin der Colonia war und in den 1920er Jahren einen der führenden deutschen Versicherungskonzerne aufgebaut hatte, zu dem nun auch die Thuringia gehörte. Die Aachener und Münchener-Gruppe wollte die Kölnische Rück nicht fallen lassen und entschloss sich, gemeinsam mit dem Kölner Bankhaus Sal. Oppenheim jr. & Cie., das ebenfalls an der Kölnischen Rück beteiligt war, eine Sanierung durchzuführen. Das eingezahlte Aktienkapital der Kölnischen Rück wurde von 2,5 Mio. RM auf 0,5 Mio. RM zusammengelegt und anschließend durch Beteiligungen der Colonia, der Kölnischen Unfall-Versicherungs-AG und der ebenfalls zur Aachener und Münchener-Gruppe gehörenden National Allgemeine Versicherungs-AG aus Stettin auf 8 Mio. RM bei 25 %iger Einzahlung erhöht. Der Vorstandsvorsitzende Grünwald musste gehen. Neuer Leiter der Kölnischen Rück wurde Walther Schmidt von der Aachener und Münchener.[74]

Bei der MR war man über die Vorgänge in Köln höchst besorgt. Kißkalt hatte bezweifelt, dass das Kölner Konsortium die erforderlichen Mittel für eine Sanierung aufbringen könne, und dem Vorstandsvorsitzenden der Aachener und Münchener Feuer-Versicherungs-Gesellschaft, Wilhelm Spans, die Unterstützung der MR angeboten.[75] Diese ritterliche Geste war keineswegs uneigennützig, sondern beruhte auf einem nüchternen Kalkül. Das Vertrauen in die deutsche Versicherungsbranche war durch die Konkurse und Skandale der letzten Jahre so geschwunden, dass bei einem weiteren Fall dieser Art alle Marktteilnehmer nur verlieren würden. Kißkalt schrieb damals an Carl Schreiner, er hätte «nichts dagegen, wenn sich die Colonia jetzt die Finger verbrennt» und fügte hinzu: «Wir würden gewiss bei einem Zusammenbruch der Kölnischen Rück den einen oder anderen Vertrag profitieren; dies würde aber aufgewogen durch den Schlag, den das Ansehen der deutschen Rückversicherung wiederum erleidet.»[76] Eine Unterstützung der MR war schließlich nicht nötig, da es dem Sanierungskonsortium gelang, die Kölnische Rück zu retten. Doch hatte die älteste deutsche Rückversicherungsgesellschaft ihre Unabhängigkeit nun völlig verloren. Ihr Kapital befand sich mehrheitlich in der Hand von Erstversicherern der Rheinischen Gruppe.

Für das Verhalten des Vorstands der Kölnischen Rück fehlte einem Mann wie Kißkalt jedes Verständnis, der den Fehler – durchaus zu Recht – in einer «verhängnisvollen Prestige-Politik» der rheinischen Konkurrentin sah. Dass sich dazu noch der hochgeachtete Grünwald und sein Vorstandskollege Bloch jahrelang unverzinste Darlehen aus der Kasse des Unternehmens genehmigt hatten, fand der Jurist Kißkalt das «Hässlichste an der Sache».[77] Der mittlerweile fast 60-jährige Vorstandsvorsitzende der MR stand für ziemlich genau das Gegenteil. Er zog es vor, Kapital und Anlagen konservativ zu bewerten, war in seiner Geschäftsstrategie eher bedächtig und in seinem persönlichen Verhalten überkorrekt. Eine «Prestige-Politik» lag der MR fern. Das konnte mitunter von Nachteil sein und hatte dazu beigetragen, dass das Unternehmen auch im Vergleich mit der Allianz als etwas altbacken galt. Doch gegen eine Weltwirtschaftskrise war die MR mit einem peniblen Juristen wie Kißkalt an der Spitze bestens gewappnet.

Aus den Krisen dieser Jahre lässt sich eine weitere Erkenntnis gewinnen: Die deutsche Versicherungswirtschaft hat es damals im Unterschied zu den Banken geschafft, auf die Zusammenbrüche einiger ihrer bedeutendsten Unternehmen in eigener Regie mit tragfähigen Lösungen zu reagieren. Der Staat stützte zwar den Kreditversicherer Hermes, musste aber weder bei der FAVAG noch bei der Kölnischen Rück oder der Nordstern-Versicherung einspringen. Möglich war dies nur, weil die Branche nach der starken Konzentration in den 1920er Jahren von einigen wenigen Konzernen dominiert wurde, die über die nötigen Mittel zur Sanierung großer Versicherungen verfügten und sie aus dem Interesse einsetzten, entweder ihre eigene Gruppe zu stabilisieren, wie bei der Kölnischen Rück, oder einen wichtigen Wettbewerber unter Wert übernehmen zu können wie bei der FAVAG. Neben der Allianz/MR-Gruppe als dem mit Abstand größten Konglomerat gehörten zu diesen «Versicherungstrusts» die Rheinische Gruppe um die Aachener und Münchener Feuer-Versicherungs-Gesellschaft, die Victoria und der noch relativ junge Gerling-Konzern.[78]

Teil II:
Die Münchener Rück während der
nationalsozialistischen Herrschaft
(1933–1945)

9. Die nationalsozialistische Machtübernahme und die Münchener Rück: Geschäftsentwicklung, politische Verbindungen und das Leitungspersonal

Aus der Perspektive des Versicherungswesens führte die Machtübernahme der Nationalsozialisten nicht zu einem dramatischen Wandel der politischen und wirtschaftlichen Rahmenbedingungen unternehmerischen Handelns. So konnte die MR die wirtschaftliche Depression der frühen 1930er Jahre sehr viel besser überstehen als die Kreditwirtschaft und die Industrie, weil die Nachfrage nach Versicherungsleistungen unelastisch war. In den Worten des Vorstandsvorsitzenden Wilhelm Kißkalt hatte sich die Geschäftslage für solvente Rückversicherer 1930, 1931 und 1932 sogar gebessert, «so dass die Münchener Rück der Zukunft mit Ruhe entgegensehen kann».[1] Der spürbare Rückgang der Bruttoprämien um 23 % (von 1931/32 bis 1936/37) verlief gegenüber der konjunkturellen Entwicklung mit drei Jahren Phasenverschiebung und damit antizyklisch. Dieser Rückgang der Prämieneinnahmen wurde von einem stetigen Anstieg des Reingewinns begleitet, der im gleichen Zeitraum von 2,2 auf 3,6 Mio. RM stieg.

Die Ursachen für diese positive Ertragsentwicklung waren vielfältig. Zum einen sorgte der allgemein günstige Schadenverlauf für steigende technische Überschüsse. So stieg der technische Überschuss im Lebensversicherungsgeschäft infolge der zurückgehenden Sterblichkeit von 2,2 % (1932/33) bis auf 3,7 % (1936/37). Im Unterschied zur Schweizer Rück hatte die MR keine Prämienreserven in Aktien angelegt, die während der Weltwirtschaftskrise sehr viel stärkere Kursverluste erlitten als festverzinsliche öffentliche Anleihen. Da die MR im Gegensatz zur Schweizer Rück kaum auf dem britischen und dem amerikanischen Markt präsent war, fielen die 40 %-Abwertungsverluste beim Pfund (1931) und beim Dollar (1933) fast nicht ins Gewicht.

Entgegen allen Erwartungen führte die deutlich zunehmende Motorisierung zu einem erheblichen Anstieg der Netto-Prämieneinnahmen von 44,8 Mio. RM (1932/33) bis auf 58,5 Mio. RM (1937/38), aber nicht zu steigenden technischen Überschüssen. Von 1935/36 bis 1938/39 verzeichnete die HUK-Sparte wegen der steigenden Unfallkosten und des niedrigen Prämienniveaus technische Verluste. Das Feuerversicherungsgeschäft und die übrigen Sachversicherungen entwickelten sich jedoch in die entgegengesetzte Richtung.

Aufgrund des erheblichen Prämienwettbewerbs und des tendenziellen Über-
angebots im Feuerversicherungsmarkt fielen die Netto-Prämieneinnahmen
trotz der stark zunehmenden industriellen Investitionen von 64,2 Mio. RM
(1932/33) bis auf 53,1 Mio. RM (1937/38). Die Modernisierung der Gebäude-
und Maschinenausstattung und bessere industrielle Brandschutzeinrichtungen waren maßgeblich dafür verantwortlich, dass der technische Überschuss
von 5,3 % (1932/33) bis auf 10,2 % (1935/36) stieg und in den beiden folgenden
Jahren fast 9,0 % erreichte. Aus diesen Gründen entwickelte sich das Feuerversicherungsgeschäft zur «cash cow» der Vorkriegsjahre.

Auf der Seite der Kapitalerträge wirkte sich die 1935 erfolgte Zinssenkung
für öffentliche Anleihen auf 4,5 % weniger aus als erwartet. Die MR profitierte
bei der Ertragsentwicklung nicht nur von den Erfolgen ihres eigenen *underwriting,* sondern auch von den hohen Erträgen ihrer Kapitalbeteiligungen bei
deutschen Erstversicherern, deren Rendite von 1933 bis 1939 nur zwischen 6,1
und 6,9 % schwankte. Mit den höheren Renditen aus Kapitalbeteiligungen gelang es ihr, die zurückgehenden Renditen festverzinslicher Wertpapiere wie
Reichsanleihen, anderer öffentlicher Anleihen und Unternehmensanleihen zu
kompensieren.

Weil die MR traditionell konservativ bilanzierte, war ihre reale Ertragslage sogar besser als nach der Papierform der Bilanzen. So bewertete sie ihren
gesamten Grundbesitz mit dem Anschaffungspreis und nicht mit dem deutlich höheren steuerlichen Einheitswert von 1931. Da der Buchwert des Grundbesitzes im Jahr 1936 bei 9,5 Mio. RM und der Einheitswert bei 10,4 Mio. RM
lagen, besaß die MR allein im Grundbesitz eine stille Reserve von mindestens
0,9 Mio. RM. Bei den Kapitalbeteiligungen wurden die Posten nach dem
strengen Niederstwertprinzip mit den Anschaffungswerten bewertet, sofern
der aktuelle Kurswert nicht unter den Anschaffungswert gefallen war.[2] Die
stillen Reserven in den Wertpapieranlagen stiegen innerhalb von nur drei Jahren von 2,3 Mio. RM (1932/33) bis auf 8,7 Mio. RM (1934/35) und fielen bis zum
Beginn des Krieges niemals unter 5,8 Mio. RM.[3] Die Ausfälle von Forderungen
an Erstversicherer hielten sich trotz der Depression im üblichen Rahmen, da
beide Seiten einen Rückversicherungsvertrag nach dem Ablauf kündigen
konnten und Forderungsausfälle für einen Zeitraum von mehr als einem Jahr
ausgeschlossen waren.

Nach der Hyperinflation konnte die MR ihre technischen Reserven in
voller Höhe wiederherstellen. Im Geschäftsjahr 1932/33 erreichten die technischen Reserven ein Niveau von 133,5 % der Brutto-Prämieneinnahme, womit
die MR ihren Zedenten ein hohes Maß an Sicherheit und Solidität signali-
sierte. Bis 1936/37 erhöhte sich das Verhältnis der technischen Reserven zu den
Prämieneinnahmen sogar bis auf 156,5 %, ein deutliches Indiz für eine solide
Risikovorsorge.

Im Unterschied zu den Großbanken überstanden die großen Erstversicherer und die MR die Weltwirtschaftskrise ohne staatliche Kapitalhilfen und Liquiditätsdarlehen. Während einige führende nationalsozialistische Wirtschaftspolitiker unter dem Schlagwort «Brechung der Zinsknechtschaft» eine Zerschlagung der Großbanken und ihre Reorganisation als öffentlich-rechtliche Regionalbanken forderten, wurde die Existenz großer privatwirtschaftlicher Versicherer im Jahr 1933 noch nicht von führenden Nationalsozialisten in Frage gestellt. Aus der Sicht der MR war eine Neuordnung der Eigentumsverhältnisse im Versicherungsgewerbe ebenso wenig zu befürchten wie ein grundsätzlicher Wandel der staatlichen Versicherungspolitik. Da die 1931 erfolgte Erweiterung der Versicherungsaufsicht als eine grundlegende und abschließende Reform der staatlichen Versicherungsaufsicht angesehen wurde,[4] musste die MR nicht mit einem Paradigmenwechsel der Versicherungspolitik rechnen. Für die MR war die Reform ohnehin irrelevant: Da die Rückversicherer nicht unmittelbar für die Erfüllung von Leistungsansprüchen der Policeninhaber verantwortlich waren, waren ihr Anlageverhalten und ihre Tarifierungspraxis von der staatlichen Aufsicht ausgenommen.

Im Gegensatz zum Bankensektor galt das Versicherungswesen bei den nationalsozialistischen Rassenantisemiten nicht als jüdisch dominiert («verjudet») und war nach der Konsolidierung der nationalsozialistischen Herrschaft im April 1933 keinen gewaltsamen Pressionen von Seiten der Gauleiter oder der Nationalsozialistischen Betriebszellenorganisation (NSBO) ausgesetzt. Es gibt keine Hinweise, dass der Vorstand des Unternehmens im Frühjahr und Sommer 1933 unter Druck gesetzt wurde, der «nationalen Revolution» durch symbolische Handlungen wie das Hissen der Hakenkreuzfahne oder Betriebsappelle seine Reverenz zu erweisen.

Forderungen nach der Entlassung jüdischer Mitarbeiter, die oftmals von nationalsozialistischen Aktivisten in Großbanken und großen Versicherern wie der Allianz erhoben wurden, wären bei der MR ohnehin ins Leere gelaufen. In der MR gab es 1933 lediglich eine Angestellte, die nach den «Nürnberger Gesetzen» von 1935 als Jüdin klassifiziert wurde. Bei dieser Mitarbeiterin handelte es sich um eine Tarifangestellte in einer untergeordneten Position, die im März 1937 unter nicht verifizierbaren Umständen pensioniert wurde.[5] Zwei weitere Mitarbeiter der MR galten nach den «Nürnberger Gesetzen» als «Nichtarier», waren aber wahrscheinlich sogenannte Halbjuden mit einem jüdischen Elternteil und blieben von der Entlassung verschont.[6] Die sehr geringe Zahl jüdischer Mitarbeiterinnen in einem Unternehmen mit 346 Beschäftigten (Stand Oktober 1933) wirft jedoch die Frage auf, ob es in der MR vor 1933 eine unterschwellig antisemitische Unternehmenskultur oder gar eine informelle Einstellungsbarriere gegen Juden gab. Da keine Dokumente aus der Personalabteilung der MR erhalten sind, lässt sich die Einstellungspolitik

Abb. 19 Aufmarsch der NS-Betriebszelle der Münchener Rück am 1. Mai 1933 («Tag der deutschen Arbeit»)

nicht mehr auf eine verdeckte Diskriminierung jüdischer Bewerber überprüfen. Die mutmaßliche Distanz gegenüber diesen hinderte die MR 1933 nicht daran, die Aufnahme des jüdischen Bankers Samuel Ritscher in den Aufsichtsrat der MR gutzuheißen.[7] Ritscher erhielt das Aufsichtsratsmandat nicht als persönliches Mandat, sondern in seiner Funktion als Vorstandsmitglied der Dresdner Bank. Obwohl die Dresdner Bank als wichtigste Bankverbindung der MR traditionell ein Vorstandsmitglied in den Aufsichtsrat der MR entsenden konnte, hätte diese der Wahl Ritschers widersprechen können, sofern sie Juden in den Organen ihres Unternehmens grundsätzlich abgelehnt hätte. Die MR zeigte sich gegenüber ihrem jüdischen Aufsichtsratsmitglied loyal. Seine Mandatsniederlegung im November 1936 war der Tatsache geschuldet, dass ihn die verstaatlichte Dresdner Bank nach dem Erlass der «Nürnberger Gesetze» im April 1936 aus ihrem Vorstand entlassen musste und er die Bank nicht mehr in Aufsichtsräten vertreten durfte.[8]

Angesichts des Fehlens unmittelbarer und mittelbarer politischer Pressionen erstaunt es umso mehr, dass der langjährige Vorstandsvorsitzende Wilhelm Kißkalt zum 1. Mai 1933 und damit noch vor der Verkündung einer allgemeinen Aufnahmesperre in die NSDAP eintrat.[9] Da seine Stellung als

Vorstandsvorsitzender ebenso unangefochten war wie die Autonomie der MR gegenüber staatlichen und parteiamtlichen Institutionen, war sein Eintritt in die NSDAP eine absolut freiwillige Entscheidung. Man kann seinen Eintritt als eine antizipierende und opportunistische Anpassungsleistung deuten, um die MR und sich selbst gegenüber dem Gauleiter und Reichsstatthalter Adolf Wagner in ein positives Licht zu rücken. Als er nach 1945 gegenüber der amerikanischen Militärregierung behauptete, er habe die MR gegen «Übergriffe sozialistischer Elemente» in der NSDAP schützen wollen,[10] war dies eine taktische Schutzbehauptung, um seine Freilassung aus amerikanischem Hausarrest zu erreichen.

Der Anbiederung an die neuen nationalsozialistischen Machthaber im Gau Oberbayern, in Bayern und im Reich diente auch die Einladung von insgesamt 76 ausländischen Geschäftsfreunden zu einem München-Besuch im Oktober 1933 anlässlich der Grundsteinlegung des «Hauses der Deutschen Kunst». Die ebenso feierliche wie aufwändig inszenierte Grundsteinlegung eines Renommierprojekts nationalsozialistischer Kunstpolitik sollte die Vertreter der ausländischen Versicherer im Sinne der nationalsozialistischen Propaganda «von dem Friedenswillen, der Einmütigkeit des Volkes und der herrschenden Ordnung überzeugen», wie es ein namentlich nicht gezeichneter interner Bericht aus der Führungsetage der MR formulierte.[11] Die Initiative für diese Einladung an ungewöhnlich viele ausländische Geschäftsfreunde der MR ging wahrscheinlich vom Aufsichtsratsvorsitzenden August von Finck aus, der seit 1933 der NSDAP angehörte und sich als Vorsitzender und Schatzmeister des Kuratoriums für das künftige «Haus der Deutschen Kunst» politisch exponierte. Ohne Fincks gute Beziehungen zum Gauleiter und Reichsstatthalter wäre es der MR nicht möglich gewesen, für ihre Gäste besonders gute Plätze für die feierliche Grundsteinlegung, den anschließenden Festzug und das Künstlerfest zu kaufen, wie der Bericht der MR stolz erwähnte. Die MR wertete die Dankesbriefe ihrer ausländischen Gäste gründlich aus und vermerkte mit sichtlichem Stolz, dass die Gruppe der «bewussten Deutschfreunde» durch diese Einladung gestärkt, die Gäste mit zuvor neutraler Einstellung für das nationalsozialistische Deutschland gewonnen und Gäste mit ursprünglich ablehnender Haltung «zum mindesten in das neutrale Lager hinübergezogen» worden seien.

Die Einladungen an zahlreiche ausländische Geschäftsfreunde dienten neben der politischen Beziehungspflege zur NSDAP auch dem Erhalt bestehender Geschäftsverbindungen. Die MR lud die Vorstandsmitglieder wichtiger Zedenten regelmäßig nach München ein. Angesichts der alarmierenden Presseberichterstattung über angebliche antideutsche Boykottkampagnen im Ausland spielte im Vorstand der MR auch die Überlegung eine Rolle, ausländischen Zedenten ein positives Bild des nationalsozialistisch regierten

Deutschlands zu vermitteln. Befürchtungen eines möglichen Wirtschaftsboy-
kotts zum Schaden der MR erwiesen sich jedoch als unbegründet. Kißkalt berichtete in der Aufsichtsratssitzung am 14. November 1933, dass die MR «nicht
einen einzigen auswärtigen Vertrag verloren hat, dass vielmehr das Auslandsgeschäft (…) im Verhältnis zum deutschen Geschäft einen größeren Zuwachs
genommen hat».[12] Dieser Eindruck wird auch durch einen Reisebericht des
Vorstandsmitglieds Gustav Mattfeld vom September 1934 gestützt. Obwohl
die schwedische Öffentlichkeit vor allem die Kirchenpolitik der Nationalsozialisten mit «starker Animosität» betrachtete,[13] bemerkte er bei schwedischen
Geschäftsfreunden keine Veränderung in ihrer positiven Einstellung gegenüber der MR. 1934 verlor die MR bei einer Prämieneinnahme von 75 Mio. RM
im Auslandsgeschäft lediglich zwei Verträge mit einem Prämienvolumen von
25 000 RM durch Kündigung.[14]

Die überlieferten Protokolle des nationalsozialistischen Vertrauensrats in
der MR enthalten keine Hinweise auf Spannungen zwischen dem Vorstand
der MR und der Deutschen Arbeitsfront (DAF), deren Vertrauensräte nach
der Abschaffung des frei gewählten Betriebsrats die Interessen der «Gefolgschaft» (so der nationalsozialistische Begriff für Belegschaft) gegenüber dem
«Betriebsführer» Kißkalt vertreten sollten.[15] Der Vorstand der MR verfolgte
gegenüber dem Vertrauensrat die Taktik, durch freiwillige materielle Zusatzleistungen an die tariflich Beschäftigten und symbolische politische Zugeständnisse eine konziliante Haltung der DAF zu erkaufen. So stellte die MR
den Mitgliedern der Arbeitsfront für den nationalsozialistischen Aufmarsch
zum 1. Mai 1934 («Tag der deutschen Arbeit») einen Festanzug mit Mütze und
Hakenkreuzbinde, um die formierte Betriebsgemeinschaft der MR zu repräsentieren. Die Finanzierung eines Festanzugs gehörte keinesfalls zu den Mindesterwartungen, die von der DAF an die Unternehmensleitungen gestellt
wurden. Abgesehen von der Einheitlichkeit der Kleidung trugen die Mütze
und die Hakenkreuzbinde dazu bei, die Belegschaft der MR an einem nationalsozialistischen Feiertag nach außen hin zu uniformieren.[16] Das Bild der
Uniformierung wurde dadurch ein wenig gemildert, dass einige Mitarbeiter
einen Mantel über der Uniform oder am Arm trugen und die Hakenkreuzarm-
binde bewusst oder unbewusst verdeckten.

Zu den freiwilligen und keineswegs erzwungenen Vorleistungen an die
DAF gehörte neben der Anschaffung der politischen Schulungsbriefe für die
Beschäftigten der MR auch die Freistellung für Schulungskurse der NSDAP,
für die sogar ein Kostenzuschuss gewährt wurde. Das Aufhängen von Hitler-
bildern in jedem Büroraum der MR war ein symbolischer Akt politischer
Konformität, zu dem Unternehmen wie die MR keinesfalls gezwungen waren.
Auch die Säuberung der Betriebsbibliothek von politisch und ästhetisch uner-
wünschter Literatur und der Kauf von jeweils mehreren Exemplaren national-

Abb. 20 Aufmarsch von Beschäftigten der Münchener Rück am 1. Mai 1934

sozialistischer Politliteratur («Bücher der Bewegung») im August 1934 vollzog sich nicht unter polizeilichem Zwang, sondern als ein freiwilliger Akt der Anpassung an die Wünsche und Erwartungen nationalsozialistischer Aktivisten. Freiwillige Spenden an den Verfügungsfonds des Gauleiters Adolf Wagner in Höhe von 10 000 RM (1935/36), 15 000 RM (1936/37) 10 000 RM (1938/39) und jeweils 20 000 RM (1939/40 und 1940/41), an den SS-Oberabschnitt Süd (1936/37: 3000 RM) und an das «Haus der Deutschen Kunst» (1936/37: 5000 RM) dienten der politischen Beziehungspflege und sollten die Gunst des Gauleiters erhalten.[17] Diese Spenden waren unter Münchner Unternehmen keine Ausnahme, sondern wurden vom Gauleiter erwartet.

Traditionelle Betriebsveranstaltungen wie eine Feier zu Kißkalts 25-jährigem Vorstandsjubiläum am 1. Oktober 1934 wurden als «Betriebsappell» in den begrifflichen Rahmen der nationalsozialistischen Ideologie gestellt, ohne in Form und Inhalt nationalsozialistische Feiern zu sein. Bei den Weihnachtsbescherungen für die Mitarbeiter war der Kantinensaal jedoch mit einem umkränzten Hitlerbild und einer großen Hakenkreuzfahne geschmückt, mit denen der rituelle Dank an den «Führer» inszeniert wurde.[18] Der 1934 eingeführte jährliche Betriebsausflug war eine apolitische Motivationsveranstaltung des Unternehmens, die wenig zur Erfindung einer nationalsozialistischen Tradition beitrug. Traditionelle gesellige Unternehmensereignisse wie eine Abendveranstaltung für die gesamte Belegschaft im noblen Hotel «Bayerischer

Abb. 21 Erholungsheim der Münchener Rück in Neuhaus am Schliersee

Hof» adaptierten mit dem neuen Namen «Kameradschaftsabend» die politische Sprache der Nationalsozialisten und fanden nun am symbolträchtigen «Tag der deutschen Arbeit» statt. Trotz ihrer symbolischen politischen Aufladung blieben sie in ihrer Substanz unpolitische Elemente betrieblicher Sozialpolitik. Aus der Sicht des Vorstands zahlte sich die konfliktvermeidende Taktik materieller Sonderleistungen, unpolitischer Gemeinschaftsinszenierungen und Anpassung in symbolischen Fragen aus. Kißkalt stellte auf der Aufsichtsratssitzung am 3. Juli 1934 ein «besonders harmonisches Verhältnis» zwischen «Führer» und «Gefolgschaft» fest.[19]

Während die Unternehmensleitung weiterhin traditionelle Betriebsfeiern veranstaltete, organisierte der Vertrauensrat eine nicht geringe Zahl von Betriebsappellen, die primär der politischen Mobilisierung der Belegschaft für die nationalsozialistische Politik dienten. So fanden allein 1935 fünf Betriebsappelle und eine offizielle Besichtigung der MR durch den Führer der DAF-Reichsbetriebsgemeinschaft Banken und Versicherungen Rudolf Lencer statt. Dieser Besuch des DAF-Funktionärs Lencer war für den Vorstand der MR ein hochpolitisches Ereignis: Die DAF hatte sich im Mai 1933 das Vermögen der zwangsweise aufgelösten Gewerkschaften angeeignet, zu dem auch die Lebensversicherung «Volksfürsorge» gehörte. Die privaten Versicherer betrachteten das Eindringen der DAF in den Versicherungsmarkt kritisch und fürchteten Versuche der Arbeitsfront, Einfluss auf die Reichsgruppe Versiche-

Abb. 22 «Sportappell» auf dem Sportplatz der Allianz, Aufnahme vom 26. September 1941

rungen zu gewinnen.[20] Die Einladung sollte ein gutes Verhältnis zu dem politisch einflussreichen und selbstbewussten DAF-Funktionär aufbauen, der in Versicherungsfragen uninformiert war und wirre Vorstellungen zur Strukturierung des Versicherungswesens geäußert hatte, die für die private Versicherungswirtschaft potentiell gefährlich werden konnten.

Zu den Zuwendungen der MR an ihre Beschäftigten gehörten auch die Anmietung eines Sportplatzes, die Förderung des Betriebssports und die Subventionierung von Theaterabenden, Tages- und Urlaubsreisen der DAF-Organisation KdF («Kraft durch Freude»). Obwohl der Betriebssport zu den wichtigsten Handlungsfeldern der DAF auf der betrieblichen Ebene zählte, etablierte die Arbeitsfront in der MR keine grundsätzlich neuen Formen betrieblicher Sozialpolitik. Die MR besaß zum Zeitpunkt der nationalsozialistischen Machtübernahme bereits eine Skihütte am Schliersee, die sie ihren Mitarbeitern für Ski- und Wanderwochenenden zur Verfügung stellte. Die Anmietung eines Sportplatzes erfolgte auf Kosten des Unternehmens,[21] Freikarten für die Eisbahn auf dem Kleinhesseloher See, der Kauf von Tischtennisplatten und die Stiftung von Pokalen für Sportturniere standen für die Ausweitung und die symbolische Aufwertung des Betriebssports, aber nicht für eine genuin nationalsozialistische Personalpolitik. Investitionen in verbesserte Arbeitsbedingungen und Sozialräume wie eine moderne Beleuchtung der Büroräume und eine Duschanlage für die Küchenfrauen, die ohnehin be-

Abb. 23 Das DAF-Orchester gibt im Garten der Münchener Rück ein Konzert,
Aufnahme vom 7. 4. 1938

absichtigt waren, ließen sich gegenüber der DAF als Beitrag zu ihrer reichsweiten Kampagne «Schönheit der Arbeit» verkaufen.[22] Andererseits erhöhte
die MR den Aufwand ihrer betrieblichen Sozialpolitik nicht unerheblich, als
sie im Juli 1939 für 70 000 RM eine Pension in Neuhaus in der Nähe des
Schliersees kaufte, die als Erholungsheim für ihre Angestellten dienen sollte.[23]
Da die Buchhaltung während des Krieges wegen der Luftangriffe nach Neuhaus verlegt wurde und dort aufgrund des Raummangels in den Münchner
Ausweichquartieren der MR noch mehrere Jahre nach Kriegsende blieb, sollte
das Erholungsheim seinen Zweck erst in den 1950er Jahren erfüllen können.

Die MR stand wegen ihrer sozialpolitischen Traditionen bei ihren Beschäftigten unter einem geringeren Erwartungsdruck als die DAF, die die Zwangsbeiträge aller Beschäftigten durch subventionierte Kulturveranstaltungen und
preisgünstige Reisen mit der KdF legitimieren musste. Die DAF bedankte sich
bei der MR mit symbolischen Auszeichnungen wie dem «Gaudiplom für hervorragende Leistungen im Leistungskampf der deutschen Betriebe» und dem
«Leistungsabzeichen für vorbildliche Förderung der Bestrebungen der KdF».[24]

Die DAF nahm für sich in Anspruch, dass ihre unfreiwilligen Beitragszahler zusätzliche freiwillige Sozialleistungen der Unternehmen wie höhere
Weihnachtsgratifikationen erhielten, die im Sinne der nationalsozialistischen
Familienpolitik besonders verheirateten Mitarbeitern mit Kindern zugute
kamen. Für die MR waren diese freiwilligen sozialen Zusatzleistungen keine

Abb. 24 Weihnachtsfeier in der Münchener Rück 1936

finanzielle Mehrbelastung. Sie profitierte bei der Entwicklung der Gehaltskosten für ihre tariflichen Mitarbeiter/-innen von der Auflösung und dem Verbot freier Gewerkschaften. Da das Reichsarbeitsministerium und das Reichswirtschaftsministerium der DAF den Status eines Tarifpartners erfolgreich verweigerten, lag die Festlegung des Tarifniveaus ausschließlich in den Händen der Treuhänder der Arbeit, die vom Reichsarbeitsminister berufen wurden. Angesichts der konjunkturellen Erholung und der schnellen Verbesserung der Beschäftigungslage hätte die Versicherungswirtschaft unter den Bedingungen der Gewerkschaftsfreiheit und der Tarifautonomie ab 1935 höhere Gehaltserhöhungen akzeptieren müssen. Die staatliche Lohnlenkung hingegen stand unter dem Primat der Lohn- und Preisstabilität und drückte das Lohnniveau unter den marktwirtschaftlichen Gleichgewichtspreis der Arbeit.

Für die MR zahlte sich das gute Verhältnis zur DAF auch geschäftlich aus. 1934 erhielt die MR vom DAF-eigenen Lebensversicherer Volksfürsorge eine Quote von 80 % an den kleineren Lebensversicherungspolicen (bis 2000 RM Versicherungssumme) mit erhöhten Risiken. 1936 baute die einstmals gewerkschaftseigene Volksfürsorge ihre Geschäftsbeziehungen mit der MR aus und zedierte 80 % ihrer Großlebensversicherungen mit erhöhten Risiken an die MR.[25] Für die MR erwies sich das Geschäft mit den beiden großen Lebensversicherern der DAF – Volksfürsorge und Deutscher Ring – als einträglich. Bei einem jährlichen Prämienvolumen von 1,0 Mio. RM (1938) erzielte die MR aus diesen Rückversicherungsverträgen von 1936 bis 1939 einen technischen

Gewinn von 1,2 Mio. RM.[26] Das Geschäft mit den kleinen Lebensversicherungen bis 2000 RM Versicherungssumme brachte konstante technische Überschüsse, an denen auch die MR partizipierte.

Im Oktober 1935 waren die Vorstände der Volksfürsorge und der MR für eine kurze Zeit Bündnispartner. Zu diesem Zeitpunkt stand die Volksfürsorge noch nicht unter der vollständigen Kontrolle der DAF, da das ehemals gewerkschaftseigene Einzelhandelsunternehmen GEG (Großeinkaufsgenossenschaft) noch eine knappe Mehrheit hielt. Um eine Kapitalmehrheit der DAF an der Volksfürsorge zu verhindern, offerierte sie der MR eine Kapitalbeteiligung von 15 %.[27] Dieses Geschäft kam jedoch nicht zustande, da sich die Hausbank der DAF – die Bank der Deutschen Arbeit – das Aktienpaket sicherte und der DAF eine direkte Kapitalmehrheit an der Volksfürsorge verschaffte. Die Geschäftsbeziehungen der MR mit der Volksfürsorge wurden dennoch nicht beeinträchtigt. Obwohl viele unpolitische und ehemals sozialdemokratische Manager der Volksfürsorge zum Bedauern der MR durch fachlich weniger qualifizierte Nationalsozialisten ersetzt wurden, blieb diese Kundenbeziehung weiter bestehen.[28]

In der MR war der Grad der personellen Nazifizierung, d.h. der Anteil aktiver Nationalsozialisten in Führungspositionen, verhältnismäßig gering. Neben dem Vorstandsvorsitzenden Wilhelm Kißkalt (bis 1937) und seinem Nachfolger Kurt Schmitt (ab 1938)[29] trat unter den ordentlichen Vorstandsmitgliedern nur Alois Alzheimer der NSDAP bei. Allen drei Vorstandsmitgliedern war gemeinsam, dass sie den Eintritt in die Partei im April oder im Mai 1933 beantragt und aus persönlicher Überzeugung gehandelt hatten.[30] Das stellvertretende Vorstandsmitglied Robert Schneider (geb. 1900)[31] gehörte wegen seines frühen NSDAP-Eintritts am 1. August 1930 vor ihrem Durchbruch zur Massenpartei zu den «Alten Kämpfern».[32] Schneider bekleidete in der NSDAP zu keinem Zeitpunkt ein Amt. Da er in der MR nicht als nationalsozialistischer Aktivist auffiel und die Funktion eines «Konzessionsnazi» wegen der Parteimitgliedschaft von Schmitt und Alzheimer nicht besetzt werden musste, verdankte er seinen beruflichen Aufstieg vom einfachen Beamten zum stellvertretenden Vorstandsmitglied in den Jahren von 1935 bis 1943 mit Sicherheit seinen beruflichen Leistungen.[33] Ein derart schneller Aufstieg war in der MR keine Ausnahme: Der zweifellos herausragende Alois Alzheimer stieg von 1929 bis 1933 innerhalb von nur vier Jahren vom neueingestellten Beamten bis zum stellvertretenden Vorstandsmitglied auf. Die vier übrigen Vorstandsmitglieder, die zum Zeitpunkt des Kriegsendes amtierten, traten der NSDAP nie bei.

Auf der Ebene der 17 Direktionsbevollmächtigten, Abteilungsdirektoren und Prokuristen war der Anteil der NSDAP-Mitglieder niedrig.[34] Da nur zwei von ihnen der NSDAP beigetreten waren, scheint eine besondere Loyalitätserklärung zum Nationalsozialismus in Form des Eintritts in die NSDAP für eine Karriere in der MR irrelevant gewesen zu sein. Kißkalt und die übrigen Vorstandsmitglieder konnten sich in der Kontaktpflege zum Gauleiter und Reichsstatthalter zurückhalten, da der Aufsichtsratsvorsitzende August von Finck seit 1933 der NSDAP angehörte, als «standhafter und begeisterter Nationalsozialist» (so das Urteil des NS-kritischen Allianz-Generaldirektors Hans Heß) galt und diese Aufgabe mit Eifer und persönlichem Engagement erfüllte.[35]

Außerhalb der MR und seiner Aufsichtsratsmandate übernahm Kißkalt lediglich 1937 den Vorsitz im Ausschuss für Aktienrecht in der Akademie für Deutsches Recht. Diese de jure staatliche Akademie war eine nationalsozialistische Neugründung unter der Ägide des Parteifunktionärs und späteren Kriegsverbrechers Hans Frank (1900–1946), der weniger in seiner Funktion als Führer des NS-Rechtswahrerbundes denn als Generalgouverneur des besetzten Polen (1939–1945) bekannt und berüchtigt wurde. Der promovierte Jurist Kißkalt, ein Mitglied des NS-Rechtswahrerbunds, war einer der Mitbegründer der Akademie. Das Reichsjustizministerium beauftragte den Akademieausschuss für Aktienrecht mit dem Entwurf eines neuen Aktiengesetzes.[36] Neben Kißkalt waren die meisten der elf Ausschussmitglieder Spitzenmanager und Unternehmer (wie Hermann Schmitz, Herbert von Breska und Carl Friedrich von Siemens), Geschäftsführer von Industrie- und Handelskammern oder Professoren für Wirtschaftsrecht. Nationalsozialistische Funktionäre wurden lediglich als Gäste geladen.

Es war für die Nähe des Aktienrechtsausschuss zu den Unternehmen und den Unternehmensinteressen bezeichnend, dass er 1934 und 1935 unter Kißkalts Vorsitz in den Räumen der MR tagte. In den Sitzungen des Ausschusses und in der abschließenden Beratung mit dem Reichsjustizminister Wilhelm Gürtner setzte sich Kißkalt für eine gemäßigte Reform ein.[37] Im Gegensatz zu den ideologisch überzeugten Parteifunktionären lehnte er eine Übertragung des nationalsozialistischen Führerprinzips in das Unternehmensrecht ab und sprach sich dafür aus, dem Aufsichtsrat die Entscheidung über das Kollegialprinzip (mit gleichberechtigten Vorstandsmitgliedern) oder die Alleinführung durch einen Vorstandsvorsitzenden zu überlassen.[38] Seine Forderung nach Anreizen für die Umwandlung von anonymen Inhaberaktien in Namensaktien durch ein doppeltes Stimmrecht für namentlich eingetragene langfristige Aktionäre kam der nationalsozialistischen Forderung nach einer Zurückdrängung des anonymen Aktienkapitals entgegen, war aber nicht ideologisch motiviert. Kißkalt war aufgrund der guten Erfahrungen der Versicherungswirtschaft mit Namensaktien daran interessiert, die Namensaktie gegenüber der Inhaberaktie zu stärken. Namensaktien waren ein wirksames Instrument, um unerwünschte Aktionäre fernzuhalten und eine feindliche Übernahme zu verhindern.

Im Gegensatz zum damaligen Reichswirtschaftswirtschaftsminister Schacht vertrat Kißkalt die Idee, die Stellung des Vorstands gegenüber den Aktionären durch ein Vorstandsstimmrecht in Höhe von 20 % aller Stimmrechte zu stärken und die Genehmigung des Jahresabschlusses und der Gewinnausschüttung von der Hauptversammlung in den Aufsichtsrat zu verlagern. Durch das Vorstandsstimmrecht sollte die geplante Abschaffung von Aktien mit Mehrfachstimmrecht kompensiert werden, die zu einer Stärkung der Kleinaktionäre und zu einer Schwächung der Großaktionäre geführt hätte. Seine Zustimmung zu einer Schwächung der Aktionärsrechte war offenbar durch seine eigenen positiven Erfahrungen mit der Überkreuzverflechtung von Kapital und Aufsichtsräten zwischen Allianz und MR bestimmt, mit der die Gefahr von Zufallsmehrheiten und eine Majorisierung durch freie Aktionäre ausgeschaltet war. Wegen der starken gegenseitigen Kapitalverflechtung waren Interessenkonflikte zwischen den größten Aktionären und den Vorständen in der Allianz/MR-Gruppe ohnehin ausgeschlossen. Eine teilweise Entmachtung der Aktionäre erschien ihm durch seine Erfahrungen mit der unternehmerischen Praxis hinreichend legitimiert. Nach seiner Auffassung waren die Allianz und die MR durch ihre Kapitalanteile von fast 30 % an dem jeweils anderen Versicherer dazu legitimiert, ihre Dominanz zum Vorteil des anderen Unternehmens auszuüben. Kißkalt unterstellte den Kleinaktionären pauschal, zum Schaden des Unternehmens zu sehr an einer hohen Dividende und nicht an seiner längerfristigen Entwicklung interessiert zu sein. Seine Forderung nach einer deutlichen Verkleinerung der Aufsichtsräte auf maximal sieben Mitglieder ging erheblich über den Entwurf des Justizministeriums hinaus und basierte auf dem gleichen Motiv – der Stärkung der Großaktionäre zu Lasten der Minderheitsaktionäre. Die endgültige Fassung des neuen Aktiengesetzes von 1937 trug jedoch die Handschrift des Reichswirtschaftsministers Schacht, der eine grundsätzliche Schwächung der Aktionäre gegenüber den Unternehmensvorständen ablehnte und das Vorstandsstimmrecht aus der Entwurfsfassung strich.

Der Vorstand war politisch stärker exponiert, nachdem am Ende des Jahres 1937 der Aufsichtsrat den ehemaligen Allianz-Generaldirektor Kurt Schmitt zum Nachfolger Kißkalts gewählt hatte. Schmitt, der nur wenige Monate zu Beginn seines Berufslebens bei der MR verbracht hatte, war von seiner Berufserfahrung ein reiner Erstversicherer – und damit untypisch für ein Vorstandsmitglied der MR. Der promovierte Jurist hatte nach seinem Eintritt bei der Allianz im Jahr 1913 schnell Karriere gemacht und war 1921 nach nur acht Jahren zum Generaldirektor des größten deutschen Erstversicherers ernannt worden.[39] Er gab sein Amt als Allianz-Generaldirektor im Juni 1933 auf, als Hitler ihn zum Reichswirtschaftsminister ernannte.

Für die Ernennung Schmitts sprach nicht allein sein beruflicher Erfolg in der Leitung des Schwesterunternehmens Allianz. Schmitt war bei ausländi-

Abb. 25 Hitler und August von Finck bei der Grundsteinlegung des Hauses der Deutschen Kunst am 15. Oktober 1933

schen Versicherungsmanagern gut angesehen und daher uneingeschränkt geeignet, die MR auf ihren ausländischen Märkten zu repräsentieren. Seine persönlichen Kontakte in britische Regierungskreise und zum amerikanischen Botschafter William Dodd verstärkten bei ausländischen Geschäftspartnern den Eindruck diplomatischer Parkettfestigkeit und Weltläufigkeit.[40]

Für sein *standing* im Inland war wichtig, dass Schmitt durch seine langjährige Freundschaft mit Hermann Göring einen mächtigen Freund in nationalsozialistischen Führungskreisen besaß. Nachdem Schacht im Oktober 1937 von seinem Amt als Reichswirtschaftsminister zurücktrat, war der Vierjahresplan-Kommissar Göring die unumstrittene Führungspersönlichkeit in der deutschen Wirtschaftspolitik. Aus der Sicht des Aufsichtsrats der MR war es politisch vorteilhaft, einen Vorstandsvorsitzenden mit einer persönlichen Verbindung zu Göring zu haben, um mögliche Initiativen für eine schrittweise Verstaatlichung des Versicherungswesens abzuwehren.

Schmitt lernte Hermann Göring im November 1930 durch die Vermittlung eines Allianz-Direktors kennen und freundete sich schnell mit ihm an. Trotz seiner persönlichen Sympathie für Göring und seines wachsenden Wohlwollens gegenüber den Nationalsozialisten vermied Schmitt aus geschäftlichen Opportunitätserwägungen bis zur Machtübernahme jede öffentliche Stellungnahme zugunsten Hitlers und der NSDAP.[41] Durch seine Freundschaft mit Göring

gehörte Schmitt bereits im Februar 1933 zu der kleineren Gruppe der Spitzenmanager, die zu den Anhängern der Nationalsozialisten gehörten. Zusammen
mit zwei Dutzend Topmanagern und Großunternehmern nahmen Schmitt und
der MR-Aufsichtsratsvorsitzende August von Finck am 20. Februar 1933 an einer
Veranstaltung im Hause Göring teil, wo Hitler der deutschen Wirtschaftselite
erstmals seine wirtschaftspolitischen Vorstellungen präsentierte.[42] Obwohl Hitler in seiner 90 Minuten langen Rede die Abschaffung der parlamentarischen
Demokratie explizit ankündigte und sein wirtschaftspolitisches Regierungs-
programm vage blieb, reagierten von Finck und Schmitt positiv. Hitlers rhetori-
sche Überhöhung des Unternehmertums bestärkte sie in ihrer Erwartung, dass
wirtschaftspolitische Experimente oder ein pseudosozialistischer Kurs nicht zu
erwarten waren.[43] Schmitt und von Finck spendeten der NSDAP 10 000 RM für
den Reichstagswahlkampf; ein Drittel der Summe kam von der MR. Da beide
Unternehmen in der Weltwirtschaftskrise ungewöhnlich solvent blieben und
insgesamt eine Spendensumme von drei Millionen RM zusammenkam, lässt
sich die Spende der Allianz und der MR eher als vorsichtige Zustimmung denn
als emphatisches Bekenntnis zur NSDAP bewerten.

Doch schon im Mai 1933 bekannte sich Schmitt durch seinen Eintritt in
die NSDAP und das demonstrative Heben des rechten Arms auf einer Be-
triebsversammlung der Allianz auch öffentlich zum Nationalsozialismus. Für
seine weitere berufliche Karriere stellte die Freundschaft mit Göring die Wei-
chen. Am 28. Juni 1933 bot ihm Göring, der kurzzeitig die wirtschaftspolitische Richtlinienkompetenz an sich gerissen hatte, nicht ganz überraschend
das Amt des Reichswirtschaftsministers an.[44] Da von Finck und die Mehrheit
seiner Vorstandskollegen ihm nachdrücklich zur Annahme rieten, nahm
Schmitt Görings Angebot trotz seiner grundsätzlichen Vorbehalte gegen die
Politik an. Seine Entscheidung für das Ministeramt war mit Sicherheit von der
Erwartung bestimmt, in dieser exekutiven Schlüsselstellung einen möglichen
Erfolg der berufsständisch orientierten Mittelstandsaktivisten in der NSDAP
zu verhindern und die Wirtschaftspolitik in unternehmensfreundliche und
berechenbare Bahnen zu lenken. In seiner genau einjährigen aktiven Amtszeit
vom 30. Juni 1933 bis 28. Juni 1934 war er bei der Reorganisation der Wirtschaftsverbände erfolgreich.[45] Das im Januar 1934 beschlossene Gesetz zur
Vorbereitung des organischen Aufbaus der Deutschen Wirtschaft verhinderte
eine berufsständische Organisation der Wirtschaftsverbände. Durch die neu
gegründeten Reichsgruppen und Wirtschaftsgruppen waren die einst selbst-
verwalteten Wirtschaftsverbände als öffentlich-rechtliche Körperschaften
unter der Aufsicht des Reichswirtschaftsministeriums mediatisiert. Diese
Lösung verhinderte den Einfluss der NSDAP und der DAF auf die Selbstver-
waltungskörperschaften der Wirtschaft.

Schmitt scheiterte jedoch bei seinem Versuch, die Wirtschaftspolitik auf

Abb. 26 Der Vorstandsvorsitzende
Kurt Schmitt (1938–1945)

einen gemäßigten Aufrüstungskurs festzulegen und eine exzessive Neuverschuldung des Reiches zu verhindern. Ende März 1934 gelang es ihm nicht, Hitler bei einem Besuch auf dem Obersalzberg von der Gefahr zu hoher Rüstungsausgaben für die Zahlungsbilanz und die Staatsverschuldung zu überzeugen. Schmitt musste feststellen, dass ihm Reichsbankpräsident Schacht in den Rücken fiel und er in dieser wirtschaftspolitischen Kernfrage isoliert war. Sein Versuch, Hitler durch eine Einladung auf sein Landgut Tiefenbrunn am Ammersee doch noch für seine Position zu gewinnen, schlug fehl.[46] Im Juni 1934 offenbarte er in zwei längeren persönlichen Gesprächen mit dem amerikanischen Botschafter William Dodd seine Frustration über die zunehmend angespannte außenwirtschaftliche Lage und die Unwilligkeit der deutschen Außenwirtschaftspolitik, das Verhältnis zu den USA in Ordnung zu bringen.[47]

Am 28. Juni 1934 kollabierte der sportliche und ansonsten gesunde Kurt Schmitt nach einer Rede in Berlin. Er war weniger durch die Auseinandersetzungen mit Schacht und einigen Gauleitern psychisch und körperlich zermürbt als durch das immer weiter verschärfte Problem der Zahlungsbilanz. Als Folge der weltweiten Autarkiepolitik, der Abwertung des Dollars und wichtiger europäischer Währungen hatte sich die Wettbewerbssituation der deutschen Wirtschaft verschlechtert. Da der konjunkturelle Aufschwung in Deutschland der wirtschaftlichen Erholung unter seinen wichtigsten Handelspartnern vorausging, war die deutsche Konjunktur eine reine Binnenkonjunktur. Die steigenden Rohstoffimporte für die Binnenmarktproduktion der Industrie wurden von niedrigeren Exporteinnahmen begleitet. Der bisherige Überschuss in der Handelsbilanz verschwand auch wegen des zusätzlichen Importbedarfs für die anlaufende Rüstungsproduktion, denen keine Exporte gegenüberstanden. Die Gründung von Überwachungsstellen für Einfuhren konnte den Anstieg der Importe zwar reduzieren, aber das Zahlungsbilanzproblem nicht beheben. Als das Reichswirtschaftsministerium im Juni 1934 Devisen für Einfuhren nur noch in Höhe der Deviseneingänge für Ausfuhren zur Verfügung stellen konnte und ausländische Exporteure immer öfter Barzahlung verlangten, war Schmitt mit seinen Möglichkeiten und seinen Kräften am Ende.[48]

Während seiner Genesung im Juli 1934 resignierte Schmitt endgültig vor den Problemen seines Amtes und gab seinen Plan auf, in das Reichswirtschaftsministerium zurückzukehren,[49] das Hjalmar Schacht übernahm. Trotz Hitlers Bitten zu bleiben bestand Schmitt nach seiner Genesung auf die Entlassung aus dem Amt des Reichswirtschaftsministers. Er kehrte 1935 als stellvertretender Aufsichtsratsvorsitzender zur Allianz zurück und übernahm im November des gleichen Jahres auch ein Aufsichtsratsmandat in der MR.[50] Da er mit diesen Aufgaben beruflich nicht ausgelastet war, übernahm er 1935 auch den Aufsichtsratsvorsitz in der AEG und in der Deutschen Continental Gas-Gesellschaft. Schmitt erhielt diese Aufsichtsratsvorsitze *ad personam* und nicht als Vertreter der Allianz, die an diesen Unternehmen gar nicht oder nicht nennenswert beteiligt war. Nach seiner Ernennung zum Vorstandsvorsitzenden der MR nahm Schmitt auch den Aufsichtsratsvorsitz der Südzucker AG an, was der Generaldirektor der Schwesterversicherung Allianz missbilligte. Schmitt verstieß aus Eitelkeit und Geltungsbedürfnis gegen die damals gültige Regel, dass sich der Vorstandsvorsitzende der MR ganz auf sein Amt konzentrieren und keine Aufsichtsratsvorsitze außerhalb der Allianz/MR-Gruppe annehmen sollte. Es war aus rein geschäftlicher Perspektive für die MR relativ irrelevant, dass Schmitt deutlich stärker als Kißkalt mit der Großindustrie vernetzt war. Da es keine direkten Geschäftsbeziehungen zwischen Rückversicherern und der Industrie gab, waren Insiderinformationen über die Geschäftsentwicklung bei Industrieunternehmen für das operative Geschäft der MR nicht wichtig. Sie konnten jedoch potentiell hilfreich sein, wenn es um Anlageentscheidungen in Aktien und in Unternehmensanleihen ging.

Ob Göring ihm im Sommer 1937 das Amt des Reichswirtschaftsministers als Nachfolger von Schacht anbot, wie Schmitt nach 1945 in seinem Entnazifizierungsverfahren behauptete, ist sehr fraglich.[51] Alle Indizien sprechen dafür, dass Göring sich frühzeitig auf den willfährigen Walther Funk festlegte und Schmitt nicht in Betracht zog. Da Kißkalt mit einem Jahresgehalt von 72 000 RM (ohne Gewinnbeteiligung) deutlich weniger verdient hatte als Schmitt in seinem Amt als Vorstandsvorsitzender der Allianz, ließ sich Schmitt das Jahresgehalt auf 120 000 RM erhöhen. Sein größeres Repräsentationsbedürfnis schlug sich 1938 auch in einer aufwändigen Neueinrichtung der Vorstandsbüros nieder, die insgesamt 72 000 RM kostete.[52]

Schmitt hatte sich völlig aus der Politik verabschiedet und war auch nicht daran interessiert, ein Amt in der Reichsgruppe Versicherungen zu übernehmen. Entnervt von den unangenehmen und heftigen Auseinandersetzungen mit den Funktionären der öffentlichen Versicherungen stellte sein früherer Vorstandskollege Hilgard sein Amt als Reichsgruppenführer Anfang November 1938 zur Verfügung.[53] Das Angebot des zuständigen Hauptabteilungsleiters Schmeer im Reichswirtschaftsministerium, dieses Amt zu übernehmen, lehnte Schmitt kategorisch ab. Sein Argument, dass er als Vorstandsvorsitzender einer Rückversicherung nicht die von Erstversicherern dominierte Reichsgruppe leiten könnte, war nicht zu widerlegen – aber vorgeschoben. Mit seiner Äußerung, er wolle nicht in die «Dreckzone» hineingezogen werden, enthüllte er sein wirkliches Motiv.[54] Schmitt scheute sich vor der Auseinandersetzung mit den öffentlichen Versicherungen und ihren Protagonisten in der NSDAP und wollte sich nicht wieder in einem politischen Amt verschleißen lassen. Die Auseinandersetzung endete damit, dass die führenden Repräsentanten der privaten und der öffentlichen Versicherungswirtschaft Hilgard ihr Vertrauen aussprachen. Auch Göring stellte sich nachdrücklich hinter ihn.

Für Schmitts Agieren im politischen Raum hatte seine Mitgliedschaft in der SS mehr als nur eine symbolische Bedeutung. Im August 1933 nahm er das Angebot des Reichsführers SS Heinrich Himmler an, im hohen Rang eines SS-Oberführers ehrenhalber in die SS einzutreten.[55] Die schwarze SS-Uniform und der hohe Ehrenrang in einer nationalsozialistischen Eliteorganisation schmeichelten nicht nur seiner Eitelkeit, sondern verschafften ihm auch einen gewissen Schutz vor Angriffen von Parteiseite. Schmitt trat in seiner Amtszeit als Wirtschaftsminister mehrfach bei offiziellen Anlässen in Uniform auf und nutzte die Mitgliedschaft in der SS gezielt für politisches *networking*. 1935 trat er auf Einladung des führenden SS-Funktionärs Fritz Kranefuß in den «Freundeskreis des Reichsführers SS Heinrich Himmler» ein, in dem nicht wenige prominente nationalsozialistische Unternehmer und Unternehmensvorstände vertreten waren. Der Kontakt zu Kranefuß, dem *spiritus rector* des Freundeskreises, erwies sich als hilfreich, um Angriffe gegen die Allianz in der SS-Zeitschrift *Das schwarze Korps* abzustellen.

Die Berufung des politisch stärker exponierten Kurt Schmitt zum Vorstandsvorsitzenden hatte keine Auswirkungen auf das politische Klima in der MR und auf die Selbstdarstellung des Unternehmens in der Öffentlichkeit. Das öffentliche Bild der MR als eines vermeintlich unpolitischen Unternehmens hätte jedoch Schaden gelitten, wenn Heinrich Himmler im Sommer 1939 einer Einladung Schmitts zu einem offiziellen Besuch in der MR gefolgt wäre.[56] Da Himmler nur selten ein Unternehmen der Privatwirtschaft besuchte, hätte die Öffentlichkeit den Eindruck einer besonderen Nähe der MR zur SS erhalten. Nur der Beginn des Kriegs verhinderte den Besuch Himmlers.[57] Ein schweres Unglück für die Familie Schmitt sollte sein Ansehen bei Himmler noch erhöhen. Schmitts ältester Sohn Günther war Obersturmführer der SS-Eliteeinheit «Leibstandarte Adolf Hitler» und fiel im September 1939 während des Angriffs auf Polen bei einem Gefecht an der Bzura.[58] Nach der Beisetzung seines Sohnes in der Nähe von Gut Tiefenbrunn ließ Hitler einen Kranz an seinem Grab niederlegen.[59] Dies war ein deutliches Zeichen, dass Schmitt immer noch von Hitler geschätzt wurde und der «Heldentod» seines Sohnes sein politisches Prestige steigerte. Die symbolische Aufwertung als Vater eines gefallenen SS-Offiziers sollte noch lange Bestand haben. Noch 1943 nahm Himmler ihn aus diesem Grund vor einem persönlichen Angriff des Gauleiters Franz Schwede-Coburg in Schutz.

Ab dem Geschäftsjahr 1938/39 überwies Schmitt in seiner Eigenschaft als Mitglied des Freundeskreises Heinrich Himmler jährlich 6000 RM aus dem Spendenetat der MR auf ein Verfügungskonto des Reichsführers SS, mit dem Himmler vor allem höhere SS-Führer alimentierte.[60] Im Vergleich zur Pflichtspende an das nationalsozialistische Winterhilfswerk und zur Adolf-Hitler-Spende der deutschen Wirtschaft an den Reichsschatzmeister der NSDAP war diese rein freiwillige politische Spende nicht hoch. Aufgrund von Schmitts Mitgliedschaft im Freundeskreis Heinrich Himmler war die MR jedoch die einzige Versicherung, die an den «Reichsführer SS» spendete.

Schmitts Einstellung zum Nationalsozialismus, zur nationalsozialistischen Politik und zu Hitler und Göring war in sich widersprüchlich.[61] 1933 und noch 1934 zeigte Schmitt seinen Enthusiasmus für die nationalsozialistische Politik in Wort und Tat auch öffentlich. Alle seine überlieferten Selbstzeugnisse sprechen dafür, dass Schmitt Hitler bewunderte, zumindest bis 1942 an die Politik des Staatsmanns und Feldherren glaubte und sein Vertrauen in die charismatische Persönlichkeit des «Führers» nicht verlor. Ungeachtet seiner zunehmenden Zweifel am Sinn und an den Konsequenzen der Wirtschaftspolitik und der Willkür und Selbstherrlichkeit nationalsozialistischer Parteifunktionäre blieb sein Bild von Hitler und Göring positiv. Nach seiner Berufung zum Vorstandsvorsitzenden der MR intensivierte Schmitt jedoch seine Verbindungen zu Göring, um ihn als Verbündeten der privaten Versicherer gegen die Verstaatlichungsbestrebungen des einflussreichen Gauleiters Franz Schwede-

Coburg und der Funktionäre des öffentlich-rechtlichen Versicherungswesens zu gewinnen.

Einen anderen Eindruck ergibt ein Blick auf Schmitts Kollegen- und Freundeskreis. Unter seinen Kollegen im Vorstand und im Aufsichtsrat der MR überwogen die unpolitischen Manager gegenüber den unenthusiastischen Opportunisten. Überzeugte Nationalsozialisten waren kaum im Vorstand und im Aufsichtsrat vertreten. Schmitt, der bis 1937 in Berlin-Dahlem wohnte, war seit 1934 mit dem dortigen Gemeindepastor Martin Niemöller befreundet, der zu den prominentesten und streitbarsten Führungspersönlichkeiten der Bekennenden Kirche gehörte. Diese Bekanntschaft entwickelte sich zu einer engeren Freundschaft beider Familien. Einer von Niemöllers Söhnen war mit Schmitts jüngerem Sohn eng befreundet und lebte jahrelang fast wie ein Pflegekind bei Schmitts Familie auf Gut Tiefenbrunn.[62] Während Schmitt bei öffentlichen Anlässen nicht einmal leise Zweifel an der nationalsozialistischen Politik andeutete, äußerte er ab 1934 in vertraulichen Gesprächen mit Kritikern des NS-Regimes wie Niemöller und dem amerikanischen Botschafter William Dodd zunehmende Skepsis. Während sich Schmitt und Niemöller seit 1936 nicht mehr persönlich begegneten, gehörte der frühere deutsche Botschafter und konservative Hitler-Gegner Ulrich von Hassell von 1938 bis 1944 zu den regelmäßigen Gesprächspartnern Schmitts. Folgt man den keinesfalls geschönten und unkritischen Beschreibungen von Hassells, zeigte Schmitt bereits Ende Dezember 1938 seine Verzweiflung über die innenpolitische Lage und den wirtschaftspolitischen Kurs der Reichsregierung. Seine beginnenden Zweifel an der nationalsozialistischen Politik gegenüber den Gegnern des Regimes verstärkten sich, als er sich im September 1939 beim Reichsprotektor Konstantin Freiherr von Neurath vergeblich für die Freilassung zweier höherer tschechischer Beamter einsetzte, die von der Gestapo verhaftet und im KZ Buchenwald inhaftiert worden waren.[63] Schmitts Intervention beim Reichsprotektor war nobel, wenn auch nicht ganz uneigennützig. Die Verhafteten waren mit dem Generaldirektor der größten tschechischen Versicherungsgesellschaft Slavia verschwägert beziehungsweise befreundet, dessen Gunst sich Schmitt aus geschäftlichen Gründen erhalten wollte.

Es war für Schmitts innere Zerrissenheit zwischen politischer Kritikfähigkeit und persönlicher Loyalität kennzeichnend, dass er trotz seiner Kritik an der Wirtschafts- und Rüstungspolitik kein negatives Wort über seinen Freund Göring verlor, der für diese Politik verantwortlich war. Obwohl ihn Görings Habgier und Korrumpierbarkeit menschlich erschütterten, folgte Schmitt dem zweifelhaften Vorbild vieler anderer Großunternehmer und machte ihm bis 1943 sehr großzügige Geburtstagsgeschenke, um sich seine Gunst zu erhalten.[64] Der aufmerksame Beobachter Hassell charakterisierte Schmitt als eine «leicht beeindruckbare Natur», der sich von Görings Optimismus und Charisma immer wieder einwickeln ließ.[65] Schmitts Kritik an der Innenpolitik des Naziregimes stand auch in einem auffälligen Widerspruch zu seinem persönlichen Vertrauen in den Reichsführer SS und Chef der Deutschen Polizei Heinrich Himmler, an dem ihm nur seine radikal antikirchlichen Positionen nicht gefielen.[66]

Es gibt keine Hinweise, dass Schmitt sich dieser kognitiven Dissonanz aus politischer Urteilsfähigkeit und naivem Vertrauen in charismatische politische Führerfiguren bewusst war. Schmitts positive Meinung über Himmler geriet erst ins Wanken, als dieser ihm im Herbst 1939 oder im folgenden Winter andeutete, dass er in Hitlers Auftrag die polnische Intelligenz ausrotten solle.

Verschiedene Indizien zeigen, dass Schmitts Mitgliedschaft im Freundeskreis Heinrich Himmler vor allem instrumentelle Bedeutung besaß. Mit seiner zahlenden Mitgliedschaft wollte sich Schmitt vor Angriffen der SS gegen die private Versicherungswirtschaft gewissermaßen rückversichern. So nutzte er seine persönliche Beziehung zu Himmler aus, um sich und Alzheimer schon kurze Zeit nach dem Einmarsch der Wehrmacht in Norwegen, den Niederlanden und Belgien eine Einreiseerlaubnis des Reichssicherheitshauptamtes zu beschaffen und sich einen Vorsprung im Rennen um die einträglichsten Rückversicherungsverträge in diesen Ländern zu sichern.[67] Im Sommer 1942 befielen Schmitt jedoch Zweifel, ob er auch weiterhin in der Gunst Himmlers stand. Schmitt fragte Fritz Kranefuß, den *spritus rector* des Freundeskreises Himmler ganz offen, ob er seine ausbleibende Beförderung in einen höheren SS-Rang als Kritik Himmlers verstehen müsse.[68] Obwohl Schmitt eitel war und gerne einen höheren Ehrenrang in der SS eingenommen hätte, war die ausbleibende Beförderung weniger der Grund als der Anlass seiner besorgten Frage.

Himmler sah keinen Anlass für eine Beförderung Schmitts. Schmitt war aber nicht in Himmlers Gunst gesunken. Sein gutes Ansehen bei Himmler nützte ihm, als ihn sein versicherungspolitischer Widersacher Schwede-Coburg im März 1943 beim Reichsführer SS wegen eines Artikels denunzierte, den Schmitt 1930 in einem versicherungswirtschaftlichen Standardwerk des renommierten jüdischen Versicherungswissenschaftlers Alfred Manes (1877–1963) veröffentlicht hatte.[69] Himmler dankte Schwede-Coburg zwar für diese Information und ärgerte sich, dass Schmitt ihm dies nicht persönlich gestanden habe.[70] Der Reichsführer SS forderte den Gauleiter aber auf, «persönliche Angriffe gegen den Parteigenossen Schmitt, der der SS angehört und dessen Sohn (…) als SS-Obersturmführer gefallen ist, wenn es irgendwie geht, zu vermeiden».[71] Andererseits ist kein Fall bekannt, in dem Schmitt seine Mitgliedschaft im Freundeskreis Heinrich Himmler benutzte, um mit der SS ins Geschäft zu kommen. Die Allianz versicherte zahlreiche Betriebe der SS, die neben den Konzentrationslagern wie Auschwitz, Buchenwald, Dachau und Sachsenhausen angesiedelt waren und fast ausschließlich KZ-Häftlinge beschäftigten. In den Abrechnungen der Allianz mit ihrem Rückversicherer MR tauchten diese Versicherungsobjekte nicht auf. Diese Verträge kamen ohne die Beteiligung der MR durch das Engagement des Allianz-Subdirektors Max Beier zustande, der in der Allianz-Niederlassung Berlin beschäftigt war.[72] Schmitt war an der Entstehung und der Pflege der Geschäftsbeziehungen zur SS nicht beteiligt.

Schmitt übte seine Mitgliedschaft im Freundeskreis Heinrich Himmler eher sporadisch aus und nahm nur unregelmäßig an dessen Veranstaltungen teil. Fritz Kranefuß berichtete Himmler im April 1943, dass Schmitt nur an 12 von insgesamt 38 Treffen teilgenommen hatte. Da Schmitt nach Ansicht von Kranefuß kein Nationalsozialist war und wenig für die wirtschaftspolitischen Interessen und Positionen der SS übrig hatte, sollte er künftig nicht mehr eingeladen werden.[73] Kranefuß führte weiter aus: «Wenn man sich als Nationalsozialist und SS-Mann mit Dr. Schmitt über politische und wirtschaftliche Fragen unterhält, so hat man das Gefühl, dass man auf zwei verschiedenen Planeten lebt».[74] Er kritisierte, dass «die Haltung von Schmitt in SS-mäßiger Hinsicht doch manches zu wünschen übrig lässt».[75] In den Augen von Kranefuß war Schmitt ein typischer Unternehmer, der in wirtschaftlichen Fragen wie ein Manager eines Unternehmens und nicht wie ein politischer Soldat der nationalsozialistischen Weltanschauungselite dachte und handelte. Schmitt hatte seine wirtschaftspolitischen Einstellungen nie vor Kranefuß verborgen. Im März 1941 übersandte er ihm eine ausführliche Denkschrift gegen eine (Teil-)verstaatlichung der Erstversicherungen, deren Original an Göring gerichtet war.[76]

Konkreter und schwerer war jedoch ein Vorwurf, der sich auf Schmitts Rolle als Aufsichtsratsvorsitzender der Deutschen Continentale Gas-Gesellschaft AG bezog. 1942 überließ Schmitt dem Contigas-Vorstandsvorsitzenden Eduard Schalfejew ein Dankesschreiben Himmlers für eine Spende, die er in seiner Funktion als Aufsichtsratsvorsitzender gegeben hatte. Schalfejew nutzte dieses Dankesschreiben, um bei einem anderen Mitglied des Freundeskreises zugunsten des halbjüdischen Contigas-Mitarbeiters Graf von Westarp zu intervenieren.

Nach dem Beginn der Deportation deutscher Juden im Oktober 1941 bat Schmitt den Münchner Polizeipräsidenten und Höheren SS- und Polizeiführer Karl von Eberstein mehrfach vergeblich, ihm bekannte jüdische Menschen von den Deportationslisten zu streichen. Ihn bewegte vor allem das Schicksal einer jüdischen Witwe, die mit seinem Kompaniechef aus dem Ersten Weltkrieg verheiratet war. Zwei jüdische Damen flehten ihn vor der Deportation an, ihnen Gift für den Suizid zu besorgen. Vor einem befreundeten Gegner des Nationalsozialismus wie Ulrich von Hassell zeigte er sich im August 1942 über die Ermordung der deportierten Juden tief entsetzt.[77] Solche Widersprüche zwischen der demonstrativen Loyalität zur SS, vergeblichen Interventionen für jüdische Bekannte und dem Entsetzen über den Holocaust waren für Schmitts politische Persönlichkeitsspaltung durchaus typisch. Das hochrangige Mitglied der SS war allenfalls ein gemäßigter Antisemit und durchaus zur Empathie mit jüdischen Menschen fähig. Aus seiner Tätigkeit als Allianz-Generaldirektor, Reichswirtschaftsminister und Vorstandsvorsitzender der MR sind keine antisemitischen Äußerungen und Handlungen gegen jüdische Mitarbeiter bekannt.

Die MR übte keinen Einfluss auf die Wirtschaftspolitik der Regierung aus und war nicht in die Konzipierung und Umsetzung der nationalsozialistischen Rassenpolitik involviert. Dennoch blieb die Radikalisierung der antijüdischen Innenpolitik und Wirtschaftspolitik nicht ohne Auswirkungen auf die Geschäftsentwicklung der MR. Um ihre Auswanderung und einen Neuanfang im Ausland finanzieren zu können, mussten jüdische Auswanderer ihre Lebensversicherungen bei deutschen Lebensversicherungen kündigen, was sich bei den Lebensversicherern in zunehmenden Stornozahlen niederschlug. Die Lebensversicherer zahlten ihren Kunden den sogenannten Rückkaufwert aus, der niedriger war als ihre bisherigen Einnahmen aus Abschlussgebühren, Prämienzahlungen und Zinsgewinnen. Damit fielen für die Lebensversicherer und ihre Rückversicherer erhebliche Rückkaufgewinne an. Auch wenn die MR nicht selbst in die Stornierung von Lebensversicherungen involviert war, profitierte sie durch ihre Quotenbeteiligung am Lebensversicherungsgeschäft ihrer Zedenten.

Während und nach der Weltwirtschaftskrise waren die Rückkäufe ein wichtiger Seismograph der Einkommens- und Konjunkturentwicklung. Bei der MR stiegen die Lebensversicherungs-Rückkäufe von 1930 bis 1932 von 4,2 auf 10,5 Mio. RM, sanken 1933 leicht auf 9,9 Mio. RM und erreichten 1937 mit 4,3 Mio. RM wieder den Stand vor der Großen Depression.[78] Statt dem Konjunkturverlauf entsprechend weiter zu fallen, stiegen die Rückkäufe 1938 auf 7,6 Mio. RM und 1939 sogar auf 7,7 Mio. RM. Ein unbekannter Verfasser, wahrscheinlich das Vorstandsmitglied für die Lebenssparte, führte in seinem Jahresbericht für 1938/39 den gesamten Anstieg der Stornos auf jüdische Kunden zurück: «Das Ergebnis des letzten Geschäftsjahrs 1938/39 war hervorragend gut gewesen (…) Wir hielten es für einen nicht wieder zu erreichenden Rekord.»[79] Im weiteren Verlauf seines Berichts benutzte der Verfasser den kaltschnäuzig klingenden Begriff «Judenstorno».

Der Verfasser und seine Kollegen in der Lebensabteilung und im Vorstand der MR dürften sich darüber im Klaren gewesen sein, dass die jüdischen Kunden vor dem zunehmenden Diskriminierungs- und Verfolgungsdruck der staatlichen Rassenpolitik und der deutschen Gesellschaft fliehen mussten und

Abb. 27 Ein Bürosaal der Münchener Rück in der Vorkriegszeit

deshalb ihre Lebensversicherungen stornierten. Für viele jüdische Kunden war die Kündigung der Lebensversicherung der einzige Weg, um die sogenannte «Sühneleistung» in Höhe von 25 % ihres Vermögens zu erbringen. Die Radikalisierung der antijüdischen Verfolgungen nach dem Pogrom am 9. und 10. November 1938 ließ sich am weiteren Anstieg der Rückkäufe deutlich ablesen. Die hohen technischen Gewinne in der Lebenssparte der MR (1938: 3,1 Mio. RM, 1939: 3,3 Mio. RM) basierten zu einem erheblichen Teil auf den Stornogewinnen aus dem Rückkauf «jüdischer» Versicherungspolicen. 1939 erreichte der Gewinn in der Lebenssparte (im Verhältnis zur Netto-Prämieneinnahme) den ungewöhnlich hohen Wert von 8,7 %, während er im Jahresdurchschnitt von 1934 bis 1938 nur bei 5,5 % gelegen hatte.[80] Insgesamt bezifferte die MR ihren Gewinn aus den Stornos «jüdischer» Versicherungspolicen für das Geschäftsjahr 1938/39 auf 500 000 bis 600 000 RM, ein Siebtel bis ein Sechstel ihres gesamten Reingewinns.[81] Hierbei ist allerdings zu berücksichtigen, dass sich der vorzeitige Rückkauf in sinkenden Prämieneinnahmen niederschlug und die längerfristige Geschäftsentwicklung in der Sparte Lebensversicherungen beeinträchtigte.

Darüber hinaus profitierte die Münchener Rück von der Beschlagnahme der «jüdischen» Versicherungspolicen durch den Reichsfiskus. Auf der Grundlage der 11. Verordnung zum Reichsbürgergesetz (25. November 1941) eignete

Abb. 28 Die Kantine der Münchener Rück in der Vorkriegszeit

sich das Reich das Vermögen der Juden an, die in die Ghettos, Konzentrations- und Vernichtungslager jenseits der Reichsgrenze deportiert wurden.[82] Die Gestapo und der für die Vermögenseinziehung zuständige Oberfinanzpräsident für Berlin-Brandenburg beauftragten die Lebensversicherungen mit der zeitaufwändigen Aufgabe, die emigrierten und deportierten jüdischen Kunden zu ermitteln und die Rückkaufwerte dieser Versicherungen an das Reich abzuführen. Da die Versicherer wegen ihres fühlbaren Personalmangels nicht allzu viel Schnelligkeit und Eifer bei der Suche nach ihren verbliebenen jüdischen Kunden zeigten, führten sie nicht alle «jüdischen» Lebensversicherungen an das Reich ab. Es ist deshalb trotz einer umfassenden empirischen Rekonstruktion der «jüdischen» Policen bei der Allianz nicht möglich, die Rückkaufwerte der abgeführten Policen zu ermitteln und daraus die Stornogewinne der Allianz oder der anderen Lebensversicherer zu schätzen. Da ein größerer Teil der noch in Deutschland lebenden jüdischen Versicherten ihre Policen bereits vor 1941 aus Geldmangel kündigen musste, dürften die Stornogewinne der Erstversicherer und der Rückversicherer aus der vollständigen Vermögenskonfiskation der deutschen Juden um ein Vielfaches geringer sein als bei den formell «freiwilligen» Storni in den Jahren bis 1939.[83]

Die antijüdischen Pogrome am 9. und 10. November 1938 und die Nicht-erfüllung der Versicherungsverträge gegenüber geschädigten Juden hatten nach verschiedenen Indizien nur einen geringen Einfluss auf die Gewinnent-wicklung der MR im Geschäftsjahr 1938/39. Hermann Göring selbst ordnete am 12. November 1938 in einer Besprechung unter seinem Vorsitz an, dass jüdische Kunden keine Zahlungen aus der Glas-, der Einbruchsdiebstahl-, der Hausrat- oder der Feuerversicherung erhalten sollten und ihre Versicherungs-ansprüche vom Reich beschlagnahmt würden.[84] Für die Erstversicherer be-deutete dies, dass sie von jeglichen Zahlungen an jüdische Versicherungskun-den freigestellt waren. Der Führer der Reichsgruppe Versicherungen und Allianz-Vorstand Eduard Hilgard scheiterte jedoch mit seinem Versuch, auch den geschädigten nichtjüdischen Versicherten eine Entschädigungsleistung zu verweigern. Versicherungsrechtlich gesehen hatte Hilgard Recht, da Schäden durch einen Aufruhr, wie es der Pogrom am 9. und 10. November 1938 unzwei-felhaft war, in deutschen Versicherungspolicen generell ausgeschlossen waren. Nur ein kleinerer Teil der Schäden war durch die Feuerversicherungs-, Ein-bruchsdiebstahl- und Hausratversicherungen gedeckt. Andererseits hätte die deutsche Versicherungswirtschaft ihren internationalen Ruf beschädigt, wenn sie aus eigener Machtvollkommenheit und unter Berufung auf diese Klausel ihren jüdischen Kunden die Schadensregulierung verweigert hätte. Görings Verbot, jüdische Kunden zu entschädigen, war für die Versicherungen eine bequeme finanzielle Entlastung.[85]

Göring forderte Hilgard ultimativ auf, als Kompensation einen kleineren Teil der vorenthaltenen Versicherungsleistungen in Form einer Zufallsge-winnsteuer an die Reichskasse zu zahlen. Dieser Betrag fiel für die Versiche-rungswirtschaft außerordentlich niedrig aus. Wären alle Schäden reguliert worden, hätten jüdische Kunden einen Anspruch auf Versicherungsleistungen von 46 Mio. RM gehabt.[86] Auf die Regulierung von Schäden bei «arischen» Deutschen und jüdischen wie nichtjüdischen Ausländern entfiel lediglich ein Betrag von 3,4 Mio. RM. Nach längeren Verhandlungen mit dem Reichs-wirtschaftsministerium reduzierte Hilgard die Zahlungsverpflichtung der Versicherer an das Reich auf nur 1,3 Mio. RM, von denen 1,1 Mio. RM auf die privaten Versicherungen entfielen.[87]

Weil die Erstversicherer kaum Glasversicherungen rückversichert hatten, war die MR nur indirekt und lediglich über die Einbruchsdiebstahl- und die Feuerversicherung in die Nicht-Regulierung der Pogromschäden involviert.[88] Der finanzielle Beitrag der MR an der Reichsabgabe lässt sich nicht feststellen, da in den erhaltenen Akten keine aussagekräftigen Dokumente mit verallge-meinerbaren Zahlen vorhanden sind. 50 % der Umlage von 1,3 Mio. RM wur-den nach den Prämieneinnahmen aus der Feuer-, Einbruch- und Glasver-sicherung und weitere 50 % nach dem tatsächlichen Schadenanfall auf die

Erstversicherer umgelegt.[89] Der Anteil der Rückversicherer orientierte sich an der Höhe der Prämien, die sie in diesen Geschäftszweigen von den Erstversicherern eingenommen hatten.

Es ist nicht bekannt, dass die MR von einem jüdischen Eigentümer ein größeres Aktienpaket oder eine Unternehmensbeteiligung erwarb, der zum Verkauf seiner Anlagegüter gezwungen war. Zumindest finden sich in den Akten der MR, der amerikanischen Militärregierung und der deutschen Entnazifizierungsverfahren keine Dokumente, aus denen der wissentliche Erwerb von Unternehmensanteilen aus jüdischem Besitz hervorgeht. Die MR ließ den Kauf von Aktien und Anleihen durch ihre Banken ausführen, bei denen die Dresdner Bank traditionell als Hauptbankverbindung agierte. Lediglich beim Kauf von Namensaktien hätte die MR Schlüsse auf einen Erwerb aus jüdischem Besitz ziehen können. Der damalige Vorstandsvorsitzende Eberhard von Reininghaus schloss 1947 aus, dass die MR beim Kauf ihrer eigenen Aktien Papiere aus jüdischem Eigentum gekauft habe. Da die Aktien der MR Namensaktien waren, hätte dem Vorstand der Kauf von Aktien auffallen müssen, deren Vorbesitzer vermeintlich jüdische Familiennamen trugen.[90]

Beim Kauf von Immobilien war der MR die jüdische oder nichtjüdische Herkunft der Vorbesitzer jedoch bekannt. Ihr Interesse am Kauf von Immobilien in München stieg mit ihrer zunehmenden Liquidität und dem immer weiter reduzierten Angebot von Unternehmensanleihen und Aktien am Kapitalmarkt. So kaufte die MR im Juni 1939 von der Urbana Liegenschaften GmbH fünf Mietshäuser in der Edelweißstraße 3, 5, 7 und 9 und in der Elisabethstr. 37 in München zu einem Preis von 490 000 RM, der 28 400 RM unter dem amtlichen Schätzwert von 518 400 RM lag.[91] Die Urbana GmbH handelte im Auftrag der namentlich nicht bekannten jüdischen Eigentümer, die ihre Häuser zur Finanzierung ihrer Auswanderung verkaufen mussten.

Auf den ersten Blick sah dieser Immobilienkauf wie ein faires Geschäft aus. Das Schätzungsamt der Stadt München ermittelte den Schätzwert jedoch nicht nach dem üblichen Verfahren für die Wertberechnung bei Immobilien, sondern zog vom Schätzwert von 746 100 RM durchschnittlich 30 % ab.[92] Die Münchener Rück erhielt ihre fünf neuen Immobilien um mehr als 250 000 RM unter dem Marktpreis, den sie in einem diskriminierungsfreien Umfeld gezahlt hätte. Hierbei ist jedoch zu berücksichtigen, dass der Verkauf von «jüdischen» Immobilien seit 1938 dem Genehmigungsvorbehalt der Regierungspräsidenten unterlag. Da der Kaufpreis von Immobilien aus jüdischem Eigentum nicht über dem amtlichen Schätzwert liegen durfte und das Münchner Schätzungsamt einen Höchstwert von 518 400 RM festgelegt hatte, wäre der Kauf zu einem einigermaßen fairen, d. h. marktwertnahen Preis am Widerspruch des Regierungspräsidenten gescheitert.

Darüber hinaus erwarb die MR in München zehn weitere Mietshäuser in der Oberländerstraße und in der Dänkhelstraße aus jüdischem Besitz. Da keine Akten des Regierungspräsidenten und der MR zu diesem Vorgang überliefert sind, lassen sich die Bedingungen dieses Immobilienkaufs nicht rekonstruieren. Ein Wirtschaftsprüfungsbericht aus den frühen 1950er Jahren erwähnt jedoch, dass die MR für diese Häuser einen Restitutionsanspruch der früheren jüdischen Eigentümer in Höhe von 100 000 DM einplante.[93] Auf den ersten Blick vermittelt dieser Betrag einen Eindruck, welchen Gewinn die MR durch die «Arisierung» dieser Immobilien erzielte. Da die Häuser im Krieg beschädigt wurden und sich ihr Wert gegenüber 1939 gemindert hatte, dürfte der Arisierungsgewinn der MR noch um einiges höher gewesen sein.

10. Die Münchener Rück in der Wirtschaft des Dritten Reiches: Geschäftspolitik, Devisenbewirtschaftung und die Beteiligung an der Rüstungsfinanzierung

Die gegenseitige Kapitalverschränkung und die engen persönlichen Verbindungen zwischen der Allianz und der MR blieben bis 1945 (und darüber hinaus) stabil. Da die Allianz schneller als die MR gewachsen war, hatte sich das Größenverhältnis zwischen dem Erstversicherer und dem Rückversicherer seit Anfang der 1920er Jahre deutlich verschoben. Während der gültige Gemeinschaftsvertrag von 1931 der MR noch eine Rückversicherungsquote von 50 % sicherte, senkte die Allianz diese nach der Fusion mit dem Stuttgarter Verein (1928) und der Übernahme der FAVAG-Verträge (1929) einvernehmlich auf 37,5 %. Angesichts der Größe und der finanziellen Stärke der Allianz war Ende der 1930er Jahre auch eine Quote von 37,5 % obsolet. Schmitt handelte im Frühjahr 1940 mit dem Allianz-Generaldirektor Hans Heß (1881–1957) einen neuen Gemeinschaftsvertrag aus, der dem Wandel im Größenverhältnis Rechnung trug und die Angst der Allianz vor einer eventuellen feindlichen Übernahme durch die MR besänftigte.[1]

Die Initiative für den neuen Gemeinschaftsvertrag ging von Schmitt aus, der sich als ehemaliger «Allianzer» gut in die langfristigen Interessen und die Befürchtungen seiner Verhandlungspartner hineinversetzen konnte. Am 16. April 1940 erklärte er gegenüber dem Aufsichtsrat der MR, dass die Abhängigkeit der Allianz von der Rückversicherung durch die MR nicht mehr der wirtschaftlichen Stellung der Allianz entspräche. Die engen Geschäftsbeziehungen mit der Allianz sollten nach Schmitts Worten «auf gegenseitiger Freundschaft und Vertrauen beruhen». Der neue Gemeinschaftsvertrag, der wie der alte für einen Zeitraum von 50 Jahren (bis 1990!) abgeschlossen wurde, trug der veränderten Größenrelation durch eine Senkung der Rückversicherungsquote von 37,5 auf 30 % Rechnung. Die bestehende Kapitalverflechtung zwischen beiden Versicherern war asymmetrisch, da die MR 28,8 % der Allianz, die Allianz aber nur 7,5 % der MR besaß. Während sich die MR im neuen Gemeinschaftsvertrag verpflichtete, nicht mehr als 30 % der Allianz-Aktien zu halten, konnte die Allianz ihre Beteiligung an der MR bis auf 30 % aufstocken. In den Worten des Altvorstands und stellvertretenden MR-Aufsichtsratsvorsitzenden Kißkalt wurde die MR durch die gegenseitige paritätische Beteiligung «von der Mutter zur Schwester» der Allianz.

Im Interesse der MR und ihrer Unabhängigkeit nach außen sollte eine Beteiligung der Allianz von mehr als 10 % durch die «Auslagerung» der Kapitalanteile auf Holdinggesellschaften geheim gehalten werden. Lediglich der MR-Aufsichtsratsvorsitzende August von Finck äußerte Bedenken gegen die Allianz als künftigen Großaktionär der MR. Fincks Bedenken hatten einen eigennützigen Hintergrund: Als einer der größten Einzelaktionäre der MR sah er seine starke Stellung im Aufsichtsrat in Gefahr. Der Aufsichtsrat der MR stimmte dem Entwurf des neuen Gemeinschaftsvertrags zu, der am 11. November 1940 unterzeichnet wurde.[2] Alle weiteren Elemente des alten Gemeinschaftsvertrags blieben bestehen. Beide Seiten verpflichteten sich, die jeweils andere beim Kauf von inländischen und ausländischen Versicherern wie bisher mit 50 % zu beteiligen. Zur besseren Koordination beider Unternehmen gründeten Allianz und MR den Gemeinsamen Vorstandsrat, dem die beiden Vorstandsvorsitzenden und je ein weiteres Vorstandsmitglied angehörten. Dieses rein beratende Gremium tagte bis zum Dezember 1944 insgesamt achtmal, wurde aber nach dem Krieg nicht wiederbelebt.[3] Die beiden Vorstandsvorsitzenden klärten eilige und besonders wichtige Fragen im direkten Kontakt miteinander. Tatsächlich hielt sich die MR nicht an die Vereinbarung, nicht mehr als 30 % der Allianz-Aktien zu kaufen, sondern hielt zum Zeitpunkt des Kriegsendes 34,2 % des Aktienkapitals der Allianz.[4]

Die geschäftliche Entwicklung der MR wurde weder durch die zunehmende weltweite Tendenz zur Autarkie noch durch die Devisenbewirtschaftung beeinträchtigt. Das Devisengesetz und die Richtlinien zur Devisenbewirtschaftung stellten die Versicherungen von der Pflicht frei, ihre Prämieneinnahmen und ihre technischen Reserven (Prämiendepots) im Ausland der Reichsbank anbieten zu müssen.[5] Das Reichswirtschaftsministerium erkannte trotz der immer restriktiveren Zuteilungspraxis für Devisen das Interesse der Rückversicherer an ihrer Zahlungsfähigkeit gegenüber ausländischen Zedenten an. Mehrere Erklärungen für die deutsche und die ausländische Presse sollten jeden Zweifel an der Erfüllung ihrer Leistungsverpflichtungen zerstreuen. Auch bei der Auswahl der Wertpapiere für ihre ausländischen Prämiendepots behielten die Rückversicherer freie Hand. Trotz der freien Verfügung über Prämieneinnahmen und Depots wurden die Rückversicherer mit erheblichem bürokratischem Mehraufwand belastet. Die MR musste der Reichsdevisenstelle jeden Monat einen Nachweis über die Verwendung ihrer Devisen vorlegen. Das Misstrauen der Reichsdevisenstelle gegenüber einer möglichen Devisenhortung im Ausland spiegelte sich nicht nur in den kurzen Nachweisintervallen. Versicherungstechnisch nicht notwendige Reserven aus zu hohen Prämiendepots, Reserven aus abgelaufenen Rückversicherungsverträgen und nicht wieder angelegte technische Überschüsse mussten der Reichsbank angeboten werden. Da die Reichsdevisenstelle die Höhe von Prämienreserven nicht mit ausreichender Sachkompetenz beurteilen konnte, holte sie gutachterliche Stellungnahmen beim Reichsaufsichtsamt für Privatversicherung ein. Da die Beamten in der staatlichen Versicherungsaufsicht für die Sicherheitsinteressen der Versicherer Verständnis hatten und sich eher der Versicherungswirtschaft als der Devisenstelle verpflichtet fühlten, fiel die fachliche Expertise des Reichsaufsichtsamts meist zugunsten der Rückversicherungen aus. Das Risiko des Prämienverlusts infolge einer protektionistischen Wirtschaftspolitik bestand für die Rückversicherer nicht.

Es gelang der MR, zumindest in den ersten beiden Jahren der nationalsozialistischen Herrschaft durch eine deutliche Überdotierung ihrer Auslandsverbindlichkeiten mit Prämiendepots erhebliche Devisenreserven zu behalten. Im November 1934, kurz nach dem Beginn der verschärften Devisenbewirtschaftung durch den «Neuen Plan» des Reichsbankpräsidenten und Reichswirtschaftsministers Hjalmar Schacht war die MR mit 20 Mio. RM in Fremdwährungen überdeckt.[6] Aus Furcht vor der möglichen Beschränkung des Devisenverkehrs hielt die MR an diesem hohen Devisenpolster trotz der Abwertungsgefahr in einigen europäischen Ländern wie Frankreich, der Schweiz, der Niederlande, der Tschechoslowakei und Belgien fest, die ihre Währungen noch nicht abgewertet hatten. Verluste durch die Abwertung überdeckter Währungen waren aus der Sicht der MR ein kleineres Übel als die Gefahr, ihren Zahlungs- und Reserveverpflichtungen im Ausland nicht nachkommen zu können und ihre Reputation zu gefährden. Im Unterschied zur Industrie und zum Handel benötigte die MR keine Genehmigung der Devisenstellen, um über ihre Prämieneinnahmen im Ausland verfügen zu können. Da die Versicherungsbranche nicht von der strengen Devisenbewirtschaftung betroffen war, konnte die MR weiterhin ihre ausländischen Prämieneinnahmen ohne zeitaufwändige Antrags- und Genehmigungsprozeduren bei den Devisenstellen in ausländischen Wertpapieren und Barreserven anlegen. Allerdings waren die Versicherer verpflichtet, die Verwendung ihrer Devisen gegenüber den Devisenstellen zu dokumentieren und alle Devisenüberschüsse abzuliefern, die nicht für Schadenregulierungen und Prämienreserven im Ausland benötigt wurden. Die MR befand sich gegenüber der Reichsdevisenstelle in einer starken Position, da sie 1934, 1935 und 1936 frei verfügbare Devisen im Wert von jeweils mehr als einer Million Reichsmark an die Reichsbank abliefern konnte und keine Devisenzuweisungen beantragen musste.[7] Trotz der strengen und gründlichen Prüfung durch die Reichsdevisenstelle gelang es der MR, auch 1941 noch erhebliche stille Reserven bei Auslandsguthaben und vor allem bei ihren ausländischen Beteiligungen in Höhe von zwei Millionen RM zu halten.[8]

Für die Ausnahme der Versicherungsbranche von der staatlichen Devisenzuteilung gab es mehrere Gründe, die in den Strukturen des Versicherungsmarktes begründet waren. Eine staatliche Verfügungseinschränkung über die eigenen Deviseneinnahmen hätte die Handlungsmöglichkeiten und damit die Wettbewerbsfähigkeit der Rückversicherer im Ausland stark eingeschränkt. Eine protektionistische Abschottung des deutschen Versicherungsmarktes gegenüber ausländischen Erst- und Rückversicherern hätte Gegenmaßnahmen jener Staaten wie der Schweiz nach sich gezogen, die Dienstleistungen in der Erst- und der Rückversicherung nach Deutschland exportierten. Aus begründeter Furcht vor Gegenmaßnahmen ihrer Schweizer Kollegen ignorierten auch die MR und andere deutsche Rückversicherer den Wunsch der Reichsgruppe Versicherungen nach dem Abbau ihrer Retrozessionen ins Ausland. Die MR befand sich gegenüber der Reichsdevisenstelle in einer starken Position, da sie 1934 zwar 480 000 RM Prämie für Retrozessionen ins Ausland bezahlte, aber per Saldo 2 141 000 RM Devisen an die Reichsbank ablieferte.[9] Auch in den Jahren 1935 und 1936 konnte sie noch frei verfügbare Devisen im Wert von jeweils mehr als einer Million Reichsmark an die Reichsbank abliefern.[10]

Während der größere Teil der Retrozessionen auf Schweizer Versicherungen entfiel, platzierte die MR bis zum Kriegsbeginn Excess Loss Cover zur Rückdeckung großer Elementarschäden über den Londoner Versicherungsmakler Cecil Golding auf dem Londoner Markt.[11] Dank des deutsch-britischen Zahlungsabkommens vom 5. November 1934 war der Transfer von Versicherungsprämien an die Versicherungspools bei Lloyd's bis zum Kriegsbeginn unproblematisch. Da das Deutsche Reich fast doppelt so viele Waren nach Großbritannien exportieren wie aus Großbritannien importieren durfte,[12] konnten deutsche Erstversicherer und Rückversicherer Schiffe, Schiffsladungen und Excess Loss Cover weiterhin auf dem weltgrößten internationalen Versicherungsmarkt in London versichern. Erst nach dem Kriegsbeginn platzierte die MR ihre Retrozessionen im Elementargeschäft bei der Generali in Italien.[13]

Obwohl der Netto-Devisenüberschuss der MR nach Kriegsbeginn deutlich unter eine Million Reichsmark fiel, konnte sie ihre starke Verhandlungsposition gegenüber der Reichsdevisenstelle behaupten. Mit dem Hinweis auf ihre umfassenden Tarngeschäfte in der Schweiz rechtfertigte sie ihre hohen Prämienreserven bei ihrer Zürcher Tochtergesellschaft Union Rück. Der höchste Schaden im Ausland, an dessen Regulierung die MR damals beteiligt war, entstand überwiegend in Reichsmark: die Explosion des Zeppelins «Hindenburg» bei der Landung auf dem Flughafen Lakehurst bei New York am 6. Mai 1937. Von den Versicherungsleistungen in Höhe von insgesamt rund 7,3 Mio. RM entfielen rund 600 000 RM auf die MR.[14]

Ab dem Geschäftsjahr 1934/35 wurden die Konsequenzen der Aufrüstungspolitik auch für die MR spürbar. Durch das Anleihestockgesetz wurde die Dividendenausschüttung auf 8 % des Grundkapitals beschränkt.[15] Höhere Dividenden mussten in einen staatlich verwalteten Anleihestock eingezahlt werden, der die Zuflüsse für mehrere Jahre in Reichsanleihen und Steuergutscheinen anlegte und damit die Aufrüstung mitfinanzierte. Das Anleihestockgesetz diente noch einem weiteren Zweck: Die nicht rüstungsrelevanten Wirtschaftszweige sollten den Kapitalmarkt und den Bankensektor zugunsten des Reiches schonen und ihre Investitionen mit nicht ausgeschütteten Gewinnen finanzieren. Durch das Anleihestockgesetz schuf die Reichsregierung für die MR einen Anreiz, zum Nachteil der Aktionäre stille Reserven zu bilden und ihre Eigenkapitalausstattung zu erhöhen. Die zurückgehaltene Mehrdividende war erheblich: Während die MR ihren Aktionären bis zum Geschäftsjahr 1939/40 eine jährliche Dividende von 8 % auszahlte, flossen 1934/35 und 1935/36 6 % des Grundkapitals in den Anleihestock, von 1936/37 bis 1939/40 sogar 8 %. Die Summe aus der ausgeschütteten Dividende und dem zurückgehaltenen Anteil vermittelt einen zuverlässigen Eindruck von der hohen Ertragskraft der MR in den 1930er Jahren. Der Fiskus schöpfte bis 1939/40 einen Gewinnanteil von 6,1 Mio. RM ab, der für die Finanzierung der Aufrüstung zur Verfügung stand.[16]

Der steuerliche Druck auf die Aktionäre erhöhte sich 1941, als die Reichsregierung eine Dividendenabgabe-Verordnung erließ. Durch eine als prohibitiv empfundene Kapitalertragsteuer von 50 % für alle Dividendenzahlungen von mehr als 6 % sollten die Unternehmen noch stärker als bisher zur Selbstfinanzierung durch nicht ausgeschüttete Gewinne gedrängt werden.[17] Das Problem einer faktischen Ausschüttungsbegrenzung ließ sich jedoch durch eine Kapitalerhöhung aus offenen Rücklagen und stillen Reserven umgehen. Da die MR schon im Geschäftsjahr 1939/40 allein in Wertpapieren, Beteiligungen und Immobilien stille Reserven in Höhe von 6,8 Mio., 2,3 Mio. und 0,5 Mio. RM besaß,[18] konnte sie die Kapitalerhöhung aus eigener Kraft finanzieren. Anfang Oktober 1941 entschied sich der Vorstand für eine Aufstockung des Grundkapitals von 20 auf 32 Mio. RM, welche die MR aus ihren offenen Rücklagen und Sonderrücklagen finanzieren konnte.[19] Dies bedeutete, dass sich der Nennwert der Aktien durch «Aufstempelung» von 200 auf 275 RM (bei Namensaktien) beziehungsweise von 200 auf 350 RM (bei Inhaberaktien) erhöhte.[20] Durch den höheren Nennwert konnte die nominale Ausschüttung pro Aktie um durchschnittlich 60 % erhöht werden. Die MR glich damit die Folgen der gesetzlichen Dividendenbegrenzung auf 6 % für die Aktionäre aus. Die gestiegene Ertragskraft der MR schlug sich auch in den stillen Reserven ihres Wertpapierbesitzes und ihrer Kapitalbeteiligungen nieder, die im Geschäftsjahr 1940/41 auf 19,8 Mio. RM stiegen und in den folgenden Jahren durchschnittlich 23,2 Mio. RM erreichten.

Seit dem 1. Mai 1935 wurde die MR auch für die Ausfuhrabgabe veranlagt. Die Reichsregierung führte auf Initiative des Reichswirtschaftsministeriums eine steuerliche Umlage für Unternehmen ein, deren Erträge der Subventionierung deutscher Exporte dienen sollten. Die Ausfuhrabgabe kompensierte vor allem die Wettbewerbsnachteile, die der deutschen Industrie durch das Festhalten am Reichsmarkkurs und die Abwertung vieler europäischer Währungen sowie des Dollars entstanden. Die Export-Förderabgabe der Versicherungsbranche betrug von 1935 bis 1938 fünf Millionen RM und wurde für das Geschäftsjahr 1938/39 sogar auf sechs Millionen RM erhöht und entsprechend den Prämieneinnahmen auf die Versicherer umgelegt.[21] Da die Exportsubventionierung mit dem handelspolitisch und handelsrechtlich verpönten Exportdumping gleichzusetzen war, unterlag die Export-Förderabgabe der Geheimhaltung. Nur die Aufsichtsratsmitglieder durften ihren Betrag erfahren, der von 182 000 RM (1935/36) bis 1938/39 auf 244 000 RM stieg.[22]

Die Aufrüstung und die strenge Regulierung des Kapitalmarktes wirkten sich deutlich auf das Anlageverhalten der MR und anderer Versicherer aus. Da der Kapitalmarktausschuss der Reichsbank die Emission von Unternehmensanleihen und neuen Aktien fast nur noch bei rüstungsrelevanten Unternehmen genehmigte und andere öffentliche Gebietskörperschaften wie die Länder und Gemeinden keinen Zugang zum Kapitalmarkt mehr erhielten, war das Angebot festverzinslicher Wertpapiere ab 1935 weitgehend auf Reichsanleihen beschränkt. Die Reichsgruppe Versicherungen übernahm dabei die Funktion eines Transmissionsriemens und musste im Auftrag des Reichsfinanzministeriums und des Reichswirtschaftsministeriums einen festen Anteil einer neuen Anleihe oder eine ganze Neuemission in der Versicherungswirtschaft unterbringen.[23]

Ab dem Mai 1935 stand die Versicherungswirtschaft unter dem zunehmenden Erwartungsdruck beider Ministerien, «im Bewusstsein ihrer nationalen Pflicht dem Reich alle nur irgendwie freiwerdenden Beträge zur Verfügung zu stellen».[24] Im Dezember 1937 emittierte das Reichsfinanzministerium eine Reichsanleihe über 125 Mio. RM, welche die Reichsgruppe Versicherungen in voller Höhe platzieren musste.[25] Der zunehmende Druck des Reiches auf die Versicherer, Reichsanleihen abzunehmen, manifestiert sich in der folgenden Zahl. Allein vom 1. Juli 1938 bis zum 31. März 1939 erhöhte sich der Wertpapierbestand der MR um 10,6 Mio. RM, von denen 8,2 Mio. RM auf die Reichsanleihetranchen der Versicherungswirtschaft entfielen.[26] Die traditionellen Möglichkeiten der Geldanlage in Unternehmensanleihen und Hypothekendarlehen wurden durch das Reichswirtschaftsministerium zunehmend eingeengt. Im August 1938 untersagte Reichswirtschaftsminister Walther Funk den Versicherungen, der Bauwirtschaft Gelder für Neubauten zur Verfügung zu stellen.[27] Die Kapitallenkung im Interesse der Reichsfinanzen wurde im März 1939 noch verschärft. Auf Anweisung des Reichswirtschaftsministeriums musste die Versicherungswirtschaft künftig mindestens zwei Drittel ihrer verfügbaren liquiden Mittel in Reichstiteln wie Reichsschatzanweisungen und Reichsanleihen anlegen.[28] Auch die Regulierung der Anlagen im «freien» Drittel wurde verschärft. Obwohl der Kapitalmarktausschuss im Sommer 1939 die Emission einer AEG-Anleihe genehmigte, musste die MR erst die Freigabe dieser Anleihe für anlagesuchende Versicherer abwarten.[29] Die MR hatte zu diesem Zeitpunkt bereits Probleme, ihre zunehmenden liquiden Mittel mit einer leidlichen Rendite anzulegen. Da sie die Prämienreserven für ihre Auslandspolicen außerhalb Deutschlands anlegen durfte, war ihr Handlungsspielraum in etwas geringerem Maße als bei den Erstversicherern eingeschränkt.

Leider erlauben die überlieferten Akten der MR keine Schlüsse, ab wann der Vorstand erste Zweifel an der langfristigen Rückzahlung der Reichsanleihen hegte. Angesichts ihrer niedrigen Verzinsung von 4,5 % änderte die MR im November 1937 ihre Satzung, welche die Kapitalanlage in Nicht-Versicherungsaktien auf maximal 10 % des Grundkapitals einschließlich der offenen Reserven beschränkte. Die Hauptversammlung der MR hob diese Beschränkung auf Antrag des Vorstands und des Aufsichtsrates auf, da die MR wegen der niedrigen Anleiherenditen an einer stärkeren Diversifizierung in Aktien interessiert war.[30] Das Vorstandssekretariat der MR erteilte den Banken bereits im Vorgriff auf die Satzungsänderung den Auftrag, Aktien angesehener Unternehmen im Wert von 750 000 RM zu kaufen. Die MR setzte dabei vor allem auf Unternehmen der Energiewirtschaft wie die Contigas, das RWE und das Badenwerk und Stahlerzeuger wie Mannesmann und die Ilseder Hütte. Da diese Aktien im Unterschied zu den Reichsanleihen ihren Wert über 1945 hinaus behielten, profitierte die MR von der Diversifizierung ihres Anlageverhaltens.

Während sich die zunehmende Geldschöpfung durch das Reich in den stark wachsenden Bilanzvolumen der Banken niederschlug, hinterließ die staatlich induzierte Rüstungskonjunktur in den Geschäftsberichten der MR kaum Spuren. Die Prämieneinnahmen der Erst- und Rückversicherer waren in der Sachversicherung von der Entwicklung der versicherten Werte abhängig, die sehr viel weniger als die Geldmenge stiegen. Der erhebliche Anstieg der versicherten Werte in der Industrie wurde durch die eingefrorenen Versicherungswerte der Wohnhäuser und Geschäftsimmobilien und durch den Rückgang des Prämienaufkommens in der Kfz-Versicherung zum Teil wieder ausgeglichen. Während die zunehmenden Ersparnisse der Bevölkerung in reguläre Sparkonten und das steuerlich geförderte «Eiserne Sparen» flossen,[31] stieg die private Vermögensanlage in Lebensversicherungen wegen des Kriegszuschlags auf die Prämien deutlich geringer.

Auch wenn die Brutto-Prämieneinnahmen der MR von 1936/37 bis 1939/40 von 190,4 auf 218,3 Mio. RM (+ 14,7 %) stiegen, war das Prämienwachstum angesichts des vergrößerten Reichsgebiets und der hohen Neuinvestitionen in der Industrie verhältnismäßig gering. Die kriegsbedingte Unterbrechung der direkten Geschäftsbeziehungen mit Versicherern in Frankreich, Großbritannien und vielen neutralen Staaten schlug sich im Geschäftsjahr 1940/41 in einem Sturz des Prämienvolumens auf 186,1 Mio. RM nieder, den die MR durch ihre Expansion in den besetzten Staaten Europas in kurzer Zeit wieder ausglich. Während die MR in den besetzten Staaten in Westeuropa und Nordeuropa (Frankreich, Belgien, Niederlande, Dänemark und Norwegen) vielfach an die Stelle britischer (Rück-)Versicherer trat, baute sie ihre führende Stellung in den von Deutschland besetzten (Protektorat Böhmen und Mähren, Generalgouvernement Polen, Litauen, Lettland und Estland) oder wirtschaftlich von Deutschland abhängigen Staaten (Slowakei, Ungarn, Kroatien, Rumänien und Bulgarien) weiter aus. Das Prämienvolumen stieg 1941/42 auf 214,0 Mio. RM und übertraf 1942/43 mit 249,6 Mio. RM knapp den bisherigen Höchststand von 1931/32. Während die ausgewiesenen Reingewinne der MR (ohne Gewinnvorträge) von 1937/38 bis 1944 fast auf konstantem Niveau verblieben, erreichten die Brutto-Prämieneinnahmen im Geschäftsjahr 1943/44 einen absoluten neuen Höchststand von 267,7 Mio. RM.[32]

Während des Krieges verschob sich die Verteilung der technischen Gewinne auf die einzelnen Versicherungsbranchen erheblich. Das HUK-Geschäft, das in den Friedensjahren regelmäßig Verluste eingebracht hatte, brachte während des Krieges die prozentual höchsten Überschüsse. Für diese Entwicklung waren neben dem strengen Tempolimit auf Landstraßen und Autobahnen vor allem die Stilllegung zahlreicher Fahrzeuge und die Benzinrationierung verantwortlich, die das Verkehrsvolumen und damit die Unfallhäufigkeit drastisch reduzierten. Obwohl das Kriegsrisiko in der Sachversicherung ausgeschlossen war, führte die Zunahme von Eisenbahnunfällen und Rangierschäden bis 1942 zu hohen technischen Verlusten in der Transportversicherung. Erst ab 1942 hielten die Prämienerhöhungen mit der Schadenentwicklung Schritt. Ab 1941/42 wirkte sich die zunehmende kriegsbedingte Sterblichkeit auch auf die technischen Gewinne in der Lebensversicherung aus, die trotz des Kriegszuschlags auf die Prämien (0,6 % der Versicherungssumme) unter den Vorkriegsdurchschnitt fielen. Trotz der stark steigenden Todeszahlen an der Front und in den bombardierten Städten erzielte die MR auch noch 1943/44 im Lebensgeschäft einen technischen Gewinn von 1,3 % der Nettoprämie. Die Kriegskonjunktur der MR war eine Mengenkonjunktur, die durch einen erheblichen Anstieg der Prämieneinnahmen bei prozentual zurückgehenden technischen Gewinnen gekennzeichnet war.

Die Entwicklung der technischen Reserven während des Krieges vermittelt den Eindruck, dass die MR bei einer sehr soliden Risikovorsorge Prioritäten setzte. Während das Verhältnis zwischen den technischen Reserven und den Brutto-Prämieneinnahmen schon im letzten Friedens-Bilanzjahr 1938/39 mit 159,0 % einen sehr hohen Stand erreichte, lag dieses Verhältnis in den Geschäftsjahren 1940/41 bis 1943/44 bei einem Durchschnittswert von 181,8 %.[33] Da die Gewinnausschüttung auf 6 % des Aktienkapitals beschränkt war und die Möglichkeiten zur Bildung stiller Reserven begrenzt waren, entschied sich die MR für eine Überdotierung ihrer technischen Reserven. Sie demonstrierte damit vor allem ihren ausländischen Zedenten die Solidität und Verlässlichkeit ihres Leistungsversprechens.

Ein neues Risiko war die unberechenbare Entwicklung der staatlichen Ordnungspolitik im Versicherungswesen. Während die institutionelle Form und der materielle Inhalt der versicherungstechnischen Staatsaufsicht weitgehend unverändert blieben und sich die Versicherer mit der zunehmenden dirigistischen Steuerung ihrer Anlagepolitik arrangieren konnten, wurde die gemischtwirtschaftliche Struktur der Branche aus privaten und öffentlich-rechtlichen Versicherern von einigen einflussreichen nationalsozialistischen Parteifunktionären zunehmend in Frage gestellt. Zu den wichtigsten Anhängern einer verstaatlichten Erstversicherungsbranche gehörten neben dem bekannten pommerschen NSDAP-Gauleiter Franz Schwede-Coburg der weitaus weniger bekannte Georg Amend, der das Versicherungsamt der NSDAP leitete und 1939 von Reichswirtschaftsminister Walther Funk zum Präsidenten des Reichsaufsichtsamts für Privatversicherung (RAA) ernannt wurde.[34] Schwede-Coburgs Einfluss auf dem Feld der Versicherungspolitik wuchs erheblich, als Funk ihn im Dezember 1939 zum Vorsitzenden des Reichsversicherungsausschusses ernannte. Dieser Ausschuss besaß als gemeinsamer Beirat des Reichswirtschaftsministeriums und des Reichsaufsichtsamts für Versicherungsfragen de jure nur eine beratende Funktion, verschaffte Schwede-Coburg aber die Legitimität als Träger eines staatlichen Amtes und als versicherungspolitischer Akteur.[35]

Obwohl sie die Existenz der ausschließlich privaten Rückversicherer nicht in Frage stellten, hätte eine Verstaatlichung der privaten Versicherer schwere wirtschaftliche Folgen für die Rückversicherungen gehabt. Die öffentlich-rechtlichen Versicherungsgesellschaften besaßen einen eigenen Rückversicherungsverband und zedierten bis Anfang der 1960er Jahre nicht an die privaten Rückversicherer. Die mögliche Verstaatlichung der Erstversicherer hätte die wirtschaftlichen Existenzgrundlagen der Rückversicherer gefährdet und sie vom politisch störungsanfälligen Auslandsgeschäft abhängig gemacht.

Der Machtzuwachs von Schwede-Coburg und Amend wurde für die MR 1940 gefährlich. Am 26. Januar 1940 präsentierten sie in einer Sitzung des Reichsversicherungsausschusses den Entwurf einer Novelle zum Versicherungsaufsichtsgesetz (VAG), die die Rückversicherer künftig der Kontrolle des RAA unterstellt und alle Rückversicherungsverträge der Genehmigung durch die Versicherungsaufsicht unterworfen hätte. Alzheimer und der Führer der Reichsgruppe Versicherungen Eduard Hilgard waren alarmiert und argumentierten, dass die Handlungsfähigkeit und die Deviseneinnahmen der deutschen Rückversicherer im Auslandsgeschäft in Gefahr seien.[36] Während Alzheimer in einem ausführlichen Brief an Amend die negativen versicherungswirtschaftlichen Folgen einer funktional überforderten Staatsaufsicht für die Rückversicherer sachlich und systematisch erläuterte, spielte Schmitt seine Kontakte in hohe Parteikreise aus und lud Schwede-Coburg zum Mittagessen ein. Er bestärkte ihn in seiner Absicht zur Fusion kleiner und kleinster privater Versicherer, gab ihm das Gefühl, ernst genommen zu werden – und lenkte ihn von den Rückversicherern ab.

Alzheimers und Schmitts Interventionen waren erfolgreich. Amend und Schwede-Coburg brachten die Einbeziehung der Rückversicherer in die Versicherungsaufsicht nicht wieder auf die Tagesordnung des Reichsversicherungsausschusses. Die Gauleiter und Chefs der Zivilverwaltung betrieben in den besetzten Gebieten Elsass (Robert Wagner) und Lothringen (Josef Bürckel) die Monopolisierung der Feuer- und Gebäudeversicherung durch staatliche Versicherungsgesellschaften. Schmitt sah in diesen Einzelmaßnahmen zu Recht die Absicht, das Versicherungswesen Schritt für Schritt zu verstaatlichen – und intervenierte bei seinem alten Bekannten Göring. Schmitt traf sich Anfang März 1941 zu einem Gespräch mit ihm. Das Gespräch verlief ganz im Sinne Schmitts. Am 3. März 1941 richtete Göring an das Reichswirtschaftsministerium eine Weisung, in der er jede Diskussion über eine Verstaatlichung des Versicherungswesens untersagte, um weitere Unruhe in der Versicherungswirtschaft zu verhindern.

Kurz danach erhielt Schmitt von Reichswirtschaftsminister Funk jedoch die alarmierende Nachricht, dass sich Hitler angeblich für die Vorbereitung der Verstaatlichung in der Feuerschutzversicherung ausgesprochen habe.[37] In einem sehr langen Brief an den Vierjahresplanchef und maßgeblichen wirtschaftspolitischen Akteur Hermann Göring argumentierte Schmitt nicht ordnungs-, sondern hegemonialpolitisch. Die deutschen Versicherungen könnten nur dann das Erbe der britischen Versicherungswirtschaft auf dem Kontinent antreten, wenn sie von Versicherungskaufleuten und nicht von Organen der öffentlichen Hand geführt würden. Durch die Verstaatlichung der Feuerversicherung würden international agierende große Erstversicherer wie die Allianz einen wichtigen Teil ihres Risikoausgleichs im Inlandsgeschäft verlieren und ihren wirtschaftlichen Größenvorteil teilweise einbüßen. Schmitt ging in seiner Argumentation geschickt auf die kontinentalimperialen Interessen Görings ein. Er platzierte sein zentrales versicherungswirtschaftliches Argument, dass die übrigen Sparten der Sachversicherung (wie Maschinenversicherung und Transportversicherung) den Risikoausgleich durch das «überschaubarste

Risiko» der Feuerversicherung benötigen würden, hinter der Bedeutung privater Versicherer für einen deutschen Großwirtschaftsraum.

Schmitt nahm die Nachricht von einer angeblichen Führerentscheidung sehr ernst und verschickte Abschriften seines Briefes an Himmler und an den Chef der Kanzlei des Führers, Martin Bormann. Bormanns Antwort vom 25. April 1941 verstärkte Schmitts Befürchtungen jedoch, da dieser sich auf die Seite der Verstaatlichungsanhänger schlug und Schmitts großraumwirtschaftliche Argumentation mit der Behauptung erledigte, dass die Bedeutung des internationalen Versicherungsgeschäfts überschätzt werde.[38] Das Deutsche Reich sei nach dem Krieg – respektive dem «Endsieg» – ohnehin in der Lage, die ausländischen Versicherer im deutschen Machtbereich auszuschalten. Funks Information über einen angeblichen Führerentscheid stellte sich jedoch als Falschmeldung heraus. Aufgrund seines darwinistischen Verständnisses von Politik lehnte es Hitler grundsätzlich ab, eine Schiedsrichterrolle in institutionellen Konflikten zu übernehmen. Darüber hinaus interessierte sich Hitler überhaupt nicht für ordnungspolitische Fragen der Wirtschaftspolitik. Aus Hitlers Sicht war lediglich entscheidend, ob die Versicherungswirtschaft im Sinne der kriegswirtschaftlichen Prioritäten funktionierte und ihren Beitrag zur Kriegsfinanzierung leistete. Die dirigistische Lenkung der Kapital- und Prämienanlagen durch das Reichswirtschaftsministerium reichte unabhängig von den Eigentumsstrukturen und Rechtsformen der Versicherungen völlig aus, um das Funktionieren des Versicherungssektors für die Kriegswirtschaft zu garantieren.

Schwede-Coburg gab trotz Görings Machtwort seinen Verstaatlichungsplan nicht auf. Am 17. Juni 1941 kündigte er im Reichsversicherungsausschuss an, dass er den Wirtschaftswissenschaftler Professor Klaus Wilhelm Rath mit der Erstellung einer Studie zur Versicherungsreform betrauen werde.[39] Der Finanzwissenschaftler Rath war auf dem Gebiet der Versicherungswirtschaft durch die Tatsache ausgewiesen, dass er 1937 nach seiner Berufung an einen Lehrstuhl an der Universität Göttingen zum Direktor des Seminars für Versicherungswirtschaft ernannt worden war. Seine wissenschaftliche Reputation auf diesem Gebiet war jedoch bescheiden: Er hatte nur einen einzigen und sehr kurzen versicherungswissenschaftlichen Artikel in *Neumanns Zeitschrift für Versicherungswesen* veröffentlicht, aber genoss als überzeugter Nationalsozialist das Wohlwollen und Vertrauen Schwede-Coburgs. Da Rath Protagonist einer völkischen Wirtschaftspolitik war und immer wieder den Primat staatlicher vor privatwirtschaftlichen Interessen betonte, musste die Versicherungswirtschaft mit einem Votum für die Verstaatlichung der Versicherungswirtschaft rechnen. Der Protest des Reichsgruppenführers und Allianz-Vorstandsmitglieds Hilgard beim Reichswirtschaftsministerium war vergeblich. Rath besaß gute Beziehungen zum

Ministerium,[40] wo der zuständige Abteilungsleiter Friedrich Landfried auf Schwede-Coburgs Seite stand.

Klaus Wilhelm Rath stellte das 162 Seiten starke Gutachten bis zum Herbst 1942 fertig, das die negative Vorahnung der privaten Versicherer bestätigte.[41] Wie zu erwarten kam Rath zu dem Ergebnis, dass ein verstaatlichtes Versicherungswesen mit einer großen öffentlichen Versicherungsanstalt niedrigere Verwaltungskosten als eine wettbewerbsorientierte Versicherungswirtschaft mit vielen Wettbewerbern hätte und damit kostengünstiger für die «Volksgemeinschaft» wäre. Wie viele nationalsozialistische Ökonomen aus der Historischen Schule der Nationalökonomie lehnte Rath aus ideologischen Gründen das Axiom der neoklassischen Ökonomie ab, dass nur ein freier Wettbewerb eine effiziente Allokation von Kapital und Arbeit und eine vollständige Ausschöpfung innovativer Potentiale ermöglichen würde. Rath sprach sich nicht für die Verstaatlichung der Rückversicherer aus, da es in Deutschland keine staatlichen Rückversicherungen gab. Ein staatliches Monopol in den wichtigsten Zweigen der Sachversicherung hätte aber zwangsläufig die privaten Rückversicherer aus dem Inlandsgeschäft verdrängt, da sich die öffentlichen Erstversicherungen ausschließlich in einem gegenseitigen Haftungsverband rückversicherten und keine Quoten oder Exzedenten an die Rückversicherer zedierten.

Rath machte spitze Bemerkungen über das «überzüchtete Rückversicherungswesen in Deutschland» und behauptete, dass die Rückversicherung ein «kostspieliger Notbehelf» zur Korrektur struktureller Fehlentwicklungen auf dem Versicherungsmarkt sei und nur «privatkapitalistischen Interessen» und nicht der Volkswirtschaft nütze. Die These des «überzüchteten Rückversicherungswesens» spielte auf die Tatsache an, dass die kleinen und vermeintlich unwirtschaftlich arbeitenden privaten Versicherer überdurchschnittliche Rückversicherungsquoten zum Ausgleich ihrer Risiken benötigten, für die es in einer verstaatlichten Versicherungswirtschaft keine funktionale Notwendigkeit mehr gab. Rath blendete die negativen Folgen einer Verdrängung der deutschen Rückversicherer für ihre internationale Wettbewerbsfähigkeit in seiner rein binnenwirtschaftlichen Betrachtung bewusst aus. Seine Kritik an den angeblich zu hohen Dividendenzahlungen der Versicherungsbranche war ebenso wie ein Teil seines statistischen Materials veraltet, nachdem seit 1942 die Dividendenausschüttung auf 6 % des Aktienkapitals beschränkt war.[42]

Es war verständlich, dass sich Kurt Schmitt im Dezember 1942 bei Göring über das Rath-Gutachten beschwerte und es als «einseitig, unsachlich und tendenziös» charakterisierte.[43] Ärgerlicher und problematischer als der Inhalt des Gutachtens war jedoch seine öffentliche Verbreitung im Buchhandel und in der Tagespresse, noch bevor es im Reichsversicherungsausschuss behandelt wurde. Schwede-Coburg hatte gegen die Anordnung Bormanns verstoßen, das Gutachten streng vertraulich zu behandeln.[44] Durch diese gezielte Indiskretion erreichte der Gauleiter sein Ziel, für sein Verstaatlichungsprogramm eine breite publizistische Plattform zu gewinnen und es mit der wissenschaftlichen Legitimation eines Ökonomen zu unterfüttern. Auszüge aus dem Rath-Gutachten erschienen am 10. und 11. Dezember 1942 nicht nur im vielgelesenen *Hamburger Fremdenblatt* und in der Essener *National-Zeitung*, die beide der NSDAP gehörten, sondern auch in der Wirtschaftszeitung *Wirtschaftsdienst*.[45]

Der erzürnte Schmitt fuhr gegenüber Schwede-Coburg ungewöhnlich schweres verbales Geschütz auf und warf Rath vor, er «habe keine Hemmung, bei diesen Veröffentlichungen tendenziös zu werden und die Angehörigen der Privatwirtschaft in ihrer Berufsehre zu beleidigen».[46] Hilgard und Schmitt erhielten bei ihrer Verteidigung der privaten Versicherungswirtschaft jedoch unverhoffte Unterstützung von Seiten der Deutschen Arbeitsfront, die als Eigentümerin der Volksfürsorge und des Deutschen Rings zu einem der größten deutschen Versicherungskonzerne aufgestiegen war. Schwede-Coburgs Monopolanspruch für die öffentlich-rechtlichen Versicherungen war auch für die DAF eine potentielle Bedrohung. Es war daher nur folgerichtig, dass der Leiter der Volkswirtschaftlichen Abteilung im Arbeitswissenschaftlichen Institut der DAF, dem «think tank» der Arbeitsfront, das Rath-Gutachten als eine «Tendenzschrift» und als «wissenschaftlich und politisch gänzlich unhaltbares Machwerk» tadelte und seine Kritik mit den beißenden Worten krönte: «Der Gutachter verwechselt – wie das wissenschaftlichen Anfängern leicht passiert – das abstrakte theoretische Modell der Konkurrenzwirtschaft mit der kapitalistischen Wirklichkeit».[47]

Der Verfasser dieser Stellungnahme war der habilitierte Ökonom Hans Peter (1898–1959), der in Deutschland zu den Pionieren der mathematisch fundierten ökonomischen Theorie gehörte und als Wissenschaftler absolut konträre Positionen zum nationalsozialistischen Gesinnungsökonomen Rath bezog.[48] Seine Stellungnahme enthielt neben den Hinweisen auf die zahlreichen methodischen Mängel des Gutachtens eine vernichtende Kritik an Raths Vorurteilen gegenüber einer wettbewerbswirtschaftlichen Marktordnung. Mit seiner unwiderlegbaren These, dass der nationalsozialistische Gedanke des Leistungswettbewerbs mit einer Monopolstellung der öffentlich-rechtlichen Versicherer unvereinbar sei, schlug Peter Rath und Schwede-Coburg mit den ideologischen Waffen der Nationalsozialisten. Peter war seit 1940 bei der DAF angestellt, aber kein überzeugter Nationalsozialist. Sein Opponent Rath hatte ihn 1935 aus politischen Motiven in einem Forschungsstreit schwer angegriffen. Durch seinen Einfluss im NS-Dozentenbund und mit dem denunziatorischen Hinweis, dass sich Peter zur «jüdischen Wirtschaftswissenschaft» bekannt habe, verhinderte Rath Peters Berufung auf eine Professur an der

Universität Tübingen.[49] Peters Erwiderung auf das Rath-Gutachten war eine keinesfalls subtile, aber wirkungsvolle Revanche.

Als der mächtige DAF-Führer Robert Ley Peters Argumente aufnahm und sich deutlich gegen Schwede-Coburg positionierte,[50] schwenkte auch Reichswirtschaftsminister Funk gegen Schwede-Coburg um. Auf Görings Veranlassung verfügte Funk am 2. Februar 1943, dass «jede theoretische Erörterung über die Neuordnung des Versicherungswesens in den Kreisen der mir unterstellten Dienststellen und den Gliederungen der Wirtschaftsorganisationen bis auf weiteres zu unterbleiben» habe.[51] Die Formulierung «bis auf weiteres» brachte Schwede-Coburg in der Öffentlichkeit zum Schweigen, ohne die Unsicherheit auf der Seite der Versicherer zu beseitigen. Göring widerrief damit seine eigene Aussage, die er am 12. Dezember 1938 bei einer Sitzung im Beisein von Hilgard gemacht hatte. Damals hatte Göring mitgeteilt, dass Hitler jede Diskussion über die Zukunft der Privatversicherung für die nächsten zehn Jahre als beendet erklärt habe.[52] Rath gab sich jedoch nicht geschlagen und schickte Schmitt am 12. März 1943 einen wütenden Brief, in dem er ihm mit hörbar drohendem Unterton die frühere Unterstützung der privaten Versicherungswirtschaft für den «Juden Manes» und andere jüdische Versicherungsökonomen vorhielt.[53]

Der Konflikt mit Schwede-Coburg zeigte Schmitt, dass er und seine Kollegen sich nicht allein auf Görings Schutz und noch viel weniger auf eine mündliche Äußerung Hitlers verlassen konnten, die sie nur aus zweiter Hand gehört hatten. Obwohl Schwede-Coburg ebenfalls bei dieser Sitzung am 12. Dezember 1938 dabei gewesen war, sah er sich seit 1941 nicht mehr an ihren Inhalt gebunden. Hitlers Äußerung war nirgends schriftlich fixiert worden und besaß nicht den Status eines unanfechtbaren Führerbefehls. Hitler selbst war in dieser Sache desinteressiert und hätte sich hier niemals politisch festgelegt. Da Göring nach dem Scheitern der Luftwaffe bei der Versorgung der 6. Armee in Stalingrad und bei der Verteidigung des deutschen Luftraums einen Teil seines Prestiges bei Hitler einbüßte, konnte sich Schmitt nicht mehr allein auf die Protektion seines alten Freundes verlassen.

Schmitt akzeptierte den Vorschlag seines Allianz-Kollegen Hilgard, den weithin anerkannten Ökonomen Jens Jessen mit einem Gegengutachten zu beauftragen. Da der Berliner Professor wegen seiner langjährigen NSDAP-Mitgliedschaft auch für Parteifunktionäre nur schwer angreifbar war, akzeptierten Hilgard und die übrigen Auftraggeber aus den Vorständen der größten deutschen Versicherer Jessens sehr hohe Honorarforderung von 100 000 RM.[54] Obwohl die MR ohne weitere Nachfragen 10 000 RM Vorschuss beisteuerte und weitere 10 000 RM nach dem Abschluss des Gutachtens versprach, begegnete Schmitt Jens Jessen zunächst sehr reserviert. Nach einem ersten persönlichen Treffen Anfang März 1943 hielt er ihn für überheblich und besserwisserisch und befürchtete sogar, dass Jessen nicht im Sinne seiner Auftraggeber gutachten könnte.[55] Sein Kollege Alois Alzheimer zeigte sich mit der ersten Fassung des Gutachtens, die Jessen im Juni 1943 fertig gestellt hatte, mit kleineren Einschränkungen zufrieden. So widersprach Jessens Äußerung, dass die Rückversicherungen in der Versicherungswirtschaft die Funktion eines Spitzenausgleichs übernehmen könnten, dem Eigeninteresse der MR an festen Quotenbeteiligungen.[56]

Da Schwede-Coburg keinen weiteren Vorstoß in Richtung Verstaatlichung unternahm, kam das niemals ganz abgeschossene Gutachten in der politischen Auseinandersetzung um die Zukunft der privaten Versicherungswirtschaft nicht zum Einsatz. Jens Jessen gehörte dem konservativen Widerstand gegen Hitler an, wurde nach dem 20. Juli 1944 verhaftet, vom Volksgerichtshof zum Tode verurteilt und hingerichtet. Hilgard war seit Juli 1943 über Jessens Verbindung zu Ulrich von Hassell und anderen Angehörigen des konservativen Widerstands informiert, aber teilte dieses Wissen bewusst nicht mit seinem Kollegen Kurt Schmitt. Nach seiner Meinung wäre Schmitt nicht in der Lage gewesen, ein solches Geheimnis zu bewahren.[57]

11. Auslandsgeschäft, Auslandsbeteiligungen und Kriegserwartung

Die Beziehungen zur Schweizer Rück unter den Bedingungen der Devisenbewirtschaftung

Bereits im Juli 1931 war in Deutschland eine Devisenbewirtschaftung eingeführt worden. Um die Kapitalflucht ins Ausland zu stoppen, hatte die Reichsregierung damals die Konvertibilität der Reichsmark aufgehoben. Der Besitz von Devisen, Gold und ausländischen Wertpapieren war nun meldepflichtig, der Erwerb von Devisen nur noch mit Genehmigung der Reichsbank möglich. Auf der Grundlage von Stillhalteabkommen mit den Gläubigerländern wurden ausländische Guthaben und kurzfristige Auslandskredite eingefroren. Das Deutsche Reich stand mit derartigen Maßnahmen nicht allein. Als Reaktion auf die Weltwirtschaftskrise führten zwischen 1931 und 1934 insgesamt 35 Länder eine Devisenbewirtschaftung in zum Teil drakonischer Form ein.[1]

Die Hoffnungen auf die Wiederherstellung einer tragfähigen Weltwirtschaftsordnung zerschlugen sich mit dem Scheitern der Londoner Weltwirtschaftskonferenz im Juli 1933. Vielmehr gewannen nun Autarkiebestrebungen an Gewicht, besonders in Deutschland, wo sie nicht nur aus notorischem Devisenmangel, sondern auch als fester Bestandteil der nationalsozialistischen Ideologie und aus rüstungsstrategischen Gründen zunehmend die Außenwirtschaftspolitik bestimmten. In der kurzen Amtszeit Kurt Schmitts als Reichswirtschaftsminister gingen die knappen Devisenreserven der Reichsbank weiter zurück, im August 1934 waren sie fast vollständig aufgebraucht. Schmitts Nachfolger Hjalmar Schacht verkündete daraufhin ein Programm, das die Bewirtschaftung auf nahezu alle Waren ausweitete («Neuer Plan»). Die Importe wurden gedrosselt und die Exporte durch bilaterale Clearing-Abkommen stärker auf die rohstoffexportierenden Staaten Südosteuropas und Lateinamerikas ausgerichtet.[2]

Der Vorstand der MR beklagte bereits im Ende 1933 vorgelegten Bericht über das Geschäftsjahr 1932/33 die «verkehrslähmenden Devisenvorschriften» und stellte fest, dass «autarkische Gedankengänge in steigendem Maße an Boden und auch an Berechtigung gewinnen».[3] In der Aufsichtsratssitzung vom 14. November 1933 war von «politischen Schwierigkeiten» und auch von einer «Boykotthetze in zahlreichen auswärtigen Ländern» die Rede. Kißkalt konnte dabei betonen, dass kein ausländischer Versicherer bisher einen Vertrag mit der MR gekündigt habe.[4]

Empfindlich trafen die Versicherungsbranche das sogenannte Volksverratsgesetz (Gesetz gegen Verrat der Deutschen Volkswirtschaft) vom 12. Juni 1933 und die dazu erlassenen Ausführungsbestimmungen. Das Gesetz, das sämtliche Vermögenswerte von Deutschen im Ausland anzeigepflichtig machte, sollte auch für Lebensversicherungen mit ausländischen Gesellschaften gelten. Wer dagegen verstieß, beging ein Devisenvergehen, für das nun Sondergerichte zuständig waren. Die Schweizer Versicherungsgesellschaften gingen – wohl nicht zu Unrecht – davon aus, dass diese Regelung vor allem gegen ihre Geschäfte in Deutschland gerichtet war, weil sie hier bei Lebensversicherungen einen hohen Marktanteil hatten. Eine Diskriminierung oder gar Verdrängung der Schweizer Versicherer wollten die deutschen Privatversicherer unter allen Umständen verhindern, nicht nur wegen der alten Geschäftspartnerschaft und der eigenen Interessen in der Schweiz, sondern auch, weil sie in ihnen starke Verbündete gegen die öffentlich-rechtlichen Versicherer und deren Sozialisierungsforderungen sahen. Auch Kurt Schmitt dürfte dieser Ansicht gewesen sein. Das Reichswirtschaftsministerium stellte sich mit einer ungewöhnlich scharf formulierten Bekanntmachung hinter die ausländischen Versicherungsgesellschaften: «Unter Berufung auf Vorschriften des Volksverratsgesetzes wird es in letzter Zeit nicht selten als eine Versündigung an der deutschen Volkswirtschaft bezeichnet, wenn deutsche mit ausländischen, im Inlande zugelassenen Versicherungsunternehmen Versicherungsverträge abschließen. Soweit solche Auslassungen nicht Entartungen des Wettbewerbs darstellen, beruhen sie offenbar auf einer Unkenntnis der rechtlichen und wirtschaftlichen Zusammenhänge. Mit der – meist auf Handelsverträgen beruhenden – Zulassung einer ausländischen Versicherungsunternehmung zum inländischen Geschäftsbetrieb ist es unvereinbar, wenn die an den Vertragsabschlüssen mit den Unternehmungen beteiligten verächtlich gemacht oder gar durch Drohungen an ihren geschäftlichen Betätigungen gehindert werden; zudem gefährdet ein derartiges Verhalten mittelbar, wie auf der Hand liegt, das Auslandsgeschäft der deutschen Versicherungsunternehmungen.»[5] Die eindeutige Stellungnahme des Ministeriums wurde in der Schweiz mit Erleichterung zur Kenntnis genommen.[6] Gleichwohl wurden die deutschen Niederlassungen ausländischer Versicherer erst im Herbst 1934 devisenrechtlich gleichgestellt.[7]

Die Schweizer Rück war im deutschen Rückversicherungsmarkt stark engagiert und beteiligte sich über ihre deutschen Tochtergesellschaften auch im Erstversicherungsgeschäft.[8] Umgekehrt war die Schweiz ein wichtiger Markt für die MR. Daher hätten die Schweizer Behörden einen deutschen Versicherungsprotektionismus mit Vergeltungsmaßnahmen beantworten können, die vor allem die MR getroffen hätten. Für die international aufgestellte Schweizer Rück, die 90 % ihrer Prämieneinnahmen im Ausland erzielte, war Deutschland der wichtigste Auslandsmarkt, zumal sie auf dem US-Markt einige Rückschläge erlitten hatte. 1938 entfielen auf Deutschland 24 % ihres Bruttoprämienaufkommens.[9] Der vollständige Rückzug der Schweizer Rück hätte wiederum im deutschen Rückversicherungsmarkt eine große Deckungslücke hinterlassen. Doch die Schweizer Rück wies auf dem deutschen Markt von 1933 bis 1939 Jahresgewinne von 3 bis 8 Mio. Schweizer Franken (2,4 bis 6,4 Mio. RM) aus und zog daher nie einen Ausstieg aus dem deutschen Markt in Erwägung.[10] Mit einer Brutto-Prämieneinnahme von 30 Mio. RM bzw. 40 Mio. CHF (1933) waren auch die Prämieneinnahmen ihrer deutschen Erstversicherer zu wichtig, um den deutschen Erstversicherungsmarkt aufzugeben.

Die Bruttoprämieneinnahmen der Schweizer Rück und der MR lagen in den Jahren 1933 bis 1936 nahezu auf gleicher Höhe, durch die Folgen der Weltwirtschaftskrise allerdings auf einem deutlich niedrigeren Niveau als in den Jahren davor. Kißkalt konnte in der Aufsichtsratssitzung am 9. Juli 1935 stolz berichten, dass das Prämienvolumen der MR zum ersten Mal seit dem Ersten Weltkrieg das der Schweizer Rück übertraf.[11] Dieser Erfolg war für die MR ausgesprochen symbolträchtig. Sie hatte ihre Führung auf dem Rückversicherungsmarkt wiederhergestellt, die sie infolge des Ersten Weltkriegs verloren hatte.

Wer bei dem Kopf-an-Kopf-Rennen zwischen der MR und der Schweizer Rück in diesen Jahren jeweils vorne lag, ist schwer zu beurteilen, da sich die Daten für die Schweizer Rück auf Kalenderjahre beziehen, die für die MR dagegen auf Geschäftsjahre, die in der Jahresmitte endeten. Einen deutlichen Vorsprung gewann die MR erst, nachdem der Schweizer Franken am 26. September 1936 um 30 Prozent abgewertet worden war (siehe Grafik 2). Dieser Vorsprung war auch in den folgenden Jahren durch den veränderten Wechselkurs bedingt. In den jeweiligen Währungen wuchs das Bruttoprämienaufkommen bei der Schweizer Rück zwischen 1933 und 1939 um rund 10 %, das der MR dagegen nur um 0,4 %. Rechnet man die Bruttoprämieneinnahme der MR zum Wechselkurs von 1935 in Schweizer Franken um, dann lag sie 1944 niedriger als die der Schweizer Rück.[12] Nach Angaben der britischen Fachzeitschrift *The Review* hatten deutsche Rückversicherer im Jahr 1935 – also noch vor der Franken-Abwertung, aber nach der Abwertung des US-Dollars – einen Anteil von fast 40 % an den Prämieneinnahmen der 37 größten Rückversicherungsgesellschaften der Welt, gefolgt von den Schweizer (25 %) und den US-amerikanischen (12 %) Rückversicherern.[13]

Die deutsche Devisenpolitik musste auf die starke Stellung der Schweizer Versicherer auf dem deutschen Markt Rücksicht nehmen. Obwohl das Zah-

Grafik 2 Bruttoprämieneinnahmen der Münchener Rück und der Schweizer Rück in
Mio. CHF 1914–1944[14]

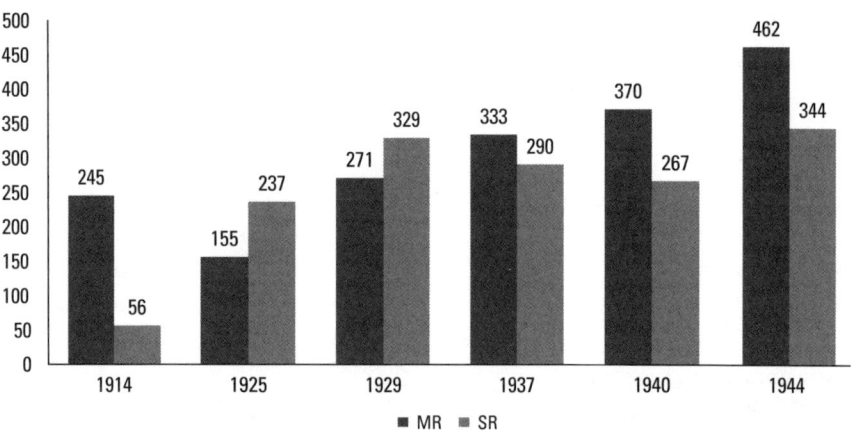

lungsabkommen (Clearing-Abkommen) zwischen der Schweiz und Deutschland die Verrechnung von Waren- und Finanzgeschäften vorsah und die
Reichsbank den Transfer von Schweizer Franken zu minimieren versuchte,
gestattete sie den Schweizer Versicherern den Rücktransfer ihrer Überschüsse
in Franken.[15] Nach dem Abschluss des ersten deutsch-schweizerischen Ver-
rechnungsabkommens am 26. Juli 1934[16] blieb zunächst das gesamte Versicherungsgeschäft von den komplizierten Verrechnungsvorschriften befreit. Für
die MR bedeutete dies, dass sie über ihre technischen Überschüsse und ihre
Erträge aus Schweizer Wertpapieranlagen weiterhin frei verfügen konnte.
Diese Regelung hatte für die Rückversicherer auch nach der Verkündung des
Vierjahresplans und dem Beginn der wirtschaftlichen Kriegsvorbereitung
(1936/37) ungeschmälert Bestand. Auf der Grundlage des deutsch-schweizerischen Rückversicherungsvertrags konnten die Schweizer Rückversicherer und
vice versa die MR von März 1940 bis Mitte 1941 66 % ihrer Salden in die
Schweiz beziehungsweise nach Deutschland überweisen. Nach einer Vertrags-
revision Mitte 1941 konnten die Erstversicherer und Rückversicherer sogar
75 % ihrer Salden transferieren.

Lediglich im Herbst 1934 sorgte die Reichsgruppe Versicherungen unter
ihrem Vorsitzenden Eduard Hilgard für eine kurze, aber schwere Verstim-
mung im ansonsten harmonischen Verhältnis zwischen der MR und der
Schweizer Rück. Am 11. September 1934 forderte die Reichsgruppe die deutschen Erst- und Rückversicherer in einem Rundschreiben auf, zur Reduzierung des Devisenbedarfs die Zessionen und Retrozessionen an ausländische
Rückversicherer «auf das geringstmögliche Maß zurückzuführen».[17] Das

Rundschreiben der Reichsgruppe stand in einem zeitlichen und auch kausalen Zusammenhang mit der zunehmenden Devisenknappheit der Reichsbank. Der Reichsbankpräsident und kommissarische Reichswirtschaftsminister Hjalmar Schacht hatte am 26. August 1934 in seiner vielbeachteten «Leipziger Rede» grundlegende Änderungen der deutschen Außenwirtschaftspolitik in Richtung konsequenter Importkontrollen und bilateraler Zahlungs- und Handelsabkommen angekündigt.[18] Kißkalt konnte in der Sitzung der Wirtschaftsgruppe Privatversicherung am Tag zuvor noch die abschwächende Formulierung einfügen, dass die Versicherer zuvor prüfen sollten, «ob sich die Abgabe an ausländische Rückversicherer in angemessenen Grenzen hält». Der Vorstandsvorsitzende der MR argumentierte mit der großen Zahl langjähriger Geschäftsbeziehungen zur Schweizer Versicherungswirtschaft und besonders zur Schweizer Rück. Nach dem Versand des Rundschreibens boten die MR und alle anderen deutschen Rückversicherer am 13. September 1934 in einem Rundschreiben an die Erstversicherer ihre Dienste bei der Deckung gekündigter Rückversicherungen mit ausländischen Versicherern an. Um Irritationen bei der Schweizer Rück auszuräumen und den Verdacht des mutwilligen «Ausspannens» ihrer deutschen Kunden zu beseitigen, unterrichtete die MR ihre Schweizer Kollegen über ihre Motive für diesen Schritt. Die Schweizer Rück reagierte auf diese Abwerbung ihrer deutschen Zedenten verständlicherweise verärgert und veranlasste die Schweizerische Lebens- und Rentenversicherungsanstalt, ihren Rückversicherungsvertrag bei der MR zu kündigen und an die Schweizer Rück zu vergeben[19].

Erst am 29. Januar 1935 räumte das MR-Vorstandsmitglied Gustav Mattfeld in einem persönlichen Gespräch mit dem Generaldirektor der Schweizer Rück den Vorwurf aus, die MR habe sich gegenüber ihrem Konkurrenten Schweizer Rück illoyal verhalten. Generaldirektor Bebler berichtete seinem deutschen Kollegen, dass nur ein größerer deutscher Zedent – die Nordstern – einen Rückversicherungsvertrag mit der Schweizer Rück gekündigt hatte. Die deutschen Erstversicherer waren der Aufforderung zur Kündigung ihrer Verträge aus Loyalität gegenüber ihren Schweizer Rückversicherern nicht gefolgt.

Der deutschen Außenhandelspolitik entsprechend, weitete die MR 1934 ihre Präsenz in Lateinamerika durch die Übernahme des argentinischen Rückversicherers El Fénix Sudamericano Cía. de Reaseguros S. A. entscheidend aus. Dieses Unternehmen war 1920 vom Hamburger Mutzenbecher-Konzern als erste professionelle Rückversicherungsgesellschaft Südamerikas gegründet worden. Es hatte eine bedeutende Niederlassung in Rio de Janeiro, die damals der einzige professionelle Rückversicherer in Brasilien war.[20] Die Mutzenbecher-Gruppe, die einstmals die erste Generalagentur der MR gewesen war, hatte in der Weltwirtschaftskrise hohe Verluste erlitten und die Reserven ihrer angeschlagenen nordamerikanischen Gesellschaften nicht mehr auffüllen können.

Die Holdinggesellschaft des Konzerns, die Hamburg, war damals einschließlich der Aktien des Fénix Sudamericano der MR zum Kauf angeboten worden, doch Kißkalt hatte eine Übernahme für zu riskant gehalten.[21] Nach dem Zusammenbruch des Mutzenbecher-Konzerns erwarb die MR nun beim Fénix Sudamericano 95 % des Aktienkapitals zum Schnäppchenpreis von 220 000 RM – einem Drittel des Nennwerts.[22] Die MR brachte den defizitären Fénix Sudamericano bald in die Gewinnzone und führte über die neue Tochtergesellschaft ihren «Exportschlager», die Lebensversicherung für Personen mit erhöhten Risiken, in Argentinien ein. Der Ausbau des Fénix Sudamericano wurde von Theodor Wand, dem Leiter des Pariser Büros der MR, verantwortet. Er wechselte 1938 nach Buenos Aires, übernahm die Leitung der Tochtergesellschaft und führte dort auch die Maschinenversicherung und die in Argentinien noch weitgehend unbekannte Haftpflichtversicherung ein.[23]

Der Phönix-Skandal und seine Folgen

Am 16. Februar 1936 starb in Wien überraschend der erst 54-jährige Leiter des Lebens-Phönix, Wilhelm Berliner, unter dessen Regie sich dieses Unternehmen zu einer der größten Versicherungsgesellschaften Europas entwickelt hatte. Innerhalb weniger Tage musste nun ein Nachfolger gefunden werden. Der Verwaltungsrat (Aufsichtsrat) entschied sich für den Generaldirektor der Wechselseitigen Brandschadens-Versicherung in Wien, Eberhard von Reininghaus, der schon am 24. Februar zum Vorstandsvorsitzenden bestellt wurde. Angesichts der engen Beziehungen zwischen Lebens-Phönix und MR hatte Reininghaus vorab Kißkalt über seinen Wechsel informiert. Dieser riet ihm davon ab, die Leitung des Lebens-Phönix zu übernehmen.[24] Reininghaus hatte sich aber bereits entschieden und konnte zu diesem Zeitpunkt auch nicht wissen, was auf ihn zukam. Schon am 28. Februar erfuhr er, dass der Lebens-Phönix zahlungsunfähig war und die Gehälter für den nächsten Monat nicht mehr aufbringen konnte. Reininghaus bekam vom Chefbuchhalter einen Umschlag mit den «richtigen Bilanzen» überreicht und entschloss sich daraufhin, den Finanzminister und den Präsidenten der Nationalbank einzuschalten.[25] Der Phönix-Skandal, der nun aufgedeckt wurde, übertraf alle bisherigen Versicherungsskandale bei weitem, auch hinsichtlich der Folgen.[26] Der Zusammenbruch des Lebens-Phönix erschütterte die erste Republik Österreichs zwei Jahre vor der Annexion durch Hitler in den Grundfesten und führte wenige Jahre vor Beginn des Zweiten Weltkrieges zu tiefgreifenden Veränderungen innerhalb der europäischen Versicherungsbranche.

Die MR war mit dem Lebens-Phönix traditionell eng verbunden. Wie bereits dargestellt wurde, hatte sie seit 1898 eine bedeutende Beteiligung an dieser Gesellschaft, die zeitweise bei über 50 % des Aktienkapitals lag. Der Lebens-Phönix zedierte an die MR eine Quote von 50 % und trug damit entscheidend zum Wachstum ihres Lebensversicherungsgeschäfts bei.[27] Carl von Thieme hatte lange Zeit dem Verwaltungsrat des Lebens-Phönix angehört, nun war Wilhelm Kißkalt Mitglied dieses Gremiums. Dass der Lebens-Phönix nicht nur die Aufteilung Österreich-Ungarns unbeschadet überstand, sondern in der Folgezeit zur drittgrößten Versicherungsgesellschaft Europas mit einem Geschäft in 22 Ländern heranwuchs, war das Werk seines umtriebigen Direktors Berliner, der auch der «Napoleon der Versicherungsbranche» genannt wurde.[28] Gerald D. Feldman zufolge war Berliner «gleichermaßen begabt als Linguist, Mathematiker, Finanzexperte und Jurist und ausgestattet mit besten Verbindungen zur österreichischen Regierung».[29] Legendär war Berliners Lebensstil als «Workaholic», der nur ein möbliertes Zimmer in der Nähe seines Büros in Wien bewohnte. Der Journalist Hans Habe berichtet davon in seinen Lebenserinnerungen: «Einer der mächtigsten Männer Europas, besaß er kein Heim; er schlief auf einer bananenförmigen Ledercouch in seinem Wiener Büro, in Hotelzimmern oder in Schlafwagen.»[30] Zu seinen Mitarbeitern gehörte der Mathematiker Eduard Helly, einer der Begründer der Funktionalanalysis. Ein anderer genialer Mathematiker, Alfred Tauber, war Berater des Lebens-Phönix.[31]

Seit der Stabilisierung der österreichischen Währung Anfang 1926 betrachtete man bei der MR das fulminante Wachstum des Lebens-Phönix mit zunehmender Skepsis. Berliners Geschäftsmodell war eine Art Volksversicherung zu Dumping-Konditionen, mit der er den Sparkassen Konkurrenz machte. Ein hohes Prämienvolumen erzielte er auch durch innovative Modelle der Gruppenversicherung und der Einprämienversicherung. Der Lebens-Phönix schloss viele Verträge mit niedrigen Prämiensätzen und Rabatten ab, zahlte den Vermittlern hohe Provisionen und zeichnete sich durch Kulanz gegenüber den Kunden aus.[32] Doch Gewinne konnten mit dieser Geschäftsstrategie schon wegen der hohen Verwaltungskosten kaum erzielt werden. Ähnlich wie bei einem Schneeballsystem rechneten sich die niedrigen Prämiensätze nur bei einer immer rascher steigenden Zahl von Neuabschlüssen. Bei der MR verstärkte sich der Eindruck, dass Berliner Geschäfte um jeden Preis machte und schlechte Risiken hereinnahm. Die niedrigen Prämiensätze gingen auch zu Lasten des Rückversicherers. In München klagte man über die schlechten Erträge und lehnte die wiederholten Kreditgesuche aus Wien ab. Als bekannt wurde, dass Berliner auch in großem Umfang Finanzgeschäfte betrieb, ging die MR wohl dazu über, die Aktivitäten des Lebens-Phönix genauer zu beobachten. Jedenfalls empfand Berliner die Kontrolle durch den Münchner Großaktionär und Rückversicherer zunehmend als lästiges Hemmnis und bat die MR darum, ihre Beteiligung am Lebens-Phönix abzugeben.[33]

Am 12. Oktober 1927 vereinbarten beide Seiten, dass die MR ihre damals noch rund 30 %ige Kapitalbeteiligung beim Lebens-Phönix mit einem ansehnlichen Buchgewinn an diesen verkaufte. Auf die Rückversicherungsabgaben wollte die MR nicht verzichten. Sie behielt eine Quote von 40 % und auch das von Kißkalt ausgeübte Verwaltungsratsmandat.[34] Bereits zwei Jahre vorher hatte die MR ihre Beteiligung an der Wiener Versicherungsgesellschaft Allianz und Giselaverein an den Lebens-Phönix abgegeben. An der deutschen Tochtergesellschaft, der Gisela Deutsche Lebens- und Aussteuer-Versicherungs-AG, blieb sie weiterhin beteiligt.[35]

Später erwies sich die Trennung von der Beteiligung am Lebens-Phönix für die MR als glückliche Fügung. Doch war der Anstoß dazu nicht von ihr gekommen. Wie aus einem späteren Schreiben Kißkalts hervorgeht, gab die MR die Aktien «auf Verlangen der Direktion des Lebens-Phönix» ab.[36] Selbst der vorsichtige Kißkalt rechnete damals noch nicht mit einem Zusammenbruch des Lebens-Phönix. Er verließ sich auf das Urteil Rudolf Schmidts, des für das Lebensgeschäft zuständigen Vorstandsmitglieds der MR, der weiterhin auf Berliners Genie vertraute. Er war überzeugt, dass es diesem gelingen würde, den Lebens-Phönix wieder in anderes Fahrwasser zu bringen.[37] Auch deshalb wurde die Quote nur auf 40 % gesenkt.

Im Dezember 1929 starb Schmidt.[38] Schon ein halbes Jahr vorher wurde die Geschäftsführung der Lebensabteilung vom neuen Vorstandsmitglied Gustav Mattfeld übernommen, der dann Schmidts Nachfolger wurde. Mattfeld kannte sich mit Zahlen gut aus, er war früher bei einer anderen Versicherungsgesellschaft Chefmathematiker gewesen. Die Verhältnisse beim Lebens-Phönix schätzte er realistischer ein als Schmidt. Auch hatten sich die Rahmenbedingungen inzwischen durch den Beginn der Weltwirtschaftskrise verschlechtert. Nachdem der Lebens-Phönix 1929 erstmals keine Kapitalgewinne erzielt hatte, kam es in Wien zu «schwierigen und teilweise sehr erregten Verhandlungen» zwischen Kißkalt und Berliner, als deren Ergebnis die Rückversicherungsquote der MR auf 25 % herabgesetzt wurde.[39] Inzwischen hatte Mattfeld in München die Bilanzzahlen des Lebens-Phönix geprüft und dabei für den weiteren Verlauf des MR-Anteils Verluste festgestellt, für den Eigenbehalt des Zedenten sogar «katastrophale Fehlbeträge». Mattfeld sah die Hauptursache in der zu großen Produktion des Lebens-Phönix, die wegen der hohen Verwaltungskosten und der niedrigen, rabattierten Prämien zu Verlusten führen musste. Er schlug vor, dass der Wiener Lebensversicherungskoloss die Produktion umgehend drosselte und sein Geschäft fortan auf die Staaten im Gebiet des früheren Österreich-Ungarn und Deutschland beschränkte.[40] Kißkalt war alarmiert. Er schickte Mattfelds Bericht am 12. Juli 1930 mit einem Begleitschreiben nach Wien, in dem er die Umsetzung dieser Vorschläge forderte und erklärte, andernfalls sein Mandat im Verwaltungsrat des Lebens-

Phönix niederzulegen.[41] Schon am 17. Juli kam Berliner nach München, um die Befürchtungen des Rückversicherers zu zerstreuen, was ihm nicht ganz gelang. Kißkalt schied daraufhin aus dem Verwaltungsrat des Lebens-Phönix aus, die Quotenbeteiligung der MR am direkten Geschäft des Lebens-Phönix wurde auf 10 % gesenkt. Bei der MR war man sich jetzt sicher, «dass auch bei unvernünftigster Geschäftspolitik des Phönix der Münchener keine bedeutenden Einbussen mehr erwachsen konnten».[42]

Von all dem drang nichts nach außen. Die MR behielt ihr Wissen über die äußerst kritische Lage einer der größten europäischen Versicherungsgesellschaften für sich. Wenn in der Presse ihre Verbindung mit dem Lebens-Phönix erwähnt wurde, dementierte sie nicht, sondern wies nur darauf hin, dass keine Kapitalbeteiligung bestand.[43] Ähnlich wurden vertrauliche Anfragen von Banken und Versicherern beantwortet. Selbst Anfragen des Reichswirtschaftsministeriums und ihres Großaktionärs Merck, Finck & Co. beantwortete die MR sehr reserviert.[44] Angesichts der Katastrophe, die ein Zusammenbruch des Lebens-Phönix für dessen Kunden, aber auch für die gesamte Branche bedeuten musste, ist das Schweigen des Rückversicherers unverständlich. Die MR verfügte über genügend Kanäle, über die sie diskrete Hinweise an die Aufsichtsbehörden in Wien und in Berlin hätte lancieren können. Warum hat sie das nicht getan? Kißkalt waren bis 1931 die Hände gebunden, da er dem Verwaltungsrat des Lebens-Phönix angehörte und in dieser Position zur Vertraulichkeit verpflichtet war. Dass sich Kißkalt und Mattfeld auch in den folgenden Jahren ausschwiegen, dürfte durch die engen, seit Jahrzehnten bestehenden Verbindungen zur Phönix-Gruppe zu erklären sein. Auch war der Lebens-Phönix Großaktionär des von der MR 1921 übernommenen Elementar-Phönix und zedierte sein Unfall- und Haftpflichtgeschäft zu 100 % an diese Gesellschaft.[45] Zudem musste die MR damit rechnen, dass die Öffentlichkeit von einem Hinweis an die Behörden erfahren würde. Dies hätte dem Ruf der MR schwer geschadet. Sie war immer noch einer der Rückversicherer des Lebens-Phönix und von einem Rückversicherer wird Diskretion erwartet. Schließlich stand für die Branche auch viel auf dem Spiel, da rund zwei Drittel aller in Österreich abgeschlossenen Lebensversicherungen auf den Lebens-Phönix entfielen.

Möglicherweise wusste man bei der MR auch, dass Hinweise auf die Schieflage des Lebens-Phönix wenig genutzt hätten. Berliner hatte durch Korruption und Begünstigung ein ganzes System von Komplizen geschaffen, das bis in die höchsten Kreise der österreichischen Politik, der Wiener Gesellschaft und der dortigen Presselandschaft reichte. Nach dem Zusammenbruch der Österreichischen Creditanstalt im Frühjahr 1931 hatte es offenbar mehrere Vorstöße gegeben, die Bilanzen des Lebens-Phönix zu durchleuchten. Sie wurden allesamt vom Bundeskanzleramt und vom Innenministerium unterbunden.[46] Jeder Versuch, die Schieflage des Lebens-Phönix publik zu machen, würde entweder steckenbleiben oder zu einem politisch-gesellschaftlichen Erdbeben mit unabsehbaren Folgen führen. Dabei wussten nur die wenigsten, wie kritisch es um den Lebens-Phönix tatsächlich stand. Auch die MR kannte ja lediglich die offiziellen Bilanzzahlen, die waren schlimm genug, aber bereits manipuliert. Um die Defizite im Kerngeschäft des Lebens-Phönix auszugleichen, hatte Berliner riskante Finanzspekulationen getätigt, durch die weitere hohe Verluste entstanden waren. Mit gefälschten Bilanzen und unter Rückgriff auf die Prämienreserven konnte er den Konkurs immer wieder verschleppen. Nach seinem Tod brach der Lebens-Phönix wie ein Kartenhaus zusammen. Nun stellte sich heraus, dass das Unternehmen Verluste in Höhe von insgesamt 478 Mio. Schilling angehäuft hatte, von denen allein auf das Geschäft in Österreich 253 Mio. Schilling entfielen.[47]

Der Beauftragte der österreichischen Regierung für die Versicherungsaufsicht, Heinrich Ochsner, war von Berliner bestochen worden. Er wurde nach Bekanntwerden des Phönix-Skandals fristlos entlassen und beging Selbstmord. Auch der Herausgeber der Wiener *Sonn- und Montagszeitung*, Ernst Klebinder, beging Selbstmord, nachdem bekannt geworden war, dass Berliner diese Zeitung finanziert hatte. Berliner hatte eine großzügige politische Landschaftspflege betrieben. Die Christsoziale Partei, die Heimwehr, die Nationalsozialisten und die Zionisten hatte er mit Spenden bedacht, besonders aber den Landbund, eine kleine Partei, die jahrelang in Wien den für die Versicherungsaufsicht zuständigen Innenminister stellte.[48] Alle Regierungen der Ersten Republik hatten sich hinter Berliner gestellt, weil sie auch seinen Sachverstand benötigten und er ihnen als Finanzdiplomat gute Dienste leistete. Bereits bei den Verhandlungen um den Friedensvertrag von St. Germain (1919) hatte er der österreichischen Delegation als Sachverständiger angehört.[49] Die mit dem Phönix-Skandal verbundenen Enthüllungen und Prozesse gaben den rechts- und linksradikalen Parteien reichlich Stoff zur Agitation. Der frühere Bundeskanzler Karl Buresch und dessen Tod im September 1936 wurden mit dem Skandal ebenso in Verbindung gebracht wie das im Juli 1936 vereinbarte Abkommen der austrofaschistischen Regierung Schuschnigg mit dem Deutschen Reich, das wichtige Zugeständnisse an Hitler enthielt.[50] Die antisemitische Hetze der Nationalsozialisten machte sich zu Nutze, dass Berliner jüdischer Herkunft gewesen war und einige der beschuldigten Direktoren des Lebens-Phönix der jüdischen Gemeinde angehörten.[51]

Nach dem Zusammenbruch des Lebens-Phönix kündigte die österreichische Regierung umgehend gesetzliche Regelungen zur Weiterführung der Verträge an. Die Verträge der rund 330 000 in Österreich betroffenen Versicherungsnehmer sollten von einer Auffanggesellschaft übernommen, der

Lebens-Phönix abgewickelt und seine Angestellten entlassen werden.[52] Die Auffanggesellschaft wurde am 29. April 1936 als eine Art Private-Public-Partnership unter dem Namen Österreichische Versicherungs-AG (ÖVAG) gegründet. Sie übernahm sämtliche österreichischen Lebensversicherungsverträge, aber nur 200 der 1300 Angestellten des Lebens-Phönix. Das Unfall- und Haftpflichtgeschäft wurde auf den Elementar-Phönix übertragen. Größter Aktionär der ÖVAG war die Wiener Städtische Versicherung – und damit indirekt die Stadt Wien –, die 37,14 % des Aktienkapitals zeichnete. Die nächstgrößeren Beteiligungen übernahmen die Assicurazioni Generali (14,86 %), die Österreichische Creditanstalt – Wiener Bankverein (11,14 %) und das Österreichische Kreditinstitut (11,14 %). Die MR beteiligte sich mit 3,57 % des Aktienkapitals und schloss mit der ÖVAG einen Rückversicherungsvertrag.[53] Die ÖVAG erhielt aus einem Versicherungsfonds Obligationen im Nominalwert von 250 Mio. Schilling. Die Mittel dafür wurden durch eine Erhöhung der Policengebühr aufgebracht. Auf diese Weise musste sich die gesamte österreichische Versicherungsbranche, die auch eine Kollektivbürgschaft für die ÖVAG übernahm, an der Sanierung beteiligen. Darunter litten vor allem die Lebensversicherer, deren Geschäft sich erst nach Jahren von dem eingetretenen Vertrauensverlust erholte.[54] In der Tschechoslowakei ordnete die Regierung im April 1937 ebenfalls die Einführung einer «Phönix-Umlage» an.[55]

Das deutsche Geschäft des Lebens-Phönix, das etwa 20 % des gesamten Vertragsbestandes ausmachte, war unbeschädigt geblieben. Berliner hatte hier wegen der strengen Auflagen und Kontrollen der Aufsichtsbehörde nicht mit einer «kreativen Buchführung» arbeiten können wie in Österreich, was sich das Reichsaufsichtsamt nun als Verdienst anrechnete.[56] Die deutschen Verträge des Lebens-Phönix wurden von einer in München gegründeten Gesellschaft, der Isar Lebensversicherungs-AG, übernommen. Entgegen ersten Pressemeldungen gehörte diese Auffanggesellschaft nicht zur MR/Allianz-Gruppe, sondern zum sogenannten «Schweizer Club», den deutschen Tochter- und Beteiligungsgesellschaften der Schweizer Rück.[57] Nach Angaben des Versicherungshistorikers Ludwig Arps war diese Verbindung durch eine Vereinbarung zwischen den deutschen Behörden und der Schweizer Rück zustande gekommen. Da beim Deckungsstock für die deutschen Lebens-Phönix-Verträge entgegen den Beteuerungen des Reichsaufsichtsamts im März 1938 eine Lücke von 7 Mio. RM bestanden hatte, sei in Berlin der Vorschlag aufgekommen, die Schweizer Rück einzubinden, um nicht die gesamte deutsche Lebensversicherungsbranche nach österreichischem Muster an der Aufbringung des Fehlbetrags beteiligen zu müssen. Die Schweizer Rück habe eine Aufwertung ihrer Sperrguthaben in Deutschland zugesagt bekommen, wenn sie dieses Geld in die Auffanggesellschaft für die deutschen Phönix-Verträge investierte.[58] Die Guthaben auf Sperrkonten («Sperrmark») durften nicht ins

Ausland transferiert werden und wurden daher mit einem beträchtlichen Abschlag gegenüber der Reichsmark gehandelt.

Aus den Akten des Reichsaufsichtsamts geht indessen hervor, dass die Isar Lebensversicherung von der Bayerischen Rückversicherungsbank und vier weiteren deutschen Tochter- und Beteiligungsgesellschaften der Schweizer Rück gegründet worden ist. Zahlungen in Sperrmark sollten nur geleistet werden können, falls sich die Schweizer Rück an der neuen Versicherung auch direkt beteiligte. Im Juni 1937 hielt die Schweizer Rück dann 10 % des Aktienkapitals der Isar Lebensversicherung.[59] Das Reichswirtschaftsministerium sah sich durch die Erfahrungen mit den deutschen Phönix-Verträgen veranlasst, die Vorschriften für den Deckungsstock mit einer Verordnung vom 21. April 1936 zu verschärfen.[60]

Durch den rechtzeitigen, von ihr keineswegs geplanten Verkauf ihrer Beteiligung am Lebens-Phönix hatte die MR den Schaden begrenzt, der ihr dann durch den Phönix-Skandal entstand. Ganz ungeschoren kam sie jedoch nicht davon. Ihr Phönix-Geschäft hatte zuletzt immerhin noch einen so großen Umfang, dass der Anteil des Auslandsgeschäfts am gesamten Prämienvolumen durch den Zusammenbruch des Lebens-Phönix von 35,4 % auf 29,4 % zurückging.[61] Die geringe Beteiligung an der Wiener Auffanggesellschaft ÖVAG schlug weniger zu Buche als die 10 %-Quote aus dem Rückversicherungsvertrag mit dem Lebens-Phönix. Doch musste die MR als Großaktionär des Elementar-Phönix auch für einen Teil der Verluste aufkommen, die dieser durch den Zusammenbruch seines Namensvetters erlitten hatte. Der Elementar-Phönix hatte das Unfall- und Haftpflichtgeschäft des Lebens-Phönix vollständig in Rückdeckung genommen. Da der Lebens-Phönix auch Großaktionär dieser Gesellschaft gewesen war, musste der Elementar-Phönix nun unter Beteiligung der MR restrukturiert werden. Dadurch eröffneten sich allerdings auch neue strategische Optionen, so dass die MR zu den wenigen gehörte, die aus dem Zusammenbruch des Lebens-Phönix auch einen Nutzen ziehen konnten.

Der Elementar-Phönix war Anfang der 1930er Jahre in eine kritische Lage geraten, die MR hatte damals mit Garantieerklärungen und Zuschüssen einspringen müssen.[62] Im Frühjahr 1932 hätten die Münchener diese Beteiligung am liebsten abgegeben, aber damals, mitten in der Weltwirtschaftskrise, ließ sich wohl kein Käufer finden. Drei Jahre später interessierte sich die in Triest ansässige Assicurazioni Generali für das Unternehmen; sie wollte ähnlich wie die Riunione sechzehn Jahre vorher ihr Standbein in Wien ausbauen.[63] Im September 1935 kam Generali-Generaldirektor Sulfina nach München, um mit Kißkalt über den Elementar-Phönix zu verhandeln. Kißkalt bot der Generali eine Partnerschaft beim Elementar-Phönix an, und Sulfina sagte sofort zu.[64] Der Vorstandsvorsitzende der Generali war offenbar recht gut über die Pläne

Mussolinis informiert. Schon am 3. Oktober überfielen italienische Truppen das Kaiserreich Abessinien, das nach einem äußerst brutal geführten Eroberungsfeldzug von Mussolini annektiert wurde. Die Westmächte und der Völkerbund gingen auf Distanz zu dem faschistischen Diktator, der sich daraufhin um ein Bündnis mit Hitler bemühte und von seinem bisherigen Insistieren auf der Unabhängigkeit Österreichs als «Pufferstaat» abrückte. Sulfina betonte in der Besprechung mit Kißkalt, dass die Generali auf ein Verbleiben der MR beim Elementar-Phönix großen Wert lege und sich in Wien mit ihr gemeinsam engagieren wolle, «weil niemand wisse, was in Österreich passiere, und im Falle eines Anschlusses die deutsche Partnerschaft beim Phönix auch für das eigene Geschäft der Generali in Österreich wertvoll sei».[65] Kißkalt dürfte dies ähnlich gesehen haben, denn er wollte die Beteiligung der MR am Elementar-Phönix jetzt nicht mehr verkaufen, ja nicht einmal mehr abbauen. Die Generali hätte nur vom Lebens-Phönix oder von der Österreichischen Creditanstalt – Wiener Bankverein, dem dritten Großaktionär, Aktien erwerben können. Wilhelm Berliner lehnte beides ab und ohne seine Zustimmung konnte auch die Creditanstalt nicht verkaufen, da der Lebens-Phönix beim Elementar-Phönix über eine Sperrminorität verfügte. Zweifellos hat Berliner auch seine guten politischen Verbindungen gegen die Pläne von Kißkalt und Sulfina mobilisiert.[66]

Nach dem Tod Berliners und dem Zusammenbruch des Lebens-Phönix war der Weg für eine Allianz zwischen MR und Generali frei. Die Generali übernahm die Beteiligung des Lebens-Phönix am Elementar-Phönix. Anschließend wurde der Aktienbesitz in einem Syndikatsvertrag vom 22. April 1936 zwischen den drei Großaktionären neu geordnet. Die MR und die Generali hielten nun jeweils 56 000 Aktien des Elementar-Phönix, die Creditanstalt 27 555.[67] Am gleichen Tag wurde Eberhard von Reininghaus zum neuen Vorstandsvorsitzenden des Elementar-Phönix bestellt, der erst zwei Monate zuvor die Leitung des Lebens-Phönix übernommen hatte. Aber dort wurde inzwischen kein Generaldirektor mehr benötigt, das Unternehmen befand sich in Liquidation. Für die Leitung der ÖVAG kam Reininghaus nicht in Betracht, weil ihn die Wiener Städtische Versicherung ablehnte und die österreichischen Rechtsparteien ihm eine Mitschuld am unrühmlichen Ende des Lebens-Phönix gaben.[68] Aus Münchner Sicht hatte er sich dagegen durch die Aufdeckung des Phönix-Skandals für eine weitere Spitzenposition empfohlen. Reininghaus verfügte auch über Kenntnisse, die für die anstehende Sanierung des Elementar-Phönix nützlich waren. Der Elementar-Phönix schloss die Geschäftsjahre 1935 und 1936 jeweils mit hohen Verlusten ab, was eine Kapitalzusammenlegung und eine drastische Reduzierung der Kosten erforderte.[69] Als Reininghaus nach der Annexion Österreichs im März 1938 unter politischen Druck geriet, hielt die MR weiterhin an ihm fest. Er konnte zur MR wechseln und

wurde dort Direktionsbevollmächtigter für Verhandlungen über Rückversicherungsverträge.[70]

Das aus den Trümmern des Lebens-Phönix erwachsene Bündnis zwischen
der MR und der Generali entstand fast gleichzeitig wie die politische Achse
Berlin-Rom und war durchaus als Parallele zu dieser angelegt. In den folgen-
den Jahren weiteten beide Unternehmen ihre Zusammenarbeit auf Versicherer
in mehreren Ländern aus. Die MR übernahm Beteiligungen an den Generali-
Tochtergesellschaften Erste Allgemeine Unfall- und Schadenversicherungs-
Gesellschaft (Wien) und Deutscher Lloyd (Berlin), die Generali war bereits
seit 1925 an der Pilot in New York beteiligt und erhielt nun auch noch eine
Beteiligung an der MR/Allianz-Tochter La Pace in Mailand. Bei der Steaua
Romaniei und der Dacia Romana in Bukarest wurde die Generali anstelle des
Lebens-Phönix neuer Partner der MR, ebenso bei deren Beteiligungsgesell-
schaften in Warschau.[71]

Nur in Prag trat die Generali nicht die Nachfolge des Lebens-Phönix als
Partner der MR an und dafür gab es gute Gründe. Die MR hatte dort nach
dem Ersten Weltkrieg, getarnt durch tschechische Strohmänner, gemeinsam
mit dem Lebens-Phönix die Slovanska (Slavische Lebens-Versicherungs-Anstalt AG, später Slavische Versicherungs-Anstalt AG) gegründet.[72] Nach außen
hin hatte das Unternehmen zunächst dem Atlas in Stockholm gehört, der Verwaltungsrat war mit tschechoslowakischen Strohmännern besetzt worden.
1925 hatte die MR die Hälfte ihrer Beteiligung an den Lebens-Phönix abgegeben. Die Aktien lagen bei der Zemska-Banka in Prag auf gemeinsamen Depot-
konten der beiden Großaktionäre und des Vorstandsvorsitzenden Jaromir
Rašin.[73] Das operative Geschäft der Slovanska wurde vom Lebens-Phönix geleitet, was nahe lag, da die Gesellschaft die Verträge des Lebens-Phönix auf
dem ehemals zu Österreich-Ungarn gehörenden Territorium der Tschechoslowakei übernommen hatte. Später nahm die Slovanska auch die Feuer-, Unfall-
und Haftpflichtversicherung auf.[74] Nach dem Zusammenbruch des Lebens-
Phönix wurden dessen tschechoslowakische Verträge, die rund 20 % des
gesamten Geschäfts ausmachten, auf eine von der Zentralbank Deutscher
Sparkassen Prag gegründete Auffanggesellschaft, die Versicherung Star, übertragen.[75] Die Mehrheitsbeteiligung des Lebens-Phönix an der Slovanska erwarb deren Generaldirektor Rašin.[76]

Im Juni 1937 reiste MR-Vorstand Alois Alzheimer nach Prag, um sich ein
Bild von der Lage der Slovanska zu verschaffen, nachdem dieses Unternehmen
erneut hohe Verluste gemacht hatte. Alzheimer erhielt dort nächtlichen Besuch vom Vorstandsmitglied Jaromir Dvořák und vom Chefmathematiker der
Slovanska, die ihn eindringlich davor warnten, den präsentierten Saldo zu bezahlen, bevor eine Revision durchgeführt worden war. Die Slovanska sei «ein
grosser Saustall». Generaldirektor Rašin habe an der Börse schwere Verluste

erlitten. Man vermute, dass er mit Geldern des Unternehmens spekuliere, die Slovanska für die Verluste zahlen lasse und die Gewinne selbst einstecke.[77] Bei der noch im selben Monat vom MR-Oberbeamten Robert Schneider durchgeführten Revision stellte sich heraus, dass es hier nicht viel anders zugegangen war als beim Lebens-Phönix in Wien. Generaldirektor Rašin und Oberdirektor Poustka hatten vergeblich versucht, die im Lebensversicherungsgeschäft entstandenen Verluste durch Spekulationsgeschäfte auszugleichen. Als die Verluste immer größer wurden, hatte man die Bilanzen manipuliert und angeblich verkaufte Wertpapiere auf geheimen Konten versteckt, um einen Konkurs zu vermeiden.[78] Der Präsident des Verwaltungsrats, Graf von Kolowrat, bekam davon wohl nicht viel mit, da er diese Position in erster Linie erhalten hatte, um die Slovanska als tschechoslowakisches Unternehmen erscheinen zu lassen. In seinem Prüfbericht schrieb Schneider, die Slovanska habe «das Gebahren einer Spekulationsbank, nicht aber einer Versicherungsgesellschaft».[79] Bei der Slovanska versuchte man, alles auf den verstorbenen Vorstandsvorsitzenden des Lebens-Phönix zu schieben. Berliner habe Buchungen auf einem transitorischen Konto vorgenommen und Weisung erteilt, die MR nicht darüber zu informieren.[80] Aber Rašin hatte sich, anders als Berliner, auch persönlich bereichert, durch Superprovisionen in Höhe von insgesamt 2,1 Mio. Kronen. Seine Einkommensteuer hatte er sich von der Slovanska rückvergüten lassen.[81] Nach dieser Revision war klar, dass Rašin aus dem Vorstand ausscheiden musste. Doch man ließ ihn weich fallen, er konnte in den Verwaltungsrat wechseln und wurde sogar dessen Vizepräsident. Die MR war an einem weiteren Skandal nicht interessiert und wollte unbedingt vermeiden, dass ihre Beteiligung an der Slovanska publik wurde. Rašin war ihre wichtigste Tarnung und formal Eigentümer der Aktien.

Im Mai 1938 schlug die MR eine härtere Gangart ein. Eine erneute Revision durch Robert Schneider hatte ergeben, dass Rašin und Poustka bei der letzten Revision falsche Angaben gemacht hatten. Auf einem bis dahin unbekannt gebliebenen Garantiekonto war ein weiteres Millionendefizit zum Vorschein gekommen. Schneider teilte nach München mit, dass sich die Verluste bei der Slovanska auf 17 Mio. Kronen in Selbstbehalt beliefen und weitere 14 Mio. Kronen auf das von der MR übernommene Risiko entfielen.[82] Die MR hätte diese Verluste bezahlen und aus dem Vertrag mit der Slovanska herausgehen können. Das wäre das sichere Ende dieses Unternehmens gewesen. Schneider gab zu bedenken, dass ein Zusammenbruch «mit allen Erscheinungen – wenn auch in reduziertem Umfange – eines Phönix-Skandals» verbunden wäre. Er schlug vor, die Schuld für das Prager Defizit auf den verstorbenen Berliner zu schieben und die Slovanska unter harten Auflagen weiterzuführen.[83] Rašin musste nun den Verwaltungsrat verlassen.[84] Doch die Auflösung des Rückversicherungsvertrags wurde nur als Drohkulisse in Aussicht gestellt.

Ein alter Vertragspartner der MR in Prag, die Slavia Gegenseitige Versicherungsbank, hatte schon 1937 ihr Interesse angemeldet, sich an der Slovanska zu beteiligen. Darauf setzte man nun in München. Die Slavia war besser aufgestellt und auch größer als die angeschlagene Slovanska. Die MR konnte sich durch ein Zusammengehen mit ihr nicht nur des Problems Slovanska und der Schwierigkeiten mit der Tarnung dieser Kapitalbeteiligung entledigen, sondern auch einen neuen, starken Partner in Prag gewinnen. Im Februar 1939 erwarb die Slavia 80 % des Aktienkapitals der Slovanska.[85] Wenige Wochen später marschierten deutsche Truppen in Prag ein.

Tarnungen und Kriegserwartung

Aus den Erfahrungen des Ersten Weltkrieges hatten die deutschen Unternehmen die Lehre gezogen, ihr Auslandsvermögen in Zukunft vor einer Beschlagnahmung und Enteignung zu schützen. Künftig wollte man dieses Vermögen rechtzeitig vor Beginn eines Krieges auf Firmen oder Personen aus voraussichtlich nicht am Krieg beteiligten Ländern übertragen, wenn auch nur zur Tarnung, das heißt mit einer geheimen Rückkaufsklausel. Für die MR bot sich dies aufgrund ihrer vielfältigen internationalen Verbindungen besonders an.

Dass die «Münchener» zahlreiche Kapitalbeteiligungen im Ausland tarnte, hatte, wie oben dargestellt, zunächst daran gelegen, dass nach dem Ersten Weltkrieg in den meisten Nachbarländern deutsche Direktinvestitionen unerwünscht oder verboten waren. Mit der Gründung der Union Rück in Zürich im Jahr 1923 hatte die MR in erster Linie bezweckt, ihre durch die deutsche Inflation bedrohte Zahlungsfähigkeit im Ausland sicherzustellen. Sie verfügte dadurch aber auch erstmals über eine fast 100 %ige Tochtergesellschaft in einem neutralen und politisch stabilen Nachbarland, auf die Verträge mit Versicherern in Drittländern jederzeit übertragen werden konnten. Im Kriegsfall war die Union Rück auch in der Lage, die geschäftlichen Verbindungen mit den ausländischen Zedenten aufrechtzuerhalten und die Eigentums- und Verfügungsrechte der MR über ihr Vermögen außerhalb des deutschen Machtbereichs zu übernehmen.

Einzelne westeuropäische Versicherer wie die portugiesische Mundial und die niederländische Gesellschaft Providentia baten die MR schon bald nach der nationalsozialistischen Machtübernahme, ihre vertraglichen Rechte und Pflichten im Falle eines internationalen Konflikts auf die Union Rück zu übertragen.[86] Bereits im April 1935 begann die MR, generelle Vorsorge für einen möglichen Kriegsfall und eine Beschlagnahme ihres Vermögens im Ausland zu treffen. Sie stellte der Union Rück eine Generalvollmacht aus, die diese ermächtigte, im Kriegsfall über das Auslandsvermögen der MR zu ver-

fügen und die Verträge der MR mit ausländischen Zedenten auf sich zu überführen.[87] Trotz des zeitlichen Zusammentreffens mit der Wiedereinführung
der Wehrpflicht im März 1935 ist nicht eindeutig, ob die MR wegen der beginnenden Aufrüstung Deutschlands mit einer kommenden Kriegsgefahr rechnete oder ob diese zeitliche Übereinstimmung zufällig war. Bereits im Januar
1934 hatte die MR ihre Beteiligung an der französischen Tochtergesellschaft
Les Réassurances treuhänderisch auf die Schweizerische Bankgesellschaft
(SBG) und fünf weitere, dieser Bank nahestehende Gesellschaften übertragen.
Für den Fall, dass der SBG daraus Schwierigkeiten mit dem französischen
Fiskus erwachsen sollten, war sie von der MR ermächtigt worden zu erklären,
dass sie diese Aktien nur treuhänderisch halte.[88]

Als sich im August 1938 die «Sudetenkrise» abzeichnete und allgemein mit
dem baldigen Beginn eines Kriegs zwischen Deutschland und den Westmäch-
ten gerechnet wurde, erneuerte die MR ihre Vollmacht gegenüber der Union
Rück.[89] Eine Aktennotiz des Union Rück-Vorstandsvorsitzenden Hans Grieshaber vom 24. August 1938 lässt darauf schließen, dass die MR mit einem
Krieg rechnete und deshalb ihre Vollmachten für zwei verschiedene politische
Szenarien spezifizierte. Das erste Szenario war ein Abbruch der diplomatischen Beziehungen mit der Tschechoslowakei als Vorstufe eines möglichen
deutsch-tschechoslowakischen Krieges. Die zweite Vollmacht bezog sich auf
das *worst-case*-Szenario eines Krieges mit Großbritannien und Frankreich.[90]
Die Union Rück informierte die Zedenten der MR in der Tschechoslowakei,
von denen sich einer – die Nationale Versicherungsanstalt AG in Prag –
sicherheitshalber bei der MR über die Vereinbarung mit der Union Rück rückversicherte.[91]

Die Furcht vor einem kommenden Krieg wich in der Führungsetage der
MR trotz des Nachgebens der britischen und der französischen Regierung im
Münchner Abkommen vom 29. September 1938 nicht. Mitte Oktober 1938 deutete Kurt Schmitt in einem vertraulichen Gespräch mit dem früheren deutschen Botschafter und konservativen NS-Gegner Ulrich von Hassell seine
Befürchtung an, dass «Hitler nur ganz kurz Ruhe geben werde» und «einen
neuen Schachzug ins Auge fasse», der zum Krieg führen könne.[92]

Ab April 1939 verkauften die MR und die Allianz ihre Pilot-Aktien an den
bewährten Partner Atlas in Stockholm und an zwei weitere schwedische Versicherer, die Svenska Veritas und die Atlantica, sowie an die niederländischen
Versicherungsgesellschaften Merwede und Providentia mit einer Rückkaufklausel.[93] Das ist insofern bemerkenswert, weil mit einem Krieg zwischen
Deutschland und den USA zu diesem Zeitpunkt nicht zu rechnen war. Die
Transaktion diente denn auch noch einem anderen Zweck: Die MR wollte, wie
Herzog schreibt, «den schwedischen Geschäftsfreunden ausreichende Sicher-
heit in Edelvaluta in die Hand [zu] geben, falls die Münchener Rück nicht

mehr imstande wäre, ihre Verbindlichkeiten zu erfüllen».[94] Bei der MR rechnete man damit, dass es schon durch Sanktionen oder durch Maßnahmen der
Reichsbank leicht zu Zahlungsschwierigkeiten im Ausland kommen konnte.[95]
Erst im Sommer 1939 kamen konkrete Pläne auf, die Beteiligungen an den
französischen Tochtergesellschaften Les Réassurances und La Cité zur Tarnung in andere Hände zu geben. Eberhard von Reininghaus verständigte sich
darüber mit dem Leiter des britischen Rückversicherers Victory, Cecil Barley.
Beide verband eine persönliche Freundschaft. Die Victory war die einzige unabhängige Rückversicherungsgesellschaft Großbritanniens. Sie war in London
gut im Geschäft, hatte aber nur wenige Beziehungen zum Kontinent und setzte
deshalb auf eine Zusammenarbeit mit der MR. Barley und Reininghaus
schmiedeten auch Pläne, wie die MR durch ein Bündnis mit der Victory wieder ihre frühere Stellung in London zurückerlangen könnte.[96]

Bei einem Besuch Barleys in München Mitte Juli 1939 wurde vereinbart,
dass die Victory die Majorität an der Pilot und «im Falle eines Notstandes»
auch die Geschäftsführung der Pilot übernehmen solle. Ferner wollte die MR
ein Drittel ihrer Beteiligungen an Les Réassurances und La Cité auf die Victory übertragen. Im Gegenzug sollte die MR an der Victory beteiligt werden.[97]
Die Vorstellung, die Aktienpakete durch eine unmittelbar vor Kriegsbeginn
vorgenommene Übertragung auf ein britisches Unternehmen vor der Beschlagnahme durch die Alliierten schützen zu können, war nach den Erfahrungen des Ersten Weltkrieges kühn, ja fast schon naiv. Barley hätte die
Vereinbarung wohl umgesetzt, aber der Verwaltungsrat der Victory wollte
sich darauf nicht einlassen.[98] Nun drängte die Zeit. Für die Beteiligung an Les
Réassurance wurde am 21. August 1939 der Union Rück eine Verfügungsbefugnis ausgestellt. Die Aktien blieben zunächst in einem Depot der SBG.[99] Am
1. September 1939, dem Tag des deutschen Überfalls auf Polen, übernahm die
Union Rück gegenüber den ausländischen Zedenten der MR die Garantie für
alle Verpflichtungen aus Rückversicherungsverträgen.[100]

Die Kriegserwartung führte in der Versicherungsbranche vor 1939 auch zu
intensiven Überlegungen, wie mit dem Kriegsrisiko im operativen Geschäft
umgegangen werden solle. Im Ersten Weltkrieg hatten die Sachversicherer in
den meisten Ländern das Kriegsrisiko für nicht versicherbar erklärt. Bei den
Lebensversicherern hatten unterschiedliche Regelungen bestanden. Einige
versicherten dieses Risiko nur bei Militärangehörigen, andere auch bei Zivilisten, einige berechneten dafür einen Aufschlag, andere nicht. Unterschiedliche
Positionen gab es auch zu der Frage, ob das Bürgerkriegsrisiko als Kriegsrisiko
einzustufen war oder nicht.

In der Lebensabteilung der MR hatten Mattfeld und Brix in den Jahren
1924/25 ein neues Konzept zur Kriegsrisikodeckung ausgearbeitet. Sie gingen
davon aus, dass die frühere Trennung zwischen Militärangehörigen und Zivi-

listen überholt war. Eine Versicherung gegen Kriegsrisiken sollte jedermann angeboten werden und in Friedenszeiten mit einer festen Prämie in Höhe von 5 % der Schadenssumme abgeschlossen werden können, wobei sie eine Begrenzung der Schadenssumme auf 100 000 RM empfahlen.[101]

Derartige Vorschläge wurden auch in anderen Ländern ausgearbeitet. In den Grundlinien waren sie sich ähnlich und gaben wie das Konzept von Mattfeld und Brix die Richtung für neue versicherungstechnische Regelungen bezüglich des Kriegsrisikos vor. Der letzte Anstoß dazu ging vom Spanischen Bürgerkrieg aus, der im Juli 1936 begann. In diesem Krieg kämpften Soldaten aus halb Europa. Die Putschisten unter General Franco verlangten trotzdem, dass die Aufruhrversicherungen die Schäden regulierten. Das spanische «Aufruhrgeschäft» war wiederum zu 80 % im Ausland rückversichert. Die beteiligten Rückversicherer setzten ein Comité juridique ein, das sich im Mai 1937 darauf einigte, dass eine Versicherung gegen das Risiko des Aufruhrs (motin) nur für Schäden aus gewaltsamen Auseinandersetzungen aufzukommen habe, wenn diese lokal und zeitlich begrenzt stattgefunden hatten, nicht aber, wenn es sich um eine Revolution oder einen Bürgerkrieg handele.[102]

Die britischen Versicherer verständigten sich bereits wenige Monate nach Beginn des Spanischen Bürgerkriegs darauf, eine Deckung des Kriegs- und Bürgerkriegsrisiko kategorisch abzulehnen. Beispielhaft dafür war der Beschluss, den das Fire Offices Committee in London am 16. Dezember 1936 fasste: «Keine Gesellschaft wird von dem noch festzusetzenden Tage an irgendeine Versicherung annehmen, die das Risiko des Krieges oder Bürgerkrieges einschließt (weder direkt noch in irgendeiner Form der Rückversicherung, noch durch eine neue Police, Annahmeerklärung, Prolongationsschein, noch auf irgendeinem anderen Wege).»[103] Zum betroffenen Geschäftsgebiet wurde die ganze Welt erklärt, mit Ausnahme der Vereinigten Staaten und Kanadas. Der Beschluss des Fire Offices Committees wurde bald auch in Deutschland bekannt. Die MR erfuhr davon über die Les Réassurances. Im Juni 1937 gab sie ebenso wie die Allianz ein eigenes Rundschreiben heraus, indem sie ihre Übereinstimmung mit dem Beschluss des Fire Offices Committees betonte und ihre Feuer-Zedenten aufforderte, zu bestätigen, dass sie ebenfalls dieser Auffassung waren und ihr kein Kriegs- und Bürgerkriegsrisiko zur Rückdeckung übertragen würden.[104]

Bei der Transportversicherung wurden in Großbritannien wie in Deutschland Zusatzklauseln zur Deckung des Kriegsrisikos auf See eingeführt. Nachdem es im Spanischen Bürgerkrieg durch Zerstörungen von Lagerhäusern in den Häfen zu hohen Schäden gekommen war, schloss die Kriegsklausel des britischen Waterborne Agreements von 1937 die Deckung von Schiffsladungen an Land aus.[105] Der Grundsatz «no war risk on land» wurde später auf die Luftfracht übertragen und gilt bis heute. In Deutschland wurde während der

«Sudetenkrise» eine «Deutsche Kriegsklausel 1938» erlassen, die in ähnlicher Weise wie das Waterborne Agreement die Deckung der «Gefahren des Krieges, des Bürgerkrieges und kriegsähnlicher Ereignisse» regelte.[106] Auch hier wurde die Deckung auf Güter an Bord beschränkt. Die Versicherungsgesellschaften übernahmen dieses Risiko nur nach außen hin auf ihren Namen. Sie gaben es an die mit Einführung der Kriegsklausel gebildete Deutsche Kriegsversicherungsgemeinschaft weiter, an der alle deutschen Transportversicherer, die Rückversicherer sowie einige ausländische Versicherungsgesellschaften beteiligt waren. Das Reich hatte sich wiederum gegenüber der Kriegsversicherungsgemeinschaft verpflichtet, ab einer bestimmten Schadenshöhe für die Regulierung aufzukommen.[107] In der Lebensversicherung hob das Reichsaufsichtsamt den Ausschluss des Kriegsrisikos nach Kriegsbeginn auf. Alte und neue Verträge mussten das Kriegsrisiko nun bis zu einem Betrag von 100 000 RM decken. Dafür erhielten die Versicherungen Umlagen zur Deckung des «Sterblichkeitsverlusts». Die Aufteilung des Kriegsrisikos zwischen Erst- und Rückversicherer wurde nach Richtlinien des Reichsaufsichtsamts geregelt.[108]

12. Besatzungsherrschaft und Kriegswirtschaft: Die Münchener Rück im Europa des Dritten Reiches

«Verständige Zusammenarbeit»? Das Engagement in Wien, Prag und Südosteuropa

Die Annexion Österreichs durch das Deutsche Reich am 13. März 1938 führte auch beim Elementar-Phönix zu tiefgreifenden Veränderungen. Der erst wenige Monate vorher zum Vorstandsvorsitzenden der MR berufene Kurt Schmitt wollte die MR/Allianz-Gruppe unter den veränderten Bedingungen in Wien möglichst rasch neu aufstellen. Er war entschlossen, der Allianz einen beherrschenden Einfluss auf den Elementar-Phönix zu sichern. Sie sollte fortan die Geschäftspolitik des Wiener Sachversicherers bestimmen und dort den Vorstandsvorsitzenden stellen, die MR und die Generali sollten im Verbund mit der Allianz weiterhin beteiligt bleiben, dieser aber die Federführung überlassen. Am 23. Mai 1938 traf sich Schmitt in Venedig mit dem Verwaltungsratsvorsitzenden und dem Generaldirektor der Generali, um ihnen seine Vorstellungen zu erläutern. Das Aktienkapital des Elementar-Phönix könne, so Schmitt, entweder zwischen Allianz, MR und Generali gedrittelt oder, falls die Generali ausscheiden wolle, zwischen Allianz und MR hälftig aufgeteilt werden. Die rund 16 %ige Beteiligung der Österreichischen Creditanstalt – Wiener Bankverein solle zu gleichen Teilen auf die Allianz und die MR bzw. bei einem Verbleiben der Generali zu einem Drittel auf diese übergehen.[1] Schmitt wusste, dass sich die Creditanstalt dem nicht widersetzen konnte, da die größte Bank Österreichs inzwischen zum Spielball von Übernahmeinteressenten aus dem «Altreich» geworden war.[2]

Schmitts Absicht, der Allianz die Federführung beim Elementar-Phönix zu übertragen, ließ sich gut mit den Problemen dieser Gesellschaft begründen. Der Elementar-Phönix war im Erstversicherungsgeschäft seit langem wenig erfolgreich, er hatte den durch die Aufteilung Österreich-Ungarns erlittenen Rückschlag nie überwunden. Stattdessen war das Rückversicherungsgeschäft ausgebaut worden. Als Erstversicherer war die Allianz besser in der Lage als die MR, den Elementar-Phönix wieder in die Spur zu bringen. Doch das war nicht Schmitts eigentliches Ziel. In erster Linie wollte er erreichen, dass der Elementar-Phönix von der Allianz beherrscht wurde und nur der Form nach ein eigenes Unternehmen blieb, ähnlich wie die Allianz-Tochter Bayerische Versicherungsbank. Dabei ging es ihm nicht nur darum, das Geschäft der

Allianz durch eine bedeutende Übernahme weiter zu vergrößern. Eine fast noch wichtigere Rolle dürfte in seinen Überlegungen der Verteilungskampf mit den öffentlich-rechtlichen Versicherern gespielt haben, der nach der Annexion Österreichs auch in Wien ausgetragen wurde. Mit dem Wirtschaftsminister der neuen, nationalsozialistischen Regierung in Wien, Hans Fischböck, hatten die öffentlich-rechtlichen Versicherer hier einen starken politischen Einfluss. Fischböck war auf Betreiben Görings Minister geworden. Er hatte zuvor die ÖVAG, die Auffanggesellschaft für die Verträge des zusammengebrochenen Lebens-Phönix, geleitet. Dort hatte eine öffentlich-rechtliche Versicherungsgesellschaft, die Wiener Städtische, das Sagen. Im Herbst 1937 hatte Fischböck eine Übernahme des Elementar-Phönix durch die ÖVAG geplant, war damit aber an der MR und der Generali gescheitert.[3] Schmitt wird gewusst haben, dass sich die DAF-Versicherer (Deutscher Ring, Volksfürsorge) seit der Annexion Österreichs für die ÖVAG interessierten und einer von ihnen wahrscheinlich den Zuschlag bekommen würde. Diesem Machtblock wollte er eine starke privatwirtschaftliche Formation gegenüberstellen. Auch dafür war die Allianz als größter europäischer Erstversicherer besser geeignet als eine Rückversicherungsgesellschaft, die kein direktes Geschäft hatte. Ähnlich wie nach dem FAVAG-Skandal konnte Schmitt erneut eine beachtliche Expansion der Allianz mit den Interessen des gesamten privaten Versicherungsgewerbes begründen.

In Venedig sprach Schmitt mit der Generali-Spitze auch über eine Neubesetzung in der Leitung des Elementar-Phönix. Die italienischen Partner waren mit Schmitts Vorschlag einverstanden, dass der neue Vorstandsvorsitzende von der Allianz gestellt wurde. Dass Schmitts Wahl auf Hans Schmidt-Polex fiel, ein stellvertretendes Vorstandsmitglied der Allianz, erfuhr der Vorsitzende des Verwaltungsrats der Generali, Edgardo Morpurgo, allerdings erst durch ein Schreiben Schmitts vom 3. Juni 1939.[4] War diese Form des Umgangs mit einem anderen Großaktionär schon recht ungewöhnlich, so galt dies nicht weniger für die gleichzeitige Weigerung Schmitts, die Generali, wie von dieser gewünscht, am Rückversicherungsgeschäft der Allianz zu beteiligen.[5] Morpurgo entschied sich nun gegen eine ménage à trois beim Elementar-Phönix. In seinem Antwortschreiben an Schmitt teilte er mit, dass sich die Generali entschieden habe, ihre Beteiligung am Elementar-Phönix an die MR abzugeben.[6]

In Triest hatte man sich die Zusammenarbeit mit den deutschen Partnern in Wien nach einer Annexion Österreichs anders vorgestellt. Morpurgo war überzeugt gewesen, dass die Generali in diesem Fall durch den Verbund mit der MR gut aufgestellt wäre. Nun war er eines Besseren belehrt worden. Den Ausschlag dürfte dabei weniger das dominante Verhalten Schmitts gegeben haben, als die Aussicht, mit einer Drittelbeteiligung beim Elementar-Phönix keinen Einfluss auf die Geschäftspolitik ausüben zu können. Ein paritätisches Engagement, wie es 1937 mit Kißkalt vereinbart worden war, war für die Generali sinnvoll, nicht aber eine Rolle als Minderheitspartner der Allianz/MR-Gruppe.

Die Partnerschaft zwischen Generali und MR wurde durch diesen Vorgang nicht in Frage gestellt. Zu gut wussten beide Seiten, welche Vorteile diese Zusammenarbeit unter den gegebenen politischen Rahmenbedingungen bot. Bei ihren gemeinsamen Beteiligungsgesellschaften in Warschau und in Bukarest praktizierten sie weiterhin eine enge Kooperation. Auch die eingegangenen «Überkreuzbeteiligungen» bei den Tochtergesellschaften La Pace/Pilot bzw. Erste Allgemeine/Deutscher Lloyd blieben bestehen. Der Vertrag über den Verkauf der Generali-Anteile am Elementar-Phönix kam erst am 28. Juni/6. Juli 1939 zustande. Zu diesem Zeitpunkt hatte die Generali bereits einen neuen Präsidenten (Vorsitzenden des Verwaltungsrats), nachdem Morpurgo wegen seiner jüdischen Herkunft zum Rücktritt gezwungen worden war. Sein Nachfolger Graf Giuseppe Volpi di Misurata bekräftigte das in Rom und Berlin zweifellos mit Wohlwollen gesehene Bündnis zwischen der Generali und der MR. Im Vertrag über den Verkauf der Anteile am Elementar-Phönix bekundeten beide Parteien, die Vereinbarung solle dazu dienen, das «freundschaftliche Verhältnis auf die Dauer zu festigen». Zur Bekräftigung der guten Absichten erhielt die Generali auch noch die Budapester Phönix-Tochter Prudentia geschenkt («franco Valuta») und eine 10%ige Rückversicherungsquote beim Elementar-Phönix.[7] Auf der nächsten Generalversammlung des Elementar-Phönix wurde dieses Unternehmen, das offiziell Allgemeine Versicherungs-Gesellschaft Phönix hieß, in Wiener Allianz Versicherungs-AG umbenannt. Am Aktienkapital war die Allianz mit 48,42% beteiligt, die MR mit 48,41%.[8] Die Majorität bei der ÖVAG war inzwischen an den Deutschen Ring, eine Versicherung der DAF, übergegangen.[9] Die Volksfürsorge erhielt wiederum die Versicherungsgesellschaft Allianz und Giselaverein, die dann als Ostmärkische Volksfürsorge weitergeführt wurde.[10] Die MR verkaufte nun ihre ÖVAG-Beteiligung an die DAF und gab später auch ihre Beteiligung an der Allianz und Giselaverein ab. Am Rückversicherungsvertrag mit der ÖVAG wollte die MR weiterhin festhalten.[11] Ob es dazu kam, lässt sich ihren überlieferten Unterlagen nicht entnehmen.

Drei Jahre nach Kriegsende beantragten die Generali und die Creditanstalt – Wiener Bankverein beim Wiener Restitutionsgericht die Rückerstattung ihrer 1938 verkauften Beteiligungen am Elementar-Phönix. In Triest war man der Ansicht, «dass diese Aktienübertragung niemals durchgeführt worden wäre, wenn sich die Verhältnisse in Österreich durch die Annexion nicht so grundlegend verändert hätten». Zugleich ließ die Generali die Allianz wissen, dass der Antrag sich nicht gegen das damalige Verhalten der Allianz und der MR richten, «deren schließlich erfolgreiche Anstrengungen, die Versicherungswirtschaft von Parteieinfluss frei zu halten, uns bekannt sind».[12] Die Allianz und die MR machten als Beklagte geltend, dass die Generali und die Creditanstalt beim Elementar-Phönix «freiwillig und ohne Druck ausgeschieden» seien. Der Kaufpreis habe um mehr als 40 % über dem Börsenkurs der Aktien gelegen, die Generali habe zudem noch die Prudentia gratis bekommen. Doch die Wiener Rückstellungskommission entsprach dem Antrag und stellte fest, die Generali und die Creditanstalt hätten «ohne die nat. soz. Machtergreifung in Oesterreich keinen Anlass gehabt, ihre Aktien des Phönix (später Allianz) zu verkaufen.»[13] Diese Begründung traf in Bezug auf die Creditanstalt zweifellos zu, in Bezug auf die Generali sind allerdings einige Fragezeichen angebracht. Die Generali hatte nicht nur enge Beziehungen zu einem anderen faschistischen Regime, sie war auch die Beteiligung am Elementar-Phönix 1937 in Erwartung einer Annexion Österreichs eingegangen und hatte sich durch eine falsche Einschätzung der Folgen eines «Anschlusses» letztlich politisch verspekuliert.[14] Der Erlös aus dem Rückkauf in Höhe von 3,7 Mio. Schilling wurde als deutsches Vermögen in Österreich beschlagnahmt und sollte später dem österreichischen Staat verfallen.[15] 1954 erwarben die MR und die Allianz wieder einen Teil dieser Aktien von der Generali, die durch die Restitution der größte Aktionär der Wiener Allianz geworden war.[16]

Schmitt hatte im Frühjahr 1939 in Wien auch deshalb rasch handeln müssen, weil der damalige Generaldirektor des Elementar-Phönix, Eberhard von Reininghaus, unmittelbar nach der Annexion Österreichs ausscheiden musste. Reininghaus wurde vom nationalsozialistischen Staatskommissar Rafelsberger zum Rücktritt gezwungen und sogar vorübergehend verhaftet.[17] Nach den nationalsozialistischen Rassegesetzen galt er als Mischling zweiten Grades, aber angegriffen wurde er nicht wegen seiner jüdischen Großmutter, sondern wegen seiner politischen Verbindungen und seiner früheren Tätigkeit als Generaldirektor des Lebens-Phönix.[18] Reininghaus hatte der österreichischen Heimwehrbewegung angehört und deren Bundesführer Starhemberg nahe gestanden. Austrofaschisten und Nationalsozialisten hatten vergeblich versucht, Starhemberg eine Mitschuld am Phönix-Skandal anzuhängen, und wollten dies nun bei Reininghaus nachholen. Schon 1937 war Reininghaus deshalb nicht als Generaldirektor der ÖVAG in Betracht gekommen, wie Meuschel damals in einer Notiz festhielt: «Reininghaus sei in der Kombination nicht tragbar. Einmal lehne hin die Städtische absolut ab, dann werde er aber auch vom Personal der Övag als Mitschuldiger am Phönix-Zusammenbruch abgelehnt. Einer seiner größten Feinde sei der Obmann der Betriebszelle der Vaterländischen Front in der Övag, der hervorragende Beziehungen zur Regierung habe und in der vaterländischen Front sehr einflußreich sei.»[19]

Schmitt entschloss sich, Reininghaus bei der MR/Allianz-Gruppe zu halten. Angeblich war zunächst geplant, ihm die Leitung der US-Tochter Pilot zu übertragen, was wegen des Kriegs nicht mehr zustande gekommen sein soll.[20] Reininghaus siedelte nach München über und wurde von der MR als Direktionsbevollmächtigter eingestellt. Nach dem Krieg schrieb er, dass seine Übersiedlung «sozusagen über Nacht erfolgte, da ich in ernster Gefahr war, von den Nazis verhaftet zu werden».[21] In München blieb er unbehelligt, dort interessierte man sich nicht für den Phönix-Skandal. 1939 leiteten die Wiener Nationalsozialisten gegen ihn noch eine Strafuntersuchung ein, die nach einiger Zeit eingestellt wurde.[22] Bei der MR war Reininghaus vor allem für Verhandlungen mit Vertragspartnern in Westeuropa zuständig. In dieser Position erwies sich der Verfolgte aus Wien, der über beste Verbindungen nach London verfügte, für das Unternehmen schon bald als sehr nützlich.[23]

Die jüdischen Mitarbeiter des Elementar-Phönix wurden nach der Annexion Österreichs beurlaubt und zum nächstmöglichen Zeitpunkt, dem 30. Juni 1938, entlassen. Sie erhielten nur 40 % der sonst üblichen Abfindung. Ihre Zahl ist nicht bekannt, doch gibt es, wie Gerald D. Feldman schreibt, «Hinweise, aus denen deutlich wird, daß es sich um eine erhebliche Zahl handelte».[24] Dem neuen Vorstandsvorsitzenden Schmidt-Polex ließen die nationalsozialistischen Rassengesetze in dieser Frage kaum Spielraum. Lediglich in Ausnahmefällen wie dem früheren Generaldirektor Schlesinger wurden Abfindungen in Höhe eines vollen Jahresgehalts gewährt, die eine Emigration finanzierbar machten. Dabei war Schmidt-Polex (1900–1978) kein radikaler Nationalsozialist, sondern ein konservativer Versicherungsfachmann, der aus einer alten Frankfurter Bankiersfamilie stammte – sein Großvater hatte als stellvertretender Aufsichtsratsvorsitzender der Bank für Handel und Industrie zu den Mitbegründern der MR gehört. Hans Schmidt-Polex, der sich nach dem 20. Juli 1944 bis Kriegsende in Gestapo-Haft befand, wurde 1949 Vorstandsmitglied der Frankfurter Versicherungs-AG und später Generaldirektor der Europäischen Güter- und Reisegepäck-Versicherung.[25] Bei den Wiener Versicherungsgesellschaften reichte das Spektrum der Direktoren nach der Annexion von Konservativen dieses Schlags bis zu radikalen Nationalsozialisten wie dem neuen ÖVAG-Generaldirektor Josef Mayrhofer, der sich rühmte, dass sein Vater einmal Hitlers Vormund gewesen war.[26] Für die jüdischen Mitarbeiter des Elementar-Phönix und der ÖVAG machte dies keinen Unterschied, sie wurden in beiden Unternehmen entlassen. Ebenso verloren die jüdischen Kunden der Wiener Versicherer unabhängig von der Ausrichtung der jeweiligen Vorstände ihre Verträge und das in Lebensversicherungen angesparte Vermögen.

In Prag befand sich die MR nach der gewaltsamen Besetzung der Stadt am 15. März 1939 in einer ganz anderen Position als in Wien. Noch im Februar 1939 hatte sie dort ihre wichtigste Kapitalbeteiligung, die Majorität bei der Slovanska, an die Slavia verkauft, mit der sie nun zusammenarbeiten wollte.

Zum Zeitpunkt der Okkupation war die MR dadurch in Prag nur relativ schwach vertreten. Deshalb drängte sie hier, anders als in Wien, unter Ausnutzung der veränderten Machtverhältnisse auf eine Übernahme. Auch in Prag hatten die Münchener allerdings noch eine Kapitalbeteiligung bei einem «befreundeten» Versicherer, der Čechoslavia. Bei deren Direktion wurden Mattfeld und Alzheimer vorstellig, als sie noch im März 1939 nach Prag fuhren.

Die Čechoslavia hatte die Unternehmensform einer Genossenschaft. Sie war 1919 von den tschechoslowakischen Konsumgenossenschaften gegründet worden und hatte den Gewerkschaften nahe gestanden. Mattfeld und Alzheimer bedrängten nun die Leitung der Čechoslavia, einer Aufstockung der MR-Beteiligung auf 51 % zuzustimmen. Im Gegenzug werde die MR sich bereit erklären, den tschechischen Charakter der Gesellschaft zu wahren. Vorstand und Verwaltungsrat der Čechoslavia wollten sich darauf nicht einlassen. Sie ließen sich auch nicht einschüchtern, als Mattfeld in Aussicht stellte, dass die Čechoslavia andernfalls voraussichtlich von dem DAF-eigenen Versicherungsunternehmen Deutscher Ring übernommen würde.[27]

Direkter Zwang konnte auf die Čechoslavia offenbar nicht ausgeübt werden, was unter den Verhältnissen im nunmehr errichteten Protektorat Böhmen und Mähren ebenso bemerkenswert ist wie die Entschlossenheit des Verwaltungsrats, eine deutsche Majorität zu verhindern. Doch die Voraussetzungen änderten sich dann durch ein Gewaltverbrechen der Besatzungsmacht. Der Verwaltungsratsvorsitzende Vesely und sein Stellvertreter Komeda wurden als Widerstandskämpfer verhaftet und im Oktober 1941 hingerichtet. Beide hatten mit Hilfe ihnen übertragener Stimmrechte bis dahin verhindert, dass die MR die Majorität erlangen konnte. Nun beugten sich die Anteilseigner der Gewalt. Dass die Gestapo und der Beauftragte des Reichsprotektors für das Versicherungswesen erklärten, es bestehe für die Čechoslavia eine «neue Situation», der das Unternehmen Rechnung zu tragen habe, stellte vor dem Hintergrund der Morde an Vesely und Komeda eine unverhohlene Drohung dar.[28] Die MR erwarb die Anteile der auf diese Weise verkaufswillig gewordenen Gesellschafter und konnte ihre Beteiligung dadurch auf 55 % des Grundkapitals aufstocken. Von ihrer Zusage, den tschechischen Charakter der Čechoslavia zu wahren, rückten die Münchener unter politischem Druck Anfang 1944 ab. Die Čechoslavia wurde nun in Bohemoslavia umbenannt.[29]

Die sehr viel größere Slavia Gegenseitige Versicherungsbank strebte hingegen nach Übernahme der Slovanska eine weitreichende Zusammenarbeit mit der MR an. Der Vorstand plante, die Tochtergesellschaften Corona und Slovanska nach Sparten aufzustellen. Bei beiden sollte die MR 49 % des Grundkapitals übernehmen, die Slavia 51 % behalten.[30] Die Kapitalverbindung kam, angeblich wegen des Krieges, nicht zustande. Es blieb bei einem Vorvertrag, der im Oktober 1941 unterschrieben wurde.[31] Beide Seiten arbeiteten jedoch recht eng zusammen und hatten auch ein gemeinsames strategisches Interesse. Die Verbindung mit der MR sollte die Slavia gegen die Expansionsbestrebungen des Deutschen Rings und der Volksfürsorge abschirmen. Die beiden Versicherungsunternehmen der DAF hatten die bedeutenden Vertragsbestände der Prager Versicherung Star, die als Auffanggesellschaft für das tschechoslowakische Geschäft des Lebens-Phönix entstanden war und nach der Okkupation in Liquidation ging, untereinander aufgeteilt.[32] Die Volksfürsorge errichtete daraufhin eine Repräsentanz in Prag. Als Unternehmen einer NSDAP-Organisation mit einem starken Standbein im «Sudetenland» wurde sie von der tschechischen Bevölkerung boykottiert. Sie konnte im Protektorat nur durch die Übernahme tschechischer Lebensversicherer expandieren und versuchte daher, Beteiligungen an der Čechoslavia und der Nationale, einer weiteren großen Lebensversicherungsgesellschaft in Prag, zu erhalten. Bei der Čechoslavia kam sie ebenso wie die MR nach der Hinrichtung von Vesely und Komeda zum Zug. Da die Volksfürsorge die Anteile an der Čechoslavia direkt von der Gestapo erhielt, handelte es sich dabei vermutlich um konfisziertes Vermögen der beiden ermordeten Widerstandskämpfer.[33] Die Majorität an diesem Unternehmen hatte sich allerdings die MR gesichert, an die viele tschechische Gesellschafter wohl auch deshalb ihre Anteile verkauften, damit diese nicht in die Hände der Volksfürsorge gelangten. Auch bei der Nationale saß die MR gegenüber der Volksfürsorge am längeren Hebel.

Wie schon in Wien lieferten sich die MR/Allianz-Gruppe und die Gesellschaften der DAF auch in Prag einen Wettlauf bei der «Germanisierung» der Branche. Da die Allianz im Protektorat von den Behörden nicht zugelassen wurde, war für die MR die Zusammenarbeit mit der Slavia umso wichtiger.[34] Diese wurde ihr bevorzugter Partner unter den Prager Erstversicherern. Die Slavia wiederum war durch den Vorvertrag mit der MR vor den Begehrlichkeiten der Volksfürsorge geschützt. Im Januar 1942 ging die Zuständigkeit für die Versicherer an die Regierung des Protektorats über. Wirtschaftsminister Bertsch forderte ein Jahr später die Volksfürsorge auf, Vorschläge für die «Sanierung» des Versicherungswesens im Protektorat auszuarbeiten. Dabei wies er darauf hin, dass die Slavia und die Čechoslavia als «Interessengebiet» bzw. Tochtergesellschaft der MR nicht zur Disposition stünden.[35] Die Volksfürsorge wollte gleichwohl ihre Beteiligung bei der Čechoslavia ausbauen und schlug der MR die Gründung einer gemeinsamen Tochtergesellschaft in Prag vor, in der die Čechoslavia, die Nationale und die Republikanská aufgehen sollten.[36] Kurt Schmitt ließ sich darauf nicht ein. Späteren Aussagen zufolge war es vor allem ihm zu verdanken, dass die Pläne zur weiteren «Germanisierung» der Versicherungswirtschaft im Protektorat scheiterten.[37] Reininghaus hielt in einer Aktennote vom August 1944 fest, Slavia-Generaldirektor Václav Peca habe ihm gegenüber Schmitt als Retter der Slavia bezeichnet und erklärt, «in der Not

lerne man seine Freunde kennen».[38] In einer nach Kriegsende verfassten Vertei-
digungsschrift der MR heißt es, die tschechischen Versicherungsgesellschaften
auf Gegenseitigkeit hätten in «nationalsozialistische öffentlich-rechtliche Anstalten» umgewandelt werden sollen.[39] Dies dürfte eher das langfristige Ziel der
Protektoratsregierung gewesen sein, doch hatten es die Slavia und die
Čechoslavia zweifellos der MR zu verdanken, dass sie während der deutschen
Okkupation nicht unter den Einfluss der DAF-Gesellschaften gerieten.

Die Vorgänge in Prag verdeutlichen, was die MR meinte, wenn sie nach
dem Krieg in einer Rechtfertigungsschrift gegenüber der Militärregierung behauptete, sie habe sich stets zum «Schutze der Versicherungswirtschaft der besetzten Gebiete und ihrer Leiter und Beamten im Sinne einer verständigen
und anständigen Zusammenarbeit» eingesetzt.[40] Dass sich die MR schützend
vor die Slavia und die Čechoslavia stellte, geschah im eigenen Interesse und
nicht etwa aus Solidarität. Das Protektorat war aus Münchner Sicht zu wichtig, um es der DAF zu überlassen, deren Gesellschaften von den privaten Versicherern zunehmend als Bedrohung angesehen wurden. Auch Jaromir
Dvořák von der Slovanska – die seit der Annexion nur noch Slavische Versicherungs-Anstalt hieß – wandte sich immer wieder an die MR, wenn sich
Schwierigkeiten abzeichneten, etwa als den Feuerversicherern im Protektorat
eine obligatorische Abgabe auferlegt werden sollte.[41] Dvořák genoss seit seinem nächtlichen Besuch bei Alzheimer im Juni 1937 das besondere Vertrauen
der Münchener und war nach Rašins Ausscheiden Generaldirektor der Slovanska geworden. Dabei war er keineswegs ein angepasster Kollaborateur. Er
wurde Mitte 1944 unter dem Verdacht des Hochverrats verhaftet. Durch eine
Intervention von Schmitt und Reininghaus konnte zwar nicht seine Freilassung erreicht werden, aber eine Verzögerung des Gerichtsverfahrens, was dem
Leiter der Slovanska vermutlich das Leben rettete.[42] Für die hingerichteten
Verwaltungsräte der Čechoslavia, die immerhin eine Beteiligungsgesellschaft
war, hatte sich dagegen bei der MR keine Hand gerührt, weil man an ihnen
kein Interesse hatte.

Zum Verhalten der MR gegenüber der Entlassung und Verfolgung jüdischer Mitarbeiter der Čechoslavia, der Slavia und der Slovanska sind keine
Aussagen überliefert. Einfluss nehmen konnte die MR dort auch erst ab Ende
1941, als sie bei der Čechoslavia die Majorität erlangt hatte. Eine Aufstellung
der Gestapo-Leitstelle Prag über die zum 20. Juni 1942 beschlagnahmten Versicherungspolicen zeigt, dass den jüdischen Kunden der Slavia Lebensversicherungspolicen im Wert von rund 2,1 Mio. Kronen geraubt worden sind.
Nach Recherchen der International Commission on Holocaust Era Insurance
Claims beliefen sich die konfiszierten Werte bei der Slavia auf insgesamt rund
5,3 Mio. Kronen, bei der Čechoslavia und der Slovanska auf jeweils rund
400 000 Kronen. Selbst die Slavia lag damit unter den im Protektorat zugelas-

senen Lebensversicherern keineswegs an der Spitze. Die Juden, die hier lebten, hatten ihre Lebensversicherung bevorzugt bei ausländischen Gesellschaften abgeschlossen, bei der Riunione, der Generali, der Victoria und dem Lebens-Phönix, der späteren Star Versicherung.[43]

In den Rechtfertigungsschriften der ersten Nachkriegszeit berief sich die MR auch auf Zeugen aus Rumänien und Ungarn.[44] In Rumänien hatte sie 1921 gemeinsam mit dem Lebens-Phönix die Steaua Romaniei als Versicherer für Leben, Feuer, Einbruchdiebstahl und Hagel gegründet. Die Steaua übernahm zunächst die Organisation der Phönix-Gesellschaften in Bukarest und nach dem Zusammenbruch des Lebens-Phönix auch dessen rumänisches Geschäft. Im Rahmen einer Kapitalerhöhung beteiligten sich dann die Generali und der Elementar-Phönix an der Steaua. 50 % des Aktienkapitals wurden gesetzlichen Vorgaben entsprechend von zwei rumänischen Gesellschaften gehalten. Eine Tarnung war hier, anders als in der Tschechoslowakei und in Polen, nicht erforderlich.[45] Am 23. November 1940 trat Rumänien an der Seite Deutschlands und Italiens in den Krieg ein. Unter der autoritären Regierung des Generals Antonescu nahm die Verfolgung der Juden zu, wovon auch Frederic F. Kafka, der Vorstandsvorsitzende der Steaua, betroffen war. Kafka stammte aus Österreich, lebte seit den 1920er Jahren in Bukarest und leitete seit 1940 recht erfolgreich die Steaua. Nach den nationalsozialistischen Rassegesetzen war er «Halbjude». Im April 1943 wurde Kafka von der Deutschen Gesandtschaft in Bukarest vor die Wahl gestellt, sich in das Reich zu begeben oder seinen Pass zu verlieren. Nach späteren Angaben der MR sollte er in ein Konzentrationslager deportiert werden.[46] Um dies zu verhindern, intervenierte Alois Alzheimer bei SS-Sturmbannführer Gustav Richter, einem Mitarbeiter Eichmanns, der als Polizeiattaché und «Berater für Judenfragen» an der deutschen Gesandtschaft in Bukarest die Deportation und Vernichtung der rumänischen Juden betrieb.[47] Alzheimer machte geltend, dass es nicht möglich sei, Kafka durch einen anderen «Reichsdeutschen» zu ersetzen. Die Leitung der Steaua würde bei dessen Ausscheiden an einen Rumänen oder Italiener übergehen. Damit erreichte er erst einmal einen Aufschub bis Ende 1943.[48] Kafka blieb dann weiterhin Generaldirektor, während Antonescu gestürzt wurde und Rumänien die Fronten wechselte. Im November 1946 meldete er sich wieder bei der MR und fühlte wegen einer Position in Österreich vor.[49] Nach der Verstaatlichung der Steaua wanderte Kafka nach Argentinien aus und arbeitete dort u. a. bei der MR/Allianz-Tochter Plus Ultra.[50]

In Budapest hatte die MR 1936 die Majorität bei der Versicherungsgesellschaft Franco-Hongroise übernommen, bei der sie schon über 40 Jahre lang beteiligt gewesen war. Die Franco-Hongroise hatte schon erhebliche Verluste gemacht. Als sich dies auch nach der Übernahme nicht änderte, trennte sich die MR ein halbes Jahr später von dieser Tochtergesellschaft und verkaufte sie an den ebenfalls in Budapest ansässigen Versicherer Foncière. Daraufhin beschwerte sich Edmund Veesenmayer, ein enger Mitarbeiter von Hitlers Wirtschaftsberater Wilhelm Keppler, bei Wilhelm Kißkalt. Veesenmayer kritisierte, dass die MR eine wirtschaftliche Position Deutschlands in Budapest aus der Hand gegeben hatte.[51] Kißkalt wusste vermutlich, dass er es hier mit einem fanatischen SS-Mann aus der Machtzentrale des Dritten Reichs zu tun hatte, und antwortete entsprechend.[52] Er teilte Veesenmayer mit, dass die Ursachen der Verluste bei der Franco-Hongroise «in einer echt jüdischen Misswirtschaft» gelegen hätten, «bei der alle Beteiligten nur bestrebt waren, auf Kosten der ausländischen Aktionäre ihr Schäflein zu scheren.» Da in Ungarn fast das gesamte Versicherungswesen «völlig verjudet» sei, wäre es nicht gelungen, die Misswirtschaft bei der Franco-Hongroise abzustellen oder geeigneten Ersatz für die Leitung dieses Unternehmens zu finden. Kißkalt bat darum, diese Begründung für den Verkauf der Franco-Hongroise vertraulich zu behandeln, «da im Gebiete der früheren österreichisch-ungarischen Monarchie und im übrigen Orient eine grosse Zahl von Versicherungsgesellschaften ebenfalls unter jüdischer Leitung stehen, an denen wir als Rückversicherer Geld verdienen, und ein Bekanntwerden dieser unserer offenen Darlegung uns diese Beziehungen stören könnte.»[53] Da dieser Ton so gar nicht zum Sprachstil Kißkalts passt, der zwar der NSDAP angehörte, aber stets ein akkurat fomulierender Jurist war, ist davon auszugehen, dass er hier das geschrieben hat, was Veesenmeyers Weltbild entsprach, um einen Konflikt zu vermeiden. Eine reine Erfindung war seine Darstellung aber auch nicht. Wegen der Judenverfolgung in Deutschland hatte die Allianz in einigen Ländern, besonders im Nahen Osten, geschäftliche Probleme bekommen. So hatte z. B. ein jüdischer Agent der Allianz in Ägypten das Geschäft auf einen britischen Versicherer übertragen. In Palästina hatte die Allianz ihr Geschäft bereits über die Schweizer National getarnt.[54] Die MR hatte zwar kein direktes Geschäft, sie befürchtete aber offensichtlich, dass es auch unter ihren Zedenten zu einem antideutschen Boykott kommen könnte. Die Konflikte in Budapest, wo es nach Kißkalts Darstellung einige Spannungen zwischen der MR und ihren Beteiligungsgesellschaften gab, konnten dafür leicht zum Auslöser werden.

Auch vor diesem Hintergrund ist eine humanitäre Intervention Alzheimers in Budapest sieben Jahre später zu sehen. Im März 1944 traf dort Edmund Veesenmayer ein, nun als Gesandter des Auswärtigen Amts und Bevollmächtigter des Reichs für die Deportation der ungarischen Juden.[55] Bis dahin war das mit den Achsenmächten verbündete Horthy-Regime nicht bereit gewesen, die ungarischen Juden in die Vernichtungslager zu deportieren. Nicht zuletzt deshalb wurde Ungarn im März 1944 von der Wehrmacht besetzt. Zwei Monate später begannen auch dort die Deportationen, täglich fuhren Güterzüge nach Auschwitz. Der langjährige Direktor der Europäischen

Güter- und Reisegepäck-Versicherung in Budapest, Josef Szöny, war Jude. Auch er sollte deportiert werden. Im Juni 1944 fuhr Alois Alzheimer nach Budapest und erreichte dort in Verhandlungen mit mehreren Behörden, dass Szöny und sein Bruder als Buchhalter weiterarbeiten durften. Auch für den früheren Generaldirektor der Ersten Ungarischen Allgemeinen Assekuranz-Gesellschaft, Imre Balaban, und den früheren Direktor der Franco-Hongroise, Georg Balaban, die beide Juden waren, hat sich die Leitung der MR eingesetzt.[56]

Kafka, Szöny und Balaban rettete die Intervention aus München vermutlich das Leben. Derartige Hilfsaktionen waren damals alles andere als selbstverständlich, darauf konnte die MR nach 1945 zu Recht hinweisen. Zumindest bei Kafka und Szöny handelten die Münchener aber nicht uneigennützig, da beide für die MR/Allianz-Gruppe auf ihren Posten praktisch nicht zu ersetzen waren. Dass Kafka und Szöny noch 1944 leitende Positionen in den Konzerngesellschaften in Bukarest bzw. Budapest innehatten, belegt, dass die MR von sich aus keine antisemitische Säuberung betrieben hat. Konzernrepräsentanten jüdischer Herkunft konnten für das Unternehmen in diesen Ländern auch durchwegs von Vorteil sein, wie man aus Kißkalts Brief an Veesenmayer herauslesen kann. Die Dankesschreiben von verfolgten Juden, die nach dem Krieg von der MR vorgelegt wurden, stammten durchweg von Direktoren und Generaldirektoren. Lediglich in einem Fall, dem des früheren Oberbuchhalters der Franco-Hongroise, Tivadar Pogany, ist bekannt, dass das Unternehmen auch einem jüdischen Mitarbeiter einer Konzerngesellschaft geholfen hat, der kein Vorstandsmitglied war.[57] Außer Schmitt hatten offenbar nur die «Reisekader» Alzheimer und Reininghaus die Möglichkeit zu intervenieren. Sie standen wiederum eher mit den Direktoren der zahlreichen Konzern- und Beteiligungsgesellschaften in Verbindung als mit dortigen Sachbearbeitern und Buchhaltern.

Die Konzerngesellschaften im besetzten Polen

In Polen war die MR nicht nur einer der führenden Rückversicherer, sondern seit 1919 auch an drei Erstversicherern beteiligt, die ihren Sitz in Warschau hatten: der Warschauer Versicherung, der Patria und dem Port. Hinzu kam noch eine kleinere Beteiligung bei der Europäischen Güter- und Reisegepäck-Versicherung in Warschau. Die Warschauer Versicherung war eine der größten und ältesten Versicherungsgesellschaften des Landes und hatte in Krakau ein bedeutendes Tochterunternehmen, die Florjanka. Die Patria und der Port (Port Towarzystwo Ubezpieczeń Spólka Akcyjna) waren nach dem Ersten Weltkrieg gegründet worden. Die MR hatte sich an diesen drei Versicherern gemeinsam mit ihren Wiener Beteiligungs- bzw. Konzerngesellschaften, dem Lebens-Phönix und der Providentia, beteiligt, um deren polnische Vertragsbestände nach der Aufteilung Österreich-Ungarns weiterzuführen. Während die Warschauer Versicherung das Lebensversicherungsgeschäft des Lebens-Phönix übernahm, war der Port ein reiner Sachversicherer, der die Verträge der Providentia und auch einiger deutscher Feuer-, Unfall- und Haftpflichtversicherer übernahm. Da österreichische und deutsche Versicherungsgesellschaften in Polen nicht zugelassen waren, wurden die Kapitalbeteiligungen der MR und ihrer österreichischen Partner getarnt. Nach außen hin traten polnische Staatsbürger als Eigentümer auf, an erster Stelle Direktor Ananjacz Einhorn, der bei sechs derartigen Gesellschaften dem Vorstand angehörte.[58] Einhorn gab die Aktien den polnischen Behörden gegenüber als sein Eigentum aus, die gezahlten Steuern wurden ihm von der MR erstattet.[59] Ende April 1933 hielt die MR beim Port 57 % des Grundkapitals, bei der Warschauer Versicherung 29 % und bei dem ebenfalls in Warschau ansässigen Versicherer Patria 22 %.[60] Im internen Sprachgebrauch der MR wurden diese drei Unternehmen als Konzerngesellschaften bezeichnet, auch wenn bei der Patria nur eine Minderheitsbeteiligung bestand. Beim Port hatte die MR gemeinsam mit dem Lebens-Phönix die Majorität.

Für die MR hatten die polnischen Beteiligungen, die sie mehr wegen ihrer österreichischen Partner und Konzerngesellschaften eingegangen war, keine allzu große Bedeutung. Mitte der 1930er Jahre wuchs in München die Neigung, diese Aktien an einen polnischen Käufer abzugeben. Kißkalt ließ den Leiter des Port, Rittermann, wissen, «dass wir der dauernden Schwierigkeiten, denen wir als deutsche Gesellschaft in Polen ausgesetzt seien, müde wären».[61] Doch gab es wohl keinen Interessenten, der einen angemessenen Preis geboten hätte. Auch schied Ananjacz Einhorn zu diesem Zeitpunkt aus, was einen Verkauf wegen der getarnten Besitzverhältnisse nicht einfacher machte.[62] Die Motive für seinen Wechsel sind ebenso wenig bekannt wie sein weiterer Werdegang. Einhorn hatte in den Jahren davor geplant, mit der Warschauer Versicherung, dem Port und der Patria in Palästina ins Geschäft zu kommen und dort wie auch in Ägypten eine Gesellschaft der Europäischen Güter- und Reisegepäckversicherung zu gründen.[63] Einem Hinweis von Herzog zufolge ist er später mit seiner Familie in die USA emigriert.[64]

Vom Zusammenbruch des Lebens-Phönix waren dann auch die polnischen Beteiligungsgesellschaften betroffen. Der Lebens-Phönix hatte bei der Warschauer Versicherung ein ähnlich großes Aktienpaket besessen wie die MR und war auch am Port beteiligt gewesen. Im Herbst 1936 wurde die Lage durch ein neues polnisches Gesetz noch schwieriger, das bei der MR als «Lex Münchener» bezeichnet wurde.[65] Offenbar wussten die polnischen Behörden inzwischen recht gut, wer die wirklichen Eigentümer der Warschauer Versicherung, des Port und der Patria waren. Das Gesetz zwang die Versicherungsgesellschaften, ihr Aktienkapital zu erhöhen, verbot die Beschäftigung von Ausländern und sah drakonische Strafen für die Bestellung von Strohmännern bzw. die Wahrnehmung des Stimmrechts durch Strohmänner vor.

Daraufhin kam es auch in Polen zu einer Allianz zwischen der MR und der Generali, die vereinbarten, paritätisch zusammenzuarbeiten. Die Generali übernahm die frei gewordene Beteiligung des Lebens-Phönix an der Warschauer Versicherung. Sie hatte in Warschau schon länger eine eigene Tochtergesellschaft, die Polonia, die durch das neue Versicherungsgesetz vor ähnlichen Problemen stand wie der Port. Nach längeren Verhandlungen einigten sich die MR und die Generali darauf, den Port auf die Polonia zu fusionieren. Am 17./25 Januar 1938 wurden die Fusionsverträge unterschrieben. An der fusionierten Gesellschaft, der Generali Port Polonia Vereinigte Versicherungs-Gesellschaft AG, Warschau (im Folgenden GPP) hielten die Generali und die MR schließlich Beteiligungen von jeweils 41,085 % des Aktienkapitals. Außer ihnen waren noch der Elementar-Phönix mit 8,5 % und eine polnische Aktionärsgruppe mit 9,33 % beteiligt.[66] Durch die Fusion ließ sich die vorgeschriebene Erhöhung des Aktienkapitals leichter verkraften. Zugleich wurde auf diese Weise vermieden, dass eine dieser Gesellschaften einen ausländischen Mehrheitsaktionär hatte.

Bei Kriegsbeginn hatten die von der MR kontrollierten Erstversicherer GPP, Patria, Warschauer Versicherung und Florjanka in Polen angeblich einen Marktanteil von zusammen über 50 %.[67] Als Polen im September 1939 von der Wehrmacht überfallen und besetzt wurde, befand sich die MR somit in einer Position, wie sie wohl nur bei wenigen deutschen Unternehmen bestand. Für sie machte es keinen Sinn, unter der deutschen Besatzungsherrschaft in Polen zu expandieren. Sie war dort schon Marktführer und hatte das Interesse, das Erreichte zu erhalten. Mit Neugründungen hätte das Unternehmen nur seinen eigenen Konzerngesellschaften Konkurrenz gemacht. Das Motto «Der Fahne folgt der Kaufmann», mit dem der Leiter der Reichsgruppe Versicherungen, Allianz-Vorstand Hilgard, damals zum Zug in die besetzten Länder aufrief, passte für die MR nicht.[68]

Während der Besetzung Polens kam bei der MR die Sorge auf, dass ihre als polnische Unternehmen getarnten Konzerngesellschaften in Warschau und Krakau vom deutschen Militär als feindliches Vermögen beschlagnahmt werden könnten. Noch vor dem Fall Warschaus wandte sich das Unternehmen am 20. September 1939 an den Generalquartiermeister beim Oberkommando des Heeres mit der Bitte, dass die GPP, die Warschauer Versicherung, die Patria und die Florjanka «nicht als feindliche, sondern als deutsche Unternehmen behandelt werden».[69] Die polnischen Konzerngesellschaften wurden dem Generaltreuhänder für Individualversicherung beim Generalgouverneur für die besetzten polnischen Gebiete unterstellt, der dann Treuhänder für die einzelnen Versicherungsgesellschaften einsetzte. Im Frühjahr 1941 wurden die bei der MR bestehenden Kontokorrentguthaben, technischen Reserven und Sicherheitsdepots der polnischen Beteiligungsgesellschaften (GPP, Patria, Warschauer Versicherung, Europäische Güter- und Reisegepäck-Versicherung Warschau) gar von der Haupttreuhandstelle Ost (HTO), der zentralen Behörde für die Konfiskation und die «Verwertung» polnischen Vermögens in den besetzten Gebieten, beschlagnahmt. Die MR legte gegen diese Verfügungen Beschwerde ein, doch die Konten und Depots blieben erst einmal blockiert.[70]

Im Unterschied zu einem Feindunternehmen durften die MR und die Generali Vorschläge für die Ernennung der Treuhänder machen, denen durchweg stattgegeben wurde. Schon Ende Oktober 1939 konnten diese Treuhänder ihr Amt antreten. Als Treuhänder für die Warschauer Versicherung schlug die MR in Abstimmung mit Generali den ehemaligen lettischen Justizminister Edwin Magnus vor, einen nationalliberal eingestellten Baltendeutschen, der früher auch Generaldirektor und Diplomat gewesen war.[71] Zum Treuhänder der Patria wurde auf Vorschlag der MR deren Prokurist Robert Schneider bestellt,[72] bei der GPP kam dagegen die Generali-Gruppe zum Zug. Treuhänder wurde hier Regierungsrat a.D. Paul Cuntz, ein Vorstandsmitglied der Wiener Generali-Tochter Erste Allgemeine Unfall- und Schadenversicherungs-Gesellschaft.[73] Die Treuhänder kamen nicht aus dem Besatzungsapparat, sondern waren durchweg Mitarbeiter der MR bzw. der Generali oder diesen Unternehmen gegenüber loyal eingestellt. In dem nicht zum Generalgouvernement, sondern zu den annektierten Gebieten Polens gehörenden «Reichsgau Wartheland», dem Gebiet um Posen, erhielt die neue Filialdirektion Wartheland der Allianz die treuhänderische Verwaltung der dort ebenfalls neu entstandenen Filialen der GPP, der Patria und der Warschauer Versicherung übertragen.[74]

Anfang 1941 wurde die Krakauer Versicherungsgesellschaft Florjanka, die mehrheitlich der Warschauer Versicherung gehörte, an die Victoria verkauft. Die Victoria hatte den Treuhänder für die Florjanka in Oberschlesien stellen können und war fest entschlossen, diese trotz eines hohen Defizits zu übernehmen. Der Prokurist der MR Robert Schneider, der nun ihre Interessen im besetzten Teil Polens, dem Generalgouvernement um Warschau und Krakau, vertrat, willigte nach einigem Zögern ein. Eine Rolle könnte dabei gespielt haben, dass sich unter den Aktionären der Florjanka ohnehin schon eine andere Versicherungsgruppe befand. Die Schweizer Rück war hier mit 15,6 % des Aktienkapitals beteiligt.[75] Die Warschauer Gesellschaft der Europäischen Güter- und Reisegepäck-Versicherung wurde abgewickelt, da es ihren Vertragspartner, die Polnische Staatsbahn, nicht mehr gab.

Wie sich die Geschäfte der Konzerngesellschaften in Polen entwickelten und wie sehr diese Unternehmen in die nationalsozialistische Vernichtungspolitik im Generalgouvernement eingebunden waren, lässt sich den überlieferten Dokumenten kaum entnehmen. Recherchen in mehreren polnischen Archiven haben zumindest einige Hinweise auf die Tätigkeit der GPP ergeben, die Überlieferung ist aber auch dort zu dünn, um ein Gesamtbild zeichnen zu können. Angaben zu den Mitarbeitern und deren Schicksalen finden sich weder im Archiv der MR noch in den polnischen Staatsarchiven. Aus überlieferten Geschäftsberichten und einigen Korrespondenzen geht lediglich hervor, dass die Konzerngesellschaften der MR in Warschau während der gesamten Besatzungszeit von den polnischen Direktoren Jan Adam Jeziorański und Andrzej Šliwiński geleitet wurden. Beide hatten schon vor Kriegsbeginn dem Vorstand mehrerer polnischer Konzerngesellschaften der MR angehört.[76] Der Vorstandsvorsitzende der GPP, Henryk Rittermann, war dagegen nach Kriegsbeginn vor den deutschen Besatzern nach Litauen geflohen, da er Jude war. Er wandte sich von Litauen aus vergeblich an die Generali, um ein Visum für Italien zu erhalten, und bat dann Alzheimer in München um Hilfe. Robert Schneider traf sich daraufhin mit Rittermann in Litauen und fand schließlich einen Weg, ihn und seine Familie im Juni 1940 nach Schweden in Sicherheit zu bringen. Im Unterschied zu manchen Zeugenaussagen aus der Nachkriegszeit ist dieser Vorgang durch überlieferte Briefe Rittermanns aus Vilnius und Kaunas belegt.[77] Die MR überwies Rittermann über die Union Rück in Zürich und die Stockholmer Versicherungsgesellschaft Svenska Veritas «Provisionen» in Höhe von insgesamt rund 25 000 Schwedischen Kronen. Schließlich gelang es Alzheimer, über den Konzernrepräsentanten in Südamerika, Theodor Wand vom Fénix Sudamericano, Rittermann ein Einreisevisum für Argentinien zu verschaffen, wo dieser im November 1940 eintraf.[78]

Wie bei der GPP, der Patria und der Warschauer Versicherung mit jüdischen Angestellten und Verträgen jüdischer Kunden umgegangen wurde, lässt sich den erhaltenen Unterlagen nicht entnehmen. Doch wurden dazu im Generalgouvernement schon frühzeitig rigide Bestimmungen erlassen, denen sich auch ein deutscher Versicherer selbst dann nicht entziehen konnte, wenn er es gewollt hätte. Jüdische Mitarbeiter waren umgehend zu entlassen, jüdische Policen wurden storniert, das in Lebensversicherungen angesparte Kapital zum Rückkaufwert an den deutschen Fiskus abgeführt.[79] Bei der GPP, der Patria und der Warschauer Versicherung wirkte sich dies anders aus als bei den in Warschau und Krakau neu eröffneten Niederlassungen von Versicherungsgesellschaften aus dem «Altreich». Ihr Vertragsbestand stammte weitgehend aus der Zeit vor der deutschen Okkupation, und unter ihren Mitarbeitern dürften viele Juden wie Rittermann gewesen sein.

Die Konzerngesellschaften der MR in Warschau verloren durch den Vermögensraub an der jüdischen und nichtjüdischen Bevölkerung einen beträchtlichen Teil ihres Vertragsbestands. Hinzu kamen noch die Folgen der

Aufteilung Polens zwischen Hitler und Stalin. Ein großer Teil des polnischen Staatsgebiets war von der Sowjetunion annektiert worden und blieb den Warschauer Versicherern nun verschlossen. Bei der Warschauer Versicherungs-Gesellschaft lagen die Prämieneinnahmen im ersten Quartal 1940 noch bei 58 % des Vorjahresstands. Von 116 «Beamten» waren 63 entlassen worden oder aus anderen Gründen ausgeschieden. Direktor Jezioránski rechnete für das Geschäftsjahr 1939 mit einem Verlust in Höhe von 2 Mio. Zloty.[80] Noch stärker war das Geschäft der GPP eingebrochen. Die Prämieneinnahmen lagen hier im ersten Quartal 1940 nur noch bei rund 28 % des Vorjahresstands.[81] Für die GPP sind Bilanzen aus diesen Jahren überliefert. Sie zeigen, dass die Prämieneinnahmen zwischen 1938 und 1940 um mehr als 60 % zurückgingen, von rund 2,2 Mio. Zloty auf rund 780 000 Zloty.[82] Am stärksten war der Rückgang im Transportgeschäft, wo das Seetransportgeschäft vollständig und das Kfz-Geschäft weitgehend weggefallen waren.[83] Auch das Feuergeschäft war eingebrochen. Viele Feuerverträge von Firmen wurden storniert, weil der Versicherungsnehmer in Liquidation ging.[84] Zum Lebensversicherungsgeschäft der Warschauer Versicherung sind keine Unterlagen überliefert. Auch hier wird die Verfolgung dazu geführt haben, dass die Zahl der Verträge stark zurückging. Da die Lebensversicherer aber nur den Rückkaufwert an das Reich abzuführen hatten, der deutlich unter der angesparten Summe lag, brachten ihnen die Stornos auch ansehnliche Gewinne ein.

Im Laufe des Jahres 1941 stiegen die Prämieneinnahmen der GPP wieder an, auf rund 1,3 Mio. Zloty, wobei das Transportgeschäft am stärksten zunahm. Unter den Kunden befanden sich zahlreiche Handels- und Transportgesellschaften.[85] Ob sie polnische oder deutsche Eigentümer hatten, lässt sich nicht ausmachen. Im Unterschied zu den neu gegründeten Filialen deutscher Versicherungsgesellschaften in Polen, auch der Allianz-Filiale in Posen, konnten sich die GPP, die Patria und vor allem die schon seit 1870 bestehende Warschauer Versicherung nicht auf neue Kunden beschränken. Sie waren darauf angewiesen, einen Stamm alter Kunden zu behalten, und wurden wohl auch deshalb weiterhin von polnischen Direktoren geleitet. Auf einer im April 1942 bei der Generali in Venedig abgehaltenen «Partnerkonferenz» beschrieb der Treuhänder Edwin Magnus die Geschäftsentwicklung der drei Konzerngesellschaften in Warschau als «durchaus günstig». Die Warschauer Versicherung konnte durch den Verkauf «der freigegebenen Häuser in den Ostgebieten» Bilanzgewinne erzielen. Bei der GPP rechnete Magnus hingegen damit, dass das Aktienkapital in Höhe von 2,5 Mio. Zloty (1,25 Mio. RM) unter Berücksichtigung von noch zu erwartenden Wertminderungen «fast vollständig verloren sein wird.»[86] Zu den Rückversicherern der GPP gehörte im Übrigen auch die Schweizer Rück. Mit ihr konnte die Warschauer MR/Generali-Tochter im

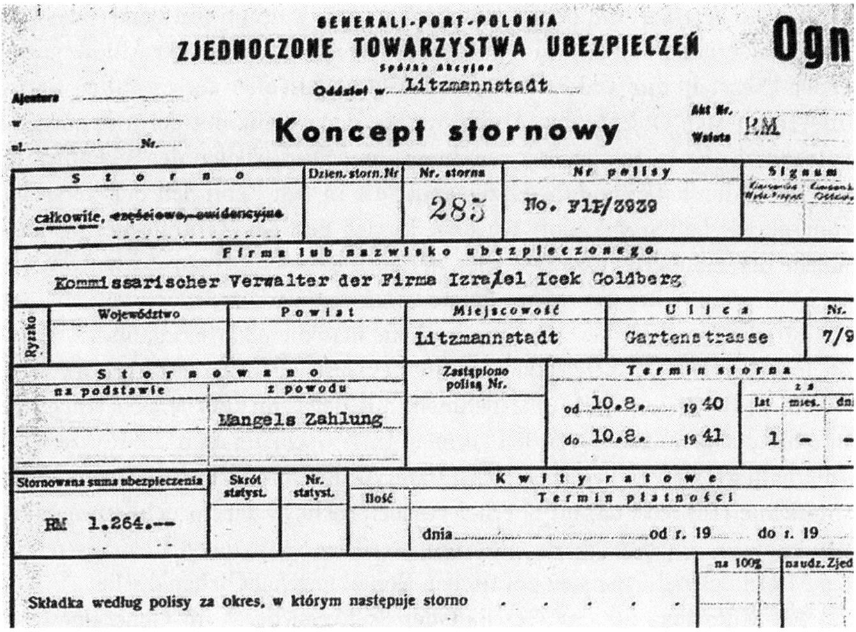

GENERALI-PORT-POLONIA
ZJEDNOCZONE TOWARZYSTWA UBEZPIECZEŃ
Spółka Akcyjna
Oddział w Litzmannstadt
Ogn
Ajentura
w
ul. Nr.
Koncept stornowy
Akt Nr.
Waluta RM

Storno	Dzien. storn. Nr	Nr. storna	Nr polisy	Signum
całkowite, ~~częściowe, ewidencyjne~~		283	No. F1F/3939	

Firma lub nazwisko ubezpieczonego
Kommissarischer Verwalter der Firma Izrael Icek Goldberg

Ryzyko	Województwo	Powiat	Miejscowość	Ulica	Nr.
			Litzmannstadt	Gartenstrasse	7/9

Stornowano na podstawie	z powodu	Zastąpiono polisą Nr.	Termin storna	za
	Mangels Zahlung		od 10.8. 19 40 / do 10.8. 19 41	lat 1, mies. -, dni -

Stornowana suma ubezpieczenia	Skrót statyst.	Nr. statyst.	Kwity ratowe: Ilość	Termin płatności
RM 1.264.--				dnia .... od r. 19 ... do r. 19

Składka według polisy za okres, w którym następuje storno . . . . . . | na 100% | nasudz. Zjed

Abb. 29 Storno der Feuerversicherung von Izrael Icek Goldberg aus Lodz bei der Generali Port Polonia, an der die Münchener Rück beteiligt war

Sommer 1940 einen Hagelrückversicherungsvertrag abschließen, der im Herbst 1943 ergänzt wurde.[87]

Durch die Allianz-Studie von Gerald D. Feldman ist bekannt geworden, dass die Warschauer Konzerngesellschaften der MR auch einem Konsortium unter Leitung der Allianz-Tochter Bayerische Versicherungsbank angehört haben, das dem Zwangsarbeiterlager Płaszów in der Nähe von Krakau einen Feuerversicherungsvertrag über 3 Mio. Zloty angeboten hat. Beim Vertragsabschluss waren die GPP und die Florjanka mit einer Quote von jeweils 12,5 % an diesem Konsortium beteiligt. Nachdem sich die Zahl der Häftlinge im Płaszów von 2000 auf 12 000 erhöht hatte, wurde die Versicherungssumme auf 6 Mio. Zloty verdoppelt. Nun trat auch die Warschauer Versicherung mit einer 12,5 %igen Quote in das Konsortium beteiligt.[88] Ein weiterer Vertrag wurde mit gleicher Quote im Mai 1944 abgeschlossen, nachdem das Zwangsarbeitslager in ein Konzentrationslager umgewandelt worden war.[89]

Die MR nahm das sehr viel umfangreichere Geschäft der Allianz mit der SS zu der zwischen beiden Unternehmen damals geltenden Quote von 30 % in Rückdeckung. Dabei handelte es sich um Verträge zur Versicherung von Baracken und Betrieben in den Konzentrationslagern Auschwitz, Buchenwald, Dachau, Neuengamme, Ravensbrück, Sachsenhausen und Stutthof.[90] Gleiches gilt für die Verträge, mit denen sich die Ghettoverwaltung von Lodz – das von den Besatzern in Litzmannstadt umbenannt worden war – bei der Allianz gegen Feuer, Diebstahl und andere Risiken versicherte.[91] In allen diesen Fällen waren die versicherten Objekte den Abrechnungen der Allianz mit der MR nicht zu entnehmen. Verträge von Erstversicherern mit Dienststellen der SS kamen in der Regel durch Verbindungen zustande, die in den Zentralen der Versicherungsgesellschaften geknüpft wurden. In der Berliner Zentrale der Allianz fädelte deren Subdirektor Max Beier, der enge Beziehungen zur SS hatte, diese Geschäfte ein.[92] Bei der MR gehörte zwar der Vorstandsvorsitzende Kurt Schmitt der SS an, als Geschäftskunden hatte man diese Parteiorganisation aber nie im Blick. Die MR betrieb ja kein direktes Geschäft, und der SS gehörte wiederum kein Versicherungsunternehmen, mit dem ein Rückversicherungsvertrag hätte abgeschlossen werden können. In Warschau hatten die Konzerngesellschaften offenbar keinen engen Draht zu den SS-Dienststellen. Jedenfalls sind keine Hinweise darauf überliefert, auch nicht in der Spruchkammerakte von Robert Schneider, der als «alter Kämpfer» der NSDAP von allen Vertretern der MR in Polen die meisten politischen Kontakte gehabt haben dürfte.

Ab Mitte 1943 litt das Geschäft der Sachversicherer im Generalgouvernement unter der zunehmenden Zahl von Anschlägen der Partisanen. Diese Schäden wurden von den deutschen Besatzungsbehörden nicht als Kriegsschäden anerkannt und somit den Versicherungsgesellschaften aufgebürdet.[93] Während des Warschauer Aufstands der polnischen Heimatarmee vom August/ September 1944 kam die Geschäftätigkeit zum Erliegen. Am 27. Juli 1944 hatten die MR und die Generali Jeziorański und Śliwiński bevollmächtigt, das Schreiben mit dieser Vollmacht ging aber bereits als unzustellbar zurück.[94] Magnus konnte am 19. September 1944 nach München berichten, dass es den beiden Direktoren gelungen sei, Warschau während eines Waffenstillstandes zu verlassen, und sie sich nun in Krakau befänden.[95] Jeziorański teilte der MR am gleichen Tag mit, dass er die Geschäfte von dort aus weiterführen werde und dass der Immobilienbesitz der Warschauer Konzerngesellschaften bei den Kämpfen weitgehend zerstört worden sei.[96] Das weitere Schicksal der Direktoren ist nicht bekannt. Die Warschauer Versicherung, die GPP und die Patria wurden nach dem Krieg wie alle privaten Versicherungsgesellschaften in Polen enteignet.

Schon wenige Monate nach dem Angriff auf die Sowjetunion richtete die MR im September 1941 den Blick auf die besetzten Gebiete im Baltikum und in Weißrussland (Reichskommissariat Ostland). Gemeinsam mit der Allianz wollte sie eine Versicherungsgesellschaft mit Sitz in Riga gründen.[97] Hier bestand eine völlig andere Ausgangslage als in Polen. Die MR war vor dem Zweiten Weltkrieg in den baltischen Staaten kaum vertreten gewesen. Zwei lettische Versicherer, an denen sich die MR und die Allianz beteiligt hatten, waren nach Kriegsbeginn wegen der Annexion des Baltikums durch die Sowjetunion in Liquidation gegangen. In Estland, Lettland und Litauen existierte jetzt nur noch der Monopolversicherer des sowjetischen Staats, der Gostrach.[98] In der Weißrussischen Sowjetrepublik hatte die MR noch nie Geschäfte gemacht. Mit dem Baltendeutschen Edwin Magnus, dem Kommissar der Warschauer Versicherung, konnte sie aber zumindest einen gut ausgewiesenen Mann für die Leitung der geplanten Neugründung im Baltikum präsentieren. Doch entschied der Reichsminister für die besetzten Ostgebiete, der nationalsozialistische Chefideologe Rosenberg, dass hier die sowjetische Staatsversicherung Gostrach unter deutscher Leitung weitergeführt werden sollte. Vergeblich wies die MR in Berlin darauf hin, dass der Gostrach in den besetzten baltischen und sowjetischen Gebieten gar nicht zahlungsfähig war, dass dort also gar kein Versicherungsschutz mehr bestand. Alle Bemühungen von MR und Allianz um eine Expansion in die besetzten sowjetischen Gebiete waren vergebens. Hitler setzte auf den von Rosenberg geplanten «deutschen Gostrach», nicht nur im Baltikum und in Weißrussland, sondern auch im Reichskommissariat Ukraine. Am 16. Juni 1942 teilte der Chef der Reichskanzlei dem Reichsminister für die besetzten Ostgebiete mit: «Der Führer hat sich gelegentlich dahin geäußert, dass er in der Ukraine die Aufrechterhaltung des von den Sowjets eingerichteten staatlichen Versicherungsmonopols wünsche.»[99] Dementsprechend entstand im November 1942 die Versicherungsanstalt Ukraine. Doch gab es nun das Problem, dass die in die Ukraine expandierenden deutschen Unternehmen – vor allem aus der Schwerindustrie und dem Handel – keine Neigung hatten, Versicherungsverträge mit einer Nachfolgegesellschaft des Gostrach abzuschließen. Die Reichsregierung stellte deshalb in Aussicht, öffentlich-rechtliche Versicherer aus Deutschland an der Gostrach-Nachfolgegesellschaft zu beteiligen.[100] Auf eine Geschäftstätigkeit in der Ukraine konnte die MR unschwer verzichten. Beunruhigender musste in München wirken, dass Hitler einer staatlichen Monopolversicherung sowjetischen Modells den Vorzug gab.

Die Tochtergesellschaften im Westen und die Vereinigung zur Deckung von Großrisiken

Der Beginn des Zweiten Weltkriegs führte bei der MR nicht zu einem derart scharfen Rückgang des Prämienvolumens, wie dies 1914 der Fall gewesen war. Dies lag zum einen daran, dass das Auslandsgeschäft als Folge des Ersten Weltkriegs nicht mehr ein so großes Gewicht hatte und viele Verträge auf die Union Rück umgeschrieben worden waren. Zum anderen konnte die MR durch die Besetzung der Niederlande, Belgiens und Frankreichs schon bald auf wichtige Auslandsmärkte zurückkehren.

Am 10. August 1940 stattete Walther Meuschel der früheren Tochtergesellschaft Les Réassurances einen Besuch ab. Nach der gegenseitig bekundeten Freude über das Wiedersehen und Meuschels Zusage, sich für die Freilassung eines möglicherweise in Gefangenschaft geratenen Vorstandsmitglieds einzusetzen, gab es auch harsche Ermahnungen. Die MR hatte offenbar erwartet, dass sich Les Réassurance gleich nach der Besetzung Frankreichs intensiv darum bemühen würde, Verträge britischer Versicherer zu übernehmen. Britische Gesellschaften waren in Frankreich bis zur Besetzung stark vertreten gewesen, besonders in der Transportversicherung. Die Neigung, an deutsche Rückversicherer zu zedieren, war hier wegen der «Erbfeindschaft» zwischen den beiden Nachbarländern schon lange sehr gering gewesen. Da Rückversicherungsgesellschaften in Großbritannien nach wie vor keine große Rolle spielten, hatten sich die französischen Erstversicherer in der Regel bei britischen Erstversicherern rückversichert. Doch nun waren die Rückversicherungsverträge zwischen französischen und britischen Gesellschaften aufgehoben. Die deutsche Besetzung hatte, wie Gerald D. Feldman schreibt, «die französischen Erstversicherer in eine Art Rückversicherungsnotstand gestürzt».[101] Einer französischen Rückversicherung mit deutschem Rückhalt boten sich völlig neue Möglichkeiten, die Les Réassurances nach Meuschels Eindruck bis zum Sommer 1940 schlecht genutzt hatte. Wahrscheinlich hatte man hier andere Sorgen. Einige leitende Mitarbeiter und auch der in München sehr geschätzte Vorstandsvorsitzende Dingler waren gerade erst vom Militärdienst ausgemustert worden. Meuschel sah sich jedenfalls veranlasst, die Erwartungen der MR gegenüber Les Réassurances in Form einer Ermahnung zu verdeutlichen: «Ich habe den Herren gesagt, dass es ein absolutes Versagen sei, wenn sie es nicht erreichen würden, dass das Portefeuille der Réassurances sich in diesen Tagen mindestens verdoppelt oder verdreifacht, weil keine andere Gesellschaft jetzt schon ihre Retrozession geordnet haben kann und weil sie mit der franz. Majorität den Anforderungen aller Seiten Rechnung trägt.»[102]

In den folgenden Monaten beschäftigte man sich intensiv mit der Frage, wie die MR wieder in den Besitz ihrer früheren Les-Réassurances-Aktien gelangen könnte, die im Herbst 1939 auf verschlungenen Wegen in verschiedene Hände gelangt waren. Vor Kriegsbeginn hatten sie sich bei der Schweizerischen Bankgesellschaft in einem Depot mit einer Chiffre-Nr. befunden, für das der Union Rück eine Verfügungsbefugnis ausgestellt worden war. Die Schweizerische Bankgesellschaft war dann von den französischen Behörden unter Druck gesetzt worden, die Aktien nach Frankreich abzugeben. Daraufhin wurde das Paket mit Zustimmung der MR an das Pariser Bankhaus Demachy & Cie. verkauft, höchstwahrscheinlich mit einer Rückkaufklausel. Demachy & Cie. hatte inzwischen einen Teil der Aktien weiterverkauft und konnte zunächst nur ein kleines Paket zum Rückkauf anbieten.[103] Anfang De-

zember 1940 kam Kurt Schmitt nach Paris und machte Druck in der «Aktien-
frage». Er stellte klar, «dass wir Gegengeschäfte und sonstige Unterstützung
nicht gewähren können, wenn wir nicht einwandfrei den Einfluss auf diese
Gesellschaft haben».[104] Bei diesem Besuch kam man auch überein, die Verbindung zwischen der MR und Les Réassurance nicht länger zu tarnen. Noch im
Dezember 1940 konnte ein großes Aktienpaket zu einem nach Ansicht der MR
überhöhten Preis von Demachy & Cie. zurückgekauft werden.[105]

Die Geschäfte von Les Réassurance entwickelten sich in den folgenden
Jahren recht günstig. Die Prämieneinnahmen verdoppelten sich zwischen
1940 und 1942, zu einem erheblichen Teil wohl durch die von Meuschel ange-
mahnte Übernahme von früheren Zedenten britischer Versicherer.[106] Nach
späteren Angaben Alzheimers wurden etwa 50 % der früher von britischen
Gesellschaften gedeckten Verträge von französischen Versicherern übernommen, 25 % von deutschen und das restliche Viertel von italienischen und
Schweizer Versicherern.[107] Wie die Mitarbeiter von Les Réassurances zur
Kollaboration ihrer Direktoren mit der MR standen, ist nicht überliefert. Es
lässt sich auch nicht mehr feststellen, ob dieses Unternehmen Mitarbeiter jüdischer Herkunft hatte. Der Vorstände in Paris und München sahen in der
Zusammenarbeit während der Okkupation nichts anderes als die Wiederherstellung einer durch den Krieg für kurze Zeit unterbrochenen Geschäfts- und
Kapitalverbindung.

Ein anderes Beispiel für die enge Zusammenarbeit zwischen der MR und
einer «befreundeten» französischen Versicherungsgruppe ist der Fall Alsacienne Vie. Die MR hatte 1928 bei der in Straßburg ansässigen Alsacienne Vie
eine 40 %ige Kapitalbeteiligung übernommen. Nach außen hin fungierte die
Union Rück als Eigentümerin dieses Pakets, da eine deutsche Beteiligung im
Elsass damals in Frankreich nicht publik gemacht werden konnte. Der Fall
war zudem besonders brisant, weil die Alsacienne-Gruppe aus der ehemals
von der MR mit gegründeten Ersten Elsaß-Lothringischen Unfall- und Haft-
pflichtversicherungs-Gesellschaft hervorgegangen war.[108] Vor Kriegsbeginn
hatte die MR noch ihre Beteiligung an der Pariser Versicherungsgesellschaft
La Cité auf die Alsacienne Vie übertragen.

Nach der Besetzung Straßburgs wurde die Alsacienne Vie der deutschen
Zivilverwaltung unterstellt. Sie hieß nun wieder Elsaß-Lothringische. Als kom-
missarischer Verwalter wurde der MR-Prokurist Otto Burbach eingesetzt. In
München wollte man die Alsacienne-Gruppe bestehen lassen und ihr einige
Bestände mit frei gewordenen englischen und französischen Verträgen geben.
Doch es kam anders. Die Zivilverwaltung in Straßburg ordnete an, die Bestände
aller elsässischen Versicherer treuhänderisch auf Gesellschaften aus dem «Alt-
reich» zu übertragen. Dabei kamen bei der Gruppe der Alsacienne bzw. Elsaß-
Lothringischen zwei öffentlich-rechtliche Versicherer, die Zentraleuropäische

Versicherung und die Öffentliche Lebensversicherungsanstalt Baden, zum Zuge.[109] Die Alsacienne Vie hatte ihre Geschäftsunterlagen und auch die Aktien der La Cité vor der Besetzung nach Bergerac verlegt und machte nun in den anderen Teilen Frankreichs recht gute Geschäfte, die hinter dem Rücken der französischen Behörden über die Union Rück bei der MR in Rückversicherung gegeben wurden.[110]

Nicht so gut dokumentiert ist das Verhalten der MR gegenüber den Versicherern in den besetzten Niederlanden. Alois Alzheimer gab nach dem Krieg bei einer Vernehmung durch alliierte Ermittler an, im Juni 1940 sei vereinbart worden, die aufgelösten Verträge britischer (Erst-)Versicherer in den Niederlanden im Verhältnis von 50:50 auf deutsche und holländische Gesellschaften aufzuteilen. Die niederländischen Versicherer hätten dann eine eigene Organisation errichtet, «um einen Teil ihrer Aktie von dieser Erstversicherung zu übernehmen».[111] Dabei handelte es sich um die Verenigde Assurantjebedrijven Nederland N. V. (VAN), die von der MR nach eigenen Angaben von Anfang an unterstützt wurde.[112] Eine ähnliche Regelung wurde in Belgien vereinbart.[113] In beiden Ländern erlangten die deutschen Rückversicherer demnach während der Besatzungszeit keine dominante Stellung. Nach dem Krieg gab die MR auch an, im Herbst 1941 die Gründung einer nationalsozialistischen Einheitsversicherung in den Niederlanden durch Hans Goebbels, den Generaldirektor der Provinzial Feuer- und Lebensversicherungsanstalten der Rheinprovinz und älteren Bruder des Reichspropagandaministers, verhindert zu haben.[114] Von den niederländischen Beteiligungsgesellschaften der MR, der Providentia und Europäischen in Amsterdam, ist in den überlieferten Berichten nicht die Rede. Auch im Archiv des Unternehmens wird man dazu nicht fündig.

Die Pilot Reinsurance Company of New York, an der neben der MR auch die Union Rück, die Generali und die Allianz beteiligt waren, befand sich bereits vor Kriegsbeginn in einer schwierigen Lage. Carl Schreiner wollte die Leitung des von ihm gegründeten Unternehmens trotz seines hohen Alters – er war 1934 80 Jahre alt geworden – nicht abgeben und hatte keinen Nachfolger aufgebaut. Durch einen Kursrutsch an der New Yorker Börse hatte die Pilot 1937 Verluste von rund 800 000 US-Dollar erlitten.[115] Lothar Südekum, der damals in New York arbeitete, gewann den Eindruck, dass die Pilot «nicht mehr sehr aktiv» war. Nach Beginn des Krieges in Europa wäre «nicht mehr viel zu machen gewesen».[116] Einige Jahre zuvor war Südekum mit Schreiner heftig aneinander geraten, weil dieser behauptet hatte, Hitler wäre «ein gottgesandter Mann».[117] 1939 zog sich Schreiner wegen eines Augenleidens zurück – 59 Jahre nach seinem Eintritt bei der MR. Er lebte bis zu seinem Tod wieder in Deutschland, bestimmte von dort aus aber weiterhin die Geschäftspolitik der Pilot.[118]

Schreiner war sich sicher, dass die amerikanischen Behörden im Falle eines Kriegs mit Deutschland nicht gegen das Unternehmen vorgehen wür-

den, da die Pilot «eine amerikanische Gesellschaft sei und amerikanische Aufsichtsräte und Direktoren besitze».[119] Die Aktien waren bereits im Frühjahr
1939 auch auf Schreiners Drängen hin an Versicherungsgesellschaften in Ländern abgegeben worden, die sich nach Kriegsbeginn für neutral erklärten und
bereits im Ersten Weltkrieg neutral geblieben waren.[120] Hans Grieshaber, der
Generaldirektor der ebenfalls an der Pilot beteiligten Union Rück, hielt Schreiners Kalkül für zu optimistisch und schlug vergeblich vor, «mit allen Mitteln
Geld nach Südamerika zu bringen».[121] Tatsächlich ging Schreiners Strategie
nicht auf. Nach dem Kriegseintritt der Vereinigten Staaten im Dezember 1941
wurde die Pilot beschlagnahmt. Die amerikanischen Behörden und Gerichte
ließen sich nicht davon beeindrucken, dass die Aktien auf schwedische, niederländische und Schweizer Versicherer übertragen worden waren. Im Februar 1942 wurde die Pilot auf Anordnung des Supreme Courts des Staates New
York liquidiert. Die schwedischen Aktionäre klagten nach Kriegsende vergeblich gegen das Office of Alien Property Custodian auf Rückerstattung.[122]

In Europa hatte die MR dagegen im Frühjahr 1942 einen Einfluss, der so
groß war wie noch nie zuvor, auch nicht in den Jahren vor 1914. Sie profitierte
davon, dass sich nur noch wenige Länder – Großbritannien, Irland, Portugal,
Schweden und die Schweiz – nicht unter der Herrschaft des Großdeutschen
Reichs oder seiner Verbündeten befanden, und zog zugleich Nutzen daraus,
über zahlreiche Verbindungen in die neutralen Länder zu verfügen.

In Berlin war nach dem Waffenstillstand von Compiègne am 22. Juni 1940,
der faktisch einer Kapitulation Frankreichs gleichkam, vielfach mit einem
baldigen Friedensschluss gerechnet worden, der die deutsche Hegemonie über
den Kontinent besiegelt hätte. Im Reichswirtschaftsministerium wurden Pläne
für eine wirtschaftliche Neuordnung Europas als Großraumwirtschaft des
Reichs geschmiedet.[123] Bei der MR führten die veränderten Rahmenbedingungen zu Überlegungen, die europäische Versicherungsbranche unter deutscher Hegemonie neu aufzustellen. Damit standen die Münchener nicht allein.
Als sich Alois Alzheimer im Oktober 1940 in Venedig mit dem Generaldirektor der Riunione, Enrico Marchesano, und ihrem früheren Verwaltungsratsvorsitzenden, Arnoldo Frigessi, traf, legten ihm beide dar, dass die deutschen
und die italienischen Versicherer gemeinsam die Lücke füllen sollten, die auf
dem Kontinent durch den Ausfall von Lloyd's entstanden war. Alzheimer antwortete, derartige Pläne seien in München bereits in Vorbereitung.[124] Schmitt
strebte im Unterschied zu Marchesano und Frigessi jedoch eine möglichst
breite Kooperation der kontinentaleuropäischen Versicherer an, die nicht im
Ruf stehen sollte, ein bloßes Hilfsorgan der Achsenmächte zu sein. Daher legte
er großen Wert darauf, die Schweizer Rück für das Projekt zu gewinnen, was
ihm auch gelang. Bei einem ersten Treffen in München am 4. März 1941 wurde
beschlossen, eine Vereinigung zur Deckung von Großrisiken als eingetrage-

nen Verein zu gründen.[125] Beteiligt waren daran vor allem die MR, die Generali, die Riunione und die Schweizer Rück. Die Leitung lag eindeutig bei der MR. Kurt Schmitt wurde Präsident der Vereinigung, von Reininghaus Geschäftsführer, München wurde zum Sitz bestimmt. Darüber hinaus wurde beschlossen, einen Präsidialausschuss und einen Technischen Ausschuss zu errichten.

Offiziell hatte die Vereinigung die Aufgabe, die von den britischen Versicherern hinterlassene Deckungslücke bei Großrisiken zu füllen – davon leitete sich auch der etwas umständliche Name ab. Praktisch sah dies so aus, dass die Großrisiken-Vereinigung einspringen sollte, wenn Risiken in einem Land nicht gedeckt werden konnten. Die Deckung wurde nach einem Quotensystem auf die Mitglieder verteilt. Am 29./30. Oktober 1941 fand in Rom die erste Tagung des Präsidialausschusses statt. An der zweiten Tagung in Lugano am 7./8. Mai 1942 nahmen dann auch die Mitglieder des Technischen Ausschusses teil. Eine weitere Tagung fand am 1./2. Juni 1943 in Budapest statt. Auf allen Tagungen war Schmitt die absolut dominierende Persönlichkeit. Die anderen Teilnehmer überschlugen sich geradezu in Huldigungen an ihn, wofür Schmitt durchaus empfänglich war. Dies spiegelte aber auch die Machtverhältnisse in Europa wider. Ein Italiener oder Franzose hätte eben nicht Vorsitzender dieser Vereinigung sein können, und dass Schmitt einmal Hitlers Wirtschaftsminister gewesen war, machte ihn in diesem Kreis vollends zur idealen Führungsfigur.

Schon in seiner Rede auf der ersten Tagung in Rom hatte Schmitt den «unpolitischen» Charakter der Vereinigung betont, nachdem zuvor einige Presseberichte mit anderem Tenor erschienen waren. «Die Vereinigung ist aus rein versicherungswirtschaftlichen Gesichtspunkten errichtet und hat keinerlei politische Tendenz.»[126] Bei den Alliierten sah man dies anders. In einem Report des amerikanischen Board of Warfare wurde die Vereinigung als «The European Reinsurance Cartel» bezeichnet, «combining business organization with Nazi ideology».[127] In den Protokollen der insgesamt drei Tagungen, die in den Jahren 1941 bis 1943 stattfanden, finden sich kaum politische Äußerungen, geschweige denn Vorschläge zur Neuordnung der europäischen Versicherungsbranche. Anzunehmen ist freilich, dass über diese Themen im Anschluss an die Sitzungen, außerhalb des Protokolls und im kleineren Kreis, umso intensiver gesprochen wurde. Anders als man vermuten könnte, ging es bei den Ausschusssitzungen auch nicht um die Deckung von Großrisiken. Vielmehr wurden verschiedenste Aspekte und Probleme der Branche referiert und Regelungen in den einzelnen Ländern miteinander verglichen. Themen waren z. B. die Auswirkung der Preissteigerung in den Elementarbranchen, das Explosionsrisiko in der Feuerversicherung und die Kriegsversicherung in der Lebens- und Unfallversicherung.[128] Auch verabschiedete der Präsidialausschuss Richtlinien etwa zur Deckung von Feuer-Risiken und von Transport-Risiken.[129]

Es wäre aber falsch, deshalb in der Vereinigung zur Deckung von Groß-risiken nur eine Art Informationsplattform zu sehen. Trotz aller Beteuerungen Schmitts war dieser Verband alles andere als unpolitisch. Die Mitgliedschaft kam einer Anerkennung der Hegemonie des Dritten Reichs über Europa gleich. Hier trat niemand ein, der anders dachte. Auch ergab sich schon aus der Gründung der Vereinigung und ihrem Konzept eine antibritische Ausrichtung, die bei den Tagungen gar nicht erst betont werden musste. Die meisten Mitglieder kamen aus Deutschland und Italien.[130] Sie setzten auf einen Sieg der Achsenmächte. Die anderen rechneten zumindest mit einem derartigen Kriegsausgang. Alle zusammen waren wohl kaum bereit, das übernommene Geschäft britischer Versicherer diesen nach einer Niederlage der Alliierten zu-rückzugeben. Schmitt war sich dieser Zusammenhänge zweifellos bewusst. Auch wenn es ihm in erster Linie um eine kontinentaleuropäische «Rückver-sicherungsgemeinschaft»,[131] eine Art Rückversicherungskartell, ging, waren die Folgen doch zwangsläufig eine dauerhafte Verschiebung zu Lasten der britischen Versicherer. Seit dem 17. Jahrhundert war London das Zentrum der europäischen Versicherungswelt gewesen. Das konnte sich nun ändern. Bei der Großrisiken-Vereinigung wurden zwar keine ideologischen Phrasen ge-droschen. Schmitt machte sich mit diesem Verband aber die nationalsozialis-tische Gewaltherrschaft über Europa zu Nutze und arbeitete seinerseits wiede-rum den nationalsozialistischen Großraumplänen zu.

Nebenbei hatte die Vereinigung die ordnungspolitische Aufgabe, staat-liche Rückversicherungsmonopole, wie sie sich damals auszubreiten schienen, zu bekämpfen. In Griechenland war ein derartiges Monopol entstanden, das nach der deutschen Besetzung des Landes auf Betreiben der Reichsgruppe Versicherungen aufgehoben wurde; in Jugoslawien gab es ähnliche Pläne, und im unbesetzten Teil Frankreichs erließ das Vichy-Regime ein Dekret über eine obligatorische staatliche Rückversicherung für Transportversicherungen.[132] In München beobachtete man diese Vorgänge sehr genau. «Am meisten Sorgen macht mir zurzeit Jugoslawien», schrieb Alzheimer am 7. Oktober 1940 dem Vorsitzenden der Reichsgruppe Versicherungen, Hilgard.[133]

Um neue Mitglieder für die Vereinigung zu gewinnen, reiste ihr Ge-schäftsführer Reininghaus mehrfach durch Europa. Dabei war er recht erfolg-reich. Anfang Juni 1943 hatte die Vereinigung bereits 192 Mitglieder aus 13 Ländern (einschließlich Protektorat Böhmen und Mähren).[135] Doch war die Zusammensetzung nicht so breit international gefächert, wie dies nach außen hin dargestellt wurde. Eine bei der MR angelegte Übersicht über die Mitglie-der in der Sparte Feuerversicherung zeigt, dass über die Hälfte der beteiligten Versicherer und fast die Hälfte der gezeichneten Einheiten aus dem damaligen

Tab. 10 Zusammensetzung der Vereinigung zur Deckung von Großrisiken, Sparte Feuer- und Chomageversicherung, nach Ländern, September 1942[134]

Land	Zahl der beteiligten Unternehmen	Anteil der gezeichneten Einheiten
Deutsches Reich*	51	46,11 %
Belgien	7	2,44 %
Bulgarien	1	0,24 %
Finnland	4	1,95 %
Frankreich	o. A.	15,12 %
Italien	10	22,93 %
Niederlande	1	1,23 %
Protektorat	1	0,24 %
Rumänien	3	0,72 %
Schweiz	2	6,59 %
Serbien	1	0,24 %
Spanien	1	0,24 %
Ungarn	2	1,95 %

* Großdeutsches Reich in den Grenzen von 1942 ohne Protektorat

Gebiet des Deutschen Reichs, also einschließlich Österreichs und der annektierten tschechischen und polnischen Gebiete, stammten. Ein knappes Viertel entfiel auf Italien. Außer den beiden Achsenmächten war lediglich Frankreich noch mit einer größeren Zahl von Mitgliedern vertreten (siehe Tabelle 10). Spanische Versicherer gehörten der Vereinigung kaum an, aus den Niederlanden trat nur die bereits erwähnte VAN in der Feuersparte bei, aus Belgien stammten dagegen sieben Gesellschaften. Aber auch hier gab es Versicherer, die eine Mitgliedschaft strikt ablehnten. Bei zwei belgischen Versicherungsgesellschaften bekam Reininghaus zu hören, zur Mitarbeit an der Neuordnung Europas könne «kein aufrechter Belgier die Hand bieten solange er ‹Sklave› sei». Dass sich die Franzosen anders verhielten, ändere daran nichts, «denn diese hätten offenbar jeden eigenen Willen und jede Würde verloren».[136]

Aus der Schweiz gehörten nur zwei Unternehmen der Großrisiken-Vereinigung an, die Schweizer Rück und die Union Rück. Die Schweizer Rück organisierte zwar die Tagung in Lugano, wurde aber nicht durch ihren Generaldirektor Bebler in den Ausschüssen vertreten, sondern durch Heinrich Grossmann. Für Schmitt war die Mitgliedschaft der Schweizer Rück vor allem nach außen hin viel wert, als Beleg für die angeblich unpolitische Ausrichtung der Vereinigung. Aus diesem Grund hatte er auch in der Satzung festlegen lassen, dass bei Streitigkeiten zwischen Mitgliedern das Eidgenössische Versicherungsamt in Bern, und nicht etwa das Reichsaufsichtsamt in Berlin, entscheiden solle.[137] Die Schweizer Rück dürfte sich darauf eingelassen haben, weil sie als einziger ausländischer Rückversicherer in Deutschland stark vertreten war und dort inzwischen unter massivem Druck stand. Ihre Transferquote war von den deutschen Behörden herabgesetzt worden, ein freier Devisenverkehr war nicht mehr möglich. Amend und Schwede-Coburg hatten, wenn auch vergeblich, versucht, die Schweizer Rück aus dem deutschen Markt zu drängen, das Oberkommando der Wehrmacht verdächtigte sie des Geheimnisverrats. Da konnte es nicht schaden, sich den einflussreichen Kurt Schmitt durch eine Mitgliedschaft in der Vereinigung gewogen zu halten.[138]

Dass die Vereinigung kein unpolitischer Fachverband war, zeigte sich an ihrem Ende noch einmal überaus deutlich. Wenige Wochen nach der Tagung in Budapest wurde Mussolini gestürzt. Die neue italienische Regierung schloss am 8. September 1943 mit den Alliierten einen Waffenstillstand und erklärte wenig später Deutschland den Krieg. Damit hatten sich die Pläne Schmitts und seiner Mitstreiter von einer Neuordnung des europäischen Versicherungsmarkts erledigt. Auch hatte sich gezeigt, dass die Deckungslücke in Kontinentaleuropa keineswegs so groß war, wie es in den Konzepten von 1940 dargestellt wurde. Der Großrisiken-Vereinigung waren eher kleinere Risiken übertragen worden wie die Deckung eines Pelzlagers in Norwegen und Holzrisiken in Finnland.[139] Zwischen Mai 1942 und Juni 1943 nahm die Vereinigung lediglich sechzehn Risiken in Rückdeckung. Die Prämie betrug umgerechnet rund 61 000 RM. Kurt Schmitt musste im Juni 1943 bei der Ausschusssitzung in Budapest einräumen, dass es sich um ein «geringfügiges Geschäft» handele.[140]

Drehscheibe des Tarngeschäfts und Fenster zur Welt: Die Union Rück in Zürich

Die Union Rück war 1923 von der MR in Zürich gegründet worden, um während der deutschen Hyperinflation ihre Zahlungsfähigkeit im Ausland sicherzustellen. Die Schweizer Tochtergesellschaft war aber auch für andere Zwecke überaus nützlich. Schon im Gründungsjahr wurde ihr von der Muttergesellschaft eine Kapitalbeteiligung übertragen, der bald weitere folgten. Die MR konnte sie auf diese Weise als Schweizer Eigentum ausgeben, besonders in Ländern, die politisch unsicher waren oder in denen deutsche Unternehmen gemieden wurden. Aus ähnlichen Gründen wurde eine wachsende Zahl von Rückversicherungsverträgen der MR auf die Union Rück übertragen. Da es sich bei dieser um eine 100 %ige Tochtergesellschaft handelte, konnte kein anderer Versicherer in die Tarngeschäfte Einblick nehmen. Vor 1939 waren u. a. Beteiligungen an der Ersten Rigaer Versicherungs-Gesellschaft, der Basler Feuerversicherung und der Les Réassurances an die Union Rück gelangt. Zudem war sie seit Gründung der Pilot auch an der amerikanischen US-Tochter beteiligt.[141]

Als sich die MR auf den Kriegsfall einzustellen begann, liefen bei der Union Rück und ihrem Vorstandsvorsitzenden Hans Grieshaber alle Fäden zusammen.[142] Eine große Zahl von Rückversicherungsverträgen und mehrere Kapitalbeteiligungen wurden auf die Schweizer Tochter übertragen, darunter die 47 %ige MR-Beteiligung an der Providentia in Amsterdam und die 90 %ige Beteiligung an der niederländischen Gesellschaft der Europäischen Güter- und Reisegepäck-Versicherung. Die größte Tarnung ausländischen Beteiligungsbesitzes bildete die Übertragung des rund 72 %igen Anteils der MR am argentinischen Rückversicherer Fénix Sudamericano, die auf den 26. August 1939 datiert wurde. In München wollte man damit einem möglichen Abbruch der argentinisch-deutschen Geschäftsbeziehungen unter britischem Druck zuvorkommen.[143]

Als 100 %ige Tochter eines deutschen Unternehmens wäre die Union Rück freilich trotz ihres Sitzes in Zürich im Kriegsfall sofort auf die Schwarzen Listen der Alliierten gelangt. Daher ging man im Juni 1939 dazu über, die Union Rück selbst zu tarnen, durch eine «Verschweizerung» ihres Aktienkapitals und ihres Verwaltungsrats (Aufsichtsrat). Bis Kriegsbeginn wurde das gesamte Aktienkapital der Union Rück auf Schweizer Treuhänder übertragen. Auf Schweizer Seite führte dabei die SBG Regie, die seit langem ein enger Geschäftspartner der MR war und auch den Aufsichtsratsvorsitzenden stellte. Kißkalt und Alzheimer schieden aus dem Verwaltungsrat der Union Rück aus, nahmen an dessen Sitzungen jedoch bis 1944 weiter teil, ohne im Protokoll erwähnt zu werden.[144] Beide gingen während des Krieges in der Zentrale der Union Rück am Züricher Alpenquai 8 ein und aus. Auch der politisch exponierte Kurt Schmitt erhielt regelmäßig die Erlaubnis der eidgenössischen Behörden, für Gespräche mit Hans Grieshaber nach Zürich zu reisen.

Die Aktien der Union Rück waren an die Treuhänder verkauft worden. Diese waren also nicht Treuhänder im üblichen Sinn, sondern Eigentümer, auch wenn ihnen die MR den Kaufpreis vorgeschossen hatte und sie die Verpflichtung eingegangen waren, ihr Stimmrecht nach Weisungen aus München auszuüben.[145] Die «Treuhänderschaft» war nach Schweizer Recht legal. Aus der Sicht der Alliierten war die Tarnung deutschen Auslandsvermögens dagegen strafbar und der Kauf ein rechtsunwirksames Scheingeschäft, wenn der Verkäufer sich mit einer Rückkaufklausel abgesichert hatte. Für die SBG wog die Verbindung zu MR und Union Rück schwerer als die Gefahr alliierter Sanktionen. Die Käufer der Union-Rück-Aktien vertrauten nicht nur auf das Schweizer Bankgeheimnis, es fehlte ihnen letztlich auch das Unrechtsbewusstsein, weil solche Transaktionen in der Schweiz nicht illegal waren und in halb Europa seit dem Ersten Weltkrieg getarnte Depots geführt wurden.

Die SBG wurde größter Treuhänder der Union Rück, mit einer Beteiligung von 500 Aktien (20 % des Grundkapitals), aus der sie im Laufe des Krieges mehrfach kleinere Pakete an Kunden und Geschäftsfreunde weitergab. SBG-Vorstand Paul Jaberg, der auch Vizepräsident des Verwaltungsrats der Union Rück war, erwarb selbst 125 Aktien (5 %). Auf Hans Grieshaber, den Direktor (Vorstandsvorsitzenden) der Union Rück, wurden 150 Aktien übertragen. SBG-Präsident Rudolf Ernst und sein Stellvertreter Jaberg hatten schon seit Jahrzehnten enge Verbindungen zur MR, erst über die Schweizer National, dann durch die Union Rück. Es dürfte für sie selbstverständlich gewesen sein, nun als Treuhänder einzuspringen.[146] Friedrich Arthur Schoeller von Planta, ein weiteres Mitglied des Verwaltungsrats der SBG, hielt schon seit 1923 124 Aktien der Union Rück. Nach der Studie der Unabhängigen Expertenkommission Schweiz – Zweiter Weltkrieg über die Schweizer Versicherungsgesellschaften im Machtbereich des Dritten Reichs wurden insgesamt 24 Personen mit Schweizer Staatsangehörigkeit zwischen Juni 1939 und November 1944 Treuhänder der Union Rück. Hinzu kamen noch die SBG und die Thesaurus Continentale Effekten-Gesellschaft, Zürich.[147]

Die «Verschweizerung» des Aktienkapitals schützte die Union Rück nicht vor den Boykottmaßnahmen der Alliierten. Wegen ihrer nicht zu verheimlichenden Tarnfunktion wurde sie ab Ende 1939 von britischen Erstversicherern boykottiert und im April 1940 von der britischen Regierung auf die Schwarze Liste gesetzt.[148] Nach Angaben der Union Rück ging die eingenommene Bruttoprämie durch den Kriegsbeginn und die Boykottmaßnahmen vorübergehend um über 3 Mio. CHF zurück.[149] In den USA kam die Union Rück im November 1941 – noch vor der deutschen Kriegserklärung – im Rahmen der «short of war»-Politik gegenüber Deutschland auf die Schwarze Liste.[150] Ihr Frankreich-Geschäft konnte sie dagegen ab Juni 1940 wiederaufnehmen. Der Wegfall des Geschäfts mit Großbritannien, den britischen Kolonien und den USA wurde durch die von der MR übertragenen Rückversicherungsverträge sowie durch Retrozessionen und Provisionen mehr als kompensiert. Von Mitte 1939 bis Kriegsende übernahm die Union Rück insgesamt 475 Verträge von der MR. Neben Verträgen mit Versicherern in neutralen und alliierten Staaten leitete die MR auch einzelne Rückversicherungsverträge mit italienischen und Schweizer Versicherern an die Union Rück weiter, weil die Verträge Risiken im Machtbereich der Alliierten deckten.[151]

Das Brutto-Prämienvolumen der Union Rück nahm zwischen 1939 und 1944 von 19 auf 26 Mio. CHF zu, das Netto-Prämienvolumen dagegen nur von 11,7 auf 13,9 Mio. CHF.[152] In den Jahren 1940 und 1941 lag das Tarngeschäft der Union Rück jeweils bei 1,1 Mio. CHF und hatte damit ein erheblich geringeres

Abb. 30 Verwaltungsgebäude der Union Rück in Zürich, Alpenquai 8 (heute General-Guisan-Quai)

Volumen als die Nettozessionen aus dem regulären Geschäft, die sich 1940 auf 2,9 Mio. CHF und 1941 auf 2,8 Mio. CHF beliefen. Bis Anfang 1940 retrozedierte die Union Rück ihr gesamtes Tarngeschäft an die MR.[153] Auf Verlangen des Eidgenössischen Versicherungsamts senkte sie ihre Retrozessionsquote ab Jahresbeginn 1940 auf 90 % und behielt 10 % des eingehenden Tarngeschäfts für sich.[154] Um gegenüber den Schweizer Behörden den Verdacht des einseitigen «Frontings» deutscher Versicherungsgeschäfte zu zerstreuen, willigte die MR in die Zahlung einer Provision von zunächst 0,75 % ein.[155] 1942 wurde die Provision rückwirkend auf 1,5 % erhöht.[156]

Die Union Rück diente nicht allein der Tarnung des laufenden Geschäfts mit den neutralen, aber tendenziell pro-britischen Staaten in Westeuropa und Nordeuropa, die ihre offiziellen Versicherungsgeschäfte mit dem Deutschen Reich einstellten.[157] Sicherheitshalber übertrug die MR bei Kriegsbeginn auch ihre Verträge mit Versicherern in Rumänien und Jugoslawien auf die Union Rück. Bis die Union Rück von der britischen Regierung auf die Schwarze Liste gesetzt wurde, lief über sie selbst das Rückversicherungsgeschäft mit britischen Versicherern weiter.[158] Die Geschäftsbeziehungen zwischen der MR und Les Réassurances konnten über die Union Rück sogar fortgesetzt werden, bis die MR im Juli 1940 ins nunmehr besetzte Frankreich zurückkehren konnte. Die Tarnung ausländischer Geschäftsbeziehungen durch die Einschaltung der Union Rück erwies sich für die Münchener als eine ausgesprochen erfolgreiche Strategie. Dem Reichswirtschaftsministerium teilte die MR im November 1941 nicht ohne Stolz mit, dass es ihr gelungen sei, ihr gesamtes Geschäft mit den neutralen Staaten bis auf «zwei völlig belanglose Ausnahmen» aufrechtzuerhalten.[159]

Die Zusammenarbeit zwischen der MR und der Union Rück ging weit über die Tarnung von Geschäften hinaus. Während des Krieges war die Union Rück für die MR das letzte offene Fenster zur Welt. Alzheimer und Schmitt konnten sich während ihrer regelmäßigen Aufenthalte in Zürich aus der britischen und Schweizer Presse über die politischen und wirtschaftlichen Entwicklungen in den alliierten Staaten informieren. In Deutschland waren ihnen zuverlässige Informationen verschlossen, da die Presselenkung des Reichspropagandaministeriums nur selektiv ausgewählte und zensierte Informationen über das Ausland für die Presse freigab. Auch auf humanitärem Gebiet waren die engen Beziehungen mit der Union Rück für die MR hilfreich. 1944 bat die MR die Union Rück, sich beim Internationalen Roten Kreuz in Genf über das Schicksal einiger Mitarbeiter zu erkundigen, die als Soldaten der Wehrmacht in Frankreich, Italien und Rumänien vermisst gemeldet worden waren.[160]

Für die Kommunikation mit Versicherern außerhalb des deutschen Machtbereichs war die Union Rück essentiell wichtig. Da der Postverkehr zwischen der neutralen Schweiz, den anderen neutralen Staaten und Deutschlands westlichen Kriegsgegnern funktionierte, nutzten die Vorstandsmitglieder der MR ihre regelmäßigen Zürich-Besuche, um Briefe an Geschäftspartner zu schreiben, die sonst für sie unerreichbar waren.[161] Zur besseren Tarnung des Retrozessionsverhältnisses gegenüber der Postüberwachung der neutralen und alliierten Staaten führte die MR ihre Abrechnungen auf Briefbögen mit Union-Briefkopf aus. Vorstandsmitglieder wie Alzheimer und Schmitt nahmen bei ihren regelmäßigen Reisen nach Zürich die Schreiben mit, und die Union leitete diese Abrechnungen an die Zedenten weiter.[162] Da die Post von der Schweiz nach Lateinamerika die britische Schiffs- und Postkontrolle in Gibraltar passieren musste, sandte die Union Rück ihre Briefe an den Fénix Sudamericano vorsichtshalber von einer Züricher Tarnadresse ab.[163] Hans Grieshaber hielt die Verbindung nach Südamerika. Als Schweizer Staatsbürger konnte er ungehindert dorthin reisen. Im Frühjahr 1941 transferierte er alle in den USA angelegten Gelder der Union Rück nach Südamerika.[164] Bei einem Besuch in Buenos Aires verschaffte er sich im Juni 1941 auch einen Überblick über die Lage des Fénix Sudamericano. Nach seiner Rückkehr konnte Grieshaber erfreuliche Nachrichten nach München übermitteln. Der

Fénix Sudamericano hatte unter der Leitung von Theodor Wand den besten Geschäftsabschluss seit seiner Gründung erzielt, obwohl das Unternehmen von den britischen Behörden auf die Schwarze Liste gesetzt worden war.[165] Nach dem Kriegseintritt der USA gingen die Geschäfte der argentinischen Konzerngesellschaft dann deutlich zurück.

Zwei ältere Kapitalbeteiligungen der MR in der Schweiz, bei der Schweizer National und bei der Basler Feuerversicherung, wurden während des Krieges unter Einschaltung der Union Rück und der SBG getarnt. Bei der Schweizer National waren die MR und die Allianz einschließlich mehrerer Direktoren beider Unternehmen und des Union-Rück-Direktors Grieshaber vor Kriegsbeginn mit insgesamt 40,6 % des Aktienkapitals beteiligt. Etwa die Hälfte dieser Aktien ging dann an die SBG über.[166] Bei der Basler Feuerversicherung besaßen die MR, die Allianz und die Union Rück schon vor dem Krieg rund 30 % des Aktienkapitals.[167] Im August 1939 wurde ein Teil der von MR und Allianz gehaltenen Aktien treuhänderisch auf die SBG und drei weitere Schweizer Banken übertragen, die anderen auf die Union Rück. Die Basler Feuer fürchtete gleichwohl um ihr – zu 40 % von der MR rückversichertes – Nord- und Südamerikageschäft. Sie vereinbarte mit der Union Rück 1942 in einem «Geheimvertrag», dass diese zum Schein ihre Beteiligung abgab und das an die MR zedierte Geschäft vorübergehend auf die Schweizer Rück und die schwedische Versicherungsgesellschaft Veritas übertragen wurde. Noch schwieriger wurde die Situation für die Basler Feuer, als sie 1944 auf Drängen des Eidgenössischen Versicherungsamts eine Kapitalerhöhung vornehmen musste. Erst im März 1945 machte die MR dafür den Weg frei, indem sie auf ihre Bezugsrechte verzichtete.[168]

Aus der Sicht der Schweizer Behörden stellte die Tarnfunktion der Union Rück für deutsche Versicherungsgeschäfte keine Gefährdung der politischen Neutralität dar. Der Import von deutschen Versicherungsleistungen durch Retrozessionen reduzierte ein wenig den ständig steigenden Überschuss der Schweiz im Waren- und Dienstleistungsverkehr mit Deutschland, der bis zum Kriegsende auf über eine Milliarde CHF zunehmen sollte. Für die Schweiz entwickelte sich Deutschland zu einem immer größeren Schuldner, der nicht willens und auch immer weniger in der Lage war, sein Handels- und Leistungsbilanzdefizit zu decken. Obwohl die alliierten Truppen die Schweiz im Sommer und Herbst 1944 aus der Umklammerung durch die Achsenmächte befreiten, hielt man in Bern an dem Zahlungs- und Verrechnungsabkommen mit Berlin fest. Nach Angaben Alzheimers war die Anlage neuer Gelder aus Deutschland freilich seit November 1944 «mit Schwierigkeiten verbunden».[169] Die Bruttoprämieneinnahme der Union Rück nahm nun noch einmal kräftig zu, auf 38,7 Mio. CHF im Geschäftsjahr 1945 gegenüber 26,8 Mio. im Vorjahr. Dieser Sprung war nach Angaben der Union Rück «zum Teil» durch die Übernahme von Lebens- und Transportrückversicherungsverträgen bedingt, die sie 1944 «in Nachfolge der MR» von ausländischen Zedenten übernommen hatte.[170]

Erst am 16. Februar 1945 sperrte der Schweizer Bundesrat wegen der nicht einbringlichen deutschen Schulden und des zunehmenden Drucks der Alliierten die Guthaben deutscher Unternehmen in der Schweiz. Damit verbunden war ein Wirtschaftsembargo gegen Deutschland. Alois Alzheimer konnte aber noch im März 1945 in die Schweiz einreisen, um die Chancen einer Ausnahmeregelung für die deutschen Versicherer zu sondieren.[171] Dank der Unterstützung durch die Schweizer Geschäftspartner war seine Intervention beim Leiter des Eidgenössischen Versicherungsamts, Emil Boss, trotz der mittlerweile schwachen Verhandlungsposition der MR erfolgreich. Wie Alzheimer in einem Bericht über diese Reise schrieb, fand er «vollkommen loyale Unterstützung».[172] Die Schweizer Versicherungsaufsicht erteilte den deutschen Erst- und Rückversicherern eine Genehmigung zur Weiterführung ihres Geschäftsverkehrs in der Schweiz.

Die Union Rück hielt an der Verbindung mit der MR praktisch bis zum Tag der deutschen Kapitulation fest. Dies ist umso erstaunlicher, als die deutschen Versicherer ihre negativen Salden bei der Schweizerischen Nationalbank schon lange vorher nicht mehr ausgleichen konnten, die Schweizer also auf ihren Forderungen sitzen blieben. Nach dem Krieg stritt die SBG zunächst ab, an der treuhänderischen Verwaltung von Union-Rück-Aktien der MR beteiligt gewesen zu sein.[173] Grieshaber klärte die Schweizer Behörden erst im Herbst 1945 über die Tarnoperation vor Kriegsbeginn auf. Nachdem die SBG glaubwürdig versichert hatte, die damals übernommenen Aktien später nicht an die MR zurückzugeben, konnte sie Mehrheitseigentümerin der Union Rück bleiben.[174] Die MR erhielt 1953 durch einen außergerichtlichen Vergleich mit der Union Rück für ihre während des Krieges übertragenen Verträge und die liquidierten Altguthaben einen Betrag von 11 Mio. CHF.[175]

Die gemeinsame Beteiligung der MR und der Allianz am spanischen Rückversicherer Plus Ultra nahm eine andere Entwicklung. Obwohl Spanien während des gesamten Krieges neutral blieb und die deutsch-spanischen Handelsbeziehungen erst nach der alliierten Landung in der Normandie unterbrochen wurden, bereiteten sich die Vorstände von MR und Allianz seit Herbst 1942 auf die Aufnahme von spanischen Minderheitsaktionären vor.[176] Sie rechneten mit einem zunehmenden Druck der spanischen Regierung auf deutsche Unternehmen, zumindest eine qualifizierte Minderheit des Kapitals auf spanische Firmen oder Staatsbürger zu übertragen. Bis Februar 1944 gab der Vorstand der Plus Ultra unter der Leitung des deutschen Generaldirektors Philipp pro forma 50 % des Aktienkapitals an spanische Aktionäre ab, die allesamt ihrem Verwaltungsrat angehörten. Durch diese Tarnung wurde gegenüber der spanischen Aufsichtsbehörde der Anschein erweckt, ein mehrheitlich spanisches Unternehmen zu sein.[177] Nach der Landung der alliierten Streitkräfte in der Normandie am 6. Juni 1944 drängten Verwaltungsrat und Vorstand der Plus Ultra die MR zu einem «effektiven Aktienteilverkauf». Sie gaben sich zunächst damit zufrieden, dass der getarnte spanische Anteil auf 60 % des Aktienkapitals erhöht und die Frage eines effektiven Verkaufs vertagt wurde.[178] MR und Allianz sorgten dann für den Fall vor, dass das Regime in Madrid die vollständige Überführung des Unternehmens in spanischen Besitz verlangen oder die Beteiligung der deutschen Eigentümer beschlagnahmen würde. Durch einen Syndikatsvertrag erhielten die spanischen Aktionäre das Recht zum Kauf der übrigen Aktien, falls die Beteiligung der deutschen Eigentümer beschlagnahmt werden sollte.[179] Da die briefliche und telegraphische Kommunikation zwischen München und Madrid seit August 1944 unterbrochen war, lässt sich der Zeitpunkt des Eigentumsübergangs nicht feststellen. Es ist sehr wahrscheinlich, dass von der Vollmacht zum Kauf der noch in deutschem Besitz befindlichen Aktien Gebrauch gemacht worden ist, bevor der spanische Staat am 5. Mai 1945 das Vermögen deutscher und italienischer Unternehmen beschlagnahmte. Als die spanischen Aktionäre in der Verwaltungsratssitzung vom 17. Mai 1945 offiziell von ihrem Recht zum Kauf der Aktien Gebrauch machten, war das Kapital der Plus Ultra wahrscheinlich schon vollständig in spanisches Eigentum übergegangen.

Teil III:
Zurück an die Spitze des Weltmarkts
(1945–1980)

13. Der Neubeginn unter amerikanischer Besatzung: Kriegsfolgen und Entnazifizierung

Für die Mitarbeiter der Münchener Rück war der Krieg am 1. Mai 1945 zu Ende. Mit dem Einmarsch der amerikanischen Streitkräfte endete der Bombenkrieg, der München zerstört hatte, aber die physische Substanz der MR unbeschädigt ließ. Der Unternehmenssitz in der Königinstraße 107 war nicht beschädigt worden.

Eine schnelle Rückkehr zur Normalität war aus mehreren Gründen ausgeschlossen. Zum einen schnitt der völlige Zusammenbruch des Eisenbahnverkehrs und der Post die MR von ihren Kunden ab. Während der Postverkehr innerhalb der amerikanischen Besatzungszone (Bayern, Württemberg-Baden, Hessen und Bremen) relativ schnell wiederhergestellt war, konnte die MR erst ab dem Herbst 1945 wieder Briefkontakt mit ihren Kunden in der britischen und der französischen Besatzungszone aufnehmen. Zum anderen beanspruchten die amerikanischen Streitkräfte das Gebäude der MR für die Einrichtung eines Militärhospitals. Den Mitarbeitern der MR blieben nur zwei Tage, die nötigen Akten für das laufende Geschäft aus dem Haus zu räumen. Viele ältere und auch neuere Akten wurden auf dem Dachboden des Hauses Königinstraße 107 eingelagert. Als der Boden im Dezember 1946 auf Weisung der amerikanischen Streitkräfte eilig geräumt werden musste, ging ein Teil der Akten aus der Lebensversicherung verloren. Eine größere Menge älterer Akten mit einem Gewicht von mehr als 15 Tonnen konnte die MR mangels Transportmitteln nicht mehr verlagern – sie wurden auf Weisung der Besatzungsbehörde eingestampft. Hierbei gingen historisch wertvolle Akten aus der Zeit vor dem Ersten Weltkrieg und aus den 1920er Jahren verloren, die späteren Generationen für die Erforschung der Unternehmensgeschichte fehlen sollten.[1] Der größte Teil der Akten überstand die Fremdnutzung des Hauses durch die amerikanische Besatzungsmacht, wurde aber 1979 aus Ignoranz und Gleichgültigkeit vernichtet.[2] Als das ehemalige Allianz-Vorstandsmitglied Martin Herzog ein 1200 Seiten starkes Manuskript über die Geschichte der MR bis 1945 abgeschlossen hatte,[3] glaubten die Verantwortlichen in der MR zum Nachteil späterer Generationen, dass die Erforschung der eigenen Geschichte abgeschlossen sei und sich die Aufbewahrung ihrer alten Akten erledigt habe. Viele historisch wertvolle Dokumente aus der Zeit vor 1914 wurden der Aktenvernichtung übergeben.

Die MR musste Ersatzgebäude in der Theresienstraße 4 und der Franz-Joseph-Straße 23 beziehen. Bis 1950 arbeitete die MR in den beengten Ersatzräumen, die sich teilweise nur schwer oder gar nicht beheizen ließen. Nach einem Besuch im Oktober 1945 berichtete ein Schweizer Kurier dem Vorstand der Union Rück, dass die Mitarbeiter der MR wegen der fehlenden Heizung in Wintermänteln arbeiten müssten.[4] Die dringende Raumfrage wurde erst 1950 gelöst, als die MR dem Land Bayern mit einem Darlehen über 1,8 Mio. DM einen Neubau in der Tegernseer Landstraße finanzierte, in den die amerikanischen Dienststellen aus der Königinstr. 107 verlegt wurden.[5] Während das Gebäude und die Inneneinrichtung mit einem Kostenaufwand von 1,3 Mio. DM grundlegend saniert werden mussten,[6] ließ sich eine innenarchitektonische Umgestaltungsmaßnahme der Amerikaner schnell wieder rückgängig machen. Prüde amerikanische Offiziere hatten aus Sorge um die Moral der Truppe das große Fresko «Der Kampf der Elemente» mit einem weiblichen Akt verhängt.[7]

Die Geschäftsbeziehungen der MR mit ihren ausländischen Zedenten brachen mit der deutschen Kapitulation am 8. Mai 1945 vollständig ab. Der Vorstand hatte die Besetzung Deutschlands durch die alliierten Armeen lange genug vorausgesehen und legte im März und April 1945 Aktennotizen über die Forderungen und Verbindlichkeiten gegenüber ausländischen Versicherern an, um die Geschäftsbeziehungen nach dem Krieg schneller wiederbeleben zu können.

Die amerikanische Militärregierung, das Office of Military Government for Germany (U. S.) (OMGUS), betrachtete die MR nicht nur als ein wirtschaftlich mächtiges Versicherungsunternehmen, sondern auch als eine Einrichtung zur Spionage und zur Tarnung deutschen Auslandseigentums. Der emigrierte deutsch-jüdische Versicherungswissenschaftler Alfred Manes hatte in der Ausgabe der amerikanischen Zeitschrift *Free World* vom April 1945 die MR als «Germany's secret economic weapon» bezeichnet und ihr – fälschlicherweise – die Weitergabe von rüstungswirtschaftlich relevanten Informationen über neutrale und alliierte Kunden an die deutsche Militäraufklärung unterstellt.[8] Der Artikel von Manes besaß in Versicherungskreisen der alliierten und der neutralen Staaten Gewicht, da Manes bis zu seiner Emigration im Jahr 1935 als der angesehenste Versicherungswissenschaftler Deutschlands und als ein ausgewiesener Kenner der Versicherungswirtschaft gegolten hatte.[9]

Bereits im Juni 1943 hatte das amerikanische Board of Economic Warfare die amerikanischen Streitkräfte umfassend über die Funktion der MR in der deutschen Wirtschaft informiert. Angesichts der engen Kapital- und Personalverflechtungen zwischen den Branchenführern in der Erst- und der Rückversicherung erschienen MR und Allianz als das Machtzentrum einer stark zentralisierten Versicherungswirtschaft.[10] Während die starke Stellung der

MR im deutschen Rückversicherungsmarkt als wettbewerbspolitisch und machtpolitisch weniger problematisch eingeschätzt wurde, hielt der amerikanische Auslandsgeheimdienst (Office of Strategic Services – OSS) die Position der MR auf dem europäischen Markt für ein «Werkzeug zur wirtschaftlichen Beherrschung Europas» und eine «Quelle der strategischen Aufklärung» der Wehrmacht. Der im Dezember 1944 verfasste Entwurf des OSS für das Handbuch der künftigen amerikanischen Militärregierung hielt daher ein Verbot der Auslandstätigkeit für alle deutschen Versicherer für erforderlich.[11] Obwohl das OSS die MR im Unterschied zu den Großbanken nicht als ein Machtzentrum der deutschen Wirtschaft betrachtete und die Allianz/MR-Gruppe nicht über umfangreiche Kapitalbeteiligungen außerhalb des Versicherungssektors verfügte, empfahl eine Studie im Frühjahr 1945 die Liquidation der MR.[12] Diese Forderung basierte auf der Behauptung, dass die MR als Agent der deutschen Spionage gedient habe. Die Experten der OSS zollten den professionellen Leistungen der MR jedoch hohen Respekt und hegten angesichts ihrer Bedeutung für die Versicherungen neutraler und alliierter Staaten Bedenken gegen eine Zerschlagung. Doch selbst die linksorientierten und sehr großbankenkritischen Mitarbeiter der Finance Division der OMGUS betrachteten diese Studie als zu kontrovers und entschieden, sie nicht ihrem Abteilungsdirektor Oberst Bernard Bernstein vorzulegen.[13] Die Studie des OSS blieb daher folgenlos und endete in den Akten. Im Gegensatz zu den Großbanken verfolgte die OMGUS eine Entflechtung oder gar Liquidation der MR und der Allianz nicht weiter.

Der Vorstandsvorsitzende Kurt Schmitt befand sich, obwohl er als gemäßigter und in wirtschaftspolitischen Fragen durchaus kritischer Nationalsozialist eingeschätzt wurde, wegen seiner exponierten Position als ehemaliger Reichswirtschaftsminister und hochrangiges Mitglied der Allgemeinen SS weit oben auf der Suchliste der amerikanischen Streitkräfte. Unter den Wirtschaftsexperten in der amerikanischen Militäraufklärung galt Schmitt wegen seiner Doppelfunktion als Vorstandsvorsitzender der MR und Aufsichtsratsvorsitzender der Allianz als der mächtigste Mann der deutschen Versicherungswirtschaft. Diese Bewertung beruhte jedoch auf einer Fehlinterpretation der Machtstrukturen in deutschen Aktiengesellschaften. Im Unterschied zu den USA trug der Aufsichtsratsvorsitzende Schmitt keine unmittelbare Verantwortung für das operative Geschäft der Allianz und leitete das Unternehmen nicht. Dass die Amerikaner die MR für das Machtzentrum der deutschen und der europäischen Versicherungswirtschaft hielten, beruhte auf einer Fehleinschätzung des Machtverhältnisses zwischen Erst- und Rückversicherern. Die amerikanischen Wirtschaftsexperten schlossen aus den sehr viel engeren Verflechtungen zwischen Erst- und Rückversicherern als in den USA auf ein Vormundschaftsverhältnis zwischen beiden, das sich von der Praxis des *un-*

derwriting über die Personalauswahl bis zur finanziellen Abhängigkeit der Erstversicherer von den Rückversicherern erstreckte.

Da Kurt Schmitt im Gegensatz zu den einflussreichsten Großbankenvorständen nur in wenigen Industrieunternehmen wie der AEG und der Deutschen Continentalen Gas-Gesellschaft den Aufsichtsratsvorsitz einnahm, erschien die Allianz/MR-Gruppe den Ermittlern der OMGUS nicht als eine politisch und ökonomisch gefährliche Machtkonzentration, die man beseitigen müsse. Die zunächst geäußerte Vermutung, dass die 1941 auf Initiative der MR gegründete Vereinigung zur Deckung von Großrisiken ein europäisches Rückversichererkartell gewesen sei, wurde kurz vor Kriegsende nachhaltig erschüttert. Der 1935 nach Großbritannien emigrierte ehemalige Generaldirektor der Victoria, Emil Herzfelder, charakterisierte sie in einem Gespräch mit einem Mitarbeiter der OMGUS-Finanzabteilung zu Recht als ein «Fiasko», das kein großes Geschäftsvolumen generiere.[14]

Um eine Sabotage der alliierten Besatzungspolitik zu verhindern, sollten «individuals with a history of Nazi affiliations» aus den Schlüsselpositionen der Versicherungswirtschaft entfernt werden. Diese Definition ließ offen, ob auch Manager mit nur nomineller NSDAP-Mitgliedschaft zu dem zu säubernden Personenkreis gehörten. Da Kurt Schmitt als hochrangiges Mitglied der SS einer als verbrecherisch eingestuften Organisation angehörte, waren seine Entlassung und seine Festnahme im Zuge des «automatic arrest» von nationalsozialistisch eingestellten Eliteangehörigen bereits vorgezeichnet. Nach der Suspendierung von Schmitt im Sommer 1945 hätte die Funktion des Vorstandsvorsitzenden auf Alois Alzheimer fallen sollen. Alois Alzheimer war als informeller «Außenminister» der MR und Stellvertreter Schmitts jedoch exponierter als seine übrigen Vorstandskollegen. Während die amerikanischen Experten Alois Alzheimer vor Kriegsende fälschlicherweise für ein Gründungsmitglied der NSDAP hielten, wurde ihnen nach dem Einmarsch in München seine frühe Zugehörigkeit zu völkischen Verbänden bekannt. Der Finance Investigation Section der OMGUS fielen ein Lebenslauf Alzheimers und ein Brief seines Onkels in die Hand, aus denen seine Mitgliedschaft im Oberschlesischen Selbstschutz und seine Führungsposition im völkischen Bund Oberland hervorgingen.[15] Alzheimer hatte 1921/22 im Oberschlesischen Selbstschutz gegen die Verbände der polnischen Oberschlesier gekämpft und sich nach 1923 an der politischen und kulturellen Agitation unter den deutschen Minderheiten in Ostmitteleuropa beteiligt. Im Münchner Polizeipräsidium befand sich bis 1945 eine Akte Alzheimer, die zwischen 1922 und 1926 entstanden war und Auskunft über seine Freikorpsaktivitäten in der Weimarer Republik geben konnte. Wie viele andere einflussreiche Münchner ließ Alzheimer seine Beziehungen zur Polizei spielen und sorgte dafür, dass die belastende Akte verschwand.[16]

Da Alzheimer NSDAP-Mitglied war, wegen seiner Führungsrolle im Auslandsgeschäft der MR zur Elite der deutschen Versicherungswirtschaft gezählt wurde und ihn das Office of Strategic Services 1943 für einen «fervent Nazi» hielt, fiel auch er unter den «automatic arrest». Er wurde Anfang Juni 1945 vom Dienst suspendiert, am 24. Juli auf Anordnung der Militärregierung entlassen,[17] am 14. September verhaftet und bis Mitte März 1946 inhaftiert.[18] Es gibt eindeutige Indizien, dass Alzheimer und seine Kollegen die Entlassung erwartet und sich auf seine Verteidigung vorbereitet hatten. Bereits am 4. Juni 1945 sandten mehrere Vorstandsmitglieder und Direktoren der MR eine Eingabe an die amerikanische Militärregierung und baten um die vollständige Aufhebung seiner Suspendierung.[19] Nur sechs Tage nach seiner Entlassung legte Alzheimer am 30. Juli 1945 der Militärregierung eine zwölfseitige, in gutem Englisch verfasste Rechtfertigungsschrift mit umfassenden Anlagen und Dokumentenübersetzungen zum Auslandsgeschäft der MR vor.[20]

An seiner Entlassung änderte auch die wohlwollende Stellungnahme durch den früheren Victoria-Generaldirektor Emil Herzfelder nicht, der Alzheimer den «most capable insurance man in Germany» nannte, der «in Ordnung» sei. Herzfelder hatte bis 1935 an der Spitze der Victoria gestanden und war der Milde gegen nationalsozialistisch belastete Versicherungsvorstände nicht verdächtig: Er verlor sein Amt wegen seiner jüdischen Herkunft und musste nach London emigrieren. Der Hinweis auf Alzheimers außerordentliche Fähigkeiten bestärkte die Ermittler der Militärregierung, sich näher mit ihm zu beschäftigen. Alzheimer legitimierte seinen Eintritt in die NSDAP mit dem angeblichen, aber niemals bestehenden Druck der NS-Betriebszellenorganisation.[21] Wie viele andere ehemalige NSDAP-Mitglieder in Führungspositionen rechtfertigte er seine Parteimitgliedschaft; mit dem dadurch gewonnenen politischen *standing* habe er Schlimmeres für das eigene Unternehmen und die Versicherungsbranche im Inland und Ausland verhindert. In einem Verhör durch die Financial Investigation Section der OMGUS sprach Alzheimer recht offen über seine politischen «Jugendsünden» in der Zeit bis zum Hitler-Putsch am 9. November 1923 und bestritt seine aktive Mitgliedschaft im rechtsradikalen, antirepublikanischen und völkischen Bund Oberland nicht. Alzheimer stellte sich als politisch geläuterter Demokrat dar, der sich nach seinem Eintritt in die MR (1929) von der völkischen Bewegung entfernt und während des Kriegs nie gegen die Interessen der Erstversicherer im besetzten Westeuropa gehandelt habe.[22]

Um seine Wiedereinstellung bei der MR zu erreichen, trugen seine Kollegen bei der MR eine eindrucksvolle Zahl von positiven Leumundszeugnissen zusammen, die ihm im Entnazifizierungsverfahren helfen sollten. Alzheimer kamen vor allem die Dokumente zugute, mit denen die MR seine Unterstützung für die Flucht der jüdischen Versicherungsdirektoren Henryk Rittermann (Generali-Port-Polonia) und Georg Balaban (Franco-Hongroise) nach Argentinien und Schweden beweisen konnte. Der Vorstandsvorsitzende der schwedischen Atlas-Rückversicherung Graf Wrede sprach im September 1945 bei der Financial Branch der OMGUS vor und versuchte, Alzheimers NSDAP-Mitgliedschaft als eine unfreiwillige Aufnahme durch Heinrich Himmler darzustellen.[23] Viele der mehr als 40 Leumundszeugnisse («Persilscheine») enthielten einseitig positive Aussagen über seine politische Einstellung und sein Verhalten während der NS-Herrschaft. Seine Vorstandskollegen Mattfeld, Oldenburg und Paul wiederholten die wenig phantasiereiche Erklärung Kißkalts, dass Alzheimer «ausschließlich im Interesse der MR» in die NSDAP eingetreten sei.[24] Da bereits der Vorstandsvorsitzende Kißkalt am 1. Mai 1933 in die NSDAP eingetreten war, gab es aber keinen plausiblen Grund, weshalb der Parteieintritt eines stellvertretenden Vorstandsmitglieds wie Alzheimer dem Schutz des Unternehmens gedient haben konnte.

Sehr wenig glaubwürdig wirkte die Behauptung von Franz Thierfelder, Alzheimer habe kurz nach der Machtübernahme der Nationalsozialisten ehemalige Freikorpsmitglieder in seiner Wohnung versammelt, um über Propagandaaktionen gegen die NSDAP zu sprechen.[25] Sie stand im Widerspruch zur eidesstattlichen Erklärung des prominenten BVP-Reichstagsabgeordneten Hans Ritter von Lex, Alzheimer habe sich vom Freikorps Oberland völlig getrennt.[26] Eine euphorische, aber im Detail wenig glaubhafte Erklärung des MR-Betriebsrats vermittelte den Eindruck, sie sei vom Vorstand angeregt oder durch ihn veranlasst worden.[27] Alzheimer und seine Vorstandskollegen konstruierten mit erbetenen Gefälligkeitszeugnissen aus einem nationalsozialistischen Mitläufer einen politischen Widerstandskämpfer. Angesichts der Vielzahl glaubhaft erscheinender Entlastungsdokumente klassifizierte die Münchner Spruchkammer Alzheimer am 12. August 1948 sogar als Entlasteten, dem sie widerständiges Handeln gegen die nationalsozialistische Herrschaft bescheinigte.[28] Nach einem Genesungsurlaub und einer Kur in der Schweiz nahm er seine Tätigkeit im Vorstand im November oder Dezember 1948 wieder auf.[29]

Für den Vorstandsvorsitzenden Kurt Schmitt war die Situation wegen seines früheren politischen Amtes als Reichswirtschaftsminister bedrohlicher. Bereits im Sommer 1945 wurde er von der Militärregierung von seinem Amt suspendiert. Als NSDAP-Mitglied in einer Führungsposition unterlag er dem «automatic arrest». Schmitt hatte zunächst Glück, da er im August 1945 nur zwei Wochen im Internierungslager Moosburg einsitzen musste, wo die US-Militärregierung Tausende Nationalsozialisten gefangen hielt. Schmitt wurde während seiner ersten Internierung im August 1945 und zwischen Oktober und Dezember 1945 wiederholt von amerikanischen Offizieren verhört, die ihm das Gefühl gaben, sein Fall sei bald geklärt.[30]

Wie Millionen anderer Deutscher musste sich Schmitt dem Entnazifizie-rungsverfahren vor einer Spruchkammer unterziehen. Als ihn der öffentliche Ankläger im Juni 1946 als Hauptschuldigen im Sinne des Gesetzes über die politische Befreiung einstufte, musste er mit der Einziehung seines gesamten Vermögens, dem dauernden Ausschluss von Führungspositionen und fünf Jahren Haft rechnen. Eine zweite Internierungszeit im Internierungslager Dachau auf dem Gelände des ehemaligen Konzentrationslagers von Novem-ber 1946 bis März 1947 dürfte in Zusammenhang mit dieser Einstufung stehen.[31] Eine Verurteilung durch ein amerikanisches Militärtribunal drohte ihm jedoch nicht. Da ihn die amerikanischen Staatsanwälte nicht als Haupt-verantwortlichen für die wirtschaftliche Konsolidierung des NS-Regimes und die deutsche Kriegsrüstung betrachteten, war er zu keinem Zeitpunkt als Angeklagter in einem Nachfolgeprozess zum Nürnberger Hauptkriegsverbre-cherprozess vorgesehen.

Dennoch setzten die Finanzexperten der OMGUS ihre Ermittlungen gegen ihn fort und verhörten ihn im Juli 1947 mehrfach. Diese Verhöre fanden zu einem Zeitpunkt statt, als er vor einer deutschen Spruchkammer seine Berufung gegen die Einstufung als Hauptschuldiger betrieb. Die sehr kriti-schen Ermittler der Financial Investigation Section der OMGUS betrachteten Schmitt als einen «major offender», der auf Dauer von Führungspositionen in der Wirtschaft auszuschließen sei.[32] Aus ihrer Sicht war er vor allem wegen seiner frühen und engen Freundschaft mit Göring, seines hohen Rangs in der Allgemeinen SS und seiner Mitgliedschaft im Freundeskreis des Reichsführers SS politisch schuldig. Obwohl die Ermittler den instrumentellen Charakter seiner Freundschaft zu Göring – als Schutzschild gegen Verstaatlichungsiniti-ativen – erkannten, wogen die politisch belastenden Organisationstatbestände schwer.

Belastende Fakten wurden einseitig gegen ihn, entlastende Dokumente nur teilweise zu seinen Gunsten interpretiert. So deuteten die Ermittler der OMGUS seine stark nachlassende Teilnahme an den Aktivitäten des Freun-deskreises des Reichsführers SS als opportunistische Reaktion auf die dro-hende Kriegsniederlage. Die Ermittler zogen Aussagen von seinen früheren Gegnern wie dem Gauleiter Franz Schwede-Coburg und dem Präsidenten des Reichsaufsichtsamt für Privatversicherung Georg Amend heran, die sich zu Schmitts Nachteil von eigener Schuld und Verantwortung entlasten wollten. Andere belastende Zeugenaussagen stammten von führenden Mitgliedern des Freundeskreises des Reichsführers SS wie Karl Lindemann (Aufsichtsratsvor-sitzender des Norddeutschen Lloyd) und Kurt von Schröder (stellvertretender Verwaltungsratsvorsitzender der Deutschen Reichsbahn-Gesellschaft), die ihre eigene Rolle innerhalb des Freundeskreises herunterzuspielen versuchten. Doch auch bei sehr kritischer Auslegung waren diese Verfehlungen reine

Gesinnungs- und Organisationstatbestände und reichten nicht aus, Schmitt auf der Grundlage eines Straftatbestandes des amerikanischen Rechts oder des internationalen Rechts (Verschwörung, Vorbereitung eines Angriffskriegs, Plünderung fremden Eigentums, Verbrechen gegen die Menschlichkeit) zu verurteilen. Da die Vereinigten Staaten die Nürnberger Nachfolgeprozesse gegen die deutsche Wirtschaftselite im Jahr 1947 so schnell wie möglich abschließen wollten und aus der Finanzwirtschaft lediglich den Dresdner-Bank-Vorstand Karl Rasche anklagten, wurde eine Anklage gegen die weniger belasteten Vertreter der MR nicht mehr ernsthaft erwogen. Schmitt und Alzheimer waren von der Führung der MR zwar ausgeschlossen, aber nicht von den laufenden Geschäften abgeschnitten. Sie trafen sich regelmäßig mit den amtierenden Vorständen in der Wohnung der Vorstandssekretärin Eleonore Hahn, die vorwiegend mit der Beschaffung von «Persilscheinen» für Schmitt und Alzheimer beschäftigt war.[33]

Die Spruchkammer Starnberg stufte Schmitt im September 1947 in einem von ihm angestrengten Berufungsverfahren in die Gruppe der Minderbelasteten ein.[34] Obwohl diese Einstufung mit einer Wiedergutmachungszahlung von 15 % seines Privatvermögens verbunden war und er in einer Bewährungszeit von zwei Jahren keine Führungspositionen in der Wirtschaft einnehmen durfte, war das Urteil als fair und sogar als wohlwollend gegenüber Schmitt zu werten. Die Spruchkammer wog den belastenden Tatbestand der aktiven Stärkung der nationalsozialistischen Herrschaft im Amt des Reichswirtschaftsministers mit den entlastenden Leumundszeugnissen seiner Fürsprecher ab und bescheinigte Schmitt, dass er gegen die nationalsozialistische Politisierung der Wirtschaftspolitik und der Unternehmen, gegen die Aufrüstung und gegen die Diskriminierung von Juden in der Wirtschaft eingetreten sei.

Im weiteren Ablauf des Entnazifizierungsverfahrens profitierte Schmitt von der zunehmenden Schlussstrichmentalität der deutschen Gesellschaft. Schuldsprüche für die passive und auch für die aktive Mitgliedschaft in nationalsozialistischen Organisationen wurden in der deutschen Gesellschaft immer weniger akzeptiert. Die schematischen Entnazifizierungsverfahren verloren zunehmend an Akzeptanz und Legitimität und wurden als juristische Farce betrachtet. Es zahlte sich aus, dass Schmitt seit dem Sommer 1945 systematisch und mit großer Energie eidesstattliche Erklärungen von früheren Geschäftsfreunden zu seinen Gunsten («Affidavits») sammelte, die im Volksmund wegen ihres Zwecks zur politischen Reinwaschung mit berechtigtem Sarkasmus auch «Persilscheine» genannt wurden. Schmitt kam es zugute, dass die MR die Erst- und Rückversicherer im besetzten Europa überwiegend fair behandelt und in den Niederlanden eine Teilverstaatlichung der Feuerversicherung verhindert hatte. Als besonders wertvoll erwiesen sich die Erklärung des früheren jüdischen Mitgesellschafters der Berliner Handels-Gesell-

Abb. 31 Walther Meuschel, Vorstandsmitglied der Münchener
Rück vor und nach 1945, Aufnahme aus den 1960er Jahren

schaft Otto Jeidels, der von sich aus Kontakt zu Schmitt aufnahm, aus eigenem
Antrieb ein sehr positives Affidavit ausstellte und ihm eine ablehnende Einstellung zum nationalsozialistischen Rassenantisemitismus bescheinigte.[35]

In seinen Briefen an emigrierte jüdische Unternehmer fiel Schmitt in
Selbstmitleid, zeigte wenig Einsicht in sein politisches Fehlverhalten und sah
sich unerschütterlich als Unschuldiger. Schmitt strebte nicht weniger als einen
vollständigen Freispruch von allen politischen Vorwürfen, die Aufhebung der
Vermögensstrafe und eine sofortige Wiederherstellung seiner beruflichen
Stellung an. Seine Taktik, von der wachsenden Schlussstrichmentalität unter
den Spruchkammermitgliedern zu profitieren, ging auf. Die Berufungsklage
vor der Berufungs-Spruchkammer für Oberbayern endete am 18. November
1948 mit der einseitig apologetischen Entscheidung, ihn als «Entlasteten» einzustufen.[36] Schmitt fand sich damit in einer Kategorie, die nach den ursprünglichen Intentionen des Entnazifizierungsgesetzes nur für nachweisliche Nicht-
Nationalsozialisten und für Gegner und Verfolgte des Regimes vorgesehen
war. Die juristische Farce hatte erst nach der Revisionsklage der Bayerischen
Generalstaatsanwaltschaft ein Ende, die ein neues Verfahren vor der Berufungs-Spruchkammer erzwang. Das endgültige Urteil vom 27. Juni 1949 stufte
Schmitt richtiger, aber immer noch sehr wohlwollend als «Mitläufer» ein und

stellte seine staatsbürgerlichen und beruflichen Rechte gegen Zahlung von zwei Drittel der hohen Verfahrenskosten (9 400 DM) und eine Geldstrafe von 1500 DM wieder her.[37] Da sein großes Immobilienvermögen in Form des Gutes Tiefenbrunn den Krieg und die Währungsreform unbeschadet überstanden hatte, war die finanzielle Sanktion für ihn wenig schmerzlich. Unmittelbar nach dem Abschluss des Entnazifizierungsverfahrens übernahm Schmitt das Amt des Aufsichtsratsvorsitzenden, das er bis zu seinem Tod am 22. November 1950 bekleiden sollte.

Die Entlassungs- und Suspendierungsanordnungen der Militärregierung trafen neben Alzheimer und Schmitt zunächst auch das Vorstandsmitglied Walther Meuschel (1896–1979). Meuschel hatte lediglich der NSV (National-sozialistische Volkswohlfahrt) und der DAF angehört und damit kaum mehr als den Mindesterwartungen des Regimes an politische Loyalitätsbeweise von Führungskräften in der Privatwirtschaft genügt. Seine Suspendierung durch die Militärregierung war wahrscheinlich darauf zurückzuführen, dass er während des Kriegs als Wehrmachtsoffizier im besetzten Frankreich einge-setzt war und der Wirtschaftsspionage für die Wehrmacht verdächtigt wurde. Nach einem Verhör durch den Militärgeheimdienst CIC und der Abgabe des Entnazifizierungsfragebogens setzte ihn die Militärregierung am 7. November 1945 endgültig in sein Vorstandsamt wieder ein.

Von 370 statistisch erfassten Angestellten und Führungskräften der MR wurden bis zum Oktober 1945 25 Personen entlassen und zwei weitere suspen-diert. Die Auswertung dieser Liste zeigt, dass auch einfache NSDAP-Mitglie-der ihre Stellung bei der MR verloren. Da die Mehrzahl der Entlassenen als gewöhnliche Angestellte unterhalb der Prokuristenebene beschäftigt gewesen war, mehrheitlich erst nach 1933 in die NSDAP eingetreten war und keine Ämter in der Partei oder einer ihrer Gliederungen ausgeübt hatte, war ihre Entlassung auf der Grundlage des amerikanischen Entnazifizierungsgesetzes nicht zwingend. Gelegentlich wurden politische Gründe vorgeschoben, um sich von überzähligen Mitarbeitern zu trennen. Nur in zwei Fällen war die politische Belastung tatsächlich der ausschlaggebende Grund für die Entlas-sung. Die MR setzte darauf, dass die zunehmend milderen Entscheidungen der Spruchkammern die Rückkehr ihrer leitenden Mitarbeiter ermöglichen würden. Der lange Verfahrensstau durch die Vielzahl der Spruchkammer-verfahren schlug zugunsten der ehemaligen Nationalsozialisten aus. Selbst das stellvertretende Vorstandsmitglied Robert Schneider, der zu den «Alten Kämpfern» der NSDAP gehörte, kehrte nach dem Abschluss der Entnazifizie-rung in die Münchener Rück zurück.

Durch den Verlust des gesamten Auslandsgeschäfts reduzierten sich der Arbeitsanfall und auch die Prämieneinnahmen erheblich. Obwohl einige größere Versicherungen wie die Gothaer vor der Kontensperre durch die Sowjetische Militärregierung Guthaben aus dem Gebiet der Sowjetischen Besatzungszone (SBZ) transferieren und ihren Unternehmenssitz in die Westzonen verlegen konnten, führte die Verstaatlichung des Versicherungswesens in der SBZ zu einem fühlbaren Rückgang des Prämienaufkommens.[38] Mit der Übertragung der Aktiva und Passiva und des laufenden Versicherungsgeschäfts auf die staatlichen Landesversicherungsanstalten in den fünf Ländern der SBZ verlor die MR ihr gesamtes Rückversicherungsgeschäft mit den Erstversicherern in Ostdeutschland. Zwischen April 1945 und Juni 1947 reduzierte die MR die Zahl ihrer Beschäftigten von 425 auf 259.[39] Sie reagierte auf die zunehmende Lohnkostenbelastung – in Relation zu den Prämieneinnahmen – vor allem durch die Entlassung weiblicher Angestellter, die während des Krieges als Aushilfen eingestellt worden waren.[40] Ihre Zahl fiel von 110 auf 74. Da von 1939 bis 1945 keine jüngeren Männer eingestellt werden konnten und nicht wenige jüngere Männer im Krieg gefallen waren, war das Durchschnittsalter der Belegschaft auf 50 Jahre gestiegen.

Die Entlassung Alzheimers und die Suspendierung von Schmitt rissen im Vorstand der MR eine große Lücke auf. Auf der Suche nach einem politisch unbelasteten temporären Nachfolger stießen die übrigen Vorstandsmitglieder auf Eberhard von Reininghaus (1890–1950), der nach dem «Anschluss» Österreichs in die MR eingetreten war und bis 1945 als Generalbevollmächtigter der Direktion amtierte. Seine offizielle Ernennung erfolgte zum 1. September 1946[41] und war ausgesprochen hilfreich, um wie in anderen Unternehmen die Einsetzung eines Treuhänders durch die Militärregierung zu verhindern.[42] Dank seiner österreichischen Staatsbürgerschaft galt Reininghaus nicht als Angehöriger eines Feindstaats, sondern als eines von den Alliierten befreiten Landes.[43] Sein Status als sogenannter Mischling zweiten Grades mit einem jüdischen Großelternteil schützte ihn vor jedem Verdacht, ein Nutznießer der nationalsozialistischen Herrschaft zu sein. Reininghaus konnte der Militärregierung glaubhaft machen, dass er nach der Ermordung des österreichischen Bundeskanzlers Dollfuß gegen die österreichischen Nationalsozialisten Stellung bezogen hatte und nach dem «Anschluss» auf Druck des zeitweise sehr mächtigen nationalsozialistischen Wirtschaftskommissars Walter Rafelsberger seine Position als Generaldirektor der Elementar-Phönix verlassen musste.[44] Da Reininghaus als integrer Nicht-Nationalsozialist angesehen wurde, konnte sich die MR durch seine Person vom Odium einer nationalsozialistischen Belastung absetzen. Reininghaus brachte in seine neue Position als amtierender Vorstandsvorsitzender soziales Kapital in Form einer hohen Reputation im Ausland ein, das für Verhandlungen mit den alliierten Militärregierungen hilfreich war. Da er als Österreicher leichter eine Genehmigung der Militärregierung für Auslandsreisen erhalten konnte, war er für die informelle Aufrechterhaltung und Wiederanknüpfung der Auslandsbeziehungen prädestiniert. Durch seine Ver-

Abb. 32 Eberhard von Reininghaus: Vorstandsvorsitzender von 1946 bis 1950, Aufnahme aus den späten 1940er Jahren

antwortung für das Auslandsgeschäft mit den romanischen Ländern war Reininghaus vor allem in französischen und belgischen Versicherkreisen gut vernetzt. Er blieb auch Vorstandsvorsitzender, als Alzheimer nach dem Abschluss seines Entnazifizierungsverfahrens im August 1948 wieder in den Vorstand zurückkehrte. Erst nach dem Tod von Reininghaus am 18. Oktober 1950 trat Alzheimer an seine Stelle als Vorstandsvorsitzender.

Die Personalprobleme an der Spitze der MR sollten sich 1946 verschärfen. Im Juni 1946 erhob der Generalstaatsanwalt Captain Mondell beim mittleren amerikanischen Militärgericht in München Anklage gegen alle Vorstandsmitglieder und Direktoren, die im Juli 1945 die eidesstattliche Erklärung über das Auslandsvermögen der MR unterzeichnet hatten.[45] Die Direktoren Franz Buchetmann (geb. 1908) und Willy Reichert (geb. 1895) sowie die Vorstandsmitglieder Gustav Mattfeld (geb. 1879), Hans Adam Oldenburg (geb. 1881) und Georg Paul (geb. 1883) wurden von der Militärregierung verhaftet und nach einem zehntägigen Prozess vor dem US-Militärgericht in München am 8. August 1946 verurteilt. Buchetmann und Reichert erhielten zweieinhalb Jahre, Mattfeld, Paul und Oldenburg je eineinhalb Jahre Haft in einem deutschen Gefängnis. Zudem wurde die MR zu einer Geldstrafe von vier Millionen RM verurteilt.[46]

Die fünf Angeklagten hatten sich aus der Sicht der amerikanischen Richter der vorsätzlichen Verschleierung von Auslandsvermögen schuldig gemacht. Bei dem vermeintlich verschleierten Vermögen handelte es sich um die Beteiligungen der MR an der Pilot Reinsurance Company in New York, der El Fénix Sudamericano in Buenos Aires und der Plus Ultra in Madrid. Diese Beteiligungen hatten sich vor Kriegsbeginn tatsächlich im Eigentum der MR befunden, aber seitdem die Besitzer – im juristischen Sinn – gewechselt. Im Mai 1939 hatte die MR die Aktien der Pilot Reinsurance (Anteil der MR am Kapital: 72,4 %) an die schwedischen Versicherungsgesellschaften Atlas (Stockholm), Svenska Veritas und Atlantica (Göteborg) und an die niederländische Versicherung Merwede (Dordrecht) als Sicherheiten für die Erfüllung ihrer Zahlungspflichten übertragen. Obwohl eine vertragliche Rückgabe auf Anforderung der MR vereinbart war, befanden sich diese Aktien zum Zeitpunkt des Kriegsendes im Besitz ihrer schwedischen und niederländischen Zedenten. Aufgrund der Beschlagnahme der deutschen Auslandsvermögen in Schweden und in den Niederlanden besaß die MR einen potentiellen, aber nicht einklagbaren Anspruch auf Freigabe ihres Eigentums und keinerlei Besitz- und Verfügungsrechte. Abgesehen davon musste die MR damit rechnen, dass die Zedenten die Aktien zur Deckung ihrer Leistungsansprüche an die MR verwandten. Da die Pilot nach der deutschen Kriegserklärung an die USA von den amerikanischen Behörden im Januar 1942 liquidiert wurde, konnten die Eigentümer der Aktien lediglich Ansprüche auf den Liquidationswert erheben, den der amerikanische Liquidator auf ein Sperrkonto in New York eingezahlt hatte.[47]

Eine etwas andere Situation war bei der Beteiligung am Fénix Sudamericano entstanden. Zur Vermeidung einer Beschlagnahme durch die neutrale, aber tendenziell pro-britische argentinische Regierung verkaufte die MR im Dezember 1939 eine Beteiligung von 71,5 % (Gesamtbeteiligung der MR: 85,7 %) gegen eine Rückkaufverpflichtung an die Union Rück.[48] Zur Sicherstellung der Rückkaufverpflichtung deponierte sie den Kaufpreis auf einem Konto der Union. Noch im Herbst 1944 erteilte die MR der Union eine Vollmacht, diese Sicherheit zur Deckung ihrer Verpflichtungen aus Fronting-Geschäften mit der Union zu verwenden.[49] Bei ihrem letzten Besuch in der Schweiz hatten sich Alzheimer und Schmitt gegenüber dem Eidgenössischen Versicherungsamt verpflichtet, keine Vermögenswerte aus der Union Rück herauszuziehen. Die MR konnte ihre Rückkaufpflicht nicht mehr wahrnehmen und musste nach der deutschen Kapitulation am 8. Mai 1945 damit rechnen, dass die amerikanische Regierung im Namen der alliierten Mächte die Herausgabe des Kaufpreises erzwang. Unabhängig davon konfiszierte die argentinische Regierung den Fénix Sudamericano im Frühjahr 1945 als deutsches Eigentum.[50]

Während die MR mit der Union Rück bis zum März 1945 im ständigen brieflichen und persönlichen Kontakt stand, war die Kommunikation mit der Plus Ultra (ursprünglicher Kapitalanteil der MR: 98,2 %) im August 1944 abgerissen. Die MR hatte bis zu diesem Zeitpunkt rund 60 % des Kapitals der Plus Ultra an spanische Aktionäre abgegeben und Vollmacht erteilt, ihre restlichen Aktien gegebenenfalls an diese zu verkaufen, um einer zwangsweisen Übertragung auf den spanischen Staat zuvorzukommen.[51] Wahrscheinlich hat der Generaldirektor Philipp die Vollmacht schon vor dem 5. Mai 1945 ausgeübt, da der spanische Staat drei Tage vor der deutschen Kapitulation das Vermögen deutscher und italienischer Unternehmen beschlagnahmte. Als die spanischen Aktionäre in der Verwaltungsratssitzung vom 17. Mai 1945 offiziell von ihrem Recht zum Kauf der Aktien Gebrauch machten, war das Kapital der Plus Ultra wahrscheinlich schon vollständig in spanisches Eigentum übergegangen.[52]

Leider befinden sich in den Aktenbeständen der amerikanischen Militärregierung keine Dokumente, die über die Motivation der amerikanischen Ankläger und Richter präzise Auskunft geben könnten. Laut einer Notiz des späteren MR-Vorstandsmitglieds Buchetmann warf ihnen der amerikanische Generalstaatsanwalt vor, dass die Verträge mit den schwedischen und niederländischen Zedenten und der Union Tarnverträge («cloaking treaties») zur Tarnung ihres Auslandseigentums gewesen seien.[53] Der Leiter der OMGUS-Finanzabteilung gab dem Justiziar der MR zwei Tage nach dem Urteil in sehr höflichem Ton zu verstehen, dass die Militärregierung für die MR eintreten wolle.[54] Ein Gespräch des prominenten Kriegsverbrecherverteidigers Otto Lenz mit der Legal Division über einen Berufungsantrag an das Reviewing Board (Berufungsgericht) zeigte jedoch, dass die Juristen der Militärregierung eine Sühne für die Tarnung deutschen Auslandseigentums vor und während des Krieges verlangten und zu keiner Milde bereit waren.[55] Man kann den Eifer der Militärstaatsanwälte aus der Frustration über das amerikanische Unvermögen erklären, die Tarngeschäfte der MR über die Schweiz zu stoppen und den Vorstand der MR wegen der Tarnung von Auslandsvermögen während des Kriegs vor Gericht zu stellen. Im Unterschied dazu waren Falschangaben gegenüber der Militärregierung strafrechtlich justiziabel. Die fünf Vorstände und Direktoren der MR büßten stellvertretend für Alzheimer und Schmitt, die bei der Unterzeichnung der Vermögenserklärung bereits von den Amerikanern suspendiert und entlassen waren.

Ungeachtet der harten Haltung der Legal Division hob das Reviewing Board des US-Militärgerichts das Urteil im Januar 1947 auf. Während Mattfeld, Oldenburg und Paul nach weniger als einem Drittel ihrer Haftdauer aus den Gefängnissen München-Stadelheim und Bernau entlassen wurden, mussten Buchetmann und Reichert fast die Hälfte ihrer Haftzeit absitzen und kamen erst am 4. Oktober 1947 frei.[56] Der Vorstand der MR sorgte dafür, dass während der Haftzeit eine Mitarbeiterin Lebensmittel für die Gefangenen auf dem Schwarzmarkt kaufte und sie regelmäßig besuchte.[57]

Für die MR war die Verhaftung ihrer fünf Vorstände und Direktoren der Anlass, ihr Erscheinungsbild während der NS-Zeit neu zu konstruieren. In maschinengeschriebenen Rechtfertigungsschriften an die Militärregierung stellte sie sich als ein Unternehmen dar, das dem politischen Anpassungsdruck des NS-Regimes konsequent widerstanden, die Versicherungsgesellschaften im besetzten Europa geschützt und nie als ein versicherungspolitisches Instrument der deutschen Besatzungsherrschaft gedient habe.[58] Der Einsatz für den Erhalt der Verfügungsgewalt über Deviseneinnahmen wurde umgedeutet: Er sei nicht die Selbstbehauptung des unternehmerischen Eigeninteresses gegen staatliche Intervention und bürokratische Hindernisse gewesen, sondern eine widerständige Handlung, ja absichtliche Sabotage der deutschen Kriegswirtschaft. Über die Gewinne aus dem günstigen Kauf jüdischer Immobilien und dem Rückkauf jüdischer Lebensversicherungen gingen die Manager der MR stillschweigend hinweg.

1948 begann der Freistaat Bayern mit der Restitution jüdischer Vermögen. Für die MR bedeutete dies, dass sie die Kaufverträge mit den jüdischen Alteigentümern ihrer «arisierten» Immobilien rückgängig machen oder die Differenz zwischen dem damaligen Marktpreis und dem «Arisierungspreis» nachzahlen musste. Die MR gab ihre Münchner Immobilien in der Adelheidstraße, der Agnesstraße und der Edelweißstraße an den Bayerischen Staat bzw. an die jüdischen Alteigentümer zurück. Für ihre «arisierten» Häuser in der Oberländerstraße 7–20, der Dänkhelstraße 11 und der Elisabethstraße 37 zahlte sie insgesamt 115 000 DM nach.[59] Dieser Betrag lag unter den Beträgen, zu denen sich die MR zunächst per Vergleich verpflichtet hatte.[60] Da die Restitutionszahlungen erheblich unter dem Arisierungsgewinn der MR lagen, muten diese Entschädigungen gering an. Ein fundiertes Urteil über die Angemessenheit der Entschädigungszahlungen ist dennoch nicht möglich, da die Häuser in der Oberländerstraße und der Dänkhelstraße durch Bombenangriffe beschädigt waren und das Haus in der Elisabethstraße nur noch Ruinenwert hatte. Keines der überlieferten Dokumente aus dem Archiv der Münchener Rück zeigte eine Spur später Scham oder Schuldbewusstsein. Die Restitution jüdischen Eigentums geschah im Kontext der Kriegsfolgenbewältigung und wurde nicht anders behandelt als die Reparatur materieller Kriegsschäden.

14. Der Weg zurück in den internationalen Rückversicherungsmarkt

Nur wenige Tage vor seiner Festnahme durch die amerikanische Besatzungsmacht versuchte Alois Alzheimer am 16. Juli 1945, über einen unbekannten Kurier den Kontakt mit der Union Rück in Zürich wieder aufzunehmen. Seine erste Mitteilung an den Generaldirektor der Union Hans Grieshaber zeigte jedoch, dass er die wirtschaftlichen Konsequenzen der bedingungslosen Kapitulation noch nicht verstanden hatte. Alzheimer glaubte, wenigstens eine Kapitalbeteiligung von 33 % an der Union Rück retten zu können.[1] Sein Schreiben stand im Widerspruch zu einer Generalvollmacht, welche die MR der Union bereits im Juli 1943 erteilt hatte. Die MR hatte die Union ermächtigt, «über unser ausländisches Vermögen im eigenen Namen zu verfügen», worin auch das Eigentum der MR an der Union eingeschlossen war.[2]

Nach dem Kriegsende stand die Union Rück unter dem massiven Druck der USA, sich vollständig von der MR zu lösen und die deutsche Kapitalbeteiligung in Schweizer und in amerikanische Hände zu überführen. Obwohl sich die Union Rück immer noch als loyaler Treuhänder der MR verstand, musste sie ihre Bindung an diese glaubhaft lösen.[3] Andernfalls drohte ihr der Verbleib auf der «Schwarzen Liste» der Briten und Amerikaner, was sie vom Weltmarkt des Rückversicherungsgeschäfts ausgeschlossen und damit ihre Existenz gefährdet hätte. Der Versuch des Union-Generaldirektors Hans Grieshaber, mit dem Verweis auf Kapitalbeteiligungen anderer deutscher Unternehmen an Schweizer Gesellschaften wenigstens eine Minderheitsbeteiligung der MR von 20 % zu retten, scheiterte am Veto der amerikanischen und der britischen Versicherungswirtschaft.[4] Trotz dieses unabwendbaren Entflechtungsdrucks der Alliierten betrachtete Grieshaber das treuhänderische Verhältnis zur MR noch im September 1945 als bestehend und stellte der MR in Aussicht, ihre geschäftlichen Verbindungen zu Versicherern in Spanien und Portugal weiterhin aufrechtzuerhalten.[5] Die vollständige Beschlagnahme des deutschen Auslandsvermögens einschließlich aller laufenden Forderungen aus Geschäftskontrakten durch das Gesetz Nr. 53 des Alliierten Kontrollrats machte dieses Treueversprechen jedoch gegenstandslos. Unter diesen Umständen hatte die MR keine andere Wahl, als ihren Schweizer Freunden im Oktober 1945 die Zustimmung zum Verkauf ihrer Beteiligung zu erteilen.[6] Das 1946 abgeschlossene Washingtoner Abkommen zwischen der Schweiz und den USA über die Verwertung deutschen Eigentums bestätigte diese Notwendigkeit, was den

Vorständen der MR und der Union Rück bereits im Sommer 1945 unabwend-
bar erschien.[7] Die freundschaftlichen Beziehungen zwischen der Union und
der MR rissen ungeachtet der erzwungenen Entflechtung nicht ab und wurden 1950 auch offiziell wiederbelebt. So beauftragte die Union im Sommer
1946 ein humanitäres Schweizer Kinderhilfswerk, für die unterernährten Kinder der MR-Mitarbeiter Ferienaufenthalte in der Schweiz zu organisieren.[8] Als
die MR 1950 in das internationale Rückversicherungsgeschäft zurückkehren
konnte, waren die Retrozessionen der Union Rück zunächst die wichtigsten
und größten Verträge der MR im Auslandsgeschäft.[9]

Die MR war bis 1950, als das alliierte Verbot des aktiven Rückversicherungsgeschäfts mit dem Ausland fiel, von jedem Auslandsgeschäft ausgeschlossen. Die elaborierte Tarnung ihrer Auslandsbeziehungen durch die
Treuhandverträge mit der Union Rück war durch den britischen und amerikanischen Druck auf die Schweizer Versicherer nunmehr unmöglich; das
letzte Fenster der MR ins Ausland war geschlossen. Nach einer einvernehm-
lichen Vorentscheidung im Versicherungsausschuss erließ der Allliierte Kontrollrat am 10. März 1947 das Gesetz Nr. 47, das jede Auslandstätigkeit der
deutschen Versicherungen verbot.[10] Dieses Gesetz bestätigte das faktisch
schon bestehende Verbot jedes Auslandsgeschäfts. Schon 1945 hatte das Alliierte Kontrollratsgesetz Nr. 53 den deutschen Unternehmen die Verfügungsrechte über ihre Auslandsguthaben entzogen und Versicherungsgeschäfte im
Ausland praktisch verhindert.

Die MR erfuhr auf vertraulichem Wege von der amerikanischen Militärregierung über die politischen Hintergründe dieses Gesetzes. Der amerikanische Militärgouverneur Lucius D. Clay blieb seinem pragmatischen Kurs in
der Wirtschaftspolitik treu und äußerte Bedenken, dass dieses Gesetz eine
Wiederbelebung des deutschen Außenhandels unmöglich mache. Die amerikanischen und britischen Vertreter stimmten dem Kontrollratsgesetz Nr. 47
nur unter Vorbehalt zu und signalisierten ihre Absicht, es nur für eine begrenzte Zeit bestehen zu lassen.[11] Die Motive der Amerikaner und Briten waren jedoch nicht einheitlich. Während die USA in dieser Frage nicht durch
eigene wirtschaftliche Interessen motiviert waren, war Großbritannien im
Sinne der eigenen Versicherer nicht an einer deutschen Rückkehr auf den europäischen Versicherungsmarkt interessiert. Der Vorstand der MR musste von
der Annahme ausgehen, dass das Verbot des Auslandsgeschäfts noch länger
Bestand haben würde. Angesichts ihrer schlechten Erfahrungen mit der Legal
Division und der Financial Investigation Section der Militärregierung teilten
sie nicht den Optimismus des damaligen Bayerischen Wirtschaftsministers
Ludwig Erhard, der schon im September 1946 mit einer Normalisierung der
westalliierten Wirtschaftsbeziehungen zu Deutschland «in späterer Zukunft,
vielleicht schon in einem Jahr» rechnete.[12] Im März 1947 war weder der Aus-

zug der UdSSR aus dem Kontrollrat noch der Übergang der Westmächte zu einer Integration Westdeutschlands in ein westliches Bündnissystem abzusehen.

Der Vorstandsvorsitzende Eberhard von Reininghaus entwickelte im September 1947 den Plan, eine separate Rückversicherungsgesellschaft für das Auslandsgeschäft mit einer Mehrheitsbeteiligung amerikanischer Rückversicherungen zu gründen, um damit das Verbot des Auslandsgeschäfts zu umgehen. Nach seinen Überlegungen sollte diese Gesellschaft in Wien angesiedelt und mit einem Grundkapital von einer Million US-Dollar ausgestattet werden, das zu 50 % von amerikanischen Gesellschaften, zu 35 % von der Generali, zu 10 % von österreichischen Versicherern und zu 5 % von der Londoner Victory Insurance Company aufgebracht werden sollte. Zu Sondierung seiner Chancen nahm von Reininghaus mit seinem alten Bekannten A. F. Sadler von der Reinsurance in New York Fühlung auf, der bis 1941 Vice President der MR-Tochtergesellschaft Pilot gewesen war. Da seine Vorstandskollegen einen solchen Plan wegen des dauerhaften Verzichts auf das Auslandsgeschäft mit Sicherheit abgelehnt hätten, blieb es bei unverbindlichen Gedankenspielen. Das sechs Seiten lange Exposé von Reininghaus blieb ein namentlich nicht gezeichnetes «non-paper», das nie im Vorstand beraten und in den Akten abgelegt wurde. Als eine deutschsprachige Tageszeitung in den USA im Sommer 1947 berichtete, dass die Münchener Rück einer amerikanischen Gesellschaft Vorzugsaktien angeboten habe, ließ die MR diese Nachricht in der Fachzeitschrift *Versicherungswirtschaft* umgehend dementieren.[13]

Unabhängig davon versuchten von Reininghaus und seine Kollegen die ausländischen Rückversicherer gegen das Kontrollratsgesetz Nr. 47 zu mobilisieren. Da das Gesetz auch die Rückversicherung deutscher Erstversicherer bei ausländischen Rückversicherern verbot, besaßen die ausländischen Rückversicherer ein geschäftliches Eigeninteresse an der Revision des Gesetzes. Die Ankündigung eines umfassenden amerikanischen Wiederaufbauprogramms für Europa (European Recovery Program, allgemein bekannt als Marshall-Plan) durch den amerikanischen Außenminister George C. Marshall weckte Hoffnungen auf einen beschleunigten Wiederaufbau Westeuropas. Angesichts der erwarteten Investitionen in die Wiederherstellung und den Neubau von Industrieanlagen, Wohn- und Geschäftsgebäuden mussten die westeuropäischen Rückversicherer mit einem zunehmenden Rückversicherungsbedarf rechnen, der sich nicht allein in den eigenen Ländern decken ließ und mittelfristig eine Rückkehr der deutschen Rückversicherer auf den europäischen Markt erforderlich machte.

Die MR konnte dabei auf das wirtschaftliche Eigeninteresse Frankreichs setzen. Obwohl Frankreich eine restriktivere Wirtschaftspolitik gegenüber Deutschland verfolgte als die USA und Großbritannien, ließ die französische

Militärregierung die Rückversicherung deutscher Erstversicherer bei französischen Rückversicherern zu.[14] Im September 1947 erfuhren von Reininghaus und Meuschel beim ersten Nachkriegstreffen mit Repräsentanten der französischen Versicherungswirtschaft in Baden-Baden, dass französische Versicherungsunternehmen deutsche Erstversicherer und Rückversicherer für eine Minderheitsbeteiligung an einer neuen Rückversicherungsgesellschaft für das Gebiet der französischen Zone gewinnen wollten, um so das Verbot der passiven Rückversicherung für deutsche Erstversicherer zu umgehen. Reininghaus fiel nicht nur das aufgeschlossene und herzliche Verhalten der französischen Versicherungsvorstände angenehm auf. Der Referent für Versicherungsfragen bei der französischen Militärregierung Fernand Werner stimmte nicht nur einer Kapitalbeteiligung der MR zu, sondern akzeptierte sogar den Vorschlag von Reininghaus, das ehemalige MR-Vorstandsmitglied Robert Schneider trotz seiner problematischen Vergangenheit in den Vorstand des deutsch-französischen Rückversicherers zu berufen. Werners Bereitschaft, ein politisch belastetes Vorstandsmitglied zu akzeptieren, war für die vergleichsweise nachsichtige französische Entnazifizierungspolitik gegenüber der Wirtschaftselite ihrer Zone durchaus typisch.

Am 22. Januar 1948 wurde die Europa Allgemeine Rückversicherungs AG am Sitz der französischen Militärregierung in Baden-Baden gegründet. 55 % des Kapitals befanden sich in den Händen französischer Versicherer, während sich neun deutsche Erst- und Rückversicherer und die MR mit je 4,5 % am Kapital beteiligten. Die französischen Versicherungsmanager und der Versicherungsreferent Werner stellten der MR ihr Engagement für eine Aufhebung des Kontrollratsgesetzes Nr. 47 in Aussicht. Die Bereitschaft der französischen Versicherer, der MR fast wieder auf Augenhöhe zu begegnen, beruhte auf einem doppelschichtigen Motiv. Während ihnen die MR den deutschen Rückversicherungsmarkt öffnen sollte, sollte die deutsche Minderheitsbeteiligung an einem französischen Rückversicherer die beschränkten Kapazitäten der französischen Erstversicherer erhöhen.[15] Bei der Wiederherstellung geschäftlicher Beziehungen mit Frankreich zahlte es sich aus, dass die MR die französischen Versicherer während der deutschen Besetzung fair behandelt hatte.

Im Mai 1948 sprach sich von Reininghaus in einem Interview für die Abschaffung des Gesetzes Nr. 47 aus, das der wöchentliche Bericht der amerikanischen Militäraufklärung umfassend zitierte und kommentierte.[16] Nach der Aufnahme der Westzonen in den Marshall-Plan trug von Reininghaus seine Forderung nach einer Revision des Kontrollratsgesetzes Nr. 47 in die deutsche und die europäische Öffentlichkeit. Am 24. August 1948 argumentierte er auf einer Pressekonferenz des Gesamtverbands der Versicherungswirtschaft, dass Risikospitzen bei europäischen Großobjekten ohne eine Beteiligung deutscher Versicherer künftig nicht gedeckt werden könnten.[17] Reininghaus spielte da-

mit auf die Probleme eines Brüsseler Kaufhauses an, das für seine Feuerversicherung in ganz Westeuropa keine vollständige Deckung finden konnte. Mit
seinem Hinweis, dass die deutschen (Privat-)Versicherer in der Zeit des Nationalsozialismus die Internationalität des Versicherungsgewerbes verteidigt hätten, beanspruchte er die autoritative Deutungshoheit über das Verhalten der
Versicherer während des Naziregimes. Im Hinblick auf das Verhalten der MR
traf seine Deutung zu; in Bezug auf die Gesamtheit der deutschen Versicherungen war sie nicht frei von Apologetik.

Im Oktober 1948 erfuhr die MR von einem Vertreter des britischen Versicherungswesens, dass die politisch einflussreiche Vereinigung des britischen
Außenhandels (Board of Trade) über eine Reform des Kontrollratsgesetzes
berate.[18] Reininghaus erhielt im Februar 1949 die Möglichkeit zu einer Lon-
donreise, bei der er von englischen Versicherern und dem Board of Trade
empfangen wurde. Auf der politischen Ebene führten die zunehmenden deutschen Exporte zu einer schrittweisen Revision des Kontrollratsgesetzes. Die
deutschen Transportversicherer durften zur Schonung der Devisenreserven
ab Mai 1949 wieder deutsche Exportlieferungen versichern. Da die Transportversicherer das Verlustrisiko beim Transport auf ausländischen Schiffen in
Devisen rückversichern mussten, hoben die Militärgouverneure der Westzonen am 29. April 1949 das Verbot der Rückversicherung im Ausland auf. Mit
fast einem Jahr Verspätung folgten sie der Financial Section der OMGUS, die
schon im Juni 1948 die Liberalisierung der deutschen Transportversicherung
empfohlen hatte.[19]

Die Liberalisierung der passiven Rückversicherung schuf wiederum einen
Sachzwang, aus devisenpolitischen Gründen das Verbot aktiver Rückversicherung zu lockern. Im Herbst 1949 gestatteten die Alliierten Hohen Kommissare
der westalliierten Besatzungsmächte den deutschen Rückversicherern, mit
ausländischen Zedenten Verträge in Höhe des Prämienvolumens zu schließen, das in Retrozessionsverträgen mit ausländischen Rückversicherern ins
Ausland abfloss.[20] Bis zum Februar 1950 schloss die MR bereits einige Verträge
mit dem Ausland ab, zu denen ein Retrozessionsvertrag zwischen der Union
Rück in Zürich und der MR gehörte.[21] Die rechtlich uneingeschränkte Rückkehr auf den internationalen Versicherungsmarkt war erst ab September 1950
möglich, als die Hohen Kommissare mit dem Gesetz Nr. 36 die Beschränkungen des aktiven Rückversicherungsgeschäfts mit dem Ausland ersatzlos
aufhoben.[22]

Im ersten Jahr ihrer Rückkehr auf den internationalen Markt konnte die
MR Verträge mit Versicherern in Finnland, Frankreich, Großbritannien, Italien, den Niederlanden, Österreich, Portugal, Schweden, der Schweiz und
Spanien abschließen. Außerhalb Europas kamen Rückversicherungsverträge
mit indischen und pakistanischen Versicherern zustande. Die MR profitierte

zum einen von der zunehmenden Nachfrage nach Rückversicherung, die durch den Investitionsboom im Zuge des Koreakriegs noch zusätzlich angeheizt wurde. Die Schweizer Rück hatte ungeachtet ihrer Position als Weltmarktführer im internationalen Rückversicherungsgeschäft kapazitäre Engpässe. Im August 1950 stellte die Union Rück ihr altes freundschaftliches Verhältnis mit der MR durch eine förmliche Vereinbarung wieder her.[23] Mit einem Anteil von 4 % am Prämienaufkommen war das Auslandsgeschäft im ersten normalen Geschäftsjahr nach 1945 noch sehr viel kleiner als bis 1945, aber ein hoffnungsvoller Anfang.

Der Vorstand der MR gab der Rückkehr auf den Auslandsmarkt aus zwei Gründen hohe Priorität. Zum einen rechnete der Vorstand nicht mit starken Expansionsmöglichkeiten für die Rückversicherungen im Inlandsmarkt. Zum anderen hielt es der Vorstand für unwahrscheinlich, dass die MR ihren Anteil an den Zessionen deutscher Erstversicherer erhöhen könnte. Diese Annahme war aus der Sicht des Vorstands plausibel, da die MR einen großen Teil ihrer Inlandsprämien aus der Allianz/MR-Gruppe generierte, während sich die Kölner Erstversicherer wie die Colonia traditionell bei der Kölnischen Rück rückversicherten oder wie Gerling eine eigene Rückversicherung besaßen. In seinem Bericht auf der Aufsichtsratssitzung am 18. April 1950 erklärte der Vorstandsvorsitzende Reininghaus: «Wir können daher eine wesentliche Ausdehnung unseres Geschäfts nur durch eine Wiedergewinnung von Auslandsgeschäft erhoffen».[24] Tatsächlich stammten in den Geschäftsjahren von 1949/50 bis 1953/54 nur 27 % (42,3 Mio. DM) des Prämienzuwachses aus dem Auslandsgeschäft, während das Inlandsgeschäft mit 115,2 Mio. DM 73 % des Prämienzuwachses erzielte. Trotz des steigenden Anteils des Auslandsgeschäfts profitierte die MR primär von ihrer starken Stellung im Inland und der dynamischen Entwicklung des deutschen Versicherungsmarktes.

Auch aus volkswirtschaftlicher Sicht kam die Wiederzulassung zum internationalen Versicherungsmarkt sehr gelegen. Der starke Anstieg der Rohstoffpreise nach dem Beginn des Koreakriegs führte die junge Bundesrepublik in eine kurze, aber schwere Zahlungsbilanzkrise, welche die weitere Liberalisierung der Warenimporte zunächst stoppte.[25] Die Prämieneinnahmen aus den Mitgliedsländern der Europäischen Zahlungsunion halfen beim Ausgleich des hohen Zahlungsbilanzdefizits. Da das internationale Rückversicherungsgeschäft in Europa keinen oder nur geringen Devisenbeschränkungen unterworfen war, tangierte die stockende Liberalisierung von Güterimporten die international agierenden Rückversicherer nur wenig. Der Beitrag der MR zum Ausgleich der deutschen Zahlungsbilanz ließ 1950 trotz des Wiederbeginns des Auslandsgeschäfts noch auf sich warten. Da die MR ihre Spitzenrisiken ins Ausland retrozedieren und bei ihren ausländischen Zedenten Prämienreserven anlegen musste und das aktive Rückversicherungsgeschäft erst anlief, war das Devisensaldo mit –728 000 DM noch negativ. 1951 erzielte die MR mit –14 000 DM fast wieder ein ausgeglichenes Devisensaldo.[26]

Die MR profitierte bei ihrer Rückkehr ins Auslandsgeschäft nicht allein von ihrer versicherungstechnischen und kaufmännischen Erfahrung und ihrer Reputation, sondern auch von ihrer Vertragserfüllung über das Ende des Krieges hinaus. Da sie auf Wunsch ihrer ausländischen Kunden umfangreiche Prämienreservedepots bei ihren Geschäftspartnern angelegt hatte, konnte sie ihre Verträge trotz der Unterbrechung jeglicher Kommunikation und jeglichen Geldtransfers bis zum Datum des Kriegsendes erfüllen. Sie war ihren Zahlungsverpflichtungen bis zur Vertragsunterbrechung am Kriegsende nachgekommen und besaß bei ihren ausländischen Kunden keine Verbindlichkeiten. Durch die Zuverlässigkeit bei der Erfüllung ihrer Verpflichtungen kompensierte sie den Nachteil, dass sie bis zur Aufstellung ihrer endgültigen DM-Eröffnungsbilanz im Herbst 1953 ihren Zedenten nur vorläufige Bilanzen als Nachweis ihrer Solidität vorlegen konnte. Die MR galt auf dem internationalen Versicherungsmarkt als kreditwürdig, bevor das Londoner Schuldenabkommen im September 1952 die Rückzahlung der Schulden deutscher Unternehmen an ihre ausländischen Gläubiger regelte.[27] Die Zahlungsusancen im internationalen Rückversicherungsgeschäft kamen der Wiederherstellung ihres Auslandskredits entgegen. Die international verbreitete Gestellung von Prämienreservedepots bei den ausländischen Zedenten bildete für ihre Geschäftspartner eine ausreichende Sicherheit für die Deckung der Schadenssummen.

Während das Londoner Schuldenabkommen einen multilateralen Rechtsrahmen für die Regelung der kommerziellen Schulden deutscher Unternehmen schuf, konnte die Freigabe des beschlagnahmten deutschen Auslandsvermögen nur auf bilateraler Basis zwischen den Regierungen gelöst werden. Erst 1957 schloss die Bundesregierung ein Vermögensabkommen mit Österreich ab,[28] dem 1958 ein Vertrag mit Portugal und 1959 ein Freigabeabkommen mit Spanien folgten. Als Folge dieser Verträge erhielt die MR ihr Eigentum in diesen Staaten zurück. Nachdem die MR 1956 engere Geschäftsbeziehungen mit ihrer früheren spanischen Tochtergesellschaft Plus Ultra wiederherstellen konnte, gab ihr die spanische Regierung 1959 ihre Beteiligung von 24 % zurück.[29] Es sollte jedoch noch bis 1964 dauern, bis die MR vom argentinischen Staat einen Anteil am Liquiditätserlös des Fénix Sudamericano erhielt.[30]

Unabhängig vom Verlauf der Vermögensverhandlungen mit Österreich betrieb die MR den teilweisen Rückkauf ihrer alten Beteiligung an der Wiener Allianz. Im Juli 1938 hatten MR und Allianz die großen Beteiligungen der Generali und der Creditanstalt an der Wiener Allianz übernommen. Die österreichischen Restitutionsbehörden gaben der verstaatlichten Creditanstalt und der Generali die Aktienpakete zurück, die sie 1938 unter dem Druck der politischen Machtverhältnisse nach dem «Anschluss» nicht aus freien Stücken verkauft hatten. Die teilweise Freigabe ihrer beschlagnahmten Prämienreserven von 3,4 Mio. öS erlaubte es der MR, bis 1955 Aktien im Nennwert von 0,7 Mio. öS zu einem Kurs von 250 % zurückzukaufen. Diese Beteiligung vermittelte ihr einen Kapitalanteil von nur 1,8 %,[31] zu wenig, um Einfluss auf die Rückversicherungsquote der Wiener Allianz zu nehmen und eine Beteiligung mit strategischer Bedeutung aufzubauen. Von 1954 bis 1957 erwarben die MR und die Allianz über das befreundete Londoner Bankhaus Warburg & Co. zusammen 40 % der Wiener Allianz. Da die österreichische Öffentlichkeit noch empfindlich auf große Kapitalbeteiligungen deutscher Unternehmen reagierte, traten Allianz und MR in den nächsten Jahren noch nicht offen als Eigentümer dieser Beteiligung auf.[32]

Vom deutsch-österreichischen Vermögensabkommen von 1957 konnten alle deutschen Unternehmen profitieren, deren österreichische Vermögenswerte nicht nach Kriegsende von der ersten österreichischen Nachkriegsregierung verstaatlicht wurden. Nach der Unterzeichnung des Abkommens gab die österreichische Regierung das Guthaben der MR vollständig frei. Aus diesem Guthaben und aus eigenen Mitteln stockte sie ihre offen ausgewiesene Beteiligung an der Wiener Allianz auf 21,2 % auf und stellte ihre traditionelle Präsenz im österreichischen Erstversicherungsmarkt wieder her.[33]

15. Wiederaufbau der Kapitalbasis:
Die Münchener Rück und die Folgen der Währungsreform

Im Unterschied zu den Unternehmen der produzierenden Wirtschaft hatte die
MR keine materiellen Schäden an ihren Produktionsmitteln erlitten. Die
Bombenangriffe auf München und andere Städte hatten ein Drittel ihres
Wohnungsbesitzes zerstört, aber keine große Spur der Vernichtung in ihrer
Bilanz hinterlassen.[1] Die immateriellen Produktionsmittel in Gestalt ihres
versicherungstechnischen Know-how, ihrer Reputation und ihrer langjährigen Geschäftsbeziehungen zu den westdeutschen Zedenten hatten den Krieg
unbeschadet überstanden und konnten im Unterschied zu Patenten von Industrieunternehmen nicht von den Besatzungsmächten beschlagnahmt werden.

Schwerer wog der Verlust ihrer gesamten Kapitalbeteiligungen, Sicherheiten und Prämiendepots im Ausland. In der Lebensversicherung konnte die
MR den Verlust des Auslandsgeschäfts sogar zum Teil kompensieren. Da sich
die Hamburg-Mannheimer aufgrund des Kontrollratsgesetzes Nr. 47 nicht
mehr bei ihrem Großaktionär Svea in Göteborg rückversichern konnte, gab
sie 1947 zwei Drittel ihres Exzedenten an die MR ab.[2] Da die MR wegen des
inflationären Geldmengenwachstums während des Krieges außerordentlich
liquide war, bedrohte die Blockierung von 17,7 Mio. RM Barguthaben im In-
und Ausland – darunter allein 11,1 Mio. RM in der sowjetischen Zone – nicht
ihre Liquidität. Der Wegfall des gesamten Auslandsgeschäfts gefährdete
weder den cash flow noch die Ertragslage des Unternehmens.[3] Das Rückversicherungsgeschäft war im Prämienvolumen von 1944/45 bis 1946/47 fast um
die Hälfte geschrumpft,[4] brachte aber im Ganzen noch positive technische Ergebnisse. Nur die Einbruchsdiebstahlversicherung brachte 1946 und 1947 mit
–2,6 und –2,0 Mio. RM zwei sehr schlechte Ergebnisse, in denen sich die
sozialen und rechtlichen Verhältnisse der Nachkriegszeit widerspiegelten. Die
große materielle Not und die Schwäche der Polizei führten zu einer ungewöhnlichen Zahl an Einbrüchen («Ruinenkriminalität»), mit denen die Prämiensätze nicht Schritt halten konnten.

Vorstand und Aufsichtsrat der MR rechneten bereits im März 1948 mit
einer baldigen Währungsreform. Angesichts der hohen stillen Reserven in
überdeckten technischen Reserven und Wertpapieren (1947: ca. 86 Mio. RM)
war die Unternehmensspitze zuversichtlich, dass die MR auch eine vollstän-

dige Abschreibung der Reichsanleihen und Reichsschatzanweisungen im Anlageportefeuille der MR (Gesamtumfang 1947: 87,5 Mio. RM)[5] ohne Einbußen des Eigenkapitals abfedern könne. Der erwartete Währungsschnitt stellte die MR vor ein größeres Problem, da sie einen großen Teil ihrer Liquiditätsreserven verlieren sollte. Auf der Soll- und der Habenseite der Bilanz sorgte die Ungewissheit über ihre Auslandsguthaben und Auslandsschulden für eine erhebliche Unsicherheit. Während die gesperrten Guthaben und Wertpapierdepots in der sowjetischen Zone – der späteren DDR – im Sommer 1948 bereits aufgegeben waren, schwebte der Vorstand der MR in Ungewissheit, welche ausländischen Vermögenstitel dauerhaft abgeschrieben werden mussten.[6] Die Länder der sowjetischen Zone und der kommunistische Magistrat von Ost-Berlin enteigneten das gesamte Vermögen der MR bereits vor der Staatsgründung der DDR am 7. Oktober 1949.[7] Das hohe Kriegsrisiko der MR wurde erst in der Nachkriegszeit deutlich sichtbar, als die kriegsbedingte Geldentwertung durch einen starken Währungsschnitt zum Stillstand gebracht wurde und sich der totale Verlust der Auslandsanlagen in den Bilanzen manifestierte.

Die Währungsreform schlug sich nicht nur in den Bilanzen der Versicherungen, sondern auch in ihren laufenden Prämieneinnahmen nieder. Da der Geldüberhang der privaten Haushalte durch einen radikalen Schnitt bei den Bargeldbeständen, Giro- und Sparguthaben beseitigt wurde, mussten viele Kunden ihre Unfallversicherung kündigen und ihre Lebensversicherungen beitragsfrei stellen.[8]

Mit der Umstellung von der Reichsmark auf die DM schrumpfte das Eigenkapital der MR von 40,4 Mio. RM auch nach der Auflösung aller stillen Reserven auf 26,5 Mio. DM.[9] Durch die völlige Entwertung aller Reichsschuldtitel, den Verlust des Auslandsvermögens und die Umstellung der RM-Guthaben im Verhältnis von 100 : 6,5 ergab sich in der vorläufigen DM-Eröffnungsbilanz für den Stichtag nach der Währungsreform (21. Juni 1948) eine Lücke von 36,2 Mio. DM zwischen Aktiva und Passiva. Das DM-Umstellungsgesetz sah in diesem Fall Ausgleichsforderungen der Unternehmen an die Notenbank, die Bank deutscher Länder, vor. Die genaue Höhe der Ausgleichsforderungen war von Faktoren abhängig, die sich zum Jahresende 1948 nicht vorhersehen ließen. Eine wichtige Unbekannte bildete die Freigabe von Auslandsvermögen und die Verrechnung der Auslandsschulden mit den Guthaben der MR bei ausländischen Versicherern.[10] Aufgrund mehrfach geänderter Bilanzierungsvorschriften konnte die vorläufig endgültige Eröffnungsbilanz erst 1953 fertig gestellt werden. In der DM-Eröffnungsbilanz von 1953 erhöhten sich die Ausgleichsforderungen auf 45,9 Mio. DM.[11] Die Bundesregierung modifizierte die Verordnungen für die Erstellung der DM-Eröffnungsbilanzen im Versicherungswesen jedoch im Laufe der 1950er Jahre und erließ 1965 die letzte Verordnung, so dass dieses Kapitel der Nachkriegsgeschichte erst am 30. Juni 1966 abgeschlossen war.[12] Da die MR zwischenzeitlich beschlagnahmtes Auslandsvermögen in Höhe von 7,5 Mio. DM zurückerhalten hatte, wurden die endgültigen Ausgleichsforderungen um den gleichen Betrag reduziert. In der Bilanz der MR zum 30. 7. 1967 waren die Ausgleichsforderungen an die Bundesbank auf einen Betrag von nur noch 19 Mio. DM beziehungsweise 1,3 % der Bilanzsumme geschrumpft.[13] Erst 1958 begann die Bundesregierung mit der Tilgung dieser Forderungen.

Da von dem Netto-Auslandsvermögen von 31,0 Mio. DM nur 1,8 Mio. DM in den kommunistischen Staaten lagen, war die MR auf der bilanziellen Seite von der wirtschaftlichen und politischen Teilung Europas wenig betroffen.[14] Die Prämienrechnung wurde vom «Eisernen Vorhang» stärker tangiert, da die MR bis 1944 einen erheblichen Teil ihres ausländischen Prämienaufkommens in Ostmitteleuropa erwirtschaftet hatte.

Das erste Geschäftsjahr nach der Währungsreform (1948/49) endete wegen zweier Großschäden in der Feuerversicherung mit einem technischen Verlust von einer Million DM. Obwohl die MR zum ersten Mal seit 1906 einen Fehlbetrag verzeichnen musste, ließ der Prämienanstieg auf 111 Mio. DM für die Zukunft hoffen.[15] Auch im folgenden Geschäftsjahr 1949/50 erzielte die MR einen Fehlbetrag von 0,8 Mio. DM.[16] Das Prämienwachstum im ersten Jahr nach der Währungsreform war wegen der sinkenden Einzahlungen in Lebensversicherungspolicen umso bemerkenswerter.[17] Als sich das Warenangebot nach der Währungsreform wieder auf einen «friedensmäßigen» Stand normalisierte, hatten dringende Anschaffungen von Hausrat und Kleidung Vorrang vor langfristigen Geldanlagen in Lebensversicherungen.

Der durchaus hoffnungsvolle Beginn der DM-Ära wurde am 28. Juli 1948 durch die Explosion eines Kesselwagens mit Dimethyläther im BASF-Werk Ludwigshafen überschattet, die 178 Menschen tötete und der MR einen Bruttoschaden von 2,1 Mio. DM (Gesamt-Schadensumme 12,8 Mio. DM) verursachte. Durch einen Großbrand im Hamburger Karstadt-Kaufhaus am 29. Juli des gleichen Jahres entstand der MR bei einem Gesamtschaden von 2,2 Mio. DM ein Bruttoschaden von 0,5 Mio. DM.[18] Auf der Aktivaseite der Bilanz dominierten bis Anfang der 1950er Jahre noch die Ausgleichsforderungen an die Bank deutscher Länder. Da sie mit 3,5 % deutlich niedrigere Zinserträge als festverzinsliche Wertpapiere einbrachten, konnten die Zinserträge aus Anlagen die negativen technischen Ergebnisse in den ersten beiden Geschäftsjahren nach der Währungsreform nicht ausgleichen. Andererseits gelang es der MR, das sehr dünne Liquiditätspolster von nur 2,7 Mio. DM zum Zeitpunkt der Währungsreform bis zum 30. Juni 1949 auf 14,5 Mio. DM anwachsen zu lassen.[19]

Aus dem wirtschaftspolitischen Umfeld waren keine negativen Einflüsse auf die Entwicklung der MR zu erwarten. Forderungen nach einer Sozialisierung des Versicherungswesens waren auch innerhalb der Sozialdemokratie umstritten. Nach der Rückübertragung des großen Lebensversicherers Volksfürsorge an die Gewerkschaften gab es aus Sicht der SPD kein besonderes Interesse an der Verstaatlichung der Versicherungen. Mit der ersten Bundestagswahl am 14. August 1949 und der Bildung einer christlich-liberal-konservativen Bundesregierung unter dem neuen Kanzler Konrad Adenauer (CDU) war die Sozialisierung politisch nicht mehr akut. In der Opposition rückte auch die SPD davon ab.[20]

Die konjunkturellen Bedingungen und die Strukturen des Versicherungsmarkts waren für den Wiederaufstieg der MR ausgesprochen günstig. Nachdem der Inflationsschub in den ersten sechs Monaten nach der Währungsreform überwunden war und sich die Gefahr einer importierten Inflation nach dem ersten Jahr des Koreakrieges (1950/51) wieder auflöste, profitierten die inflationsempfindlichen Versicherer von einem auch international hohen Grad an Geldwertstabilität. Im Unterschied zur Inflationszeit nach dem Ersten Weltkrieg bestand nicht die Gefahr, dass die Prämieneinnahmen hinter den Kosten der Schadensregulierung zurückblieben und die hohe Inflation den Wert festverzinslicher Anlagen vernichtete.

Nachdem die MR im Geschäftsjahr 1950/51 erstmals wieder einen verhältnismäßig geringen Gewinn von 1,0 Mio. DM verbuchte, normalisierte sich die Ertragslage im Geschäftsjahr 1951/52. Die Brutto-Prämieneinnahmen stiegen in den Jahren von 1949/50 bis 1954/55 jährlich um 23 %. Im Geschäftsjahr 1953/54 übertrafen sie mit 274 Mio. DM das bis dahin höchste Prämienvolumen von 1943/44. Noch eindrucksvoller war der Wiederaufbau ihrer Vermögenssubstanz. Am Tag nach der Währungsreform waren die Vermögensanlagen der MR in Immobilien, Wertpapieren und Beteiligungen auf 17,8 Mio. DM zusammengeschmolzen – bis zum 30. September 1951 waren sie auf 82,4 Mio. DM angewachsen. Ein kleinerer Teil des Vermögenszuwachses ergab sich durch die Instandsetzung kriegszerstörter Immobilien, ein größerer Teil durch den Kursanstieg bei Aktien von Versicherungs- und Industrieunternehmen. Auch die stillen Reserven aus der Unterbewertung von Aktien und Beteiligungen hatten sich in drei Jahren bis auf 9,2 Mio. vermehrt.[21] Hierbei ist zu berücksichtigen, dass die MR die großzügigen Abschreibungsmöglichkeiten für die DM-Eröffnungsbilanz weitgehend ausnutzte und damit ihr ausgewiesenes Vermögen verminderte. Die MR setzte den Aufwand für den Wiederaufbau ihrer beschädigten Wohnhäuser großzügig an und schrieb ihre gesamte Geschäftseinrichtung ab. Von den bilanzrechtlichen Möglichkeiten zur Höherbewertung bestimmter Wertpapiere machte die MR keinen Gebrauch, um stille Reserven zu bilden. Da sie ihre Forderungen an die Union Rück mit 8 Mio. DM sehr vorsichtig bewertete, enthielt bereits die Eröffnungsbilanz stille Reserven in Höhe von mehreren Millionen DM.[22] Mit Hinblick auf das 1952 verabschiedete Lastenausgleichsgesetz zur wirtschaftlichen und sozialen Eingliederung der Flüchtlinge war die MR daran interessiert, ihr Bilanzvermögen möglichst weit zu reduzieren, da sich die Vermögensabgaben zur Finanzierung des Lastenausgleichsfonds an den Vermögen von Unternehmen und Privatpersonen am Tag nach der Währungsreform orientierten.

Die bewusste Niedrigbewertung ihres Vermögens bedeutete für die MR keinen Traditionsbruch, sondern die Fortsetzung einer Praxis, die sich in der Zeit des Nationalsozialismus intensiviert hatte. Angesichts schwankender Gewinne und technischer Verluste in Jahren mit einem schlechten Schadenverlauf ließ sich die Existenz größerer stiller Reserven mit dem längerfristigen Ausgleich der Geschäftsergebnisse rechtfertigen. Da sich fast 30 % ihrer Aktien im Besitz der Allianz befanden, wäre ein Protest unzufriedener Aktionäre zum Scheitern verurteilt gewesen. Auch viele kleinere Aktionäre sahen die Aktie der MR als eine langfristige Kapitalanlage und waren daher an einer stetigen anstelle einer streng gewinnabhängigen Dividendenausschüttung interessiert. Ein Teil der Niedrigbewertung war ohnehin den Bilanzierungsvorschriften des Handelsgesetzbuchs (HGB) zuzuschreiben, das eine Bewertung der Aktien und anderer Wertpapiere nach dem Anschaffungspreis vorschrieb. Der Marktwert zum Bilanzstichtag durfte nach dem strengen Niederstwertprinzip des HGB nur dann angesetzt werden, wenn er unter den Anschaffungspreis gefallen war. Lediglich im Geschäftsjahr 1958/59 beanstandeten die Bilanzprüfer der Bayerischen Treuhand AG ein vermeintliches Abweichen vom Vorsichtsprinzip. Die MR hatte die Buchkurse bei einigen abwertungsgefährdeten Währungen wie dem französischen Franc oder dem argentinischen Peso zu hoch angesetzt und mögliche Verluste aus Kursverlusten nicht antizipiert.[23] Da die MR in Erwartung von Abwertungen einen Teil ihrer Verbindlichkeiten in diesen Ländern in DM statt in der Landeswährung abdeckte, profitierte sie von einer Abwertung durch den Wertverlust ihrer Verbindlichkeiten.

Die Unterdeckung von Verbindlichkeiten in abwertungsgefährdeten Landeswährungen brachte der MR Überschüsse ein, die nicht in der Bilanz ausgewiesen wurden und die stillen Reserven vermehrten. In einem anderen Fall stellte die Überdeckung in einer anderen Währung zwar kein Verlustproblem dar, aber eine Verringerung der Liquidität. Die MR hatte auf den Philippinen eine Überdeckung in philippinischen Pesos in Höhe von 1,7 Mio. DM. Da es im Zahlungsverkehr mit den Philippinen Transferbeschränkungen gab, ließ sich dieser versicherungstechnisch unnötige Überschuss nicht nach Deutschland zurücktransferieren.[24] Angesichts eines stabilen Weltwährungssystems mit festen Kursparitäten zum amerikanischen Dollar (Bretton-Woods-System) waren die Risiken durch Kursveränderungen in den 1950er und 1960er Jahren sowohl im Vergleich zu den 1920er und 1930er Jahren als auch den 1970er Jahren ausgesprochen gering. Die Notwendigkeit eines sicherheitsorientierten Währungsmanagements bestand nur fallweise gegenüber einzelnen Währungen.

Als größter Rückversicherer in der bald wieder größten europäischen Volkswirtschaft genoss die MR im Vergleich zu ihrem internationalen Konkurrenten Schweizer Rück den strukturellen Vorteil eines deutlich größeren Binnenmarktes. Die enge Bindung an die Allianz sicherte der MR ohne eigene Akquisitionsanstrengungen eine hohe Rückversicherungsquote, die den Kern ihres Inlandsgeschäfts bildete. Über die gemeinsamen Inlandsbeteiligungen mit der Allianz (Karlsruher Leben, Frankfurter Versicherung, Berlinische Leben, Hamburg-Mannheimer) besaß die MR eine privilegierte Stellung als Rückversicherer im wenig volatilen Lebensgeschäft, das sich bis Mitte der 1950er Jahre von den Folgen des Krieges und der Währungsreform erholte. In der Sachversicherung profitierte die MR vom Bauboom bei Industrie- und Geschäftsbauten. Zum einen waren die neu entstandenen Neubauten dank der Weiterentwicklung der Brandschutznormen und moderner elektrischer Anlagen deutlich bessere Risiken als Altbauten. Zum anderen schlug sich der Wertzuwachs im Immobilienbestand in einem stetig steigenden Prämienvolumen nieder. Die 1950er Jahre waren zudem der Beginn der Massenmotorisierung und der Beginn eines exponentiellen Prämienwachstums in der Kfz-Haftpflicht und -Kaskoversicherung. Mit der Aufhebung des Besatzungsstatuts fiel 1955 auch das Verbot der zivilen Verkehrsluftfahrt für deutsche Unternehmen. Durch die Wiedergründung der Lufthansa im gleichen Jahr entstand auf dem Heimatmarkt der MR eines der größten europäischen Luftfahrtunternehmen – und das neue Geschäftssegment der Luftfahrtversicherung.

Im Oktober 1951 gelang es der MR, ihr Beteiligungsportfolio durch den Kauf einer größeren Beteiligung an der Hamburg-Mannheimer zu erweitern. Der schwedische Mehrheitseigentümer Svea musste infolge der Währungsreform einen erheblichen Kapitalschnitt auf ein Viertel des Nominalbetrags hinnehmen.[25] Wegen der zunächst noch schlechten Perspektiven im deutschen Lebensversicherungsgeschäft wollte sich die Svea nicht an der Wiederaufstockung des Kapitals beteiligen und trat der MR und der Allianz ihre Bezugsrechte ab. Da die Allianz der MR die Federführung in dieser gemeinsamen Beteiligung überließ, trat mit Alois Alzheimer zum ersten Mal ein Vorstandsmitglied der MR in den Aufsichtsrat der Hamburg-Mannheimer ein.[26] Der Allianz-Vorstandsvorsitzende Hans Goudefroy übernahm 1953 den stellvertretenden Vorsitz und 1956 den Vorsitz des Aufsichtsrats. Nach seinem Tod im Jahr 1961 folgte ihm Alzheimer in das Amt des Aufsichtsratsvorsitzenden und übernahm damit die Federführung über die gemeinsame Beteiligung von Allianz und MR.[27]

Allianz und MR besaßen eine gemeinsame Mehrheit von 71 % der Hamburg-Mannheimer, während die Svea eine Sperrminorität von 26 % behielt.

Über ihre Beteiligung wurden Allianz und MR mittelbare Mehrheitseigentümer der Deutschen Kranken-Versicherungs-AG (DKV), an der die Hamburg-Mannheimer eine Beteiligung von 92 % hielt. Die MR setzte langfristig auf das Ansteigen der Geldanlagen in Lebensversicherungen und nicht auf eine kurzfristige Rentabilität ihres Investments. Für die MR sollte sich der Kauf der Hamburg-Mannheimer langfristig auszahlen, auch wenn sich die Ertragsentwicklung nur langsam normalisierte. Erst 1952 überschritt die Hamburg-Mannheimer zum ersten Mal die Versicherungssumme des Jahres 1939. Auch 1954 sah sich ihr Vorstand zunächst noch nicht in der Lage, ihren Eigentümern eine Dividende in Aussicht zu stellen.[28] Alzheimer mischte sich im Allgemeinen nicht in das operative Geschäft der Hamburg-Mannheimer ein, aber drängte den Vorstand, wie alle anderen Lebensversicherer für das Geschäftsjahr 1953 eine Dividende zu zahlen. Die Hamburg-Mannheimer konnte ihren Bestand an Lebensversicherungen sehr viel schneller ausbauen als ihre deutlich größeren Konkurrenten Allianz und Victoria. Während Allianz und Victoria 1956 erst wieder den Stand von 1939 erreichten, war der Versicherungsbestand bei der Hamburg-Mannheimer bereits 130 % höher als vor dem Krieg.[29] Insgesamt hatte sich das Lebensversicherungsgeschäft der MR auch 1956 noch nicht wieder normalisiert. Die gesamten Prämieneinnahmen der MR lagen mit 457,8 Mio. DM bereits um 129 % über dem Stand von 1937, aber ihre Prämieneinnahmen in der Lebenssparte erreichten erst 79 % des Niveaus von 1937.[30]

Diese steile Aufwärtsentwicklung bei der Hamburg-Mannheimer war wegen der Folgen der Währungsreform für die Lebensversicherer besonders bemerkenswert. Während die Renten aus der gesetzlichen Rentenversicherung im Verhältnis 1 : 1 umgestellt wurden, wurden die Versicherungssummen aus Lebensversicherungspolicen im Verhältnis 10 : 1 abgewertet. Daher litten die Lebensversicherer in den ersten Jahren nach der Währungsreform unter einem Vertrauensverlust potentieller Kunden. Die Kunden gewannen ihr Vertrauen in die Stabilität der Lebensversicherung Anfang der 1950er Jahre zurück, als die deutsche Wirtschaft in eine lange Phase hohen Wachstums bei geringer Inflation eintrat und die Menschen der neuen Währung Vertrauen schenkten. Zudem führten die hohen Realzinsen in den 1950er Jahren zu stabilen Kapitalerträgen der Lebensversicherer – und damit zu hohen Überschussbeteiligungen für die Versicherten. Die langfristige Geldanlage in Lebensversicherungen brachte deutlich höhere Erträge als das traditionelle Kontensparen, dessen Zinssätze noch bis 1968 durch eine gesetzliche Habenzinsbegrenzung begrenzt blieben. Durch die stetig zunehmenden Realeinkommen stiegen die disponiblen Einkommensbestandteile, die nicht für lebensnotwendige Zwecke wie Lebensmittel, Mieten und Kleidung ausgegeben werden mussten. In Verbindung mit der langfristigen Einkommenssicherheit durch Vollbeschäftigung gewann ein immer größeres Segment der Mittelschichten die Möglichkeit, einen Teil der Ersparnisse über einen längeren Zeitraum in einer Lebensversicherung fest anzulegen.

Zu den wichtigsten sozialpolitischen Pfadentscheidungen der Nachkriegszeit gehörte die Einführung einer dynamischen, bruttolohnbezogenen Altersrente durch die Regierungskoalition unter der Führung von CDU und CSU. Der Vorstand der MR rechnete unmittelbar nach der Verabschiedung des Gesetzes im Februar 1957 nicht mit einer Beeinträchtigung ihres Geschäfts bei der Rückversicherung von Lebensversicherern. Sie erwartete, dass die Erhöhung der Rentenversicherungs-Pflichtgrenze von 750 auf 1250 DM Monatseinkommen und das deutlich höhere Leistungsniveau der gesetzlichen Rentenversicherung keinen signifikanten Einfluss auf den Abschluss neuer Lebensversicherungen ausüben werde.[31] Die MR teilte aber die Bedenken der Finanzbranche gegen den inflationssteigernden Effekt der bruttolohnbezogenen dynamischen Rente, der jedoch nicht eintreten sollte. Insgesamt beurteilte die MR den Einfluss der dynamischen Rente auf die Zukunft der Lebensversicherungen sehr viel günstiger als der Verband der Lebensversicherer, der erhebliche negative Konsequenzen für seine Branche befürchtete. Die MR sollte mit ihrer positiven Erwartung recht behalten. Der Verband der Lebensversicherer resümierte in seinem Bericht für 1957 und 1958 lapidar, dass «eine Schwächung der privaten Lebensversicherung durch die Rentenreform nicht eingetreten ist».[32] Das stetige Wachstum der Lebensversicherung wurde durch das höhere Rentenniveau in der gesetzlichen Rentenversicherung nicht beeinträchtigt, da sich die Lebensversicherung in den Mittelschichten als dritte Säule der Altersvorsorge neben der gesetzlichen Rente und dem Kontensparen dauerhaft etablierte.

Kein deutscher Lebensversicherer verzeichnete seit 1948 ein schnelleres Bestandswachstum als die Hamburg-Mannheimer.[33] Sie gehörte Anfang der 1950er Jahren noch nicht zu den größten zehn deutschen Lebensversicherern, stieg aber bis 1958 dank einer sehr aktiven Vertriebsorganisation in den Kreis der vier größten Lebensversicherungen auf.[34] In der Ertragsausschüttung schlug sich dieser Boom erst ab 1959 nieder, als die Hamburg-Mannheimer ihre Dividende von sechs auf acht und 1960 auf zehn Prozent erhöhte, die sie über die gesamten 1960er Jahre kontinuierlich beibehielt. Die MR profitierte vom starken Wachstum der Hamburg-Mannheimer auch durch das Rückversicherungsgeschäft, das ihr jedes Jahr höhere Prämieneinnahmen einbrachte.

Da ein großer Teil der Rückversicherungsquoten im Inlandsgeschäft (1960: 687 von 744 Mio. DM Brutto-Prämieneinnahmen) von den Lebensversicherern der MR/Allianz-Gruppe kam (Allianz Leben, Berlinische Leben, Karlsruher Leben und Hamburg-Mannheimer)[35] und die MR 80 % ihres Lebens-Rückversicherungsgeschäft im Inland erzielte, waren nur geringe Anstrengungen bei der Geschäftsakquisition erforderlich. Die MR profitierte im Lebensgeschäft von der langfristig stabilen Kundenbindung und den durchgehend positiven und auch langfristig nur wenig schwankenden technischen Erträgen dieses Geschäftszweigs.

16. Neue Herausforderungen im internationalen Rückversicherungsgeschäft

Die MR sondierte schon 1949 bei ihren früheren USA-Repräsentanten in New York die Möglichkeiten eines Wiedereinstiegs in das Amerikageschäft. Der für Nordamerika zuständige Direktor Carl Friedrich Hütz reaktivierte seine alten Verbindungen zum Deutschamerikaner Lothar Südekum, der bis 1939 als rechte Hand des amerikanischen MR-Repräsentanten Carl Schreiner gearbeitet hatte, sich danach als Berater im Versicherungsgeschäft selbstständig machte und für die amerikanische Niederlassung der Union Rück tätig war.[1] Der Wiedereintritt in den amerikanischen Markt war 1950 wegen des noch bestehenden Kontrollratsgesetzes und des hohen Bedarfs an Devisen für die MR noch nicht aktuell,[2] auch wenn Südekum ungeachtet gewisser Ressentiments in Teilen der amerikanischen Versicherungswirtschaft einen sehr schnellen Stimmungswandel gegenüber deutschen Rückversicherern bemerkte.[3] Südekum machte seine Beobachtung zu einer Zeit, als die USA den Kriegszustand mit Deutschland noch nicht beendet hatten.

Im September 1952 konkretisierte der Vorstandsvorsitzende Alzheimer die Pläne für die Gründung einer Geschäftsstelle am amerikanischen Haupt-Versicherungsplatz New York.[4] Für das Interesse an der Rückkehr in die USA war zum einen die Größe des amerikanischen Marktes bestimmend. Eine nicht geringere Rolle spielte jedoch das sicherheitspolitische Motiv, für den Fall eines Krieges in Europa einen «safe haven» in den sicheren USA zu besitzen. Einige westeuropäische und lateinamerikanische Erstversicherer fürchteten auf dem Höhepunkt des Kalten Krieges einen Angriff der Sowjetunion auf Deutschland und hielten sich deshalb mit Zessionen an die MR zurück. Eine Niederlassung in den USA sollte ängstlichen Zedenten die Garantie geben, dass diese im Falle eines Krieges den Vertrag erfüllen werde.

Der hohe Kapitalbedarf für die Gründung einer amerikanischen Niederlassung ließ die MR vor einem Alleingang zurückschrecken. Da die amerikanische Versicherungsaufsicht ein Sicherheitsdepot von 250 000 US-Dollar und ein Eigenkapital (Surplus) in Höhe von mindestens 500 000 US-Dollar forderte, hätte eine eigene Niederlassung bei dem damaligen Dollarkurs von 4,20 DM ein Startkapital von 3,15 Mio. DM erfordert. Da die amerikanische Versicherungsaufsicht das Limit für Einzelrisiken auf maximal 10 % des Surplus beschränkte, hätte die amerikanische Niederlassung der MR nur Risiken bis 50 000 US-Dollar decken dürfen. Mit dieser Mindestkapitalausstattung hätte sie eine viel zu geringe Zeichnungskapazität besessen und sich auf ein sehr kleinvolumiges Geschäft beschränken müssen. Die MR entschied sich daher für die Variante, mit der Allianz, mehreren britischen Versicherern und Maklerfirmen (Victory, Legal & General, Andrew Weir), der dänischen Nye Danske und der niederländischen Universeele eine gemeinsame Tochtergesellschaft namens Constellation zu gründen. Das Joint Venture der sechs Versicherer half auch, die Belastung durch die hohen Anlaufkosten und Transaktionskosten für neue Versicherer auf dem amerikanischen Markt zu reduzieren. Weil die amerikanische Versicherungsaufsicht auf der bundesstaatlichen Ebene angesiedelt ist, müssen Erstversicherer wie Rückversicherer in jedem Staat ihre Zulassung gesondert beantragen.

Obwohl sich das Geschäft der Constellation im ersten Geschäftsjahr 1953/54 laut Alzheimers Urteil «außerordentlich befriedigend» entwickelte,[5] stellte der Joint Venture mit sechs Partnern auf Dauer keine gute Lösung dar. Mit einem Kapitalanteil von 14,7 % war die MR von einer Sperrminorität oder gar einer Führungsposition in diesem Gemeinschaftsunternehmen weit entfernt.[6] Auf Wunsch der britischen Mehrheitseigentümer wurde die Geschäftsführung in New York einer örtlichen Maklerfirma übertragen, die primär an der Ausweitung ihres eigenen Provisionsgeschäfts interessiert war. Die MR wollte in den USA auch Geschäfte auf eigene Rechnung führen und konnte sich in dieser Frage erst im September 1954 gegenüber ihren Partnern durchsetzen. Um eine bessere Kontrolle über ihr USA-Geschäft zu gewinnen, beteiligte sich die MR 1954 mit 20 % (0,8 Mio. US-Dollar) an der amerikanischen Tochtergesellschaft der Union Rück (Union Reinsurance Co.) in New York.[7] Diese Gelegenheit ergab sich, als sich die MR und ihre ehemalige Tochter Union Rück nach dem Abschluss des Londoner Schuldenabkommens im September 1953 über die Rückerstattung der gesperrten MR-Guthaben einigten. Da der Rückerstattungsbetrag von 11 Mio. CHF in voll konvertiblen Schweizer Franken fällig war,[8] musste die MR keine erneute Devisenzuteilung beim Bayerischen Wirtschaftsministerium beantragen. Die Organisation des Amerikageschäfts über die Union Reinsurance Co. diente lediglich als Zwischenlösung bis zur Gründung einer eigenen, rechtlich unselbstständigen Niederlassung in New York. 1955 etablierte die MR das United States Branch Office unter dem vorläufigen Namen Munich Management Corporation (MMC), die mit einem Surplus von 3 Mio. US-Dollar ausgestattet war und zunächst von ihrem alten Vertrauten Lothar Südekum geleitet wurde. Südekum, der von der Union Rück «ausgeliehen» war, trat zum Jahresende 1956 aus der Leitung des US Branch Office zurück. Nach amerikanischem Recht mussten zwei US-Bürger als Leiter der Gesellschaft amtieren, so dass der Einsatz eines deutschen Direktors ausgeschlossen war.[9]

Angesichts des hohen Aufwands für Eigenkapital und Schadensreserven beteiligte die MR die Allianz zu gleichen Teilen mit 40 % an ihrer amerikanischen Tochtergesellschaft und nahm die Victoria Feuer (mit 10 %) und die Frankona Rückversicherung (mit 10 %) als Minderheits-Teilhaber auf.[10] Das United States Branch Office der Münchener Rück war mit einem Kapitalaufwand von umgerechnet 12,8 Mio. DM die weitaus größte Auslandsinvestition der MR in den 1950er Jahren. Da die Deutsche Mark erst 1958 vollständig konvertierbar war und die eigenen Dollarguthaben der MR aus ihrem Auslandsgeschäft nicht ausreichten, musste die MR zuvor einen Teil der Dollarsumme bei der Bank deutscher Länder und beim Bundeswirtschaftsministerium beantragen.[11]

Zum ersten Mal seit dem Ersten Weltkrieg war die Münchener Rück wieder unter ihrem eigenen Namen auf dem amerikanischen Markt vertreten. Das erste Domizil der US Branch befand sich im 30. Stock eines Bürohochhauses in der Pine Street in Downtown Manhattan, in guter Geschäftslage und nur einen Häuserblock von der Wall Street entfernt.[12] Von 1957 bis weit in die 1970er Jahre leitete der Amerikaner James Inzerillo die amerikanische Niederlassung. Inzerillo, der bei seiner Einstellung 1956 erst 33 Jahre alt war, war zuvor als Vice President bei der American Mutual Re in Chicago tätig gewesen und besaß vor allem im Mittleren Westen und im Süden der USA gute Kontakte zu Erstversicherern.[13] Inzerillo erwies sich nach dem Urteil des Vorstands in München als ein sehr guter Leiter, der den Expansionsprozess im schwierigen amerikanischen Markt erfolgreich managte und die ehrgeizigen Zielvorgaben der Zentrale vollständig erfüllte.[14] Als Folge ihrer intensiven Akquisitionstätigkeit erzielte die amerikanische Niederlassung schon 1958 mehr als die Hälfte des Prämienvolumens durch direkte Akquisition statt über Makler, was die Gewinnmarge durch Einsparung der Maklerprovision verbesserte. Da alle acht Mitarbeiter der US Branch Amerikaner waren, führte die MR die Korrespondenz mit ihrer Filiale seit der Gründung ausschließlich auf Englisch.[15]

Entsprechend den Weisungen des Vorstands zeichnete die US Branch der MR nur das Geschäft von gut beleumdeten Erstversicherern, deren Zeichnungspolitik als «vorsichtig und zuverlässig» angesehen wurde. Um höhere Anlaufverluste durch mangelnde Erfahrung auf dem amerikanischen Markt zu vermeiden, folgte die US Branch dem Grundsatz «Qualität vor Quantität».[16] Ebenso wie die Münchner Zentrale zog die US Branch bis in die 1970er Jahre eine kontinuierliche Geschäftsentwicklung einer kurzfristigen Gewinnmaximierung vor.[17] In den ersten fünf Jahren lehnte sie zahlreiche Rückversicherungsangebote wegen zu schlechter und zu schlecht kalkulierbarer Risiken oder wegen zu geringer Prämien ab.[18] Nur die strengeren amerikanischen Steuervorschriften verhinderten, dass die US Branch bereits im ersten Geschäftsjahr 1956 einen kleinen Gewinn erzielte.[19]

Die MR agierte unter vollständig eigener Verantwortung auf dem größten

Erstversicherungsmarkt der Welt. Sie bewegte sich in einem sehr kompetitiven Markt mit relativ niedrigen technischen Gewinnmargen[20] und deutlich volatileren Schadensverläufen als in der Heimat. Die US Branch musste sich an neue Risikostrukturen und Risikoformen gewöhnen, die sie aus dem deutschen und dem europäischen Geschäft nicht kannte. Da sie sich nach dem Grundsatz der Schicksalsteilung an den Risiken ihrer amerikanischen Zedenten beteiligen musste, musste sie die amerikanische Praxis des *underwriting* akzeptieren. Nach den amerikanischen Usancen in der Sachversicherung schlossen Feuerpolicen in aller Regel auch Schäden durch Sturm, innere Unruhen (Aufruhr) und sogar durch Flugzeugabstürze ein, die in deutschen und europäischen Feuerpolicen nur in fakultativen Zusatzversicherungen oder gar nicht enthalten waren.

Aus diesen Gründen platzierte die MR umfangreiche Excess Catastrophe Covers (Retrozessionen von Großrisiken) bei der General Security Assurance Corporation, die sie um den Preis niedrigerer Netto-Prämieneinnahmen vor allzu großen Belastungen bei großen Schadensfällen schützen sollten. Nach einem Selbstbehalt von 75 000 US-Dollar pro Schadensereignis gab sie 90 % ihres ersten Layers (Mehrrisiks) von 75 000 US-Dollar in Retrozession, ebenso 90 % des zweiten Layers von 150 000 US-Dollar.[21] Die unregelmäßig wiederkehrenden Herbsthurrikane an der Ostküste und am Golf von Mexiko waren ein ebenso neuartiger Risikofaktor wie die Tornados in den Prärriestaaten der USA. In den erdbebengefährdeten Staaten Kalifornien, Oregon und Washington an der Westküste der USA verlangte die bundesstaatliche Versicherungsaufsicht auch den Einschluss des Erdbebenrisikos in der Feuer- und Gebäudeversicherung – eines Risikos, das die MR bislang als nicht versicherbar klassifiziert hatte. Neben der dominierenden Feuer- und Gebäudeversicherung konzentrierte sich die US Branch zunächst auf das Casualty-Geschäft, das alle übrigen Branchen der Sachversicherung mit Ausnahme der Transportversicherung einschloss. Zum zweitgrößten Geschäftsfeld nach der Feuer- und Gebäudeversicherung (76 %) entwickelte sich jedoch die Luftfahrtversicherung (11 %), die wegen des starken Wachstums der zivilen Passagierluftfahrt besonders gute Entwicklungsperspektiven besaß.[22] Wegen der schlechteren Risiken reduzierte die US Branch die Anteile des Casualty-Geschäfts bis 1973 kontinuierlich auf vier Prozent.

Da die MR langwierige und kostenaufwändige Zulassungsverfahren durch die Insurance Commissioners der Bundesstaaten erwartete, strebte sie zunächst nur die Zulassung in 14 Staaten mit dem größten Marktpotential an. Die Zulassungen liefen jedoch unerwartet schnell und kostengünstiger als erwartet ab, da zahlreiche Aufsichtsbehörden die Zulassung des Insurance Commissioners von New York anerkannten. Die MR war daraufhin im Oktober 1957 bereits in 37 von 50 Bundesstaaten zugelassen.[23]

Nach amerikanischem Recht musste die Rückversicherung von Lebens-versicherern von der Rückversicherung von Sachversicherern institutionell ge-trennt sein. Die MR gründete daher im Dezember 1959 eine separate Lebens-Rückversicherungsgesellschaft namens Munich American Reassurance Co. (MARC) mit einem Grundkapital von drei Millionen US-Dollar, was nach da-maligem Kurs einem Betrag von 12,8 Mio. DM entsprach.[24] Obwohl die Nieder-lassung in New York aus organisatorischen Gründen nahegelegen hätte, wählte die MR als Standort die wachsende Metropole des amerikanischen Südens, Atlanta. Der Grund für diese Entscheidung war die größere Kooperations-bereitschaft der bundesstaatlichen Versicherungsaufsicht in Georgia. Die Auf-sichtsbehörden des Staates New York hätten die Gründung eines ausländischen Lebens-Rückversicherers durch hohe Auflagen stark erschwert oder sogar grundsätzlich untersagt.[25] Immerhin erlaubte die Aufsichtsbehörde in Georgia James Inzerillo, die Munich American Reassurance in Personalunion zu leiten.

Der Begriff «Rückversicherer» gewann auf dem Höhepunkt des Kalten Krieges eine zeitspezifische neue Bedeutung, die während der friedlichen Koexistenz beider Militärblöcke in den 1960er Jahren wieder in Vergessenheit geraten sollte. Anfang der 1950er Jahre prägten Tageszeitungen und Nachrich-tenmagazine den Begriff des Rückversicherers, um Personen und Institutio-nen zu charakterisieren, die aus Angst vor einer möglichen kommunistischen Machtübernahme und aus opportunistischen Motiven heimlich an kommu-nistische Organisationen spendeten.[26] Die negative politische Konnotierung des Begriffs «Rückversicherer» hatte für die Rückversicherungsunternehmen jedoch keine negativen Auswirkungen. Da Rückversicherer nur untereinander oder mit Erstversichern Verträge abschlossen und ihr unternehmerisches Handeln kaum öffentliches Interesse fand, waren sie nicht von einem ge-schäftsschädigenden Ansehensverlust in der Öffentlichkeit bedroht.

Der Aufbau eines sicheren Hafens für den Fall eines Kriegs in Europa spielte bis in die späten 1950er Jahre eine entscheidende Rolle in der Amerika-politik der MR. Die weltpolitischen Risiken blieben in der Wahrnehmung der Zeitgenossen auch nach dem Ende des Koreakriegs im Jahr 1953 hoch. Das Berlin-Ultimatum des sowjetischen Parteichefs Nikita Chruschtschow weckte 1957 Befürchtungen vor einer möglichen militärischen Offensive des War-schauer Pakts gegen West-Berlin und die Bundesrepublik. Durch einen Treu-handvertrag übertrug die MR 1958 die US Branch treuhänderisch auf das amerikanische Bankhaus J. P. Morgan, das in Friedenszeiten den Weisungen der MR in München folgte. Die MR gründete zu diesem Zweck eine soge-nannte Schattengesellschaft namens Munich Reinsurance Corporation of New York, die im Fall eines Krieges als selbstständige, in den USA domizi-lierte (registrierte) Gesellschaft die Verfügung über das amerikanische Eigen-tum der MR übernehmen sollte.

Im Fall eines militärischen Angriffs auf das Gebiet der Bundesrepublik, der Intervention einer fremden Macht in die Politik der Bundesregierung oder der zwangsweisen Übertragung der Aktien der MR an eine von den USA nicht anerkannte Regierung – gemeint war die DDR – sollte ein Krisenausschuss anstelle der MR die Funktion des Treuhänders für die MR übernehmen, der personell mit dem Vorstand der Munich Reinsurance Corporation of New York identisch war. Die rechtlich unselbstständige US Branch der MR sollte im «worst case» eines Krieges oder einer politischen Abhängigkeit der Bundesrepublik von der Sowjetunion oder von der DDR auch dann noch handlungsfähig und von fremden Einflüssen frei bleiben, wenn die MR in München von einer kommunistischen Regierung verstaatlicht und den Einflüssen ihrer Aktionäre entzogen worden wäre.[27] Als Vorsichtsmaßnahme für den Fall eines sowjetischen Einmarschs übersandte die MR jedes Jahr eine Aufstellung über Bankguthaben, Depotauszüge, Kapitalbeteiligungen und Grundbuchauszüge an die US Branch in New York, um ihre Eigentumsrechte jederzeit belegen zu können.[28] Leider lässt sich nicht feststellen, wann die MR diese Vorbereitungen auf den Kriegsfall einstellte.

1975 entschied sich die MR endgültig dafür, ihre US Branch unter dem Namen Munich American Reinsurance Company in den USA zu domizilieren.[29] Für den neuen Status als selbstständige Tochtergesellschaft mit Sitz im Staat New York sprachen zum einen Vorteile im Marketing. Obwohl sie zu 100 % in deutschem Besitz blieb, konnte sie sich überzeugender als bisher als ein amerikanisches Unternehmen präsentieren. Als selbstständige Rückversicherung mit Sitz in den USA genoss sie aufsichtsrechtliche Vorteile wie eine größere Flexibilität bei der Anlage ihrer Prämienreserven und Rücklagen, mit denen sie einen Wettbewerbsnachteil gegenüber ihren amerikanischen Konkurrenten ausgleichen konnte.

1950 erhielt die MR wieder Zugang zum weltgrößten Versicherungsmarkt in London. Sie reaktivierte ihre traditionelle Verbindung zur angesehenen Londoner Maklerfirma C. E. Golding & Co. Ltd., deren Inhaber und Gründer Cecil Golding bereits von 1934 bis 1939 für die MR tätig gewesen war und 1945/46 wieder Verbindung mit ihr aufgenommen hatte.[30] Wie vor dem Krieg platzierte die MR über Golding ihre Katastrophen-Cover (Retrozessionen von Katastrophenrisiken) auf dem leistungsfähigen Londoner Markt – und erhielt Zedenten aus dem Kreis britischer Versicherer. Die Zusammenarbeit mit Golding brachte der MR schon in den 1950er Jahren ein stetig wachsendes Geschäft, aber auch zunehmende Ertragsprobleme wegen der nicht unerheblichen Provisionen. Die MR sah sich Anfang der 1960er Jahre nach alternativen Akquisitionsmöglichkeiten um und gewann 1963 die Commercial Union, einen der größeren britischen Rückversicherer, als Kooperationspartner. Die Bedeutung der Commercial Union als Partnerin im britischen Markt erhöhte sich noch, als diese 1969 mit der Northern Insurance und der Employer's Insurance fusionierte und damit zur zweitgrößten Rückversicherungsgesellschaft des Vereinigten Königreichs aufstieg.[31]

Für die MR übernahm die Commercial Union auch das «Fronting» von Rückversicherungsverträgen. Sie schloss Geschäfte im eigenen Namen ab, die sie in voller Höhe an die MR retrozedierte. Mit dieser Methode vermied es die MR, unter ihrem Namen am Londoner Markt zu agieren. Die streng vertrauliche «Fronting»-Vereinbarung mit der Commercial Union schützte die MR vor Negativreaktionen der Londoner Lloyd's-Syndikate, die eine unwillkommene Konkurrentin in ihr gesehen hätten.[32] Ebenso vertraulich blieb auch der paritätische Geschäftsaustausch mit der Commercial Union ab 1965, der beiden Seiten zur regionalen Durchmischung des Geschäfts und zum Risikoausgleich des eigenen Portfolios diente.[33] 1966 krönten MR und Commercial Union ihre Partnerschaft durch einen streng vertraulichen Aktientausch. Die MR gab 5 % ihrer Beteiligung an der Allianz an die Commercial Union ab, wie auch die Allianz der Commercial Union 5 % ihrer Beteiligung an der MR verkaufte. MR und Allianz erhielten dafür Beteiligungen an der Commercial Union, die ihnen einen beherrschenden Einfluss auf den britischen Partner vermittelten.[34]

1967 eröffnete die MR zum ersten Mal seit dem Beginn des Ersten Weltkriegs wieder ein eigenes Büro in London.[35] Der Hauptzweck des Londoner Büros war weniger der Abschluss von Verträgen unter dem Namen der MR als die ständige Kontaktpflege zu ihren Londoner Geschäftspartnern Commercial Union und Golding. Die personelle Präsenz in London sollte der MR eine permanente Beobachtung des Londoner Marktes ermöglichen, nachdem sie bislang auf die Informationen ihrer britischen Partner angewiesen war. Die Commercial Union entwickelte sich zu einer wichtigen Informationsquelle, indem sie die MR regelmäßig über das Geschäftsgebaren der britischen Erstversicherer und ihre Bonität unterrichtete.[36] Anfang der 1970er Jahre erwiesen sich die Kenntnisse der Commercial Union über den britischen Versicherungsmarkt als ausgesprochen hilfreich, als mehrere größere britische Erstversicherer Insolvenz anmeldeten. Die MR blieb nicht auf offenen Prämienforderungen an die insolventen Versicherer sitzen.

Im Auslandsgeschäft setzte die MR ihre Strategie fort, über Kapitalbeteiligungen an Erstversicherern Zugang zu abgeschotteten Auslandsmärkten zu gewinnen. 1955 erwarb die MR eine Beteiligung an der philippinischen Great Pacific Life Insurance, die nach der Produktion von Neuverträgen die drittgrößte Lebensversicherung des Landes war.[37] Für den Kaufpreis von 123 000 US-Dollar entsprechend einem Aktienkurs von 192 % des Nennwerts erhielt sie 24 % des Versicherers plus einer Rückversicherungsbeteiligung von 85 %, die ihr der frühere Eigentümer – die New India Assurance Company – zusammen mit seinen Kapitalanteilen abtrat.

Die gleiche Strategie verfolgte die MR auf dem südamerikanischen Markt. Da die größten und wirtschaftlich am stärksten entwickelten südamerikanischen Volkswirtschaften Argentinien, Brasilien und Chile das Rückversicherungsgeschäft durch staatliche Gesellschaften monopolisiert und gegen ausländische Wettbewerber abgeschottet hatten,[38] musste sich die MR bei ihrer erneuten Etablierung in Südamerika auf die kleineren Staaten beschränken. 1954 gelang der MR der Kauf von 19 % der peruanischen Compania de Seguras, deren Geschäft als gut beurteilt wurde und die der MR als Türöffner in den peruanischen Rückversicherungsmarkt dienen sollte.[39] Sie finanzierte den Kauf aus dem Guthaben von 11 Mio. CHF, das ihr die Union Rück 1954 zurückerstattete. Aufgrund des nicht befriedigenden Geschäftsverlaufs veräußerte die MR diese Beteiligung 1958 zum Einstandspreis.

Eine etwas andere Form des Markteintritts ergab sich 1956 in Kolumbien.[40] Der mehrheitlich in britischem Besitz befindliche Hamburger Erstversicherer Albingia trat an die MR, die Allianz und an die britische Guardian heran, um eine Sachversicherung zu gründen. Da die Albingia bereits von 1928 bis 1941 mit einer eigenen Niederlassung in Kolumbien vertreten war und den kolumbianischen Markt gut kannte, übernahm die MR eine Beteiligung von 20 %. Aus Sicht der MR waren neben den erwarteten Erträgen der neu gegründeten Sociedad Nacional de Seguros Albingia die Rückversicherungsquote von 33 % interessant.

Auch in einigen asiatischen Märkten wie Indonesien und Korea bestanden bis in die 1970er Jahre hohe oder sogar unüberwindliche Markteintrittsbarrieren für ausländische Rückversicherer. Während die MR bis 1966 in bescheidenem Umfang Rückversicherungsverträge mit indonesischen Versicherern abschließen konnte, erließ die diktatorische Regierung des nationalkommunistischen indonesischen Premierministers Sukarno 1967 ein generelles Verbot für die Rückversicherung im Ausland.[41]

Bereits 1954 gelang der MR der Sprung auf den portugiesischen Markt, auf dem bislang die britischen Versicherer dominiert hatten. Sie erwarb eine Beteiligung von 25,5 % an dem Lissaboner Sach- und Unfallversicherer O'Trabalho. Obwohl die Sanierung der Trabalho bis 1957 dauerte und die Gesellschaft in diesem Zeitraum keine Dividende ausschütten konnte,[42] lohnte sich das langfristige Engagement der MR wegen der erheblichen Zessionen der Trabalho. Die jährlichen Prämieneinnahmen der MR aus der Trabalho stiegen von 1,7 Mio. DM im Jahr 1956 auf 3,9 Mio. DM im Jahr 1957. Durch ihre Beteiligung an einer größeren portugiesischen Gesellschaft erschloss sich die MR einen verhältnismäßig kleinen Markt, auf dem bislang die britischen Versicherer dominiert hatten. Man kann generell sagen, dass in den nichtkommunistischen Staaten Europas nach dem Erreichen der vollen Währungskonvertibilität in den späten 1950er Jahren keine institutionellen Markteintrittsbarrieren für ausländische Rückversicherer mehr existierten. Lediglich in Frankreich mussten die dort tätigen Erstversicherer bis 1970 noch 4 % ihres Geschäfts an den staatlichen Rückversicherer Caisse Centrale de Réassurance zedieren, was die geschäftlichen Möglichkeiten der MR jedoch nur geringfügig beeinträchtigte.[43]

Der Kauf von außereuropäischen Versicherungen war eine Form des Markteintritts, die mit erheblichem Kapitalaufwand und mit höheren Risiken als ein regulärer Rückversicherungsvertrag verbunden war. Rückversicherungsverträge besaßen in fast allen Fällen eine Laufzeit von nur einem Jahr. Bei einem negativen technischen Ergebnis konnte der Rückversicherer den Vertrag vorsorglich kündigen, um eine Neuverhandlung der Prämie und/oder der Provision durchzusetzen. Die Gefahr einer «adverse selection» zu Lasten des Rückversicherers, bei der der Erstversicherer vor allem schlechte Risiken zedierte, ließ sich zwar nicht vermeiden, die negativen finanziellen Folgen ließen sich aber begrenzen. Folgt man regelmäßigen Übersichten in der «Roten Sammlung», den vertraulichen Wochenberichten, die ab 1956 an Vorstandsmitglieder und Direktoren gingen, gab es nur wenige endgültige Vertragskündigungen durch die MR. In vielen Fällen gelang der MR eine für sie günstigere Vertragsanpassung.

Die Beteiligung an einem ausländischen Erstversicherer oder Rückversicherer diente in nicht wenigen Fällen dem Zweck, protektionistische Zugangssperren zu einem Versicherungsmarkt zu umgehen. Dabei musste die MR jedoch einen größeren Kapitalbetrag investieren, der sich bei einem schlechten Geschäftsverlauf nicht so schnell wieder erzielen ließ. Die Transaktionskosten einer Kapitalbeteiligung und das Transaktionskostenrisiko eines Desinvestments waren erheblich höher als die Transaktionskosten und Risiken von Rückversicherungsverträgen. Kapitalbeteiligungen in außereuropäischen Ländern waren mit erheblichen Unsicherheiten behaftet, wenn die MR den dortigen Versicherungsmarkt und dessen *Underwriting*-Usancen nicht kannte und nur wenig Zeit hatte, sich über die Qualität des dortigen Managements ein Urteil zu bilden. Wenn es Beschränkungen für die Wahl von Ausländern in den Aufsichtsrat gab, musste die MR die Aufsichtsfunktion an einen einheimischen Manager delegieren, der nicht ihr Mitarbeiter war und sich möglicherweise nicht vollständig mit den Zielen der MR identifizierte. Die Principal-Agent-Relation zwischen Kapitaleigentümer und Management verschob sich aufgrund der höheren Informationsasymmetrie zu Lasten der MR. In Staaten mit Devisenbeschränkungen ließ sich der Verkaufserlös einer Kapitalbeteiligung nur nach langwierigen Verzögerungen und mit Einschränkungen nach Deutschland transferieren.

In Einzelfällen waren Investitionen in außereuropäische Versicherer mit einem hohen politischen Risiko verbunden, wenn sie in Staaten mit instabilen politischen Regimen getätigt wurden. Politische Risiken bestanden in Ge-

Abb. 33 Außenansicht der Reaseguradora de las Americas in Havanna, Kuba, Aufnahme aus den 1950er Jahren

schäftsstörungen durch Putsche, Aufstände, Revolutionen und Konterrevolutionen bis hin zu einem Bürgerkrieg. Im Fall einer kubanischen Tochtergesellschaft endete das Engagement der MR nach der kubanischen Revolution von 1959 sogar mit der Enteignung ihres Vermögens. 1953 empfahl der spätere Reamericas-Direktor Boris Dreher Kuba wegen seiner politischen Stabilität, seiner liberalen Marktordnung und wegen des Fehlens von Transfer- und Devisenbeschränkungen ausdrücklich als Standort für eine lateinamerikanische Tochtergesellschaft.[44] Dreher war mit den politischen und wirtschaftlichen Verhältnissen in Lateinamerika bestens vertraut: Er arbeitete von 1930 bis 1945 als Generalbevollmächtigter der Albingia für Südamerika und trat 1951 in die MR ein. Um Zugang zum lateinamerikanischen Markt zu finden, gründete die MR 1954 in Havanna die Rückversicherungsgesellschaft Reaseguradora de las Americas (Reamericas).[45] Da die Reamericas 100 % ihres Geschäfts an die MR retrozedierte,[46] diente sie der MR zum Fronting ihrer geschäftlichen Aktivitäten in Mittelamerika. Obwohl linksgerichtete Rebellen um Fidel und Raul Castro bereits 1953 einen Revolutionsversuch gegen die Regierung des kubanischen Diktators Batista unternahmen und 1956 einen mehrjährigen Guerillakrieg begannen, blieb das Vertrauen der MR in die politische Stabilität Kubas zunächst unerschüttert. Der kubanische Juraprofessor und Verwaltungsratsvorsitzende der Reamericas Guillermo Belt[47] machte sich im Juli 1958 keine Illusionen über die revolutionäre Einstellung des «Linksextremisten» Castro, aber hielt einen Interessenausgleich zwischen Revolutionären und Unternehmen für möglich.[48]

Der Optimismus des Reamericas-Verwaltungsratsvorsitzenden beruhte auf einer kurzen, aber intensiven persönlichen Begegnung mit Castro. Castro war im März 1948 bei einem Besuch in der kolumbianischen Hauptstadt Bogotá zwischen die Fronten eines sehr gewalttätigen Aufstands geraten. Auf der Flucht vor der Polizei und den Aufständischen fand er Schutz in der kubanischen Botschaft, wo der Diplomat Belt ihm die Türen öffnete und ihn nach Kuba ausfliegen ließ.[49] Belt glaubte, dem jungen Castro 1948 das Leben gerettet zu haben, und dachte, dass dieser deshalb in seiner Schuld stünde. Er machte sich deshalb Hoffnung auf eine schonende Behandlung der Reamericas nach einem Sieg der Revolutionäre.

Doch schon kurz nach dem Sieg der kubanischen Revolution zum Jahresbeginn 1959 verschlechterten sich die Arbeitsbedingungen der Reamericas. Als im Sommer 1959 die Zensur für Auslandspost eingeführt wurde, schickte die MR ihre vertraulichen Sendungen nach Miami, wo sie Dreher alle vier Wochen abholte. Der für das Nordamerikageschäft verantwortliche MR-Vorstand Carl Friedrich Hütz und sein Mitarbeiter Horst Jannott unternahmen zur gleichen Zeit eine Reise nach Kuba, rieten aber trotz der schlechten Ertragslage von einer Liquidation der Reamericas ab. Der Vorstand und der Aufsichtsrat der MR waren über die hohe Schadenbelastung von 1,5 Mio. DM bei einer jährlichen Brutto-Prämieneinnahme von nur 3,8 Mio. DM als Folge des Revolutionskriegs erschrocken, aber betrachteten diesen Verlust als ein einmaliges politisches Schadenereignis.[50] Entsprechend den Empfehlungen von Hütz und Jannott verlagerte die Reamericas ihre freien Reserven aus Kuba, überschrieb ihre Auslandsguthaben in Höhe von 0,8 Mio. US-Dollar auf die MR und übertrug ihre Verträge mit nichtkubanischen Zedenten auf die Muttergesellschaft in München.

Das Vertrauen in die Zukunft der Reamericas wich jedoch schnell unternehmerischer Vorsicht. Zum 30. Juni 1959 schrieb die MR den größeren Teil ihrer Beteiligung an der Reamericas ab.[51] Da die MR alle denkbaren Schritte zur Schadensverminderung unternahm, erscheint ihr Zögern gegenüber der Liquidation ihrer kubanischen Tochter in der Retrospektive unverständlich. Vor dem Erwartungshorizont der Zeitgenossen war es jedoch nicht unberechtigt. Fidel Castro besaß im Sommer 1959 noch kein abgeschlossenes Konzept für die Transformation Kubas in eine sozialistische Wirtschaftsordnung und hatte keine Andeutungen über die Enteignung ausländischen Eigentums und die Verstaatlichung des Versicherungswesens gemacht. Während die kubanische Regierung die amerikanischen Versicherer als Reaktion auf den unerklärten Krieg der Vereinigten Staaten gegen Kuba 1960 enteignete, wurde die Reamericas nicht mit Enteignung bedroht.[52] Da die kubanische Verwaltung für verstaatlichte Industriebetriebe (Oficinas de Control) ihre industriellen Risiken bei der Reamericas rückversicherte, rechnete sie trotz des auf 1,5 Mio. DM geschrumpften Prämienvolumens (1960)[53] auch weiterhin damit, auf einem niedrigen Niveau unternehmerisch tätig sein zu können.[54] 1961 ließ sich der Weiterbetrieb des schrumpfenden kubanischen Inlandsgeschäfts noch mit dem Motiv rechtfertigen, die Fühlung mit dem kubanischen Versicherungsmarkt nicht dauerhaft zu verlieren.[55] Da die Brutto-Prämieneinnahmen 1961 wieder auf 2,4 Mio. DM stiegen und die Reamericas ein positives technisches Ergebnis von 0,3 Mio. DM erzielte, gab es kurzfristige Gründe gegen die Exit-Option.[56] Der Vorstand der MR verzichtete nicht zuletzt wegen der kubanischen Devisenvorschriften auf den Schritt der Liquidation. Bei einer Liquidation hätte die MR ihre noch vorhandenen Reserven in den USA nach Kuba zurückführen müssen. Die staatliche Kontrolle des Devisenverkehrs hätte den Transfer der Devisen an die deutsche Muttergesellschaft blockiert.

1962 verließ der letzte deutsche Reamericas-Direktor Havanna. Doch das Ende der Reamericas kam erst nach der Kuba-Krise vom November 1962, die die Welt kurzzeitig an den Rand eines Atomkriegs brachte. Der massive außenpolitische und militärische Druck der USA auf Kuba verschafften der kubanischen Regierung die innenpolitische Legitimation zur Verstaatlichung der Versicherungswirtschaft, die sich zu einem erheblichen Teil in ausländischen Händen befand. Am 7. Juni 1963 ordnete die kubanische Regierung die Beschlagnahme aller noch existierenden Erstversicherer an,[57] worauf die Reamericas ihre letzten Geschäftsverbindungen kündigte und ihren Geschäftsbetrieb einstellte. Da die Reamericas auch jetzt nicht verstaatlicht wurde und ihr selbst genutztes Bürohaus in Havanna behalten konnte, verzichtete die MR auf eine formelle Liquidation ihrer Tochter. Sie vermietete die Räume der Reamericas an den Geschäftsträger des Auswärtigen Amtes,[58] das sich seit dem Abbruch der diplomatischen Beziehungen im Januar 1963 offiziell durch die französische Botschaft in Havanna vertreten ließ.[59]

Während der kubanische Staat ihre inländischen Vermögenswerte in Höhe von 974 000 kubanischen Dollar konfiszierte,[60] versuchte die MR, die Vermögenswerte der Reamericas in den USA auf sich selbst zu übertragen. Da die amerikanische Regierung das gesamte kubanische Vermögen in den USA als Vergeltungsmaßnahme beschlagnahmte, waren die amerikanischen Vermögenswerte der Reamericas in Höhe von 112 000 kubanischen Dollar (ca.

500 000 DM) jedoch blockiert. Die MR wurde damit ein Opfer der langfristigen amerikanischen Embargopolitik gegen den kommunistischen Karibikstaat. Obwohl das Auswärtige Amt auf Drängen der MR im Jahr 1968 bei der amerikanischen Regierung vorstellig wurde, wurde das Reamericas-Vermögen nicht freigegeben.[61]

In den 1970er Jahren musste die MR zwei kleine Beteiligungen an äthiopischen Versicherern vollständig abschreiben. Nach dem Sturz des Königs Haile Selassie ließ die kommunistische Regierung Mengistu die Imperial und die Ethiopian Life verstaatlichen, an denen die MR beteiligt war.[62]

Eine etwas andere Form des politischen Risikos stellten Versicherungspolicen über Objekte in West-Berlin, der westlichen «Frontstadt» im Kalten Krieg, dar. Bei einigen West-Berliner Objekten wie den Lagerhallen und Kühlhäusern des Berliner Senats waren auch politische Risiken wie mögliche Anschläge kommunistischer Saboteure mitversichert. Da die MR bis in die sechziger Jahre eine reale Gefährdung durch politische Sabotage sah, rückversicherte sie diese Objekte über das Londoner Maklerbüro Golding auf dem Londoner Markt.[63]

Bis Mitte der 1950er Jahre hatte sich das Auslandsgeschäft so weit normalisiert, dass die MR mit Versicherern in allen Kontinenten in regelmäßigen Geschäftsbeziehungen stand. Die Gründung der EWG (1957) und der angestrebte Aufbau eines freien europäischen Marktes für Güter und Dienstleistungen war für die MR vergleichsweise irrelevant, da die Rückversicherer in den meisten europäischen Staaten ohne eine Genehmigung der nationalen Versicherungsaufsicht operierten und nicht durch Handelshemmnisse wie Zahlungsverkehrsbeschränkungen behindert wurden.[64]

Da es erst seit 1956 mit dem Beginn der vertraulichen hektographierten Wochenberichte an Vorstandsmitglieder und Direktoren («Rote Sammlung»)[65] vollständige Informationen über alle relevanten Geschäftsvorfälle gibt, lässt sich der Wiederbeginn geschäftlicher Beziehungen mit anderen Erst- und Rückversicherern nicht lückenlos erschließen. Die MR konnte auch geschäftliche Kontakte mit Versicherern in Staaten aufbauen, zu denen sich die politischen Beziehungen der Bundesrepublik noch nicht normalisiert hatten. So erhielt die MR schon vor 1956 Zessionen des israelischen Sachversicherers Menorah (Tel Aviv), der Transporte aus der Bundesrepublik nach Israel versicherte. Bei diesen Transporten handelte es sich um Warenlieferungen im Rahmen des deutsch-israelischen Wiedergutmachungsabkommens von 1952, mit denen die BRD Wiedergutmachungen für den Holocaust an den jüdischen Staat leistete.[66]

Die Geschäfte mit den kommunistischen Zentralverwaltungswirtschaften in Ost(mittel)europa wie der Tschechoslowakei, Polen, Ungarn, Jugoslawien, Rumänien und Bulgarien waren infolge des staatlichen Versicherungs- und

Außenhandelsmonopols auf einen Bruchteil des Geschäfts in der Vorkriegszeit geschrumpft, aber trotz des Kalten Krieges nicht vollständig abgebrochen.
Für die Transportversicherung von Warenlieferungen aus kapitalistischen
oder in kapitalistische Staaten schlossen die staatlichen Versicherungen Policen in konvertierbaren Währungen (Valuta) ab. Zur Reduzierung des Verlust-
risikos von knappen Devisen zedierten sie Quoten und Exzedenten an große
westliche Rückversicherer wie die MR.[67] Da das Geschäftsvolumen mit den
kommunistischen Mitgliedsländern des RGW (Rat für gegenseitige Wirt-
schaftshilfe) in den 1960er und auch in der Entspannungsphase der 1970er
Jahre quantitativ und qualitativ weitgehend stagnierte, schrumpfte der Anteil
des ost(mittel)europäischen Geschäfts von geringen Prozentanteilen am Ge-
samtgeschäft bis in den Promillebereich. Diese Geschäfte erwiesen sich trotz
des Anstiegs des ost-westlichen Außenhandels seit der Mitte der 1960er Jahre
als kaum ausbaufähig und auch als wenig attraktiv, weil die staatlichen Versicherer aus devisenökonomischen Gründen recht hohe Gegengeschäfte (Ge-
genaliments) von der MR verlangten und die MR überwiegend negative technische Ergebnisse erzielte. Die MR betrachtete ihr Ost(mittel)europageschäft
als einen Beobachtungsposten, der ihr vor allem zur Erkundung des dortigen
Marktes dienen sollte. Erst nach dem Beginn der 1970er Jahre ging sie vor dem
politischen Hintergrund der bundesdeutschen Ostpolitik zu einer aktiveren
Vertragsakquisition über.

Auf der Europakarte der MR gab es bis in die späten 1970er Jahre lediglich
zwei weiße Flecken: das spätstalinistische und fast völlig vom Ausland abge-
schottete Albanien – und die DDR. In den 1950er Jahren scheiterte ein Vertrag
zwischen der MR und dem einzigen Rückversicherer der DDR an der MR, die
eine Versicherung von Warenkrediten an den staatlichen Einzelhandelsbe-
trieb HO (Handelsorganisation) wegen des politischen Risikos ablehnte.[68] In
den 1960er und 1970er Jahren war es die DDR, die formelle Geschäftsbeziehungen mit der MR ablehnte; sie öffnete sich erst 1976 für Geschäfte mit
bundesdeutschen Rückversicherern. Die MR war an der Versicherung von
Risiken in der DDR jedoch manchmal mittelbar beteiligt, indem sie Waren
versicherte, die auf Schiffen der VEB Deutsche Seereederei ins nicht-soziali-
stische Ausland transportiert wurden.[69] Obwohl die DDR Versicherungsleistungen von bundesdeutschen Versicherern über das innerdeutsche Handelsabkommen verrechnen und dafür sogar einen zinslosen Überziehungskredit
(«Swing») des Bundes in Anspruch nehmen konnte, entwickelte sich erst 1977
ein nennenswertes Geschäft mit der Deutschen Auslands- und Rückversiche-
rungs-AG (DARAG) in Ost-Berlin.[70] Diese lange Zurückhaltung der DARAG
gegenüber der MR und anderen bundesdeutschen Versicherern dürfte politisch motiviert gewesen sein. Eine wirtschaftliche Abhängigkeit von der Versicherungswirtschaft der BRD erschien der Leitung der DARAG politisch

inopportun. Mit einem Prämienvolumen von lediglich 0,3 Mio. DM begann das Geschäft mit der DDR zunächst in sehr kleinen Dimensionen. Die DARAG versicherte bei der MR einen Teil des Risikos, das bei LKW-Transporten der volkseigenen Kraftverkehrsbetriebe in die BRD und andere westliche Länder entstand. 1979 kam die MR mit der DARAG in der Technik- und Montageversicherung ins Geschäft, als der Dortmunder Anlagenbauer Uhde eine große PVC-Anlage an das Kombinat VEB Chemische Werke Buna lieferte und die DARAG ihr Risiko in der Bau- und Montageversicherung an die MR zedierte. Angesichts des enorm hohen Schadenssatzes bei der Anlagenmontage in Schkopau erwies sich dieses Geschäft für die MR als Verlustbringer.[71]

Ab 1951 stieß das Auslandsgeschäft der MR in Kontinente vor, die ihr in der Zwischenkriegszeit aus politischen Gründen noch verschlossen geblieben waren. Das Ende der britischen Kolonialherrschaft über den indischen Subkontinent eröffnete der MR den Zugang zum Versicherungsmarkt in Indien, Pakistan und im heutigen Bangladesch, den sie bis 1939 nur mittelbar über die Union in Zürich besessen hatte. Angesichts der immer noch dominierenden Marktposition der britischen Versicherer in der Rückversicherung waren die nationalen Erstversicherer dieser Länder sehr an Alternativen interessiert, um ihre Abhängigkeit gegenüber dem Londoner Markt zu reduzieren. In Einzelfällen, wie dem großen pakistanischen Erstversicherer Eastern Federal Union, konnte die MR vom personellen Netzwerk der Allianz profitieren. Der stellvertretende Generaldirektor der Gesellschaft Iven war bis 1939 für die Allianz in Burma tätig gewesen und trat 1955 in die MR ein.[72]

Die Reisen der MR-Direktoren zu Erstversicherern auf dem indischen Subkontinent und in Ostasien dauerten wegen der noch seltenen Flüge bis zu acht Wochen. Aufgrund der hohen Flugkosten waren die Direktoren der MR gehalten, so viele Besuche wie möglich in einer Reise zu bündeln. Der Prozess des persönlichen Kennenlernens war bei den Erstkontakten besonders wichtig, um gegenseitiges Vertrauen zu bilden. Die Mitarbeiter der MR mussten in diesen Ländern zunächst kulturelles Kapital in Form von Erfahrungen mit den nationalen Geschäftskulturen erwerben, um erfolgreich Verträge aushandeln zu können. Eine der Stärken der MR war ihr im Weltvergleich hohes Know-how in der Maschinenversicherung, die in diesen Staaten noch kaum bekannt war. Ihre Expertise bei der Risikokalkulation in der Maschinenversicherung und bei der technischen Beratung der Versicherten waren wichtige Alleinstellungsmerkmale, um neues Geschäft zu akquirieren. Die MR baute ihre wachsenden Geschäftserwartungen in Ländern wie Indien auf den Prozess staatlich initiierter Industrieentwicklung auf, der sich in den späten 1950er Jahren im Import eines kompletten deutschen Hütten- und Stahlwerks im indischen Rourkela materiell und symbolisch manifestierte.[73] Die Montageversicherung für dieses Werk wurde paritätisch zwischen deutschen und indischen Erstversicherern aufgeteilt. Da die indischen Versicherer 25 % ihres Anteils an die MR zedierten und die MR auch am deutschen Anteil als Rückversicherer beteiligt war, dürfte die MR einen beträchtlichen Anteil an der Versicherungssumme von 750 Mio. DM gehabt haben.

Auch auf dem traditionellen Feld der Feuerversicherung eröffnete der Export von technischem und aktuarischem Wissen neue Geschäftsmöglichkeiten. Die MR verfügte über Erfahrungen und Kenntnisse bei der Kalkulation von Betriebsunterbrechungsversicherungen, die auch in Niedriglohnländern ohne Lohnfortzahlung wegen des steigenden Kapitaleinsatzes an Bedeutung gewannen. Die Mitarbeiter der MR wurden in Indien, Pakistan und anderen wirtschaftlich wenig entwickelten asiatischen Ländern nicht nur mit niedrigeren Standards im baulichen Feuerschutz, sondern auch mit einer sehr unterschiedlichen Risikokultur konfrontiert. So fanden sich die Hafengesellschaften in den indischen und pakistanischen Häfen und deren Erstversicherer mit häufigen Feuerschäden durch Baumwoll- und Juteballen ab, die in den Lagerhäusern und auf den Quais durch funkensprühende Dampfloks in Brand gerieten. In den Verhandlungen mit den Erstversicherern setzte die MR die Bedingung durch, dass künftig nur noch feuersichere Diesellloks in den Häfen zum Einsatz kommen dürften.[74] Das Ergebnis dieser Konfrontation zwischen Rückversicherer und Erstversicherer war eine zumindest partielle Implementierung «westlichen» Sicherheitsbewusstseins und moderner Sicherheitstechnik in wirtschaftlich unterentwickelten Ländern.

Für die MR erwiesen sich die Wachstumschancen in Asien auf Märkten mit einem bereits entwickelten Versicherungswesen auf kurze wie auf lange Sicht als höher. Staaten mit einem höheren Bildungsniveau und einer bereits entwickelten und sehr schnell wachsenden Industrie wie Japan besaßen in der industriellen Feuerversicherung, in der Kfz-Versicherung und in der Maschinenversicherung ein großes Wachstumspotential. Die MR knüpfte durch ihren Direktor Ernst-Justus Ruperti bereits 1951 Geschäftsbeziehungen mit japanischen Versicherern und baute sie im Laufe der folgenden Jahre zielstrebig aus. Der Japankenner Ruperti umging dank seiner interkulturellen Kompetenz alle Fallstricke und Irrtümer im Umgang mit der japanischen Mentalität und erwarb ein größeres soziales Kapital als die Vertreter der konkurrierenden europäischen Rückversicherer.[75] Als besonders erfolgreich erwies sich die Maschinenversicherung, wo die MR 1957 eine 40 %-Quote vom Verband der japanischen Maschinenversicherer erhielt. Die MR profitierte davon, dass sie als «first mover» auf dem Gebiet der Maschinenversicherung in Asien ihren japanischen Geschäftspartnern vorteilhafte Konditionen und technische Beratung beim Ausbau des *underwriting*, bei der Kundenbetreuung und bei der Mitarbeiterschulung bieten konnte. Bis 1962 entwickelte sich die MR zum größten ausländischen Rückversicherer auf dem japanischen Markt.[76]

Auch im klassischen Geschäftsfeld der Feuerversicherung erwies sich das Japangeschäft als sehr einträglich. Durch den Wiederaufbau der kriegszerstörten japanischen Großstädte mit weniger feuergefährdeten Steinhäusern und die vorsichtig kalkulierten Prämien der japanischen Erstversicherer fiel der Schadenssatz bis 1956 auf 17 bis 32 % der Prämie.[77] Obwohl das japanische Feuergeschäft wegen der hohen Erdbebengefahr und des schwankungsgefährdeten Schadenverlaufs für neue Akteure ebenso volatil wie schwer kalkulierbar schien, war es für die Erstversicherer und für die Rückversicherer gewinnbringend. Japanische Feuerversicherer besaßen bereits in den 1950er Jahren eine Kumulkontrolle zur Begrenzung der örtlichen Risikokonzentration, die in Europa in dieser Form unbekannt war. Die gründliche und weit zurückgehende statistische Erfassung von Erdbeben und Seebeben und die Aufteilung des gesamten Landes in sechs unterschiedliche Gefährdungszonen vermittelten der MR wichtige Anregungen für die Erfassung, Klassifizierung und Tarifierung von Erdbebenrisiken in anderen Regionen der Welt.[78] Für die MR war ihr Engagement auf dem japanischen Feuerversicherungsmarkt ein wichtiger Lernprozess. Ihre Erfahrungen in Japan ließen sich auf andere Länder übertragen, in denen Erdbebenrisiken vergleichbare Kumulrisiken konstituierten.

Die Überkreuzverflechtung zwischen dem Kapital der Allianz und der MR war für beide Versicherer ein zentrales Element organisatorischer Stabilität. Ein wichtiges Ziel der Überkreuzverflechtung war die Verhinderung eines oppositionellen Einflusses oder gar einer feindlichen Übernahme des Kapitals. Als der Münchner Privatbankier August von Finck (1898–1970) im November 1954 eine feindliche Übernahme der Allianz versuchte, waren Vorstand und Aufsichtsrat der MR wegen der drohenden Einflussnahme Fincks auf ihr Unternehmen alarmiert. Der Vorstand der MR hatte einen solchen Angriff ihres langjährigen Aufsichtsratsvorsitzenden zunächst nicht erwartet. Bis 1945 hatte August von Finck, der Inhaber der traditionsreichen Münchner Privatbank Merck, Finck & Co., die Entwicklung der MR als Aufsichtsratsvorsitzender ebenso lange wie loyal und ohne Friktionen mit dem Vorstand begleitet. Die amerikanische Militärregierung setzte von Finck im Sommer 1945 nicht allein wegen seiner formellen Belastung durch die Mitgliedschaft in der NSDAP ab, der er wie viele politische Opportunisten zum 1. Mai 1933 beigetreten war.[79] Der agile Netzwerker hatte sich mit dem oberbayerischen Gauleiter Adolf Wagner und mit Hermann Göring angefreundet, war als Vorsitzender und Schatzmeister des nationalsozialistischen Kunstmuseums «Haus der Deutschen Kunst» in München öffentlich in Erscheinung getreten und galt in der bayerischen Öffentlichkeit als Protagonist der nationalsozialistischen Kunstpolitik.

Weniger bekannt, aber viel schwerwiegender war von Fincks Rolle als

«Arisierer» des Berliner Bankhauses J. Dreyfus & Co. im Winter 1937/38, der die Zwangslage der jüdischen Eigentümer bewusst ausnutzte. Bei einem Kaufpreis von 2 Mio. RM erzwang er in den Verkaufsverhandlungen unberechtigte Wertberichtigungen in Höhe von 700 000 RM zu Lasten der Verkäufer und zahlte darüber hinaus keine Mark für den Ertragswert und die Reputation (goodwill) des gut angesehenen Bankhauses. Da sich von Finck 1938 dank seiner guten Verbindungen zu Göring auch das jüdische Bankhaus S. M. von Rothschild in Wien – allerdings ohne die größten Industriebeteiligungen – aneignete, galt er in der Militärregierung als einer der aktivsten «Ariseure» jüdischer Banken.

Die amerikanische Militärregierung setzte von Finck wirtschaftlich unter Druck, indem sie Merck, Finck & Co. unter Zwangstreuhandschaft (Custodianship) stellte. Obwohl Finck die früheren jüdischen Eigentümer des Bankhauses Dreyfus 1946 mit einem Aktienpaket – darunter 4000 alte und neue Aktien der MR – im Wert von ca. 2,4 Mio. RM entschädigte, war er vom Makel eines Nutznießers und Förderers der nationalsozialistischen Herrschaft nicht befreit. Für die MR war von Fincks Rückkehr in den Aufsichtsratsvorsitz im Interesse ihrer internationalen Reputation ausgeschlossen. Nach seiner Entnazifizierung saß er nur als gewöhnliches Mitglied im Aufsichtsrat der MR und hatte keine Aussicht auf das Amt des Aufsichtsratsvorsitzenden. Im März 1954 scheiterte von Finck mit seinem Antrag, die Rechte des MR-Aufsichtsrats zu erweitern und ihn bei allen Entscheidungen über das Stimmrecht bei der Allianz zu konsultieren. Obwohl von Finck für seinen Antrag keine Zustimmung fand und sein Mandat wutentbrannt niederlegte, gab er den Kampf um mehr Einfluss auf die MR und die Allianz nicht auf und entschied sich für einen radikalen Konfrontationskurs.[80] Nicht nur *Der Spiegel* vermutete, dass von Finck den Verlust des Aufsichtsratsvorsitzes nicht verwinden konnte.

1954 kaufte von Finck im großen Stil Allianz-Aktien an allen deutschen Börsen, um seine Beteiligung von 8 % zu einer Sperrminorität von mindestens 25 % auszubauen und die Kontrolle über Allianz und MR zu gewinnen. Da der Kurs der Allianz-Aktien vom Jahresanfang bis zum November 1954 von 175 auf 467 DM stieg, waren die Vorstände von Allianz und Münchener Rück alarmiert.[81] Auf die Unterstützung einer Großbank konnte von Finck nicht hoffen. Wegen der engen Kapitalverflechtungen zwischen Großbanken und Nichtbanken war es in der Wirtschaftsordnung des «Rheinischen Kapitalismus» undenkbar, dass eine Bank hinter dem Rücken eines großen Kunden eine feindliche Übernahme unterstützte. Die Dresdner Bank als Hauptbankverbindung der MR stand fest auf der Seite der Allianz, da ihr Aufsichtsratsvorsitzender und «Übervater» Bank Carl Goetz dem Aufsichtsrat der MR angehörte. Auch die Besonderheiten des damaligen deutschen Aktienrechts machten feindliche Übernahmen fast unmöglich, sofern Unternehmen Namensaktien statt Inhaberaktien emittiert hatten. Da die Allianz-Aktien und die MR-Aktien Namensaktien waren, mussten die neuen Eigentümer vor der nächsten Hauptversammlung in das Aktienbuch eingetragen werden, bevor sie ihre Stimmrechte wahrnehmen konnten. Der Aufsichtsrat der Allianz lehnte die Eintragung von Fincks neuerworbenen Aktien in das Aktienbuch ab und sperrte Finck die teuer erworbenen Stimmrechte.

Am 20. November 1954 trat von Finck mit einer ganzseitigen Zeitungsanzeige in der *Süddeutschen Zeitung* an die Aktionäre der Allianz heran und verkündete seine Absicht, spätestens im Januar 1955 eine außerordentliche Hauptversammlung der Allianz einberufen zu lassen. Finck wollte die Aktionäre für seine Absicht gewinnen, die Eintragung seiner Aktien in das Aktionärsverzeichnis zu erzwingen und das Stimmrecht der MR in der Hauptversammlung der Allianz ruhen zu lassen.[82] Dies hätte bedeutet, dass der Vorstand der MR Fincks Anträge in der Hauptversammlung der Allianz nicht mehr mit den eigenen Stimmen zurückweisen konnte. Finck hätte damit die Chance gehabt, mit seinen eigenen Aktien und der Unterstützung der Kleinaktionäre die Hauptversammlung zu majorisieren und eine Aufhebung des Gemeinschaftsvertrags zwischen der Allianz und der MR zu erzwingen. Sein Angriff auf den Gemeinschaftsvertrag Allianz/MR kam einem Vertragsbruch gleich, da er 1940 den Gemeinschaftsvertrag mitberaten und ihn als Aufsichtsratsvorsitzender gebilligt hatte.

Die Allianz konterte am 25. November 1954 mit einer großen Anzeige in der gleichen Zeitung und forderte ihre Kleinaktionäre auf, sich nicht von Finck beirren zu lassen. Sie konnte darauf verweisen, dass der Gemeinschaftsvertrag zwischen der Allianz und der MR von den Aufsichtsräten und damit auch von den Repräsentanten der «freien» Aktionäre und von Finck selbst gebilligt und unterschrieben war.[83]

Von Fincks Appell an die Ressentiments der Kleinaktionäre gegen die Macht der Vorstände brachte nicht das gewünschte Ergebnis. Da er nur 16,5 % der Allianz-Aktien erwerben konnte, blieb er weit genug von einer Sperrminorität in der Allianz-Hauptversammlung entfernt. Dennoch waren die Vorstände von Allianz und MR wegen des unliebsamen Medienechos und der Verunsicherung der Aktionäre und Kunden gezwungen, mit August von Finck eine Lösung des Konflikts zu finden. Nach harten Verhandlungen kam am 24. Januar 1955, einen Tag vor der außerordentlichen Hauptversammlung der Allianz, eine Verständigung zwischen von Finck und den Vorständen und Aufsichtsratsvorsitzenden der Allianz und der MR zustande. Gegen die Zusicherung der Aktieneintragung zog von Finck seine Anträge für die Hauptversammlung zurück. Im Gegenzug versprachen die Vorstände von Allianz und MR, die Stimmrechte aus der Überkreuzverflechtung beider Gesellschaften nur im Einvernehmen mit dem Aufsichtsrat auszuüben.[84]

Für die Allianz und die MR war die Oppositionshaltung von Fincks eine Belastung, weil sie die Entscheidungsfindung in ihren Aufsichtsräten behinderte. Die Vorstände beider Unternehmen waren sehr daran interessiert, den unbequemen Großaktionär durch einen Aktientausch aus der Allianz und der MR «herauszukaufen». Nach längeren Verhandlungen einigten sich die Vorstände von Allianz und MR mit ihm darauf, einen großen Teil von Fincks Beteiligungen gegen ein großes Aktienpaket der Stahlwerke Südwestfalen AG zu tauschen.[85] Im Tausch gegen sein 12 %-Paket der Allianz, sein 6 %-Paket der MR und seine 7,5 %-Beteiligung an der Hermes Kreditversicherung zum aktuellen Kurswert von insgesamt 19,9 Mio. DM erhielt von Finck eine große Minderheitsbeteiligung der Allianz an der Stahlwerke Südwestfalen AG von nominell 10 Mio. DM, die bei einem Kurs von 160 % und einem üblichen Paketzuschlag von 25 % einen Wert von 20 Mio. DM besaß. Für den Rest seiner Beteiligungen an Allianz und MR räumte von Finck beiden Unternehmen ein Optionsrecht ein.[86]

Durch die erfolgreiche Abwehr des feindlichen Übernahmeversuchs blieb das stabile Verhältnis der MR zu ihren Eigentümern erhalten. Die hohe Kapitalbeteiligung der Allianz von fast 30 % war ein Musterbeispiel für die langfristig stabilen Beziehungen zwischen Unternehmen und institutionellen Großanlegern im «Rheinischen Kapitalismus». Die stabile Verflechtungsbeziehung zwischen der Allianz und der MR wurde auch von den Großbanken gestützt, die an langfristig stabilen Besitzverhältnissen in beiden Versicherungen interessiert waren. Zur Abwehr eines erneuten feindlichen Übernahmeversuchs schlossen sich die Dresdner Bank, die Deutsche Bank, die Bayerische Vereinsbank, die Bayerische Hypotheken- und Wechselbank, die Berliner Handels-Gesellschaft sowie Krupp und Siemens im Oktober 1955 zu einem Aktionärssyndikat zusammen, um ihre Interessen an der MR gemeinschaftlich wahrzunehmen.[87] Mit einem nominellen Aktienbesitz von zusammen 6,5 Mio. DM wären die Großbanken auch beim Erwerb eines großen Aktenpakets durch einen Außenseiter in der Lage gewesen, eine feindliche Übernahme zu verhindern. Das konzertierte Vorgehen der Großbanken und ihre Interventionsmacht an den Börsen machte es einem potentiellen Angreifer ohnehin unmöglich, eine nennenswerte Zahl von MR-Aktien gegen den Willen der Banken zu erwerben.

Als idealtypischer institutioneller Großaktionär war die Allianz an einer langfristig stabilen und kontinuierlichen Ertragsentwicklung und nicht an einer Maximierung des *shareholder value* durch Kurssteigerungen und hohe Dividendenausschüttungen interessiert. Eine kontinuierliche Ertragsausschüttung entsprach auch den Eigengesetzlichkeiten einer Rückversicherung. Die Erhöhung der offenen Rücklagen und der stillen Reserven in Jahren mit günstigen Schadensverläufen ermöglichte es der MR, Jahre mit schlechten Schadensverläufen und schwachen technischen Ergebnissen für die Aktionäre zu neutralisieren. Diese langfristige Ertragsorientierung war damals in der deutschen Wirtschaft weit verbreitet und manifestierte sich auch in den materiellen Anreizmechanismen für die Vorstandsmitglieder der MR. Die ertragsabhängigen Bestandteile des Gehalts (Boni) waren an die Höhe der ausgeschütteten Dividende gebunden. Eine kurzfristige Maximierung der Ausschüttungen hätte die langfristigen Einkommen der Vorstandsmitglieder nicht erhöht, da die Ausschüttungen in schlechteren Geschäftsjahren mangels Reserven gesunken wären.

Insgesamt profitierte die MR vom «Wirtschaftswunder» der 1950er Jahre noch stärker als der Durchschnitt der deutschen Erstversicherer. Obwohl der größere Teil des Prämienwachstums auf dem deutschen Markt generiert wurde, schlug sich das erhebliche Wachstum des Auslandsgeschäfts auf der Wachstumskurve der Prämieneinnahmen sichtbar nieder. Während sich selbst das Geschäft der größten deutschen Erstversicherer wie der Allianz Ende der fünfziger Jahre noch unter 5 % des Prämienvolumens bewegte, erreichte das Auslandsgeschäft bei der MR bis zum Ende des Jahrzehnts einen Anteil von über 15 %.

Entgegen den etwas pessimistischen Erwartungen des Vorstandsvorsitzenden Alois Alzheimer sollte sich das Wachstum der MR zum Ende der 1950er Jahre nicht signifikant verlangsamen.[88] Angesichts der starken Hausmachtposition durch die Beteiligungen an der Allianz und den gemeinsamen deutschen Tochtergesellschaften musste die MR trotz der zunehmenden Wettbewerbsintensität auf dem deutschen Markt nicht mit signifikanten Prämieneinbußen rechnen. Die Gründung der Europäischen Wirtschaftsgemeinschaft (EWG) durch die Römischen Verträge von 1957 sollte die MR nur mittelbar positiv beeinflussen, da es bereits einen weitgehend offenen europäischen Rückversicherungsmarkt gab und die Versicherer nicht durch Handelshemmnisse und Zahlungsverkehrsbeschränkungen behindert wurden.[89] Die Absicht, bis 1969 einen gemeinsamen europäischen Markt ohne Zölle für materielle Güter zu schaffen, tangierte die Versicherer nur indirekt. Die Vergrößerung der Warenströme zwischen den Gründerstaaten der EWG (Deutschland, Frankreich, Italien, Niederlande, Belgien und Luxemburg) sollte jedoch das Wachstum der Transportversicherung beschleunigen. Ein gemeinsamer Markt für Dienstleistungen einschließlich des Banken- und Versicherungssektors wurde in den Römischen Verträgen zwar angestrebt, aber noch nicht in operationalisierbare politische Schritte umgesetzt. Die Zulassung der Sachversicherer und Lebensversicherer zum Geschäft in den anderen Mitgliedsländern der EWG war ausschließlich durch nationales Versicherungsrecht geregelt und oblag den nationalen Aufsichtsbehörden; die administrativen und finanziellen Markteintrittsbarrieren für ausländische Sachversicherer und Lebensversicherer waren hoch. Eine europaweite Anerkennung der Geschäftszulassung durch die Versicherungsaufsicht des Heimatlands war Ende der 1950er Jahre noch Zukunftsmusik.

Während sich der versicherungsrechtliche und der aufsichtsrechtliche Rahmen des Versicherungsgeschäfts gegenüber der Vorkriegszeit nicht veränderten, erhielt die MR mit dem Ende der nationalsozialistischen Kapitalmarktlenkung die Selbstbestimmung über ihre Kapitalanlagen zurück. In der Vorkriegszeit und vor allem während des Kriegs hatte sich die MR an die strikte Kapitalmarktlenkung durch die Reichsbank anpassen und einen großen Teil ihres Kapitals in Reichsschuldtiteln wie Reichsanleihen und Reichsschatzanweisungen anlegen müssen. In der Bilanz für das Geschäftsjahr 1956/57 lag der Anteil der Forderungen gegenüber den Gebietskörperschaften (einschließlich der Gemeinden) an allen Kapitalanlagen nur noch bei 11 %.[90] Der starke Rückgang der Kapitalanlagen in Schuldtiteln des Staates war nicht allein auf das Ende der dirigistischen Kapitalmarktpolitik zurückzuführen. Es darf bezweifelt werden, dass der Totalverlust der Reichsanleihen die Zurückhaltung der MR gegenüber Bundesanleihen beeinflusste.[91] Angesichts des geringen Angebots an Bundesanleihen hätte die MR den Anteil der deutschen Staatsanleihen in ihrem Portfolio ohnehin nicht erhöhen können. Die sehr solide Haushaltspolitik des Bundes stellte nicht nur das Vertrauen in den Schuldner Staat wieder her, sondern nahm auch Rücksicht auf die geringe Leistungsfähigkeit des Kapitalmarkts nach der Währungsreform. Eine erneute Verdrängung («crowding out») privater Investoren zugunsten staatlicher Finanzierungsbedürfnisse sollte im Interesse der Kapitalbildung in der Privatwirtschaft verhindert werden. Die Kapitalmarktfinanzierung der Unternehmen durch Aktienemissionen, Unternehmensanleihen und längerfristige Darlehen sollte nicht hinter den Finanzierungsbedürfnissen des Staates zurückstehen.

In den 1950er Jahren leisteten die MR und andere Versicherer einen erheblichen Beitrag für die externe langfristige Unternehmensfinanzierung durch Unternehmensanleihen und Schuldscheindarlehen. Da sich die historische und die wirtschaftswissenschaftliche Forschung auf die Bedeutung des Marshall-Plans und der (Groß-)Banken für die Finanzierung von Unternehmensinvestitionen in der Zeit des «Wirtschaftswunders» konzentrierten, wurde die Unternehmensfinanzierung durch die Versicherungswirtschaft bislang vernachlässigt. In den Geschäftsjahren 1956/57 und 1957/58 summierten sich Unternehmensanleihen (39,8 bzw. 59,5 Mio. DM) und Schuldscheinforderungen bzw. Darlehen an Unternehmen (63,9 bzw. 66,5 Mio. DM) auf insgesamt 31 % ihrer gesamten Kapitalanlagen (Gesamtbetrag 334,2 bzw. 407,8 Mio. DM). Durch ihre Kapitalanlagen in Unternehmensanleihen und langfristigen Schuldscheindarlehen schlossen die Versicherer wie die MR eine Lücke in der längerfristigen Fremdfinanzierung von Unternehmen, die der Bankensektor in den 1950er Jahren noch nicht schließen konnte.

Für die Vermögensanlage in Unternehmensanleihen und Darlehen sprachen nicht allein die höheren Zinssätze als bei Bundesanleihen, sondern auch das vergleichbar niedrige Ausfallrisiko. Mit Zinssätzen von sieben bis acht Prozent lagen die Zinserträge um 100 bis 200 Basispunkte höher als bei öffentlichen Anleihen. Sie lagen auch über den Zinssätzen von Hypothekenpfandbriefen und Kommunalobligationen, auf die in den Geschäftsjahren 1956/57 und 1957/58 lediglich 9,3 bzw. 10,2 % aller Vermögensanleihen entfielen. Die MR gewährte Darlehen vor allem an große Aktiengesellschaften mit einer hohen Reputation, bei denen ein Zahlungsverzug oder gar eine Zahlungseinstellung höchst unwahrscheinlich war. Mit einem Anteil von nur einem Prozent spielten Hypothekendarlehen für die MR als Kapitalanlage fast keine Rolle. Angesichts der relativ hohen Transaktionskosten bei deren Abschluss und Verwaltung legte die MR im Unterschied zu vielen Erstversicherern nur einen geringen Kapitalanteil in Hypotheken an.

Die Beteiligungen bei Nicht-Versicherungsunternehmen stiegen innerhalb eines Jahres von 8,6 % (1956/57) auf 12,7 % (1957/58) stark an. Der Kauf von Aktien außerhalb der Versicherungsbranche diente in fast allen Fällen der Kapitalanlage auf der Grundlage langfristiger Renditeerwartungen. So gut wie alle Nicht-Versicherungsaktien im Beteiligungsportfolio der MR gehörten zur Kategorie der «blue chips», d. h. zu Großunternehmen mit dem Ruf sehr stabiler Unternehmen, einer konstanten Ertragsentwicklung und einer kontinuierlichen Wertsteigerung.[92] Nur wenige Beteiligungen wie der Kauf eines 30 %-Aktienpakets des Reifenherstellers Phoenix AG zu Beginn des Jahres 1958 und einer größeren Beteiligung an der Lorenz Hutschenreuther AG (Porzellan) dienten dem Zweck, eine steuerbegünstigte Schachtelbeteiligung von mindestens 25 % an einem Unternehmen zu erwerben.[93]

Die Struktur der Kapitalanlagen veränderte sich in den 1960er Jahren erheblich. Angesichts des geringen Angebots an Anleihen erstklassiger Unternehmen verlagerte die MR ihren Anlageschwerpunkt auf Schuldscheindarlehen. Öffentlich-rechtliche und private Kreditinstitute beschafften sich längerfristige Fremdmittel bevorzugt über Schuldscheindarlehen, was den Anlagepräferenzen der MR sehr entgegenkam. Seit 1967 übertrafen ihre Schuldscheinforderungen an Kreditinstitute jene an Industrieunternehmen.[94] Auch bei den prozentual verhältnismäßig wenigen Anlagen in öffentlichen Schuldtiteln verlagerte sich das Gewicht von den klassischen Staatsanleihen zu Schuldscheinforderungen an den Bund, die Länder und andere Körperschaften des öffentlichen Rechts. Hierfür waren weniger die geringen Unterschiede im Zinsniveau als das fehlende Kursrisiko bei Schuldscheindarlehen verantwortlich. Während niedriger verzinste Anleihen bei einer Erhöhung des nominalen Zinsniveaus im Kurswert fielen, blieb der Wert von Schuldscheindarlehen konstant.

In den 1950er Jahren veränderte sich nicht nur die Struktur der Kapitalanlagen, sondern auch die Struktur des Rückversicherungsgeschäfts. Bis Mitte der 1950er Jahre entwickelte sich die Rückversicherung von Kfz-Versicherungen zum quantitativ (d. h. nach den Prämieneinnahmen) größten Geschäftssegment der MR. 1937 entfielen auf die Kfz-Haftpflicht- und Kfz-Kaskoversicherung nur 4,4 % der Brutto-Prämieneinnahmen – 1956 waren es bereits 28,7 %.[95] In diesen Zahlen spiegelt sich der Beginn der Massenmotorisierung wider, die sich in den Erträgen der MR schon fünf Jahre vorher manifestierte, bis man ab 1960 von einer Massenmotorisierung im deutschen Straßenverkehr sprechen konnte. Der Vorstand der MR reagierte trotz des steigenden Prämienvolumens auf diesen Prozess nicht begeistert. So klagte die MR in ihrem Geschäftsbericht für 1957/58 über den erheblichen technischen Verlust, der sich – inklusive der regulären Unfall- und Haftpflichtversicherung – auf 3,2 Mio. DM bezifferte. Das strukturelle Problem bei der Kfz-Rückversicherung war weniger die «nach wie vor schlechte Verkehrsdisziplin» der Autofahrer, der sich die Erstversicherer in der Prämiengestaltung anpassen konnten. Da die Mehrzahl der Kfz-Rückversicherungsverträge Schadensexzedentenverträge waren, führten die steigenden Schadensummen pro Unfall (bei Einzelexzedenten) und die wachsende Zahl der Unfälle (bei Summenexzedenten) immer häufiger zu einer Überschreitung des Selbstbehalts der Erstversicherer. Wegen der steigenden Schadensummen konnten die Rückversicherer die Prämien nicht mehr ex post auf der Basis der aktuarischen Statistik kalkulieren. Zur Vermeidung von Verlusten war es unumgänglich geworden, die Entwicklung der Unfallzahlen und die durchschnittlichen Schadensummen zu antizipieren.

Die Kfz-Versicherung war für das Prämienvolumen der MR um einiges wichtiger geworden als die Feuerversicherung, das traditionell größte Geschäftssegment in der Sachversicherung. Da fast alle deutschen Hauseigentümer schon vor dem Krieg feuerversichert waren und sich der Anteil der rückversicherungsaffinen privaten Feuerversicherer gegenüber den nicht rückversicherten öffentlichen Feuerversicherern kaum verschob, blieb der Anteil der Feuerversicherung am gesamten Prämienaufkommen über längere Zeit stabil. War der Anteil der Feuerversicherung von 1937 bis 1956 weitgehend konstant geblieben (20 bzw. 19 %), fiel der Anteil der Lebensversicherung am Prämienaufkommen der MR von 33 % (1937) auf 11 % (1956). Nach der Höhe der Bruttoprämie lagen die Einnahmen aus der Lebensversicherung 1956 mit 52,3 Mio. DM noch immer um einiges niedriger als die Einnahmen im Jahr 1937 (65,2 Mio. DM). Der relative und auch absolute Bedeutungsrückgang der Lebensversicherung im Geschäft der MR war zum einen auf das zunächst noch langsame Wachstum der Lebensversicherung nach dem Einbruch durch die Währungsreform zurückzuführen. Zum anderen waren die Lebensversicherer wegen ihres relativ geringen Geschäftsvolumens zunächst nicht geneigt, größere Quoten an die Rückversicherer zu zedieren.

17. Kontinuität und Wandel in der «Ära Alzheimer» (1950–1968)

Die Führungsstruktur der MR war über die politische Zeitenwende des Jahres 1945 unverändert geblieben. Die Geschäftsordnung des Vorstands aus dem Jahr 1937 galt weiter. Lediglich das Amt des Betriebsführers fiel im entnazifizierten Arbeitsrecht der Nachkriegszeit ersatzlos weg.[1] Der gemeinsame Vorstandsrat von Allianz und MR, der von 1940 bis 1944 bestanden hatte, wurde nach 1945 nicht wiederbelebt.[2] An der Spitze des Unternehmens war der Informationsfluss schon durch die regelmäßigen gemeinsamen Mittagessen im Vorstandscasino gesichert.[3] Da erst ab 1974 Protokolle der Vorstandssitzungen überliefert sind, lässt sich nicht feststellen, wie oft sich die Vorstandsmitglieder zu offiziellen Vorstandssitzungen einfanden. Es ist gut möglich, dass sie sich bei ihren regelmäßigen informellen Zusammenkünften gegenseitig unterrichteten und Einvernehmen über offene Fragen herstellten.

Alois Alzheimer füllte in seiner langen Amtszeit von 1950 bis 1968 vollständig die Rolle aus, die dem Vorstandsvorsitzenden in der Geschäftsordnung zugedacht war. Er leitete die Vorstandssitzungen, repräsentierte die MR in der Öffentlichkeit, nahm die wichtigsten Aufsichtsratsmandate der MR bei ihren Beteiligungen war und informierte den Aufsichtsrat über die laufende Geschäftsentwicklung und die Zukunftsperspektiven des Unternehmens. Ob er bei strittigen Fragen im Vorstand von seinem Entscheidungsrecht Gebrauch machte und laut Geschäftsordnung «für die Einheitlichkeit der Geschäftsführung» sorgte, ist unwahrscheinlich und bleibt mangels Quellenüberlieferung offen. Da Alzheimer dem Vorstand seit 1933 – mit entnazifizierungsbedingter Unterbrechung von 1945 bis 1948 – angehört und in den wichtigsten Geschäftssparten (Sachversicherung) und Regionen (europäisches Ausland) umfassende Erfahrungen erworben hatte, galt er im internationalen Versicherungsgeschäft als fachlich hochkompetente und vielseitig erfahrene Führungspersönlichkeit.

Innerhalb des Vorstands waren die Kompetenzen nach funktionalen, sektoralen und regionalen Kriterien verteilt. Während die Zuständigkeit für die ausländischen Sachversicherer nach Ländergruppen auf die Vorstandsmitglieder aufgeteilt war, waren Alois Alzheimer und Walther Meuschel für die inländischen Kompositversicherer (Mehrspartenversicherer im Sachversicherungsgeschäft) wie die Allianz und die Victoria zuständig. Die deutschen Einbranchengesellschaften für Feuerversicherung, Kfz-Versicherung und andere Sparten des Sachgeschäfts wurden von den Vorstandsmitgliedern betreut, die

Abb. 34 Alois Alzheimer:
Vorstandsvorsitzender von 1950
bis 1968, Aufnahme aus den
1960er Jahren

für diese Sparte verantwortlich waren. Eine Ausnahme stellte das in- und ausländische Lebensversicherungsgeschäft dar, dessen Führungskompetenzen in der Person eines Vorstandsmitgliedes konzentriert waren.

Die stark differenzierte Hierarchie blieb auch nach 1945 unverändert. Die detaillierte Büro- und Hausordnung von 1950 unterschied sich von ihren Vorgängern aus den Jahren von 1913 und 1934 nur in Details. Über den tariflich bezahlten Angestellten, die auch weiterhin mit den traditionellen Begriffen «Beamter» und «Oberbeamter» bezeichnet wurden, standen die übertariflich bezahlten leitenden Angestellten mit Handlungsvollmacht (Prokuristen), die Abteilungsdirektoren, Direktoren und Vorstandsmitglieder. So war die Benutzung des Fahrstuhls auf der linken Seite des Haupteingangs auch weiterhin nur den Direktoren und Vorstandsmitgliedern gestattet.[4] In deutschen Unternehmen jener Zeit waren diese abgestuften Privilegien keinesfalls ungewöhnlich. Im betrieblichen Alltag manifestierte sich diese traditionelle Hierarchie auch in den getrennten Speiseräumen für die Beamten, die ihr Mittagessen in der Kantine einnahmen. Die Prokuristen, Direktoren und Vorstandsmitglieder blieben während des Mittagessens im Prokuristencasino, im Direktorencasino und im Speisezimmer des Vorstands unter sich, sofern sie nicht Gäste von anderen Versicherern eingeladen hatten.[5] Ein weiteres Indiz für die traditionelle Unternehmenskultur der MR war die Speisekarte des Vorstandskasinos. Obwohl die italienische und die französische Küche Mitte der 1970er Jahre bereits größere Popularität genossen, erklärte der Vorstand kategorisch, dass «wir auf keinen Fall fremdländische Tischsitten nachahmen, sondern uns an deutsche Eß- und Trinkgewohnheiten halten werden».[6]

Die Beziehungen zwischen der Unternehmensleitung und den Mitarbeitern veränderten sich trotz des neuen Betriebsverfassungsgesetzes von 1952 gegenüber der vor-nationalsozialistischen Zeit nur wenig. Obwohl das Betriebsverfassungsgesetz der Bundesrepublik im Unterschied zum Betriebsrätegesetz der Weimarer Republik den Arbeitnehmervertretern Informationsrechte über alle unternehmensrelevanten Fragen verlieh und ihre Mitwirkung nicht mehr auf die Personal- und Sozialpolitik beschränkte, sah der Vorstand darin keine Einschränkung oder gar eine potentielle Bedrohung seiner Macht. Das Verhältnis zwischen der Belegschaft und dem Vorstand blieb offensichtlich konfliktfrei, da potentielle Konflikte über Gehaltstarife, übertarifliche Sozialleistungen und Arbeitszeitregelungen im Sinne der Belegschaft gelöst wurden. Wie vor 1933 war die Mehrzahl der Belegschaft und auch der Betriebsräte nicht gewerkschaftlich organisiert und verhielt sich tendenziell «wirtschaftsfriedlich». Bis in die 1970er Jahre gibt es keine Hinweise auf Listen der DGB-Branchengewerkschaft HBV (Handel, Banken, Versicherungen) und auch der DAG (Deutsche Angestellten-Gewerkschaft) bei den Wahlen zum Betriebsrat. Nach der Ansicht der MR-Direktoren war das Verhältnis zwischen der Unternehmensleitung und dem Betriebsrat «überdurchschnittlich gut».[7] Ein Indiz für das entspannte Verhältnis zwischen der Unternehmensleitung und den Beschäftigten sowie für die hohe Arbeitszufriedenheit war die niedrige Fluktuationsrate, die unter dem Durchschnitt der Versicherungsbranche lag. Leider gibt es zur Entwicklung der Beziehungen zwischen Management und Tarifbeschäftigten keine Dokumente von der Seite des Betriebsrats. Das 1975 eingeführte Mitbestimmungsgesetz über die paritätische Beteiligung von Arbeitnehmervertretern an den Aufsichtsratsmandaten blieb für die Machtverhältnisse in der MR bis weit in die 1980er Jahre ohne Folgen, da es nur für Unternehmen mit mehr als 2000 Mitarbeitern galt. Da die MR bei ihrem 100. Geburtstag 1980 weltweit nur 1300 Mitarbeiterinnen und Mitarbeiter zählte, dominierten weiterhin die Vertreter der Kapitalseite im Aufsichtsrat.

Zu den entspannten Sozialbeziehungen zwischen Betriebsrat und Vorstand trugen vor allem die großzügigen Regelungen über die Arbeitszeit und den Urlaubsanspruch der tariflichen Angestellten bei. Während die tarifliche Arbeitszeit in der Versicherungsbranche 1960 bei 43¾ Stunden lag, bescherte die MR ihren Arbeitnehmern eine hausinterne Arbeitszeitverkürzung von 2¾ Stunden auf 41 Stunden pro Woche.[8] Während die tariflich beschäftigten

Mitarbeiter der Erstversicherer laut Tarifvertrag bis 17.15 Uhr arbeiten mussten, hatten die Mitarbeiter/-innen der MR bereits um 16.15 Uhr Feierabend.
Darüber hinaus kompensierten zwei zusätzliche Urlaubstage die Starre der
Unternehmensleitung bei der Einführung der Fünf-Tage-Woche, die sich seit
dem Ende der 1950er Jahre in der Industrie, im Bankgewerbe und in der Versicherungswirtschaft, aber noch nicht bei der MR durchsetzte. Die Leitung der
MR kam der populären Forderung nach der Fünf-Tage-Woche nur teilweise
dadurch entgegen, dass sie ab 1960 nur an jedem zweiten Samstag und lediglich von 8.05 bis 12.15 Uhr arbeiten ließ. Mit Rücksicht auf Weihnachtseinkäufe
und Skiausflüge waren die Samstage vom 15. Dezember bis 15. Januar generell
arbeitsfrei. Mit den grundsätzlich arbeitsfreien Samstagen im Frühjahr und
Sommer (April bis September) nahm die MR später auf die Ausflugswünsche
der Mitarbeiter in einer zunehmend freizeitorientierten Gesellschaft Rücksicht.[9] Es bleibt dennoch unklar, warum die MR trotz der bereits stark reduzierten Präsenzpflicht an Samstagen erst 1970 die Fünf-Tage-Woche einführte.[10]
    Hinweise auf eine funktionale Relevanz der Samstagsarbeit für die MR
fehlen. Da die Erstversicherer 1960 zur Fünf-Tage-Woche übergingen und
auch die Versicherer im übrigen Europa nicht mehr an Samstagen arbeiten
ließen, ließ sich die samstägliche Präsenz der Angestellten an ihren Arbeits-
plätzen nicht mit der funktionalen Notwendigkeit begründen, für Geschäftspartner jederzeit erreichbar zu sein. Ein Indiz für den organisatorischen
Traditionalismus in der Arbeitszeitregelung war auch die Tatsache, dass die
MR erst in den 1980er Jahren dem Drängen des Betriebsrats nachgab und die
Gleitzeit einführte. Bis zu diesem Zeitpunkt lehnte die Unternehmensleitung
Gleitzeit aus organisatorischen Gründen kategorisch ab, ohne die funktiona-
len Vorteile starrer Arbeitszeiten zu begründen.[11]
    Die gesunkene Zahl der Mitarbeiter, die ausgeprägte Überalterung der
Belegschaft zum Zeitpunkt der Währungsreform und das stetig zunehmende
Geschäftsvolumen führten in den 1950er Jahren zur kontinuierlichen Neueinstellung jüngerer Mitarbeiterinnen und Mitarbeiter. 1958 überschritt die
MR die Zahl der Mitarbeiter, die sie 1939 unmittelbar vor Kriegsbeginn gehabt hatte. Durch die Neueinstellungen fiel das Durchschnittsalter der
männlichen Beschäftigten von 1948 bis 1958 von 49 auf 40 Jahre, der weiblichen Beschäftigten von 42 auf 34.[12] Bis 1963 sank das Durchschnittsalter
sogar auf 38 Jahre bei Männern und 33 Jahre bei Frauen[13] und pegelte sich bis
in die 1970er Jahre auf diesem verhältnismäßig niedrigen Niveau ein. Zur
Senkung des Durchschnittsalters trug auch die Einführung der Lehrausbil-
dung für Versicherungskaufleute bei der MR bei. Während die MR bis 1945
ausgebildete Versicherungskaufleute auf dem Arbeitsmarkt rekrutiert hatte,
führte der Nachwuchsmangel der Nachkriegszeit zu einem Umdenken in
der Personalpolitik.

Das deutlich niedrigere Durchschnittsalter der weiblichen Mitarbeiterinnen war der Tatsache geschuldet, dass viele Frauen entsprechend den gesellschaftlichen Konventionen der Mittelschichten ihren Beruf nach der Heirat oder spätestens vor der Geburt des ersten Kindes aufgaben. Diese Einstellung spiegelte sich auch in den freiwilligen Sozialleistungen der MR für jung verheiratete Paare wider. Nur männliche Angestellte konnten ab 1968 die steuerfreie Heiratsbeihilfe der MR in Höhe von 500 DM in Anspruch nehmen. Weibliche Angestellte erhielten trotz des angespannten Arbeitsmarkts keinen Anreiz, nach ihrer Heirat bei der MR zu bleiben.[14] Die 1965 eingeführte Möglichkeit der Teilzeitarbeit richtete sich zunächst nur an verheiratete Frauen ohne Kinder.[15] Erst ab 1972 stellte die MR verheiratete Frauen mit Kindern als Teilzeitkräfte wieder ein, die Jahre zuvor wegen der Kindererziehung aus dem Beruf ausgeschieden waren. Dies geschah weniger aus Einsicht in die Gleichberechtigung von Frauen im Beruf und in die berufliche Leistungsfähigkeit von Müttern, sondern wegen der Rekrutierungsprobleme bei Schreibkräften, Sekretärinnen und Sachbearbeiterinnen mit versicherungswirtschaftlichen Kenntnissen. Der Frauenanteil in der MR lag 1948 noch bei 32 %, stieg bis 1963 kontinuierlich auf 42 % und hielt dieses Niveau bis Ende der 1970er Jahre. Die zunehmende Arbeitsteilung in der Organisation des Rückversicherungsgeschäfts manifestierte sich in der Vergrößerung der Abteilungssekretariate und Schreibbüros, in denen größtenteils Frauen beschäftigt wurden. Auch auf der Qualifikationsebene der Sachbearbeiter mit kaufmännischen Kenntnissen stieg der Frauenanteil mit der zunehmenden Ausbildung von Frauen zu Versicherungskaufleuten.

Noch in den 1970er Jahren war die MR weit davon entfernt, qualifizierten Mitarbeiterinnen den Aufstieg in Führungspositionen zu erleichtern. Doch trotz des Fehlens jeglicher Frauenförderung schafften es bis 1974 zwei Frauen in Führungspositionen. 1971 wurde mit Edith Lukas erstmalig eine Frau zur Direktorin ernannt. Als sie 1974 zum Vorstandsmitglied der MR ernannt wurde, war die MR die einzige Versicherung und das einzige der heutigen DAX-Unternehmen mit einem weiblichen Vorstandsmitglied.[16] Die promovierte Staatswissenschaftlerin Edith Lukas[17] erhielt im Vorstand zusammen mit ihren Kollegen Gerhard Theissing und Hans-Rudolf Dienst die Zuständigkeit für die Lebenssparte und trug die alleinige Verantwortung für das Ressort Allgemeine Dienste (Organisation, EDV). Obwohl es mit Luise Himmelseher auch eine stellvertretende Direktorin gab, blieb Edith Lukas für lange Zeit eine Ausnahmeerscheinung. Der Vorstandsvorsitzende Horst Jannott förderte ihren Aufstieg wegen ihrer fachlichen Brillanz und ohne Ansehen ihres Geschlechts.[18] Ein Prospekt der MR von 1974 mit Portraitphotos der Vorstandsmitglieder zeigt Edith Lukas nicht in einem strengen Business-Kostüm, sondern in einem auffälligen Kleid mit Leopardenmuster. In einem beruflichen

Abb. 35 Die erste Frau im Vorstand der Münchener Rück:
Edith Lukas (1974–1994), Aufnahme aus den 1960er Jahren

Umfeld mit traditionellem und strengem Dress-Code verriet dieses Bekenntnis zu einem unkonventionellen Stil Selbstbewusstsein, Mut und den Willen
zur Selbstbehauptung. Ihre männlichen Vorstandskollegen präsentierten sich
überwiegend in dunklen Anzügen, die einen konservativen Stil verkörperten.

Entgegen mancher pessimistischer Erwartungen blieben Probleme bei der
Gewinnung künftiger Führungskräfte aus. Alzheimer befürchtete 1958, dass
ein stagnierendes Angebot an akademisch gebildeten Nachwuchskräften den
Ausbau des Leitungsstabs und damit auch das Wachstum der MR bremsen
könne.[19] Sein Pessimismus sollte sich als unbegründet erweisen, da die Zahl
der Universitätsabsolventen in Jura – und in anderen relevanten Studien-
fächern – und damit auch die Zahl potentieller Bewerber stetig stieg. Entgegen
den Erwartungen mancher konservativer Zeitgenossen war die Zahl begabter
junger Akademiker nicht statisch, sondern wuchs mit dem Anstieg der Stu-
dierendenquote. Auf der Ebene der akademischen Nachwuchskräfte konnte
die MR auch in den 1960er Jahren alle Positionen mit geeigneten Bewerbern
besetzen.

Die traditionelle Dominanz der Juristen unter den akademisch gebildeten
Führungskräften lockerte sich beim Managernachwuchs durch die zunehmende Anstellung von Diplom-Kaufleuten und Diplom-Volkswirten. Wäh-

rend die Zahl der Juristen von 1962 bis 1966 mit 23 Personen gleich blieb, stieg die Zahl der Volkswirte von 16 auf 30. Angesichts der wachsenden Bedeutung technischer Versicherungszweige wie der Maschinenversicherung und der Montage- und Baustellenversicherung erhöhte sich die Zahl der Diplom-Ingenieure in der MR von neun auf 15.[20] Im weiteren starken Anstieg der Ingenieure auf 70 von 1966 bis 1976 spiegelt sich die zunehmende Verwissenschaftlichung der Risikobewertung innerhalb von nur zehn Jahren. Beim Aufbau einer hauseigenen ingenieurwissenschaftlichen Expertise ging die MR der Schweizer Rück voraus, die 1970 noch keinen einzigen Ingenieur in ihrer Züricher Hauptverwaltung beschäftigte.[21]

Seit 1957 herrschte auf dem deutschen Arbeitsmarkt Vollbeschäftigung. Die Arbeitskräfteknappheit schlug sich auch bei weniger qualifizierten kaufmännischen Angestellten nieder und zwang die MR zur Mechanisierung manueller Arbeitsvorgänge. Noch in den fünfziger Jahren gab es in einigen Abteilungen wie der Maschinenversicherungsabteilung nur eine einzige elektromechanische Rechenmaschine. Viele Mitarbeiter/-innen der MR mussten Prämien zeitaufwändig auf Papier ausrechnen.[22] Erst 1958, später als andere Versicherer und Industrieunternehmen, begann die MR mit dem Einsatz elektromechanischer Lochkartenmaschinen (Hollerithmaschinen) zur Verarbeitung von Buchhaltungsvorgängen, durch die mit einem Schritt die Neueinstellung von zehn Mitarbeitern pro Maschine eingespart wurde. Es sollte bis 1960 dauern, bis die Mechanisierung der Buchhaltung abgeschlossen war und die MR mit der mechanischen Datenverarbeitung für die Statistik und die Grundbesitzverwaltung begann.[23] Erst 1963 stellte die MR die Lohnbuchhaltung auf Hollerith um,[24] obwohl sich diese wegen der standardisierten Eingangsdaten und der vergleichsweise einfachen Rechenvorgänge gut für die Mechanisierung eignete. Der Rückstand bei der Einführung von Hollerithmaschinen für Buchungsaufgaben gegenüber großen Erstversicherern wie der Allianz erklärt sich durch die deutlich geringere Zahl von Buchungsvorgängen und Mitarbeitern. Da das Massengeschäft der Einzelpolicen fehlte, die bei großen Erstversicherern wie der Hamburg-Mannheimer und der Victoria schon Anfang der 1960er Jahre an eine Million heranreichten, war der relative Personalkostenaufwand in der Buchhaltung bei den Rückversicherern geringer als bei den Erstversicherern. Größere Rekrutierungsprobleme gab es ab 1965 auf der Qualifikationsebene der versicherungskaufmännisch vorgebildeten Angestellten. Mangels Bewerbern im wirtschaftlich boomenden München konnten ausscheidende Versicherungskaufleute teilweise nur durch kaufmännische Angestellte aus anderen Branchen ersetzt werden.[25]

Der geringere Rationalisierungsdruck auf Rückversicherer schlug sich in der MR auch bei der Investition in den ersten elektronischen Großrechner nieder, der die Hollerithmaschinen bis Ende 1966 vollständig ablöste.[26] Wäh-

Abb. 36 Der Vorstandsvorsitzende
Alois Alzheimer am Schreibtisch,
Aufnahme aus den 1960er Jahren

rend die Hamburg-Mannheimer und die Victoria bereits 1961 mit dem Einsatz des ersten transistorgesteuerten Rechnermodells IBM 1401 begannen,[27] orderte die MR erst 1963 beim damals einzigen Computerhersteller IBM eine Rechenanlage des Typs IBM 1410, die 1965 geliefert und einsatzfähig war.[28] Dieser Computer war eine Weiterentwicklung des IBM 1401, von dem er sich durch seine höhere Speicherkapazität und fünf statt drei Speicherstellen unterschied.

Während die Hollerithmaschinen nur einfache Rechenvorgänge automatisieren konnten, erlaubte der IBM-Computer die mathematisch komplexe Berechnung von Sterbetafeln, Versicherungsprämien und Rückkaufsummen für Lebensversicherungen.[29] Die MR konnte dank der Konzernverflechtung mit der Allianz die bereits erprobte Software der Allianz Leben übernehmen. Durch die organisatorischen Kooperationsmöglichkeiten mit der Allianz sicherte sich die MR gegenüber anderen Rückversicherern einen Wissens- und Kompetenzvorsprung, aus dem ein Alleinstellungsmerkmal erwuchs, das für die Akquisition neuer Erstversicherer in der Lebensversicherungsbranche hilfreich war. Die MR konnte potentielle Kunden im Lebensgeschäft mit anspruchsvollen Serviceleistungen wie der Errechnung von Sterbetafeln und Prämiensätzen gewinnen und an sich binden. Diese wissensbasierte Serviceleistung verschaffte ihr vor allem in jenen Ländern Erfolge bei der Akquisition neuer Kunden, in denen lediglich veraltete Sterbetafeln existierten und die Prämienkalkulation nicht mit der Verlängerung der Lebenserwartung Schritt hielt. Eine aktualisierte Sterbetafel verschaffte einem Lebensversicherer einen Wettbewerbsvorsprung, da er den Unsicherheitsfaktor bei der Prämienkalkulation und damit die Prämien reduzieren konnte.[30] Der erfolgreiche Export empirischen und stochastischen Versicherungswissens stieß in einigen Ländern jedoch an die überkommenen Vorschriften der staatlichen Versicherungsaufsicht. So zwang die portugiesische Versicherungsaufsicht noch 1970 die Lebensversicherer, die völlig veralteten französischen Sterbetafeln von 1892 zu verwenden.[31]

Für die Gewinnung von Zedenten im Lebensversicherungsgeschäft erwies sich auch die Expertise der MR bei der Bewertung erhöhter Risiken aufgrund gesundheitlicher Risikofaktoren als nützlich. So erhielt die MR schon 1956 von einem philippinischen Lebensversicherer umfangreiche Zessionen als Gegenleistung für die Überlassung ihres Einstufungsbuchs für die Tarifierung erhöhter Risiken.[32] Mit ihrer Expertise bei der Einschätzung erhöhter Risiken konnte die MR auch Kunden in entwickelten Staaten gewinnen, die kein spezifisches Know-how auf diesem Feld besaßen. So gelang es der MR 1964, von ihrer alten Schweizer Geschäftspartnerin Union Rück die Exzedenten aus der Rückversicherung erhöhter Risiken als Gegenleistung für die Überlassung des Einschätzungsbuchs zu gewinnen.[33] Das Einschätzungsbuch für erhöhte Risiken machte im gleichen Jahr auch auf die französischen Lebensversicherer Eindruck, mit denen die MR ins Geschäft kommen wollte.[34]

Neben der kapitalintensiven technischen Rationalisierung durch die mechanische und die elektronische Datenverarbeitung schöpfte die MR seit 1957 die inkrementellen Rationalisierungsreserven durch die Reorganisation von Arbeitsabläufen aus, obwohl sich ihre Umsetzung gelegentlich verzögerte. Ein ständiger Ausschuss für Rationalisierungs- und Vereinfachungsmaßnahmen sollte durch konkrete Vorschläge den Buchhaltungs- und Abrechnungsaufwand senken und Arbeitsabläufe in der Sachbearbeitung durch vereinfachte Verfahren personalsparend reorganisieren.[35] Mit Geldprämien von bis zu 500 DM für konkrete Vorschläge erschloss die MR in den 1960er das Kreativitätspotential ihrer tariflich bezahlten Mitarbeiter bei der Suche nach innerbetrieblichen Rationalisierungspotentialen, die keinen oder nur einen geringen Investitionsaufwand erforderten. Heute selbstverständliche arbeitssparende Einrichtungen wie Fensterbriefumschläge und Hängeregistraturen wurden in der MR erst 1964 eingeführt,[36] ein weiteres Indiz für den Konservatismus bei der Organisation von Arbeitsprozessen. Der Erfolg der innerbetrieblichen Rationalisierung schlug sich in der Gehaltsquote in Relation zum Brutto-Prämienaufkommen nieder, die trotz erheblicher Gehaltssteigerungen in den 1950er und 1960er Jahren fast konstant blieb.[37]

18. Die fortschreitende Globalisierung des Rückversicherungsgeschäfts

Die MR wurde seit der Mitte der 1950er Jahre mit den versicherungstechnischen Herausforderungen durch neue Großtechnologien konfrontiert. Bereits 1956 – fünf Jahre vor dem Betriebsbeginn des ersten deutschen Atomreaktors in Kahl am Main – beschäftigte sich die MR mit der Versicherung von Atomanlagen. Am 1. August 1956 berieten Führungskräfte der deutschen Versicherungswirtschaft die Gründung eines Atompools für die gemeinschaftliche Versicherung von Atomanlagen.[1] Dem 1957 gegründeten Deutschen Atompool (Deutsche Kernreaktor-Versicherungsgemeinschaft – DKVG) gehörten 1965 insgesamt 97 deutsche und ausländische Erstversicherer und Rückversicherer an,[2] deren Zeichnungssumme ihrer Größe und Zeichnungskapazität entsprach. Mit ihrem Anteil von 12 % bei der Sachversicherung und 14 % bei der Haftpflichtversicherung gehörte die MR zu den größten Zeichnern im deutschen Kernenergie-Versicherungsgeschäft. Ab 1959 war sie durch ein Vorstandsmitglied im Vorstand der DKVG vertreten.[3]

Das Konzept eines gemeinsamen Pools der Erst- und Rückversicherer für die Maschinen- und Haftpflichtversicherung künftiger Atomreaktoren war eine versicherungswirtschaftliche Innovation, die vor allem der erwarteten Höhe des Gesamtrisikos geschuldet war. Angesichts der hohen Zukunftserwartungen in die friedliche Nutzung der Atomenergie und die baldige Indienststellung kommerzieller Leichtwasserreaktoren rechneten die Versicherer mit einem sehr hohen Zeichnungsbedarf, dessen Größe die bislang existierenden nationalen Konsortien für Großrisiken überfordern werde. Neuartig war auch die multilaterale Kooperation der nationalen Atompools, die sich gegenseitig an ihren Risiken beteiligten. Über den Deutschen Atompool und durch ihre eigenständigen Zeichnungen war die MR schon seit 1958 an den Atompools in den USA, Kanada und Frankreich beteiligt.[4]

Die mittelfristige Gesamthöhe der Kernenergierisiken und der damit verbundene Zeichnungsbedarf waren nicht allein von der Zahl der Reaktoren und ihrem Kostenaufwand abhängig. Für die Größe der zu versichernden Risiken war die gesetzliche Regelung durch das Bundesatomgesetz entscheidend, das seit 1956 im Bundeskabinett beraten wurde, aber erst 1960 nach mehreren Überarbeitungen in Kraft treten konnte. Während die Maschinen- und die Betriebsunterbrechungsversicherung für den nuklearen und den konventionellen Teil eines Atomreaktors in voller Höhe vom Deutschen Atompool getragen wurde, verhandelte dieser lange mit der Bundesregierung über die Höhe der Haftpflichtsumme und den teilweisen Risikoausschluss der Folgen eines nuklearen Fallouts. In einigen entscheidenden Punkten mussten die Versicherer der Bundesregierung nachgeben und die Reaktorbetreiber für Schäden infolge höherer Gewalt versichern.[5]

Es stellte sich bereits 1957 heraus, dass die deutsche Versicherungswirtschaft bei der Versicherung künftiger Atomreaktoren an die Grenzen des Versicherbaren gelangte. Während sich der wahrscheinliche Maximalschaden (Probable Maximum Loss – PML) an der Reaktoreinrichtung und am Reaktorgebäude beim größten anzunehmenden Unfall (GAU) noch mit den bewährten Methoden der Maschinenversicherung kalkulieren ließ, ließ sich die Dauer der Betriebsunterbrechung nach einem GAU nicht mit Erfahrungswerten kalkulieren. Wurden die Ausrüstung und das Gebäude eines Atomreaktors noch als großes, aber prinzipiell versicherbares Risiko eingestuft, waren bei der Haftpflichtversicherung für Schäden an der Umwelt die Grenzen des Versicherbaren überschritten. Das Haftpflichtrisiko eines nuklearen Fallouts nach einem GAU war aus der Sicht der Versicherungen zunächst unversicherbar, weil keine Erfahrungen über die finanziellen Folgen der Personenschäden und der dauerhaften Verstrahlung in der Umgebung von zivilen Atomreaktoren existierten. Trotz des ungebrochenen Vertrauens in die technische Fähigkeit zum dauerhaft sicheren Betrieb von Atomkraftwerken blieb das Risikoverhalten von Atomreaktoren eine unbekannte Größe, die sich der Risikobewertung mit den herkömmlichen aktuarisch-stochastischen und erfahrungsgestützten Methoden der Erstversicherer und Rückversicherer entzog.

Die MR erkannte, dass die Risikobewertung von Atomreaktoren die Fachkompetenz von Maschinenbauingenieuren überstieg. Ebenso wie ihr größter Konkurrent Schweizer Rück musste sie sich eingestehen, dass das Kumulrisiko eines GAU die Grenzen der Erfahrungen und des Erkennbaren überschritt.[6] 1968 stellte die MR einen promovierten Kernphysiker ein, der mittels seiner Spezialkenntnisse die kommenden kommerziellen Reaktorbaureihen bewerten und die Wissenslücke bei diesen industriellen Risiken schließen sollte.[7] Das für Maschinenversicherung zuständige Vorstandsmitglied Klaus Gerathewohl musste im Juli 1969 vor dem Aufsichtsrat einräumen, dass es keine Präzedenzfälle für die Risikobewertung gebe. Wenn überhaupt statistische Erfahrungen im kommerziellen Reaktorbetrieb vorhanden waren, ließen sie sich wegen der kurzen Erfahrungszeiträume und des Prototypencharakters der ersten Reaktorgeneration nicht verallgemeinern.[8] Die serielle Produktion von Reaktorbaureihen hatte in Deutschland und Europa noch nicht begonnen.

Die Risiken von Atomreaktoren wurden nur deshalb versicherbar, weil die Bundesregierung die Haftung des Atompools für Schäden in der Umgebung der Reaktoren auf zunächst 10 Mio. pro Reaktor begrenzte und das gesamte Haftungsrisiko jenseits dieser Grenze allein trug. Zum Vorteil der künftigen Reaktorbetreiber in der privatwirtschaftlichen Energiewirtschaft sozialisierte die Bundesregierung einen großen Teil des Haftungsrisikos, dessen Höhe sie weder in der Gegenwart noch in der Zukunft abschätzen konnte.[9] 1963 verpflichtete sich die Bundesregierung in einem Vertrag der supranationalen europäischen Atombehörde EURATOM, jedes Schadenereignis einer Atomanlage mit mindestens 20 Mio. DM beim privatwirtschaftlichen Atompool zu versichern. Die darüber hinausgehenden Haftpflichtschäden bis zu einer maximalen Höhe von 300 Mio. DM wurden jedoch weiterhin durch die Haftung des Staates gedeckt.[10] 1966 nahm die Bayernwerke AG das erste kommerzielle Atomkraftwerk im schwäbischen Gundremmingen in Betrieb, das mit einer Leistung von 237 Megawatt noch sehr viel kleiner dimensioniert war als die nächsten Generationen deutscher Atomreaktoren mit Kapazitäten von 600 bzw. 1200 Megawatt. Doch schon in der ersten Generation kommerzieller Atomreaktoren erwies sich die vertragliche Haftungsgrenze des EURATOM-Abkommens als unterdimensioniert. Mit einer Versicherungssumme von 48 Mio. DM für ein einzelnes Haftpflichtereignis und 60 Mio. DM für die gesamte Lebenszeit des Kraftwerks trug der Deutsche Atompool dem linear mit der Kraftwerksgröße wachsenden Haftungsrisiko nachträglich Rechnung.[11] Da diese Haftungssumme schon für die erste Generation der kommerziellen Atomkraftwerke nicht ausreichte, erhöhte die Bundesregierung die Pflicht-haftpflichtversicherung über den Deutschen Atompool auf 120 Mio. DM pro Schadenereignis.

Kurz nach der Inbetriebnahme des zweiten kommerziellen Atomkraftwerks im badischen Obrigheim (1968) zeigten sich die kaum geringeren methodischen Probleme bei der Bewertung des Probable Maximum Loss bei der Maschinen- und Gebäudeversicherung der Kraftwerksanlagen. Die MR zweifelte an der Einschätzung der Allianz, dass der PML nur 40 % der Versicherungssumme für die gesamte Reaktoranlage betrug, und beauftragte ihren Reaktorexperten mit einer neuen Schätzung.[12] Die Gefahr einer völligen Zerstörung bzw. eines dauerhaften Nutzungsausfalls durch die Verstrahlung des gesamten Reaktors, aber ohne radioaktiven Fallout in die Umwelt, lag außerhalb des damaligen Vorstellungsvermögens der Versicherer.

Als ab 1974 die dritte Generation der Atomreaktoren mit einer Kapazität von 1200 Megawatt in Betrieb ging, erwies sich eine Schadenhaftung von maximal 120 Mio. DM auch aus der Sicht der uneingeschränkt atomfreundlichen Bundesregierung als zu gering. Durch die Novelle des Atomgesetzes vom 1. Oktober 1975 erhöhte der Bundestag die Haftung der Betreiber von 120 auf 500 Mio. DM pro Schadenereignis. Da die Kapazität des Atompools nur eine Deckungssumme von 200 Mio. DM erlaubte, musste ein Versicherungskonsortium unter der Führung der Allianz und mit Beteiligung der MR die Deckungslücke von 300 Mio. DM schließen.[13] 1977 demonstrierte der Gesamtverband der Versicherungswirtschaft (GDV) in einer Pressekonferenz vor atomkraftkritischen Journalisten sein volles Vertrauen in die Versicherbarkeit von Atomkraftwerken, um Zweifel an der Leistungswilligkeit der Versicherer und an der technischen Beherrschbarkeit von Atomreaktoren zu entkräften.[14]

Die Grenzen des Versicherbaren zeigten sich am 28. März 1979, als der 800-MW-Reaktor des Atomkraftwerks «Three Mile Island» bei Harrisburg/ USA havarierte und die gesamte Versicherungssumme von 300 Mio. US-Dollar wegen des Totalverlusts der Reaktoranlage fällig wurde. In Harrisburg ereignete sich zum ersten Mal in der westlichen Welt ein GAU, dessen Wahrscheinlichkeit und dessen Folgen bisher nur theoretisch in hypothetischen Szenarien «durchgespielt» worden waren. Bei geschätzten Wiederherstellungskosten von 440 Mio. US-Dollar reichte die Versicherungssumme nicht aus, um den Kostenaufwand für den Bau eines neuen Reaktors zu decken.[15] Die MR war auf zwei Wegen in die Versicherung von «Three Mile Island» involviert: mittelbar durch die Beteiligung des Deutschen Atompools am amerikanischen Atompool ANI und unmittelbar durch ihre Beteiligung am US-Atompool selbst. Während die US Branch der MR mit ihrer vollen Zeichnungssumme von 3,3 Mio. US-Dollar in Haftung genommen wurde, schlug bei der Konzernmutter in München ein Bruttoschaden von 8,2 Mio. DM zu Buche. Erstmals seit 1970 musste die MR in der relativ kleinen, aber wirtschaftlich erfolgreichen Atom-Sachversicherung einen Verlust von 4,9 Mio. DM verkraften.[16] Der GAU in «Three Mile Island» erschütterte das Vertrauen in die Versicherbarkeit von Atomreaktoren zumindest kurzzeitig. Der amerikanische Atompool ANI scheiterte wegen der Zurückhaltung der Versicherer bei seinem Versuch, die Bruttokapazität in der Atom-Haftpflicht von 160 auf 175 Mio. US-Dollar zu erhöhen. Dagegen nahm der MR-Vorstandsvorsitzende Horst Jannott den Reaktorunfall von Harrisburg zum Anlass, um das grundsätzliche Vertrauen der Versicherer in die Sicherheit und in die Versicherbarkeit von Atomkraftwerken zu demonstrieren. In einem Artikel in der Zeitschrift *Versicherungswirtschaft* bezeichnete er das Risiko durch terroristische Anschläge auf Atomkraftwerke als ein «weitaus größeres Problem» als die technischen Risiken des Betriebs.[17]

Das Bundesinnenministerium, das bis zur Gründung des Bundesumweltministeriums im Jahr 1986 für die Atompolitik und die Atomenergie zuständig war, reagierte auf das nunmehr als realistisch betrachtete Gefahrenszenario eines großen radioaktiven Fallouts nach einem schweren Atomunfall mit der Forderung nach einer höheren Haftung. 1980 strebte die Bundesregierung eine Erhöhung der Betreiberhaftung von 500 Mio. auf zwei bis drei Milliarden DM an. Da die Kraftwerksbetreiber von der Externalisierung des Haftungsrisikos

für Großschäden auf den Bund profitierten, lehnten sie eine höhere Kosten-
belastung durch eine höhere Haftpflichtsumme in der Betreiberhaftpflicht ab.
Dagegen zeigten sich die Versicherer nicht zuletzt wegen ihres Interesses an
höheren Prämieneinnahmen aufgeschlossen, die Versicherungssummen zu erhöhen. Ihre Zustimmung zu einer höheren Betreiberhaftpflicht sollte die Kritik
der Atomkraftgegner an der Risikoaversion der Versicherer entkräften und Vertrauen in die Versicherbarkeit und damit auch in die Sicherheit von Atomkraftwerken demonstrieren. Die MR hielt eine Erhöhung der privaten Haftpflichtversicherung auf mehr als 1,5 Mrd. DM jedoch aus Kapazitätsgründen für
unrealistisch.[18] Erst 1985 erhöhte eine weitere Novelle des Atomgesetzes die
private Haftung der Energieversorger pro Reaktor auf 2,5 Mrd. DM.[19] Das Haftpflichtrisiko sollte aus der Sicht der MR zwar stärker auf die Versicherer ver-
lagert, aber nicht vollständig in die Versicherungsbranche internalisiert werden.

Ein Blick in die USA hätte die These von der eingeschränkten privatwirtschaftlichen Versicherbarkeit von Atomkraftwerken entkräften können. Die
MR und die übrigen Mitglieder des Deutschen Atompools profitierten davon,
dass die gesetzlich unbegrenzte Haftung der amerikanischen Atomwirtschaft in
der atomkritischen deutschen Öffentlichkeit kaum bekannt war. Die These des
bekannten Münchner Soziologen Ulrich Beck von der zunehmenden Nicht-Ver-
sicherbarkeit großtechnischer Risiken wurde durch die Entwicklung in den
USA jedoch nicht ernsthaft in Frage gestellt.[20] Die nukleare Katastrophe von
Fukushima sollte der technischen und der soziologischen Risikoforschung
zeigen, dass sich die Folgen von Naturkatastrophen durch einen sekundären
«Super-GAU» bei Atomkraftwerken potenzieren können – und die wirtschaftlichen Folgen einer atomaren Havarie nicht allein durch privatwirtschaftliche
Risikovorsorge beherrschbar sind.

Da der Bund die völlig unbekannten Haftungsrisiken bei Atomreaktoren
deckte, warfen die versicherungstechnischen Risiken dieser technologischen
Basisinnovation aus der Sicht der MR keine unlösbaren Bewertungs- und
Kapazitätsprobleme auf. Ende der 1950er Jahre zeigte sich die MR jedoch skeptisch, ob grundlegende Innovationen in der Luftfahrttechnologie wie die
Serieneinführung von düsengetriebenen Passagierflugzeugen die Versicherer
vor schwerwiegende versicherungstechnische Probleme stellen würden. Die
MR begann schon 1952 mit der Rückversicherung von ausländischen Flugzeugen, als die Alliierten die deutsche Lufthoheit noch nicht wiederhergestellt
hatten. Während sie von 1952 bis einschließlich 1956 positive technische Ergebnisse in der Luftfahrtversicherung erzielte, überstiegen die Schaden-
zahlungen 1957 und 1958 die Prämieneinnahmen. Aus der Sicht der MR entwickelte das Luftfahrtgeschäft aufgrund einer zeitweiligen Häufung von
Flugzeugabstürzen einen zunehmend «aleatorischen» Charakter. Mit einfachen Worten: Es wurde zunehmend unberechenbarer.

Für die zeitweilige Häufung von Flugzeugabstürzen war der Markteintritt von kleinen und unterkapitalisierten Charterfluggesellschaften verantwortlich, die mit älteren Propellerflugzeugen vom beginnenden Urlauber-Flugverkehr nach Spanien profitieren wollten. 1957 bis 1959 verunsicherten spektakuläre Flugzeugabstürze deutscher Charterfluggesellschaften und auch der Absturz einer «Super Constellation» der renommierten Lufthansa nicht nur potentielle Flugreisende, sondern ließen zeitweise an der langfristigen Versicherbarkeit dieses Geschäftszweigs zweifeln.[21] Die Schadenshöhen von Flugzeugabstürzen stiegen durch das Kumulrisiko, da neben dem Kaskoschaden durch den Totalverlust des Flugzeugs aufgrund der Konventionen des Welt-Luftfahrtverbandes IATA auch der Haftpflichtschaden für verletzte bzw. getötete Passagiere und Besatzungsmitglieder, der Verlust des Gepäcks und eventuelle Schäden an der Absturzstelle reguliert werden mussten.

Wegen des starken Wachstums der zivilen Luftfahrt erwies sich das Luftfahrtgeschäft am Ende der 1950er und zu Beginn der 1960er Jahre als wachstumsstärkstes Branchensegment der MR. Innerhalb von nur vier Jahren, von 1957 bis 1961, stiegen ihre Brutto-Prämieneinnahmen in der Luftfahrtversicherung von 13,5 auf 34,7 Mio. DM.[22] Die MR verfolgte nach dem Eindruck ihres Konkurrenten Schweizer Rück eine expansive Strategie, die mit Risikobereitschaft gepaart war.[23] Dank einer verhältnismäßig großen Luftfahrtabteilung konnte die MR für eine große Zahl von Flugzeugflotten Tarifangebote («Quotierungen») unterbreiten. Dabei profitierte sie von der starken Internationalisierung der Rückversicherung im Luftfahrtgeschäft und von der verbreiteten Zentralisierung der Flugzeugversicherung in nationalen Luftfahrtpools. An der Zeichnungskapazität der damals zweitgrößten Rückversicherung der Welt kamen weder der amerikanische Luftfahrtpool noch der weltgrößte Londoner Versicherungsmarkt vorbei.[24] Während auf das Inlandsgeschäft mit der Lufthansa und den anderen Mitgliedern des Deutschen Luftfahrtpools wie Condor und LTU nur 20 % der Prämieneinnahmen entfielen, verdiente die MR im amerikanischen und britischen Luftversicherungsmarkt jeweils mehr als 30 % ihrer Bruttoprämie.

Die zum Ende der 1950er Jahre beginnende Serieneinführung der sehr viel teureren und größeren Düsenflugzeuge vom Typ Boeing 707, McDonnell Douglas DC 8 und Caravelle erhöhte die Versicherungssummen in der Kasko- und in der Haftpflichtversicherung von Flugzeugen erheblich. Wegen der Unsicherheit über die Absturzhäufigkeit von Düsenflugzeugen setzten die Erstversicherer die Kaskoprämien in Abhängigkeit von der Unfallhäufigkeit und der wirtschaftlichen Solidität der Luftfahrtgesellschaften zunächst auf 4 bis 7,6 % des Neuwerts fest, während Flugzeuge mit Kolbenmotoren und Turbopropantrieb nur eine Prämie von 2,75 bis 5,6 % kosteten.[25] Aufgrund des unerwartet günstigen Schadenverlaufs senkten die Erstversicherer die Kaskoprämie bei Düsenflugzeugen 1961 und 1962 um jeweils 0,5 % herab.[26] Während die Lufthansa 1960 noch eine Kaskoprämie von 6 % für die neue Boeing 707 zahlen musste, fiel der Prämiensatz bis 1963 auf 2,6 %.[27] Ab 1960 verzeichnete die MR im weltweiten Luftfahrtgeschäft wieder ein positives technisches Ergebnis. Das steile Prämienwachstum schwächte sich ab 1963 ab, da das schnelle Wertwachstum der Flugzeugflotten durch die steigende Konkurrenz der Erstversicherer und das sinkende Prämienniveau teilweise wieder ausgeglichen wurde.

Ende der 1960er Jahre beschleunigte sich das Wachstum des Prämienaufkommens in der Luftfahrtversicherung wieder. Die Ursache dafür war die Einführung einer neuen Flugzeuggeneration, des Großraumflugzeugs Boeing 747 («Jumbo Jet»). 1969, ein Jahr vor seiner kommerziellen Einführung, erwartete die MR höhere Rückversicherungsbeteiligungen am deutschen und am amerikanischen Luftfahrtpool.[28] Da die Schadenhäufigkeit bei neuen Flugzeugtypen noch nicht bekannt war, lagen die Kaskoprämien (in Relation zum Neuwert des Flugzeugs) zunächst deutlich höher als bei bewährten Flugzeugtypen.[29] Zum anderen vergrößerte der deutlich höhere Neuwert der Boeing 747 im Vergleich zum Vorgängermodell 707 die Versicherungssummen und damit die Prämienvolumen im Luftfahrtgeschäft. Während die MR 1969 eine Bruttoprämie von 67 Mio. DM im Luftfahrtgeschäft erzielte, stiegen ihre Prämieneinnahmen 1970 auf 103 Mio. DM.[30]

Die MR und die Schweizer Rück konnten den steigenden Rückversicherungsbedarf in der Luftfahrtversicherung nutzen, um am weltgrößten Luftversicherungsmarkt in London bessere Vertragsbedingungen durchzusetzen.[31] Zum ersten Mal in der Nachkriegsgeschichte der Luftfahrt wurden die Versicherer mit einem akuten Kriegsrisiko konfrontiert. Die starken Spannungen zwischen Israel und seinen arabischen Nachbarn Ägypten, Syrien und Jordanien ließen die Versicherer fürchten, dass im Nahen Osten jederzeit wieder ein Krieg ausbrechen könnte. 1968 forderte die MR auf einer Konferenz der International Union of Aviation Insurers zunächst vergeblich, den Deckungsumfang für Kriegsrisiken und politisch motivierte Gewalt drastisch einzuschränken.[32] Im März 1969 waren sich die großen Rückversicherer bei einer Besprechung in der MR einig, das Kriegsrisiko in Rückversicherungsverträgen kategorisch auszuschließen.[33] Da ein erheblicher Teil des weltweiten Rückversicherungsgeschäfts am Londoner Markt über Makler gehandelt wurde, mussten die Rückversicherer ihre Bedingungen erst gegenüber diesen durchsetzen. Nachdem die Londoner Makler im August 1969 einzulenken begannen, schloss Lloyd's im Oktober 1969 das Kriegsrisiko und kriegsähnliche Risiken aus der Deckung der regulären Luftfahrtpolicen aus. Kriegsrisiken mussten fortan durch Zusatzpolicen gedeckt werden, an denen sich die MR «nur mit einem überschaubaren Portfolio» beteiligte.[34] Der einsetzende Kapazitätsmangel in der Luftfahrtversicherung erleichterte es der MR, der Schweizer Rück und der britischen Mercantile & General, den generellen Ausschluss des Kriegsrisikos gegenüber den europäischen Versicherungsnehmern durchzusetzen.[35] Da der amerikanische Markt größere Kapazitäten als der Londoner Markt besaß, ließ sich die Ausschlussklausel dort noch nicht durchsetzen. Im November 1970 zog der US-Luftfahrtpool unter dem Eindruck der akuten Bedrohungssituation jedoch nach.[36]

Die weitere Entwicklung zeigte jedoch, dass die Gewalt nichtstaatlicher Terrororganisationen und nicht die Kriegführung durch Staaten das größte Risiko der zivilen Luftfahrt war. Im September 1970 geriet die Berechenbarkeit und Stabilität der Luftfahrtversicherung in Gefahr, als die Sprengung von zwei entführten Linienflugzeugen durch Mitglieder der palästinensischen Terrororganisation PLFP die Fluggesellschaften in Schrecken versetzte und die Erstversicherer die Zusatzprämien zur Versicherung des Kriegsrisikos dramatisch erhöhten. Während die Lufthansa für die Versicherung von Kriegsrisiken und kriegsähnlichen Risiken wie Flugzeugentführungen und Flugzeugsprengungen bislang eine Jahresprämie von 0,4 Mio. DM zahlte, stieg die Prämie auf 13,5 Mio. DM an.[37] Die hohe Nachfrage der Luftfahrtbranche nach Kriegsrisikodeckungen überstieg 1971 zeitweise die Deckungskapazität des weltgrößten Luftfahrtversicherungsmarktes in London.[38] Die International Union of Aviation Insurers reagierte mit einer für ihre Mitglieder verbindlichen Klausel, das Kriegsrisiko in gewöhnlichen Luftfahrtpolicen generell auszuschließen.[39] Da die Schadenrate der neuen Boeing 747 erheblich unter den Erwartungen lag und die Versicherer dem Luftversicherungsmarkt deutlich höhere Kapazitäten zur Verfügung stellten als 1970, wurde der befürchtete Kapazitätsengpass schon 1971 durch Überkapazitäten im Luftfahrtgeschäft abgelöst.[40]

Eine grundsätzlich neue Risikoqualität entstand durch die Produkthaftungsversicherung, die von der produzierenden Wirtschaft zunächst nur sehr zögernd in Anspruch genommen wurde. Die schwere und irreversible gesundheitliche Schädigung von mehr als 5000 Kindern durch das Schlafmittel Contergan führte nach dem Bekanntwerden der Ursache – der unzureichenden Sicherheitstests durch den Hersteller Grünenthal – im November 1961 zu einem erhöhten Bewusstsein für das Haftungsrisiko bei Produktschäden. Grünenthal war bei Gerling haftpflichtversichert, der sich in diesem Fall und in vielen anderen Fällen nicht bei der MR rückversichert hatte. Der größte Katastrophenfall in der Geschichte der pharmazeutischen Industrie schärfte das Bewusstsein der Pharmaindustrie für die potentiellen Risiken der Produkthaftung und für die Notwendigkeit von Produkt-Haftpflichtversicherungen. Unter dem Eindruck des Contergan-Pharmaskandals erhöhte der große Pharmahersteller Schering ein Jahr nach der Aufklärung seine Haftpflichtversicherung für Personenschäden, Sachschäden und Vermögensschäden auf eine Deckungssumme von jeweils 5 Mio. DM, während Grünenthal nur eine Haftpflichtversicherung über 0,5 Mio. DM abgeschlossen hatte.[41] Das Schweizer Pharmaunternehmen Sandoz zeigte sich deutlich risikobewusster und schloss bereits 1962 mit der Zürich Versicherungs-Gesellschaft eine Haftpflichtpolice über 17 Millionen Schweizer Franken ab, an der sich die MR auf dem Weg der Mitversicherung beteiligte.[42] Die Gefahren einer Unterversicherung zeigten sich 1970 in einem weniger dramatischen Fall, in dem nur Weinreben geschädigt wurden. Aufgrund eines Herstellungsfehlers vernichtete die Charge eines Herbizids der Bayer AG Weinreben im Wert von 10 Mio. DM. Bayer hatte dieses Produkt nur mit 3 Mio. DM in der Produkthaftpflicht versichert.[43]

Das gerichtliche Klageverfahren der betroffenen Eltern gegen Grünenthal sollte jedoch zeigen, dass eine Versicherungssumme von fünf Millionen DM nicht einmal ansatzweise für die Versorgung und Rehabilitation der 5000 geschädigten Kinder gereicht hätte. Selbst eine 1971 von Grünenthal finanzierte Stiftung mit einem Vermögen von 100 Mio. DM erwies sich als unterfinanziert. Der Fall Contergan löste daher eine nachhaltige Expertendebatte über eine gesetzliche Produkt-Haftpflichtversicherung für Pharmahersteller aus, die 1976 mit der Verabschiedung des Arzneimittelgesetzes und einer obligatorischen Haftpflichtversicherung bei einem Pharmapool endete.[44] Vor der Abstimmung im Bundesrat gelang es der MR durch Lobbying bei der Bayerischen Staatsregierung, den konkurrierenden Gegenentwurf der Pharmaindustrie zu Fall zu bringen. Um den Aufwand für Versicherungsprämien zu sparen, favorisierte die Pharmaindustrie einen gemeinschaftlichen Haftungsfonds der Arzneimittelhersteller unter der Aufsicht der Bundesregierung.[45] Nach dem neuen Arzneimittelgesetz mussten die Pharmahersteller ein Risiko von 10 Mio. DM je Medikament selbst versichern. Für Schäden von 10 bis 200 Mio. DM kam künftig die Pharma-Rückversicherungs-Gemeinschaft auf, an der sechzig deutsche Erst- und Rückversicherer beteiligt waren. Die MR war mit einer Versicherungssumme von 20 Mio. DM nicht nur durch ihre Zeichnungskraft an der Gründung des Pools beteiligt. Sie nahm maßgeblichen Einfluss auf die Gestaltung des Poolvertrags und übernahm die Geschäftsführung der Pharma-Rückversicherungs-Gemeinschaft.[46]

Die MR nutzte ihre guten Informationskanäle am Londoner Markt, um das Know-how der Lloyd's-Syndikate auf dem Gebiet der Produkthaftpflicht abzuschöpfen.[47] Ihren ersten eigenen Rückversicherungsvertrag auf dem Gebiet der Produkthaftpflicht, den sie – mangels Erfahrungen – noch als ein Experiment betrachtete, schloss die MR 1963 jedoch mit der niederländischen Providentia ab.[48] Als ergiebig erwiesen sich jedoch die Erkenntnisse ihrer US Branch in New York. 1964 wiesen die ersten Produkthaftungsklagen gegen Zigarettenhersteller auf das Wachstumspotential dieses neuen Versicherungszweigs hin.[49] Aufgrund der deutlich abweichenden Beweislastregelungen ließen sich die amerikanischen Erfahrungen jedoch nicht unmittelbar auf deutsche und europäische Verhältnisse übertragen. Da das deutsche Recht einen eindeutigen kausalen Beweis erforderte, ein stochastischer Zusammenhang nicht als Beweis genügte und die Kläger die alleinige Beweislast trugen, waren das Prozessrisiko und der Versicherungsbedarf für potentiell haftbare Industrieunternehmen deutlich geringer.

Auch traditionelle Risiken in Form von Naturkatastrophen entwickelten ein bislang ungeahntes Schadenspotential für die deutschen Erstversicherer und die MR. 1952 hinterließ die schwere Sturmflut an der niederländischen Nordseeküste wegen des noch schwachen Auslandsgeschäfts noch keine Spuren im technischen Ergebnis der MR. Die schwere, als «Jahrhundertflut» apostrophierte Sturmflut des Februar 1962 kostete an der deutschen Nordseeküste und in Hamburg nicht nur 315 Menschen das Leben, sondern hinterließ vor allem in den niedrig gelegenen Hamburger Stadtteilen Veddel und Wilhelmsburg eine Spur der Verwüstung. Die materielle Schadensbilanz dieser Katastrophe, die als «Hamburger Sturmflut» in das kollektive Gedächtnis der Bundesrepublik eingehen sollte, war verheerend. Elf Monate nach der Flut bezifferte die MR ihre Netto-Schadenssumme aus der Flut auf 17,8 Mio. DM – die höchste Schadensumme seit dem Erdbeben von San Francisco von 1906.[50] Die recht hohe Schadensumme für die MR kam unter anderem wegen ihrer engen Geschäftsbeziehungen zu Hamburger Sachversicherern wie der Albingia und der Hamburg-Bremer Feuerversicherung zustande.[51] Das Schadensrisiko erhöhte sich durch die Zessionierung von Summenexzedenten, bei der die Erstversicherer Schadensummen über einem vereinbarten Selbstbehalt an den Rückversicherer zedierten. Mit einer Netto-Schadenssumme von 7,2 Mio. DM war das Risiko aus Exzedentenverträgen jedoch nicht so hoch, dass man von einer überdurchschnittlichen Belastung der MR sprechen kann. Durch die globale Risikoverteilung glich die MR das regionale Kumulationsrisiko wieder aus.

Bei der Analyse der Schadenverteilung auf die einzelnen Gebiete der Sachversicherung fiel auf, dass der größte Schaden nicht in der Sturmversicherung oder in der Gebäudeversicherung, sondern in der Transportversicherung (7,5 Mio. DM) zu verzeichnen war. Die Überflutung des Hamburger Hafens hinterließ in den Lagerhäusern und an den beladenen Eisenbahnwaggons umfassende Zerstörungen. Demgegenüber schlugen die Schäden aus der Sturmversicherung nur mit 4,0 Mio. DM zu Buche, da sich nur eine Minderheit der Hausbesitzer gegen Sturmschäden versichert hatte. Trotz der großen Schadenshöhe traf dies die MR nicht unvorbereitet. Da der unberechenbare Charakter der Sturmversicherung durch lange Erfahrungen mit unregelmäßig wiederkehrenden schweren Stürmen bereits seit langem bekannt war, hatte die MR noch 1961 einen Reservefonds von 2,6 Mio. DM für die Regelung von großen Sturmschäden gebildet.[52]

Der große Teil der Hausbesitzer war bei der Schadensregulierung jedoch auf staatliche Hilfe angewiesen, da deutsche Gebäudeversicherungen das Elementarschadenrisiko durch Überschwemmung grundsätzlich ausschlossen. Ein großer Teil der Schadensumme von allein 750 Mio. DM in Hamburg war durch Versicherungsleistungen nicht gedeckt. Hingegen schlugen sich Kaskoschäden an Kraftfahrzeugen bei der MR mit einer Schadenssumme von 4 Mio. DM nieder – Elementarschäden wurden von der Teilkaskoversicherung gedeckt.[53]

Der hohe Gesamtschaden durch ein einziges Katastrophenereignis ließ sich durch die zunehmende Konzentration von versicherbaren Sachwerten in großen Städten erklären. Während sich die Wertsteigerung in der materiellen Güterproduktion in der Transportversicherung niederschlug, manifestierte sich in der Kaskoversicherung der wachsende materielle Wohlstand der privaten Haushalte. Die MR reagierte auf die Hamburger Flutkatastrophe mit einer Erhöhung ihrer Retrozessionen in Excess Loss Cover, die sie auf dem Londoner Markt platzierte.[54] Anfang 1963 stockte die MR ihr Loss Cover in London um 13 Mio. DM (von 7 auf 20 Mio.) gegen eine Jahresprämie von 370 000 DM auf, um sich gegen außergewöhnliche Belastungen aus Naturkatastrophen zu schützen. Die MR richtete eine spezielle Großschadenrücklage in ihrer Bilanz ein, um für künftige Großschadenereignisse finanziell vorbereitet zu sein.

Als Folge der hohen unversicherten Schäden bei privaten Haushalten und Unternehmen belebte sich die öffentliche Diskussion, Elementarschäden in den Deckungsumfang der Gebäudeversicherung aufzunehmen. Die MR und die Erstversicherer agierten in dieser Frage wegen ihrer Übereinstimmung über die Unversicherbarkeit von Überschwemmungsschäden defensiv. Sie waren sich auch ohne förmlichen Beschluss auf der Verbandsebene darüber einig, dass Überschwemmungsschäden zu den nicht versicherbaren und daher unerwünschten Risiken zählten. Die Sturmflutkatastrophe von 1962 führte nicht zu einem Umdenken in der Versicherungspolitik des Bundes, auf gesetzlichem Wege oder durch moralischen Druck eine Ausweitung der Gebäudeversicherung auf Überschwemmungsschäden zu erzwingen.

Aufgrund ihres wachsenden globalen Engagements musste die MR zunehmend mit größeren Schadenbelastungen durch schwere Naturkatastrophen in anderen entwickelten Staaten rechnen. Dieser Fall trat erstmals im September 1965 ein, als der schwere Hurrikan «Betsy» die amerikanischen Bundesstaaten Alabama, Louisiana und Mississippi heimsuchte und mit 1,4 Milliarden US-Dollar den bislang größten Sturmschaden in der Geschichte verursachte. Da die MR mittlerweile der neuntgrößte amerikanische Rückversicherer war, war sie mit 6,4 Mio. DM brutto und 5,7 Mio. DM netto an der Schadensregulierung beteiligt.[55]

Die MR erzielte von 1949 bis einschließlich 1961 in der Feuerversicherung, dem traditionellen Kerngeschäft der Sachversicherung, durchgehend positive technische Ergebnisse.[56] Wie die Erstversicherer profitierte die MR von dem modernen Wiederaufbau zerstörter Wohnhäuser, Geschäftsgebäude und Industriebauten, die aus brandschutztechnischer und aus versicherungstechnischer Hinsicht bessere Risiken als Altbauten waren. Der Bauboom der 1950er Jahre sorgte für einen kontinuierlichen Anstieg der Versicherungssummen und schlug sich im Prämienvolumen der Feuerversicherer positiv nieder.

Auf dem polypolistischen deutschen Feuerversicherungsmarkt agierten mehr als 80 Versicherer unterschiedlicher Rechtsformen (Aktiengesellschaften, Versicherungsvereine auf Gegenseitigkeit,[57] öffentlich-rechtliche Landes- und Provinzialgesellschaften[58] und genossenschaftliche Versicherer), die mit ihren Prämienkonditionen in regem Wettbewerb standen. Die hohe Wettbewerbsintensität in der industriellen Feuerversicherung wirkte sich ab dem Ende der 1950er Jahre in einem niedrigen Prämienniveau aus. Mit einer Durchschnittsprämie von 0,093 % der Versicherungssumme lagen die Prämien in der deutschen Industrie-Feuerversicherung um 30 % unter dem deutschen Niveau von 1949 und 28 % unter dem französischen Niveau (0,129 %) von 1963, wo der Markt stärker als in Deutschland durch oligopolistische Strukturen geprägt war.[59] Da die MR mehr als 85 % ihrer Feuerversicherungseinnahmen in der Industrieversicherung erzielte,[60] registrierte sie das fallende Prämienniveau früher als die Erstversicherer. Obwohl Deutschlands größter Autoproduzent VW bei der Deckung seines Versicherungsbedarfs für Betriebsunterbrechungen nach Feuerschäden (FBU-Policen) zeitweise Schwierigkeiten hatte und trotz breiter Streuung im In- und Ausland nicht sein gesamtes Risiko am Markt platzieren konnte,[61] bestanden in der Feuerversicherungsbranche eher Über- als Unterkapazitäten.

Zu ihrer größeren Empfindlichkeit gegenüber dem niedrigen Prämienniveau im Industriegeschäft trug auch die Struktur der Rückversicherungsverträge bei. Die MR und andere Rückversicherer waren von dem zunehmenden Anteil der Großschäden ab 200 000 DM überdurchschnittlich betroffen. Während 1956 nur 24 % aller Schäden im Industrie-Feuergeschäft über dieser Grenze lagen, waren es 1962 bereits 51 % aller Schadensfälle.[62] Der Trend zur Exzedentenversicherung und zu Excess-Loss-Verträgen sorgte angesichts der größeren Schadenssummen für eine überproportionale Belastung der Rückversicherer, die nach dem Überschreiten des Selbstbehalts das finanzielle Risiko alleine trugen. Das technische Ergebnis der MR blieb im Feuergeschäft bis 1961 dank des Ausgleichs durch positive Ergebnisse im Ausland jedoch noch positiv.

Die Initiative zur Sanierung des Feuerversicherungsmarkts ging von den Rückversicherern aus, die im Mai/Juni 1960 ein entsprechendes Memorandum erarbeiteten.[63] Dieser Schritt blieb dem Bundeskartellamt nicht verborgen, das gegen die Rückversicherer ein Missbrauchsverfahren wegen eines vermuteten Verstoßes gegen das Kartellgesetz einleitete.[64] Weil auch die meisten Erstversicherer negative technische Ergebnisse verzeichnen mussten, verständigte sich der Verband der Sachversicherer auf seiner Konferenz im Juni 1960 auf einen Appell für mehr Disziplin bei der Festsetzung von Prämien.[65] Da das Prämienniveau in den Verhandlungen zwischen den Erstversicherern und den Versicherungskunden festgelegt wurde,[66] konnte der entscheidende Sanierungsimpuls nur vom Verband der Sachversicherer ausgehen. Neue Richtlinien für die Tarifierung der Risiken sollten ein höheres Prämienniveau sichern und den Preiswettbewerb einschränken. Dieser Appell für den Verzicht auf Tarifunterbietungen zeitigte bis zum Frühjahr 1962 erste Erfolge, die aber durch einen überproportionalen Schadensanstieg kompensiert wurden.[67] Auch die gemeinsamen Schritte zur Begrenzung der Maklerprovisionen brachten trotz der Kooperationsbereitschaft der Maklerverbände nicht den gewünschten Sanierungserfolg.[68]

Unter diesen Bedingungen verständigten sich die Erstversicherer und die Rückversicherer auf die Bildung eines Sanierungskartells, das bindende Richtlinien für die Prämienhöhe festlegen konnte. Obwohl das 1957 verabschiedete Antikartellgesetz (Gesetz gegen Wettbewerbsbeschränkungen – GWB) die Bildung von Preiskartellen im Allgemeinen untersagte, gestattete es unter bestimmten Bedingungen wie einem dauerhaft nicht kostendeckenden Preisniveau die Bildung von Sanierungskartellen. Ein Sanierungskartell war legal, wenn es dem Bundeskartellamt gemeldet war und die Wettbewerbshüter es legalisierten. Die Entscheidungen der Kartellmitglieder über die Prämienhöhe mussten durch eine protokollierte und eindeutige Mehrheitsentscheidung zustande kommen und in einem veröffentlichten Kartellvertrag kodifiziert werden. Eine regelmäßige Überprüfung der Kosten- und Ertragslage durch eine Enquete des Kartellamts, die auch Missbrauchsaufsicht genannt wurde, sollte den Schutz der Versicherungskunden gegen ein überhöhtes Prämienniveau garantieren.

All diese Voraussetzungen erfüllte das Prämienkartell, das die Erstversicherer und der Rückversicherer am 16. Dezember 1963 aus der Taufe hoben.[69] Aufgrund der überzeugenden Argumente, dass es eine branchenweite Preiskrise gab, stellte das Bundeskartellamt seine Ermittlungen gegen die MR und andere Rückversicherer im Frühjahr 1965 ein.[70] Für die Akzeptanz des Prämienkartells war entscheidend, dass alle Erstversicherer und Rückversicherer ihre Geschäftsergebnisse in der Feuerversicherung vollständig offen legten und damit den Sanierungsbedarf nachweisen konnten. Zwei Jahre nach dem Inkrafttreten des Prämienkartells erhielt das Kartellamt die Gelegenheit, die Erträge der Feuerversicherer nach mehreren Erhöhungsrunden zu prüfen und eventuell weitere Erhöhungen zu untersagen. Die Befristung des Kartells bis

Ende 1968 entsprach der Auflage des Kartellrechts, Sanierungskartelle nur für einen befristeten Zeitraum zu genehmigen.[71]

Bis auf den Haftpflichtverband der Deutschen Industrie (HDI), die Patria-Versicherung und die Phoenix-Versicherung signalisierten alle Feuerversicherer ihre Teilnahme am Prämienkartell. Selbst der Branchen-Außenseiter Gerling, der sich nie an informelle Absprachen über Mindestniveaus bei Prämien gehalten hatte, erklärte formell seine Loyalität.[72] Seinem Versprechen folgten jedoch nicht immer Taten. Zum Ärger der MR warb er mit dem Versprechen niedrigerer Prämien neue Kunden, die er mit dem Hinweis auf die Macht des Kartells auf spätere Zeiten vertröstete.[73] Durch technisch nicht gerechtfertigte Abschläge bei der Bewertung der Risiken senkte Gerling den tarifierten Wert der Risiken und damit die Prämien ab.[74] Als Rückversicherer mit einer eigenen Rückversicherung, der Gerling Globale, war Gerling gegenüber den Disziplinierungsversuchen der großen Rückversicherer weniger verwundbar als die anderen Außenseiter der Branche. Die MR vermied zwar die Annahme von Retrozessionen von Gerling Globale, konnte diesen Rückversicherer aber nicht entscheidend treffen. Der Londoner Markt bot in der Regel auch Außenseitern genügend Deckungsmöglichkeiten.

Neben den sechs großen deutschen Rückversicherern trat auch die Schweizer Rück dem Kartellabkommen bei, die einen nicht unerheblichen Geschäftsanteil im deutschen Feuer-Rückversicherungsgeschäft besaß. Sie verhinderten den Versuch von Kartellaußenseitern, das vereinbarte Mindest-Prämienniveau durch das Ausspielen der Rückversicherer zu unterlaufen und sich günstigere Konditionen für die Neuverhandlung der Rückversicherungsverträge zu sichern. Auf einer Besprechung in den Räumen der Schweizer Rück verständigten sich die Rückversicherer, keine Verträge zu übernehmen, die ein anderer Rückversicherer wegen des zu niedrigen Prämienniveaus gekündigt hatte.[75]

Das konzertierte Vorgehen der MR und der Schweizer Rück blockierte Außenseitern auch die Rückversicherung auf dem Londoner Markt. Die beiden großen Rückversicherer konnten dank ihres Einflusses in London eine Unterbietung ihrer Konditionen durch die Lloyd's-Underwriter verhindern. Die zwölf größten britischen Versicherungsgesellschaften und der größte Underwriter im *non-marine*-Geschäft (Nicht-Transportgeschäft) orientierten sich bei ihren Rückversicherungsverträgen mit deutschen Erstversicherern an den Konditionen der deutschen Branchenkollegen.[76] Auf Initiative der Rückversicherer untersagte das Sanierungskartell den Erstversicherern auch den Abschluss mehrjähriger Policen, die eine Prämienanpassung an das Preisniveau und an den Schadensverlauf erschwerten.[77]

Das konzertierte Vorgehen der Rückversicherer war mit Sicherheit dafür verantwortlich, dass sich Kartellaußenseiter wie die genossenschaftliche Raiffeisen-Versicherung und der HDI der Prämienpolitik des Sanierungskartells anschlossen,[78] obwohl der HDI als Versicherungsverein auf Gegenseitigkeit wegen der Abhängigkeit von seinen industriellen Versicherungskunden eher an den Interessen der Versicherungsnehmer orientiert war.[79] Gegenüber nicht-loyalen Kartellaußenseitern setzte die MR ihre Anbietermacht ein, um sie zum Einlenken zu zwingen. So drohte die MR der Transatlantischen Versicherung in Hamburg mit der Kündigung des Tarifvertrags, wenn sie weiterhin die Feuertarife des Sanierungskartells unterbieten würde.

Im Geschäftsjahr 1963 verschlechterte sich das Ergebnis aus der Feuerversicherung dramatisch und fiel von –3,2 Mio. DM (1962) auf einen technischen Verlust von 18,2 Mio. DM, davon –14,2 Mio. DM im Inlandsgeschäft. Dies war der höchste Verlust im Feuergeschäft seit dem Erdbeben von San Francisco im Jahr 1906.[80] Während die deutschen Erstversicherer im Feuergeschäft auch im schlechtesten Geschäftsjahr 1963 noch einen geringen technischen Gewinn erzielten, lag die Quote des technischen Verlusts bei der MR bei –15 %.[81] Die MR wurde nicht allein wegen der Exzedentenversicherung stärker in Mitleidenschaft gezogen. Im Unterschied zu den Erstversicherern fehlte ihr der Ausgleich durch die nicht-industrielle Gebäudeversicherung, in der trotz zahlreicher konkurrierender Versicherer das Prämienniveau auskömmlich war.

1964 erzielte die MR im deutschen Feuergeschäft wieder einen kleinen technischen Gewinn von 3,6 Mio. DM, den sie ausschließlich den vorteilhaften Quotenverträgen mit der Allianz verdankte.[82] Weil 1965 ein einzelner Großbrand in der Augsburger Zwirnerei Michalke mit einem Nettoschaden von 11 Mio. zu Buche schlug, musste die MR für 1965 im Inlands-Feuergeschäft wieder einen technischen Verlust von 5 Mio. DM hinnehmen. Obwohl das Großschadensereignis in Augsburg zu den bislang größten Brandschäden gehörte, konnte es nicht als eine exzeptionelle Abweichung vom üblichen Schadenverlauf gewertet werden. Bis zu diesem Zeitpunkt war die Ertragsverbesserung im Feuergeschäft noch nicht nachhaltig.

Die Sanierung der industriellen Feuerversicherung zeigte 1966 erste Erfolge. Nach mehreren Erhöhungsrunden stieg der durchschnittliche Prämiensatz von seinem Tiefststand im Jahr 1963 (0,089 %) bis 1966 auf 0,1 %.[83] Die großen Erstversicherer neigten trotz der noch immer geringen technischen Überschüsse mit Rücksicht auf ihre Großkunden zu niedrigen Prämiensätzen bei Großrisiken. So setzte die Tarifkommission des Sanierungskartells bei dreizehn von siebzehn Großrisiken mit einer Versicherungssumme von mehr als 100 Mio. DM höhere Tarife als nach den Absichten der Erstversicherer durch.[84] Die MR verlagerte einen Teil ihrer überdurchschnittlichen Risikobelastung auf die Erstversicherer zurück, indem sie die Rückversicherungsprovisionen für die Erstversicherer stärker an den Schadenssatz koppelte. Die meisten großen Kunden wie die Victoria erhielten bislang einen Provisionssatz, der nur wenig vom technischen Ergebnis abhängig war. Die MR setzte ab 1968 eine stärker gespreizte Staffelprovision von 27 % (bei Schadensätzen über 71,5 %) bis 35 % (bei Schadensätzen von 59,5 % und weniger) durch. Die Staffelprovision entsprach den Vorstellungen der MR von einer wirklichen Schicksalsteilung zwischen Erstversicherer und Rückversicherer und glich die ungleiche Risikoverteilung bei Exzedentenverträgen aus.[85]

Trotz der verhältnismäßig geringen Prämienerhöhungen weckte die konzertierte Prämienerhöhung der gesamten Feuerversicherungsbranche das Misstrauen des Bundeskartellamts, das ein Prüfungsverfahren wegen des Missbrauchs eines Sanierungskartells einleitete. Das Bundeswirtschaftsministerium unter der Leitung des Wirtschaftsministers Prof. Karl Schiller (SPD) setzte sich über die sehr kritische Position des Kartellamtes hinweg, erklärte das Verfahren als gegenstandslos und ließ sich laufend über die weitere Marktentwicklung informieren.[86] Die größere Toleranz des Bundeswirtschaftsministeriums gegenüber Sanierungskartellen kann durch unterschiedliche wettbewerbstheoretische und ordnungspolitische Positionen erklärt werden. Während die Wettbewerbshüter des Kartellamts an der radikal kartellkritischen Grundsatzposition des ordoliberalen Säulenheiligen Walther Eucken festhielten und jede Form der Kartellisierung ablehnten, ging das Bundeswirtschaftsministerium von einer pragmatischen Position aus. Es sah zwischen den Prämienrichtlinien des Sanierungskartells und der Forderung nach einem funktionsfähigen Preiswettbewerb keinen Widerspruch, sofern die Versicherer keine unangemessenen Gewinne erzielten. Das Kartellamt erhielt seine Einwände nicht aufrecht und schloss das Missbrauchsverfahren im Herbst 1967 ohne negative Konsequenzen für die Versicherer ab.[87] Es betrachtete die Vereinbarungen der Rückversicherer zwar als Kartellvereinbarungen, aber tolerierte dieses Verhalten, sofern die Vereinbarungen nicht missbräuchlich angewandt wurden.[88]

Aus der Phase des Sanierungskartells, das Ende 1968 auslief, gingen die Rückversicherer gestärkt hervor. Sie hatten durch ihr koordiniertes Handeln einen nicht unerheblichen Anteil an der Durchsetzung kostendeckender Tarife. Es gelang ihnen nach Verhandlungen mit dem Verband der deutschen Sachversicherer, die ständige Teilnahme eines Rückversicherers an den Sitzungen der Tarifierungskommission durchzusetzen. Die Interessen der Rückversicherer gegenüber den Erstversicherern wurden im Feuergeschäft fortan von Klaus Gerathewohl vertreten, der im Vorstand der MR für diese Sparte verantwortlich war.[89]

Die Gründung des Sanierungskartells löste zwar das generelle Problem des Tarifniveaus in der Feuerversicherung, nicht aber die speziellen Probleme bei der Umsetzung moderner Sicherheitsstandards in der deutschen Industrie. 1967 verursachten drei Großbrände in den AEG-Werken in Berlin, Hannover und Springe bei der MR einen Bruttoschaden von insgesamt

84,5 Mio. DM, der alle bisherigen Schadensserien in der deutschen Industrie weit überstieg.[90] Unter dem Eindruck dieser Häufung von Großschäden setzten die Erstversicherer der AEG mit der Unterstützung der Rückversicherer eine grundsätzliche Neuverhandlung der AEG-Feuerpolicen durch, die mit einer drastischen Prämienerhöhung bei der Feuerpolice (von 0,06 auf 0,151 %) und bei der Betriebs-Unterbrechungspolice (von 0,09 auf 0,22 %) endete. Der eigentliche Kontinuitätsbruch war jedoch nicht die drastische Prämienerhöhung auf mehr als das Doppelte, sondern die Einführung von prozentualen (12,5 % in der Feuerversicherung und 25 % in der Betriebsunterbrechungsversicherung) und absoluten Selbstbeteiligungen der AEG (jeweils mindestens 200 000 DM) bei künftigen Großschäden.[91]

Da die AEG keine ausreichenden technischen Sicherheitsmaßnahmen zur Reduzierung von Brandfolgen wie Feuerschutztore, feuerfeste Zwischenwände in großen Hallen, Sprinkleranlagen und Rauchabsauger getroffen hatte, musste sie sich zu Feuerschutzinvestitionen in Höhe von 85 Mio. DM über die nächsten fünf Jahre verpflichten. Selbst im klassischen Feuerversicherungsgeschäft erwies sich das erfahrungsgenerierte Wissen der Bauingenieure und Aktuare als unzureichend. So wurden 90 % des Schadens bei dem AEG-Großbrand in Hannover nicht durch die unmittelbare Einwirkung des Feuers, sondern durch giftige Chloremissionen aus brennenden PVC-haltigen Bodenbelägen und Kabelisolierungen verursacht.[92] Der Chlorniederschlag machte Maschinen und Ausrüstungen dauerhaft unbrauchbar oder ließ sich nur mit hohem Kostenaufwand beseitigen. 1970 entstand bei einem vergleichbaren Großbrand im Mannesmann-Röhrenwerk in Mülheim ein Gesamtschaden von 86 Mio. DM, der zu 75 % auf sekundäre Brandschäden an PVC-haltigen Kabelisolierungen entfiel.[93] Die MR reagierte 1968 auf diese Herausforderung mit dem Aufbau einer eigenen Schadensverhütungs- und Inspektionsgruppe, für die erstmals ein Brandschutzingenieur und ein Chemiker eingestellt wurden.[94] Wegen der technischen Komplexität des Brandschutzes bei modernen Industrieanlagen reichte die bislang vorhandene Expertise von Hochbauingenieuren nicht mehr aus. Eine fundierte Risikoabschätzung sekundärer Brandschäden durch toxische Verbindungen wie Chlor und andere Abbauprodukte erforderte das naturwissenschaftliche Grundlagenwissen eines Chemikers.

Mehrere Großbrände in deutschen und ausländischen Industriebetrieben zeigten, dass die bisherigen Schätzungen des Probable Maximum Loss (PML) fehlerhaft waren und während der Schadensregulierung nachträglich nach oben korrigiert werden mussten. Vor diesem Hintergrund mussten die Sachversicherungsabteilungen der MR industrielle Brandrisiken neu bewerten und neue Schätzwerte ermitteln, da der PML und nicht die Versicherungssumme für die Prämienkalkulation entscheidend war.[95] Im deutschen Industrie-Feuergeschäft sicherte sich die MR ab 1972 gegen eine Überschreitung des vertraglich fixierten PML um mehr als 50 % vertraglich ab.[96] Ab 1971 trug sie durch eine Überschädenklausel gegen die mehrfache Überschreitung eines Schadenssatzes von 73,5 % Vorsorge. Da sie unter Einberechnung der Rückversicherungsprovision bei einem Schadenssatz von mehr als 73,5 % ein negatives technisches Ergebnis erzielte, sicherte sich die MR durch eine Anpassungsklausel gegenüber den Erstversicherern ab. Die MR trug die Überschäden aus drei folgenden Jahren auf die Schadensummen der nächsten Jahre vor und senkte bei der Provisionsberechnung die vereinbarte Staffelprovision für den Erstversicherer dem höheren Schadenssatz entsprechend ab.[97]

1967 wurde Europa durch eine Brandkatastrophe im Brüsseler Kaufhaus L'Innovation erschüttert, die 322 Todesopfer forderte.[98] Die große Zahl der Toten war vor allem eine Folge der unzureichenden Brandschutzvorschriften in Belgien, das ein traditionell liberales Gewerberecht besaß. Während moderne Großkaufhäuser bereits automatische Sprinkleranlagen besaßen, war das Kaufhaus L'Innovation nicht einmal mit feuersicheren Treppenhäusern und Feuerschutztüren ausgestattet. Die teilweise nicht brandgeschützte Stahldecke im Erdgeschoß brach unter der Hitze des Feuers zusammen und erhöhte die Zahl der Todesopfer noch zusätzlich. Diese Katastrophe führte in Belgien und anderen europäischen Staaten zu einer Verbesserung der bautechnischen Feuerschutznormen, die eine Wiederholung ausschließen sollten. In der Schadensbilanz der MR schlug sich dieses Katastrophenereignis mit mehreren Millionen DM nieder.

1968 wurde die deutsche Versicherungsbranche nicht durch reale Katastrophen, aber durch die Furcht vor möglichen Unruheschäden verunsichert. Nach dem Mordanschlag gegen Rudi Dutschke, den prominentesten Repräsentanten der Studentenbewegung, setzten aufgebrachte Studenten Lieferwagen des Axel-Springer-Verlags in Brand. Obwohl die Zahl der Beteiligten und das Ausmaß der Zerstörungen sehr viel geringer waren als bei den Pariser Massendemonstrationen im Mai 1968, reichten die Studentendemonstrationen in Berlin und Frankfurt und die Brandstiftung in zwei Frankfurter Kaufhäusern durch eine kleine Gruppe Linksradikaler um Andreas Baader und Gudrun Ensslin mit einer Schadenssumme von 1,9 Mio. DM aus, um die Erstversicherer in Furcht und Schrecken zu versetzen. Vier Wochen nach den Frankfurter Kaufhausbränden erklärte das Sanierungskartell der Feuerversicherer die Einbeziehung von Aufruhrschäden in Feuerpolicen für grundsätzlich unzulässig – und folgte damit der traditionellen Linie der deutschen Versicherer.[99] Konsequenterweise lehnte auch die MR die Deckung von Brandstiftungsschäden durch politisch motivierte Täter ab und beschied die ängstlichen Anfragen mehrerer Zedenten abschlägig.[100] Das Management der MR reagierte auch auf die politischen Turbulenzen im Nachbarland Frankreich zum Teil übermäßig ängstlich, obwohl der französische Präsident Charles de

Gaulle seine politische Vormachtstellung Anfang Juni 1968 zurückgewann und die Gaullisten bei der Wahl zur Nationalversammlung einen eindrucksvollen Sieg erzielten. Die MR fürchtete eine Rückkehr zu den politisch instabilen Verhältnissen der Vierten Republik (1944–1958), als de Gaulle im Frühjahr 1969 ein zweitrangiges Referendum über eine Reform des Rundfunkrechts verlor und aus Enttäuschung zurücktrat.[101]

In den späten 1960er und frühen 1970er Jahren reagierten die Führungskräfte der MR auf politische Regimewechsel und politisch motivierte Gewalt durch Radikale sehr unterschiedlich. So begrüßte die MR 1967 die Machtübernahme durch eine rechtsgerichtete Militärregierung in Argentinien trotz der gewaltsamen Verfolgung Andersdenkender. Aus ihrer Sicht stellte die diktatorische Herrschaft einer Militärregierung keinen politischen Unsicherheitsfaktor dar, wohl aber die militanten Gewerkschaften, die das Militärregime gewaltsam unterdrückte.[102] 1967 übernahm auch in Griechenland eine Militärregierung die Macht, die grundlegende demokratische Freiheiten außer Kraft setzte und ihre politischen Gegner mit einer blutigen Repressionswelle verfolgte. Dieser Militärputsch in einer europäischen Demokratie spiegelte sich in den Berichten der MR lediglich in den positiven Äußerungen ihrer griechischen Zedenten wider, die die Militärherrschaft abwartend bis wohlwollend beurteilten. Während der gesamten Dauer der griechischen Militärdiktatur (1967–1974) finden sich in der «Roten Sammlung» der MR keine kritischen Einschätzungen über die politischen und die wirtschaftlichen Folgen der griechischen Militärdiktatur.[103]

Demgegenüber kritisierte die MR die von 1970 bis 1973 regierende chilenische Volksfrontregierung unter dem sozialistischen Ministerpräsidenten Salvador Allende wegen ihrer Wirtschaftspolitik. Da das chilenische Rückversicherungsgeschäft bereits seit Jahrzehnten in den Händen eines teilweise staatlichen Monopolinstituts, der Caja Reaseguradora de Chile, lag und die Regierung Allende die privaten Erstversicherer nicht verstaatlichte,[104] wurden die Geschäftsinteressen der MR durch die Verstaatlichungspolitik der Regierung Allende lediglich mittelbar und nur geringfügig tangiert. Auf dem ohnehin kleinen chilenischen Markt fiel die Geschäftsverlagerung der verstaatlichten Industrie zum staateigenen Erstversicherungsinstitut für die MR kaum negativ ins Gewicht.[105] Während ein leitender Mitarbeiter der MR die Politik Allendes im August 1971 sehr negativ beurteilte,[106] riefen weder der gewaltsame Militärputsch unter der Führung des Generals Augusto Pinochet im September 1973 noch die Hinrichtungen von Sozialisten und Kommunisten in den Berichten der MR-Führungskräfte Kritik oder gar Abscheu hervor. Nach einigen Jahren der Diktatur erwartete die MR eine mittelfristige Privatisierung des Versicherungswesens und lobte die neoliberale Wirtschaftspolitik Pinochets.

Obwohl es keine Zweifel an der demokratischen Einstellung ihrer Führungskräfte gibt, verhielten sie sich bei der Beurteilung rechtsgerichteter Mili-
tärdiktaturen in aller Regel indifferent. Als die MR 1968 eine Tochtergesellschaft
im rassistisch regierten Südafrika gründete,[107] spielten politische Überlegungen
bei der Entscheidung für ein stärkeres wirtschaftliches Engagement auf dem
südafrikanischen Markt keine Rolle, wenn man den überlieferten Dokumenten
der MR Glauben schenkt. Es ist nicht bekannt und auch unwahrscheinlich, dass
die Repräsentanten der Münchner Zentrale bei einem Südafrikabesuch im Mai
1969 die Einladung des südafrikanischen Finanzministers nur widerstrebend
annahmen oder die südafrikanische Rassentrennungs- und Diskriminierungs-
politik («Apartheid») kritisch thematisierten.[108] Die Entscheidung zur Gründung der Munich Reinsurance Company of South Africa anstelle einer unselbstständigen Niederlassung war allein in der Politik der südafrikanischen
Versicherungsaufsicht begründet, die auf der Domizilierung der ausländischen
Erst- und Rückversicherer bestand. Da die MR in den späten sechziger und den
siebziger Jahren mehr als die Hälfte ihres Prämienvolumens aus dem Afrika-
geschäft im wirtschaftlich weiter entwickelten Südafrika erzielte, waren ausschließlich wirtschaftliche Erwägungen für die Standortwahl entscheidend. Die
Güterabwägung zwischen politischer Opportunität und unternehmerischen
Potenzialen erwies sich jedoch als schwierig. Die MR war sich spätestens seit
1978 bewusst, dass ihr unternehmerisches Engagement in Südafrika negative
Auswirkungen auf ihre Geschäfte mit schwarzafrikanischen Ländern haben
konnte.[109] Sie reagierte auf dieses Problem verschlossen und recht hilflos, indem
sie aus ihren Broschüren für afrikanische Geschäftspartner alle Hinweise auf
ihre südafrikanische Tochtergesellschaft entfernte.

Die Munich Reinsurance Company of South Africa operierte in einem
gesellschaftlichen Umfeld, in dem Nicht-Weiße auch in der Privatwirtschaft
massiv diskriminiert wurden. Sie konnte die diskriminierende Prämienpolitik der südafrikanischen Erstversicherer gegenüber nicht-weißen Kunden
(Schwarzen, «Coloureds» und Asiaten) nicht beeinflussen. Nur die Versicherungsnehmer aus der dünnen schwarzen Oberschicht erhielten in der Lebensversicherung die gleichen Konditionen, die allen weißen Kunden unabhängig
von ihrer sozialen Schichtenzugehörigkeit gewährt wurden.[110] Die Munich
Reinsurance Company of South Africa (MR SA) deutete in ihren Berichten an
die Führungskräfte an, dass sie dies als wirtschaftlich schädlich für die Entwicklung ihres Südafrikageschäfts ansah, und distanzierte sich von den Praktiken der südafrikanischen Erstversicherer. Sie befand sich in dem Dilemma,
die Rassendiskriminierung durch ihre südafrikanischen Kunden akzeptieren
zu müssen, sofern sie sich nicht aus diesem Geschäft verabschieden wollte.
Doch eine Exit-Option wurde in der Führung der MR zu keinem Zeitpunkt in
Erwägung gezogen. Nach dem Massenaufstand der schwarzen Bevölkerung

gegen die Politik des Apartheidregimes im Jahr 1976 zog sich die MR aus der Hausversicherung der schwarzen Bevölkerung weitgehend zurück.[111] Die MR handelte aus versicherungswirtschaftlicher Hinsicht durchaus verständlich, aber bestrafte ungewollt die schwarzen Mieter und Hausbesitzer für die gewaltsame Politik ihrer Unterdrücker. Viele Schäden an den Wohnhäusern in Soweto gingen auf den massiven Gewalteinsatz der südafrikanischen Polizei zurück, die den Aufstand brutal unterdrückte.

Vom Beginn der 1980er Jahre bis zu seiner Pensionierung 1992 stand Ernst Kahle an der Spitze der Munich Reinsurance Company of South Africa, der sich trotz Bedenken im Vorstand der MR für eine positive Einstellung gegenüber der Befreiungsbewegung ANC (African National Congress) einsetzte. Im Frühjahr 1990, gleich nach der Freilassung Nelson Mandelas aus dem Gefängnis, vermietete Kahle Räume im Hauptquartier der MR SA an den ANC. Obwohl der Vorstandsvorsitzende Horst Jannott Konflikte mit der rein weißen Regierung Südafrikas vermeiden wollte, die politische Neutralität der MR SA gefährdet sah und ihn energisch zurechtwies, hielt Ernst Kahle an seiner Unterstützung für den ANC fest.

Die zunehmend kritischere Einstellung der MR SA gegenüber dem rassistischen südafrikanischen Regime war für die MR eher untypisch. Für ihre Reputation im Inland und Ausland blieb die tendenziell unkritische Einschätzung diktatorischer und rassistischer Regime durch den Vorstand folgenlos, da sie nur streng intern in der «Roten Sammlung» für den kleinen Kreis der Führungskräfte veröffentlicht wurde. Die MR machte ihr geschäftliches Engagement in diktatorischen Regimen öffentlich nicht bekannt und musste auch nicht mit einer kritischen und investigativen Berichterstattung durch deutsche Zeitungen und Nachrichtenmagazine rechnen. Im Vergleich zu den deutschen Exporten von Waffen und militärisch nutzbaren *dual-use*-Gütern wie Lastwagen und Jeeps war die Rückversicherung von Gebäuden, zivilen Fahrzeugen und auch von Industrieanlagen und Maschinen politisch unbedenklich und konnte nicht als eine bewusste oder unbewusste Unterstützung für diese Regime bewertet werden. Weil die MR lediglich in Südafrika dauerhaft vor Ort präsent war, dürfte sie nur dort genauer über die rückversicherten Objekte informiert gewesen sein.

Durch ihre führende Beteiligung an der Sanierung der industriellen Feuerversicherung kamen sich die MR und die Schweizer Rück geschäftlich näher. Aus der Zusammenarbeit im Sanierungskartell entwickelte sich das Interesse an einem regelmäßigen Erfahrungsaustausch zwischen den Vorstandsmitgliedern. Anhand der überlieferten Dokumente lässt sich nicht feststellen, ob die Initiative zu einem Treffen der Unternehmensvorstände stärker von der MR oder der Schweizer Rück ausging. Da die MR schneller wuchs als die Schweizer Rück und sich 1964 langsam den Brutto-Prämieneinnahmen des Züricher Konkurrenten näherte, begegneten sich beide Seiten auf Augenhöhe.

Die MR betrachtete die Geschäftsergebnisse und vor allem die Brutto-Prämienhöhe der Schweizer Rück als ihre wichtigste Benchmark, weshalb der Vorstand die Bilanzen der Schweizer Konkurrentin mit besonderem Interesse analysierte.[112] Während die MR bis 1964 fast die gleiche Bruttoprämie wie die Schweizer Rück erreichte, war die Schweizer Rück nach Alzheimers Worten dank ihrer ausländischen Tochtergesellschaften in den USA und in der Bundesrepublik (Bayerische Rückversicherungsbank) noch immer «wesentlich stärker». Mit technischen Reserven in Höhe von 140 % ihrer Nettoprämie besaß die Schweizer Rück ein sehr eindrucksvolles finanzielles Fundament, auch wenn die MR mit 116 % ebenfalls eine sehr solide Reservebildung betrieb.[113] Am 10. Oktober 1966 berichtete Alzheimer in einer Aufsichtsratssitzung mit Stolz, dass die MR bei einer Bruttoprämie von 1,5 Milliarden DM nur noch 4 Mio. DM hinter der Schweizer-Rück-Gruppe lag.

Schon 1954 nahm die Schweizer Rück die MR als ihren «hauptsächlichen Konkurrenten» auf dem europäischen Markt wahr.[114] Während die MR erst mit dem Wiederaufbau ihrer Geschäftsbeziehungen nach Nordamerika und Asien begonnen hatte, war die Schweizer Rück mit einer größeren Tochtergesellschaft schon fest auf dem amerikanischen Markt etabliert. Obwohl die Konkurrenz der beiden Rückversicherer in den 1930er Jahren gelegentlich intensiver und nicht immer frei von Irritationen gewesen war, war sie in der Nachkriegszeit von persönlichen Animositäten völlig unbelastet. Dies galt vor allem für das Verhältnis der Schweizer Rück zu Alzheimer und Walther Meuschel, die die MR in den 1950er und 1960er Jahren repräsentierten.[115] Meuschel war in der MR für das Frankreichgeschäft zuständig, in dem die Schweizer Rück eine starke Stellung innehatte. Der wachsende Respekt der Schweizer Rück vor der Leistungsfähigkeit ihres größten Mitbewerbers manifestierte sich 1963 in einem geschäftlichen Zugeständnis an die Münchener Rück. Während die MR der Schweizer Rück seit 1927 einen Anteil aus ihrem Quoten-Rückversicherungsvertrag mit der Allianz retrozedierte,[116] hatte ihr diese bis dahin nur einen geringen Anteil aus ihrem Elementarschadensgeschäft mit Schweizer Erstversicherern retrozediert. 1963 kam die Schweizer Rück der MR mit einem vergrößerten Gegenaliment entgegen.

Beim ersten «Gipfeltreffen» im November 1964 waren die Atmosphäre noch recht steif und der Besprechungsstil sehr förmlich. Beide Seiten vereinbarten neben regelmäßigen Treffen auf der Vorstandsebene auch Gespräche auf der Referentenebene, die dem Informationsaustausch zwischen den beiden größten Rückversicherern der Welt dienen sollten.[117] Bei der zweiten Begegnung der Vorstände im Februar 1965 lockerte sich die Gesprächsatmosphäre merklich auf. MR und Schweizer Rück tauschten sich unter anderem über ihre

Zeichnungspraxis im wachsenden Markt für XL-Sachversicherungspolicen und XL-Haftpflichtpolicen aus und glichen ihre Zeichnungspraxis einander an.[118] Aus einem reinen Informationsaustausch entwickelten sich informelle Vereinbarungen über grundlegende Usancen des Versicherungsgeschäfts, die einen Überbietungswettbewerb bei Vertragskonditionen ausschließen sollten.

Die Zusammenarbeit zwischen MR und Schweizer Rück blieb jedoch nicht bei der Abstimmung von Vertragskonditionen stehen. Bereits im Juli 1965 verständigten sich beide Rückversicherer auf ein abgestimmtes Vorgehen, um das nach ihrer Ansicht zu niedrige Prämienniveau im italienischen Markt zu erhöhen.[119] Die MR knüpfte damit an ihr traditionelles Selbstverständnis an, ihre Marktmacht als großer Rückversicherer zur Durchsetzung eines auskömmlichen Prämienniveaus zu nutzen. Das dritte Treffen zwischen den Vorständen von MR und Schweizer Rück führte im Mai 1966 zu einem informellen, aber sehr detaillierten Kooperationsabkommen auf zahlreichen Feldern des Rückversicherungsgeschäfts.[120] So kann die Absicht der beiden Weltmarktführer, einen Mindesttarif für bestimmte Feuerrisiken im Industriegeschäft aufzustellen, schon als die Vorbereitung länderübergreifender Preisabsprachen nach dem Vorbild des deutschen Sanierungskartells verstanden werden. Die MR stellte der Schweizer Rück ihre «graue Liste» der «notorisch schlechten» Risiken in der Industrieversicherung zur Verfügung, die mittelfristig zu einer gemeinsamen Liste für alle Länder weiterentwickelt werden sollte. Eine sogenannte Schadensregulierungs-Mitwirkungsklausel sollte ihnen künftig erlauben, bei der Schadensregulierung durch die Erstversicherer mitzuwirken. Die Informations-Asymmetrie zwischen Erst- und Rückversicherer sollte damit vermindert und der Einfluss der Rückversicherer auf die Regulierungspraxis erhöht werden.

Auf den Versicherungsmärkten in Frankreich und Italien wollten MR und Schweizer Rück gemeinsam vorgehen, um die «notorisch schlechten Verträge» mit den dortigen Erstversicherern zu ihrem gemeinsamen Vorteil neu auszuhandeln. Eine Besprechung auf der Referatsebene ergab volle Übereinstimmung über die Erhöhung der Selbstbehalte im industriellen Feuerversicherungsgeschäft in Frankreich.[121] Auf dem noch neuen Feld der Produkt-Haftpflichtversicherung beabsichtigten sie, sich durch Mindestprämien gegen einen Unterbietungswettbewerb zu schützen. Da die Schweizer Rück ebenso wie die MR an der Ausgrenzung von unerwünschten Risiken interessiert war, versprach die MR ihrer Schweizer Konkurrentin eine Liste mit unerwünschten Risiken und Vertragsarten. Einem ähnlichen Zweck diente auch der Austausch über die Aufnahme von Zusatzrisiken (*extended coverage*) in Sachversicherungspolicen. Beide Versicherungen wollten ihr Marktverhalten durch die Verständigung auf eine gemeinsame Position einander anpassen.

Beim Austausch von Versicherungswissen betraten die beiden größten Rückversicherer Neuland. Sowohl die MR als auch die Schweizer Rück arbeiteten in den 1960er Jahren an der Verwissenschaftlichung des Sachversicherungsgeschäfts, in dem die Prämien bislang mit den Mitteln des klassischen, nicht-akademischen Aktuarswissens auf der Basis von Erfahrungen und detaillierten Schadensstatistiken kalkuliert wurden. Experten aus den Sachversicherungsreferaten beider Versicherer diskutierten unter anderem ihre Erfahrungen über die Anwendbarkeit von mathematischen Modellen bei der Prämienkalkulation. Während prominente Repräsentanten der britischen und skandinavischen Rückversicherer 1968 auf dem jährlichen Vorstandstreffen der Rückversicherungsbranche in Monte Carlo von einem dramatischen Wandel des Rückversicherns sprachen und vor den Grenzen des traditionellen Rückversicherungswissens warnten,[122] hatten die MR und die Schweizer Rück bereits mit dem Übergang von der retroaktiven statistischen Risikofeststellung zur zukunftsorientierten kausalen Risikoforschung begonnen. Die Mahnung zu einem intensiveren Wissensaustausch der Rückversicherer war im Fall der MR und der Schweizer Rück ebenfalls überflüssig, da dies bereits seit 1965 bei den regelmäßigen Arbeitstreffen ihrer Spartenmanager geschah.

Der Übergang zur multidisziplinären Risikoforschung auf der Basis verschiedenster Natur- und Technikwissenschaften war die größte intellektuelle Herausforderung, mit der sich die Rückversicherer im vielfach apostrophierten «Atomzeitalter» konfrontiert sahen. Da in den Sachversicherungsabteilungen der MR bis in die 1970er Jahre noch keine Mathematiker tätig waren, mussten sich die Sachversicherungsexperten bei der Risikoberechnung zunächst noch des mathematischen Sachverstands in der Lebensversicherungsabteilung bedienen.

MR und Schweizer Rück gewährten sich gegenseitig Einblicke in die Risikobewertung und die Tarifierung von Erdbebenrisiken, die im globalisierten Rückversicherungsgeschäft eine immer größere Bedeutung gewannen. Während die MR das Erdbebenrisiko nach den beobachteten Erdbebenschäden tarifierte, orientierte sich die Schweizer Rück ausschließlich an den gemessenen Magnituden. Bei der Bewertung der Erdbebenrisiken besaß die MR am Ende der 1970er Jahre einen erheblichen Wissensvorsprung gegenüber der Schweizer Rück, da die Geophysiker der MR in ihren Datenbanken alle Erdbeben seit 1900 erfasst hatten. Das geophysikalische Expertenwissen ihrer Mitarbeiter erlaubte es der MR, die beobachteten Zerstörungen in Magnituden umzurechnen und damit die Reihe der gemessenen Magnituden sehr viel weiter in die Vergangenheit zu verlängern. Auf dieser Wissensbasis konnte die MR die Berechnungen zur Wahrscheinlichkeit von Erdbeben auf einer breiteren Beobachtungsbasis aufbauen, was die stochastische Präzision ihrer Wahrscheinlichkeitsrechnungen signifikant erhöhte.[123]

Bei der Kalkulation des Erdbebenrisikos stützte sich die MR nicht allein auf stochastische Wahrscheinlichkeitswerte der Vergangenheit, sondern auch auf geophysikalische Prognosen über die künftige Eintrittswahrscheinlichkeit schwerer Erdbeben. Da die MR im Zeitraum von 1975 bis 1985 mit einem oder sogar mehreren schweren Erdbeben in Japan rechnete, begann sie Mitte der 1970er Jahre mit der Kontrolle ihres Kumulrisikos auf dem japanischen Versicherungsmarkt, um das Nettorisiko zu begrenzen. Durch Branchen-XL und durch *umbrella cover* reduzierte sie das Bruttorisiko von 100 bis 160 Mio. DM auf ein Nettorisiko von nur noch 15 Mio. DM.[124] Doch die weitere Entwicklung zeigte, dass weder statistische Extrapolationen noch die geophysikalische Erdbebenprognostik Erdbebenprognosen mit hoher Eintrittswahrscheinlichkeit liefern konnten. Erst 1995 sollte es in Japan ein schweres Erdbeben in der Stadt Kobe geben.

Ein vergleichbarer Bedarf an naturwissenschaftlichem Expertenwissen entstand auf dem Gebiet der Meteorologie. Nach der Häufung von Naturkatastrophen wie schweren Überschwemmungen und Wirbelstürmen begann der Verband der australischen Versicherer (Insurance Council of Australia) mit der Erstellung eines Kumulzonenplans für die Häufung von katastrophalen Elementarschadenereignissen. Da die MR seit den 1960er Jahren mit einer eigenen Tochtergesellschaft am australischen Markt vertreten war und in mehreren Jahren wegen Wetterkatastrophen hohe technische Verluste verkraften musste, unterstützte sie die Arbeit der australischen Versicherer aktiv und ordnete zu diesem Zweck ihren Meteorologen Dr. Berz aus München ab, der weltweit zu den wenigen Meteorologen im Dienst einer Versicherung gehörte.[125]

Der Erfahrungsaustausch über die Datensätze zur Erdbebengefahr diente nicht allein der besseren Kalkulation von Risiken, sondern sollte auch die Prämiensätze angleichen und damit den Tarifwettbewerb reduzieren. Es bleibt jedoch offen, ob sich die Angleichung der Prämiensätze in Erdbebenzonen tatsächlich zum Nachteil der Erstversicherer auswirkte. Wenn die Datensätze der MR eine niedrigere Eintrittswahrscheinlichkeit schwerer Erdbeben ergaben, war das Ergebnis des Datenaustauschs eine Prämiennivellierung nach unten zum Vorteil der Erstversicherer und Versicherungsnehmer. Dagegen diente der Austausch von Handbüchern über die Tarifierung erhöhter Risiken in der Lebensversicherung nicht primär dem Austausch von Wissen. Die Kenntnis der Kalkulationsgrundlagen des anderen sollte helfen, sich über die Prämienbemessung zu verständigen und die Gefahr des «Ausspielens» durch die Erstversicherer reduzieren.[126]

Die beabsichtigte Verständigung über Mindestprämien kam einer formellen Preisabsprache in mehreren nationalen Teilmärkten nahe, die man durchaus als ein partielles Sanierungskartell betrachten kann. Da jedoch die

Abstimmung von Vertragskonditionen im Vordergrund der Gespräche stand, lässt sich die Zusammenarbeit eher als Nukleus eines informellen Konditionenkartells verstehen. Die Abstimmung über Vertragskonditionen gingen auch nicht immer zu Lasten der Erstversicherer und der Versicherungsnehmer. So verständigten sich die Referate für Maschinenversicherung der MR und der Schweizer Rück, das Aufruhr- und Streikrisiko zumindest fallweise mitzuversichern.[127] Es zeigte sich auch, dass sie den Ausschluss des Elementarschadenrisikos durch Erdbeben und Überschwemmungen auf Dauer nicht gegen die Nachfragemacht der Erstversicherer durchsetzen konnten. Um ein Kartellverfahren in Deutschland zu vermeiden, mussten MR und Schweizer Rück gegenüber dem Bundeskartellamt mit offenen Karten spielen. Der Vorstandsvorsitzende der Bayerischen Rückversicherung Rudolf Prölss informierte die Wettbewerbshüter im Auftrag seiner Muttergesellschaft Schweizer Rück über dieses informelle Sanierungskartell.

Aus den gemeinsamen Absprachen über die Sanierung des französischen und des italienischen Geschäfts entwickelte sich 1967 eine generelle Vereinbarung über die Unterstützung der anderen Seite bei der Sanierung von Rückversicherungsverträgen. Alzheimer und der Vorstandsvorsitzende der Schweizer Rück Dr. Eisenring verständigten sich im Juni 1967 darauf, niemals Rückversicherungsverträge mit einem Erstversicherer abzuschließen, bei dem der andere keine Vertragsverbesserung auf dem Verhandlungsweg durchsetzen konnte.[128] Die MR und die Schweizer Rück sahen in einem solchen bilateralen Sanierungskartell ohne Tarifbindung keinen Widerspruch zu ihrem Bekenntnis zu einer gesunden Konkurrenz. Da sie eine Ausdehnung dieser bilateralen Vereinbarungen auf andere deutsche, englische und französische Rückversicherer beabsichtigten, konnte ein solches Vorgehen nicht als eine Absprache zu Lasten konkurrierender Rückversicherungsgesellschaften angesehen werden. Die MR und die Schweizer Rück bezogen in ihre Vereinbarungen über die Sanierung wichtiger Teilmärkte in aller Regel ihre kontinentaleuropäischen Mitbewerber ein.[129]

1969 lehnte die MR eine förmliche Institutionalisierung eines Clubs der kontinentalen Rückversicherer jedoch noch ab und fokussierte ihre Zusammenarbeit weiterhin auf die Schweizer Rück.[130] 1971 schlossen sich die MR und die Schweizer Rück mit dem größten italienischen Rückversicherer Unione Italiana, dem größten britischen Rückversicherer Mercantile & General, der niederländischen NRG und der SCOR zu einem Klub der großen, wenn auch nicht aller großer europäischer Rückversicherer zusammen, die sich als befreundete Unternehmen verstanden und sich auf Italienisch «cari amici» (liebe Freunde) nannten. Um jeden Verdacht eines internationalen Kartells auszuschließen, traten die «cari amici» nach außen hin nicht unter dieser Bezeichnung auf.[131] Die MR lehnte 1976 den Vorschlag der Schweizer Rück für ein Abkommen über ein abgestimmtes Verhalten auf dem lateinamerikanischen Markt ab, in das auch der schwedische Rückversicherer Skandia einbezogen werden sollte, um dem Verdacht der Kartellbildung zu begegnen.[132]

Die Abteilungsdirektoren der MR und der Schweizer Rück trafen sich ab 1966 zu regelmäßigen Informations- und Abstimmungsgesprächen über die großen Gebiete der Sachversicherung wie Feuer und HUK (Haftpflicht, Unfall, Kasko).[133] Während sich die Kfz-Experten der Marktführer auf die vertraglichen Rückversicherungskonditionen gegenüber den Erstversicherern verständigten, strebten die Feuerversicherer für die wichtigsten industriellen Sektoren wie die Autoindustrie und die Elektroindustrie Richtwerte für die Prämienhöhe an.

Die immer intensiveren Absprachen zwischen der MR und der Schweizer Rück blieben den Erstversicherern nicht unbemerkt. Alzheimer und sein Schweizer Kollege Rutishauser stellten im Januar 1968 bei einem turnusmäßigen Höflichkeitsbesuch in München fest, dass «in verschiedenen Kundenkreisen die allzu manifeste Abstimmung zwischen MR und Schweizer Rück unliebsam vermerkt wurde» und sogar der Vorwurf der Kartellisierung falle.[134] Rutishauser und Alzheimer waren sich darüber einig, ihre Zusammenarbeit weiter fortzusetzen, aber nach außen hin etwas vorsichtiger vorzugehen. Die gegenseitige Abstimmung der Konditionen und Prämienniveaus entwickelte sich nicht zu einer Dauererscheinung, sondern wich dem zunehmend intensiveren Wettbewerb der Rückversicherer.

Es lässt sich nicht feststellen, ob einer der beiden Marktführer stärker als der andere von der Zusammenarbeit profitierte. Die Schweizer Rück bemerkte 1967 in einem internen Memorandum, dass die MR wenig Erfahrungen im französischen Sachversicherungsgeschäft habe und daher vom Erfahrungsaustausch mit der Schweizer Rück profitiere.[135] Die Abstimmung einer gemeinsamen Linie gegenüber den französischen Erstversicherern dürfte beiden Seiten gleichermaßen Vorteile gebracht haben. Während die MR dank des Erfahrungsaustauschs Fehler bei der Kundenakquisition und der Vertragsgestaltung in Frankreich vermeiden konnte, profitierte die Schweizer Rück durch den vergleichsweise größeren Anteil ihres Frankreichgeschäfts am Gesamtportfolio stärker von den Erfolgen bei der Sanierung französischer Rückversicherungsverträge.

Ein Blick auf die Geschäftsentwicklung der MR in Frankreich und Italien zeigt zum einen, dass sie keine ungerechtfertigten Vorteile aus dem Arrangement mit ihrem größten Konkurrenten zog. Die Ergebnisse der MR verbesserten sich in Italien schon, als die Absprache mit der Schweizer Rück noch nicht wirksam war. Während sie 1963 einen technischen Verlust von 0,8 Mio. DM bei einem Brutto-Prämienvolumen von 23,8 Mio. DM erzielte,[136] verbesserten sich die technischen Ergebnisse schon 1964 (+ 0,9 Mio. DM) und 1965 (+ 0,3 Mio. DM)

Abb. 37 Der Vorstand der Münchener Rück in der Ära Jannott, Aufnahme aus den 1980er Jahren

deutlich.[137] Die kaum gestiegenen Brutto-Prämienvolumen von 25,1 Mio. DM (1964) und 25,7 Mio. DM (1965) sind ein Indiz, dass die MR längerfristig schlecht verlaufende Verträge auch ohne Absprache mit der Schweizer Rück kündigen konnte. Ein anderes Ergebnis ergab sich auf dem französischen Markt, wo die MR 1963, 1964 und 1965 durchgehend negative technische Ergebnisse bei steigenden Brutto-Prämienvolumen von 26,5 Mio., 31,8 Mio. und 34,2 Mio. DM erzielte.[138] Hier ermöglichten die Absprachen mit der Schweizer Rück die Kündigung einiger schlecht verlaufender Verträge, was die nur noch gering steigenden Brutto-Prämieneinnahmen im Jahr 1966 (35,4 Mio. DM) erklärt. Obwohl sich das technische Ergebnis auf –0,8 Mio. DM verbesserte, erlaubte die Marktlage in Frankreich trotz gegenseitiger Absprachen mit der Schweizer Rück keine vollständige Sanierung des defizitären Kfz-Haftpflichtgeschäfts.

Obwohl die Schweizer Rück bei der MR eine größere Risikobereitschaft und eine stärkere Wachstumsorientierung als bei sich selbst vermutete,[139] verfolgte auch die MR den Grundsatz «Rentabilität vor Volumen». Der neue Vorstandsvorsitzende Horst Jannott resümierte die Geschäftsentwicklung der letzten Jahre auf der Aufsichtsratssitzung vom 10. Juli 1969 mit den Worten, dass die geringere Steigerung der Prämieneinnahmen in den letzten Jahren ihre

wesentliche Ursache in der Bestandsbereinigung, d. h. der Kündigung dauerhaft schlecht laufender Verträge habe.[140] Ungeachtet ihrer Grundsatzposition
«Qualität vor Quantität» betrachtete die Schweizer Rück die Bruttoprämie als
eine besonders öffentlichkeitswirksame Größe, die sie in ihren Bilanzen betonte und in Einzelfällen sogar durch legale Bilanzierungstricks aufblähte. 1975
sorgte die Bilanz der Schweizer Rück im Vorstand der MR für Irritationen, weil
der Schweizer Konkurrenz erstmalig seine deutschen Erstversicherer (Magdeburger, Vereinigte Versicherungsgruppe) in seine konsolidierte Bilanz einbe-
zog und damit eine höhere Bruttoprämie als die MR ausweisen konnte. Die MR
sah darin einen Versuch der Schweizer Rück, sich bei ihren Kunden als größter
Rückversicherer der Welt zu profilieren.[141] Das gute Verhältnis zwischen MR
und Schweizer Rück wurde dadurch nicht beeinträchtigt.

Die regelmäßigen Treffen zwischen den Vorständen der MR und der
Schweizer Rück waren die Vorstufe zu regelmäßigen Rückversichererbespre-
chungen, an denen sich alle großen Rückversicherer des deutschsprachigen
Raumes und führende europäische Rückversicherungen beteiligten. Bei der
ersten offiziellen Rückversichererbesprechung im September 1967 in Zürich
verständigten sich die Rückversicherer auf eine gemeinsame Verhandlungsposition gegenüber den Kfz-Erstversicherern. Die weiterhin steigenden Unfallzahlen und die inflationsbedingt wachsenden Durchschnittskosten für die
Regulierung von Autounfällen führten bei den Rückversicherern zu längerfristig negativen technischen Ergebnissen.

Eine solche Verlagerung des Risikos zu Lasten der Erst- und Rückversicherer lag Anfang der 1960er Jahre noch außerhalb des Erwartungshori-
zonts der Akteure. Bis 1961 war die deutsche Kfz-Versicherung wegen des
staatlich festgelegten Prämienniveaus der am stärksten regulierte Sektor der
Sachversicherung. Transparente Schadenfreiheitsprämien für unfallfreies
Fahren existierten vor 1962 nicht. Unfallfreie PKW-Besitzer erhielten lediglich eine Gewinnbeteiligung, deren Höhe sich nur schwer vorhersagen ließ.
Der Wettbewerb der Kfz-Versicherer entwickelte sich nach der Liberalisierung des Prämienniveaus nur langsam, da sie ihre Prämien meist auf der
Grundlage der Empfehlungen des HUK-Verbands kalkulierten.[142] Ab 1964 erzielte die MR in der Kfz-Versicherung kontinuierlich technische Verluste, deren Höhe mit jedem Jahr signifikant stieg.[143] Bei den vorherrschenden quota-
len Rückversicherungsverträgen waren die Rückversicherer im gleichen Maß
wie die Erstversicherer von steigenden Schadenshöhen betroffen. Der zunehmende Abschluss von Excess-Loss-Versicherungen belastete die Rückversicherer jedoch sehr viel stärker als die Erstversicherer und stellte damit den
Grundsatz der Schicksalsteilung zwischen Erstversicherer und Rückversicherer in Frage. Bei konstanten Selbstbehalten der Erstversicherer verschob sich
der Schadensanteil zu Lasten der Rückversicherer.[144] Daher verständigten

Abb. 38 Horst Jannott: Vorstandsvorsitzender von 1969 bis 1993, Aufnahme aus den 1980er Jahren

sich die Rückversicherer auch auf Drängen der MR, bei den Neuverhandlungen der Rückversicherungsverträge eine Anpassungsklausel einzufordern,[145] so dass sich der Selbstbehalt der Erstversicherer entsprechend der Inflationsrate erhöhte.

Der Vorstandsvorsitzende Horst Jannott bezeichnete diese Entwicklung 1969 als eine «Schadeninflation» – sowohl in der Höhe als auch in der Summe der Schäden. Eine Solidaritätsklausel zwischen den Rückversicherern sollte verhindern, dass Erstversicherer die Rückversicherer gegeneinander ausspielen und somit die Fortführung schlechter Verträge – aus Sicht der Rückversicherer – am Markt durchsetzen konnten.[146] Kündigte ein Rückversicherer einen Vertrag aus Sanierungsgründen, sollte kein anderer Rückversicherer als Lückenbüßer in die Bresche springen. Selbst der Außenseiter Gerling Globale schloss sich dieser Übereinkunft an.[147] Nach der konzertierten Erhöhung des Prämienniveaus in der industriellen Feuerversicherung entwickelte sich die Sanierung der Schadensexzedentenversicherung in den Feldern Kfz-Haftpflicht und Kfz-Kasko am Ende der 1960er Jahre zur vordringlichsten Aufgabe der Rückversicherer.[148]

Am 31. Dezember 1968 ging bei der MR in personeller Hinsicht eine lange Ära zu Ende. Nach 35 Jahren als Vorstandsmitglied und 18 Jahren als Vorstandsvorsitzender schied Alois Alzheimer im Alter von 67 Jahren aus dem Vorstand aus, ohne sich ganz aus der Leitung des Unternehmens zu verabschieden. Alzheimers Position im Vorstand war so stark, dass ihn der Aufsichtsratsvorsitzende Prof. Karl Winnacker (Vorstandsvorsitzender der Hoechst AG) im Auftrag des Vorstands um eine Verlängerung seiner Amtszeit bat.[149] Da Alzheimer anlässlich seines 40-jährigen Betriebsjubiläums ohnehin 1969 aus seinem Amt ausscheiden wollte, blieb es bei diesem Gedankenspiel. Er nutzte seine starke Stellung im Vorstand und gegenüber dem Aufsichtsrat jedoch aus, um sich auch künftig den privilegierten Zugang zu Vorstandsinformationen und seine Mitsprache bei operativen und strategischen Entscheidungen zu sichern. Winnacker musste nicht nur Alzheimers Anspruch auf das Amt des Aufsichtsratsvorsitzenden akzeptieren und auf die Position des Stellvertreters zurücktreten. Am 19. August 1968 unterzeichnete der noch amtierende Aufsichtsratsvorsitzende Winnacker (1903–1989) einen Beratervertrag, der Alzheimer für drei Jahre weitreichende Mitbeteiligungsrechte im Vorstand einräumte. Sein Nachfolger Horst Jannott musste bis Ende 1971 nicht nur Alzheimers Zustimmung bei «Fragen von grundsätzlicher geschäftspolitischer Bedeutung» und «Kapitalbeteiligungen und Kapitalanlagen außerhalb des üblichen Rahmens» einholen, sondern ihn sogar bei «Personalangelegenheiten vom Prokuristen aufwärts» und bei der «Einrichtung von Stützpunkten im Ausland und Fragen ihrer personellen Leitung» konsultieren. Solche Kompetenzen standen nach der Geschäftsordnung des Vorstands normalerweise nur dem Vorstandsvorsitzenden zu.[150] Durch das Recht zur Teilnahme an Vorstandssitzungen war Alzheimer auch als Person bei allen kollegialen Entscheidungsprozessen unmittelbar präsent.[151]

Da Alzheimer erst nach seinem 70. Geburtstag auf seine Wiederwahl in die Aufsichtsräte der Allianz, der Berlinischen Leben, der Hamburg-Mannheimer und der Karlsruher Leben verzichtete, blieb er – und nicht Jannott – noch für mindestens drei Jahre der führende Repräsentant der MR in der Konzerngruppe Allianz/Münchener Rück. Diese Regelung führte beispielsweise bei der Hamburg-Mannheimer dazu, dass Jannott erst 1972 als einfaches Mitglied in den Aufsichtsrat gewählt wurde, dessen Vorsitz weiterhin Alzheimer innehatte. Erst 1975 konnte Jannott den Aufsichtsratsvorsitz der Hamburg-Mannheimer übernehmen,[152] der dem Vorstandsvorsitzenden der MR gewohnheitsrechtlich zustand. Mit einer jährlichen Vergütung von 240 000 DM war Alzheimers Beratervertrag für die MR auch kostspielig, da sein Honorar nicht mit den Übergangsleistungen und der Pension verrechnet wurde.

Welche Gründe können den Aufsichtsrat veranlasst haben, Alzheimer einen Beratervertrag mit so weitreichenden Kompetenzen zu geben? Zum einen war Alzheimer in seiner Amtszeit mehr als ein primus inter pares, sondern der führende Kopf der MR. Zum anderen war sein Nachfolger Horst Jannott bei seiner Ernennung erst 40 Jahre alt und für einen Vorstandsvorsitzenden in einer der größten deutschen Versicherungen ungewöhnlich jung. Die Aufsichtsratsmitglieder und Alzheimer selbst waren der festen Überzeugung, dass Jannott nicht auf den Rat seines (welt-)erfahrenen Übervaters verzichten könne. Jannott begegnete Alzheimer mit persönlichem und professionellem Respekt, ohne sich durch ihn kontrolliert oder eingeengt zu fühlen.[153]

Auch nach dem Ablauf des Vertrags zum Jahresende 1971 bestand Alzheimer auf eine Vertragsverlängerung bei allerdings reduzierten Kompetenzen. Sein neuer Beratervertrag war «nur» noch mit 120 000 DM dotiert, wurde aber bis zum endgültigen Auslaufen zum Jahresende 1976 an die Preisentwicklung angepasst. 1957 hatte Alzheimer ein lebenslanges Wohnrecht in einem sehr gut gelegenen Einfamilienhaus in Starnberg erhalten, das der MR gehörte. Die sehr niedrige monatliche Warmmiete von 700 DM (Stand 1976) lag sogar unter den reinen Betriebskosten des Hauses, die sich in den 1970er Jahren auf 15 000 DM pro Jahr beliefen.[154] Angesichts dieser fast symbolischen Miete verzichtete Alzheimer zum Kummer der MR auf die Option, das Haus zu kaufen und die MR vom Unterhaltungs- und Kapitalaufwand für sein Domizil zu entlasten. Sein Nachfolger Horst Jannott wohnte hingegen in einem unauffälligen Eigenheim in München-Bogenhausen, das weder über einen Pool noch eine Sauna oder andere Attribute eines luxuriösen Lebensstils verfügte.

Alzheimer ließ sich bei seinem Übertritt in den Aufsichtsrat zusichern, dass er den Vorsitz bis zu seinem 75. Geburtstag im Jahr 1976 ausüben könne. In der Aufsichtsratssitzung am 10. Dezember 1976 wählten die Mitglieder Jürgen Ponto (1923–1977), den Vorstandssprecher der Dresdner Bank, zu seinem Nachfolger. Obwohl die Dresdner Bank der zweitgrößte Aktionär der MR und ihre wichtigste Bankverbindung war und Vorstandsmitglieder der Dresdner Bank stets Sitz und Stimme im Aufsichtsrat hatten, musste diese Ernennung überraschen. Ponto war erst im Dezember 1974 als Nachfolger seines schon längst pensionierten Vorstandskollegen Ernst Matthiensen (1900–1980) auf besonderen Wunsch Jannotts in den Aufsichtsrat gewählt worden, der ihn unbedingt für dieses Amt gewinnen wollte.[155] Das Nachrichtenmagazin *Der Spiegel* irrte in seiner Auffassung, dass die MR «zunehmend in die Machtsphäre der Dresdner Bank» geriet.[156] Die Macht des Aufsichtsratsvorsitzenden war wegen der großen personellen und strategischen Kontinuität der Unternehmensführung und wegen der hohen Stabilität der Geschäftsentwicklung tendenziell gering. Es gibt keine Hinweise, dass der Aufsichtsrat der MR je eine wichtige strategische oder operative Entscheidung des Vorstands determinierte oder gar gegen den Vorstand durchsetzte. Alle Indizien sprechen dafür, dass alle Entscheidungen über die Besetzung des Vorstands im Vorstand selbst vorbestimmt und durch den Aufsichtsrat lediglich abgesegnet wurden.

Ponto erhielt den Aufsichtsratsvorsitz ausschließlich «ad personam» in Anerkennung seiner herausragenden Persönlichkeit.[157] In einigen Aufsichtsräten hatte sich Ponto den Ruf eines menschlich sehr angenehmen Vorsitzenden erworben, der für sein Geschick bei der Diskussionsführung und Konsensbildung bekannt war. Er galt als ein geschickter Kommunikator, der ein Unternehmen auch gegenüber kritischen und negativ voreingenommenen Journalisten vertreten konnte.[158] Ponto konnte lediglich zwei Aufsichtsratssitzungen leiten, bevor er am 30. Juli 1977 bei einem Entführungsversuch von Mitgliedern der terroristischen Untergrundorganisation «Rote Armee Fraktion» (RAF) erschossen wurde. Zum Nachfolger wurde nicht der neue Vorstandssprecher der Dresdner Bank Hans Fridrichs, sondern Pontos Vor-Vorgänger Prof. Karl Winnacker gewählt.[159] Da Aufsichtsratsmitglieder im Jahr ihres 75. Geburtstags ausscheiden mussten, kam Winnacker nur als Übergangsvorsitzender für die Dauer eines Jahres in Frage.[160] Im Dezember 1978 wählten die Aufsichtsratsmitglieder den Vorstandsvorsitzenden der Thyssen AG Dietrich Spethmann zum Vorsitzenden.[161]

Horst Jannott (1928–1993) stand aufgrund seiner beruflichen Sozialisation und seiner Ausbildung in einer Kontinuitätslinie mit Kißkalt und Alzheimer. Jannott, der älteste Sohn des Vorstands der Gothaer Allgemeine Versicherung AG Kurt Jannott, war im thüringischen Gotha geboren und aufgewachsen und floh 1945 mit seiner Familie aus der sowjetischen Besatzungszone in den Westen. Nach dem Jurastudium in Erlangen und dem Rechtsreferendariat in Bayern trat er 1954 in die Münchener Rück ein und wurde 1963 mit 35 Jahren in den Vorstand berufen.[162] Als Volljurist, der fast sein ganzes Berufsleben in der MR verbrachte, hatte er die gleiche akademische und berufliche Prägung wie seine Vorgänger erfahren. Die Führungsspitze der MR war ausgesprochen homogen: Alle Vorstandsmitglieder begannen ihre Laufbahn bei der MR, stiegen im Unternehmen auf und erfuhren eine starke Prägung durch die Unternehmenskultur der Rückversicherungsbranche im Allgemeinen und der MR im Besonderen. Wechsel von Führungskräften zu einem anderen Rückversicherer waren sehr selten, Abwerbungen durch Konkurrenten – oder von Konkurrenten – waren verpönt.[163]

Horst Jannott besaß Erfahrungen und Kenntnisse in allen wichtigen Feldern des Rückversicherungsgeschäfts und hatte das Auslandsgeschäft innerhalb und außerhalb Europas gründlich kennengelernt. Leider erlauben die überlieferten Dokumente der MR keine präzisen Rückschlüsse auf die Gründe, weshalb sich Alzheimer, der gesamte Vorstand und zuletzt der Aufsichtsrat für seine Berufung an die Spitze der Münchener Rück entschieden. Nach der Einschätzung seines Bruders Edgar hatte sich Horst Jannott durch die Erfüllung von schwierigen Aufträgen im Auslandsgeschäft für höhere Aufgaben empfohlen. Er galt als ein akribischer, gewissenhafter und stets gründlich vorbereiteter Manager, der in seinem Vorstandsbüro ein ausgeklügeltes Ablagesystem etablierte, mit dem er sich jederzeit und unabhängig von der Registratur Informationen über alle wichtigen Vorgänge beschaffen konnte. Sein Arbeitseifer und seine persönliche Identifizierung mit der MR waren legendär: Jannott erschien auch an Samstagen und selbst an Sonntagen im Büro und nahm immer Akten ins Wochenende mit. Sein Arbeitsethos war zweifelsohne durch seinen Vater geprägt worden. In Versichererkreisen machte die Geschichte die Runde, dass die Brüder Jannott an den Zeugnistagen einen Termin mit der Sekretärin ihres Vaters vereinbaren mussten, um ihrem Vater die Zeugnisse im Büro – und nicht am heimischen Esstisch – vorzulegen.

Es war für die Stellung Horst Jannotts gegenüber den deutschen Erstversicherern nicht unwichtig, dass er durch seinen jüngeren Bruder Edgar eng mit der Erstversicherungsbranche vernetzt war. Edgar Jannott (geboren 1934) trat nach dem Jurastudium in die Victoria ein, wurde 1971 in den Vorstand berufen und 1983 zum Vorstandsvorsitzenden ernannt. Da die Brüder Jannott sehr enge Familienbande pflegten und täglich miteinander telefonierten,[164] bestand ein permanenter Informationsfluss zwischen dem größten deutschen Rückversicherer und einem der größten deutschen Erstversicherer. Horst Jannott profitierte vom aktiven Engagement seines Bruders in den Verbänden der deutschen Erstversicherer wie dem Gesamtverband der Versicherungswirtschaft (GDV), dem Verband der Lebensversicherer und dem Arbeitgeberverband der Versicherungswirtschaft und war zeitnah und umfassend über alle Probleme des deutschen Erstversicherungsgeschäfts informiert. Seine Informationen über die Geschäftslagen, Interessen und Probleme der Erstversicherer gingen weit über das hinaus, was er und seine Vorstandskollegen bei ihren turnusmäßigen Besuchen von den Erstversicherern erfuhren. Unter den Erstversicherern galt die MR als ein «rückversichernder Erstversicherer»,[165] der im Rahmen der Allianz/MR-Gruppe durch Mehrheitsbeteiligungen an großen Erstversicherern beteiligt war und darüber hinaus auch eine 24 %-Beteiligung und einen Sitz im Aufsichtsrat der Victoria besaß. Aus verständlichen Gründen wurde die MR im Aufsichtsrat der Victoria nicht von Horst Jannott vertreten.

Die «Ära Jannott» dauerte von 1969 bis zum Februar 1993. Nur eine Woche vor seiner geplanten Pensionierung erlag Horst Jannott am Sonntag, den 21. Februar 1993, in seinem Büro einem Herzanfall. Ungeachtet aller versicherungstechnischer Innovationen hielt Horst Jannott an den traditionellen Prinzipien der MR strikt fest. Die Überkreuzverflechtung mit der Allianz wurde ebenso wenig in Frage gestellt wie der Grundsatz, im Ausland möglichst eigene Tochtergesellschaften zu gründen. Aufgrund der großen unbekannten Risiken am amerikanischen Markt schreckte die MR vor dem Kauf eines amerikanischen Rückversicherers zurück, dessen Zeichnungspraxis sie nicht kannte und nur eingeschränkt von außen beeinflussen konnte. Jannott stand dem amerikanischen Haftpflichtgeschäft wegen der größeren Risiken infolge der höheren Inflationsrate und der langen Abwicklungsdauer von Schadens-regulierungen kritisch gegenüber.[166]

Die MR widerstand allen Versuchungen zum Verkauf ihrer großen Alli-anz-Beteiligung, weil ein Verkauf den Fortbestand der gewinnbringenden Quoten-Rückversicherungsverträge mit der Allianz in Frage gestellt hätte. Auch bot das damals geltende Steuerrecht keine Anreize, mit einem Verkauf «Kasse zu machen» und den Erlös in den Ausbau des eigenen Konzerns zu investieren. Bei einem Verkauf der Allianz-Beteiligung hätte die MR den ge-samten Buchgewinn aus der Differenz zwischen dem hohen Verkaufspreis und dem niedrigen bilanziellen Buchwert mit dem Körperschaftsteuersatz von 56 % versteuern müssen. Die steuerfreie stille Reserve aus der Unterbewertung der Allianz-Beteiligung wäre damit steuerpflichtig geworden.

Die steuerpolitischen und steuerrechtlichen Rahmenbedingungen der «alten» Bundesrepublik trugen bis in die 1990er Jahre maßgeblich dazu bei, die traditionellen Kapitalverflechtungen in der «Deutschland AG» zu erhalten. Aus der Sicht der Unternehmensleitung bot die konservative Bewertung von Aktien und Beteiligungen nach dem strengen Niederstwertprinzip den Vorteil größerer Flexibilität bei der Ausweisung des Eigenkapitals und bei der Akti-vierung stiller Reserven.[167] Die Bewertung nach dem Einkaufskurs bzw. nach dem niedrigsten je verzeichneten Kurswert erlaubte der MR das «Tiefstapeln» beim Ausweisen ihrer Beteiligungen. Die deutschen und ausländischen Kenner des Versicherungswesens wussten, dass die vergleichsweise niedrige Eigenkapitalausstattung der MR in Wirklichkeit höher war und sich die Bi-lanzen der MR nur eingeschränkt mit den Bilanzen ihrer ausländischen Kon-kurrenten vergleichen ließen.[168] Die finanzielle Stärke der MR offenbarte sich beispielsweise 1979, als sie sich auf Wunsch der Allianz mit 48 % an deren ame-rikanischer Tochter Allianz of America beteiligte und die Beteiligung allein mit ihren eigenen Reserven finanzieren konnte.[169] Der Verzicht auf eine Fremdfinanzierung war auch dem Motiv geschuldet, ihre Beteiligung an einem größeren amerikanischen Erstversicherer geheim zu halten. Eine offene Beteiligung an der amerikanischen Tochter eines ausländischen Erstversiche-rers hätte möglicherweise ihr gutes Verhältnis zu den amerikanischen Erst-versicherern beeinträchtigt.

In den ersten fünf Jahren der «Ära Jannott» modernisierte die MR ihr öffentliches Erscheinungsbild und begann mit der Professionalisierung ihrer Presse- und Öffentlichkeitsarbeit. Bis zum Beginn der 1970er Jahre besaß die MR keine visuelle Corporate Identity. Ihr fehlten grundlegende Elemente der visuellen Unternehmenskommunikation wie ein unverwechselbares und in allen Kulturen verständliches Unternehmenslogo. Das bisherige Firmenzei-chen war das Bild des Innenhofs («Schmuckhof») im historischen Hauptgebäude Königinstr. 107, das nur Eingeweihte der MR zuordnen konnten. Dieses alte Formenzeichen war nicht geeignet, um den Namen der Münchener Rück über kulturelle Grenzen in moderner Formensprache in einem unverwechselbaren Corporate Design zu transportieren. Etwa zur gleichen Zeit wie die deutschen Großbanken gab der Vorstand 1972 ein neues Unternehmenslogo bei dem renommierten Graphiker Anton Stankowski in Auftrag, der unter anderem auch das Logo der Deutschen Bank entwerfen sollte.[170] Ab 1973 verwendete die MR seinen Entwurf in allen schriftlichen Medien für die interne und die externe Kommunikation. Die gleichzeitige Einführung des englischen Unternehmensnamens Munich Re, der gleichberechtigt mit dem deutschen Namen benutzt wurde,[171] trug der fortgeschrittenen Internationalisierung des Rückversicherungsgeschäfts Rechnung. Mit Munich Re erhielt die Münchener Rück einen Zweitnamen, der sich in der weltweit dominierenden Versicherungssprache Englisch ohne Mühe aussprechen und auch ohne Kenntnis der deutschen Umlaute fehlerfrei schreiben ließ.

Die Formen und die Intensität der medialen Präsenz veränderten sich in den 1970er Jahren noch nicht. Horst Jannott war ebenso wenig wie sein Vorgänger Alzheimer in Tageszeitungen, Publikumszeitschriften und audiovisuellen Massenmedien präsent. Es lässt sich nicht feststellen, wie Jannott Interviewanfragen von Journalisten behandelte, und ob er überhaupt eine nennenswerte Zahl von Interviewanfragen erhielt. Die MR blieb in den 1970er Jahren gegenüber den Massenmedien ähnlich zurückhaltend wie zuvor. Es gab in der MR nicht einmal eine Abteilung oder einen Stab zur Organisation der Presse- und Öffentlichkeitsarbeit. In ihrer Außendarstellung gegenüber den Tageszeitungen und Nachrichtenmagazinen beschränkte sie sich auf die Veröffentlichung ihrer Jahresabschlüsse und eine jährliche Bilanz-Pressekonferenz. Da die MR ihre Geschäfte nur mit wenigen tausend professionellen Versicherern wie den Vorständen von Erst- und Rückversicherungen und den Versicherungsmaklern abschloss, hatte sich die Herausforderung eines professionellen Marketings und einer Unternehmenskommunikation jenseits der professionellen Fachöffentlichkeit über lange Zeit nicht gestellt. Die Publikationen und Anzeigen der MR in den deutschen und englischsprachigen Fachzeitschriften des Versicherungswesens richteten sich in erster Linie an Versicherungsmanager und in zweiter Linie an die betriebswirtschaftliche und die juristische Versicherungswissenschaft. 1974 begann der Vorstand der MR mit der Suche nach einem professionellen PR-Mann.[172] Er betrieb den Aufbau eines PR-Stabs jedoch ausgesprochen langsam und mit geringer Priorität. Noch 1977 versandte die MR ihre Pressemitteilungen an die Wirtschaftsredaktionen der Tageszeitungen über das Vorstandssekretariat.[173]

In den 1970er Jahren begann die MR mit dem politischen Lobbying, dem Aufbau von Kontakten zu politischen Entscheidungsträgern in den Regierungen und Parteien. So lud der Vorstand 1974 den wirtschaftspolitischen Sprecher der FDP-Bundestagsfraktion Otto Graf Lambsdorff zu einem vertraulichen Gespräch ins Vorstandskasino ein.[174] Lambsdorff, der bis 1977 als Vorstandsmitglied der Victoria Rückversicheruhg für ein nahestehendes Unternehmen tätig war, galt in Wirtschaftskreisen als einer der unternehmensfreundlichsten Vorderbänkler der SPD/FDP-Koalitionsregierung und als ein Politiker mit Aufstiegsperspektiven. Als Lambsdorff 1977 als Nachfolger seines Parteifreundes Hans Friderichs zum Bundeswirtschaftsminister ernannt wurde, erhielt die Versicherungswirtschaft einen Minister, der die Interessen und Wünsche der Versicherungswirtschaft aus eigener Erfahrung kannte und ihnen aufgeschlossen gegenüberstand. Zu den weiteren Gästen gehörte unter anderem der CDU-Generalsekretär Prof. Kurt Biedenkopf, der sich in der CDU/CSU-Bundestagsfraktion ebenfalls als Wirtschaftsexperte profilierte.[175] Einladungen an Politiker der größeren Regierungspartei SPD beschränkten sich dagegen auf den Münchner Oberbürgermeister Georg Kronawitter, mit dem man vor allem wegen des Interesses an einer räumlichen Erweiterung um das Stammhaus herum ein gutes Einvernehmen pflegte.

Die Auswahl der Gesprächspartner war ein eindeutiges Indiz für eine Nähe zur CDU, zur CSU und zur FDP, von denen der Vorstand eine unternehmensfreundliche Politik erwartete. Hierfür spricht auch die Tatsache, dass die MR den «weit überwiegenden Teil unserer politischen Spenden der Bayerischen Staatsbürgerlichen Vereinigung zuwandte»,[176] die vorwiegend als «Spendenwaschanlage» der CSU diente.[177] Da die MR diese Spenden aus versteuertem Einkommen bezahlte, war sie während der Aufklärung der bundesweiten Parteispenden-Affäre ab 1984 nicht mit dem Vorwurf der Steuerhinterziehung belastet. Ihr Name tauchte weder in den Ermittlungsakten der Staatsanwaltschaften noch in den Artikeln von Journalisten auf. Die CSU umging mit der Bayerischen Staatsbürgerlichen Vereinigung die Rechenschaftspflicht über Großspenden, so dass die Parteispenden der MR der Öffentlichkeit verborgen blieben.

19. Die Krisen der 1970er Jahre und die Herausforderungen des modernen Risikomanagements

Obwohl die MR in den 1970er Jahren weltweit mit eigenen Repräsentanzen und Tochtergesellschaften vertreten war, erfasste die Globalisierung der MR vorwiegend die Geschäftsbeziehungen zu Zedenten und berührte die Unternehmenskultur und die Führungsetage nur wenig. Die MR hatte überwiegend deutsche Aktionäre und wurde ausschließlich von deutschen Vorstandsmitgliedern geleitet. Im Kontrollorgan Aufsichtsrat waren bis in die 1980er Jahre nur deutsche Manager vertreten. Die Internationalisierung der Belegschaft begann erst im Laufe der 1970er Jahre mit der Einstellung weniger Ausländer in das mittlere Management.[1] Während die Münchner Zentrale aus pragmatischen Gründen mit den überwiegend einheimischen Mitarbeitern der ausländischen Tochtergesellschaften in den USA, Kanada, Südafrika und Australien in Englisch kommunizierte und seit den 1970er Jahren alle Informationen für ihre Zedenten wie Schadenspiegel und Broschüren auch in englischer Sprache veröffentlichte, dominierte Deutsch noch immer in der unternehmensinternen Kommunikation in der Münchner Zentrale. Auch bei den jährlichen Besprechungen mit den mehrheitlich englischsprachigen Leitern der MR-Auslandsniederlassungen sprachen die Vorstandsmitglieder Deutsch und ließen sich durch Simultandolmetscher übersetzen. Der gleichberechtigte Gebrauch des Englischen lag am Ende der 1970er Jahre auch in einem globalisierten Unternehmen wie der MR noch fern.[2]

Die Ära Jannott begann mit einer neuen Herausforderung durch das Risiko von Kursschwankungen bei Währungen. Mit einem Auslandsanteil von 34 % bei den Brutto-Prämieneinnahmen war die MR ein bedeutender Dienstleistungsexporteur, der potentiell von Kursschwankungen betroffen war. Da die Rückversicherungsverträge auf die Währungen der Erstversicherungspolicen ausgestellt waren, ließ sich das Währungsrisiko nicht durch Verträge in Deutscher Mark umgehen. In dem sogenannten Bretton-Woods-System, das auf feste Wechselkurse mit dem US-Dollar und einer formellen Goldbindung der Welt-Leitwährung Dollar aufgebaut war, waren die systeminhärenten Währungsrisiken für alle Akteure gering. 1969 zeigte das Bretton-Woods-System bereits erste strukturelle Mängel. Aufgrund des zunehmenden Zahlungsbilanzdefizits der USA war die Stabilität der Welt-Reservewährung

Dollar gefährdet. Die Bundesregierung stand unter dem Druck der amerikanischen Regierung, die mittlerweile deutlich unterbewertete Parität der DM zum Dollar wegen des nicht mehr gerechtfertigten Wettbewerbsvorteils der deutschen Wirtschaft zu korrigieren. Auch wegen ihrer zunehmenden Zahlungsbilanzüberschüsse durch Exportüberschüsse und Kapitaltransfers – durch ausländische Geldanleger bei deutschen Banken – geriet die DM unter Aufwertungsdruck. Die politisch nicht unumstrittene Aufwertung der DM auf eine Parität von 3,65 DM = 1 US-Dollar (zuvor 4,00 DM = 1 US-Dollar) war im Vergleich zu den Schwankungen in einem System flexibler Wechselkurse gering, aber genügte, um exportorientierte Unternehmen zu verunsichern.

Nach den traditionellen Usancen des Rückversicherungsgeschäfts waren die Rückversicherer gut beraten, ihre Schadenreserven zur Vermeidung von Währungsrisiken währungskongruent anzulegen. Dies bedeutete, dass die MR die Schadenreserven für ihr USA-Geschäft in Dollar anlegte, um jederzeit ausreichende Dollarreserven für die Schadensregulierung zu besitzen. Die älteren Vorstandsmitglieder um Alzheimer hatten noch die 1930er Jahre mit mehreren Abwertungswellen und der Aufhebung der Währungskonvertibilität erlebt und schätzten das Risiko einer nicht-kongruenten Währungsdeckung für die Zahlungsfähigkeit hoch ein. Der währungskongruenten Anlage ihrer Schadenreserven hatte die MR es zu verdanken, dass sie trotz strikter Devisenbeschränkungen bis 1945 ihre Zahlungsverpflichtungen gegenüber ausländischen Erstversicherern erfüllen konnte. Die MR hielt auch nach dem Zusammenbruch des Bretton-Woods-Systems im Jahr 1973 formell am Grundsatz der kongruenten Deckung fest,[3] nahm allerdings eine fallweise Unterdeckung in anderen Währungen in Kauf, wenn sie ein positives Währungsrisiko in Form von Aufwertungsgewinnen sah. 1971 entwickelte sich die Unterdeckung in fremden Währungen bereits zu einem Normalfall, da die MR eine weitere Aufwertung der DM erwartete und nicht mit einer Rückkehr zu stabilen Wechselkursen rechnete.[4]

Die Abwertung des französischen Franc im Jahr 1958 und in den 1960er Jahren und die Abwertung des britischen Pfunds im Jahr 1967 schärfte ihr Bewusstsein für Währungsrisiken und für die Gewinnmöglichkeiten aus einer Unterdeckung in Fremdwährungen. So verzichtete Alois Alzheimer 1967 darauf, die Unterdeckung in Pfund zu rechtfertigen, sondern teilte dem Aufsichtsrat nicht ohne Stolz mit, dass sich diese für die MR «bezahlt gemacht» habe.[5] Die MR bereitete sich 1969 auf die lange erwartete Aufwertung der DM gegenüber dem US-Dollar vor und nahm bewusst eine Dollar-Unterdeckung in Höhe von 50 Mio. DM Kauf, um einen Aufwertungsgewinn von 4,5 Mio. DM «mitzunehmen». Auch die US Branch der MR tauschte in Erwartung einer DM-Aufwertung im Dezember 1968 ein Guthaben von 0,6 Mio. US-Dollar in DM um.[6] Im Februar 1971 betrug die Unterdeckung in fremden Währungen wie dem US-Dollar, dem britischen Pfund und der italienischen Lira bereits 83 Mio. DM und stieg bis zum Ende des Jahres auf 133 Mio. DM.[7]

Während die MR aus der Aufwertung der DM Gewinne erzielte, schlug sie sich gleichzeitig in sinkenden Prämieneinnahmen aus dem Auslandsgeschäft nieder. Die hohen Wachstumsraten der Bruttoprämie während der 1960er Jahre flachten sich in den 1970er Jahren nicht nur wegen der zurückgehenden volkswirtschaftlichen Wachstumsraten etwas ab, sondern auch wegen des Kursverlustes vieler Währungen. 1971 schlug jede Aufwertung der Mark um ein Prozent mit einer Prämieneinbuße von neun Millionen DM zu Buche.[8] Infolge der DM-Aufwertungen fiel der Anteil des Auslandsgeschäfts am Brutto-Prämienaufkommen entgegen dem langfristigen Trend von 1969 bis 1972 von 34 auf 31 % und sank nach dem endgültigen Zusammenbruch des festen Wechselkurssystems 1973 sogar auf 29 %.[9] Trotz der systematischen Ausweitung des Auslandsgeschäfts konnten die Erfolge bei der Akquisition ausländischer Zedenten das relative Zurückbleiben des Prämienwachstums – im Vergleich zum Inlandsgeschäft – zunächst nicht kompensieren. Die MR war vom Zusammenbruch des Bretton-Woods-Systems und der Aufwertung der eigenen Landeswährung jedoch weniger betroffen als die Schweizer Rück, die einen deutlich höheren Anteil ihres Prämienaufkommens in Weichwährungsländern wie den USA, Großbritannien, Frankreich und Italien und einen geringeren Anteil in Hartwährungsländern wie Deutschland, der Schweiz und Japan erzielte. Da das Auslandsgeschäft der MR auch in den 1970er Jahren überdurchschnittlich wuchs, verdiente sie 1978 40 % ihrer Bruttoprämie im Ausland.[10] Der währungsbedingte Rückgang der Brutto-Prämieneinnahmen im Auslandsgeschäft wurde durch den inflationsbedingten höheren Anstieg der Prämienniveaus im Ausland wieder kompensiert.

Dennoch können diese bewusst kalkulierten Buchgewinne aus DM-Aufwertungen noch nicht als der Anfang eines systematischen und professionellen Währungsmanagements verstanden werden. So verzeichnete die MR 1969 einen Abwertungsverlust von 80 000 DM, da sie um ca. 700 000 DM in französischen Francs überdeckt war.[11] Trotz der wachsenden Gewinnchancen – bzw. Verlustgefahren – durch Kursschwankungen verzichtete sie auf die Einschaltung der Banken für Kurssicherungsgeschäfte und behielt das Währungsmanagement in eigener Hand. Für die Zurückhaltung gegenüber bankvermittelten Kurssicherungsgeschäften waren neben den eigenen Erfahrungen im Währungsmanagement und dem prinzipiellen – wenn auch nicht faktischen – Festhalten an der Währungskongruenz von Forderungen und Verbindlichkeiten vor allem die Kostenerwägungen und der Währungsbedarf der MR entscheidend.

Der Vorstand verzichtete wegen der hohen Kosten und des schwer kalkulierbaren Geldbedarfs in Fremdwährungen auf die Angebote der Großbanken, der MR auf Terminbasis (d. h. in drei oder sechs Monaten) Währungen zu

Festkursen zur Verfügung zu stellen.[12] Das Währungsmanagement in eigener Hand erwies sich als erfolgreich. Da sich die MR ab 1973 mit Ausnahme des Schweizer Franken und des Yen in fremden Währungen unterdeckte, erzielte sie in jedem Jahr einen Währungsgewinn.[13] Der Standort im Hartwährungsland Bundesrepublik Deutschland war für die MR ein nicht zu unterschätzender Wettbewerbsvorteil gegenüber ihren englischen, französischen und italienischen Konkurrenten. Darüber hinaus waren einer Optimierung ihrer Schadenreserven nach Währungsgesichtspunkten institutionelle Grenzen gesetzt. Auch in liberalen Wirtschaftsordnungen wie den USA verlangte die staatliche Versicherungsaufsicht, einen Mindestanteil der Schadenreserven in einheimischen Staatsschuldtiteln wie US Treasury Bonds anzulegen. Die Anlage der Schadenreserven und der freien Rücklagen wurde Anfang der 1970er Jahre wegen des Währungsrisikos generell anspruchsvoller und riskanter.

Die Einführung einer einheitlichen europäischen Währung war in den 1970er Jahren noch eine ferne Version. Der visionäre Plan des Luxemburger Ministerpräsidenten Pierre Werner für eine europäische Währungsunion fand Anfang der 1970er Jahre in den Regierungen der EG-Staaten noch keine positive Resonanz. Das 1979 eingeführte europäische Währungssystem (EWS) mit maximalen Kursschwankungsbreiten verpflichtete die europäischen Zentralbanken zu Interventionen in den Devisenmärkten, konnte aber die Kurse nur kurzfristig stabilisieren. Da die Referenzkurse im EWS sich regelmäßig an die Entwicklung auf den Devisenmärkten anpassen mussten, wurde die DM mehrfach aufgewertet. 1978 stellte das Vorstandsmitglied Fritz Sonnenholzner in einem Vortrag vor dem Aufsichtsrat und dem Vorstand bedauernd fest, dass die Einführung einer einheitlichen Währung selbst in der EG noch «eine Utopie» sei.[14]

In einigen Hartwährungsstaaten mit hohem Zufluss ausländischer Geldanlagen wie der Schweiz und Japan mussten ausländische Konteninhaber Strafzinsen zahlen, die den weiteren Geldzustrom bremsen sollten. Ein weiteres Mittel zur Begrenzung ausländischer Geldeinlagen waren Verzinsungsverbote, die in einer Zeit zunehmender Inflationsraten einem schleichenden Vermögensverzehr gleichzusetzen waren. Eine Verlagerung der Geldanlagen in Wertpapierdepots schied in der Schweiz und in Japan wegen der Einschränkungen für den Wertpapierkauf durch Ausländer aus. Da auch die Bundesbank seit 1971 die Wertpapierkäufe von ausländischen Anlegern einschränkte und höhere Kapitalertragsteuern auf ausländische Geldeinlagen erhob, war die MR in einigen Staaten Vergeltungsmaßnahmen mit vergleichbaren Einschränkungen ausgesetzt. Eine Intervention der MR bei der Bundesbank und im Bundeswirtschaftsministerium war 1973 erfolgreich. Seitdem waren ausländische Rückversicherer in Deutschland von diesen Einschränkungen befreit.

Diese Maßnahmen zur Reduzierung des freien Geld- und Kapitalverkehrs standen im Widerspruch zur den liberalen Grundsätzen der Bundesbank und der Schweizerischen Nationalbank und ließen sich nur durch den Inflationsdruck der frühen 1970er Jahre erklären. Der ständige Zustrom ausländischer Geldanlagen in die beiden europäischen Staaten mit den niedrigsten Inflationsraten führte zu einem Anstieg der Geldmenge und bedrohte die ohnehin gefährdete Preisstabilität. Auch wenn die Bundesbank der Kontrolle der Geldmenge als Mittel zur Inflationsbekämpfung erst 1974 eine hohe Priorität einräumte, sah der Zentralbankrat schon vorher das Stabilitätsziel durch ein zu hohes Wachstum der Geldmenge gefährdet.

Die MR befand sich in dem Dilemma, dass sie aus eigenem Interesse eine konsequente Inflationsbekämpfung durch die Bundesbank befürworten, aber negative Reaktionen anderer Staaten auf die antiinflationäre Politik der Bundesbank hinnehmen musste. So belasteten die Maßnahmen der Schweiz und Japans gegen den Zustrom ausländischer Geldanlagen auch die Geschäftsergebnisse der MR. Ab 1970 entwickelte sich die steigende Inflation in Deutschland und in anderen Ländern für sie zu einem ernsten Problem. Die lohngetriebenen Preissteigerungen schlugen sich in der Kfz-Versicherung in steigenden Durchschnittskosten für die Regulierung von Unfallschäden nieder. Da eine Einberechnung der künftigen Inflationsrate trotz der verfeinerten ökonometrischen Prognosemodelle des Sachverständigenrats zur Begutachtung der gesamtwirtschaftlichen Entwicklung («Fünf Weise») nur eingeschränkt möglich war, konnten die Erstversicherer die Prämienhöhe nur nachträglich an das gestiegene Preisniveau anpassen. Obwohl es in der Kfz-Haftpflichtversicherung eine Prämien-Angleichungsklausel an die Preisentwicklung gab, hinkten die Tariferhöhungen den Preissteigerungen hinterher,[15] da sie nach den Richtlinien der Versicherungsaufsicht nur auf volle fünf Prozent nach unten abgerundet werden durften. 1969/70 lagen die Kostensteigerungen in der Kfz-Haftpflicht bei 9,4 %, während die Prämien nur um 5,0 % erhöht wurden.

Im Geschäftsjahr 1970/71 spitzte sich das Ertragsproblem für die MR kurzfristig zu. Die hohen Verluste in der Kfz-Versicherung und in der wieder kriselnden Industrie-Feuerversicherung trugen zu einem negativen Rekordergebnis mit einem technischen Gesamtverlust von 70,7 Mio. DM bei.[16] Da sich die Ergebnisse der MR auch bei den Quoten-Rückversicherungsverträgen verschlechterten, drängte sie auch bei befreundeten Zedenten sehr nachdrücklich auf eine Senkung der Provisionssätze.[17] Zum Ausgleich der hohen technischen Verluste entnahm die MR 12 Mio. DM aus ihrer Sonderrücklage für Großschäden. Trotzdem reichten die Erträge nicht aus, um das gewohnte Dividendenniveau von 18 % des Grundkapitals zu halten. Erstmals in der Nachkriegszeit musste die MR ihre Dividende auf 15 % kürzen. Auf der Bilanzpressekonferenz erklärte der Vorstandsvorsitzende Jannott, dass die MR «in der inneren Reservekraft genau um ein Jahr zurückgeworfen wurde». Jannott charakterisierte das Geschäftsergebnis mit ungewöhnlich dramatischen Worten für die sonst sehr zurückhaltende Außenkommunikation der MR: «Es ging unter die Haut, aber noch nicht ins Fleisch!»[18] Seine Mahnung «Wir sind nicht zum Selbstmord für die Erstversicherer bereit!» richtete sich besonders an die Kfz-Versicherer, von denen die MR Konzessionen bei der Rückversicherungsprovision zur Deckung der hohen technischen Verluste erwartete. Mit drei Jahren Verspätung gegenüber den britischen Rückversicherern wurde die MR mit dem Inflationsrisiko des Rückversicherungsgeschäfts konfrontiert, das sich in Excess-loss-Policen potenzierte.[19]

Da die Versicherungsaufsicht gleich zwei Prämienanhebungen zum 1. Januar und zum 1. August 1971 genehmigte, konnten die Rückversicherer im folgenden Jahr die stark negativen Ergebnisse in der Kfz-Versicherung verbessern. Das technische Ergebnis der HUK-Sparte verbesserte sich dadurch von −62,4 Mio. DM (1970/71) auf −27,0 Mio. DM (1971/72). Im Geschäftsjahr 1971/72 verringerte sich die Differenz zwischen Aufwendungen und Erträgen erheblich, ohne jedoch zu verschwinden. Die MR musste wieder einen erheblichen technischen Verlust von 40 Mio. DM in Kauf nehmen, der jedoch durch einen Überschuss im Allgemeinen Geschäft und vor allem durch Zins- und Dividendenerträge in Höhe von 60 Mio. DM ausgeglichen wurde.[20] Angesichts der noch immer schlechten Ertragslage kehrte die MR noch nicht zu ihrer üblichen Dividende von 18 % zurück und schüttete wie im Vorjahr eine Dividende von 15 % aus. Die Wiederauffüllung der Sonderrücklage mit 10 Mio. DM hatte Vorrang vor den Interessen der Aktionäre. Im Geschäftsjahr 1972/73 normalisierte sich die Kosten- und Ertragsentwicklung so weit, dass die MR wieder ein leicht positives technisches Ergebnis von 9 Mio. DM verzeichnete. Obwohl sie der Großschadenrücklage einen Betrag von 12 Mio. DM zurückführte, reichte der Gewinn wieder für eine Dividende von 18 % aus.[21]

Die Sanierung des Kfz-Versicherungsgeschäfts war nicht allein von der beschleunigten Anpassung der Prämien an die Kosten und der Reaktionsgeschwindigkeit der staatlichen Versicherungsaufsicht abhängig. Ein Bündel aus fahrzeugtechnischen Innovationen und verkehrspolitischen Eingriffen war dafür verantwortlich, dass die Zahl der Verkehrstoten von ihrer Allzeitspitze 1970 (19.000 Todesopfer) schrittweise sank und sich die Relation zwischen der Zahl der PKW und der Zahl der Verkehrsunfälle mit (Schwer-)Verletzten signifikant verbesserte. Auf der Seite der Autohersteller trugen technische Innovationen wie Zweikreisbremsen, Verbundglasscheiben und Knautschzonen und vor allem der ebenso unscheinbare wie wirksame Sicherheitsgurt dazu bei, die Zahl der Schwerverletzten und Toten zu senken. Gesetzgeberische Maßnahmen wie die Einführung von Tempo 100 auf Landstraßen (1972) halfen bei der Durchsetzung eines weniger riskanten Verkehrsverhaltens. Die erste Ölpreiskrise 1973/74 führte durch den erheblichen Benzinpreisanstieg und mehrere autofreie Sonntage nicht nur zu einer reduzierten Fahrleistung, sondern ermöglichte auch die befristete Verhängung eines rigiden unfallreduzierenden Tempolimits von 100 km/h auf Autobahnen.[22] Erstversicherer und Rückversicherer profitierten gleichermaßen von politisch umstrittenen, aber ausgesprochen wirksamen Eingriffen der Verkehrspolitik. Die fallenden Sterblichkeitsraten im Straßenverkehr schlugen sich natürlich auch in der Lebensversicherungssparte nieder, deren Sterblichkeitsgewinne sich durch die niedrigere Sterbewahrscheinlichkeit während der Laufzeit einer Versicherung vergrößerten.

Auf der anderen Seite profitierte die MR durch höhere Prämieneinnahmen und die Gewinne ihrer Lebensversicherer (Berlinische Leben, Karlsruher Leben und Hamburg-Mannheimer) von der erhöhten staatlichen Förderung der Vermögensbildung von Arbeitnehmern. Das 1970 verabschiedete Dritte Vermögensbildungsgesetz («624-Mark-Gesetz») gab auch Arbeitnehmern mit durchschnittlichen Einkommen den Anreiz, einen längerfristigen Sparvertrag in Form einer Lebensversicherung abzuschließen. Bei den Lebensversicherern in der Allianz/MR-Gruppe schlug sich dies in einer deutlich steigenden Neuproduktion von Lebensversicherungen und in einem wachsenden Prämienvolumen nieder.

Gerade die Hamburg-Mannheimer mit ihrer starken Position im Massenkundengeschäft konnte von der Erhöhung der staatlichen Sparförderung stark profitieren und ein höheres Wachstum als ihre Konkurrenten erzielen. Nach den Schätzungen ihres Vorstands stammten 70 % ihres Neugeschäfts im Jahr 1970 aus Vertragsabschlüssen, die ohne das Vermögensbildungsgesetz nicht zustande gekommen wären.[23] Das boomende Neugeschäft endete erst 1972, als der Lebensversicherungsmarkt bei Arbeitnehmern zeitweilig Sättigungstendenzen zeigte, bevor er ab 1975 wieder kontinuierlich und kräftig wuchs.[24] Versicherungstechnische Innovationen wie dynamische Lebensversicherungen mit steigenden Prämien und Versicherungssummen nahmen den Versicherungskunden die Angst vor einer inflationsbedingten Entwertung ihrer Kapitalanlage. Dank des verhältnismäßig hohen Realzinsniveaus lagen die Zinserträge aus Lebensversicherungsverträgen über der Inflationsrate, die 1972 und 1973 mit sieben Prozent einen bundesdeutschen Höchststand erreichte.

Auf der anderen Seite führte die Inflation eine Tochtergesellschaft der Hamburg-Mannheimer in eine existenzbedrohende Krise, aus der sie sich nur mit Hilfe einer Kapitalbeteiligung der MR befreien konnte. Die private Krankenversicherung DKV (Deutsche Krankenversicherung) erzielte 1973 wegen des Kostenanstiegs in der ambulanten und der stationären Behandlung und bei Medikamenten von durchschnittlich 23 % einen Verlust von 19 Mio. DM, der einen großen Teil ihres Eigenkapitals aufzehrte. Die Anpassung der Prämien an den Kostenanstieg im Gesundheitswesen kam für die

Sanierung der DKV zu spät.[25] Da ihr Eigenkapital im April 1974 aufgezehrt war und die Hamburg-Mannheimer die Rekapitalisierung der DKV nicht aus eigener Kraft leisten konnte, übernahmen die Allianz und die MR die Kapitalerhöhung von 15 auf 30 Mio. DM. Damit wurden sie mit zusammen 53 % Mehrheitseigner der DKV und gliederten sie in ihre Gruppe ein. Alois Alzheimer zeigte als Aufsichtsratsvorsitzender der Hamburg-Mannheimer mehr Mut als der Vorstand des Hamburger Lebensversicherers, der die Zukunft der DKV und der privaten Krankenversicherung skeptisch einschätzte und für einen Ausstieg optiert hatte.[26] Nach erheblichen Prämienerhöhungen erzielte die DKV bereits 1975 wieder einen Bruttoüberschuss von 33 Mio. DM und schüttete eine Dividende von 14,5 % aus, welche die der Hamburg-Mannheimer von 12 % noch übertraf.[27]

Bereits 1972 nutzte die MR eine Gelegenheit, um ihre Beteiligungen an Erstversicherern auszubauen. Aus dem Besitz der Deutschen Bank erwarb sie eine 43 %-Beteiligung an der Nord-Deutsche und Hamburg-Bremer Versicherung (NDHB), die sich mit den bereits bestehenden fünf Prozent zu einem Kapitalanteil von 48 % addierte, den sie bis 1975 auf 91,5 % aufstocken konnte.[28] Die NDHB stand nach ihrem Eigenkapital nur an der 14. Stelle der privaten Sachversicherer und konnte sich nach den Erwartungen ihres Vorstands wegen ihrer geringen Größe nicht dauerhaft am Markt behaupten.[29] Aus diesem Grund entschieden sich ihr Vorstand und ihr Aufsichtsrat 1975 für die Eingliederung in die Hamburg-Mannheimer, die durch diese Übernahme eine eigene Sachversicherungsgesellschaft namens Hamburg-Mannheimer Sachversicherungs AG gründen konnte.[30] Für die Eingliederung der NDHB in die Hamburg-Mannheimer sprach der sehr leistungsfähige Vertriebsapparat des Hamburger Lebensversicherers, der sich auch für den Verkauf von Sachversicherungen und Kfz-Versicherungen nutzen ließ. Nach der Eingliederung waren die MR, die Allianz und die Hamburg-Mannheimer mit je 30,5 % an der NDHB beteiligt.

Die MR befand sich bei der Entscheidung über die Eingliederung der NDHB in die Hamburg-Mannheimer in einer zwiespältigen Situation. Während sie als Großaktionärin an einer eigenständigen Zukunft der NDHB zweifelte, musste sie als Rückversicherung mit einem Prämienverlust als Folge der Eingliederung rechnen. In den 1960er und den 1970er Jahren betrachtete die MR Fusionen zwischen Erstversicherern tendenziell skeptisch, da der Rückversicherungsbedarf der größeren Versicherer prozentual geringer war. Wenn wie im Fall der NDHB ihr Interesse als Kapitaleignerin tangiert war, gab sie ihre neutrale Position gegenüber Fusionen auf. Für die MR erwies sich die Eingliederung der NDHB in die Hamburg-Mannheimer zunächst jedoch nicht als Gewinn, da die Hamburg-Mannheimer Sach 1977 und 1978 einen Fehlbetrag von insgesamt 6,7 Mio. DM erwirtschaftete.[31]

Die inflationsbedingte Ertragskrise in der Kfz-Versicherung erschütterte die MR nicht, aber beeinträchtigte zeitweise ihre Ertragsentwicklung. Auch der Konkurs der Kölner Privatbank Herstatt im Jahr 1974 verunsicherte den Vorstand der MR nur kurzfristig. Da der Versicherungsunternehmer Hans Gerling mit 84 % Mehrheitseigentümer der Herstatt-Bank war und für deren Verbindlichkeiten in Höhe von 210 Mio. DM haften musste, befürchtete man in der Versicherungsbranche zeitweise eine Insolvenz des Branchenaußenseiters Gerling. Die Gerling-Gruppe besaß mit der Gerling Globale auch eine eigene Rückversicherung, weshalb die MR im Oktober 1974 mit einer zunehmenden Zahl von Anfragen ängstlicher Gerling-Zedenten rechnete, die für den Fall eines Ausfalls von Gerling Deckung bei der MR suchten.[32] Der Run von Gerling-Zedenten zur MR blieb jedoch aus. Da Hans Gerling 51 % seiner Anteile an der Gerling-Gruppe an die Zürich Versicherung und an den HDI verkaufen und damit seine Zahlungsverpflichtungen aus dem Herstatt-Konkurs decken konnte,[33] löste sich das Problem des Hauses Gerling ohne die Hilfe anderer Versicherer.

Während die Gerling-Gruppe auch ohne Hilfe der MR saniert wurde, erschien 1979 ihre Mithilfe bei der Sanierung des Deutschen Rings erforderlich. Der Deutsche Ring hatte in der Lebensversicherung für ausländische Arbeitnehmer, die damals Gastarbeitergeschäft genannt wurde, wegen hoher Stornoquoten und des zu hohen Kostenaufwands für Policenverwaltung und Abschlüsse Verluste in Höhe von 30 Mio. DM gemacht.[34] Nur dank der Fürsprache der MR verlängerte das Bundesaufsichtsamt für das Versicherungswesen (BAV) seine Frist für die Sanierung des großen Zedenten Deutscher Ring.[35] Die Drohung, diesem bei einem Misserfolg der Sanierung die Erlaubnis für Neuabschlüsse zu entziehen und einen Zwangsverwalter einzusetzen, stand jedoch weiterhin im Raum. Für den Preis einer Mehrheitsbeteiligung war die MR einem finanziellen Engagement bei der Sanierung des Deutschen Rings nicht abgeneigt. Da der Deutsche Ring auch ohne die finanzielle Beteiligung anderer Versicherer durch umfassende Rationalisierungen und die Auflösung stiller Reserven saniert werden konnte, wurde diese strategische Überlegung zur Erweiterung des Konzernbesitzes schnell hinfällig. Der Deutsche Ring blieb auch weiterhin zu mehr als 70 % im Besitz der Bielefelder Industriellenfamilie Oetker. Bei der gleichzeitigen Sanierung des Deutschen Ring Sach zeigten sich die Eigentümer jedoch finanziell überfordert. Um den guten Kunden Deutscher Ring enger an sich zu binden, übernahm die MR 60 % des Fehlbetrags von insgesamt 6 Mio. DM und stellte dem Deutschen Ring über den Betrag von 3,6 Mio. DM hinaus eine weitere Sanierungshilfe von 1,4 Mio. DM in Aussicht.[36]

Die effiziente und wirksame Versicherungsaufsicht gehörte zu den institutionellen Stärken der bundesdeutschen Wirtschaftsordnung. Während in ausländischen Märkten wie Großbritannien Anfang der 1970er Jahre mehrere größere Versicherer insolvent wurden, musste die MR in ihrem Inlandsgeschäft keinerlei Ausfälle durch insolvente Erstversicherer befürchten. Da die Rückversicherungsverträge in den meisten Fällen nur für ein Jahr abgeschlossen wurden, hielt sich das Ausfallrisiko für Forderungen der Rückversicherer (Delkredererisiko) ohnehin in engen Grenzen. Obwohl die Versicherungsaufsicht anderer Länder bei der Verhinderung von Insolvenzen nicht so erfolgreich war wie die deutsche, musste die MR nach der internen Aussage ihres Finanzvorstands Sonnenholzner «keine nennenswerten Ausfälle durch die Zahlungsunfähigkeit unserer Zedenten verzeichnen».[37]

Einen geringen Forderungsausfall erlebte die MR bei der Bremer Reederei DDG Hansa, in der die MR als Aktionär und als langfristiger Kreditgeber engagiert war. Da die DDG Hansa einen beträchtlichen Teil ihres Umsatzes im Frachtverkehr mit dem Iran machte und dieses Geschäft nach der islamischen Revolution stark schrumpfte, war ihre Sanierung 1980 unumgänglich. Die MR beteiligte sich im Juni 1980 mit 15 Mio. DM an der Rekapitalisierung der DDG Hansa. Da diese jedoch 1980 einen Gesamtverlust von 195 Mio. DM machte und das neue Grundkapital schnell wieder aufgezehrt war, musste sie im August 1980 Vergleich anmelden.[38] Die Flotte wurde an die Hapag-Lloyd verkauft, und die DDG Hansa wurde liquidiert.

Als Folge des wirtschaftlichen Strukturwandels musste sich die MR Mitte der 1970er Jahre mit der Versicherung von technischen Großrisiken in Europa beschäftigen, die bislang nur auf dem amerikanischen Markt eine signifikante Rolle in der Technikversicherung gespielt hatten. Mit der ersten Ölpreiskrise von 1973/74 und der Vervierfachung des Ölpreises durch die Organisation der ölexportierenden Staaten (OPEC) wurde die Förderung von Öl und Gas durch Bohrinseln in der stürmischen Nordsee rentabel. Bohrinseln stellten nicht allein wegen ihrer hohen Baukosten und der hohen Gefährdung durch Elementarereignisse wie Sturm und hohen Seegang ein unbekanntes und schwer zu kalkulierendes Risiko dar. Erst- wie Rückversicherer mussten neben dem permanenten Risiko durch Elementarschäden das Risiko bei der Montage und beim Transport der Bohrinseln und die Wahrscheinlichkeit von Brandschäden berücksichtigen. Die komplette Versicherung einer Bohrinsel war eine komplexe versicherungstechnische Operation, bei der neben der Elementarschadenversicherung die Maschinen- und Technikversicherung, die Feuerversicherung, die Transportversicherung und auch die Haftpflichtversicherung in eine Gesamtpolice integriert werden mussten.[39]

Bei einem exponierten Risiko wie einer Bohrinsel bestand im Unterschied zu Industrieanlagen und Bergwerken ein Probable Maximum Loss von 100 % und damit ein hoher Kapazitätsbedarf in Relation zum Gesamtwert des Objekts. Darüber hinaus musste neben dem üblichen Haftpflichtrisiko durch Schäden an Personen und Dritten (wie Versorgungsschiffen) auch ein neuartiges Haftpflichtrisiko durch Umweltschäden infolge auslaufenden Öls einkalkuliert werden. Da neben Fischern auch die Anlieger der ölverseuchten Küstenstriche Versicherungsansprüche wegen zusätzlicher Kosten und verlorener Einnahmen geltend machen konnten, stellte das Haftpflichtrisiko von Ölbohrinseln die Versicherer vor komplexe rechtliche und versicherungstechnische Probleme. Die Höhe und die rechtlichen Bedingungen der Regresspflicht waren ebenso wenig geklärt wie der Probable Maximum Loss, der einer leckgeschlagenen oder total zerstörten Bohrplattform kausal zugerechnet werden konnte. Erfahrungen aus Unfällen mit Großtankern ließen sich nicht auf Bohrinseln übertragen, da die Haftung für Umweltschäden in der Seeschifffahrt kompliziert und widersprüchlich war.[40]

Die MR gründete 1974 zunächst einen referatsübergreifenden Underwriting-Pool für Meerestechnik, der im folgenden Jahr zu einer eigenen Sparte für Meerestechnik ausgebaut wurde.[41] Bereits 1976 musste sie sich mit 1,1 Mio. DM an der Regulierung eines größeren Schadens beteiligen, als die Bohrinsel «Deep Sea Driller» am 1. März 1976 in der Nordsee kenterte und sank, so dass der gesamte Wert von 17,5 Mio. US-Dollar abgeschrieben werden musste.[42] Da die Bohrinsel auf dem Transport zu einem Ölfeld sank und noch kein Öl förderte, beschränkte sich der Haftpflichtschaden auf die Lebens- und Unfallversicherung der verletzten und zu Tode gekommenen Arbeiter. Als die Bohrinsel «Ekofisk» im April 1977 nach einer Gasexplosion («Blowout») in Flammen aufging und größere Mengen Öl in die Nordsee strömten, wurden die Versicherer auch mit dem Problem der Umwelthaftpflicht konfrontiert. Da die MR nur mittelbar und in geringem Umfang an der Rückversicherung der «Ekofisk» beteiligt war, schlug sich dieses spektakuläre Unglück im Schadensbericht der MR nur mit 0,2 Mio. DM nieder.[43]

Die Herausforderungen des Rückversicherungsgeschäfts in einer technologisch fortgeschrittenen Gesellschaft mit einem hohen Wohlstandsniveau zeigten sich vor allem bei großen Naturkatastrophen. Während die MR nach der verheerenden Sturmflutkatastrophe von 1962 einen Nettoschaden von 18 Mio. DM bewältigen musste, führte der Orkan «Capella» am 2. bis 4. Januar 1976 zu einer Netto-Schadenbelastung von 101 Mio. DM. Der Grund für diesen hohen Betrag war nicht im Orkan selbst zu suchen. Im Unterschied zur Sturmflut von 1962 hielten die erhöhten und verstärkten Deiche an der Nordsee, der Unterelbe und in Hamburg der Flut stand. Die gesamte Schadensumme von 870 Mio. DM (Preisstand 1976) lag real um einiges niedriger als der Gesamtschaden der Hamburger Sturmflut, der nach dem Preisstand von 1962 750 Mio. DM betragen hatte.[44] Während die Sturmflutkatastrophe von 1962 350 Menschenleben gefordert hatte, waren 1976 nur 17 Todesopfer zu beklagen. Da der Orkan «Capella» im Unterschied zur Sturmflut von 1962 keine spektakulären Katastrophenbilder produzierte, fand diese Sturmflut im kommunikativen und im kulturellen Gedächtnis der Deutschen keinen Platz.

Anders als 1962 war ein deutlich größerer Teil der beschädigten Objekte gegen die Folgen einer Naturkatastrophe versichert. 1962 wurde der größte Teil der Schäden durch Überflutungen verursacht, für die es keinen Versicherungsschutz gab. 1976 war der Sturm die dominierende Schadensursache, für die ein Versicherungsschutz in Form der Sturmversicherung existierte. Das Sturmrisiko war in den Versicherungspolicen für Maschinen und Fahrzeugen enthalten, weshalb sich die Sturmschäden in höheren Versicherungsleistungen niederschlugen. Weil sich die Zahl der PKW gegenüber 1962 fast verdreifacht hatte, schlugen entsprechend höhere Schäden in der Kfz-Kaskoversicherung zu Buche. Wegen der Vielzahl der Einzelschäden dauerte es zwei Jahre, bis alle Erstversicherer mit der MR abgerechnet hatten. Mit einem Bruttoschaden von insgesamt 177,4 Mio. DM war der Orkan «Capella» das bis dahin weitaus größte Schadenereignis, mit dem die MR konfrontiert war.[45] Diese gewaltige Brutto-Schadenbelastung reduzierte sich dank der umfassenden Retrozessionen am Londoner Markt (*umbrella cover*) auf 100,9 Mio. DM.

Dank ihrer hohen Rücklagen konnte die MR diese Schadenbelastung ohne Rückwirkungen auf die Aktionäre tragen. Die insgesamt guten technischen Ergebnisse im Auslandsgeschäft glichen den größeren Teil des technischen Nettoverlusts im Inlandsgeschäft wieder aus, so dass das technische Gesamtergebnis des Geschäftsjahrs 1976/77 mit –15 Mio. DM deutlich besser war als im schlechtesten Geschäftsjahr 1970/71.[46] Obwohl die MR auf die Mitnahme von Kursgewinnen bei Währungen verzichtete, reichte das Ergebnis aus Geld- und Kapitalanlagen mit 50 Mio. DM vollständig aus, um den technischen Verlust zu decken. Da der Vorstand eine sehr konstante Ausschüttungspolitik verfolgte, wurden 45 Mio. DM aus einem speziellen Ausgleichsfonds für Großschäden entnommen, um die übliche Dividende von 18 % auszuschütten.[47] Die MR blieb ihrer Praxis einer kontinuierlichen Ausschüttung treu. Die kontinuierlichen Ausschüttungen sollten der Versicherungswirtschaft, den Aktionären und der Öffentlichkeit vermitteln, dass die MR das Verhältnis zu ihren Aktionären pflege und auch stärkere Ertragsschwankungen ausgleichen könne. Schon im Geschäftsjahr 1977/78 konnte die MR den Ausgleichsfonds mit einer Zuweisung von 22 Mio. DM zur Hälfte wieder auffüllen.

20. Fazit

Eine Unternehmensgeschichte der Münchener Rück hat mehrere Dimensionen zu berücksichtigen. Es ist die Geschichte eines Weltmarktführers und Pioniers der Globalisierung, die Geschichte des Managements der Risikoteilung und des Umgangs mit Risiken. Es ist aber auch die Geschichte einer in dieser Form beispiellosen Partnerschaft zwischen einem großen Rückversicherer und einem großen Erstversicherer und nicht zuletzt die Geschichte eines deutschen Unternehmens, das von der nationalsozialistischen Diktatur profitiert hat und nach beiden Weltkriegen wieder auf den Weltmarkt zurückfinden musste.

Sucht man nach den Konstanten in dieser vielförmigen Geschichte und nach einem übergreifenden Muster, dann ist die ausgeprägte Transnationalität des Geschäfts ein besonders auffälliges Merkmal. Sie gehört zu den festen Eigenschaften von Rückversicherern oder, um es mit Carl Thieme auszudrücken: «Die Rückversicherung muss ihrer Natur nach international sein.» Das Geschäft international aufzustellen, ist in dieser Versicherungssparte das oberste Gebot des Risikomanagements, weil ein Rückversicherer die übernommenen Risiken durch eine Verteilung auf viele Länder am besten mischen kann. Dies erklärt freilich noch nicht eine weitere Konstante in der Geschichte dieses Unternehmens, die herausragende Position auf dem Weltmarkt. Nur wenige Unternehmen sind derart rasch zum Weltmarktführer aufgestiegen und den allerwenigsten ist es gelungen, sich derart lange an der Spitze des Weltmarkts zu behaupten. Die 1880 gegründete Münchener Rück wurde schon vor dem Ersten Weltkrieg durch ihre US-Tochter ein multinationales Unternehmen und ist seit rund 125 Jahren im Wechsel mit der Schweizer Rück stets die größte oder zweitgrößte Rückversicherungsgesellschaft der Welt.

Geprägt wurde die Münchener Rück auch in manch anderer Hinsicht von der Art ihres Geschäfts. Eine Rückversicherungsgesellschaft hat kein Publikumsgeschäft und dementsprechend auch keine Filialen. Das Geschäft spielt sich in den Büros der Zentrale ab, in früheren Zeiten per Post, heute über elektronische Medien. Es zählen hier nicht rasche Gewinne, sondern langfristige Verträge. Die «Münchener» hat daraus einen eigenen Stil entwickelt. Ihre Beschäftigtenzahl gab nie die imposante Marktmacht wieder, ihre Zentrale baute sie abseits der City, die Mitteilungen nach außen blieben auf das Nötigste beschränkt, aber die Tätigkeit in diesem Unternehmen war stets mit hohem Ansehen verbunden, und die Anforderungen für Bewerber waren hoch.

Der steile Aufstieg der Münchener Rück in den Jahrzehnten nach ihrer Gründung war vor allem durch drei Faktoren bedingt. Zunächst einmal war er nur möglich, weil in den beiden weltweit führenden Versicherungsnationen der damaligen Zeit, Großbritannien und den USA, die Risikoteilung in Form von Mitversicherungen praktiziert wurde. Hier gab es lange Zeit keine Rückversicherungsgesellschaften. Die professionelle Rückversicherung ist als eine zentraleuropäische Spezialität entstanden und war gewissermaßen eine Antwort auf die britische Vormachtstellung. Als weiterer Faktor kommt hinzu, dass es in der Zeit Carl Thiemes gelang, die Rückversicherung durch neue Prinzipien wie das Quotensystem und die Gewinnbeteiligung für die Zedenten auf tragfähige Grundlagen zu stellen. Thieme bewirkte diesen Wandel nicht alleine, aber er trug mehr dazu bei als andere. Als dritter Faktor war auch der frühzeitige und konsequente Ausbau des internationalen Geschäfts von entscheidender Bedeutung, der den Unterschied gegenüber den Wettbewerbern ausmachte. Thieme gelang es, über Kapitalbeteiligungen ein Netz von Zedenten in zahlreichen Ländern zu schaffen, das der Münchener Rück einen großen Vorsprung sicherte, und er ging als risikofreudiger Unternehmensleiter in Märkte, die anderen als zu unsicher erschienen. Mehr noch als heute galt damals aber auch, dass das Wachstum eines Rückversicherers ab einer gewissen Größe selbstverstärkend werden kann. Erstversicherer suchen sich aus eigenem Interesse einen möglichst leistungsfähigen, erfahrenen und gut vernetzten Rückversicherer, der ihnen auch in schwierigen Zeiten den nötigen Rückhalt geben kann. Dadurch haben Branchenführer in dieser Sparte einen Wettbewerbsvorteil, der schwer aufzuholen ist. Er stellt aber keine Bestandsgarantie dar, sondern kann durch Missmanagement oder eine falsche Anlagestrategie verspielt werden und auch durch exogene Schocks verloren gehen.

Die Erfolgsgeschichte der Münchener Rück war gewiss kein Selbstläufer. Das Unternehmen erlebte als Folge des Ersten Weltkrieges einen tiefen Sturz. Das US-Geschäft, das vor dem Krieg das Aushängeschild und der wichtigste Gewinnbringer der Münchener Rück gewesen war, bestand nicht mehr. Der große russische Markt war ebenfalls verloren gegangen, und das verbliebene Auslandsgeschäft drohte durch die Hyperinflation in Deutschland wegzubrechen. Dass die Münchener Rück diese schwierige Phase unbeschadet überstand, hatte sie einigen strategisch richtigen Entscheidungen ihres neuen Vorstandsvorsitzenden Wilhelm Kißkalt zu verdanken. Das gilt besonders für die Gründung der Schweizer Tochtergesellschaft Union Rück, die einen sicheren Rückhalt in einem Hartwährungsland bot. Noch entscheidender war die enge Partnerschaft mit der Allianz, die von Thieme und mehreren Aufsichtsratsmitgliedern der Münchener Rück gegründet worden war und zum größten deutschen Erstversicherer aufstieg. Die Münchener Rück konnte sich auf dem Inlandsmarkt auf die Allianz stützen, die sie mit einer Rückversicherungsquote von zunächst 50 %, später dann 30 % alimentierte. Seit der starken Expansion der Allianz in den 1920er Jahren bildeten beide zusammen die mit Abstand größte Gruppe der deutschen, ja der europäischen Versicherungsbranche. Ihr Rang wurde von keinem Wettbewerber in Frage gestellt, aber oft kritisch gesehen, als übermäßige Konzentration wirtschaftlicher Macht, die sich auch in einer entsprechenden Verbandsmacht niederschlug. Diese Konstellation war im Übrigen nicht durch einen Masterplan zustande gekommen. Die Gründer der Allianz hatten sich dieses Unternehmen eher als einen die Münchener Rück ergänzenden Erstversicherer gedacht. Dass sich daraus ein sich gegenseitig verstärkendes Wachstum ergeben würde, hatten sie sich nicht vorstellen können.

In dieser Zeit bildete sich ein spezielles Unternehmensmodell der Münchener Rück heraus, das sich als sehr beständig erwies. Es war in vielem auf Absicherung gebaut. Langfristige Verträge zählten mehr als rasche Gewinne, eine konservative Bilanzierung der Beteiligungen und des gesamten Eigenkapitals wurde zum Markenzeichen des Unternehmens. Stabilität garantierten die enge Verbindung mit der Allianz und ein Netz internationaler Geschäftspartnerschaften und Kapitalbeteiligungen, das über alle Veränderungen im Verhältnis zwischen den jeweiligen Ländern hinweg aufrechterhalten blieb. Von den Banken war man aufgrund der eigenen Finanzkraft nicht abhängig. Das Bankhaus Merck, Finck & Co., das zu den Gründern der Münchener Rück gehört hatte, war zwar noch Großaktionär und stellte mit August von Finck bis 1945 den Aufsichtsratsvorsitzenden, hatte aber keinen Einfluss mehr auf die Geschäftspolitik. Dieses robuste Modell bewährte sich in einer Zeit, als viele Versicherer zusammenbrachen und sich die Skandale in der Branche häuften.

Auch nach dem Zweiten Weltkrieg erwies sich dieses Modell als sehr tragfähig. Die Münchener Rück hatte ihr gesamtes Auslandsgeschäft verloren und konnte erst nach einigen Jahren die Rückkehr auf den Weltmarkt angehen. Durch die Geldentwertung und die Währungsreform hatte die gesamte deutsche Versicherungsbranche schwer gelitten. Aber die alten Verbindungen waren geblieben. Die Allianz und die gemeinsamen Tochtergesellschaften sicherten über ihre Quoten die Teilhabe am beginnenden Wirtschaftsaufschwung, der dann zwei Jahrzehnte lang für ein außergewöhnlich hohes Wachstum sorgte. Die steigenden Realeinkommen führten bei den deutschen Erstversicherern zu einem Nachfrageboom, besonders bei den Lebensversicherern, von denen die beiden größten, die Allianz Leben und die Hamburg-Mannheimer, zur Gruppe Münchener Rück/Allianz gehörten. Das internationale Geschäft nahm zwar ab Mitte der 1960er Jahre stark zu, aber die Strukturen veränderten sich dadurch nur wenig, bei der Münchener Rück am ehesten noch durch die nunmehr rasch steigende Zahl von Mitarbeitern. Die großen europäischen Rückversicherungsgesellschaften fanden sich zu einem neuen Club zusammen, den «Cari Amici». Aber auch dies war nicht neu, sondern eher eine Fortsetzung der Form von internationaler Netzwerkbildung, wie sie die Münchener Rück schon früher und mit anderer politischer Ausrichtung auch während des Zweiten Weltkrieges betrieben hatte. Einen wichtigen Unterschied machte allerdings die erfolgreiche Rückkehr auf den US-Markt aus. Die Vereinigten Staaten waren zwar zu keiner Zeit der größte Auslandsmarkt der Münchener Rück, aber hier entschied sich in der Geschichte dieses Unternehmens immer wieder, ob es in der Lage war, auf dem Weltmarkt zu expandieren. Dem US-Geschäft verdankte die Münchener Rück ihren großen Durchbruch in den 1890er Jahren. Nach dem Ersten Weltkrieg war es ihr nicht mehr gelungen, hier eine bedeutendere Rolle zu spielen. Dies war erst ab den 1960er Jahren wieder der Fall.

An der Regulierung von Großschäden war die Münchener Rück in reichlichem Maße beteiligt, seit sie am Ende des 19. Jahrhunderts ihr Geschäft auf ganz Europa und auf Nordamerika ausgeweitet hatte. Auch die höchsten Schadenssummen haben sie nie vor finanzielle Probleme gestellt. Sicher trug dazu auch bei, dass sich die Regulierung solcher Schäden auf eine immer größer werdende Zahl von Versicherern verteilte. Gleichwohl haben viele Rückversicherer derartige Bewährungsproben nicht überstanden, während die Münchener Rück aufgrund ihres Prämienvolumens, ihres ausgefeilten versicherungstechnischen Instrumentariums und ihrer hohen stillen Reserven kaum auf ihre Schadensreserve zurückgreifen musste. Das Erdbeben von San Francisco vom 18. April 1906 galt lange als der höchste Schadensfall in der Geschichte der Münchener Rück, die damals mit rund 2,6 Mio. US-Dollar (63 Mio. EUR in heutigem Wert) beteiligt war, zumindest in Relation zum Prämienvolumen. Diesen Betrag konnte sie ohne größere Probleme aufbringen. Die Münchener Rück zahlte auch schnell. Thieme wollte aber aus Prinzip nur die Feuerschäden, nicht die Erdbebenschäden begleichen. Erst nach mehreren Monaten entschloss er sich zu einer kulanteren Zahlung, um den wichtigen US-Markt nicht zu verlieren. Sechzig Jahre später kamen auf die Münchener Rück in den USA wieder Großschäden durch Naturkatastrophen in einer neuen Dimension zu, etwa durch den Hurrikan Betsy vom September 1965. Noch teurer kamen 1976 die Sturmschäden durch den Orkan Capella. In Deutschland war die Hamburger Sturmflut vom Februar 1962 bislang der größte Schadensfall mit einem Betrag von rund 9 Mio. EUR.

In dem in dieser Studie untersuchten Zeitraum geriet die Münchener Rück auch durch Wirtschaftskrisen nie in eine Schieflage. Sie überstand diese Krisen besser als große Wettbewerber. Das gilt für die Hyperinflation von 1923 und die Weltwirtschaftskrise der frühen 1930er Jahre, aber auch für die dem-gegenüber recht moderaten Krisen der 1970er Jahre. In der Weltwirtschafts-krise zeigte sich, dass das technische Versicherungsgeschäft gegenüber einer derartigen Rezession recht unempfindlich war, weil mit einem Rückgang der Industrieproduktion und des Verkehrsaufkommens in wichtigen Versiche-rungssparten die Schadensquote sank. Dass sich damals die Zusammenbrüche von Versicherern häuften, war zumeist durch riskante Finanzgeschäfte, Miss-management oder ein falsches Geschäftsmodell bedingt. Die Münchener Rück beteiligte sich in solchen Fällen oft an der Sanierung und wirkte aufgrund ihrer Marktmacht in Krisen auch als Ordnungsfaktor, etwa bei der Über-nahme der FAVAG-Tochtergesellschaften, bei den Aufräumarbeiten nach dem Wiener Phönix-Skandal von 1936 und auch in den 1970er Jahren bei der Sanie-rung der DKV. Mitunter hatte die Münchener Rück aber auch nur Glück, da sie durch ihre zahlreichen Beteiligungen in Gefahr war, für hohe Defizite an-derer aufkommen zu müssen. So wäre sie fast in den Untergang der Wiener Lebensversicherungsgesellschaft Phönix und den damit verbundenen Skandal hineingezogen worden.

Von Währungsschwankungen und Geldentwertungen gingen für die Münchener Rück in ihrer Geschichte insgesamt größere Gefahren aus als von Rezessionen. Ein Versicherungsvertrag ist eben ein Geschäft mit Geldwerten. Ein transnational oder global operierender Versicherer bekommt Währungs-schwankungen auch dann zu spüren, wenn er über beträchtliche Devisen-reserven verfügt. Nach dem Zusammenbruch des internationalen Festkurs-Währungssystems von Bretton Woods Anfang der 1970er Jahre ging der Anteil des Auslandsgeschäfts am Prämienvolumen der Münchener Rück zu-nächst deutlich zurück.

Die schwersten Rückschläge, gegen die auch das Modell der Münchener Rück nicht gewappnet war, brachte der Ausgang der beiden Weltkriege. Die Jahre nach den beiden Weltkriegen waren zweifellos die Tiefpunkte in der hier behandelten Geschichte des Unternehmens. Anders als vor 1918 hatte die Münchener Rück vor 1945 allerdings im Rahmen der nationalsozialistischen Expansionspolitik vom Krieg profitiert.

Das Verhalten der Unternehmensleitung im Dritten Reich ist das fins-terste Kapitel dieser Unternehmensgeschichte. Die Münchener Rück war zwar an der Ausraubung jüdischer Versicherungsnehmer und an SS-Geschäften nicht direkt beteiligt, wohl aber indirekt, als Rückversicherer. Obwohl die Parolen der Nationalsozialisten so gar nicht zu den Prinzipien dieses inter-national ausgerichteten, auf Vertrauen und Etikette bedachten Unternehmens passten, das mit vielen Geschäftspartnern jüdischer Herkunft in zum Teil enger Verbindung stand, kam der Vorstand allen Erwartungen der national-sozialistischen Machthaber nach. Die Vorstandsmitglieder Kißkalt und Alzheimer traten zu einem frühen Zeitpunkt und aus freien Stücken in die NSDAP ein. Bei der Belegschaft lag der Anteil der Parteimitglieder dagegen relativ niedrig. Unter den damals rund 450 Mitarbeitern der Münchener Rück befanden sich offenbar – mit einer nicht näher verifizierbaren Ausnahme – keine Juden.

Während der Vorstandsvorsitzende Kißkalt eher durch seinen juristischen Sachverstand bei den Beratungen der Akademie für Deutsches Recht mit den Machthabern in Kontakt kam, war dies bei seinem Nachfolger, dem früheren Allianz-Chef und Reichswirtschaftsminister Kurt Schmitt, anders. Er war gegenüber Größen des Regimes wie Göring von einer geradezu gläubigen Verehrung erfüllt, die in krassem Gegensatz zu seinem scharfen Verstand, seiner weltgewandten Art und seiner dominanten Persönlichkeit stand. Durch die Protektion Görings war Schmitt Mitte 1933 Reichswirtschaftsminister geworden – ein Amt, das er nach einem Jahr wegen unüberbrückbarer Differenzen über die wirtschaftspolitischen Prioritäten wieder aufgab. Schmitt gehörte auch der SS und dem Freundeskreis Reichsführer SS an und hatte zu Himmler ein gutes Verhältnis. Es gibt recht eindeutige Hinweise, dass Schmitt gegen die Ermordung der Juden war, aber er setzte sich gleichwohl mit den Tätern an einen Tisch. In der Branche war der Vorstandsvorsitzende der Münchener Rück wegen seiner politischen Verbindungen und der Marktmacht seines Konzerns der natürliche Sprecher der privatwirtschaftlichen Versicherungsgesellschaften, die sich von den politisch protegierten öffentlich-rechtlichen Versicherern bedroht fühlten. In derartigen Konflikten intervenierte Schmitt immer wieder und in der Regel recht erfolgreich, auch in annektierten Gebieten und besetzten Ländern.

Trotz ihres bedeutenden Auslandsgeschäfts erlitt die Münchener Rück durch die Devisenbewirtschaftung und die Autarkiebestrebungen des Dritten Reichs keine größeren Nachteile. Die Versicherungswirtschaft konnte Sonderregelungen erwirken, wobei Schmitts Verbindungen nützlich gewesen sein dürften. Nach eigenen Berechnungen überholte die Münchener Rück 1935 die Schweizer Rück und wurde erstmals seit dem Ersten Weltkrieg wieder Weltmarktführer. Von der Ausraubung der Juden profitierte die Münchener Rück in verschiedenen Formen. Die Gewinne, die den Lebensversicherungen durch die «Juden-Stornos» und die Konfiskation jüdischer Policen zuflossen, weil nur der Rückkaufpreis an das Reich abgeführt werden musste, kamen durch die Quotenverträge auch den Rückversicherern zugute. Zudem konnte das Unternehmen in München eine größere Zahl von Immobilien aus jüdischem Eigentum unter Preis kaufen.

Bei der Expansion der deutschen Wirtschaft in die annektierten Gebiete und die während des Krieges besetzten Länder nahm die Münchener Rück wegen ihres bedeutenden Auslandsgeschäfts und ihrer zahlreichen Kapitalbeteiligungen in den Nachbarländern eine gewisse Sonderrolle ein. Fast überall hatte sie bereits vor dem Krieg enge Geschäftspartner, in Wien kontrollierte sie vor 1938 eine der größten Versicherungsgesellschaften, in Polen vor 1939 sogar mehr als 50 % des Versicherungsmarkts. Die Münchener Rück hatte daher – mit Ausnahme eines Falles in Prag – kein Interesse, die Besatzung für Übernahmen zu nutzen. In der Regel war ihr daran gelegen, den Beteiligungsbestand in diesen Ländern möglichst unbeschadet zu halten. Mit Übernahmen hätte sie nur ihren eigenen Konzerngesellschaften Konkurrenz gemacht. Dadurch unterschied sie sich von Unternehmen wie der Deutschen Bank, der Dresdner Bank oder dem Flick-Konzern, aber auch von der Allianz, die z. B. in Wien erst nach dem «Anschluss» eine bedeutende Kapitalbeteiligung übernahm. Die Münchener Rück stellte sich in diesen Ländern nicht selten schützend vor Erstversicherer, an denen sie beteiligt war, oder vor einzelne Direktoren dieser Gesellschaften. Ebenso war es in ihrem ureigenen Interesse, das sorgsam aufgebaute internationale Netzwerk von Beteiligungen aufrechtzuerhalten. Unter Ausnutzung der nationalsozialistischen Hegemonie über Kontinentaleuropa gründete Kurt Schmitt in enger Kooperation mit der Riunione und der Generali 1941 eine Vereinigung von Rückversicherern, die in die von Lloyd's hinterlassene Lücke bei der Deckung von Großrisiken einspringen sollte. Diese Vereinigung war aber auch darauf angelegt, die britischen Versicherer zugunsten einer deutschen Vormachtstellung dauerhaft zurückzudrängen.

Die Geschichte der Münchener Rück zeigt, wie sich der Versicherungsgedanke und die Wahrnehmung von Risiken in diesem Zeitraum verändert haben. Das Unternehmen hat immer wieder selbst zur Einführung neuer Versicherungszweige beigetragen, wie etwa im Fall der Maschinenversicherung oder bei der Lebensversicherung gegen erhöhte Risiken. Die Erstversicherer waren oft nur bereit, sich in solche neuen Märkte hineinzuwagen, wenn sie das Risiko zu einem großen Teil oder sogar vollständig an die Münchener Rück zedieren konnten. Oft zogen die Erstversicherer und die Münchener Rück mit der Entwicklung neuer Angebote auch nur der technischen Entwicklung hinterher wie bei der Kfz-Vollkasko-Versicherung und der Transportversicherung für Flugzeuge bzw. Luftfracht.

In der Zusammensetzung des Rückversicherungsgeschäfts nach Sparten spiegeln sich wiederum die Strukturveränderungen der gesamten Versicherungsbranche wider. Lange Zeit brachte das Feuergeschäft, eine der ältesten Assekuranz-Sparten, der Münchener Rück die meisten Prämien ein. Dies begann sich zu ändern, als die Allianz ein bedeutender Transportversicherer wurde, vor allem aber durch die Ausbreitung der Lebensversicherung. Sie wurde zur wichtigsten Sparte, später dann neben der Kfz-Versicherung. Mit einem zunehmend ausdifferenzierten Angebot wollten die Versicherer in einem gesättigten Markt noch neue Kunden gewinnen. Auch die internationale Angleichung war nun ein wichtiger Faktor, etwa bei der Einführung der Produkthaftpflichtversicherung in den 1960er Jahren. Die Münchener Rück gab mehrfach wichtige Anstöße für die Ausarbeitung international verbindlicher Kriterien zur Unterscheidung zwischen versicherbaren und nicht versicherbaren Risiken. Hier zeigten sich allerdings auch immer wieder die Grenzen der Definitionsmacht von Versicherern. Im Zweifelsfall musste sich die Branche der jeweiligen nationalen Gesetzgebung beugen. Erdbeben gelten in Europa einvernehmlich als ein nicht versicherbares Risiko, zumindest nicht im Rahmen der Feuerversicherung, in den USA und in Japan hat eine derartige Klausel in Feuerverträgen dagegen keine Geltung. Beim Kriegsrisiko wurden sich die Lebensversicherer nach langem Vorlauf einig, es mit einem Zuschlag zu decken. Die Feuerversicherer schlossen es dagegen ebenso aus wie das Bürgerkriegsrisiko, und bei den Transportversicherern wurden vor dem Zweiten Weltkrieg Klauseln für den Kriegsfall eingeführt, die nicht mehr zuließen, dass Schiffsfracht an Land gedeckt wurde.

Die Unternehmensgeschichte der Münchener Rück zeigt ferner, wie sich die Risikobewertung verändert hat. Selbst die großen Rückversicherer folgten lange Zeit lediglich ihren Zedenten. Sie übernahmen die Risiken, die die Zedenten in Rückdeckung gaben, und richteten die Quote nach deren Selbstbehalt aus. Ein verlustreiches Geschäft oder ein finanziell angeschlagener Zedent waren ein schlechtes Risiko. Erst seit den 1920er Jahren wurden statistisch gestützte Tarifierungen entwickelt, zunächst bei der Versicherung gegen erhöhte Risiken, später vor allem im Bereich der Versicherung von Großtechnik, etwa von Flugzeugen. In den 1970er Jahren kam es zu grundlegenden Veränderungen, die eng mit der Durchsetzung der EDV-Technik zusammenhingen. Rückversicherer bewerten Risiken seither auch auf der Grundlage von Prognosen, die sich auf naturwissenschaftliches Expertenwissen stützen, etwa auf dem Gebiet der Geophysik oder in der Meteorologie.

Das Unternehmensmodell der Münchener Rück blieb indessen auch in den 1970er Jahren weitgehend unverändert bestehen. Die Überkreuz-Kapitalverflechtung mit der Allianz und die enge Zusammenarbeit beider Unternehmen, auch im Rahmen der sogenannten Deutschland AG, wurden nicht in Frage gestellt. Die Münchener Rück hatte nun erstmals auf allen Erdteilen ein bedeutendes Geschäft, war ein international aufgestelltes Unternehmen, aber in ihrer Zentrale gab es kaum nicht-deutsche Mitarbeiter, schon gar nicht auf der Leitungsebene. Die Sprache innerhalb des Unternehmens war weiterhin Deutsch. Zu dieser Beharrungsfähigkeit trug die homogene Zusammensetzung des Vorstands wesentlich bei. Dessen Mitglieder hatten durchweg eine Hauskarriere gemacht, waren stark von der Unternehmenskultur der Münchener Rück geprägt und sahen es als ihre Aufgabe an, diese zu bewahren und weiterzugeben. Tatsächlich war die Münchener Rück mit ihrem Modell nach wie vor sehr erfolgreich. Dass sie mehr auf Rentabilität als auf Volumen achtete, hatte sich ebenso bewährt wie die konservativen Prinzipien bei der Finanzierung und Bilanzierung. Auch hatten die Hauskarrieren Vorstandsvorsitzende hervorgebracht, um die das Unternehmen von den Wettbewerbern beneidet wurde. Eberhard von Reininghaus, der erste Vorstandsvorsitzende nach dem Krieg, hatte zwar keine Hauskarriere vorzuweisen, aber er war wie kaum ein anderer geeignet, die Münchener Rück aus der braunen Vergangenheit herauszuführen. Sein Nachfolger, der dominante Alois Alzheimer, verkörperte alle Erwartungen, die sich in dieser Zeit an einen bedeutenden Generaldirektor eines großen Unternehmens richteten. Dessen Nachfolger Horst Jannott verstand es, die tradierten Prinzipien der Münchener Rück mit den Modernisierungstrends der 1970er Jahre zu verbinden.

Der nächste tiefe Einschnitt in der Unternehmensgeschichte der Münchener Rück erfolgte später, mit der beschleunigten Globalisierung und der Trennung von der Allianz. Auch tritt die Münchener Rück inzwischen als Munich Re auf. Da sich mit diesem Wandel viele Muster veränderten, ist das hier beschriebene Unternehmensmodell der Münchener Rück abgeschlossene Geschichte. Es bleibt einer späteren Studie vorbehalten, die nachfolgenden Veränderungen und die Geschichte von Munich Re zu untersuchen. Sie wird dann aus größerer Distanz urteilen und sich hoffentlich auch auf Archivquellen aus dieser Zeit stützen können.

Anhang

Anmerkungen

Teil I: Aufstieg, Bewährungsproben und Rückschläge (1880–1932)

2. Die Anfänge der Rückversicherung: Der lange Weg zur Gleichstellung

1 Albert Schug, Der Versicherungsgedanke und seine historischen Grundlagen (Beiträge zu Grundfragen des Rechts, 6), Göttingen 2011.

2 Der Text dieses Vertrags findet sich abgedruckt und kommentiert in: Bernd Mossner, Die Entwicklung der Rückversicherung bis zur Gründung selbständiger Rückversicherungsgesellschaften, Berlin 1959, S. 28 ff.; Werner Sack, Die deutsche Rückversicherung in der Entwicklung (Veröffentlichungen des Instituts für Versicherungswirtschaft an der Universität Leipzig, Heft 6), Leipzig 1941, S. 48 ff.; Enrico Bensa, Il Contratto di Assicurazione nel Medio Evo, Genua 1884, Doc. VIII. Vgl. ferner: Edwin W. Kopf, Notes on the Origin and Development of Reinsurance, in: Proceedings of the Casualty Actuarial Society (Casualty Actuarial Society) XVI (1929), S. 26; Klaus Gerathewohl, Rückversicherung. Grundlagen und Praxis, Bd. 2, Karlsruhe 1979, S. 653.

3 Sack, Rückversicherung, S. 52 ff.; Mossner, Entwicklung, S. 46 ff. Verbreitete Praxis war es auch, dass ein Versicherer zum Risikoausgleich mit einer Vielzahl von Kunden Verträge abschloss.

4 Sack, Rückversicherung, S. 52 ff.

5 Peter Koch, Geschichte der Versicherungswirtschaft in Deutschland, Karlsruhe 2012, S. 26 f.

6 Koch, Geschichte, S. 30 ff.; Franz Büchner, Die Entstehung der Hamburger Feuerkasse und ihre Entwicklung bis zur Mitte des 19. Jahrhunderts, in: 300 Jahre Hamburger Feuerkasse, Karlsruhe 1978, S. 1–49.

7 Kopf, Notes, S. 27 f.

8 Vgl. Frederick Martin, The History of Lloyd's and of Marine Insurance in Great Britain, Clark N. J. 2004.

9 118 Jahre ohne Rückversicherung, in: Zeitschrift für Versicherungswesen 16. Jg. (1965), Nr. 21, S. 851 f.

10 Mossner, Entwicklung, S. 75 ff.

11 Zum South Sea Bubble von 1720 vgl. u. a. John Carswell, The South Sea Bubble, Stanford 1960; Charles P. Kindleberger/Robert Z. Aliber, Manias, Panics, and Crashes. A History of Financial Crises, 6th ed., New York 2011, S. 158 f.

12 Geoffrey Wilson Clark, Betting on Lives: the Culture of Life Insurance in England, 1695–1775, Manchester/New York 1999, S. 21 f.

13 Mossner, Entwicklung, S. 76 f.; Gerathewohl, Rückversicherung, Bd. 2, S. 24; 118 Jahre ohne Rückversicherung, in: Zeitschrift für Versicherungswesen 16. Jg. (1965), Nr. 21, S. 851 f.

14 Die Erste Hamburger Assecuranz-Compagnie war 1765 als Seetransportversicherer gegründet worden, ebenso wie die im selben Jahr in Berlin errichtete Assecuranz-Kammer. Erst 1779 entstand mit der Fünften Hamburgischen Assekurranz-Compagnie eine Feuerversicherungsgesellschaft auf Aktienbasis, die als einzige der frühen deutschen Assecuranz-Gesellschaften längere Zeit am Markt blieb. Dieses Unternehmen musste nach dem Hamburger Großbrand von 1842 die Zahlungen einstellen. Alexander Müssener, Die Entwicklung der Aachener Feuer-Versicherungs-Gesellschaft im 19. Jahrhundert unter besonderer Berücksichtigung ihrer Allgemeinen Versicherungsbedingungen, Hamburg 2008, S. 37 ff. Vgl. ferner Sack, Rückversicherung, S. 76 f.

15 Kopf, Notes, S. 28.

16 100 Jahre Kölnische Rückversicherungs-Gesellschaft, Köln o.J. (1952), S. 19.

17 Vgl. Hans Christoph Atzpodien, Die Entwicklung der preußischen Staatsaufsicht über das private Versicherungswesen im 19. Jahrhundert, unter besonderer Berücksichtigung ihres Verhältnisses zum Wirtschaftsliberalismus. Jur. Diss. Universität Bonn 1982, S. 24 ff.

18 Darauf wies bereits die Chronik zum 100-jährigen Jubiläum der Kölnischen Rück hin. 100 Jahre Kölnische Rückversicherungs-Gesellschaft, S. 30.

19 Zitiert nach dem Abdruck des Dokuments in: ebd., S. 15.

20 Ebd., S. 12 f. Von Hollitscher sieht in dem 1842 gegründeten Rückversicherungsverein der Niederrheinischen Güterassekuranzgesellschaft in Wesel, der nur das Transportgeschäft betrieben hat, die erste professionelle Rückversicherungsgesellschaft der Welt. Carl Heinrich von Hollitscher, Internationale Rückversicherung, Berlin 1931, S. 98.

21 Sack, Rückversicherung, S. 138 f.

22 100 Jahre Kölnische Rückversicherungs-Gesellschaft, S. 54 ff.; Koch, Geschichte, S. 86.

23 Koch, Geschichte, S. 87. Im Fall der Aachener Rückversicherung ging der entscheidende Anstoß zur Gründung offenbar tatsächlich vom Hamburger Großbrand von 1842 aus. Gerathewohl, Rückversicherung, Bd. 2, S. 738 f.

24 Sack, Rückversicherung, S. 143 f.

25 Tobias Straumann, Der unsichtbare Riese: Die Geschichte von Swiss Re 1863–2013, in: Harold James (Hg.), Swiss Re und die Welt der Risikomärkte. Eine Geschichte, München 2014, S. 338 ff.; Robin Pearson, The Birth Pains of a Global Reinsurer: Swiss Re of Zürich, 1864–79, in: Financial History Review, Vol. 8, Part 1 (April 2001), S. 27–47; Eleonora Rohland, Sharing the Risk: Fire, Climate and Disaster. Swiss Re, 1864–1906, Lancaster 2011, S. 28 ff.

26 Straumann, Riese, S. 338 f.

27 Kopf, Notes, S. 40.

28 Robin Pearson, The Development of Reinsurance Markets in Europe during the Nineteenth Century, in: Journal of European Economic History 24 (1995), S. 551–571, v. a. S. 569 ff. (Zitat auf S. 569).

29 100 Jahre Kölnische Rückversicherungs-Gesellschaft, S. 59 f.

30 Ebd., S. 59.

31 Straumann, Riese, S. 354–351; Pearson, Pains, S. 33 ff.

32 Zitiert nach Ludwig Arps, Auf sicheren Pfeilern. Deutsche Versicherungswirtschaft vor 1914, Göttingen 1965, S. 208. Wallmann's Versicherungs-Zeitschrift war 1873

durch Umbenennung der Preußischen Versicherungs-Zeitschrift entstanden. Sie
ging 1921 in der Versicherungspost auf.

33 Siehe ebd., S. 209.

34 Straumann, Riese, S. 348.

35 Eine ausführliche Wiedergabe der Beschlüsse findet sich in: Martin Herzog, Was
Dokumente erzählen können – Zur Geschichte der Münchener Rück, überarb. von
Gerd Hoffmann, Ms. München 2005, S. 11 f. Den Vorsitz der Münchner Rückver-
sicherungs-Konferenz vom 25./26. 11. 1868 hatte Conrad Schaefsberg, einer der beiden Direktoren der Kölnischen Rück. An der Konferenz nahmen außer ihm noch
führende Repräsentanten der Schweizerischen Rück, der österreichischen Rückversicherungsgesellschaft Securitas, der beiden französischen Rückversicherer Caisse
Générale de Réassurances und Compagnie La Réassurance sowie der Ungarischen
Rückversicherungs-Bank und der Ungarischen Rückversicherungs-Anstalt Panno-
nia teil. Ebd., S. 11, Anm. 66.

36 Ebd., S. 9.

37 Arps, Versicherungswirtschaft, S. 209.

38 Belastbare Angaben über den Anteil ausländischer Versicherer am deutschen Rückversicherungsgeschäft liegen nicht vor. Walther Meuschel schätzt in seiner Ausarbeitung zur Geschichte der Münchener Rück, dass die deutschen Erstversicherer
im Jahr 1880 Rückversicherungsprämien in Höhe von insgesamt 45,5 Mio. Mark gezahlt haben, während die deutschen Rückversicherer im gleichen Jahr einschließlich ihres Auslandsgeschäfts nur ein Prämienaufkommen von 13 Mio. Mark hatten.
Walther Meuschel, Geschichte der Münchener Rück. 1. Teil. Erweiterte Niederschrift eines Referats gehalten am 21. 5. 1963, Ms. München 1963, S. 15. Nach der von
Arps in seiner Geschichte der deutschen Versicherungswirtschaft vor 1914 veröffentlichten Statistik lagen die Prämieneinnahmen der deutschen Rückversicherer
1880 dagegen bei 19,67 Mio. Mark. Arps, Versicherungswirtschaft, S. 212.

3. Gründung und Anfänge der Münchener Rück

1 K. Bayerisches Staatsministerium des Innern, Abtheilung für Landwirthschaft, Gewerbe und Handel, 15. 3. 1880, an das Bankhaus Merck, Finck et Cie. in München,
15. 3. 1880, Historisches Archiv von Munich Re [im Folgenden: HAMR].

2 Siehe Tabelle 1 auf S. 32.

3 Auszug aus Wilhelm Pemsels Aufzeichnungen (1932–1937), in: HAMR, Persona-
lia/4.

4 Julius Wilhelm Thieme (1816–1892) trat 1844 als Baumeister in die Thüringische
Eisenbahngesellschaft ein und wechselte 1853 zur Thuringia Versicherung, wo er
1869 stellvertretendes und 1882 ordentliches Vorstandsmitglied wurde. Stammbaum Familie des Gründers Carl von Thieme, in: HAMR; Amtsblatt der Preußischen Regierung zu Erfurt, Jg. 1838, S. 188; Auszug aus dem Trauregister der evan-
gelischen Prediger-Pfarrkirche in Erfurt, Jg. 1940, S. 78 (Abschrift 18. 4. 1936), in:
HAMR, Personalia/2; Thuringia. 100 Jahre einer deutschen Versicherungsgesellschaft 1853–1953, München 1953, S. 75 f., 279.

5 Thuringia, S. 71.

6 Ebd., S. 60 ff., 82.

7 Ebd., S. 79 f.

8 Ebd., S. 215.

9 Reinhard Spree, Two Chapters on early history of the Munich Reinsurance Company: The Foundation/The San Francisco Earthquake (Munich Discussion Paper No. 2010–11, Department of Economics, University of Munich), München 2010, S. 5.

10 Zur Biografie Oskar Thiemes siehe S. 390, Anm. 55. Carl Thieme stand mit seinem Sohn Oskar stets in Kontakt und setzte ihn auch zusammen mit seinen ehelichen Kindern als Erben ein.

11 Spree, Chapters, S. 6.

12 Wilhelm Kißkalt, Erinnerungen an die Münchener Rück, Ms. Garmisch-Partenkirchen 1953, S. 5.

13 Rainer Gömmel, Der Aufstieg zum führenden bayerischen Finanzplatz (1860er Jahre bis 1914), in: Hans Pohl (Hg.), Geschichte des Finanzplatzes München, München 2007, S. 131. Vgl. hierzu Franz Mauelshagen, Sharing the Risk of Hail: Insurance, Reinsurance and the Variability of Hailstorms, in Switzerland, 1880–1932, in: Environment and History 17 (2011), S. 173 f.

14 Thuringia, S. 216.

15 Spree, Chapters, S. 5. Nach Angaben Sprees arbeitete Knote seit Oktober 1872 bei der Providentia Versicherung in Frankfurt am Main.

16 Ebd., S. 12.

17 Zitiert nach ebd., S. 11.

18 Auszug aus Wilhelm Pemsels Aufzeichnungen (1932–1937), in: HAMR, Personalia/4. Spree weist darauf hin, dass Thieme und Pemsel gemeinsam einem Komitee Münchner Bürger angehörten, das anlässlich des Geburtstags Kaiser Wilhelms I. am 20. 3. 1880 zu einem Festmahl einlud. Zu diesem Zeitpunkt war die Konzession zur Gründung der MR freilich schon erteilt worden. Reinhard Spree, Eine bürgerliche Karriere im deutschen Kaiserreich. Der Aufstieg des Advokaten Dr. jur. Hermann Ritter von Pemsel in Wirtschaftselite und Adel Bayerns, unter Mitarbeit von Irmgard Robertson, geb. Pemsel, Aachen 2007, S. 309.

19 Gömmel, Aufstieg, S. 97 f., 112 ff. Am Stammkapital von Merck, Christian & Co. in Höhe von 700 000 Gulden waren die Bank für Handel und Industrie (Darmstädter Bank) mit 46,4 % beteiligt, Freiherr Theodor von Cramer-Klett mit 39,3 %. Johannes Biensfeldt, Freiherr Dr. Th. von Cramer-Klett, erblicher Reichsrat der Krone Bayern. Sein Leben und sein Werk. Ein Beitrag zur bayrischen Wirtschaftsgeschichte des 19. Jahrhunderts, Leipzig/Erlangen o. J. (1922), S. 125.

20 Auszug aus Wilhelm Pemsels Aufzeichnungen (1932–1937), in: HAMR, Personalia/4.

21 Bernhard Hoffmann, Wilhelm von Finck 1848–1924. Lebensbild eines deutschen Bankiers, München 1953, S. 50.

22 Nach Biensfeldt fand die Begegnung in Bernrieth in der Oberpfalz statt. Spree kann nachweisen, dass es sich um Bad Ems gehandelt haben muss, weil Thieme im Mai 1879 dort zur Kur war. Biensfeldt, Cramer-Klett, S. 179; Spree, Chapters, S. 12.

23 Biensfeldt, Cramer-Klett, S. 179 f.

24 Spree, Chapters, S. 15.

25 Nach einer Schätzung von Walther Meuschel zahlten die deutschen Erstversicherer im Jahr 1880 Rückversicherungsprämien in Höhe von rund 32,5 Mio. Mark ins Ausland. Das entsprach einem Anteil von 71 % an der Gesamtsumme ihrer Rückversicherungsprämien (45,5 Mio. Mark). Meuschel, Geschichte, T. 1, S. 15. Siehe hierzu auch S. 375, Anm. 38.

26 Zur Biografie Theodor Cramer-Kletts (1817–1884) vgl. Biensfeldt, Cramer-Klett; Johannes Bähr/Ralf Banken/Thomas Flemming, Die MAN. Eine deutsche Industriegeschichte, München 2008, S. 178 ff., 190 ff.; Rosalie Freiin von Cramer-Klett, Freiherr Theodor von Cramer-Klett (1817–1884) – Unternehmer, Visionär und Wegbereiter. Diplomarbeit Universität Wien, Wien 2010; Reinhard Spree, Der Industrie-Pionier und Finanzier Theodor von Cramer-Klett, http://rspree.wordpress.com/2012/05/23/der-industrie/

27 Kißkalt, Erinnerungen, S. 5.

28 Zur Biografie Hermann Pemsels (1841–1916) siehe Spree, Karriere.

29 Auszug aus Wilhelm Pemsels Aufzeichnungen (1932–1937), in: HAMR, Personalia/4.

30 Kißkalt, Erinnerungen S. 3.

31 Zur Biografie Wilhelm Fincks (1848–1924) vgl. Hoffmann, Finck.

32 Ebd., S. 53.

33 Siehe hierzu den Überblick in Gömmel, Aufstieg, S. 131 ff.

34 Vgl. ebd., S. 96 ff.

35 Münchener Rückversicherungs-Gesellschaft an Franz Steffan, 15. 5. 1968, in: HAMR, AA/319.

36 Siehe oben S. 19.

37 Julius Thieme an Carl Thieme, 11. 4. 1880, in: HAMR, Personalia/25.

38 Ebd.

39 Ebd.

40 Thuringia, S. 82. Nachdem die MR zum Weltmarktführer aufgestiegen war, wurde bei der Thuringia die Entscheidung von 1886 bedauert. Vgl. hierzu ebd.: «Es kam nicht dazu! Warum? Bangte man in Erfurt um seine Unabhängigkeit?»

41 Herzog, Dokumente, S. 18.

42 Zitiert nach ebd. Thieme's Brief wurde in Wallmann's Versicherungs-Zeitschrift (10. 4. 1880), in der Zeitschrift für Versicherungswesen (Jg. 1880, S. 163) und in der Deutschen Versicherungs-Zeitung (Jg. 1880, S. 224) veröffentlicht.

43 Herzog, Dokumente, S. 18.

44 Zitat aus dem Brief Thiemes an den Direktor der Basler Feuer, Troxler, vom 15. 12. 1881. Zitiert nach Herzog, Dokumente, S. 69.

45 Niederschrift der 1. Aufsichtsratssitzung am 23. 4. 1880, in: HAMR, AR-P/1; Herzog, Dokumente, S. 26 f. Der Rückversicherungsvertrag mit der Thuringia wurde am 20./24. 4. 1880 abgeschlossen. Ebd., S. 42.

46 Thuringia, S. 82.

47 Niederschrift der 1. Aufsichtsratssitzung am 23. 4. 1880, in: HAMR AR-P/1; MR, Geschäftsbericht 1880/81.

48 Die ersten Mitarbeiter der MR waren die Angestellten Fiedler, Halder, Kinderle und Ramstetter – http://www.munichre.com/en/corporate/history/re-view_a_magazine/magazine_04.aspx [zuletzt gesehen am 20. 3. 2015].

49 Zu Carl Schreiners (1854–1948) weiterem Werdegang als Leiter des Foreign Departments der MR siehe S. 57–62.

50 100 Jahre Münchener Rück 1880–1980 (Anlage zu: MR, Geschäftsbericht 1978/79), S. 21; Uli Walter, Der Umbau der Münchner Altstadt (1871–1914), E-Publikation, München 2013, S. 42 ff.

51 Herzog, Dokumente, S. 23.

52 Ebd., S. 25 f. Den Dienstvertrag schlossen Merck, Finck & Co. und Hermann Pemsel als Konzessionäre der MR mit Thieme ab.

53 Ebd., S 26.

54 Marcus Lutter, Der Aufsichtsrat im Wandel der Zeit – von seinen Anfängen bis heute, in: Walter Bayer/Mathias Habersack (Hg.), Aktienrecht im Wandel, Bd. II: Grundfragen des Aktienrechts, Tübingen 2007, S. 392 ff. Dass davon vielfach Gebrauch gemacht worden ist, belegen Untersuchungen zur Corporate Governance in der Zeit des Kaiserreichs. Vgl. u. a. Hans Pohl, Zur Geschichte von Organisation und Leitung deutscher Großunternehmen seit dem 19. Jahrhundert, in: Zeitschrift für Unternehmensgeschichte 26. Jg. (1981), S. 163 f.; Carsten Burhop, Banken, Aufsichtsräte und Corporate Governance im Deutschen Reich (1871–1913), in: Bankhistorisches Archiv 32. Jg. (2006), S. 3 ff.

55 Zitiert nach: Thuringia, S. 52. Zur Charakteristik Fincks vgl. Hoffmann, Finck, v. a. S. 32 f., 53 ff.

56 50 Jahre Münchener Rückversicherung 1930, Ms. (Entwurf), 24. 10. 1930, S. 3, in: HAMR; Spree, Chapters, S. 21.

57 Arps, Versicherungswirtschaft, S. 212.

58 Siehe hierzu die Tabelle zur Prämienentwicklung der MR, der Kölnischen Rück und der Schweizerischen Rück von 1880 bis 1914 in: Harold Kluge, Der Einfluss des Geschäfts der «Allianz» auf die Entwicklung der «Münchener Rückversicherungs-Gesellschaft» in deren ersten fünfzig Jahren (1880–1930), in: Jahrbuch für Wirtschaftsgeschichte 2006/2, S. 238. Vgl. auch Philip Wältermann, Unternehmenserfolg in der Versicherungswirtschaft. Langfristige Erfolgsfaktoren in der Assekuranz, Berlin 2008, S. 136.

59 Kluge, Einfluss, S. 238.

60 Ebd. Nach den von Arps veröffentlichten Daten lag der Anteil der MR am deutschen Rückversicherungsgeschäft 1880 bei 22,5 %. Arps, Versicherungswirtschaft, S. 212.

61 Arps, Versicherungswirtschaft, S. 249.

62 MR, Geschäftsbericht 1880/81; Herzog, Dokumente, S. 32.

63 Münchener Rückversicherungs-Gesellschaft, in: Deutsche Versicherungs-Zeitung Jg. 1896, S. 193 f. (HAMR, AA/381).

64 Julius Thieme an Carl Thieme, 16. 5. 1880, in: HAMR, Personalia/25.

65 Ebd.

66 Herzog, Dokumente, S. 43 ff.

67 Siehe hierzu ebd., S. 32, S. 42.

68 Zur Schweizer Rück siehe S. 22. Die Kölnische Rück hatte ihr Frankreichgeschäft nach einigen Verlusten 1870 aufgegeben, 100 Jahre Kölnische Rückversicherungs-Gesellschaft, S. 60. Zum Rückversicherungsgeschäft der Thuringia im Ausland siehe Thuringia, S. 71.

69 Münchener Rückversicherungs-Gesellschaft, in: Deutsche Versicherungs-Zeitung Jg. 1896, S. 193 f. (HAMR, AA/381).

70 Meuschel, Geschichte, Bd. 1, S. 26.

71 Münchener Rückversicherungs-Gesellschaft, in: Deutsche Versicherungs-Zeitung Jg. 1896, S. 193 f. (HAMR, AA/381).

72 Arps, Versicherungswirtschaft, S. 213; Koch, Geschichte, S. 121.

73 In den ersten Geschäftsjahren zahlte die MR eine Dividende in Höhe des statuten-mäßig festgelegten Mindestsatzes von 4 %. Bis 1889/90 stiegen die Ausschüttungen schrittweise auf 10,5 % an. Bei der Kölnischen Rück bewegte sich die Dividende während dieses Zeitraums auf einem Niveau zwischen 10 % und 15 %, mit Ausnahme des Geschäftsjahrs 1884/85 (8 %). Münchener Rückversicherungs-Gesellschaft, Dividenden 1880/81–1914/15, in: HAMR, AA/315; Kluge, Einfluss, S. 549.

74 Persönliche Aufzeichnungen von Martin Herzog über die Geschichte der Münchener Rück, o. D., in: HAMR, NA/29. Consols (Consolitated Annuities) wurden in verschiedenen Staaten, auch in Preußen, als festverzinsliche Wertpapiere mit unbegrenzter Laufzeit ausgegeben.

75 Der Österreichische Phönix war 1860 unter dem Namen Anker von der Dresdner Feuerversicherung gegründet worden.

76 Niederschrift der 10. Aufsichtsratssitzung der Münchener Rückversicherungs-Gesellschaft am 21. 7. 1881, in: HAMR, AR-P/1.

77 Statistik der Prämieneinnahmen im Feuergeschäft nach Ländern 1880/81–1902/03, in: HAMR, AA/339.

78 Siehe hierzu die Übersicht in: Herzog, Dokumente, S. 33.

79 Ebd., S. 55.

80 Ebd., S. 124.

81 Nach Meuschel erhielt die Hamburger Firma H. F. M. Mutzenbecher die erste Generalagenturvollmacht der MR. Meuschel, Geschichte, T. 1, S. 30. Zur Geschichte der Familie Mutzenbecher und ihrer Versicherungsgesellschaften vgl. Geert-Ulrich Mutzenbecher, Die Versicherer. Geschichte einer Hamburger Kaufmannsfamilie, Hamburg 1993.

82 Herzog, Dokumente, S. 63.

83 Ebd., S. 39.

84 Ebd., S. 38.

85 Deutsche Versicherungs-Zeitung Jg. 1899, S. 661 (HAMR, AA/381).

86 Herzog, Dokumente, S. 31.

87 MR, Geschäftsberichte 1880/81–1890/91; Herzog, Dokumente, S. 52.

88 Statuten der Münchner Rückversicherung von 1880, in: HAMR, AA/314.

89 MR, Geschäftsbericht 1880/1881.

90 Arps, Versicherungswirtschaft, S. 249.

91 Ebd., S. 210; Straumann, Riese, S. 354.

92 In den ersten drei Jahren nach ihrer Gründung machte die MR im Feuergeschäft (ohne Nebenzweige) Verluste. Größere Gewinne wurden erst ab 1884/85 erzielt. Bei der Rückdeckung von Transportversicherungsverträgen stiegen die Erträge bis auf 14 % im Geschäftsjahr 1885/86 an, gingen dann aber mehrere Jahre lang kontinuierlich zurück. Siehe hierzu die Tabellen in: Herzog, Dokumente, S. 52.

93 Assekuranz-Jahrbuch, Bd. 11 (1890), S. 272.

94 Siehe oben S. 42, Tabelle 2, sowie die Tabellen in: Herzog, Dokumente, S. 52.

95 Hoffmann, Finck, S. 55.

96 Thuringia, S. 215.

97 Herzog, Dokumente, S. 315. Herzog verweist hier auf eine Notiz Thiemes vom 26. 3. 1886 und einen Brief Thiemes an Pemsel vom 5. 4. 1886.

98 Auszug aus dem Gesellschafts-Register des Königlichen Landgerichts München I, Kammer für Handelssachen, Münchener Rückversicherungs-Gesellschaft, Bayerisches Wirtschaftsarchiv [im Folgenden: BWA], V 5/2176; Herzog, Dokumente, S. 56 f.

99 Victor Bernhardt gehörte von 1920 bis 1930 dem Vorstand der MR an. Herzog, Dokumente, S. 74.

100 Münchener Rückversicherungs-Gesellschaft, Feuer, Geschäfts-Resultate im Rechnungsjahr 1890/91, in: HAMR, AA/339.

101 Herzog, Dokumente, S. 69 f.

102 Die Beteiligung an der Pomoschtsch ging später nach einer entsprechenden Änderung der Satzung an die MR über.

103 Memorandum an den Aufsichtsrath der Münchener Rückversicherungs-Gesellschaft, 16. 5. 1889, in: HAMR, AA/319. Die Denkschrift ist nicht namentlich unterzeichnet. In der Allianz-Geschichte von Peter Borscheid wird sie Carl Schreiner zugeschrieben. Thieme habe sie nur an den Aufsichtsrat weitergeleitet. Peter Borscheid, 100 Jahre Allianz 1890–1990, München 1990, S. 16. Tatsächlich hat Schreiner wohl die Vorlage für das Memorandum verfasst und nahm später für sich in Anspruch, den Anstoß zur Gründung der Allianz gegeben zu haben. Schreiner an Uhlig, 16. 6. 1930, in HAMR, AA/119. Thieme war kein Freund langer Schriftsätze. Er ließ sich gerne Vorlagen erstellen, so z. B. auch beim Vertrag mit der Allianz von 1921 (siehe oben S. 116). Es hätte dem Führungsstil Thiemes aber nicht entsprochen, eine Denkschrift Schreiners nur weiterzureichen, die zum Teil in der ersten Person abgefasst worden war. Zudem war Schreiner 1889 gar nicht Mitarbeiter der MR, sondern Vorstand der Badischen Rück- und Mitversicherungsgesellschaft. Das Memorandum dürfte so sehr Thiemes Vorstellungen entsprochen haben, dass er als der Verfasser bezeichnet werden kann.

104 Memorandum an den Aufsichtsrath der Münchener Rückversicherungs-Gesellschaft, 16. 5. 1889, in: HAMR, AA/319.

105 Florian Tennstedt, Die Ablösung privater Haftpflicht durch öffentlich-rechtliche Pflichtversicherung gegen Unfälle: die Folgen für die private Unfallversicherung – ein historischer Rückblick aus aktuellem Anlass, in: Andreas Hänlein/Alexander Roßnagel (Hg.), Wirtschaftsverfassung in Deutschland und Europa. Festschrift für Bernhard Nagel, Kassel 2007, S. 485 f. Die Kölnische Unfall-Versicherung wurde 1879 von den Bankhäusern Sal. Oppenheim jr. & Cie., Deichmann & Co. und A. Schaaffhausen'scher Bankverein gegründet. Michael Stürmer/Gabriele Teichmann/Wilhelm Treue, Wägen und Wagen. Sal. Oppenheim jr. & Cie. Geschichte einer Bank und einer Familie, 3. überarb. u. erw. Aufl., München 1989, S. 284 f.

106 Tennstedt, Ablösung, S. 483 ff.; ders./Heidi Winter, Der Staat hat wenig Liebe. Die Anfänge des Sozialstaats im deutschen Reich. Ergebnisse archivalischer Forschungen zur Entstehung der gesetzlichen Unfallversicherung, in: Zeitschrift für Soziale Reform 39. Jg. (1993), S. 362–392.

107 Tennstedt, Ablösung, S. 492.

108 Ebd.; Unfallversicherung, in: Meyers Konversationslexikon, 4. Aufl., Bd. 19, Jahressupplement 1891–1892. Vgl. Barbara Eggenkämper/Gerd Modert/Stefan Pretzlik, Die Allianz. Geschichte des Unternehmens 1890–2015, München 2015, S. 15.

109 Memorandum an den Aufsichtsrath der Münchener Rückversicherungs-Gesellschaft, 16. 5. 1889, S. 7, in: HAMR, AA/319.

110 Münchener Rückversicherungs-Gesellschaft, Feuer-Branche, Geschäfts-Resultate im Rechnungsjahr 1890/91, in: HAMR, AA/339.

111 Memorandum an den Aufsichtsrath der Münchener Rückversicherungs-Gesellschaft, 16. 5. 1889, S. 3, 7, 9 (Zitat), in: HAMR, AA/319.

112 Kluge sieht in Thiemes Absicht, bei der MR ein direktes Versicherungsgeschäft aufzunehmen, «einen radikalen Bruch mit dem Gründerprinzip» des Unternehmens. Kluge, Einfluss, S. 224.

113 Siehe S. 380, Anm. 103.

114 Zeittafel zur Geschichte der Frankona Rückversicherungs AG, in: HAMR, Personalia/17. Die Badische Rück- und Mitversicherungsgesellschaft AG war von den Bankhäusern Hohenemser und Ladenburg gegründet worden. Sie arbeitete später eng mit der Frankfurter Transport-, Unfall- und Glasversicherungs-AG zusammen und benannte sich 1907 in Frankona Rück-und Mitversicherungs AG um. Koch, Geschichte, S. 133.

115 Memorandum an den Aufsichtsrath der Münchener Rückversicherungs-Gesellschaft, 16. 5. 1889, S. 10, in: HAMR, AA/319.

116 Borscheid, Allianz, S. 20.

117 Ebd., S. 20, 32; Herzog, Dokumente, S. 72.

118 Rudolf Hensel, 50 Jahre Allianz 1890–1940, Berlin 1940, S. 2; Schreiner an Uhlig, 16. 6. 1930, in: HAMR, AA/119.

119 Aufsichtsrat und Direktion der Allianz, in: HAMR, AA/111; Kluge, Einfluss, S. 226.

120 Memorandum an den Aufsichtsrath der Münchener Rückversicherungs-Gesellschaft, 16. 5. 1889, S. 11 f., in: HAMR, AA/319.

121 Ebd.

122 Schmitt an Kißkalt, 28. 6. 1930, in: HAMR, AA/119.

123 Victor Bernhardt, Gründung der Allianz, 12. 3. 1930, in: HAMR, AA/111.

124 Walther Meuschel, Aus der Geschichte der Münchener Rück, 2. Teil. Überarbeitete und ergänzte Niederschrift eines Referates, gehalten am 31. 10. 1963, Ms. München 1963, S. 24; Ludwig Arps, Wechselvolle Zeiten. 75 Jahre Allianz Versicherung 1890–1965, Stuttgart 1965, S. 8.

125 Herzog stützt sich dabei auf eine Auskunft des Deutschen Vereins für Versicherungswissenschaft und verweist auf das Gesetz vom 17. Mai 1853 sowie mehrere einschlägige Verwaltungsakte (Reskripte) der Preußischen Ministerien für Inneres und für Handel und Gewerbe, die sich in der Dokumentensammlung von Carl Doehl, Das Versicherungs-Wesen des Preussischen Staates, Berlin 1865, finden. Herzog, Dokumente, S. 77; Deutscher Verein für Versicherungswirtschaft e. V. an Herzog, 5. 8. 1977, in: HAMR, AA/251.

126 Hans Pohl, Historische Skizzen zur Bankassekuranz, Stuttgart 2011, S. 47.

127 Kluge, Einfluss S. 224.

128 Memorandum an den Aufsichtsrath der Münchener Rückversicherungs-Gesellschaft, 16. 5. 1889, S. 12, in: HAMR, AA/319. Eine ähnliche Bestimmung gab es offenbar im Kleinstaat Schaumburg-Lippe. Dort musste die Allianz nach ihrer Gründung erst «ihre Solidität und Lebensfähigkeit durch einen mehrjährigen Bestand» nachweisen. Zitiert nach Hensel, 50 Jahre, S. 1.

129 Victor Bernhardt, Gründung der Allianz, 12. 3. 1930, in: HAMR, AA/111.

130 Memorandum an den Aufsichtsrath der Münchener Rückversicherungs-Gesellschaft, 16. 5. 1889, S. 11 f., in: HAMR, AA/319.

131 Borscheid, Allianz, S. 30, Eggenkämper u. a., Allianz, S. 25.

132 Auszüge aus dem Schreiben Ribbecks vom 26. 9. 1889 und der Antwort Thiemes vom 30. 9. 1889 finden sich in: Herzog, Dokumente, S. 72 f. (mit falscher Schreibweise des Namens von Ribbeck).

133 Eggenkämper u. a., Allianz, S. 17; Borscheid, Allianz, S. 20; Oechelhäuser an Hammacher, 20. 3. 1890, BAB, N 2105/35.

134 Aufsichtsrat der Allianz, in: HAMR, AA/111.

135 Zur Biografie Hammachers vgl. Alex Bein, Friedrich Hammacher. Lebensbild eines Parlamentariers und Wirtschaftsführers 1820–1904, Berlin 1934. Zu Oechelhäuser: Wolfgang von Geldern, Wilhelm Oechelhäuser als Unternehmer, Wirtschaftspolitiker, Sozialpolitiker und Kulturpolitiker, Diss. phil. Technische Universität Hannover 1971. Vgl. auch Wilhelm Oechelhäuser, Die sozialen Aufgaben der Arbeitgeber, Berlin 1887. Werner von Siemens, der mit Hammacher befreundet war, empfahl diesen 1890 seinem Vetter Georg von Siemens, einem Vorstandsmitglied der Deutschen Bank, weil Hammacher ein «anständiger ehrenhafter Mann» sei und «Erfahrung in der Leitung komplizierter Gesellschaften» habe. Werner von Siemens an Georg Siemens jun., 20. 7. 1890, Siemens-Archiv Akte (SAA) F 207.

136 Am Stammkapital der Allianz in Höhe von nom. 4 Mio. Mark waren Merck, Finck & Co. mit 1,5 Mio. Mark und die Deutsche Bank mit 1 Mio. Mark beteiligt. Borscheid, Allianz, S. 20.

137 Darauf weist auch die neue, zum 125-jährigen Jubiläum erschienene Unternehmensgeschichte der Allianz hin. Eggenkämper u. a., Allianz, S. 20.

138 Ebd., S. 27.

139 Herzog, Dokumente, S. 73; Borscheid, Allianz, S. 481.

140 Retrocessions-Vertrag, 9. 4. 1890, in: HAMR, AA/327; Borscheid, Allianz, S. 30.

141 Herzog, Dokumente, S. 74, Borscheid, Allianz, S. 27.

142 Vgl. Kluge, Einfluss, S. 227.

143 Eggenkämper u. a., Allianz, S. 18.

144 Annalen des gesamten Versicherungswesens Jg. 1890, S. 138 (HAMR, AA/259). Vgl. auch Herzog, Dokumente, S. 72. Herzog verwechselt hier die Allianz Rückversicherung mit der Allianz Versicherungs-AG.

145 Auszug aus: Manfred Knoke, Aus heiteren und düsteren Tagen entschwindender Zeit, in: HAMR, AA/259; Deutsche Versicherungs-Presse Jg. 1897, S. 235 (HAMR, AA/259).

146 Herzog, Dokumente, S. 60 f. Gustav Ritter von Mauthner (1848–1902) trat 1869 in die von Anselm Salomon Rothschild gegründete Österreichische Creditanstalt ein, die in dieser Zeit die größte Bank Österreich-Ungarns wurde. 1889 wurde er Direktionsvorsitzender (Generaldirektor) der Österreichischen Creditanstalt. Von Mauthner hatte zahlreiche Aufsichtsratsmandate und gehörte auch dem Herrenhaus, dem Oberhaus des österreichischen Reichsrats, an.

4. Die Eroberung des Weltmarkts und das Erdbeben von San Francisco

1 Niederschrift der 26. Aufsichtsratssitzung vom 18. 2. 1885, in: HAMR, AR-P/3 (Auszug in: HAMR, AA/10).

2 Diese Angabe stützt sich auf eine interne Notiz der MR aus dem Jahr 1977. EU 7 – Ricout, Notiz für Reise Moskau, 3. 3. 1977, in: HAMR, AA/8; vgl. auch Herzog, Dokumente, S. 124.

3 Dass das Russlandgeschäft der Kölnischen Rück weitaus geringer war, zeigt u. a. die

Notiz für Herrn Dr. Freund betr. Darstellung der Kölnischen Rück über ihr Russlandgeschäft, o. D., in: HAMR, AA/8.

4 Erik Amburger, Deutsche in Staat, Wirtschaft und Gesellschaft Russlands. Die Familie Amburger in St. Petersburg 1770–1920, Wiesbaden 1986, S. 149; Herzog, Dokumente, S. 128.

5 Peter Borscheid, Europe: Overview, in: ders./Niels Viggo Haueter (Eds.), World Insurance. The Evolution of a Global Risk Network, Oxford 2012, S. 45.

6 Herzog, Dokumente, S. 129; Ehrenfried Schütte, Das Versicherungswesen der Sowjetunion, Berlin 1966, S. 12 ff.

7 Diese Angabe stützt sich auf eine interne Notiz der MR aus dem Jahr 1977. EU 7 – Ricout, Notiz für Reise Moskau, 3. 3. 1977, in: HAMR, AA/8. Vgl. auch Herzog, Dokumente, S. 124.

8 Herzog, Dokumente, S. 78.

9 Ebd., S. 130.

10 EU 7 – Ricout, Notiz für Reise Moskau, 3. 3. 1977, in: HAMR, AA/8; Münchener Rück an St. Petersburger Compagnie «Nadeshda», 2. 11. 1895, in: HAMR, AA/728.

11 Herzog, Dokumente, S. 127.

12 Ebd., S. 128.

13 Wehner, Die Entwicklungsgeschichte der Münchener Rückversicherungs-Gesellschaft, Vortrag 21. 3. 1962, in: HAMR, AA/10.

14 Herzog, Dokumente, S. 127.

15 Ebd., S. 40, 128; Notiz Wehner betr. Geschichte der MR, 29. 3. 1963, in: HAMR, AA/403.

16 Peter Borscheid, Vertrauensgewinn und Vertrauensverlust. Das Auslandsgeschäft der deutschen Versicherungswirtschaft 1870–1945, in: Vierteljahrschrift für Sozial- und Wirtschaftsgeschichte 88. Bd., H. 3 (2001), S. 319.

17 Meuschel, Geschichte, T. 1, S. 40 (Auszug in HAMR, Personalia/8).

18 Schreiner an W. Pemsel, 12. 3. 1941, in: HAMR, Personalia/8.

19 Aufzeichnungen Wilhelm Pemsel o. D., in: HAMR, Personalia/14.

20 Meuschel, Geschichte, T. 1., S. 8 (Auszug in HAMR/Personalia/8).

21 Herzog, Dokumente, S. 147.

22 Ebd.

23 Ebd.; Meuschel, Geschichte, T. 1., S. 40.

24 Meuschel, Geschichte, T. 1., S. 40.

25 Ein bedeutender Deutsch-Amerikaner, in: Bayerische Staatszeitung, 14. 2. 1934, in: HAMR, Personalia/8.

26 Ein lebendiges Kapitel Rückversicherungsgeschichte, in: Rückversicherungs-Rundschau, 5. 4. 1934 (HAMR, Pers./8).

27 Wilhelm Pemsel, der einige Jahre beim Foreign Department gearbeitet hatte, beschrieb Uhlig später als «ein[en] Sachse[n] mit grossem Sprachtalent, der wirklich ein recht gutes Englisch sprach». Aufzeichnungen Wilhelm Pemsel, in: HAMR, Personalia/17.

28 Herzog, Dokumente, S. 149.

29 Aufzeichnungen Wilhelm Pemsel, in: HAMR, Personalia/17.

30 Herzog, Dokumente, S. 150.

31 Ebd., S. 84, 154.

32 Ebd., S. 150.

33 Statistik der Prämieneinnahmen im Feuergeschäft nach Ländern 1880/81–1902/03, in: HAMR, AA/339. Der Umsatz des Foreign Departments wird in dieser Quelle auch für das USA-Geschäft in britischer Währung angegeben. Der Wechselkurs zwischen dem britischen Pfund und der Mark schwankte in den Jahren 1890–1914 nur geringfügig, da zwischen beiden Währungen wegen des Goldstandards feste Wechselkurse bestanden. 1891 lag der Wechselkurs für 10 Pfund Sterling bei 202,37 Mark, 1906 bei 203 Mark (jeweils im Jahresmittel). Jürgen Schneider/Oskar Schwarzer/Friedrich Zellfelder (Hg.), Währungen der Welt I: Europäische und nordamerikanische Devisenkurse 1777–1914, Teilbd. 3, Stuttgart 1991, S. 340 f.

34 Deutsche Versicherungs-Zeitung Jg. 1898, S. 484 (HAMR, AA/16).

35 Straumann, Riese, S. 361; Rohland, Risk, S. 42.

36 Herzog, Dokumente, S. 97.

37 VSek – Küppers, Entstehung des USA-Geschäfts der Münchener Rück, 16. 5. 1977, in: HAMR, AA/16.

38 Auszug aus der Niederschrift der Aufsichtsratssitzung am 11. 11. 1911, in: HAMR, AA/546.

39 The First Reinsurance Company of Hartford, Beteiligung der Münchener 1911/12–1920/21, ebd.; Munich Re-Insurance Company, United States Department, an Münchener Rückversicherungs-Gesellschaft, 28. 10. 1912, ebd.; Thorsten C. Kölmel, Das Auslandsgeschäft deutscher Versicherungsunternehmen in den USA, Frankfurt am Main 2000, S. 230.

40 Aufzeichnungen Wilhelm Pemsel, in: HAMR, Personalia/8.

41 Herzog, Dokumente, S. 522. Ein Jahr nach der MR eröffnete ihr russischer Geschäftspartner Rossija in Hartford eine Niederlassung für das Feuerrückversicherungsgeschäft. Mira Wilkins, The History of Foreign Investment in the United States to 1914, Cambridge/Mass. 2004, S. 531.

42 Erinnerungen an Carl Schreiner und das Foreign Department, Ms. o. V. o. J., in: HAMR, Personalia/17.

43 Kluge, Einfluss, S. 230.

44 Den mitunter genannten Anteil von 40 % an der Prämie aller professionellen Rückversicherer der Welt hält Meuschel zu Recht für zu hoch. Nach Meuschel entfielen auf die MR vor dem Ersten Weltkrieg 39,4 % der Feuerprämie, ein Drittel der Transportprämie und 72 % der Lebens- und Unfallprämie der 38 deutschen Rückversicherungsgesellschaften. Meuschel, Geschichte, T. 1, S. 47.

45 Cornelius Torp, Die Herausforderung der Globalisierung. Wirtschaft und Politik in Deutschland 1860–1914, Göttingen 2005; Peter E. Fäßler, Globalisierung, Köln/Weimar 2007, S. 74 f.

46 Boris Barth, Möglichkeiten einer Globalgeschichte der Finanzwirtschaft, in: ders./Stefanie Gänger/Niels P. Petersson (Hg.), Globalgeschichten. Bestandsaufnahme und Perspektiven, Frankfurt am Main/New York 2014, S. 114.

47 Herzog, Dokumente, S. 161 f.

48 Ebd., S. 756 ff.; Notiz betr. Nippon Feuerversicherungs-Gesellschaft, Tokio, in: HAMR, AA/1.

49 Meuschel, Geschichte, T. 1, S. 46.

50 Ebd.

51 Wehner, Die Entwicklungsgeschichte der Münchener Rückversicherungs-Gesellschaft, Vortrag 21. 3. 1962, in: HAMR, AA/10.

Teil I/4   **385**

52 Die Mannheimer Versicherungsgesellschaft erzielte vor 1914 zwei Drittel ihrer Prämien im Ausland. Borscheid, Vertrauensgewinn, S. 328. Zu Bosch: Johannes Bähr/Paul Erker, Bosch. Geschichte eines Weltunternehmens, München 2013, S. 73. Ähnliches galt für das Farbengeschäft von Bayer. Vgl. Torp, Herausforderung, S. 103, 105.

53 Paul Guggenbühl, Schweizerische Rückversicherungs-Gesellschaft 1863–1938, Ms. Zürich 1939, S. 62 [Swiss Re Company Archives 10.108 184].

54 Pearson, Development, S. 506. Vgl. auch Herzog, Dokumente, S. 247; Arps, Allianz, S. 30.

55 Hollitscher, Rückversicherung, S. 101.

56 Ebd., S. 101 f.

57 Herzog, Dokumente, S. 197.

58 Christopher Kobrak, USA: The international Attraction of the US Insurance Market, in: Borscheid/Haueter (Eds.), World Insurance, S. 282 f.; Wilkins, History, S. 529 f.

59 Wilkins, History, S. 529.

60 Ebd., S. 531.

61 Cornel Zwierlein, Der gezähmte Prometheus: Feuer und Sicherheit zwischen Früher Neuzeit und Moderne, Göttingen 2011, S. 75; Lionel E. Frost/Eric L. Jones, The Fire Gap and the Greater Durability of Nineteenth Century Cities, in: Planning Perspectives 4 (1989), S. 337–347.

62 Arps, Versicherungswirtschaft, S. 650.

63 Clive Trebilcock, Phoenix Assurance and the Development of British Insurance, Vol. II: The Era of Industrial Giants, 1870–1984, Cambridge 1998, S. 263 f.

64 Ebd., S. 263. Arps beziffert die Schäden des Großbrands von Baltimore auf umgerechnet 200 Mio. Mark. Arps, Versicherungswirtschaft, S. 651.

65 Arps, Versicherungswirtschaft, S. 651.

66 MR, Geschäftsbericht 1904/05.

67 Arps, Versicherungswirtschaft, S. 650 f.; beim Großbrand in Chicago hatte der Schaden umgerechnet rund 670 Mio. Mark betragen. Ebd.

68 Tilmann J. Röder, Rechtsbildung im wirtschaftlichen Weltverkehr. Das Erdbeben von San Francisco und die internationale Standardisierung von Vertragsbedingungen (1871–1914), Frankfurt am Main 2008, S. 52.

69 Ebd., S. 54.

70 Memorandum an den Aufsichtsrath der Münchener Rückversicherungs-Gesellschaft, 16.5.1889, in: HAMR, AA/319.

71 Röder, Rechtsbildung, S. 53; die Ersatzpflicht der Feuerversicherungs-Gesellschaften bei der Katastrophe von San Francisco, ÖVZ 1906, S. 135 (HAMR, AA/189).

72 Vgl. Röder, Rechtsbildung, S. 56. Zum Erdbeben von San Francisco und seinen Folgen vgl. ferner: ders., Katastrophe als Katalysator. Der Untergang von San Francisco als Impuls für die Entwicklung einer Weltgesellschaft, in: René Unkelbach/Tobias Werron/Stefan Nacke (Hg.), Weltereignisse. Theoretische und empirische Perspektiven, Wiesbaden 2008, S. 203–226; Simon Winchester, A Crack in the Edge of the World. America and the Great California Earthquake of 1906, New York 2005.

73 Die Katastrophe von San Franzisko, in: Deutsche Versicherungs-Presse, 27.4.1906 (HAMR, AA/189).

74 Ebd.

75 Ebd.

76 Röder, Rechtsbildung, S. 200.

77 Ebd., S. 198.

78 Ebd., S. 199.

79 Niederschrift der Besprechung des Aufsichtsrats am 21. 4. 1906, in: HAMR, AR-P/13.

80 Ebd. (Zitat). Walther Meuschel schrieb dazu in seiner Geschichte der MR: «Der Antrag des Aufsichtsratsvorsitzenden Wilhelm Finck auf völlige Einstellung des Feuergeschäftes wurde, nachdem der Aufsichtsrat einen Beschluss zunächst vertagt hatte, von Finck selbst sicherlich nicht aufrechterhalten, obgleich in der Generalversammlung von sachunkundigen Aktionären ein gleicher Vorschlag gemacht worden ist.» Meuschel, Geschichte, T. 1, S. 45 f.

81 MR, Geschäftsbericht 1904/1905.

82 Herzog, Dokumente, S. 183.

83 Österreichischer Phönix Wien an Thieme, 10. 8. 1906, in: HAMR, AA/606. Vgl. hierzu Rohland, Risk, S. 111 f.

84 Zitiert nach: http://www.lloyds.com/lloyds/about-us/history/catastrophes-and-claims/san-francisco-1906-earthquake [zuletzt gesehen am 20. 3. 2015]. Vgl. hierzu Winchester, Crack, S. 326 ff.

85 Vertreten waren bei dieser Konferenz zehn Rückversicherer aus Deutschland, darunter die MR und die Kölnische Rück, drei aus Dänemark, je zwei aus der Schweiz – darunter die Schweizer Rück – und Russland sowie je einer aus Österreich-Ungarn, Frankreich und Italien. Kollektivschreiben der Rückversicherer, 30. 4. 1906, in: Swiss Re Company Archives [im Folgenden: SRCA], 10.144 430.02. Vgl. hierzu Röder, Rechtsbildung, S. 74.

86 Röder, Rechtsbildung, S. 75; Rohland, Risk, S. 113 ff.

87 Englische Feuerversicherungs-Gesellschaften und ihre Verbindlichkeiten in San Francisco (Übersetzung eines Artikels aus der Times vom 3. 5. 1906), in: SRCA, 10.144 425.01.

88 Copy of cablegram received from American Companies dated 1st June 1906, in: SRCA, 10.144 425.02.

89 Röder, Rechtsbildung, S. 84.

90 Winchester, Crack, S. 329.

91 Niederschrift der 129. Aufsichtsratssitzung am 29. 6. 1906, in: HAMR, AR-P/13.

92 Vgl. Winchester, Crack, S. 329.

93 Agree to Combat Five Welchers, in: San Francisco Call Vol. 100. Number 84, 24. 8. 1906. http://cdnc.ucr.edu/cgi-bin/cdnc?a=d&d=SFC19060824.2.109 [zuletzt gesehen am 20. 3. 2015].

94 Ebd; Rohland, Risk, S. 119.

95 Beide hatten sich wenige Tage nach der Katastrophe von San Francisco getroffen. Konferenz der Herren Direktoren Grossmann & Thieme am 23. 4. 1906 in Lindau, in: HAMR, AA/606.

96 Röder, Rechtsbildung, S. 101 f.

97 L. A. Redman an Francis Hendricks, Superintendent of Insurance, Albany, N. Y., 11. 9. 1906, in: HAMR, AA/607.

98 Spree, Chapters, S. 32.

99 Herzog, Dokumente, S. 184.

100 Spree, Chapters, S. 32

101 Zitiert nach ebd.

102 Niederschrift der 130. Aufsichtsratssitzung am 22. 10. 1906, in: HAMR, AR-P/13.

103 Zitiert nach Herzog, Dokumente, S. 182. Vgl. auch Eggenkämper u. a., Allianz, S. 46.

104 Niederschrift der 130. Aufsichtsratssitzung am 22. 10. 1906, in: HAMR, AR-P/13. Zur Übernahme der Süddeutschen Feuerversicherungs-Bank durch die Allianz vgl. Eggenkämper u. a., Allianz, S. 47.

105 Niederschrift der 130. Aufsichtsratssitzung am 22. 10. 1906, in: HAMR, AR-P/13.

106 Kißkalt, Erinnerungen, S. 36.

107 Herzog, Dokumente, S. 181; Munich Re, Pressemitteilung vom 29. 12. 2005.

108 Entstehung des USA-Geschäfts der Münchener Rück, 16. 5. 1977, in: HAMR, AA/16.

109 Deutsche Bundesbank, Kaufkraftäquivalente historischer Beträge in deutschen Währungen, 16. 1. 2014, http://www.bundesbank.de/Redaktion/DE/Standardartikel/Statistiken/kaufkraftvergleiche_historischer_geldbetraege.html [zuletzt gesehen am 20. 3. 2015].

110 Die eingenommene Bruttoprämie der MR lag im Geschäftsjahr 1905/06 bei 150 440 000 Mark, im Geschäftsjahr 2005 bei 19,16 Mrd. Euro. MR, Geschäftsberichte 1905/06 und 2005.

111 Niederschrift der 130. Aufsichtsratssitzung am 22. 10. 1906, in: HAMR, AR-P/13.

112 Meuschel, Geschichte, T. 1, S. 46.

113 Neumanns Zeitschrift für Versicherungswesen Jg. 1930, S. 1200 (HAMR, AA/187); Herzog, Dokumente, S. 127.

114 Eine Grenzerfahrung für die Assekuranz, in: Süddeutsche Zeitung, 17. 5. 2010. In Zahlungsschwierigkeiten gerieten durch die Katastrophe von San Francisco u. a. die Norddeutsche Feuerversicherung, die Transatlantische Feuerversicherung und die Süddeutsche Feuerversicherungs-Bank. Eggenkämper u. a., Allianz, S. 47.

115 Hollitscher verweist auf amerikanische Angaben, wonach die MR von allen Rückversicherungsgesellschaften den höchsten Betrag für die Schäden von San Francisco gezahlt hat (2,25 Mio. US-Dollar), vor der Rossija (1,57 Mio. US-Dollar), der Aachener Rück (1 Mio. US-Dollar) und der Kölnischen Rück (858.000 US-Dollar). Hollitscher, Rückversicherung, S. 147.

116 Kerry A. Odell/Marc D. Weidenmier, Real Shock, Monetary Aftershocks: The San Francisco Earthquake and the Panic of 1907, National Bureau of Economic Research, Working Paper 9176, Cambridge/Mass. 2002. Vgl. ferner Robert F. Bruner/Sean D. Carr, The Panic of 1907. Lessons Learned from the Market's Perfect Storm, Hoboken, N. J. 2007 (dt.: Sturm an der Börse. Die Panik von 1907, Weinheim 2009).

117 Munich Re, Pressemitteilung vom 29. 1. 2005. Die aktuelle Statistik der Munich Re, Geo Risks Research, beziffert die Schäden mit 524 Mio. US-Dollar. http://www.iii.org/fact-statistic/earthquakes-and-tsunamis [zuletzt gesehen am 20. 3. 2015].

118 Hollitscher, Rückversicherung, S. 147. Der Beitrag der MR wird in dieser Tabelle mit 2,2 Mio. US-Dollar angegeben.

119 Ebd.

120 http://www.lloyds.com/lloyds/about-us/history/catastrophes-and-claims/san-francisco-1906-earthquake [zuletzt gesehen am 20. 3. 2015].

121 http://firemansfundtimeline.com/year=1906&story=SanFranciscoEarthquake [zuletzt gesehen am 20. 3. 2015].

122 So heißt es z. B. in einem Beitrag des greenpeacemagazins über die MR vom März 2011: «Aus Deutschland reiste Carl von Thieme an […] und regelte die Angelegenheit, wie man es unkomplizierter nicht tun kann: Er zückte einen Scheck über elf Millionen Mark, unterschrieb ihn mit der blauen Tinte seines Füllers und beglich so seinen Anteil am Gesamtschaden. Die Amerikaner waren beeindruckt von der Seriosität des deutschen Versicherers.» Der Weltversicherer, in: greenpeacemagazin, 3.11. http://www.greenpeace-magazin.de/magazin/archiv/3–11/muenchener-rueck/ [zuletzt gesehen am 20. 3. 2015].

123 Wältermann, Unternehmenserfolg, S. 101 (Anm. 381).
124 Röder, Rechtsbildung, S. 136 f.
125 Ebd., S. 121 ff., 353 f.
126 Ebd., S. 214.
127 Ebd., S. 232 ff.
128 Ebd., S. 264 ff.
129 Meuschel, Geschichte, T. 2, S. 9.

5. Die Münchener Rück vor dem Ersten Weltkrieg

1 Personal-Statistik seit 1880, in: HAMR, AA/403.
2 Herzog, Dokumente, S. 200.
3 Notiz Wehner betr. Geschichte der MR, 29. 3. 1963, in: HAMR, AA/403.
4 Personal-Statistik seit 1880, ebd. Lehrlinge wurden erst ab 1948 bei der MR ausgebildet.
5 Interview mit Herrn Hosp, in: HAMR, AA/403.
6 Kißkalt, Erinnerungen, S. 7.
7 Interview mit Herrn Hosp, in: HAMR, AA/403.
8 Ebd.
9 Beitrag zur Geschichte der Münchener Rück, 11. 10. 1963 (nach Berichten des früheren Mitarbeiters Schmidtler, der 1901 in die MR eingetreten war), ebd.
10 Herzog, Dokumente, S. 314; Notiz Wehner betr. Geschichte der MR, 29. 3. 1963, in: HAMR, AA/403.
11 Siehe die Abschriften und Zusammenfassungen der Zeitzeugen-Interviews in: HAMR, AA/403.
12 Interview mit Herrn Roth, in: ebd.
13 Herzog, Dokumente, S. 314.
14 Notiz Wehner betr. Geschichte der MR, 29. 3. 1963, in: HAMR, AA/403. Diese Notiz fasst ein Gespräch zusammen, das der Verfasser mit dem früheren Mitarbeiter Ludwig Schaflitzl geführt hat. Schaflitzl war 1906 in die MR eingetreten.
15 Personal-Statistik seit 1880, in: HAMR, AA/403; Meuschel, Geschichte T. 2, S. 10.
16 Herzog, Dokumente, S. 203.
17 Ebd., S. 203 f. (mit längerem Zitat aus der Rede Fincks in der Generalversammlung vom 28. 12. 1911).
18 Münchener Rückversicherungs-Gesellschaft, in: Annalen des gesamten Versicherungswesens Jg. 1910, S. 727 f. (HAMR, AA/328).
19 Ebd.
20 Ebd., S. 727
21 Herzog, Dokumente, S. 202; 100 Jahre Münchener Rück 1880–1980 (Anlage zu: MR, Geschäftsbericht 1978/79), S. 28.
22 Herzog, Dokumente, S. 206.

23 Annalen des gesamten Versicherungswesens Jg. 1910, S. 914 (HAMR, AA/329).

24 Niederschrift der 158. Aufsichtsratssitzung am 20. 2. 1911, HAMR AR-P/16 (Auszug in: HAMR, AA/329); Herzog, Dokumente, S. 204.

25 Eduard Oswald Bieber (1876–1900), der Mitglied des Deutschen Werkbundes war, baute später u. a. zusammen mit Bernhard Borst die Wohnsiedlung Borstei an der Dachauer Straße. Im Dritten Reich war er an mehreren Bauprojekten der National-sozialisten maßgeblich beteiligt (Haus des Deutschen Rechts, Kaserne der SS-Standarte Deutschland). Nach seinen Plänen wurde damals auch das Park-Café in der Sophienstraße errichtet.

26 Fritz Erler (1868–1940) und Reinhold Max Eichler (1872–1947) gehörten zu den herausragenden Vertretern der nachimpressionistischen Kunstszene in München. Zu Erler, Eichler und der Künstlervereinigung «Die Scholle» vgl. Siegfried Unter-berger/Felix Billeter/Ute Strimmer (Hg.), Die Scholle. Eine Künstlergruppe zwi-schen Sezession und Blauer Reiter, München 2007.

27 Max Rittenberger, Art as a Factor in Business – Some Object lessons in modern Germany, in: International Review of Commerce and Industry, Mai 1914. Zitiert nach der Übersetzung in: HAMR, AA/329.

28 50 Jahre Münchener Rück, S. 9.

29 Kißkalt, Erinnerungen, S. 2.

30 Vgl. H. von Pemsel an W. Pemsel, 22. 6. 1909, zitiert in: Spree, Chapters, S. 35.

31 Kaempf an H. von Pemsel, 20. 1. 1909, zitiert nach Herzog, Dokumente, S. 316. Der Bankier und spätere Reichstagspräsident Johannes Kaempf (1842–1918) vertrat die Bank für Handel und Industrie im Aufsichtsrat der MR.

32 Kißkalt, Erinnerungen, S. 2.

33 Herzog, Dokumente, S. 316.

34 Ebd.; Kißkalt, Erinnerungen, S. 2.

35 Siehe oben S. 36.

36 H. von Pemsel an W. Pemsel, 22. 6. 1909, zitiert nach: Spree, Chapters, S. 35.

37 H. von Pemsel an W. Pemsel, 9. 2. 1909, zitiert nach: ebd.

38 H. von Pemsel an W. Pemsel, 22. 6. 1909, zitiert nach: ebd.

39 Ebd. Die Hochzeit zwischen Walter Thieme und Hertha Schreiner im Jahr 1907 war eine Liebesheirat und hing nicht mit geschäftlichen Überlegungen der beiden Väter zusammen. Walter Thieme war Pfarrer bei der Berliner Stadtmission. Das Ehepaar wurde angeblich von Carl Schreiner finanziell unterstützt.

40 H. Pemsel an W. Pemsel, 22. 6. 1909, zitiert nach; ebd.

41 Wilhelm Kißkalt, Die Vollstreckbarkeit kalifornischer Urteile in Deutschland, in: Leipziger Zeitschrift für Handels-, Konkurs- und Versicherungsrecht 1. Jg., Nr. 10, 1. 10. 1907, Sp. 689–702 (HAMR, AA/606).

42 Kißkalt, Erinnerungen, S. 7.

43 Ebd., S. 7 f.

44 MR, Geschäftsbericht 1913/14.

45 Herzog, Dokumente, S. 192.

46 Interview mit Herrn Hosp, in: HAMR, AA/403.

47 Kißkalt, Erinnerungen, S. 9; Siegmund Kurzthaler, Hotel Pension und Bad im Schlosse Weißenstein Windischmatrei in Tirol, in: Osttiroler Heimatblätter 69. Jg. (2001), Nr. 6, o. S.

48 Herzog, Dokumente, S. 318.

49 Else Thieme (ab 1914 von Thieme) geb. von Witzleben (1861–1946) stammte aus dem Thüringer Uradel und war auf Schloss Daun in der Eifel aufgewachsen.

50 Beate Menke, Die Riemerschmid-Innenausstattung des Hauses Thieme Georgenstraße 7 (Schriften aus dem Institut für Kunstgeschichte der Universität München, Bd. 37), München 1990, S. 6 ff. Heute befindet sich in diesem Haus das Institut für Kunstgeschichte der Ludwig-Maximilians-Universität München. In der Georgenstraße 5 (ursprünglich Georgenstraße 1) hatte Heinrich Merck, der Mitbegründer des Bankhauses Merck, Finck & Co. 1884 eine Villa erworben. Hermann Pemsel kaufte 1889 das Grundstück Georgenstraße 2 (ursprünglich Georgenstraße 18) und ließ dort eine Villa errichten. Spree, Karriere, S. 280 f.

51 Der Musiksalon und das Herrenzimmer wurden nach Entwürfen des Jugendstilkünstlers Richard Riemerschmid (1868–1957), einem Mitglied des deutschen Werkbundes, repräsentativ eingerichtet. Menke, Riemerschmid-Innenausstattung, S. 61. Nach einem Entwurf von Riemerschmid war bereits das Esszimmer der MR-Direktion im ersten Verwaltungsgebäude in der Maffeistraße mit Jugendstilmöbeln ausgestattet worden. Kißkalt, Erinnerungen, S. 5. Zu Riemerschmid vgl. Winfried Nerdinger, Richard Riemerschmid. Vom Jugendstil zum Werkbund. Werke und Dokumente, München 1982.

52 Siegmund Kurzthaler, Hotel Pension und Bad im Schlosse Weißenstein Windischmatrei in Tirol, in: Osttiroler Heimatblätter 69. Jg. (2001), Nr. 6, o. S. Eigentümer sind heute zu gleichen Teilen drei Nachfahren Carl von Thiemes: Kay Thieme, Jörg Demus und Christian Lange.

53 Zu Friedrich (Fritz) Thieme (1871–1951) vgl. Herzog, Dokumente, S. 325.

54 Carl Thieme jr. (1874–1967) war zunächst Offizier gewesen und hatte 1913 die Leitung der österreichischen Filiale der Nationalen Versicherung, einer ungarischen Beteiligungsgesellschaft der MR, übernommen. Vgl. ebd., S. 325 f.; Stammbaum Familie des Gründers Carl von Thieme, in: HAMR.

55 Oskar Thieme (1863–1946) arbeitete bei Versicherern in Paris, Großbritannien und den Vereinigten Staaten. In den USA wurde er Mitinhaber der Firma Snow & Thieme, die u. a. die Schweizer National vertrat. 1923 wurde er Vorstandsmitglied der Versicherungsvermittlung Hafag Heinrich Fraenkel AG in Berlin. HAMR, Personalia/15 Oskar Thieme; Stammbaum Familie des Gründers Carl von Thieme, in: HAMR; Spree, Chapters, S. 12; Herzog, Dokumente, S. 564 f.

56 Münchener Rückversicherungs-Gesellschaft, Dividenden 1880/81–1914/15, in: HAMR, AA/315.

57 MR, Geschäftsbericht 1913/14.

58 MR, Geschäftsbericht 1914/15.

59 Kluge, Einfluss, S. 228 ff. Bei den Angaben zum Gewinn ist zu berücksichtigen, dass der im Geschäftsbericht veröffentlichte Gewinn nicht zwangsläufig dem entsprach, der in der Steuerbilanz ausgewiesen wurde.

60 Berechnet nach den Tabellen in: Kluge, Einfluss, S. 238, 241.

61 Ebd., S. 229.

62 Meuschel, Geschichte, T. 1, S. 46.

63 Herzog, Dokumente, S. 506 f.

64 Borscheid, Allianz, S. 33; Herzog, Dokumente, S. 511.

65 Thieme an Kißkalt, 23. 11. 1918, zitiert nach: Herzog, Dokumente, S. 265.

66 Herzog, Dokumente, S. 83, 86, 567.

67 Ebd., S. 88, 553. Zur Gründung der Providentia siehe oben S. 54.

68 Herzog, Dokumente, S. 88.

69 Ebd., S. 522.

70 Nach Herzog gehörte Thieme bei folgenden Versicherungsgesellschaften dem Aufsichts- bzw. Verwaltungsrat an: Allianz (ab 1905), Alleanza (Genua), Anatolie (Athen), Bayerischer Lloyd, Deutschland (Berlin), Elementar-Phönix (Wien), Europäische Güter- und Reisegepäck-Versicherung (Budapest), Fides, Franco-Hongroise, Globus, Lebens-Phönix (Wien), Oberrheinische Versicherungs-Gesellschaft (Mannheim), Prudentia, Schweizerische National-Versicherung (Basel), Securitas (Wien), Universal (Wien), Urania (Dresden). Ebd., S. 315.

71 Ebd., Bd. 1, S. 81.

72 Siehe Tabelle 7 auf S. 93. Zur Beteiligung am Lebens-Phönix siehe S. 90, 196 f.

73 Herzog, Dokumente, S. 109, 404.

74 Kißkalt, Erinnerungen, S. 10; Herzog, Dokumente, S. 110 ff.; Koch, Geschichte, S. 158; Eggenkämper u. a., Allianz, S. 50; Münchener-Rück-Gruppe, Geschäftsbericht 2004, S. 29.

75 Herzog, Dokumente, S. 112–120. Die MR war hier mit 60 % am Verbandsgeschäft beteiligt, die Allianz mit 20 %, die Providentia und die Schweizer National mit jeweils 10 %. Ebd., S. 117.

76 Ebd., S. 107; Eggenkämper u. a., Allianz, S. 39.

77 Herzog, Dokumente, S. 522.

78 Aktennotiz betr. Europäische Güter- und Reisegepäck-Versicherung, o. D., in: Archiv der ERGO Versicherungsgruppe AG [im Folgenden: ERGO-Archiv], Bestand ERV, Nr. Q0009–00046.

79 Herzog, Dokumente, S. 524.

80 Koch, Geschichte, S. 261.

81 Vgl. Christoph Maria Merki, Der holprige Siegeszug des Automobils 1895–1930. Zur Motorisierung des Straßenverkehrs in Deutschland, Frankreich und der Schweiz, Wien/Köln 2002.

82 Herzog, Dokumente, S. 388 f.

83 50 Jahre Münchener Rückversicherung, S. 16.

84 Meuschel, Geschichte, T. 1, S. 47.

85 Vgl. Michael Tigges, Geschichte und Entwicklung der Versicherungsaufsicht, Karlsruhe 1985.

86 Nils Kößler, Die Versicherungsaufsicht über Rückversicherungsunternehmen. Vom Reichsgesetz von 1901 bis zur Richtlinie über die Rückversicherung, Hamburg 2008, S. 37 f.

87 Ebd., S. 40 f.

88 Die deutschen Rückversicherungen unter der Staatsaufsicht, in: Neumanns Zeitschrift für Versicherungswesen Jg. 1909–1910, Bd. 1, S. 92 (HAMR, AA/251).

6. Der Erste Weltkrieg und die Neuordnung des Weltmarkts

1 MR, Geschäftsbericht 1933/34.

2 Kißkalt, Erinnerungen, S. 13. Nach den Mitteilungen in den Geschäftsberichten 1913/14–1917/18 sind während des Ersten Weltkrieges 15 Mitarbeiter der MR gefal-

len. 1915 hatte das Unternehmen rund 480 Beschäftigte. Personal-Statistik seit 1880, in: HAMR, AA/403.

3 In der später erstellten Personalstatistik der MR wurden die Kriegsaushilfen mit den Inflationsaushilfen der Jahre 1919–1923 zusammengefasst. Personal-Statistik seit 1880, in: HAMR, AA/403.

4 Persönliche Aufzeichnungen von Martin Herzog über die Geschichte der Münchener Rück, o. D., in: HAMR, NA/29.

5 Herzog, Dokumente, S. 229.

6 Thieme an Allianz Versicherungs-AG, 7. 8. 1914, in: HAMR, AA/347.

7 Die Rückversicherung im gegenwärtigen Kriege und im Jahre 1913, in: Deutsche Versicherungs-Zeitung Jg. 1914, S. 501 (HAMR, AA/155).

8 Herzog, Dokumente, S. 217.

9 Ebd.

10 Ebd., S. 212 ff., 218.

11 MR, Geschäftsberichte 1913/14 u. 1917/18.

12 Siehe oben S. 63.

13 Die MR gab diesen Anteil in ihrem Geschäftsbericht 1922/23 mit 37 % an, was angesichts der regionalen Verteilung der Prämieneinnahmen von 1913 (siehe oben, S. 63, Grafik 1) vermutlich zu niedrig angesetzt war. MR, Geschäftsbericht 1922/23.

14 Herzog, Dokumente, S. 223.

15 Ebd., S. 223 ff., 519 f. Der Atlas war von der schwedischen Versicherung Tygg gegründet worden.

16 Ebd., S. 224.

17 Ebd., S. 226.

18 Ebd.

19 Die See-Unfallversicherung im Jahre 1917 (Übersetzung aus Algemeen Handelsblad, 18. 1. 1918), Bundesarchiv Berlin [im Folgenden: BAB], R 3101/17135.

20 Friso Wielenga, Die Niederlande. Politik und politische Kultur im 20. Jahrhundert, Münster/W. 2008, S. 87.

21 Dampfer Lusitania, in: Zeitschrift für Versicherungswesen Jg. 1915, S. 190 (HAMR, AA/187).

22 Niederschrift der 180. Aufsichtsratssitzung am 17. 7. 1915, in: HAMR, AR-P/19; Herzog, Dokumente, S. 197.

23 Herzog, Dokumente, S. 836.

24 Ebd., S. 836 f.

25 Die Katastrophe in Bergen, Übersetzung aus «Gjallarhornet», 29. 1. 1916, in: HAMR, AA/613.

26 Herzog, Dokumente, S. 192 f.; 50 Jahre Münchener Rück, S. 9.

27 Arps, Versicherungswirtschaft, S. 156 ff.; Herzog, Dokumente, S. 356 ff.

28 Herzog, Dokumente, S. 218 f.

29 Ebd., S. 232.

30 Ebd., S. 220.

31 Ebd., S. 234.

32 Bericht der Deutschen Gesandtschaft Bern an das Auswärtige Amt, 30. 4. 1919, BAB, R 3101/17138.

33 Herzog, Dokumente, S. 239 ff., 243 ff.

34 Zitiert nach: ebd., S. 217.

35 Mira Wilkins, Multinational Enterprise in Insurance. An historical Overview, in: Business History Vol. 51, No. 3 (May 2009), S. 335.

36 Ebd.; Borscheid, Vertrauensgewinn, S. 328.

37 Herzog, Dokumente, S. 228; Paul Guggenbühl, Schweizerische Rückversicherungs-Gesellschaft 1863–1938, Ms. Zürich 1939, S. 145 [SRCA 10.108 184].

38 Herzog, Dokumente, S. 454 f.; Hermann Habicht, 50 Jahre Hermes Kreditversicherungs-Aktiengesellschaft – Ein Beitrag zur Geschichte der Kreditversicherung in Deutschland, Hamburg 1967, S. 17 ff.

7. Vom Weltmarkt verbannt: Der Konzernausbau in Mitteleuropa während der Inflationszeit

1 Vgl. hierzu v. a. Allan Mitchell, Revolution in Bayern 1918/1919. Die Eisner-Regierung und die Räterepublik, 2. Aufl., München 1982; Karl Bosl (Hg.), Bayern im Umbruch. Die Revolution von 1918, ihre Voraussetzungen, ihr Verlauf und ihre Folgen, München 1969.

2 Kißkalt, Erinnerungen, S. 13.

3 Herzog, Dokumente, S. 248.

4 Ebd.

5 Kißkalt, Erinnerungen, S. 11 f.; Auszug aus Christian Frohner, «Tantiemen-Vampire», in: Otto Zaduck, Wie und warum mir meine Existenz vernichtet wurde. Ein wahrer Roman über Intrigen und Machinationen in den Arbeitssälen der Münchener Rückversicherungs-Gesellschaft mit vernichtenden Enthüllungen über das Geschäftsgebaren der Verwaltung dieses Konzernunternehmens auf grosskapitalistischer u. privatmonopolistischer Grundlage. Populäre und öffentliche Schilderung der Erlebnisse u. Erfahrungen des ehemaligen langjährigen Beamten der Münchener Rückversicherungs-Gesellschaft Otto Zaduck, Erstes Buch, München 1919 (auszugsweise in HAMR, Personalia Thieme/4).

6 http://www.deutsche-revolution.de/lexikoneintrag-439.html [zuletzt gesehen am 20. 3. 2015]; Kißkalt, Erinnerungen, S. 11 f. Frohners Mörder wurden nicht zur Verantwortung gezogen. Vgl. Emil Julius Gumbel, Vier Jahre politischer Mord, Berlin 1922.

7 Die Ermordung Frohners bezeichnete Kißkalt gar als «ein Glück». Kißkalt, Erinnerungen, S. 12.

8 Persönliche Aufzeichnungen von Martin Herzog über die Geschichte der Münchener Rück, o. D., in: HAMR, NA/29.

9 Die Bestattung Karl von Thiemes, in: Allgemeine Zeitung, 14. 10. 1924 (Stadtarchiv München ZA-Personen Thieme, Carl).

10 Zitiert nach: ebd., S. 220. Vgl. ferner: Wilhelm Kißkalt, Die Verstaatlichung der Privatversicherung, München 1919.

11 Arps, Zeiten, T. 1, S. 204–224.

12 Herzog, Dokumente, S. 774 f.

13 Ebd., S. 775. Wer der erste Betriebsratsvorsitzende war, lässt sich nicht mehr mit Sicherheit feststellen. Bei der Trauerfeier für Carl von Thieme im Oktober 1924 sprach der Betriebsratsvorsitzende Burghardt im Namen der Belegschaft. Die Bestattung Karl von Thiemes, in: Allgemeine Zeitung, 14. 10. 1924 (Stadtarchiv München ZA-Personen Thieme, Carl).

14 Herzog, Dokumente, S. 468 f.

15 Ebd., S. 470 f.

16 Im Bericht für das Geschäftsjahr 1917/18 heißt es, man glaube «angesichts der Möglichkeit allmählicher Wiederanknüpfung internationaler Beziehungen der Zukunft nicht ohne Vertrauen entgegensehen zu können.» Zitiert nach ebd., S. 220.

17 Ebd., S. 247.

18 Ebd., S. 259 f.

19 Straumann, Riese, S. 373, 376.

20 In Schweizer Franken umgerechnet belief sich die Bruttoprämieneinnahme der MR 1918 auf 188 Mio. CHF und 1919 auf 124 Mio. CHF. Die Bruttoprämieneinnahme der Schweizer Rück lag 1918 bei 126 Mio. CHF und 1919 bei 141 Mio. CHF. MR, Geschäftsberichte 1917/18 u. 1918/19; James (Hg.), Swiss Re, S. 491; RM-Werte umgerechnet nach den Wechselkursen in: ebd., S. 469.

21 Schreiner an Pemsel, 12. 3. 1941, in: HAMR, Personalia/8.

22 Die Angaben stützen sich auf die zeitgenössische Studie von Kopf, Notes, S. 70. Die Darstellung dieser Vorgänge in Herzog, Dokumente, S. 539, ist offensichtlich unzutreffend.

23 Herzog, Dokumente, S. 539.

24 U. S. Court of Appeals for the Second Circuit, Munich Reinsurance Co. v. First Reinsurance Co. 6 F.2d 742, April 6, 1925, http://law.justia.com/cases/federal/appellate-courts/F2/6/742/1551460 [zuletzt gesehen am 20. 3. 2015]; Münchener Rückversicherungsgesellschaft, in: Münchner Neueste Nachrichten, 9. 3. 1927 (HAMR, AA/546).

25 Herzog, Dokumente, S. 539; Kölmel, Auslandsgeschäft, S. 230. Die Rossia und die First Re werden allerdings auch noch in einem Gerichtsurteil aus dem Jahr 1944 genannt. Circuit Court of Appeals, Second Circuit, Galdi v. Jones 141 F.2d 984 (2d Cir. 1944), Decided April 4, 1944. https://casetext.com/case/galdi-v-jones [zuletzt gesehen am 20. 3. 2015].

26 Herzog, Dokumente, S. 213.

27 Ebd., S. 189.

28 Vgl. Fäßler, Globalisierung, S. 98–119.

29 Herzog, Dokumente, S. 610 ff. Der Österreichische Phönix (Elementar-Phönix) war 1860 unter dem Namen Anker von der Dresdner Feuerversicherung gegründet worden.

30 Vgl. Gerald D. Feldman, Competition and Collaboration among the Axis insurers: Munich Re, Generali and Riunione Adriatica, in: Chistopher Kobrak/Per H. Hansen (Eds.), European Business, Dictatorship and Political Risk, 1924–1945, New York 2004, S. 46.

31 Phönix-Direktor Wilhelm Berliner war als Finanzdiplomat für die österreichische Regierung tätig, auch bei den Verhandlungen um den Friedensvertrag von St. Germain. Zu Wilhelm Berliner und dessen Verbindungen zur österreichischen Regierung siehe oben, S. 199 f.

32 Exposé aus dem Jahr 1932 über die Beziehungen der MR zum Lebens-Phönix, abgedruckt in: Herzog, Dokumente, S. 553.

33 Ebd., S. 554.

34 Ebd., S. 278.

35 Ebd., S. 264.

36 Ebd., S. 263.

37 Ebd., S. 264.

38 Ebd., S. 575.

39 Ebd., S. 265 f.

40 Ebd., S. 261.

41 Ebd., S. 577.

42 Meuschel, Geschichte, T. 2, S. 35.

43 Herzog, Dokumente, S. 263.

44 Ebd., S. 266 f.; Miroslav Marvan/Alois Mosser, Die Neuordnung der versicherungswirtschaftlichen Beziehungen, in: Alice Teichova/Herbert Mathis (Hg.), Österreich
und die Tschechoslowakei 1918–1938. Die wirtschaftliche Neuordnung in Zentraleuropa in der Zwischenkriegszeit (Studien zur Wirtschaftsgeschichte und Wirtschaftspolitik, Bd. 4), Wien/Köln 1996, S. 225 ff.

45 Marvan/Mosser, Neuordnung, S. 228.

46 Herzog, Dokumente, S. 269.

47 Kißkalt an Schreiner, 2. 8. 1921, in: ERGO-Archiv, Bestand ERV, Nr. Q0009–00046;
Herzog, Dokumente, S. 526 f.; ETI-Group, Our history, in: http://www.eti-group.
biz/eti/g_article/7043/ [zuletzt gesehen am 20. 3. 2015].

48 Herzog, Dokumente, S. 526 f.; Meuschel, Geschichte, T. 2, S. 50.

49 Herzog, Dokumente, S. 527.

50 Ebd.

51 Gerald D. Feldman, The Great Disorder. Politics, Economics and Society in the German Inflation, 1914–1924, New York 1993 (Zahlen zum Wechselkurs der Mark gegenüber dem US-Dollar auf S. 5); Carl-Ludwig Holtfrerich, Die deutsche Inflation
1914–1923. Ursachen und Folgen in internationaler Sicht, Berlin/New York 1980.

52 Kißkalt an Schima, 30. 7. 1923, in: HAMR, AA/377.

53 Ebd.

54 Kißkalt an Schreiner, 14. 4. 1923, in: HAMR, AA/87.

55 Herzog, Dokumente, S. 299 f.

56 Ebd., S. 737 ff.

57 Die Bestattung Karl von Thiemes, in: Allgemeine Zeitung, 14. 10. 1924 (Stadtarchiv
München, ZA-Personen Thieme, Carl).

58 50 Jahre Allianz, S. 12.

59 Wilhelm Kißkalt, in: HAMR, P/27; Walther Meuschel, So kam es. Eine Rückschau
auf mein Leben, Ms. Garmisch-Partenkirchen, 20. 8. 1977, S. 44 f.

60 Herzog, Dokumente, S. 324.

61 August von Finck (1898–1980) war der zweite Sohn Wilhelm von Fincks. Da sein
älterer Bruder im Ersten Weltkrieg gefallen war, wurde er nach dem Tod des
Vaters gemeinsam mit seinen zwei Schwestern Teilhaber des Bankhauses Merck,
Finck & Co. Er folgte auch bei der Allianz seinem Vater im Vorsitz des Aufsichtsrats nach.

62 Dabei handelte es sich sowohl um eigene Stimmrechte als auch um vertretene
Stimmrechte von Depotkunden des Bankhauses Merck, Finck & Co. Wie hoch der
Anteil der Aktien war, die sich im Eigentum der Familie von Finck befanden, lässt
sich den überlieferten Aktionärsverzeichnissen nicht entnehmen. Zusammen mit
Hugo Ritter von Maffei hatte Wilhelm von Finck 1923 3548 eigene und vertretene
Stimmen von insgesamt 7380 (48,07 %). Damit verfügten die Gründer der MR auch
ohne Carl von Thieme (105 Stimmen) nach wie vor über eine sichere Versamm-
lungsmehrheit. Verzeichnis der erschienenen Aktionäre oder Vertreter von Aktio-

nären in der Generalversammlung vom 6. 2. 1923, in: Bayerisches Wirtschaftsarchiv [im Folgenden: BWA], V5/2176.

63 Persönliche Aufzeichnungen von Martin Herzog über die Geschichte der Münchener Rückversicherung, o. D., S. 54II, in: HAMR, NA/29.

64 Ebd.

65 Ebd., S. 54 IIf.

66 Ebd., S. 54.

67 Kißkalt an Schisma, 30. 7. 1923, in: HAMR, AA/377. Nach der Goldmarkeröffnungs-bilanz von 1924 besaß die MR neben dem Verwaltungsgebäude noch 49 weitere Immobilien. MR, Geschäftsbericht 1923/24, Prüfungsbericht des Vorstands und des Aufsichtsrats zur Goldmarkbilanz.

68 Martin H. Geyer, Verkehrte Welt. Revolution, Inflation und Moderne 1914–1924, München 1998, S. 256.

69 Borscheid, Allianz, S. 42 f.

70 Kißkalt, Erinnerungen, S. 10 f.

71 Kurt Schmitt (1886–1950) war nach dem Studium der Rechtswissenschaft im Juni 1913 bei der MR eingestellt worden, als juristischer Bearbeiter für den Bereich Maschinenversicherung. Schon wenig später empfahl ihn Kißkalt der Münchner Allianz-Niederlassung, die damals einen fähigen Juristen suchte. Gerald D. Feldman, Die Allianz und die deutsche Versicherungswirtschaft 1933–1945, München 2001, S. 24 ff. Zu Schmitts späterer Tätigkeit als Reichswirtschaftsminister und als Vorstandsvorsitzender der MR (1937–1945) siehe Kapitel 9 u. 10.

72 Herzog, Dokumente, S. 511; Eggenkämper u. a., Allianz, S. 76 ff.; Kluge, Einfluss, S. 231 f.

73 Eggenkämper u. a., Allianz, S. 93 f.; Borscheid, Allianz, S. 48, 50.

74 Borscheid, Allianz, S. 50.

75 Arps, Zeiten, T. 1, S. 304.

76 Kluge, Einfluss, S. 232.

77 Vgl. Gerald Spindler, Recht und Konzern. Interdependenzen der Rechts- und Unternehmensentwicklung in Deutschland und den USA zwischen 1870 und 1933 (Beiträge zur Rechtsgeschichte des 20. Jahrhunderts, 9), Tübingen 1993, S. 15.

78 Persönliche Aufzeichnungen von Martin Herzog über die Geschichte der Münchener Rück, o. D., in: HAMR, NA/29.

79 Ebd.

80 Arps, Zeiten, T. 1, S. 317.

81 Ebd., S. 320.

82 Ebd., S. 304.

83 Ebd., S. 313 f.

84 A. Pfeiffer, Beitrag zur Chronik der Münchener Rück, 11. 10. 1963 (Notiz über ein Gespräch mit Herrn Schmidtler), in: HAMR AA/403.

85 Ebd.

86 Arps, Zeiten, T. 1, S. 281 f.

87 Ernst Fritz, Währungs- sowie Währungsumstellungsprobleme und Versicherungs-aufsicht, in: Walter Rohrbeck, 50 Jahre materielle Versicherungsaufsicht (Schiften des Instituts für Versicherungswissenschaft an der Universität zu Köln, H. 9), Berlin 1952, S. 158 f.

88 Arps, Zeiten, T. 1, S. 282 f.

89 Ebd., S. 283; Fritz, Währungsumstellungsprobleme, S. 158 f.

90 Burkhardt Jähnicke, Die Bemühungen privater Interessenvertreter um die Freigabe deutschen Vermögens in den USA nach dem Ersten und Zweiten Weltkrieg, in: Michael Wala (Hg.), Gesellschaft und Diplomatie im transatlantischen Kontext. Festschrift für Reinhardt R. Dörries zum 65. Geburtstag (USA-Studien, Bd. 11), Stuttgart 1999, S. 351.

91 Feldman, Disorder, S. 5.

92 Schreiner an Kißkalt, 21. 3. 1923, in: HAMR, AA/87.

93 Kißkalt an Schreiner, 14. 4. 1923, in: ebd. Ähnlich stellte Kißkalt diese Gründe in einem Schreiben an Ernst von Liebig vom Reichsaufsichtsamt für Privatversicherung vom 9. 5. 1923 dar. Vgl. das ausführliche Zitat aus diesem Schreiben in: Herzog, Dokumente, S. 689 f.

94 Nach Kißkalts Angaben handelte es sich dabei um die Deutsche Rückversicherung, die Frankfurter Rückversicherung und die Stuttgarter Mit- und Rückversicherung, Kißkalt an Schreiner, 14. 4. 1923, in: HAMR, AA/87.

95 Ebd.

96 Hinterlegung von $ 1 000 000, o. D. (April 1923), in: HAMR, AA/87.

97 Im November 1923 gründete die MR gemeinsam mit der Allianz wegen der Abtrennungsgefahr der Pfalz eine Auffanggesellschaft in Neustadt a.d. Haardt. Die Allianz hatte bereits Anfang 1923 aus dem gleichen Grund eine Tochtergesellschaft in Köln gegründet. Borscheid, Allianz, S. 52.

98 Mitteilung der Union Rückversicherungs-Gesellschaft, 1. 7. 1923, in: SRCA, 10.130 374.01.

99 Der Umrechnungskurs stützt sich auf die Angaben von Kißkalt in: Hinterlegung von $ 1 000 000, o. D. (April 1923), in: HMAR, AA/87.

100 Mitteilung der Union Rückversicherungs-Gesellschaft, 1. 7. 1923, ebd.

101 Rudolf Ernst trat 1894 in den Verwaltungsrat der Schweizer National ein, Thieme vier Jahre später. 1913 übernahm er die Leitung dieses Gremiums. Im gleichen Jahr traten Jaberg und Kißkalt ein. Thieme und Kißkalt schieden 1921 aus. http://db.dodis.ch/document/24760 [zuletzt gesehen am 20. 3. 2015].

102 Schweizerische Bankgesellschaft an Union Rückversicherungs-Gesellschaft, 30. 4. 1923, in: SRCA, 10.130 374.01.

103 Siehe S. 141, 195.

104 Kißkalt an Schreiner, 14. 4. 1923, in: HAMR, AA/87; Arps, Zeiten, T. 1, S. 381, 425, 428.

105 Herzog, Dokumente, S. 691, 739 f.; Stefan Karlen/Lucas Chocomeli/Kristin D'haemer/Stefan Laube/Daniel C. Schmid, Schweizerische Versicherungsgesellschaften im Machtbereich des «Dritten Reichs» (Veröffentlichungen der Unabhängigen Expertenkommission Schweiz – Zweiter Weltkrieg, Bd. 12), Bd. 2, Zürich 2002, S. 671 ff.

106 Borscheid, Allianz, S. 53.

107 Hans Pohl, Historische Skizzen zur Bankassekuranz, Stuttgart 2011, S. 24.

108 Ebd., S. 33 f.

109 So begründete die Hypo-Bank den Verkauf in ihrem Geschäftsbericht für das Jahr 1923. Eggenkämper u. a., Allianz, S. 90; Pohl, Skizzen, S. 33.

110 Vgl. de facto GbR, Ulrike Barnerssoi/Hans Dilley/Norbert Barnessoi, Zur Geschichte der Bayerischen Rück 1911 bis 1924, Berichtteil, in: BWA, F 6/604, S. 14. Ähnlich: Pohl, Bankassekuranz, S. 29.

111 Borscheid, Allianz, S. 53.

112 Bayerische Hypotheken- und Wechselbank, in: Münchner Neueste Nachrichten, 15. 12. 1923.

113 Vgl. Eggenkämper u. a., Allianz, S. 88 ff.

114 Wältermann, Unternehmenserfolg, S. 190 f.

115 Straumann, Riese, S. 380.

116 Vgl. de facto GbR, Ulrike Barnerssoi/Hans Dilley/Norbert Barnessoi, Zur Geschichte der Bayerischen Rück 1911 bis 1924, Berichtteil, in: BWA, F 6/604, S. 22; Pohl, Skizzen, S. 34.

8. «Die Versicherung hat ihre eigene Konjunktur»: Die Münchener Rück in der Großen Weltwirtschaftskrise

1 MR, Geschäftsbericht 1923/24.

2 Siehe hierzu S. 63 f., 97.

3 MR, Geschäftsbericht 1929/30.

4 Vgl. hierzu die Angaben in: Persönliche Aufzeichnungen von Martin Herzog über die Geschichte der Münchener Rück, o. D., in: HAMR, NA/29; Meuschel, Geschichte, T. 1, S. 46; Kölmel, Auslandsgeschäft, S. 228.

5 Persönliche Aufzeichnungen von Martin Herzog über die Geschichte der Münchener Rück, o. D, in: HAMR, NA/29.

6 Kluge, Einfluss, S. 235.

7 Borscheid, Allianz, S. 61 ff.

8 Gefahren des Versicherungstrusts, in: Vossische Zeitung, 9. 10. 1927.

9 Gerd Modert, 1929: Der Zusammenbruch der Favag und die Hintergründe eines Skandals, in: Barbara Eggenkämper/Gerd Modert/Stefan Pretzlik, Die Frankfurter Versicherungs-AG 1865–2004, München 2004, S. 15 ff., 27 ff. Zur Biografie Artur Lauingers: ebd., S. 23. Zum Zusammenbruch der FAVAG vgl. ferner: Feldman, Allianz, S. 39–45; ders., Die Deutsche Bank vom Ersten Weltkrieg bis zur Weltwirtschaftskrise 1914–1933, in: Lothar Gall/Gerald D. Feldman/Harold James/Carl-Ludwig Holtfrerich/Hans E. Büschgen, Die Deutsche Bank 1870–1995, München 1995, S. 274 f.

10 Borscheid, Allianz, S. 71 (Zitat); Modert, Zusammenbruch, S. 19 ff.

11 MR, Geschäftsbericht 1929/30; Modert, Zusammenbruch, S.

12 Modert, Zusammenbruch, S. 38.

13 Kößler, Versicherungsaufsicht, S. 45 ff.

14 Feldman, Allianz, S. 55.

15 Modert, Zusammenbruch, S. 34.

16 Feldman, Allianz, S. 47.

17 Zitiert nach: Feldman, Allianz, S. 48.

18 Paul Guggenbühl, Schweizerische Rückversicherungs-Gesellschaft 1863–1938, Ms. Zürich 1939, S. 147 [SRCA, 10.108 184].

19 Diese Äußerung bezog sich auf die Kapitalbeteiligung bei der Settentrionale, einem Transportversicherer in Mailand, den die Allianz, die MR und die Providentia nach dem Ersten Weltkrieg verdeckt gegründet hatten, um ihm das Geschäft der Providentia in den von Österreich-Ungarn an Italien abgetretenen Gebieten zu übertragen. Herzog, Dokumente, S. 659. Als Quelle nennt Herzog einen Brief der Allianz vom 22. 5. 1928.

20 Feldman, Allianz, S. 60.

21 Personal-Statistik seit 1880, in: HAMR, AA/403. Der Weltmarktführer Schweizer Rück hatte 1929 401 Mitarbeiter. Straumann, Riese, S. 489.

22 Erinnerungen von Herrn Reichert (Abschrift von Bandaufnahme), in: HAMR, AA/403.

23 Ebd.

24 Borscheid, Allianz, S. 158 f.

25 Zum Werdegang Meuschels und seiner Tätigkeit bei der MR vgl. dessen Autobiografie: Walther Meuschel, So kam es. Eine Rückschau auf mein Leben, Ms. Garmisch-Partenkirchen 1977, in: HAMR, P/74.

26 Herzog, Dokumente, S. 327.

27 Ebd., S. 683.

28 Ebd., S. 681 f.

29 Ebd., S. 684 f.

30 Borscheid, Vertrauensgewinn, S. 334 ff., 342.

31 Die Pace wurde 1922 von MR und Allianz gemeinsam mit der Providentia in Mailand gegründet. Die Plus Ultra ging aus der Transportversicherung Centro Catalan in Barcelona hervor. Die MR und die Allianz erwarben dieses Unternehmen, verlegten den Sitz nach Madrid und bauten die Gesellschaft unter dem neuen Namen Plus Ultra aus. Herzog, Dokumente, S. 657 u. S. 662 ff.

32 Persönliche Aufzeichnungen von Martin Herzog über die Geschichte der Münchener Rück, o. D., in: HAMR, NA/29.

33 Vermerk Kißkalt, 27. 7. 1928, in: HAMR, AA/119; MR, Feuer-Vertrags-Abteilung an Allianz und Stuttgarter Verein Versicherungs-Aktien-Gesellschaft, 30. 7. 1928, in: ebd.

34 Herzog, Dokumente, S. 751 ff.

35 Ebd., S. 724 ff.

36 Ebd., S. 726.

37 Ebd., S. 698. Anfang 1939 lag die Beteiligung der MR an der Pilot bei 49,98 %, während die Generali nun 18,67 % des Aktienkapitals hielt, die Allianz 14,93 %, und die Union Rück 7,47 %. 6,31 % entfielen auf amerikanische Direktoren (vermutlich Aufsichtsratsmitglieder). Mira Wilikins, The History of Foreign Investment in the United States, 1914–1945, Cambridge/Mass. 2004, S. 424 f.

38 Herzog, Dokumente, S. 699 f.

39 Ebd., S. 702 f.

40 Schreiner an W. Pemsel, 13. 2. 1941, in: HAMR, Personalia/8.

41 Kißkalt, Erinnerungen, S. 19.

42 Die größten Rückversicherungsunternehmungen der Erde, in: Deutsche Rückversicherungs-Zeitung, 10. 12. 1929 (mit Angaben aus der englischen Fachzeitschrift The Review).

43 Ebd.

44 50 Jahre Münchener Rückversicherung, S. 16; MR Geschäftsberichte 1913/14 u. 1929/30.

45 Persönliche Aufzeichnungen von Martin Herzog über die Geschichte der Münchener Rück, o. D., in: HAMR, NA/29.

46 Merki, Siegeszug, S. 359.

47 Herzog, Dokumente, S. 390.

48 Die Zwangshaftpflichtversicherung der Kraftfahrzeughalter in Deutschland, 17.1. 1934, in: HAMR, AA/230.

49 Gesetz über die Einführung der Pflichtversicherung für Kraftfahrzeughalter und zur Änderung des Gesetzes über den Verkehr mit Kraftfahrzeugen sowie des Gesetzes über den Versicherungsvertrag. Vom 7.11.1939, RGBl. I, S. 2223. Vgl. Merki, Siegeszug, S. 359. Hitler setzte bereits im Juli 1933 eine Vereinheitlichung des Tarifs der Kraftfahrzeugversicherer durch. Kurt Schmitt, der damals Reichswirtschaftsminister war, konnte aber offenbar erreichen, dass die Pläne zur Einführung einer obligatorischen Haftpflichtversicherung nicht weiter verfolgt wurden. Die Zwangshaftpflichtversicherung der Kraftfahrzeughalter in Deutschland, 17.1.1934, in: HAMR, AA/230.

50 MR an Försäkrings-Aktiebolaget Fylkgia, 24.4.1919, in: HAMR, AA/244.

51 Herzog, Dokumente, S. 393 f.

52 Europäische – USA, in: ERGO-Archiv, Bestand ERV, Nr. Q0009–00001.

53 Oscar Rücker-Embden war von 1916 bis Ende 1932 ärztlicher Direktor bei der MR. Sein Nachfolger wurde Josef Sturm (ärztlicher Direktor von 1931 bis 1938). Ärzte der Münchener Rückversicherungs-Gesellschaft, in: HAMR, AA/238. Wie sich die Abteilung Versicherung erhöhter Risiken nach Sturms Ausscheiden entwickelt hat, ist nicht belegt. Sturm wechselte Mitte 1938 zur MR-Tochter Fénix Sudamericano nach Buenos Aires, da seine Ehefrau Jüdin war. Hans Freund, Münchener Rückversicherungs-Gesellschaft und Nationalsozialismus, Juli 1998, S. 26, in: HAMR, NA/25, Einige Ergebnisse von Arbeiten der Forschungsstelle finden sich in: Oscar Rücker-Embden, Die vertrauensärztliche Untersuchung mit besonderer Berücksichtigung der erhöhten Risiken, München 1928.

54 Herzog, Dokumente, S. 379, 706.

55 Ebd., S. 706.

56 Fritz Blaich, Der Schwarze Freitag. Inflation und Wirtschaftskrise, 2. Aufl. München 1990, S. 168 f. Vgl. ferner Charles P. Kindleberger, Die Weltwirtschaftskrise 1929–1939, 3. Aufl., München 1984.

57 MR, Geschäftsberichte 1924/25 und 1929/30 bis 1933/34.

58 MR, Geschäftsbericht 1929/30.

59 Stephan Werner, Rückversicherung in der Weltwirtschaftskrise. Performanceanalyse professioneller Rückversicherungsunternehmen in der Schaden- und Unfallversicherung 1924–1935, Magisterarbeit Ludwig-Maximilians-Universität München, Ms. München 2010, S. 69.

60 MR, Geschäftsberichte 1929/30 bis 1931/32 (mit Zitat).

61 Rundschreiben vom 18.7.1931, abgedruckt in: Herzog, Dokumente, S. 747. Zum Zusammenbruch der Darmstädter und Nationalbank und zur deutschen Bankenkrise von 1931 vgl. Johannes Bähr/Bernd Rudolph, Finanzkrisen 1931–2008, München 2011.

62 Vgl. Werner, Rückversicherung, S. 52.

63 MR, Geschäftsbericht 1931/32, S. 4.

64 Berechnet nach den Angaben in: MR, Geschäftsberichte 1930/31, 1931/32 und 1932/33.

65 Vgl. hierzu Werner, Rückversicherung, S. 83.

66 MR, Geschäftsbericht 1930/31.

67 Eggenkämper u. a., Allianz, S. 122.

68 Herzog, Dokumente, S. 461 f.; Habicht, 50 Jahre, S. 52–59.

69 Kerstin Hahn, die Kapitalanlage von Versicherungsunternehmen nach dem VAG unter besonderer Berücksichtigung der Asset-Backed-Securities, Karlsruhe 2005, S. 21 ff.

70 Straumann, Riese, S. 394. Vgl. ferner Werner, Rückversicherung, S. 53 ff.

71 Versicherungs-Konzerne, in: Münchner Neueste Nachrichten, 28. 12. 1932.

72 Versicherungs-Skandale und kein Ende, in: Montag Morgen, 16. 6. 1930 (BAB, R 3101/17323).

73 Kißkalt an Schreiner, 2. 12. 1932, in: HAMR, AA/99. Zur «Beinahe-Insolvenz» der Kölnischen Rück im Jahr 1932 vgl. auch Werner, Rückversicherung, S. 56 ff.

74 Kölner Rück, in: Münchner Neueste Nachrichten, 30. 12. 1932; Der Fall Kölnische Rückversicherung, in: Frankfurter Zeitung, 1. 12. 1932; Sanierung der Kölnischen Rückversicherung, in: Frankfurter Zeitung, 31. 12. 1932; Werner, Rückversicherung, S. 58.

75 Kißkalt an Spans, 6. 12. 1932, in: HAMR, AA/99.

76 Kißkalt an Schreiner, 2. 12. 1932, in: ebd.

77 Ebd.

78 Zu Gründung und Aufstieg des Gerling-Konzerns siehe Boris Barth, Der Gerling-Konzern als Familienunternehmen», in: Susanne Hilger/Ulrich S. Soénius (Hg.), Familienunternehmen im Rheinland im 19. und 20. Jahrhundert (Schriften zur rheinisch-westfälischen Wirtschaftsgeschichte, Bd. 47), Köln 2009, S. 103–118.

Teil II: Die Münchener Rück während der nationalsozialistischen Herrschaft (1933–1945)

9. Die nationalsozialistische Machtübernahme und die Münchener Rück: Geschäftsentwicklung, politische Verbindungen und das Leitungspersonal

1 Vortrag Kißkalts auf der 234. Aufsichtsratssitzung der MR am 6. 7. 1932, in: HAMR, AR-P/27.

2 Bayerische Treuhand AG, Prüfbericht über den Jahresabschluss 1932/33, 4. 11. 1933, in: HAMR; Prüfbericht über den Jahresabschluß 1935/36, 24. 10. 1936, in: ebd.

3 MR, Geschäftsberichte 1932/33 bis 1938/39.

4 Gesetz über die Beaufsichtigung der privaten Versicherungsunternehmen und Bausparkassen. Vom 6. 6. 1931, RGBl. I S. 315.

5 Hinweise finden sich im Auszug aus dem Protokoll des Vertrauensrats, 19. 3. 1937, in: HAMR, AA/403.

6 So die Angaben von Alzheimer im Verhör durch die amerikanische Militärregierung, 30. 7. 1945, in: Bundesarchiv Koblenz [im Folgenden: BAK], OMGUS 2/224/12.

7 Niederschrift der 236. Aufsichtsratssitzung am 14. 11. 1933, in: HAMR, AR-P/27.

8 Johannes Bähr, Die Dresdner Bank in der Wirtschaft des Dritten Reiches, München 2006, S. 96, 611 f. (Die Dresdner Bank im Dritten Reich, Bd. 1); Niederschrift der 242. Aufsichtsratssitzung am 3. 11. 1936, in: HAMR, AR-P/28; Materialien zur 244. Aufsichtsratssitzung am 15. 7. 1937, in: AR-P/77.

9 Feldman, Allianz, S. 107.

10 OMGUS, Ermittlungen gegen die Dresdner Bank, bearb. von der Hamburger Stiftung für Sozialgeschichte des 20. Jahrhunderts, Nördlingen 1986, S. 214 ff.

11 Bericht über die Einladungen ausländischer Gäste zum «Tag der Deutschen Kunst» durch die MR und Auswirkungen dieser Besuche, 11 Blatt, undat. (Oktober 1933), in: HAMR, AA/321.

12 Niederschrift der Aufsichtsratssitzung am 14. 11. 1933.

13 Aktennotiz Mattfeld über eine Besuch in Schweden vom 21.–24. 9. 1934, in: HAMR, AA/146.

14 Niederschrift der 238. Aufsichtsratssitzung am 8. 11. 1934, in: HAMR, AR-P/27.

15 Die Darstellung Alois Alzheimers, es habe 1933 «Schwierigkeiten» mit dem Obmann der NSBO-Betriebszelle bei der MR gegeben, wird durch zeitnahe Aussagen Kißkalts im Aufsichtsrat und durch die Vertrauensratsprotokolle widerlegt (Exposé Alzheimer für die amerikanische Militärregierung, 30. 7. 1945, in: BAK, OMGUS, 2/224/12).

16 Auszüge aus den Vertrauensratsprotokollen als Fortsetzung für das Gemeinschaftsbuch (1934–1937), in: HAMR, AA/403. Zu den Kosten der Betriebsausflüge, der Maifeier, der DAF-Uniformen, der Sportplatzmiete und der Hitlerbilder siehe die Materialien zur 244. Aufsichtsratssitzung am 15. 7. 1937, in: AR-P/77. Zu den Mai-Aufmärschen am 1. Mai 1934, 1935 und 1936 s. das Fotoalbum in F/48.

17 Materialien zur 244. Aufsichtsratssitzung am 15. 7. 1937; BAK, OMGUS, 2/56/9.

18 Aufnahmen in einem Fotoalbum der MR, in: HAMR, F/48 und F/22.

19 Niederschrift der 237. Aufsichtsratssitzung am 3. 7. 1934, in: HAMR, AR-P/27.

20 Feldman, Allianz, S. 127 f.

21 Materialien zur 240. Aufsichtsratssitzung am 6. 11. 1935, in: HAMR, AR-P/76.

22 Übersicht über die Verwaltungskostenentwicklung, 20. 10. 1938, in: Materialien zur 248. Aufsichtsratssitzung am 25. 10. 1938, in: HAMR, AR-P/80.

23 HAMR, AA/403.

24 Materialien zur 250. Aufsichtsratssitzung am 24. 10. 1939, in. HAMR, AR-P/82.

25 Aktennotiz Burbach, 8. 2. 1949, in: HAMR, Aktenverfilmung Volksfürsorge.

26 Materialien zur 251. Aufsichtsratssitzung am 16. 4. 1940 und zur 252. AR-Sitzung am 24. 10. 1940, in: HAMR, AR-P/83 und AR-P/84. Zu den DAF-eigenen Versicherungsgesellschaften siehe Rüdiger Hachtmann, Das Wirtschaftsimperium der Deutschen Arbeitsfront 1933–1945, Göttingen 2012, S. 190–265.

27 Aktennotiz Alzheimer, 11. 10. 1935, in: HAMR, Aktenverfilmung Volksfürsorge.

28 Aktennotizen Mattfeld, 30.10. und 18. 11. 1935, in: ebd.

29 Feldman, Allianz, S. 92 f.

30 Für die Darstellung Alzheimers, er sei auf Drängen des Führers des Münchener NS-Juristenbundes in die NSDAP eingetreten, gibt es keine plausiblen Indizien (Exposè Alzheimer vom 30. 7. 1945, in: BAK, OMGUS, 2/224/12; Verhör Alzheimers durch die amerikanische Militärregierung am 17. 7. 1947, in: OMGUS, 2/56/1). Alzheimer verfasste seine Darstellung unter Rechtfertigungszwang, da ihm eine Verhaftung durch die amerikanische Militärregierung drohte.

31 Schneider wird erstmalig im Geschäftsbericht für 1943/44 als stellvertretendes Vorstandsmitglied genannt.

32 Liste der NSDAP-Mitglieder in der MR, undat. (August/September 1945), in: BAK, B 280/25128.

33 Übersicht über den Personalstand der MR, Oktober 1935, in: HAMR, AR-P/76.

34 Übersicht über die NSDAP-Mitgliedschaft der Führungskräfte in der MR, undat. (August/September 1945), in: HAMR, AA/398. Laut Alzheimers Angaben gegenüber der amerikanischen Militärregierung lag der Anteil der NSDAP-Mitglieder am Führungspersonal bei 20 %.

35 Verhör von Hans Heß durch die amerikanische Militärregierung, 17. 9. 1947, in: BAK, OMGUS, 2/57/4.

36 Siehe die Edition der Vorarbeiten und Beratungen des Ausschusses in: Werner Schubert (Hg.), Akademie für Deutsches Recht 1933–1945. Ausschuss für Aktienrecht, München 1986.

37 Niederschrift der Besprechung im Reichsjustizministerium am 8. 10. 1935, in: Akten der Reichskanzlei, Regierung Hitler 1933–1945, bearb. von Friedrich Hartmannsgruber, Bd. 2 (1934/35), München 1999, S. 828–842.

38 Zweiter Bericht des Vorsitzenden des Ausschusses für Aktienrecht, April 1935, in: Ausschuss für Aktienrecht, S. 497–518.

39 Feldman, Allianz, S. 25 ff.

40 Ebd., S. 133; William E. Dodd/Martha Dodd, Diplomat auf heißem Boden, Berlin 1962.

41 Feldman, Allianz, S. 82–88.

42 Ebd., S. 92.

43 Henry A. Turner, Die Großunternehmer und der Aufstieg Hitlers, Berlin 1985, S. 393 f.

44 Feldman, Allianz, S. 101.

45 Schmitt wurde erst am 3. August 1934 aus dem Amt entlassen, übte sein Amt aber ab dem 29. Juni 1934 nicht mehr aus.

46 Feldman, Allianz, S. 133 f.

47 Dodd, Diplomat auf heißem Boden, S. 127 f., 131 f.

48 Siehe hierzu Adam Tooze, Ökonomie der Zerstörung. Die Geschichte der Wirtschaft im Nationalsozialismus, München 2007, S. 98–113.

49 Dodd, Diplomat auf heißem Boden, S. 142 f.

50 Materialien zur 240. Aufsichtsratssitzung am 6. 11. 1935, in: HAMR, AR-P/76.

51 Feldman, Allianz, S. 136 ff.

52 Materialien zur 248. Aufsichtsratssitzung am 25. 10. 1938, in: HAMR, AR-P/80.

53 Aktennotiz des persönlichen Referenten des Hauptabteilungsleiters Schmeer im Reichwirtschaftsministerium, 8. 11. 1938, in: BAB, R 3101 (Reichswirtschaftsministerium), Nr. 9275.

54 Aktenvermerk Krause (RWM) über eine Telefongespräch mit Schmitt, 16. 11. 1938, in: ebd.; vgl. Feldman, Allianz, S. 225 f.

55 Bericht der amerikanischen Militärregierung über Schmitt, Januar 1948, in: BAK, OMGUS, 2/56/8. Schmitt wurde im September 1935 zum SS-Brigadeführer befördert. Feldman, Allianz, S. 108 nennt September 1933 als Eintrittsdatum in die SS.

56 Schreiben von Schmitt an Himmlers Adjutanten Kurt Wolff, 6. 7. 1939 (auf MR-Briefpapier), in: BAB, NS 19 (Persönl. Stab des Reichsführers SS), Nr. 731.

57 Schreiben Wolff an Schmitt, 15. 9. 1939, in: ebd.

58 Schreiben von Schmitt an Wolff, 19. 9. 1939 und 14. 10. 1939, in: ebd.

59 Aktennotiz des SS-Hauptsturmführers Brandt, 1. 12. 1939, in: ebd.

60 Materialien zur 250. Aufsichtsratssitzung am 24. 10. 1939, in: HAMR, AR-P/82.

61 Diese Widersprüche werden in der sehr differenzierten Charakterisierung durch Feldman, Allianz, gut herausgearbeitet. Als biografische Skizze weniger befriedigend ist Carlos Collado Seidel, Vom Reichswirtschaftsminister zum Gegner des NS-Regimes. Der Wirtschaftsführer Kurt Schmitt: Financier Hitlers und des Widerstandes?, in: Detlef Blesgen (Hg.), Financiers, Finanzen und Finanzierungsformen des Widerstandes, Berlin 2006, S. 53–72.

62 Zeugenaussage von Martin Niemöller, in: Protokoll der öffentlichen Spruchkammerverhandlungen gegen Kurt Schmitt im September 1947, in: BAK, OMGUS, 2/224/11.

63 Schreiben Schmitt an v. Neurath, 19. 9. 1939, Schreiben v. Neurath an Schmitt, 21. 11. 1939, in: HAMR, P/32.

64 Hassell, Ulrich von, Vom anderen Deutschland. Aus den nachgelassenen Tagebüchern von 1938–1944, Zürich/Freiburg 1946, S. 289 f. (Eintragung 22. 1. 1943).

65 Ebd., S. 117 (Eintragung 28. 1. 1940).

66 Hassell, Tagebücher, S. 42 (Eintrag 29. 12. 1938).

67 Schreiben von Schmitt an Himmlers Adjutanten Kurt Wolff, 5. 6. 1940, in: BAB, NS 19, Nr. 731. Der Persönliche Stab Himmlers leitete das Visagesuch am 14. 6. 1940 befürwortend weiter.

68 Schreiben von SS-Oberführer Kranefuß an SS-Obersturmbannführer Dr. Rudolf Brandt (Persönl. Stab des Reichsführers SS), 2. 6. 1942; Schreiben von Brandt an Kranefuß, 16. 6. 1942, in: ebd.

69 Alfred Manes (Hg.), Versicherungs-Lexikon, Berlin 1930; Schreiben von Schwede-Coburg an Schmitt (mit Abschrift an Himmler), 5. 3. 1943, in: ebd. Zum Lebenslauf von Manes siehe Koch, Geschichte, S. 171 f.

70 Schreiben von SS-Obersturmführer Brandt an Kranefuß, 15. 3. 1943, in: ebd.

71 Schreiben Himmler an Schwede-Coburg, 15. 3. 1943, in: ebd.; vgl. Feldman, Allianz, S. 404 ff.

72 Feldman, Allianz, S. 481–488.

73 Schreiben Kranefuß an Brandt, 18. 3. 1943, in: BAB, NS 19, Nr. 731; Schreiben Kranefuß an Himmler, 21. 4. 1943, in: Nürnberger Dokumente, NI-8106 (auch in BAK, OMGUS, 2/56/9).

74 Schreiben Kranefuß an Brandt, 18. 3. 1943, in: BAB, NS 19, Nr. 731.

75 Schreiben Kranefuß an SS-Obersturmbannführer Dr. Rudolf Brandt, 17. 12. 1942, in: ebd.

76 Abschrift der Schmitt-Denkschrift für Göring, 22. 3. 1941, in: BAB, NS 19, Nr. 2220.

77 Hassell, Tagebücher, S. 272 (4. 8. 1942).

78 Statistik über die Entwicklung der Lebensversicherungs-Rückkäufe bei der MR, in: Materialien zur 252. Aufsichtsratssitzung am 24. 10. 1940, in: HAMR, AR-P/84.

79 Bericht über den Geschäftsverlauf in der Lebensversicherung 1938/39 und über die Aussichten für 1940, undatiert, ohne Verfasser, in: ebd.

80 Zahlen nach einer Aufstellung in den Materialien zur 252. Aufsichtsratssitzung am 24. 10. 1940. Die Zahlen für 1936 wurden wegen der ungewöhnlichen Verluste durch die Insolvenz des österreichischen Lebensversicherers Phönix nicht berücksichtigt.

81 Vorläufiger Bericht des Vorstandsmitglieds Gustav Mattfeld über das Geschäftsjahr 1939/40, in: HAMR, AR-P/83.

82 Zur Konfiszierung der Lebensversicherungen durch das Reich s. Feldman, Allianz, S. 316–332.

83 Hierauf deutet auch die Statistik über den Rückkauf von Policen jüdischer Kunden bei der Allianz hin, die Ende der 1990er Jahre von der Wirtschaftsprüfungsgesellschaft Arthur Anderson im Auftrag der Allianz erstellt wurde. Vgl. Feldman, Allianz, S. 301.

84 Niederschrift über die Besprechung über die Judenfrage am 12. 11. 1938, in: Nürnberger Dokumente, Bd. 28, S. 499–540, Dokument 1816-PS; vgl. Andre Botur, Privatversicherung im Dritten Reich. Zur Schadensabwicklung nach der Reichskristallnacht unter dem Einfluß nationalsozialistischer Rassen- und Versicherungspolitik, Berlin/Baden-Baden 1994, S. 183 und Feldman, Allianz, S. 241–250.

85 Verordnung zur Wiederherstellung des Straßenbildes bei jüdischen Gewerbebetrieben, Vom 12. 11. 1938, in: RGBl. I, 1938, S. 1581; Durchführungsverordnung über die Sühneleistung der Juden. Vom 21. 11. 1938, in: RGBl. I, 1938, S. 1638.

86 Feldman, Allianz, S. 269.

87 Ebd., S. 275.

88 HAMR, AA/21.

89 Rundschreiben der Reichsgruppe Versicherungen, 15. 12. 1939, in: HAMR, AA/21.

90 Aktennotiz v. Reininghaus, 21. 7. 1947, in: HAMR, VST/18.

91 Stadtarchiv München, Kommunalreferat, Bestand Jüdische Vermögen, Nr. 58. Die Akte stammt ursprünglich aus dem Bestand der oberbayerischen Bezirksregierung, die für die Genehmigung von Immobilienverkäufen durch Juden verantwortlich war.

92 Der Schätzwert für den regulären Verkehrswert wurde üblicherweise aus dem Mittelwert des Gebäudewerts (abzüglich Abschreibungen) und dem Ertragswert gebildet.

93 Bayerische Treuhand AG, Bericht über die Prüfung der vorläufigen Umstellungsrechnung für den 21. 6. 1948 der MR, undat. (nach 1950), in: Bayerisches Hauptstaatsarchiv [im Folgenden: BayHStA], Ministerium für Wirtschaft, Nr. 21681.

10. Die Münchener Rück in der Wirtschaft des Dritten Reiches: Geschäftspolitik, Devisenbewirtschaftung und die Beteiligung an der Rüstungsfinanzierung

1 Niederschrift der 251. Aufsichtsratssitzung am 16. 4. 1940, in: HAMR, AR-P/29; Feldman, Allianz, S. 337–345.

2 Gemeinschaftsvertrag zwischen der Allianz und der MR, 11. 11. 1940, in: HAMR, AA/119.

3 Sitzungsniederschriften des Gemeinsamen Vorstandsrats in: HAMR, AA/312.

4 Liste der MR-Beteiligungen an anderen Versicherern von mehr als 10 %, undat. (30. 6. 1945), in: HAMR, AA/120.

5 Hans Hartenstein (Gruppenleiter bei der Reichsstelle für Devisenbewirtschaftung und Oberregierungsrat im Reichswirtschaftsministerium), Devisennotrecht. Kommentar, Berlin 1935, S. 441, 739–743, 756 ff. Zur Anwendung dieser Richtlinien auf die MR siehe das Schreiben der MR an das Reichswirtschaftsministerium, 19. 11. 1941, in: HAMR, AA/147. Zur Devisenbewirtschaftung aus der Sicht der Versicherer siehe Alois Alzheimer, Die Entwicklung der Devisenbewirtschaftung für das Versicherungsgewerbe bis zur derzeitigen Rechtslage, München 1934 (Privatdruck) und Wolfgang Knochenhauer, Die für Versicherungsverträge geltenden Devisenvorschriften, Berlin 1935.

6 Niederschrift der 238. Aufsichtsratssitzung, 8. 11. 1934. Zur Entwicklung der Devisenbewirtschaftung siehe Ralf Banken, Das nationalsozialistische Devisenrecht als Steuerungs- und Diskriminierungsinstrument 1933–1945, in: Johannes Bähr/Ralf Banken (Hg.), Wirtschaftssteuerung durch Recht im Nationalsozialismus, Frankfurt am Main 2006, S. 121–236.

7 Niederschrift der 238. Aufsichtsratssitzung am 8. 11. 1934, Niederschrift der 241. Aufsichtsratssitzung am 15. 7. 1935, in: HAMR, AR-P/28.

8 Bericht des Reichsbankdirektoriums über die Devisenprüfung bei der MR vom 2.–15. 5. 1941, in: HAMR, AA/147.

9 Schreiben des MR-Vorstandsmitglieds Mattfeld an den Führer der Wirtschafts-gruppe Privatversicherung, 9. 10. 1934, in: HAMR, AA/146.

10 Niederschrift der 238. Aufsichtsratssitzung am 8. 11. 1934, Niederschrift der 241. Aufsichtsratssitzung am 15. 7. 1935, in: HAMR, AR-P/28.

11 Hinweis in den Materialien zur 251. Aufsichtsratssitzung am 16. 4. 1940, in: HAMR, AR-P/83.

12 Werner A. Fischer, Die Entwicklung der Zahlungs- und Verrechnungsabkommen in Deutschland, Berlin 1937, S. 35 (zgl. Diss. rer. pol. Berlin 1937).

13 Herzog, Dokumente, S. 819.

14 Ebd., S. 198; MR, Geschäftsbericht 1937/38.

15 Anleihestockgesetz (noch einfügen!)

16 Siehe die Geschäftsberichte der MR und die Notiz vom 19. 9. 1938, in: Materialien zur 248. Aufsichtsratssitzung am 25. 10. 1938.

17 Interner Vermerk «Kapitalberichtigung», 10. 7. 1941; Niederschrift der 254. Auf-sichtsratssitzung am 22. 10. 1941, in: HAMR, AR-P/85.

18 Übersicht über die stillen Reserven der MR in Wertpapieren und Beteiligungen, in: HAMR, AR-P/84; Übersicht über den Immobilienbesitz, 1940, in: ebd.

19 Aktennotiz Alzheimer, 2. 10. 1941, in: HAMR, AR-P/86, Geschäftsbericht 1941/42.

20 Neumanns Jahrbuch der privaten und öffentlich-rechtlichen Versicherung im Deutschen Reich 1939 und 1942, Berlin 1938 und 1941.

21 BAB, R 3101/33610.

22 Übersicht über die Steuerzahlungen der MR in den Materialien zur 244. Aufsichts-ratssitzung am 15. 7. 1937, in: HAMR, AR-P/78; Materialien zur 252. Aufsichtsrats-sitzung am 24. 10. 1940, in: HAMR, AR-P/84. Zur Exportförderung und Exportsub-ventionierung siehe Michael Ebi, Export um jeden Preis, Stuttgart 2004.

23 Feldman, Allianz, S. 194–197, 203 f.

24 Schreiben des Reichswirtschaftsministers, i.V. Staatssekretär Ernst Posse, an den Leiter der Reichsgruppe Versicherungen, 14. 5. 1935, in: HAMR, AA/464.

25 Schreiben des Reichswirtschaftsministers, i.V. Staatssekretär Posse, an den Leiter der Reichsgruppe Versicherungen, 18. 12. 1937, in: ebd.

26 Vierteljahresbericht an den Aufsichtsrat zum 1. 4. 1939, in: HAMR, AR-P/80.

27 Schreiben des Reichswirtschaftsministers an die Reichsgruppe Versicherungen, 12. 8. 1938, in: HAMR, AA/464.

28 Schreiben des Reichswirtschaftsministers an die Reichsgruppe Versicherungen, 27. 3. 1939, in: ebd.

29 HAMR, AA/410.

30 Materialien zur 245. Aufsichtsratssitzung am 5. 11. 1937, in: HAMR, AR-P/79.

31 Durchführungsverordnung über das Eiserne Sparen. Vom 10. 11. 1941, RGBl. I S. 705 f.

32 Siehe die Geschäftsberichte der MR von 1936/37 bis 1943/44.

33 Errechnet aus den Geschäftsberichten der MR für 1938/39 bis 1943/44.

34 Feldman, Allianz, S. 155, 222 ff.

35 Ebd., S. 375.

36 Ebd., S. 376 ff.

37 Schreiben Schmitt an Göring, 22. 3. 1941, in: BAB, NS 6/334.

38 Schreiben Bormann an Schmitt, 25. 4. 1941, in: BAB, NS 6/328.

39 Feldman, Allianz, S. 396 f. Rath war seit 1933 NSDAP-Mitglied, seit 1937 außer-ordentlicher und seit 1939 ordentlicher Professor an der Universität Göttingen (kurzer Lebenslauf in: Aniko Szabo, Vertreibung, Rückkehr, Wiedergutmachung. Göttinger Hochschullehrer im Schatten des Nationalsozialismus, Göttingen 2000, S. 299).

40 Robert P. Ericksen, Complicity in the Holocaust. Churches and Universities in Nazi Germany, Cambridge 2012, S. 202–218.

41 Klaus Wilhelm Rath, Konkurrenzsystem, Organisationsform und Wirtschaftlichkeit im Versicherungswesen, Leipzig 1942.

42 Siehe die Stellungnahme Alois Alzheimers zum Rath-Gutachten, 11. 1. 1943, in: HAMR, VST/1.

43 Schmitt an Göring, 16. 12. 1942, in: BAB, NS 19/731.

44 Schmitt an Schwede-Coburg, 31. 12. 1942, in: ebd.; Schmitt an Schwede-Coburg, 29. 1. 1943, in: ebd.

45 Angaben nach BAB, NS 5/III (Amt für wirtschaftliche Unternehmungen der DAF), Nr. 64.

46 Schreiben Schmitt an Schwede-Coburg, 29. 1. 1943, in: BAB, NS 19, Nr. 731.

47 Stellungnahme des Arbeitswissenschaftlichen Instituts (AWI) der DAF, undat. (Dezember 1942), in: BAB, NS 5/III (Deutsche Arbeitsfront – Amt für wirtschaftliche Unternehmungen der DAF), Nr. 64.

48 Zum Lebenslauf von Peter siehe Karl Heinz Roth, Intelligenz und Sozialpolitik im «Dritten Reich». Eine methodisch-historische Studie am Beispiel des Arbeitswissenschaftlichen Instituts der Deutschen Arbeitsfront, München 1993, S. 214 f.

49 Klaus Wilhelm Rath, Um die Brechung des jüdischen Einflusses in Wirtschaft und Wirtschaftswissenschaft, in: Die nationale Wirtschaft, 25. 7. 1938; Ericksen, Complicity in the Holocaust, S. 216; Hauke Janssen, Nationalökonomie und Nationalsozialismus, Marburg 1998, S. 231.

50 Schreiben Ley an Schwede-Coburg, 1. 2. 1943, in: BAB, NS 5/III, Nr. 64.

51 Schreiben Göring an Schmitt, 31. 12. 1942, in: HAMR, VST/1; Schreiben Funk an das Reichsaufsichtsamt für Privatversicherung und den Vorsitzenden des Reichsversicherungsausschusses, 2. 2. 1943, in: BAB, NS 5/III, Nr. 64.

52 Feldman, Allianz, S. 226.

53 Ericksen, Complicity in the Holocaust, S. 217.

54 Feldman, Allianz, S. 402 f.

55 Notiz Mattfeld für Alzheimer, 4. 3. 1943, in: HAMR, VST/25.

56 Jens Jessen, Der Stand und die Leistung der deutschen Versicherungswirtschaft, o. D., Firmenhistorisches Archiv der Allianz, S-17.14; Entwurf des Jessen-Gutachtens, undat. (Juni 1943); Schreiben Alzheimer an Hilgard, 18. 6. 1943, in: HAMR, VST/25.

57 Feldman, Allianz, S. 406 f.

11. Auslandsgeschäft, Auslandsbeteiligungen und Kriegserwartung

1 Unabhängige Expertenkommission Schweiz – Zweiter Weltkrieg, Die Schweiz, der Nationalsozialismus und der Zweite Weltkrieg. Schlussbericht, Zürich 2002, S. 61.

2 Adam Tooze, Ökonomie der Zerstörung. Die Geschichte der Wirtschaft im Nationalsozialismus, München 2007, S. 93–124; Albrecht O. Ritschl, Deutschlands Krise und Konjunktur 1924–1934. Binnenkonjunktur, Auslandsverschuldung und Reparationsproblem zwischen Dawes-Plan und Transfersperre, Berlin 2002, S. 185 ff.; Ralf Banken, Die deutsche Goldreserven- und Devisenpolitik 1933–1939, in: Jahr-

buch für Wirtschaftsgeschichte 1/2003, S. 49–78; ders., Das nationalsozialistische
Devisenrecht als Steuerungs- und Diskriminierungsinstrument 1933–1945, in: Johannes Bähr/Ralf Banken (Hg.), Wirtschaftssteuerung durch Recht im Nationalsozialismus. Studien zur Entwicklung des Wirtschaftsrechts im Interventionsstaat
des «Dritten Reichs». Frankfurt am Main 2006, S. 121–236. Speziell zu Schacht vgl.
Christopher Kopper, Hjalmar Schacht. Aufstieg und Fall von Hitlers mächtigstem
Bankier, München/Wien 2006.

3 MR, Geschäftsbericht 1932/33.

4 Niederschrift der 236. Aufsichtsratssitzung am 14.11.1933, in: HAMR, AR-P/27.

5 Zitiert nach: Schweizer Rück, Mitteilungen des Revisionsbüros, Zur Frage der Autarkie in der Rückversicherung, 15.12.1933, in: SRCA, 10.145 820.

6 Ebd.

7 Karlen u. a., Versicherungsgesellschaften, S. 183 f.

8 Zur Tätigkeit Schweizer Versicherungsgesellschaften in Deutschland während der
NS-Zeit siehe Karlen u. a., Versicherungsgesellschaften. Angaben zur Tätigkeit der
Schweizer Erstversicherer und Rückversicherer auf dem deutschen Markt siehe
ebd., S. 73–78, 120–135.

9 Straumann, Riese, S. 397.

10 Feldman, Allianz, S. 509.

11 Niederschrift der 239. Aufsichtsratssitzung am 9.7.1935, in: HAMR, AR-P/27.

12 Eigene Berechnungen auf der Grundlage der Geschäftszahlen in: MR, Geschäftsberichte 1932/33–1943/44; James (Hg.), Swiss Re, S. 491; RM-Werte umgerechnet nach
den Wechselkursen in: ebd., S. 469. 1935 lag der Wechselkurs bei 123,70 CHF pro
100 RM, 1937 bei 175,15 CHF pro 100 RM.

13 Ludwig Arps, Durch unruhige Zeiten. Deutsche Versicherungswirtschaft seit 1914,
Teil 2: Von den zwanziger Jahren zum Zweiten Weltkrieg, Karlsruhe 1976, S. 59.

14 MR, Geschäftsberichte 1913/14–1943/44; James (Hg.), Swiss Re, S. 491; RM-Werte umgerechnet nach den Wechselkursen in: ebd., S. 469. Die Werte für die Geschäftsjahre
der MR wurden für das Kalenderjahr des Geschäftsjahresendes angegeben.

15 Karlen u. a., Versicherungsgesellschaften, Bd. 1, S. 82–90.

16 Verordnung über die vorläufige Anwendung eines Abkommens über den deutsch-schweizerischen Verrechnungsverkehr. Vom 26.7.1934, RGBl. II S. 717.

17 Aktennotiz der MR, 18.2.1935, in: HAMR, AA/335.

18 Hjalmar Schacht, Notwendigkeiten der deutschen Außenwirtschaft, Berlin 1934
(Druckerei der Reichsbank).

19 Aktennotiz des MR-Vorstandsmitglieds Gustav Mattfeld über ein Gespräch mit
dem Generaldirektor der Schweizer Rück Bebler, 29.1.1935, in: HAMR, AA/335.

20 Herzog, Dokumente, S. 704.

21 Ebd.

22 Ebd.

23 Ebd., S. 706.

24 Aktennote Kißkalt, 19.2.1936, in: HAMR, AA/35.

25 Kurt Bauer, Diskrete Gebarung, in: Die Presse – Spectrum, 6.5.2006.

26 Vgl. Isabella Ackerl, Der Phönix-Skandal, in: Ludwig Jedlicka/Rudolf Neck (Hg.),
Das Juliabkommen von 1936. Vorgeschichte, Hintergründe und Folgen. Protokoll
des Symposiums in Wien am 10. und 11. Juni 1976, Wien 1977, S. 241–279; Wolfgang
Rohrbach, Vor 40 Jahren. Die Tragödie der Lebensversicherungsanstalt Phönix,

Wien 1976. Eine erste historische Monografie über den Phönix-Skandal wird in Kürze erscheinen: Hans H. Lembke, Phönix, Wiener und Berliner. Der Sturz eines europäischen Versicherungskonzerns, i. V.

27 Siehe hierzu oben S. 91, 108 f., 197.

28 Feldman, Allianz, S. 188 ff. Wilhelm Berliner (1881–1936) wurde in Wien geboren und hatte seit seiner Studienzeit beim Lebens-Phönix gearbeitet. 1912 wurde er stellvertretender Direktor und zwei Jahre später anstelle des erkrankten Vorstandsvorsitzenden Klang faktisch auch Leiter des Unternehmens. Berliner starb an den Folgen einer verschleppten Mittelohrentzündung.

29 Feldman, Allianz, S. 188.

30 Hans Habe, Ich stelle mich, Wien/München 1954, S. 247 f. (zitiert nach Arps, Zeiten, T. 2, S. 63). Habe hatte in Wien kurze Zeit als Nachrichtenagent für Berliner gearbeitet. Eine ähnliche Beschreibung Berliners findet sich in: Peter Berger, Im Schatten der Diktatur. Die Finanzdiplomatie des Vertreters des Völkerbundes in Österreich, Meinoud Marinus Rost van Tonningen 1931–1936, Wien 2006, S. 457 ff.

31 Karl Sigmund, Versichern beruhigt: Tauber, Helly und die Wiener Phönix, in: Friedrich Stadler (Hg.): Österreichs Umgang mit dem Nationalsozialismus. Die Folgen für die naturwissenschaftliche und humanistische Lehre, Wien/New York 2004, S. 111–125. Alfred Tauber («Tauber-Theorem») war nach seiner Emeritierung an der Universität Wien als Berater beim Lebens-Phönix tätig. Er wurde 1942 in Theresienstadt ermordet. Eduard Helly emigrierte 1938 in die USA und starb 1943 in Chicago.

32 Berger, Schatten, S. 457.

33 Kißkalt an die Direktion der Lebensversicherungs-Gesellschaft Phönix z.Hd. Generaldirektor Bauer, 12. 7. 1930, abgedruckt in: Herzog, Dokumente, S. 557.

34 1932 verfasstes Exposé über die Beziehungen der MR zum Lebens-Phönix, abgedruckt in: ebd., S. 555.

35 Die MR hatte 1921 gemeinsam mit dem Lebens-Phönix die Majorität bei der Allianz und Giselaverein erworben. Das deutsche Geschäft dieses Unternehmens war im Dezember 1925 auf die in München gegründete Tochtergesellschaft Gisela Deutsche Lebens- und Aussteuer-Versicherungs-AG übertragen. Nach dem Zusammenbruch des Lebens-Phönix übernahm die MR dessen Beteiligung an der deutschen Gisela, bei der sie nun 44 % des Aktienkapitals hielt. Richard Stellwag, Gisela: Ursprung und Wandel eines Versicherungsunternehmens, aufgezeichnet nach Akten, Urkunden, Archivunterlagen, Zeitungen, Zeitschriften, mündlichen Berichten und Persönlichen Erlebnissen, Bd. 1: 1869–1948, München 1966, S. 117, 132, 151, 208.

36 Kißkalt an die Direktion der Lebensversicherungs-Gesellschaft Phönix z.Hd. Generaldirektor Bauer, 12. 7. 1930, abgedruckt in: Herzog, Dokumente, S. 557.

37 1932 verfasstes Exposé über die Beziehungen der MR zum Lebens-Phönix, abgedruckt in: Herzog, Dokumente, S. 556.

38 Ebd., S. 555.

39 Ebd.

40 Ebd. Vgl hierzu auch Feldman, Competition, S. 46.

41 Kißkalt an die Direktion der Lebensversicherungs-Gesellschaft Phönix z. Hd. Generaldirektor Bauer, 12. 7. 1930, abgedruckt in: Herzog, Dokumente, S. 558.

42 1932 verfasstes Exposé über die Beziehungen der MR zum Lebens-Phönix, abgedruckt in: ebd., S. 559.

43 Ebd., S. 559.

44 In einem Schreiben an den Reichswirtschaftsminister vom 21. 2. 1934 teilte die MR mit: «Über die Verhältnisse bei dem unter Leitung des Herrn Dr. Berliner stehenden Phönix-Leben sind wir nicht näher informiert». HAMR AA/34. Reichswirtschaftsminister war zu diesem Zeitpunkt der frühere Allianz-Generaldirektor Kurt Schmitt. Wilhelm von Thelemann, der Generalbevollmächtigte des Bankhauses Merck, Finck & Co. erfuhr von der MR lediglich, dass die deutschen Verträge des Lebens-Phönix sicher seien. Im Übrigen empfahl ihm die Lebensabteilung nach Rücksprache mit Kißkalt, Auskünfte an Kunden «reserviert abzufassen, etwa mit der Begründung, dass er nicht beurteilen könne, wie der Phönix in anderen Ländern stehe». Notiz Lebens-Phönix – Merck, Finck & Co., 21. 9. 1934, in: ebd. Vgl. ferner: Kißkalt an Kende, 15. 6. 1931, in: ebd; Generaldirektor Emil Stein, Pester Ungarische Commercial Bank, an Kißkalt, 8. 6. 1931, in: ebd.

45 Herzog, Dokumente, S. 615.

46 Berger, Schatten, S. 457 f.

47 Stellwag, Gisela, S. 207.

48 Berger, Schatten, S. 457 f.; Kurt Bauer, Diskrete Gebarung, in: Die Presse – Spectrum, 6. 5. 2006.

49 Berger, Schatten, S. 457 f.

50 Ackerl, Phönix-Skandal; Kurt Bauer, Diskrete Gebarung, in: Die Presse – Spectrum, 6. 5. 2006

51 Vgl. Hinter den Kulissen des Phönix-Skandals, in: Völkischer Beobachter, 1. 4. 1936.

52 Kurt Bauer, Diskrete Gebarung, in: Die Presse – Spectrum, 6. 5. 2006

53 Präsentliste der Aktionäre der ÖVAG zur I. ordentlichen Generalversammlung am 3. 11. 1937, in: HAMR, AA/65; Dieter Stiefel, Die österreichischen Lebensversicherungen und die NS-Zeit. Wirtschaftliche Entwicklung, Politischer Einfluß, Jüdische Polizzen, Wien/Köln 2001, S. 77; Berger, Schatten, S. 460. Zum Rückversicherungsvertrag: Mattfeld an DAF, 24. 6. 1938, in: HAMR AA/291.

54 Stiefel, Lebensversicherungen, S. 31; Berger, Schatten, S. 460.

55 Darin wurden die für den direkten Vertrieb in der Tschechoslowakei zugelassenen Versicherungsgesellschaften verpflichtet, einen jährlichen Betrag von zwölf Mio. Kronen zur Deckung der Verbindlichkeiten des Lebens-Phönix aufzubringen. Pražská Mestka Pojištovna an MR, 11. 10. 1937, in: HAMR, AA/35. Zur Übernahme der tschechoslowakischen Verträge des Lebens-Phönix siehe S. 204.

56 Deutscher Phönix in Ordnung, in: Münchener Zeitung, 3. 4. 1936; Verluste beim Wiener Phönix, in: Münchner Neueste Nachrichten, 27. 3. 1936.

57 Der deutsche Phönix, in: Münchener Zeitung, 1. 4. 1936 (Stadtarchiv München, ZA 1509); Koch, Geschichte, S. 279.

58 Arps, Zeiten, T. 2, S. 69.

59 Bayerische Rückversicherungsbank AG an Reichsaufsichtsamt für Privatversicherung, 16. 5. 1936, in: BAB, R 3101/17325, Bl. 215 ff.; Verzeichnis der Aktionäre für die I. ordentliche Generalversammlung der Isar Lebensversicherungs-Aktiengesellschaft in München am 29. 6. 1937, BAK, B 280/3869. Für den Hinweis auf diese Dokumente danken die Verfasser Prof. Dr. Hans Lembke, Berlin.

60 Arps, Zeiten, T. 2, S. 69.

61 Niederschrift der 242. Aufsichtsratssitzung am 3. 11. 1936 (Bericht Kißkalt), in: HAMR, AR-P/28.

62 Herzog, Dokumente, S. 613. Der Elementar-Phönix hatte in den Jahren 1925/26 mit der Wiener Versicherungsgesellschaft und der Providentia zur Phönix, Providentia und Wiener Vereinigte Versicherungs-AG fusioniert. 1930 nahm das Unternehmen die frühere Bezeichnung des Elementar-Phönix an: Allgemeine Versicherungs-Gesellschaft Phönix.

63 Ebd.

64 Ebd.

65 Notiz vom 17. 9. 1935, zitiert nach ebd.

66 Ebd., S. 614 f.

67 Ebd., S. 615.

68 Siehe S. 214.

69 Herzog, Dokumente, S. 615 f.

70 Siehe hierzu oben S. 208, 215, 234 f.

71 Interrogation of Dr. Alois Alzheimer, 17. 7. 1947, Archiv des Instituts für Zeitgeschichte [im Folgenden; IfZ-Archiv] OMGUS 2/56/1. Zur Zusammenarbeit zwischen MR und Generali in Polen siehe S. 223 ff..

72 Herzog, Dokumente, S. 266 f.

73 Ebd., S. 586; Notiz Slavische, Prag, 19. 10. 1934, in: HAMR, AA/36.

74 Herzog, Dokumente, S. 585 f.

75 Vgl. Hachtmann, Wirtschaftsimperium, S. 229, Anm. 116. Zur Abwicklung der Star nach 1938; BAB, R2/13541.

76 Aktennote, 4./5. 9. 1936, in: HAMR, AA/35

77 Vertrauliche Aktennote Mattfeld, 10. 6. 1937, in: HAMR, AA/95.

78 Aktenvermerk Slavische Versicherungs-Anstalt Akt.-Ges., Prag, 25. 7. 1942, in: ebd.

79 Zitiert nach: Herzog, Dokumente, S. 587.

80 Bericht über die Revision bei der Slavischen Versicherungs-AG in Prag, 17.6./ 10. 7. 1937, in: HAMR, AA/95.

81 Vermerk Schneider betr. Slavische – Prag, Bezüge Generaldirektor Dr. Rasin, 23. 7. 1937, in: ebd.

82 Vermerk Schneider betr. Slavische – Prag, 10. 5. 1938, in: HAMR, AA/95.

83 Ebd.

84 MR an Slavische Versicherungs-Anstalt Akt.Ges. Prag, 23. 5. 1938, in: ebd.

85 Herzog, Dokumente, S. 589. 1936 hatte die Slavia bei Lebensversicherungen einen Martanteil von 16,7% die Slovanska von 4,8%. Holocaust Claims Processing Office/New York State Department of Financial Services: The Insurance Industry and the Economies of Central and Eastern Europe, 1918–1945, October 2011, S. 37, URL: http://www.dfs.ny.gov/consumer/holocaust/hcpor111031.pdf

86 Verträge mit der Mundial (12./14. 7. 1933) und der Providentia (20./30. 11. 1934), in: HAMR, AA/89. Zu den Geschäftsbeziehungen zwischen MR und Union Rück siehe auch Feldman, Allianz, S. 508 ff.

87 Schreiben der MR an die Union Rück, 2. 4. 1935, in: SRCA, 10.135 238.04.

88 Vereinbarung zwischen Münchener Rückversicherungs-Gesellschaft und Schweizerischer Bankgesellschaft, 22./24. 1. 1934, in: HAMR, AA/49.

89 Vollmacht der MR an die Union Rück, 22. 8. 1938, in: SRCA, 10.135 238.04.

90 Aktennotiz Grieshaber, 24. 8. 1938, in: ebd.

91 Schreiben der MR an die Nationale Versicherungsanstalt AG Prag, 17. 9. 1938, in: HAMR, AA/89.

92 Hassell, Tagebücher, S. 27 (Eintragung 23. 10. 1938).

93 Münchener Rückversicherungs-Gesellschaft, Rechtfertigung, S. 6, in: BayHStA, MWi 25686; MR an Aterförsäkrings-Aktiebolaget Atlas, Direktor Meyjes, 3. 4. 1939, in: HAMR, A/97; Allianz Versicherungs-AG an die amerikanische Militärregierung, Finanz-Abteilung, Berlin-Dahlem, 21. 5. 1946, in: Münchner Rückversicherungs-Gesellschaft: Pilot Reinsurance Company Report, in: NARA, RG 260, M 1922.

94 Herzog, Dokumente, S. 701.

95 Münchener Rückversicherungs-Gesellschaft, Rechtfertigung, S. 8, in: BayHStA, MWi 25686.

96 Herzog, Dokumente, S. 748.

97 Aktennote von Reininghaus (mit wörtlicher Wiedergabe eines Berichts von Barley vom 28. 7. 1939), in: HAMR, AA/49; Aktennotiz über eine Besprechung im Büro der Münchener Rück am 14. 7. 1939 (mit Zitat), ebd.

98 Herzog, Dokumente, S. 749.

99 Vertraulicher Vermerk Les Réassurances, Paris, 11. 11. 1942, in: HAMR, AA/49.

100 Garantieerklärung der Union Rück, 1. 9. 1939, in: SRCA, 10.135 238.04. Die Garantieerklärung bezog sich auf Verträge mit Zedenten in Frankreich, Belgien, den Niederlanden, Dänemark, Norwegen, Schweden, Finnland, Litauen, Estland, Jugoslawien und Rumänien (Aufstellung in: HAMR, AA/360). Laut einer Aktennotiz des Union-Generaldirektors Grieshaber vom 13. 3. 1940 hat die Union auch die Verträge der MR mit den britischen Versicherern Norwich Union, London Guarantees and Accident, Prudential, Royal Exchange und Royal übernommen (HAMR, Verfilmung Akte Union).

101 Gustav Mattfeld/Dr. Brix, die Deckung der Kriegsgefahr in der Lebensversicherung, in: HAMR, AA/242 (auch in: BAK, B 280/8627).

102 Herzog, Dokumente, S. 473 ff. Die jahrelangen Streitigkeiten um die Begleichung der Schäden aus dem Spanischen Bürgerkrieg wurden schließlich durch eine Vereinbarung (Convenio) vom 14. 7. 1941 beigelegt, die allerdings nicht für die Lebensversicherer galt. Die beteiligten Erst- und Rückversicherer sagten in dieser Vereinbarung eine Zahlung in Höhe von 100 Mio. Peseten (24 Mio. RM) zu. Die MR war an der Regulierung der spanischen «Aufruhrschäden» mit rund 11,2 Mio. Peseten (rund 2,7 Mio. RM) beteiligt. Ebd., S. 474 f.; Feldman, Allianz, S. 411 f.

103 Zitiert nach: Herzog, Dokumente, S. 333.

104 Ebd., S. 334; Union Insurance of Canton Ltd. an Allianz und Stuttgarter Verein Versicherungs-AG, 22. 76. 1937, in: HAMR, AA/217.

105 Horst Wagenführ, Kriegswirtschaft und Versicherung, Leipzig 1939, S. 86 f.

106 Zitiert nach: ebd., S. 84.

107 Herzog, Dokumente, S. 343.

108 Niederschrift über die Besprechung vom 4. 12. 1939, in: BAK, B 280/8627; Bemerkungen zu dem Rundschreiben R 44 des Reichsaufsichtsamtes, in: ebd.; Wagenführ, Kriegswirtschaft, S. 52 ff.; Arno Surminski, Versicherung unterm Hakenkreuz, Berlin 1999, S. 234 ff.

12. Besatzungsherrschaft und Kriegswirtschaft: Die Münchener Rück im Europa des Dritten Reiches

1 Aktennote betr. Phönix, Besprechung in Venedig, 23. 5. 1938, in: HAMR, AA/65; Feldman, Allianz, S. 349 f.

2 Nach der Annexion Österreichs wollte die Deutsche Bank die Österreichische Creditanstalt – Wiener Bankverein übernehmen. Dies wurde vom Wirtschaftsminister der neuen Regierung in Wien, Hans Fischböck, verhindert. Den Zuschlag erhielt der reichseigene VIAG-Konzern, der die Kapitalmehrheit übernahm. Die Deutsche Bank musste sich zunächst mit einer 25 %igen Kapitalbeteiligung begnügen, konnte aber im Frühjahr 1942 schließlich die Majorität übernehmen. Harold James, Die Deutsche Bank im Dritten Reich, München 2003, S. 110 ff.

3 Aktennote Meuschel, 20. 11. 1937, in: HAMR AA/65.

4 Herzog, Dokumente, S. 617.

5 Ebd.

6 Ebd.

7 Vertrag vom 28.6./6. 7. 1938, in: HAMR, AA/65. Siehe auch Herzog, Dokumente, S. 617.

8 Aktennote/Bericht Herzog für Dr. Schieren betr. Assicurazioni Generali – Wiener Allianz, 30. 3. 1977, in: HAMR, AA/53; Herzog, Dokumente, S. 617.

9 Herzog, Dokumente, S. 560.

10 Ingo Böhle, Die Expansion der Volksfürsorge Lebensversicherung in den mitteleuropäischen Raum 1938–1945, in: Harald Wixforth (Hg.), Finanzinstitutionen in Mitteleuropa während des Nationalsozialismus (Geld und Kapital, Bd. 4, Jahrbuch der Gesellschaft für mitteleuropäische Banken- und Sparkassengeschichte 2000), Stuttgart 2001, S. 184 ff.

11 Mattfeld an DAF, 24. 6. 1938, in: HAMR AA/291.

12 Assicurazioni Generali an Allianz Versicherungs AG, München, 12. 2. 1949, in: HAMR, AA/53.

13 Rückstellungskommission beim Landesgericht f. ZRS Wien, Erkenntnis, 22. 6. 1950, S. 7, in: ebd.

14 Die Wiener Restitutionskommission entschied auch, dass die Antragsteller die Aktien nicht gegen Zahlung des Kaufpreises aus dem Jahr 1939 zurückerhielten. Sie mussten der Allianz und der MR einen Teil der Aufwendungen für eine von diesen durchgeführte Kapitalerhöhung bei der Wiener Allianz vergüten. Aktennote/Bericht Herzog für Dr. Schieren betr. Assicurazioni Generali – Wiener Allianz, 30. 3. 1977, in: ebd.; Aktennote betr. Wiener Allianz, 23. 10. 1950, in: ebd.

15 Aktennote betr. Wiener Allianz, 23. 10. 1950, in: ebd. Die Wiener Allianz verklagte parallel dazu die Allianz und die MR auf Ersatz der ihr zugefügten «Aushöhlungsschäden» Beide Parteien einigten sich auf einen Vergleich, in dem sich Allianz und MR zur Zahlung von 1,5 Mio. Schilling verpflichteten. Aktennote/Bericht Herzog für Dr. Schieren betr. Assicurazioni Generali – Wiener Allianz, 30. 3. 1977, in: ebd.

16 Aktennote/Bericht Herzog für Dr. Schieren betr. Assicurazioni Generali – Wiener Allianz, 30. 3. 1977, in: ebd.

17 Beilage 3 zu: Military Government of Germany, Fragebogen, Eberhard von Reininghaus, in: Staatsarchiv München, SpkA 18 (Spruchkammerakte Eberhard von Reininghaus).

18 So auch die Einschätzung bei Feldman, Allianz, S. 352.

19 Aktennote Meuschel, 20.11.1937, in: HAMR, AA/65.

20 Herzog, Dokumentation, S. 616.

21 Eberhard von Reininghaus, Bemerkungen [zum Fragebogen der amerikanischen Militärregierung], S. 7, in: HAMR, Personalia/5.

22 Beilage 3 zu: Military Government of Germany, Fragebogen, Eberhard von Reininghaus, in: Staatsarchiv München, SpkA 18 (Spruchkammerakte Eberhard von Reininghaus).

23 Siehe S. 215, 234 f.

24 Feldman, Allianz, S. 353.

25 Schmidt-Polex, Hans Walter», in: Hessische Biografie, http://www.lagis-hessen.de/pnd/117511188 [zuletzt gesehen am 20.3.2015]. Zu Philipp Nikolaus Schmidt-Polex siehe oben S. 30, 32.

26 Feldman, Allianz, S. 354.

27 Ebd., S. 423.

28 Ebd.

29 Ebd., S. 423 f.

30 Herzog, Dokumente, S. 589.

31 Vorvertrag, 24.10.1941, in: HAMR, FIN/132. Herzog vermutet, gestützt auf Notizen Schmitts, dass die Kapitalbeteiligung nicht zustande gekommen sei, weil die Behörden angeordnet hätten, alle nicht kriegswichtigen Entscheidungen zurückzustellen. Herzog, Dokumente, S. 589.

32 Hachtmann, Wirtschaftsimperium, S. 233.

33 Ebd., S. 234. Vgl. hierzu auch Böhle, Expansion, S. 200 ff.

34 Feldman, Allianz, S. 421. Die Allianz Leben konnte von der Slavia lediglich deren Verträge im «Sudetenland» übernehmen. Ebd., S. 362.

35 Aktennotiz betr. Versicherungswesen im Protektorat, 3.2.1943, in: HAMR, AA/14. Die Versicherungsgesellschaften wurden nun über den Zentralverband der Vertragsversicherung in Böhmen und Mähren von der Protektoratsregierung kontrolliert. Holocaust Claims Processing Office u. a., Insurance Industry, S. 64.

36 Böhle, Expansion, S. 201 f.

37 Münchener Rückversicherungs-Gesellschaft, Anlage 1, S. 2, in: HAMR, AA/386; Feldman, Allianz, S. 425.

38 Zitiert nach Feldman, Allianz, S. 425.

39 Münchener Rückversicherungs-Gesellschaft, Anlage 1, S. 2, in: HAMR, AA/386.

40 Ebd., S. 1.

41 Eidesstattliche Erklärung von Franz Buchetmann, 20.4.1946, in: Staatsarchiv München, SpkA K 18 (Spruchkammerakte Alois Alzheimer).

42 Eidesstattliche Erklärung von Josef Ruzicka, 21.6.1948, in: ebd.; Münchener Rückversicherungs-Gesellschaft, Anlage 1, S. 2, in: HAMR, AA/386; Herzog, Dokumente, S. 589.

43 Frank Drauschke, Die Versicherungswirtschaft in den böhmischen Ländern und die Entziehung jüdischer Lebensversicherungspolicen, in: Alois Mosser (Hg.), Die Versicherungswirtschaft in Mitteleuropa während des Nationalsozialismus (Geld und Kapital, Bd. 6, Jahrbuch der Gesellschaft für mitteleuropäische Banken- und Sparkassengeschichte 2002), Stuttgart 2004, S. 70, 75.

44 Münchener Rückversicherungs-Gesellschaft, Anlage 1, in: HAMR, AA/386.

45 Herzog, Dokumente, S. 271 f., 595 f.

46 Münchener Rückversicherungs-Gesellschaft, Anlage 1, in: HAMR, AA/386; Akten-notiz Alzheimer, 12./13. 4. 1943, in: HAMR, Personalia/12.

47 Vgl. Armin Heinen, Rumänien, der Holocaust und die Logik der Gewalt, München 2007.

48 Aktennotiz Alzheimer, 12./13. 4. 1943, in: HAMR, Personalia/12.

49 Kafka an Martini (Abschrift), 10. 11. 1946, in: ebd.

50 Herzog, Dokumente, S. 595.

51 Veesenmayer an Kißkalt, 10. 6. 1937 (mit Bezug auf ein ähnliches Schreiben vom 27. 5. 1937), in: HAMR, AA/103.

52 Zur Biografie Veesenmayers vgl. Igor-Philip Matic, Edmund Veesenmayer. Agent und Diplomat der nationalsozialistischen Expansionspolitik, München 2002.

53 Kißkalt an Veesenmayer, 1. 6. 1937, in: HAMR, AA/103.

54 Karlen u. a., Versicherungsgesellschaften, S. 705 ff.

55 Eckart Conze/Norbert Frei/Peter Hayes/Moshe Zimmermann, Das Amt und die Vergangenheit. Deutsche Diplomaten im Dritten Reich und in der Bundesrepublik, München 2010, S. 262 ff.

56 Erklärung von Alois Alzheimer betr. Joseph Szönyi, Budapest, 16. 6. 1946, Staats-archiv München, SpkA K 18 (Spruchkammerakte Alois Alzheimer); Joseph Szönyi, Budapest, in: ebd., Anlage 18c; Georg Balaban, Budapest, in: ebd., Anlage 18b; Mün-chener Rückversicherungs-Gesellschaft, Anlage 1, in: HAMR, AA/386.

57 Pogany hat von der MR im Laufe des Jahres 1937 Zahlungen in Höhe von insgesamt 54 000 Pengö erhalten, die es ihm ermöglichten, nach Australien auszuwandern. Tivadar Pogany, Staatsarchiv München, SpkA K 18 (Spruchkammerakte Alois Alz-heimer), Anlage 18b.

58 Einhorn war bei der Warschauer Versicherung sowie den Versicherungsgesellschaf-ten Port, Patria, Europa, Florjanka und Vita leitend tätig. HAMR, AA/37.

59 Ebd.; Aktien des Port, der Warschauer und Patria, 15. 9. 1930, in: HAMR, AA/50.

60 Beteiligung der Münchener an Polnischen Gesellschaften, Stand vom 28. 4. 1933, in: HAMR, AA/50.

61 Zitiert nach der in Herzog, Dokumente, S. 578, wiedergegebenen Notiz Alzheimers vom 13. 6. 1936.

62 Der Konflikt bei der Warschauer beigelegt. Der Hauptaktionär Einhorn zurückge-treten, in: Die Versicherung, 3. 1. 1935 (HAMR, AA/37). Einhorn war zuvor in der polnischen Presse angegriffen worden. Begründet wurde Einhorns Ausscheiden mit «Gesundheitsrücksichten». Ebd.; Finanz-Ministerium, Staatliches Versiche-rungs-Aufsichts-Amt an Einhorn, 24. 12. 1934 (Übersetzung aus dem Polnischen), in: ebd.

63 Aktennote betr. Reisegepäck-Versicherung in Palästina und Ägypten, in: ERGO-Archiv, Bestand ERV, Nr. Q0009–00028; Aktennote betr. Europäische Warschau, ebd.

64 Herzog berichtet, er habe in den 1950er Jahren bei der Union Rück in New York einen Herrn Marcel A. Horn getroffen, der sich ihm als Sohn von Ananiasz Einhorn vorgestellt habe. Die Familie habe ihren Namen in den USA geändert. Notiz Her-zog für Herrn Dr. Freund, 30. 9. 1981, in: HAMR, Personalia/11.

65 Aktennotiz Warschauer Geschäft, 11. 9. 1936, in: HAMR, AA/38.

66 Verträge zwischen der Assicurazioni Generali in Trieste und der Münchener Rückversicherungs-Gesellschaft in München, 17./25. 1. 1938, in: HAMR, FIN/215; auch in: Archiwum Akt Nowych Warszawa (Archiv der neuen Akten Warschau) [im Folgenden: AAN], 2386–131.

67 MR an das Reichswirtschaftsministerium, z.Hd. des Herrn Ministerialrats Dr. Daniel, 28. 9. 1939, in: HAMR, AA/38.

68 Zitiert nach: Surminski, Versicherung, S. 230. Vgl. auch Ingo Böhle, «Der Fahne folgt der Kaufmann» – Die Private Krankenversicherung (PKV) in den «angeschlossenen» und annektierten Gebieten Mitteleuropas während der NS-Zeit, in: Mosser (Hg.), Versicherungswirtschaft, S. 135–170.

69 MR an Generalquartiermeister beim Oberkommando des Heeres, 20. 9. 1939, in: HAMR, AA/38. Ein ähnliches Schreiben schickte die MR wenige Tage später an das Reichswirtschaftsministerium. Darin heißt es: «Wir haben naturgemäss ein entscheidendes Interesse daran, dass die Tätigkeit dieser Gesellschaften ungestört weiterlaufen kann und schleunigst den durch die veränderten politischen Verhältnissen gegebenen Notwendigkeiten angepasst wird, damit auch diese Gesellschaften in jeder Beziehung den deutschen Interessen dienstbar gemacht werden können». MR an das Reichswirtschaftsministerium, z.Hd. des Herrn Ministerialrats Dr. Daniel, 28. 9. 1939, in: ebd.

70 Aktennote Buchetmann, 26. 6. 1941, in: HAMR, FIN/215. Die Beschlagnahmeverfügungen ergingen am 4. 4. 1941 und am 17. 5. 1941.

71 Edwin Magnus (1888–1974) war Generaldirektor der Rigaer Commerzbank und als Vorsitzender der Deutsch-Baltischen Reformpartei zwei Mal lettischer Justizminister. Von 1933 bis 1938 war er lettischer Gesandter in Wien. Magnus hatte sich in Riga für die Interessen von MR und Allianz bei deren Beteiligungsgesellschaft Erste Rigaer eingesetzt. Er hatte sich dort aber auch mit mächtigen Gegnern angelegt und war vom autoritären Ulmanis-Regime schließlich des Landes verwiesen worden. MR an Generaldirektor Wilhelm Arendts, 24. 10. 1939, in: HAMR, Personalia/13; Lebenslauf Edwin Magnus, in: ebd; Aktennotiz betr. Riga, 17./22. 3. 1938, in: ebd.

72 Der Generaltreuhänder für Individualversicherung beim Generalgouverneur für die besetzten polnischen Gebiete an Patria, 30. 10. 1939, in: HAMR, AA/50.

73 Erste Allgemeine Unfall- und Schadensversicherungs-Gesellschaft an Generaldirektor Wilhelm Arendts, 11. 11. 1939, in: HAMR, AA/45; Der Generaltreuhänder für Individualversicherung beim Generalgouverneur für die besetzten polnischen Gebiete, Bestallung, 11. 11. 1939, in: ebd.

74 Allianz Filialdirektion Wartheland an Ernährungs- und Wirtschaftsstelle Ghetto Litzmannstadt, 14. 11. 1940, in: Archivum Państwowe w Poznaniu [Staatsarchiv Posen], 221–31178.

75 Aktennotiz Schneider betr. Florjanka, 14. 6. 1940, in: HAMR, AA/50; Vermerk betr. Warschauer – G. P.P.-Patria in ihrem Verhältnis zur Florjanka, in: ebd.; Karlen u. a., Versicherungsgesellschaften, S. 124.

76 Jeziorański und Śliwiński gehörten ebenso wie Henryk Rittermann vor Kriegsbeginn dem Vorstand der Florjanka und dem Vorstand der Patria an. Geschäftsbericht Florjanka 1938 (Sprawozdanie Za 1938 Rok), in: AAN, 2386–123. Polnische Versicherungs-Gesellschaft «Patria» Akt.Ges., Warschau, Pl. Napoleona 3 (Stand 1939), in: HAMR, AA/50.

77 Anlagen 1–4 zu: Aktennote von Otto Burbach, 31. 3. 1948, in: Staatsarchiv München, SpkA K 18 (Spruchkammerakte Alois Alzheimer).

78 Aktennote von Otto Burbach, 31. 3. 1948, in: ebd., Wand an Alzheimer, 6. 6. 1940, in: ebd.

79 Zur Konfiszierung jüdischer Lebensversicherungsguthaben vgl. Feldman, Allianz, S. 316 ff.

80 Niederschrift über die am 14. 4. 1940 in München stattgefundene Besprechung über das polnische Geschäft, in: HAMR, AA/38.

81 Ebd.

82 GPP, Prämieneinnahmen auf Eigenbehalt und Prämienbeiträge abzügl. des Anteils der Rückversicherer 1938–1941, in: AAN, 2386–112. Die Prämieneinnahmen der GPP auf Eigenbehalt lagen im Feuergeschäft 1938 bei rund 1,8 Mio. Zloty, 1940 dann nur noch bei rund 313 000 Zloty. Ebd.

83 Niederschrift über die am 14. 4. 1940 in München stattgefundene Besprechung über das polnische Geschäft, in: HAMR, AA/38.

84 Dies zeigen z. B. die Storno-Unterlagen in: Archivum Państwowe w Łodzi [Staatsarchiv Lodz], 218–36.

85 GPP, Prämieneinnahmen auf Eigenbehalt und Prämienbeiträge abzügl. des Anteils der Rückversicherer 1938–1941, in: AAN, 2386–112.

86 Aktenvermerk über die am 28. und 29. 4. 1942 in Venedig abgehaltene Partnerkonferenz betr. Konzerngesellschaften im Generalgouvernement, in: HAMR, AA/50.

87 Aktennotiz Schneider betr. Florjanka, 14. 6. 1940, in: HAMR, AA/50.

88 Feldman. Allianz, S. 479 f. Das Lager Plaszów war zu diesem Zeitpunkt ein Zwangsarbeitslager des SS- und Polizeiführers für den Bezirk Krakau. Im Januar 1944 wurde es in ein Konzentrationslager umgewandelt.

89 Bayerische Versicherungsbank AG, Bezirksdirektion Krakau an Deutsche Ausrüstungswerke GmbH, 15. 5. 1944, in: BAB, NS 3/216, Bl 37 f.

90 Vgl. ebd., S. 481 ff.

91 Ebd., S. 474 ff.

92 Ebd., S. 482 f.

93 Ebd., S. 486.

94 MR an Jeziorański und Śliwiński, 27. 7. 1944, in: HAMR, AA/50.

95 Magnus an MR, 19. 9. 1944, in: HAMR, AA/45.

96 Jeziorański an MR, 19. 9. 1944, in: ebd.

97 Schreiben der MR und der Allianz an das Reichswirtschaftsministerium, 11. 9. 1941, in: HAMR, NA/26; Exposé über die Gründung einer Versicherungs-Gesellschaft im Ostland, 24. 2. 1942, ebd.; Feldman, Allianz, S. 486.

98 Der Gostrach (Hauptverwaltung der staatlichen Versicherung) war 1921 als Versicherungsmonopol gegründet worden. Alexander Schug, Der Versicherungsgedanke und seine historischen Grundlagen, Göttingen 2011, S. 360.

99 Chef der Reichskanzlei an Reichsminister für die besetzten Ostgebiete, 16. 6. 1942, in: HAMR, NA/26.

100 Reichsminister für die besetzten Ostgebiete, stellv. Gauleiter und Reichsstatthalter Alfred Meyer, an Chef der Reichskanzlei, 15. 7. 1942, ebd.

101 Feldman, Allianz, S. 439.

102 Aktennotiz Meuschel, 10. 8. 1940, in: HAMR, AA/49.

103 Vertraulicher Vermerk betr. Les Réassurances, Paris, 11. 11. 1942, in: HAMR, AA/49.

104 Aktennotiz Schmitt, 4. 12. 1941, in: ebd.

105 Vertraulicher Vermerk betr. Les Réassurances, Paris, 11.11.1942, in: ebd.

106 Herzog, Dokumente, S. 733.

107 Vernehmung des Dr. Alois Alzheimer, verhört durch Emil Lang, 17.7.1947, in: Staatsarchiv München, SpkA K 18 (Spruchkammerakte Alois Alzheimer).

108 Herzog, Dokumente, S. 719 f.

109 Ebd., S. 722 f.

110 Ebd., S. 723.

111 Vernehmung des Dr. Alois Alzheimer, verhört durch Emil Lang, 17.7.1947, in: Staatsarchiv München, SpkA K 18 (Spruchkammerakte Alois Alzheimer).

112 Münchener Rückversicherungs-Gesellschaft, Anlage 1, o. D., in: HAMR, AA/386. Der Leiter der VAN, Jan Willem Gratama, schrieb in seiner Erklärung im Spruch-kammerverfahren Alzheimer, dieser sei bald nach der Besetzung der Niederlande in Amsterdam erschienen und habe dann nach Deutschland mitgeteilt, dass alle bisher mit britischen, französischen und amerikanischen Versicherern abgeschlos-senen Verträge schon bei niederländischen Gesellschaften untergebracht worden seien. Erklärung von Jan Willem Gratama, 25.6.1948, in: Staatsarchiv München, SpkA K 18 (Spruchkammerakte Alois Alzheimer).

113 Vernehmung des Dr. Alois Alzheimer, verhört durch Emil Lang, 17.7.1947, in: ebd.

114 Münchener Rückversicherungs-Gesellschaft, Anlage 1, o. D., in: HAMR, AA/386.

115 MR an Reichsbankhauptstelle München, 17.1.1938, in: Firmenhistorisches Archiv der Allianz, S-17.14/58.

116 Besuch von Herrn Südekum am 26.4.1938 im Hause der MR. Erinnerungen an seine Tätigkeit bei der «Pilot», in: HAMR, Personalia/17.

117 Ebd.

118 Schreiner lebte zuletzt bei der Familie seiner Tochter Hertha Thieme in Berlin, die mit einem Sohn Carl von Thiemes verheiratet war. Er starb am 6.5.1948 in Bran-nenburg/Oberbayern im Alter von 94 Jahren. Siehe hierzu die Unterlagen in HAMR, Personalia/8.

119 Aktennotiz betr. Pilot, 18.7.1941, in: HAMR, AA/97.

120 Die Allianz hatte ihre Pilot-Beteiligung auf Schreiners Vorschlag hin auf zwei nieder-ländische Versicherer und die Union Rück übertragen. Oberbuchhalterei Allianz an Bankbuchhaltung, 1.12.1939, in: Firmenhistorisches Archiv der Allianz, S-17.14/58; Aktennotiz Pilot, 18.6.1946, in: ebd.

121 Aktennotiz Schmitt betr. Union-Zürich, 6.6.1941, in: HAMR, AA/97.

122 Wilkins, History 1914–1945, S. 552, 883, Anm. 70 (zur Klage der Atlas, der Svenska Veritas und der Atlantica); Beteiligung der Union an Gesellschaften in alliierten Ländern, in: SRCA, 10.130 374.04; Herzog, Dokumente, S. 701; Besuch von Herrn Südekum am 26.4.1938 im Hause der MR. Erinnerungen an seine Tätigkeit bei der «Pilot», in: HAMR, Personalia/17.

123 Vgl. hierzu u. a. Götz Aly, Modelle für ein deutsches Europa, Ökonomie und Herr-schaft im Großwirtschaftsraum, Berlin 1992; Thomas Sandkühler, Europa und der Nationalsozialismus. Ideologie, Währungspolitik, Massengewalt, in: Zeithisto-rische Forschungen/Studies in Contemporary History, Online-Ausgabe, 9 (2012), H. 3, http://www.zeithistorische-forschungen.de/3–2012/id=4673 [zuletzt gesehen am 20.3.2015].

124 Feldman, Competition, S. 54 ff.

125 Herzog, Dokumente, S. 830.

126 Niederschrift der Tagung des Präsidialausschusses der Vereinigung zur Deckung von Großrisiken e.V. in Rom am 29./30. 10. 1941, S. 5, in: IfZ-Archiv, OMGUS 2/223/8.

127 Board of Economic Warfare, Enemy Branch, Axis Penetration of European Insurance, 15. 6. 1943, S. 60, in: IfZ-Archiv, OMGUS 2/110/1.

128 Niederschrift über die Sitzungen des Präsidial- und Technischen Ausschusses der Vereinigung zur Deckung von Großrisiken e.V. in Budapest am 1./2. 6. 1943, S. 24 ff., 32 ff., 42 ff., in: IfZ-Archiv, OMGUS 2/223/8.

129 Niederschrift über die Sitzungen des Präsidial- und Technischen Ausschusses der Vereinigung zur Deckung von Großrisiken e.V. in Lugano am 7./8. 5. 1942, S. 17 f., in: ebd.

130 Zur Bedeutung der Vereinigung für Großrisiken für die Generali und die Riunione vgl. Susan Dora Glazer, Business as usual? Triestine companies, the Italian insurance industry, and the «Jewish question» during World War II, PhD. Brandeis University, Waltham/Mass. 2009.

131 Aktennotiz Schmitt betr. Rückversicherungsgemeinschaft, 15./21. 11. 1940, in: HAMR, AA/370.

132 Die deutsche Versicherungswirtschaft und der Nationalsozialismus, S. 62 f., in: HAMR, AA/364; Feldman, Competition, S. 56; Herzog, Dokumente, S. 832, 872; Assicurazioni Generali an Münchener Rückversicherungs-Gesellschaft betr. Verstaatlichung der Privatversicherung in Jugoslavien, 11. 10. 1940, in: HAMR, AA/165.

133 Alzheimer an Hilgard, 7. 10. 1940, in: HAMR, AA/165.

134 Übersicht Vereinigung zur Deckung von Grossrisiken e.V., 7. 7. 1942, in: ebd.

135 Niederschrift über die Sitzungen des Präsidial- und Technischen Ausschusses der Vereinigung zur Deckung von Großrisiken e.V. in Budapest am 1./2. 6. 1943, S. 4, in: IfZ-Archiv, OMGUS 2/223/8.

136 Aktennotiz Reininghaus betr. Vereinigung zur Deckung von Grossrisiken, 26.3./ 8. 4. 1941, in: HAMR, AA/370.

137 Herzog, Dokumente, S. 830.

138 Straumann, Riese, S. 410 ff.

139 Herzog, Dokumente, S. 832.

140 Niederschrift über die Sitzungen des Präsidial- und Technischen Ausschusses der Vereinigung zur Deckung von Großrisiken e.V. in Budapest am 1./2. 6. 1943, S. 3, IfZ-Archiv, OMGUS 2/223/8; Herzog, Dokumente, S. 833.

141 Karlen u. a., Versicherungsgesellschaften, S. 648.

142 Hans Grieshaber (1893–1967) war in Chur geboren, hatte Mathematik studiert und vor seinem Eintritt bei der Union Rück als Sekretär der Versicherungskasse der Eidgenössischen Beamten, Angestellten und Arbeiter gearbeitet. Er leitete die Union Rück von 1923 bis 1964. In der Schweizer Öffentlichkeit wurde Grieshaber als Reiseautor bekannt. Vgl. Hans Grieshaber, 20 Jahre Weltreisen, Zürich 1943. Zur Biografie Grieshabers: Karlen u. a., Versicherungsgesellschaften, S. 758.

143 Herzog, Dokumente, S. 707. Die MR behielt sich dabei das Recht vor, die 7150 Aktien des Fénix Sudamericano zurückzukaufen. Den Erlös ließ sie bei der Union Rück stehen, um ihn nicht an die Reichsbank abliefern zu müssen. Aktennotiz betr. Fenix Sudamericano, 28. 6. 1946, in: HAMR, AA/393.

144 Karlen u. a., Versicherungsgesellschaften, S. 634.

145 Ebd., S. 634 ff.

146 Ernst gehörte nicht zu den Treuhändern, hatte aber der MR seine Bereitschaft dazu mitteilen lassen. Ebd., S. 638, Anm. 28.

147 Ebd., S. 639 f.

148 Übersicht der Union über den Stand ihres Geschäfts zum 1.1.1941, in: HAMR, AA/89.

149 Union Rück an Alzheimer, 27. 5.1942, in: SRCA, 10.130 374.02.

150 Herzog, Dokumente, S. 819.

151 Übersicht über die auf die Union überführten Verträge (Stand 15. 4.1940), in: HAMR, AA/360.

152 Union Rückversicherungs-Gesellschaft Zürich, Jahresbericht 1948 (Übersicht «Geschäftsentwicklung in den letzten 25 Jahren»), in: SRCA 10.125 717.

153 Schreiben Alzheimer an Grieshaber, 14. 9.1939, in: HAMR, AA/360.

154 Aktennotiz Alzheimer, 25. 9.1939, in: ebd.

155 Aktennotiz Alzheimer, 13. 3.1940, in: HAMR, AA/89.

156 Herzog, Dokumente, S. 696.

157 Liste der von der MR auf die Union überführten Rückversicherungsverträge, 28.10.1939, in: HAMR, AA/89.

158 Aktennotiz Grieshaber, 13. 3.1940, in: HAMR, AA/360.

159 Schreiben der MR an das Reichswirtschaftsministerium, 19.11.1941, in: HAMR, AA/147.

160 Schreiben der Union Rück an die MR, 2.12.1944, in: HAMR, Aktenverfilmung Union.

161 Schreiben der MR an den Vorstand der Union Rück, 30. 1.1944, in: SRCA, 10.135 238.03.

162 Details in: HAMR, AA/360.

163 Aktennotiz Alzheimer, 22. 4.1940, in: HAMR, AA/362.

164 Aktennotiz Schmitt betr. Union-Zürich, 6. 6.1941, in: HAMR, AA/97.

165 Herzog, Dokumente, S. 708.

166 Karlen u. a., Versicherungsgesellschaften, S. 718 f.

167 Siehe hierzu S. 123.

168 Karlen u. a., Versicherungsgesellschaften, S. 670–676.

169 Alzheimer an Ruperti, 21.11.1944, in: BAK, OMGUS, 2/236/4.

170 Karlen u. a., Versicherungsgesellschaften, S. 125, 668 (Zitat); Bericht der Direktion, vorgelegt von Dr. J. Meier, in: SRCA 10.130 374.05; Union Rückversicherungs-Gesellschaft Zürich, Jahresbericht 1948 (Übersicht «Geschäftsentwicklung in den letzten 25 Jahren»), in: SRCA 10.125 717.

171 Bericht Alzheimers über seine Reise in die Schweiz, 24. 3.1945, in: HAMR, AA/117, und BAK, OMGUS, 2/236/4.

172 Ebd.

173 Karlen u. a., Versicherungsgesellschaften, S. 663.

174 Ebd., S. 653–665. Die Union Rück wurde 1988 von der Schweizer Rück übernommen. Bis dahin hatte die SBG die Majorität. Weitere Großaktionäre waren die Schweizer National und die Zürich Versicherung.

175 Ebd., S. 670.

176 Niederschrift der 4. Sitzung des Vorstandsrats Allianz/MR, 28.10.1942, in: HAMR, AA/90.

177 Rechtfertigungsschrift der MR gegenüber dem US-Militärgericht in München, undat. (Juli/August 1946), in: BayHStA, Wirtschaftsministerium, Nr. 25685, S. 2ff; Niederschrift der Sitzung des Vorstandsrats Allianz/MR, Januar/Februar 1944, in: ebd.

178 Telegramm-Bestätigung, aufgegeben am 7. 7.1944, HAMR, AA/395.

179 HAMR, AA/91.

Teil III: Zurück an die Spitze des Weltmarkts (1945–1980)

13. Der Neubeginn unter amerikanischer Besatzung:
Kriegsfolgen und Entnazifizierung

1 Memorandum von Dr. Otto Burbach, 20. 61947, in: HAMR, AA/397.

2 Auszug aus dem Ergebnisprotokoll über die Sonderbesprechung am 18. 1. 1979; Bericht über den Stand der Arbeit von Martin Herzog, undat. (1979); Aktennotiz Freund für den Vorstandsvors. Jannott, 5. 11. 1981, in: HAMR, SK/91.

3 Herzog, Dokumente.

4 Aktennotiz der Union Rück über den Besuch des Kuriers Dr. Zwicky in München, 9. 10. 1945, in: SRCA, 10.135 238.01; Niederschrift der 266. Aufsichtsratssitzung der MR am 15. 7. 1949, in: HAMR, AR-P/32.

5 Undatiertes Interview eines Mitarbeiters der MR mit Alois Alzheimer, in: HAMR, AA/411.

6 Niederschrift der Aufsichtsratssitzung am 9. 12. 1950, in: HAMR, AR-P/33.

7 Herzog, Dokumente, S. 1016 f.

8 Aus den Rückversicherungsverträgen und den Schadensmeldungen der Erstversicherer an die Rückversicherer ließen sich keine verwertbaren Informationen für die militärische Auslandsaufklärung gewinnen.

9 Siehe das Protestschreiben der MR (Oldenburg, Obermayer) an die OMGUS, Division of Investigation of Cartels and External Assets, 11. 1. 1946, in: BAK, Bestand OMGUS (Z 45 F), 2/224/9. Zur Biografie von Manes siehe Koch, Geschichte, S. 171 ff.

10 Board of Economic Warfare, Axis Penetration of European Insurance, 15. 6. 1943, in: BAK, OMGUS, 2/110/1.

11 U. S. Department of War, Office of Strategic Services: Civil Affairs Guide. Ger- man Insurance Companies – Suggested Controls, 15. 12. 1944, in: BAK, OMGUS, 2/224/11.

12 Siehe die OMGUS-Ermittlungen gegen die Deutsche Bank und gegen die Dresdner Bank.

13 Notiz von First Lieutenant H. K. Ladenburg für Colonel Bernard Bernstein, 7. 3. 1945, in: BAK, OMGUS, 2/110/1.

14 Aktennotiz von Captain Norbert A. Bogdan, Acting Chief der Financial Institution Branch der OMGUS, 11. 4. 1945, in: BAK, OMGUS, 2/110/1.

15 Schreiben von E. Alzheimer (Onkel von Alois Alzheimer) an Kißkalt, 30. 3. 1927; handschriftl. Lebenslauf Alzheimers, undat. (1929); Ermittlungsbericht der OMGUS Special Branch, 7. 9. 1945, in: BAK, OMGUS, 2/236/4.

16 Aktennotiz von Saul Kagan, Chefermittler der Financial Investigation Section der OMGUS, 12. 7. 1947, in: BAK, OMGUS, 2/224/12.

17 Schreiben der MR an das Bayerische Staatsministerium für Wirtschaft, 23. 5. 1946, in: BAK, B 280, Nr. 25128; sowie HAMR, AR/311.

18 Schreiben des MR-Vorstandsmitglieds Buchetmann an Schmitt, 21. 9. 1945, in: BAK, OMGUS, 2/236/4; Interview mit Eleonore Hahn (bis 1945 Mitarbeiterin von Alzheimer), in: HAMR, AA/395.

19 Eingabe von 11 Direktoren und Vorstandsmitgliedern der MR an Captain Wilson, Militärregierung München, 4. 6. 1945, in: BAK, OMGUS, 2/224/12.

20 Exposé von Alzheimer, 30. 7. 1945, mit Anlagen, in: ebd.

21 Ebd.

22 Verhör von Alzheimer durch Emil Lang (OMGUS-FINAD), 17. 7. 1947, in: BAK, OMGUS, 2/56/1.

23 Telefonnotiz durch A. U. Fox (Assistant Deputy Chief der OMGUS, Financial Branch), 26. 9. 1945, in: BAK, OMGUS, 2/224/12.

24 Eidesstattliche Erklärung von Mattfeld, Oldenburg und Paul, 25. 3. 1946, in: Spruchkammerakte Alzheimer.

25 Erklärung von Franz Thierfelder, 28. 3. 1946, in: ebd.

26 Eidesstattliche Erklärung Hans Ritter v. Lex, 22. 5. 1946, in: ebd.

27 Erklärung des Betriebsrats der MR, 3. 4. 1946, in: ebd.

28 Entscheidung der Spruchkammer München X vom 12. 8. 1948, in: Staatsarchiv München, SpkA K 18.

29 Niederschrift der 265. Aufsichtsratssitzung am 16. 12. 1948, in: HAMR, AR-P/32.

30 Feldman, Allianz, S. 563.

31 Ebd., S. 560.

32 Report on Kurt Schmitt, undatiert (1947), in: BAK, OMGUS, 2/56/8. Eine mit Januar 1948 datierte zweite, weitgehend textgleiche Fassung befindet sich im Archiv der MR, Group Legal.

33 Interview Eleonore Hahn, undat., in: HAMR, AA/395.

34 Entscheidung der Spruchkammer Starnberg vom 29. 9. 1947, in: Staatsarchiv München, Spruchkammerakte Kurt Schmitt, SpkA K 4639.

35 Erklärung Otto Jeidels vom 4. 9. 1946, in: Spruchkammerakte Kurt Schmitt; vgl. Feldman, Allianz, S. 568 f.

36 Entscheidung der Berufungskammer für Oberbayern, 18. 11. 1948, in: HAMR, P/67.

37 Feldman, Allianz, S. 561.

38 Barbara Eggenkämper/Gert Modert/Stefan Pretzlik, Die staatliche Versicherung der DDR, München 2010, S. 21–58.

39 Übersicht über den Personalstand, undat. (Juli 1947) in: HAMR, AR-P/93.

40 Archiv der MR, Nr. AA/400.

41 Herzog, Dokumente, S. 892.

42 So die Einschätzung von führenden Mitarbeitern der MR lt. eines Reiseberichts des Union-Emissärs F. R. Zwicky, 21. 12. 1946, in: SRCA, 10.135 238.03.

43 Fragebogen v. Reininghaus (mit Beilagen) in: Staatsarchiv München, SpkA K 18; vgl. das Schreiben Alzheimers an den Bayerischen Wirtschaftsminister Lange, 25. 6. 1945, in: HAMR, Personalia/5 (Eberhard v. Reininghaus). Österreich galt seit 1943 aufgrund der Moskauer Deklaration der USA, der UdSSR und Großbritanniens als erster von Deutschland besetzter Staat.

44 Diese Erklärung im Fragebogen von Reininghaus erscheint glaubhaft, da er nach eigenen Angaben bis 1938 Mitglied in der Vaterländischen Front war, die den Nationalsozialismus zugunsten eines autoritären berufsständischen Einparteienstaates und daher auch den «Anschluß» an das nationalsozialistische Deutschland ablehnte.

45 Eine deutsche Übersetzung der Anklageschrift befindet sich im HAMR, AA/393. Das amerikanische Original ist nicht auffindbar. Die undatierte Rechtfertigungsschrift der MR vom Juli 1946 befindet sich im Bayerischen Hauptstaatsarchiv (BayHStA), Wirtschaftsministerium, Nr. 25685.

46 Süddeutsche Zeitung, 9. 8. 1946.

47 New York Herald Tribune, 30. 1. 1942. Siehe den Kaufvertrag der MR mit der Merwede, 20. 5. 1939 und die Aktennotiz Alzheimers über das Rückkaufsrecht an

den Pilot-Aktien der Atlas und der Svenska Veritas, 8./14. 2. 1944, in: HAMR, AA/395.

48 Schreiben der MR an den Oberfinanzpräsidenten München, 5. 1. 1940, in: HAMR, AA/395; Karlen u. a., Versicherungsgesellschaften, S. 647 f. Angaben zu den ursprünglichen Kapitalbeteiligungen nach der Anklageschrift.

49 Zu dem Vorgang Pilot, Fénix Sudamericano und Plus Ultra siehe HAMR, AA/393, bes. die Aktennotiz vom 28. 6. 1946 und das undatierte Schema für die Verteidigung vor Gericht (Juli 1946).

50 Der Fénix Sudamericano ging nach dem Krieg in Liquidation. Sein Lebensversicherungsgeschäft sollte an das nationale Rückversicherungsinstitut Argentiniens übergehen, die anderen Sparten wurden verkauft. Silvia Kroyer, Deutsche Vermögen in Argentinien 1945–1965. Ein Beitrag über deutsche Direktinvestitionen im Ausland, Frankfurt am Main 2005, S. 101.

51 Siehe hierzu S. 243 f.

52 HAMR, AA/91.

53 Herzog, Dokumente, S. 933.

54 Notiz Burbach (Justiziar der MR) über ein Gespräch mit Fredericks am 10. 8. 1946, in: HAMR, AA/394. Die Befürchtung Mattfelds, dass das harte Urteil des amerikanischen Militärgerichts auch ein dauerhaftes Rückkehrverbot für Alzheimer und Schmitt bedeuten werde, erwies sich als unbegründet (Schreiben des Münchener Bezirksdirektors der Victoria an den Victoria-Generaldirektor Kurt Hamann, 15. 8. 1946, in: ERGO-Archiv, Bestand Victoria, Nr. A0001–00112).

55 Aktennotiz Dr. Otto Lenz über eine Besprechung mit Krämer (OMGUS Legal Division) am 30. 1. 1947, in: ebd.

56 Notiz für Reininghaus, 14. 1. 1948, in: ebd.

57 Interview Eleonore Hahn, undat., in: HAMR, AA/395.

58 So eine undatierte deutsche Fassung (September 1946) in: HAMR, AA/336.

59 Bayerische Treuhand AG, Bericht über die Jahresabschlüsse 1952/53 und 1953/54.

60 Bayerische Treuhand AG, Bericht über die Prüfung der vorläufigen Umstellungsrechnung für den 21. 6. 1948, undatiert (nach 1950), in: BayHStA, Wirtschaftsministerium, Nr. 25681. Die MR hatte sich zunächst zu einer Restitutionsleistung von 100 000 DM für die Häuser in der Oberländerstraße und der Dänkhelstraße und von ca. 48 000 DM für das Haus in der Elisabethstraße 37 verpflichtet.

14. Der Weg zurück in den internationalen Rückversicherungsmarkt

1 Notiz Alzheimers für Hans Grieshaber, 16. 7. 1945, in: SRCA, 10.135 238.01; Notiz Grieshaber an Alzheimer, 13. 8. 1945, in: ebd.

2 Vollmacht der MR für die Union Rück, 16. 7. 1943, in: SRCA, 10.135 238.04.

3 Aktennotiz Grieshaber, 4. 9. 1945, in: SRCA, 10.135 238.01.

4 Aktennotizen Grieshaber, 28.8.und 29. 8. 1945, in: ebd.

5 Schreiben Grieshaber an Alzheimer, 21. 9. 1945, in: ebd.

6 Aktennotiz der MR für die Union Rück, 22. 10. 1945, in: ebd.

7 Karlen u. a., Versicherungsgesellschaften, S. 650–665.

8 Aktennotiz Mattfeld, 3. 6. 2946, in: HAMR, Aktenverfilmung Union Rück.

9 Aktennotiz von Grieshaber und Alzheimer über eine Besprechung am 16. 8. 1950 in Zürich, in: ebd.

10 Berichtsentwurf des Insurance Committee des Financial Directorate im Alliierten Kontrollrat, 14. 1. 1947, in: BAK, OMGUS, 2/30/10.

11 Auszug aus dem Protokoll der 86. Sitzung des Koordinierungsausschusses des Kontrollrats am 29. 10. 1946; vertrauliche Information der US-Militärregierung zum Kontrollratsgesetz Nr. 47, 10. 3. 1947, in: HAMR, AA/170.

12 Aktennotiz v. Reininghaus über ein Gespräch mit Ludwig Erhard, 20. 9. 1946, in: HAMR, AA/394.

13 Vorgang in HAMR, AA/399. Meldung in der «Versicherungswirtschaft» vom 15. 7. 1947.

14 Aktennotiz v. Reininghaus über ein Gespräch mit einem Vertreter der französischen Militärregierung, 14. 11. 1947, in: HAMR, AA/170.

15 Referat v. Reininghaus in der Aufsichtsratssitzung am 15. 3. 1948, in: ebd. S. a. die Niederschrift der Aufsichtsratssitzung am 15. 3. 1948, in: HAMR, AR-P/94.

16 OMGUS, Weekly Intelligence Report no. 107, 29. 5. 1948, in: BAK, OMGUS, 2/223/7.

17 Referat v. Reininghaus auf einer Pressekonferenz am 24. 8. 1948, in: HAMR, AA/171.

18 Schreiben v. Reininghaus an Alzheimer, 2. 11. 1948, in: ebd.

19 Empfehlung der Financial Section der OMGUS zum Weekly Intelligence Report vom 29. 5. 1948, 14. 6. 1948, in: BAK, OMGUS, 2/223/7.

20 Meldung in «Versicherungswirtschaft» 1949, S. 477.

21 Retrozessionsvertrag zwischen der Union Rück und der MR, 23./27. 1. 1950, in: ERGO-Archiv, Bestand Victoria, Nr. A 0113–00048, Bd. 3. Die Union Rück zedierte der MR 4 % aus einem Poolvertrag mit britischen und irischen Feuerversicherern.

22 Gesetz Nr. 36 der Alliierten Hohen Kommission, 7. 9. 1950, in: Amtsblatt der Alliierten Hohen Kommission Nr. 33, 13. 9. 1950.

23 Herzog, Dokumente, S. 1071.

24 Niederschrift der 267. Aufsichtsratssitzung am 18. 4. 1950, in: HAMR, AR-P/33.

25 Werner Abelshauser, Deutsche Wirtschaftsgeschichte von 1945 bis zur Gegenwart, Bonn 2011, S. 222–231.

26 Niederschrift der Aufsichtsratssitzung am 9. 11. 1951, in: HAMR, AR-P/33.

27 Ursula Rombeck-Jaschinski, Das Londoner Schuldenabkommen, München 2005.

28 Gesetz über den Vertrag zum 15. Juni 1957 zwischen der Bundesrepublik Deutschland und der Republik Österreich zur Regelung vermögensrechtlicher Beziehungen. Vom 9. 6. 1958, BGBl. II S. 129.

29 Rote Sammlung, Nr. 251, 19. 8. 1958; Nr. 260, 21. 10. 1958; Herzog, Dokumente, S. 1077.

30 Rote Sammlung, Nr. 692, 2. 9. 1964.

31 BayHStA, Wirtschaftsministerium, Nr. 27978.

32 Aktennotiz der MR v. 3. 2. 1959, in: HAMR, AA/7; Herzog, Dokumente, S. 1085.

33 Rote Sammlung, Nr. 278, 9. 1. 1959.

15. Wiederaufbau der Kapitalbasis: Die Münchener Rück und die Folgen der Währungsreform

1 Niederschrift der 261. Aufsichtsratssitzung am 28. 6. 1946, in: HAMR, AR-P/30.

2 Aktennotiz der Hamburg-Mannheimer vom 16. 9. 1947; Rückversicherungsvertrag zwischen der MR und der Hamburg-Mannheimer, 17. 11. 1947, in: ERGO-Archiv, Bestand Hamburg-Mannheimer, Nr. A 0108–00013.

3 Niederschrift der 263. Aufsichtsratssitzung am 15. 3. 1948, in: HAMR, AR-P 31.

4 Übersicht über die Prämienentwicklung seit 1934/35, undat. (Juli 1947) in: HAMR, AR-P/93. Zahlen für 1946/47 geschätzt.

5 Übersicht über das Eigenvermögen der MR, undat. (Juli 1947), in: ebd.

6 Vortrag v. Reininghaus auf der Aufsichtsratssitzung am 6. 8. 1948, in: HAMR, AR-P/95.

7 Siehe beispielsweise den Beschluss Nr. 162 des Magistrats von Groß-Berlin vom 28. 4. 1949 und die Verordnung vom 10. 5. 1949, in: Verordnungsblatt für Groß-Berlin, 19. 5. 1949.

8 Niederschrift der 264. Aufsichtsratssitzung am 6. 8. 1948, in: HAMR, AR-P/32.

9 Endgültige DM-Eröffnungsbilanz der MR vom November 1953; Niederschrift der Aufsichtsratssitzung vom 9. 12. 1950 in: HAMR, AR-P/33.

10 Niederschrift der 265. Aufsichtsratssitzung am 16. 12. 1948, in: AR-P/32.

11 Prüfungsbericht der Bayerische Treuhand AG über die DM-Eröffnungsbilanz vom 21. 6. 1948, 10. 11. 1953.

12 Rote Sammlung, Nr. 760, 12. 1. 1966.

13 Niederschrift der 307. Aufsichtsratssitzung am 14. 7. 1967, in: HAMR, AR-P/43.

14 Beilage Nr. 5 zur Aufsichtsratssitzung am 6. 8. 1948.

15 Übersicht über die Prämienentwicklung von 1937 bis 1952 in: HAMR, AR-P/33, Anlage 4.

16 Herzog, Dokumente, S. 1034.

17 So der Bericht des Vorstandsvorsitzenden der Hamburg-Mannheimer, Hitzler, in der Aufsichtsratssitzung am 29. 11. 1950, in: ERGO-Archiv, Bestand Hamburg-Mannheimer, Nr. A 0002–00008.

18 Niederschrift der 264. Aufsichtsratssitzung am 6. 8. 1948; Niederschrift der 266. Aufsichtsratssitzung am 15. 7. 1949, in: HAMR, AR-P/95. Zur größten Chemiekatastrophe der deutschen Nachkriegsgeschichte siehe Werner Abelshauser (Hg.), Die BASF, München 2002, S. 348 und Herzog, Dokumente, S. 990 f.

19 Übersicht über die Vermögensentwicklung von 1948 bis 1952, in: HAMR, AR-P/33, Anlage 5.

20 Niederschriften der Arbeitsgruppe private Versicherungen über die Sitzungen am 25. 8. und 5. 10. 1949, in: HAMR, AA/163.

21 Niederschrift der Aufsichtsratssitzung am 9. 11. 1951, in: HAMR, AR-P/33. Hierbei ist allerdings zu berücksichtigen, dass die MR den Wert ihrer Wertpapiere und Beteiligungen bei Nicht-Versicherungsunternehmen in der DM-Eröffnungsbilanz mit nur 11 667 DM sehr weit abgeschrieben hatte.

22 Prüfbericht der Bayerische Treuhand AG über die Jahresabschlüsse 1948/49 bis 1951/52, 14. 11. 1953; Prüfbericht über den Jahresabschluss 1955/56, 12. 11. 1956.

23 Prüfbericht der Bayerische Treuhand AG über den Jahresabschluss 1958/59, 4. 1. 1959.

24 Prüfbericht der Bayerische Treuhand AG über den Jahresabschluss 1959/60, 5. 11. 1960.

25 Die Svea besaß bis 1942 eine Mehrheitsbeteiligung an der Hamburg-Mannheimer von 96 %. Da das Reich ausländische Versicherer nicht für Kriegsschäden an ihrem Hauseigentum entschädigte, verkaufte die Svea ihre Beteiligung an die Hamburgische Allgemeine Versorgungsanstalt (HANSA), aber kaufte 1947 ein Paket von 61 % von der HANSA zurück (Niederschrift der Aufsichtsratssitzung der Hamburg-Mannheimer am 19. 6. 1956, in: ERGO-Archiv, Hamburg-Mannheimer, Nr. A 0002–00010. Der Kapitalschnitt wurde erst 1953 durchgeführt und war mit 100 : 37,5 nicht ganz so hart wie befürchtet (ebd., Nr. A 0005–00018).

26 Niederschrift der AR-Sitzung der Hamburg-Mannheimer am 27. 11. 1951, in: ERGO-Archiv, Hamburg-Mannheimer, Nr. A 0002–00008.

27 Niederschrift der AR-Sitzung der Hamburg-Mannheimer am 25. 6. 1962, in: ERGO-Archiv, Hamburg-Mannheimer, Nr. A 0002–00012.

28 Niederschrift der AR-Sitzung der Hamburg-Mannheimer am 19. 5. 1954, in: ERGO-Archiv, Hamburg-Mannheimer, Nr. A 0002–00009.

29 Niederschrift der AR-Sitzung der Hamburg-Mannheimer am 26. 11. 1957, in: ERGO-Archiv, Hamburg-Mannheimer, Nr. A 0002–00010.

30 Münchener Rückversicherungs-Gesellschaft, in: Institut für Bilanzanalysen 5 (1957/58), Gruppe 20 (Versicherungen), 15. 12. 1957.

31 Rote Sammlung, Nr. 105, 8. 3. 1957.

32 Die deutsche Lebensversicherung 1957/58, zit. nach: Peter Borscheid, Mit Sicherheit leben. Die Geschichte der deutschen Lebensversicherungswirtschaft und der Provinzial-Lebensversicherungsanstalt Westfalen, Bd. 2, Münster 1993, S. 49. Zur Einführung der dynamischen Rente und zum Widerstand des Versicherungsverbands s. Hans Günter Hockerts, Sozialpolitische Weichenstellungen im Nachkriegsdeutschland, Stuttgart 1980.

33 Versicherungswirtschaft 12 (1957), S. 511.

34 Niederschrift der AR-Sitzung der Hamburg-Mannheimer am 21. 10. 1958, in: ERGO-Archiv, Hamburg-Mannheimer, Nr. A 0002–00011.

35 Rote Sammlung, Nr. 453, 4. 11. 1960.

16. Neue Herausforderungen im internationalen Rückversicherungsgeschäft

1 Schreiben Südekum an Hütz, 27. 7. 1949; Schreiben Hütz an Südekum, 23. 8. 1949, in: HAMR, AMR/87; Herzog, Dokumente, S. 1094.

2 Schreiben Hütz an Südekum, 3. 3. 1950, in: ebd.; vgl. den Bericht von Reininghaus auf der AR-Sitzung am 18. 4. 1950.

3 Schreiben Südekum an Hütz, 17. 1. 1950, in: HAMR, AMR/87.

4 Notiz Alzheimer für Merkle, 26. 9. 1952, in: ebd.

5 Aktennotiz von Alzheimer, 3. 9. 1954, in: ebd.

6 Herzog, Dokumente, S. 1096.

7 Bayerische Treuhand AG, Bericht über den Jahresabschluss 1955/56, 12. 11. 1956.

8 Abkommen zwischen der MR und der Union Rück über die Rückzahlung von Guthaben, 11. 8. 1953, SRCA, 10.135 238.02; Karlen u. a., Versicherungsgesellschaften, S. 670 f.

9 Rote Sammlung, Nr. 28, 1. 6. 1956; Nr. 82, 7. 12. 1956.

10 Bayerische Treuhand AG, Bericht über den Jahresabschluss 1956/57, 11. 11. 1957.

11 Schreiben der Allianz an das Bundeswirtschaftsministerium, 11. 6. 1957 (Durchschlag), in: ERGO-Archiv, Bestand Victoria, Nr. G 0001–00003, Bd. 11.

12 Aufzeichnung der Victoria über das amerikanische Geschäft, die größtenteils auf Informationen der MR basierte, undat. (1956), in: ERGO-Archiv, Bestand Victoria, Nr. G0001–00003, Bd. 4. 1960 verlegte die US Branch ihren Sitz in die 410 Park Avenue.

13 Rote Sammlung, Nr. 28, 1. 6. 1956.

14 Rote Sammlung, Nr. 387, 19. 8. 1960.

15 Rote Sammlung, Nr. 169, 5. 11. 1957.

16 Niederschrift über die Sitzung der Partner der US Branch am 14. 7. 1958 in München, in: ERGO-Archiv, Bestand Victoria, Nr. G 0001–00003, Bd. 2.

17 Niederschrift der Partnerbesprechung am 23. 7. 1973, in: ebd.

18 Die Ablehnungen auf dünnem Durchschreibpapier füllen einen dicken Ordner (ERGO-Archiv, Bestand Victoria, Nr. G 0001–00003, Bd. 9).

19 Rote Sammlung, Nr. 111, 29. 3. 1957.

20 Niederschrift der Aufsichtsratssitzung am 10. 7. 1958, in: HAMR, AR-P/37.

21 ERGO-Archiv, Bestand Victoria, Nr. G 0001–00003, Bd. 7.

22 Niederschrift der Partnerbesprechung der US Branch in München am 24. 3. 1959, in: ERGO-Archiv, Bestand Victoria, Nr. G 0001–00003, Bd. 2.

23 Rote Sammlung, Nr. 167, 25. 10. 1957.

24 Rote Sammlung, Nr. 368, 4. 12. 1959.

25 Rote Sammlung, Nr. 291, 24. 2. 1959.

26 In den Spiegel-Jahrgängen von 1950 und 1951 finden sich vier bzw. sechs Artikel und Meldungen, in denen der Begriff «Rückversicherer» in diesem Sinn gebraucht wird. In den Jahren 1952, 1958 und 1960 findet sich dieser Begriff nur jeweils einmal, danach gar nicht mehr. Ähnliches gilt auch für Die Zeit, in der der Begriff «Rückversicherer» 1951 und 1953 je dreimal, 1955 und 1956 je einmal und in den übrigen Jahrgängen gar nicht gebraucht wird.

27 Schreiben der MR an den Vorstand der Victoria Feuer-Versicherungs AG, 8. 1. 1958; Treuhandvertrag der MR mit J. P. Morgan, 2. 9. 1958, in: ERGO-Archiv, Bestand Victoria, Nr. G 0001–00003, Bd. 10.

28 Herzog, Dokumente, S. 1105.

29 Konzept über die Gründung der MARC, undat. (1975), in: HAMR, V-P/28.

30 Rote Sammlung, Nr. 965, 28. 1. 1970. Golding verfasste 1954 «The law and practise of reinsurance», das zu den wichtigsten zeitgenössischen Veröffentlichungen zum Rückversicherungswesen gehörte.

31 Rote Sammlung, Nr. 936, 25. 6. 1969.

32 Rote Sammlung, Nr. 629, 12. 6. 1963.

33 Niederschrift der 302. Aufsichtsratssitzung am 15. 7. 1965, in: HAMR, AR-P/42.

34 Niederschrift der 305. Aufsichtsratssitzung am 14. 7. 1966, in: HAMR, AR-P/43.

35 Rote Sammlung, Nr. 834, 14. 6. 1967.

36 Protokoll der Technischen Vorstandssitzung, 18. 9. 1972, in: HAMR, V-P/16.

37 BayHStA, Bayerisches Wirtschaftsministerium, Nr. 27980.

38 Vgl. Peter Borscheid, Latin America and Caribbean: An Overview, in: Borscheid/Haueter (Eds.), World Insurance, S. 559–577; Marcelo de Paiva Abreu/Felipe Tamega Fernandes, Brazil: The Resilience of the Brazilian Insurance Market, in: ebd., S. 578–598; Yolanda Blasco Martel/Rodrigo Rabetino, Argentina: The Changing Fortunes of the Argentinian Insurance Market, in: ebd., S. 620–644.

39 BayHStA, Wirtschaftsministerium, Nr. 27979.

40 BayHStA, Wirtschaftsministerium, Nr. 27977.

41 Rote Sammlung, Nr. 852, 18. 10. 1967.

42 Rote Sammlung, Nr. 221, 30. 5. 1958; Nr. 278, 9. 1. 1959.

43 Gerathewohl, Rückversicherung, Bd. 2, S. 818.

44 Herzog, Dokumente, S. 1106 f.

45 Peter Borscheid/Saskia Feiber, Die langwierige Rückkehr auf den Weltmarkt, in: Jahrbuch für Wirtschaftsgeschichte 2003, S. 121–152.

46 Rote Sammlung, Nr. 29, 5. 6. 1956.

47 Belt (1906–1989) war von 1944 bis 1949 kubanischer Botschafter in den USA und ab 1956 Professor für Internationales Recht an der Santo-Tomaso-Universität in Havanna. Belt floh 1961 in die USA (Nachruf in: New York Times, 7. 7. 1989).

48 Niederschrift der MR-Aufsichtsratssitzung am 10. 7. 1958, in: HAMR, AR-P/37.

49 Antonio Rafael de la Cava, The Moncada Attack. Birth of the Cuban Revolution, Columbia 2007, S. 27; Herbert L. Matthews, Revolution in Cuba, New York 1975, S. 46; Peter L. Bourne, Fidel Castro, Düsseldorf 1988, S. 69–73. Matthews gibt an, er habe diese Information 1960 persönlich von Belt erhalten. Rafael de la Cava bestätigt dies mit der Aussage eines kubanischen Kameramanns, der ebenfalls in der Botschaft Zuflucht fand und zusammen mit Castro ausgeflogen wurde.

50 Rote Sammlung, Nr. 320, 15. 6. 1959; Nr. 323, 30. 6. 1959; Nr. 332, 31. 7. 1959; Nr. 340, 28. 8. 1959.

51 Niederschrift der MR-Aufsichtsratssitzung am 18. 12. 1959, in: HAMR, AR-P/38.

52 Rote Sammlung, Nr. 494, 21. 4. 1961.

53 Rote Sammlung, Nr. 420, 1. 7. 1960; Nr. 464, 13. 12. 1960.

54 Rote Sammlung, Nr. 544, 27. 10. 1961.

55 Niederschrift der MR-Aufsichtsratssitzung am 14. 11. 1961, in: HAMR, AR-P/39.

56 Rote Sammlung, Nr. 590, 4. 9. 1962.

57 Rote Sammlung, Nr. 639, 21. 8. 1963.

58 Rote Sammlung, Nr. 773, 13. 4. 1966.

59 Die Bundesrepublik brach die diplomatischen Beziehungen zu Kuba aufgrund der Hallstein-Doktrin ab, nachdem Kuba die DDR diplomatisch anerkannt hatte.

60 Rote Sammlung, Nr. 742, 8. 9. 1965.

61 Rote Sammlung, Nr. 892, 6. 8. 1968.

62 Rote Sammlung, Nr. 1310, 13. 10. 1976.

63 Rote Sammlung, Nr. 542, 20. 10. 1961.

64 Rede von Alois Alzheimer auf der Hauptversammlung der MR am 18. 12. 1959, in: Institut für Bilanzanalysen 6 (1960), Gruppe 20, 15. 1. 1960.

65 Die «Rote Sammlung» wurde 2012 von ihrem Beginn im Jahr 1956 bis zum Jahr 1992 auf CD-ROM digitalisiert und befindet sich im Archiv der MR.

66 Rote Sammlung, Nr. 1, 17. 1. 1956; vgl. das Foto über den Besuch von S. S. Stahl (General Manager der Menorah, Tel Aviv) bei der MR am 22. 8. 1956 in: Album mit Bildern ausländischer Besucher im Casino der MR 1956/57, F/56.

67 So beispielsweise eine Transport-Rückversicherung für die sowjetische Auslandsversicherung Ingosstrakh mit einem Prämienvolumen von jährlich 75 000 DM (Rote Sammlung, Nr. 1, 17. 1. 1956).

68 Rote Sammlung, Nr. 16, 13. 4. 1956.

69 Rote Sammlung, Nr. 683, 17. 1. 1964. Beim Untergang des DDR-Frachters «Kap Arkona» – nicht zu verwechseln mit dem späteren Passagierschiff unter DDR-Flagge – am 19. Januar 1964 vor der niederländischen Küste war die MR mit einem Bruttoschaden von 315 000 DM involviert.

70 Rote Sammlung, Nr. 1407, 2. 8. 1978. Zur Geschichte des deutsch-deutschen Handels siehe Peter E. Fäßler, Durch den Eisernen Vorhang. Die deutsch-deutschen Wirtschaftsbeziehungen 1949–1969, Köln 2006.

71 Rote Sammlung, Nr. 1451, 6. 6. 1979; Nr. 1511, 8. 8. 1980.

72 HAMR, AA/8; Herzog, Dokumente, S. 1061.

73 Rote Sammlung, Nr. 158, 24. 9. 1957; Corinna Unger, Rourkela, ein Stahlwerk im «Dschungel». Industrialisierung, Modernisierung und Entwicklungshilfe im Kontext von Dekolonisation und Kaltem Krieg (1950–1970), in: Archiv für Sozialgeschichte 48 (2008), S. 367–388.

74 Carl Friedrich Hütz, Aufbau und Wiederaufbau des Geschäfts der Münchener Rück nach dem Kriege, Dezember 1978, in: HAMR, AA/322.

75 Herzog, Dokumente, S. 1168–1176.

76 Rote Sammlung, Nr. 606, 19. 12. 1962.

77 Rote Sammlung, Nr. 113, 5. 4. 1957.

78 Herzog, Dokumente, S. 1173 ff., auf der Grundlage von Berichten Rupertis.

79 Zum Lebenslauf August v. Fincks siehe Ingo Köhler, Die «Arisierung» der Privatbanken im «Dritten Reich», München 2005, S. 307 f., 501–506, seine Spruchkammerakte im Staatsarchiv München (SpkA K 409) und die Akten der OMGUS über Finck (BAK, OMGUS, 2/56/9 und 3/272–1).

80 Herzog, Dokumente, S. 997 f.

81 Der Spiegel 51/1954, 15. 12. 1954.

82 Aufruf von Merck, Finck & Co. an die freien Aktionäre der Allianz, undat. (November 1954), in: HAMR, AR-P/34, Anlage zur Niederschrift der 273. Aufsichtsratssitzung am 24. 11. 1954.

83 Herzog, Dokumente, S. 999 f.

84 Vereinbarung zwischen Allianz, MR und Merck, Finck & Co., 24. 1. 1955, in: HAMR, AR-P/35, Anlage zur Niederschrift der 275. Aufsichtsratssitzung am 24. 1. 1955.

85 Niederschrift der MR-Aufsichtsratssitzung am 12. 12. 1955, Vereinbarung zwischen der Allianz, der MR und Merck, Finck & Co., 8. 12. 1955, in: HAMR, AR-P/35. Die Stahlwerke Südwestfalen AG war nach 1945 aus Teilen des entflochtenen Stahlkonzerns Vereinigte Stahlwerke gegründet worden. Mehr als ein Drittel ihres Kapitals gehörte der Flick-Gruppe (Kim Christian Priemel, Flick, Göttingen 2007, S. 724, 729).

86 Niederschrift der Aufsichtsratssitzung am 11. 11. 1958, in: HAMR, AR-P/37.

87 Syndikatsvertrag vom 25. 10. 1955, in: HAMR, FIN/189.

88 Niederschrift der Aufsichtsratssitzung am 10. 7. 1958, in: HAMR, AR-P/37.

89 Niederschrift der Aufsichtsratssitzung am 11. 11. 1958, in: HAMR, AR-P/37.

90 MR, Geschäftsbericht über das Geschäftsjahr 1957/58.

91 So die These von Borscheid, Mit Sicherheit leben, S. 64.

92 Unter den von 1956 bis 1958 gekauften Aktien befanden sich Aktien der Deutschen Bank, der Dresdner Bank, Hoechst, BBC, AEG, Continental, Mannesmann, Rheinische Stahlwerke, Buderus, Continentale Gas, Deutsche Erdöl AG, Salzdethfurth AG und RWE.

93 Der Begriff des steuerlichen Schachtelprivilegs bedeutete, dass die MR die Gewinne aus diesen Beteiligungen nur einmal, nämlich bei der steuerlichen Veranlagung ihrer Gewinne aus Beteiligungen versteuern musste. Sie erhielt die Körperschaftsteuerzahlungen auf die Dividendenausschüttungen der Unternehmen zurückerstattet, an denen sie mit mindestens 25 % beteiligt war. Niederschrift der Aufsichtsratssitzungen am 12. 12. 1957, und am 5. 7. 1959, in: HAMR, AR-P/37; vgl. Rote Sammlung, Nr. 183, 3. 1. 1958.

94 Geschäftsberichte der MR für 1966/67, 1967/68 und 1968/69.

95 Geschäftsbericht der MR für 1957/58 (mit Anlagen), in: HAMR, AR-P/37.

17. Kontinuität und Wandel in der «Ära Alzheimer» (1950–1968)

1 Geschäftsordnung für den Vorstand, 31. 12. 1937, in: HAMR, AR/311.

2 HAMR, AA/312.

3 Protokoll der Vorstandssitzung vom 17. 5. 1974, in: HAMR, V-P/22.

4 Herzog, Dokumente, S. 1024.

5 Protokoll der Vorstandssitzung am 15. 4. 1980, in: HAMR, V-P/48.

6 Protokoll der Vorstandssitzung am 17. 5. 1974.

7 Niederschrift der Direktoren-Tischrunde am 19. 2. 1979, in: HAMR, Sammlung Knoke, Nr. SK/136.

8 Rote Sammlung, Nr. 389, 26. 2. 1960.

9 Rote Sammlung, Nr. 900, 2. 10. 1968.

10 Protokoll der Technischen Vorstandssitzung am 11. 5. 1970, in: HAMR, V-P/8; Rote Sammlung, Nr. 1027, 21. 4. 1970.

11 Protokoll der Vorstandssitzung am 10. 3. 1975, in: HAMR, V-P/26.

12 Rote Sammlung, Nr. 269, 21. 11. 1958.

13 Rote Sammlung, Nr. 660, 22. 1. 1964.

14 Rote Sammlung, Nr. 865 31. 1. 1968.

15 Rote Sammlung, Nr. 762, 26. 1. 1966.

16 Niederschrift der 324. Aufsichtsratssitzung am 26. 10. 1973 und der 326. Sitzung am 11. 7. 1974, in: HAMR, AR-P/49 und AR-P/51.

17 Edith Lukas, geb. 1929, war eine Tochter des Tübinger und späteren Münchener Volkswirtschaftsprofessors Eduard Lukas (1890–1953). Sie wurde 1954 an der Ludwig-Maximilians-Universität München mit einer Dissertation über «Ein Beitrag zum Problem der betrieblichen Elastizität unter besonderer Berücksichtigung der Zwecksetzung, Rechtsform und Betriebsgröße» promoviert und trat danach in die MR ein.

18 Information seines Bruders Edgar Jannott in einem Interview am 15. 5. 2012.

19 Äußerung Alzheimers in der Aufsichtsratssitzung am 10. 7. 1958, in: AR-P/37.

20 Rote Sammlung, Nr. 814, 25. 1. 1967.

21 David Gugerli, Kooperation und Konkurrenz. Organisation und Risiken der Rückversicherungsbranche 1860–2010, in: James (Hg.), Swiss Re, S. 293.

22 Herzog, Dokumente, S. 981.

23 Rote Sammlung, Nr. 267, 14. 11. 1958; Nr. 374, 5. 1. 1960.

24 Rote Sammlung, Nr. 659, 15. 1. 1964.

25 Rote Sammlung, Nr. 762, 26. 1. 1966.

26 Rote Sammlung, Nr. 816, 8. 2. 1967.

27 Willy Bachmann et al., Quellenband zur Informationstechnik bei ERGO 1925–2000, Düsseldorf 2012, S. 56–62 und 196–204.

28 Rote Sammlung, Nr. 744, 22. 9. 1965.

29 Rote Sammlung, Nr. 744, 22. 9. 1965.

30 Rote Sammlung, Nr. 802, 2. 11. 1966.

31 Rote Sammlung, Nr. 982, 27. 5. 1970.

32 Rote Sammlung, Nr. 62, 28. 9. 1956.

33 Rote Sammlung, Nr. 687, 29. 7. 1964.

34 Rote Sammlung, Nr. 669, 25. 3. 1964.

35 Rote Sammlung, Nr. 137, 12. 7. 1957.

36 Rote Sammlung, Nr. 660, 22. 1. 1964.

37 Rote Sammlung, Nr. 612, 13. 2. 1963.

18. Die fortschreitende Globalisierung des Rückversicherungsgeschäfts

1 Rote Sammlung, Nr. 46, 3. 8. 1956.

2 Aktennotiz für den Victoria-Generaldirektor Hamann, 20. 7. 1965, in: ERGO-Archiv, Bestand Victoria, Nr. G 0001–00003, Bd. 4.

3 Rote Sammlung, Nr. 124, 21. 5. 1957, Nr. 446, 7. 10. 1960.

4 Rote Sammlung, Nr. 265, 7. 11. 1958.

5 Rote Sammlung, Nr. 457, 18. 11. 1960.

6 Gugerli, Kooperation, S. 269–273.

7 Rote Sammlung, Nr. 866, 7. 2. 1968.

8 Klaus Gerathewohl, Neue Schwerpunkte für die Technischen Versicherungszweige. Anlage 3 zur Niederschrift der 313. Aufsichtsratssitzung am 10. 7. 1969, in: HAMR, AR-P/44. Siehe auch den Vortrag des Vorstandsmitglieds Klaus G. Conrad «Naturwissenschaften im Instrumentarium des Rückversicherers» auf der Aufsichtsratssitzung am 8. 7. 1976, in: HAMR, AR-P/56.

9 Christoph Julian Wehner, Grenzen der Versicherbarkeit – Grenzen der Risikogesellschaft, in: Archiv für Sozialgeschichte 52 (2012), S. 581–605.

10 Rote Sammlung, Nr. 626, 22. 5. 1963.

11 Rote Sammlung, Nr. 830, 17. 5. 1967.

12 Niederschrift der Technischen Vorstandssitzung am 11. 11. 1968, in: Archiv ME, Nr. V-P/4.

13 Rote Sammlung, Nr. 1268, 7. 1. 1976.

14 Wehner, Grenzen der Versicherbarkeit, S. 598.

15 Rote Sammlung, Nr. 1443, 12. 4. 1979, Nr. 1463, 29. 8. 1979.

16 Rote Sammlung, Nr. 1495, 18. 4. 1980, Nr. 1527, 28. 11. 1980.

17 Horst Jannott, Einige aktuelle Kernfragen der Assekuranz aus der Sicht eines Rückversicherers, in: Versicherungswirtschaft 34 (1979), S. 283–286.

18 Rote Sammlung, Nr. 1527, 28. 11. 1980.

19 Wehner, Grenzen der Versicherbarkeit, S. 601.

20 Ulrich Beck, Weltrisikogesellschaft. Auf der Suche nach der verlorenen Sicherheit, Bonn 2007.

21 Spezialbericht Luftfahrt, in: Rote Sammlung, Nr. 218, 16. 5. 1958.

22 Rote Sammlung, Nr. 218, 16. 5. 1958, Nr. 619, 3. 4. 1963.

23 Aktennotiz über eine Besprechung zwischen Direktor Kubli von der Schweizer Rück und dem MR-Vorstandsmitglied Fritsche, 17. 8. 1959, in: SRCA, 10.125 331.03.

24 Rote Sammlung, Nr. 212, 25. 4. 1958.

25 Rote Sammlung, Nr. 408, 13. 5. 1960.

26 Rote Sammlung, Nr. 480, 24. 2. 1961, Nr. 549, 17. 11. 1961.

27 Rote Sammlung, Nr. 655, 4. 12. 1963.

28 Rote Sammlung, Nr. 913, 15. 1. 1969, Nr. 915, 29. 1. 1969, Nr. 949, 24. 9. 1969.

29 Rote Sammlung, Nr. 957, 19. 11. 1969, Nr. 964, 21. 1. 1970. Die Kaskoprämie der Lufthansa für die Boeing 747 betrug 3,3 %, für die übrige Flotte nur 1,0 %.

30 Rote Sammlung, Nr. 1029, 5. 5. 1971.

31 Rote Sammlung, Nr. 936, 25. 6. 1969.

32 Rote Sammlung, Nr. 967, 11. 2. 1970.

33 Rote Sammlung, Nr. 922, 19. 3. 1969.

34 Rote Sammlung, Nr. 944, 20. 8. 1969, Nr. 953, 22. 10. 1969.

35 Rote Sammlung, Nr. 967, 11. 2. 1970.

36 Rote Sammlung, Nr. 1008, 25. 11. 1970.

37 Rote Sammlung, Nr. 998, 16. 9. 1970.

38 Rote Sammlung, Nr. 1017, 10. 2. 1971.

39 Rote Sammlung, Nr. 1003, 21. 10. 1970.

40 Rote Sammlung, Nr. 1032, 26. 5. 1971.

41 Protokoll der Technischen Vorstandssitzung am 16. 2. 1970, in: HAMR, V-P/8; Rote Sammlung, Nr. 616, 13. 3. 1963 und Nr. 581, 3. 7. 1962. Zu Contergan und seinen Folgen siehe Beate Kirk, Der Contergan-Fall: Eine unvermeidbare Arzneimittelkatastrophe?, Stuttgart 1999.

42 Rote Sammlung, Nr. 609, 23. 1. 1963.

43 Rote Sammlung, Nr. 973, 25. 3. 1970.

44 Gesetz zur Neuordnung des Arzneimittelrechts. Vom 24. 8. 1976, BGBl. I, S. 2445 ff.

45 Protokoll der Vorstandssitzung am 14. 5. 1976, in: HAMR, V-P/31.

46 Protokoll der Vorstandssitzung am 19. 7. 1976, in: HAMR, V-P/32; Protokoll der Vorstandssitzung am 11. 10. 1976, in: Nr. V-P/33.

47 Rote Sammlung, Nr. 581, 3. 7. 1962.

48 Rote Sammlung, Nr. 622, 24. 4. 1963.

49 Rote Sammlung, Nr. 665, 26. 11. 1964.

50 Rote Sammlung, Nr. 607, 9. 1. 1963.

51 Rote Sammlung, Nr. 565, 13. 3. 1962, Nr. 566, 20. 3. 1962.

52 Rote Sammlung, Nr. 622, 24. 4. 1963.

53 Rote Sammlung, Nr. 563, 27. 2. 1962, Nr. 566, 20. 3. 1962, Nr. 621, 17. 4. 1963.

54 Rote Sammlung, Nr. 608, 16. 1. 1963.

55 Rote Sammlung, Nr. 776, 4. 5. 1966; Niederschrift der Aufsichtsratssitzung am 10. 11. 1966, in: HAMR, AR-P/43.

56 Rote Sammlung, Nr. 617, 20. 3. 1963.

57 Für die Versicherungsvereine auf Gegenseitigkeit hat sich der englische Begriff «mutuals» eingebürgert.

58 Die öffentlichen Versicherer hatten im Segment Feuerversicherung seit Anfang der 1950er Jahre einen Marktanteil von 35 %, der in den folgenden Jahrzehnten fast konstant blieb.

59 MR, Geschäftsbericht 1963/64; Rote Sammlung, Nr. 617, 20. 3. 1963; vgl. das Schreiben der MR an die Victoria Feuer mit einer vergleichenden Übersicht über das Prämienniveau in der industriellen Feuerversicherung in Europa und Nordamerika, 29. 7. 1960, in: ERGO-Archiv, Bestand Victoria, Nr. A 0113–00050.

60 Rote Sammlung, Nr. 446, 7. 10. 1960.

61 Rote Sammlung, Nr. 444, 30. 9. 1960.

62 Rote Sammlung, Nr. 612, 13. 2. 1963.

63 Rote Sammlung, Nr. 416, 14. 6. 1960.

64 Rote Sammlung, Nr. 719, 31. 3. 1965.

65 Rote Sammlung, Nr. 424/425, 19. 7. 1960.

66 Rote Sammlung, Nr. 827, 26. 4. 1967.

67 Rote Sammlung, Nr. 566, 20. 3. 1962.

68 Rote Sammlung, Nr. 587, 14. 8. 1962.

69 Erklärung der MR über das deutsche Industrie-Feuer-Kartell, 11. 12. 1963, in: ERGO-Archiv, Bestand Victoria, Nr. A 0013–00080, Bd. 1.

70 Rote Sammlung, Nr. 719, 31. 3. 1965.

71 Rote Sammlung, Nr. 890, 24. 7. 1968.

72 Rote Sammlung, Nr. 658, 8. 1. 1964.

73 Aktennotiz der Schweizer Rück über einen Besuch bei Alzheimer am 17. 1. 1968, 18. 1. 1968, in: SRCA, 10.125 334.02.

74 Rote Sammlung, Nr. 774, 20. 4. 1966.

75 Rote Sammlung, Nr. 848, 20. 9. 1967.

76 Rote Sammlung, Nr. 731, 23. 6. 1965.

77 Rote Sammlung, Nr. 833, 7. 6. 1967.

78 Rote Sammlung, Nr. 746, 6. 10. 1965.

79 Siehe den Artikel von Evelyn Hauser zur Geschichte des HDI in: http://www.answers.com/topic/hdi-haftpflichtverband-der-deutschen-industrie-versicherung-auf-gegenseitigkeit-v-a-g (Zugriff am 21. 3. 2013).

80 Rote Sammlung, Nr. 686, 22. 7. 1964, Nr. 719, 31. 3. 1965.

81 Anlage zu einem Schreiben der MR an die Victoria, 8. 8. 1967, in: ERGO-Archiv, Bestand Victoria, Nr. A 0113–00080, Bd. 1.

82 Rote Sammlung, Nr. 769, 16. 3. 1966.

83 Rote Sammlung, Nr. 843, 16. 8. 1967.

84 Rote Sammlung, Nr. 866, 7. 2. 1968.

85 Aktenvermerk der Victoria über Verhandlungen mit der MR am 20. 4. 1966, 28. 4. 1966, in: ERGO-Archiv, Bestand Victoria, Nr. A 0113–00080, Bd. 1; Schreiben der MR an die Victoria, 8. 8. 1967, in: ebd.

86 Rote Sammlung, Nr. 853, 25. 10. 1967, Nr. 862, 20. 1. 1968.

87 Rote Sammlung, Nr. 858, 29. 11. 1967.

88 Protokoll der Technischen Vorstandssitzung am 30. 9. 1968, in: HAMR, V-P/4.

89 Rote Sammlung, Nr. 898, 18. 9. 1968, Nr. 911, 18. 12. 1968.

90 Rote Sammlung, Nr. 845, 30. 8. 1967.

91 Rote Sammlung, Nr. 856, 15. 11. 1967.

92 Rote Sammlung, Nr. 962, 7. 1. 1970.

93 Rote Sammlung, Nr. 985, 18. 6. 1970.

94 Rote Sammlung, Nr. 878, 2. 5. 1968.

95 Siehe beispielsweise das Schreiben der MR an die Victoria, 24. 3. 1971 und 21. 2. 1972, in: ERGO-Archiv, Bestand Victoria, Nr. A 0113–0080, Bd. 1.

96 MR, Schwarze Sammlung, Neufassung der Richtlinie E 7 (mit Anlagen) über das PML (1977).

97 Schreiben der MR an die Victoria, 22. 10. 1971, in: ebd.

98 Rote Sammlung, Nr. 840, 26. 7. 1967.

99 Rote Sammlung, Nr. 878, 2. 5. 1968.

100 Schreiben der MR an die Victoria, 13. 5. 1968, in: ERGO-Archiv, Bestand Victoria, Nr. A 0113–00080, Bd. 1; vgl. Rote Sammlung, Nr. 881, 22. 5. 1968.

101 Protokoll einer Besprechung zwischen der MR und der Schweizer Rück, 14. 5. 1969, in: SRCA, 10.160 823.01.

102 Rote Sammlung, Nr. 851, 11. 10. 1967.

103 Rote Sammlung, Nr. 858, 29. 11. 1967.

104 Peter Borscheid, Latin America and Caribbean: Overview, in: Borscheid/Haueter (Eds.), World Insurance, S. 559–577, hier S. 571.

105 Rote Sammlung, Nr. 1089, 28. 6. 1972, Nr. 1101, 20. 9. 1972.

106 Rote Sammlung, Nr. 1043, 11. 8. 1971.

107 Rote Sammlung, Nr. 868, 21. 2. 1968, Nr. 887, 26. 6. 1968; Niederschrift der 309. Aufsichtsratssitzung am 21. 12. 1967, in: HAMR, AR-P/43.

108 Rote Sammlung, Nr. 932, 28. 5. 1969.

109 Protokoll der Vorstandssitzung am 9. 6. 1978, in: HAMR, V-P/40.

110 Rote Sammlung, Nr. 1317, 1. 12. 1976.

111 Rote Sammlung, Nr. 1310, 13. 10. 1976.

112 Niederschrift der 306. Aufsichtsratssitzung am 10. 11. 1966, in: HAMR, AR-P/43.

113 Niederschrift der 300. Aufsichtsratssitzung am 6. 11. 1964, in: ebd.

114 Aktennotiz der Schweizer Rück über die MR, 27. 10. 1954, in: SRCA, 10.125 331.03.

115 Ebd.

116 Aktennotiz über ein Gespräch mit den MR-Vorstandsmitgliedern Schütte und Theissing, 13. 2. 1963, in: SRCA, 10.125 334.02. Die MR retrozedierte der Schweizer Rück 1 % der Feuerquote, 2 % der Allgemeinen-Haftpflicht-Quote und je 1,4 % der Kfz-Versicherungsquote aus dem Vertrag mit der Allianz.

117 Rote Sammlung, Nr. 712, 10. 3. 1965.

118 Rote Sammlung, Nr. 714, 24. 2. 1965.

119 Rote Sammlung, Nr. 735, 21. 7. 1965.

120 Beschlüsse des 3. Kontakttreffens der MR und der Schweizer Rück am 5. 5. 1966, in: SRCA, 10.130 559.01; Rote Sammlung, Nr. 778, 18. 5. 1966.

121 Rote Sammlung, Nr. 796, 21. 9. 1966.

122 Gugerli, Kooperation, S. 215–219.

123 Besprechung MR/Schweizer Rück am 12. 6. 1979 (Besprechung über Prämiensätze in erdbebengefährdeten Regionen), in: SRCA, 10.135 225.02.

124 Protokoll der Vorstandssitzung vom 21. 4. 1975, in: HAMR, V-P/27.

125 Rote Sammlung, Nr. 1315, 17. 11. 1976.

126 Aktennotiz über eine Besprechung der leitenden Versicherungsärzte der MR und der Schweizer Rück am 2. 9. 1966, 23. 9. 1966, in: SRCA, 10.135 332.02.

127 Rote Sammlung, Nr. 809, 21. 12. 1966.

128 Aktennotiz der Schweizer Rück über die gegenseitige Beschränkung der Konkurrenzierung in Fällen von Vertragssanierungen, 3. 7. 1967, in: SRCA, 10.125 334.02.

129 Zur Zusammenarbeit zwischen der MR und der Schweizer Rück in Tarifierungsfragen siehe auch Gugerli, Kooperation, S. 277 f.

130 Niederschrift der Technischen Vorstandssitzung der MR am 23. 6. 1969, in: HAMR, V-P/6.

131 HAMR, V-P/13.

132 Protokoll der Vorstandssitzung am 12. 4. 1976, in: HAMR, V-P/31.

133 Rote Sammlung, Nr. 809, 21. 12. 1966, Nr. 821, 15. 3. 1967.

134 Aktennotiz der Schweizer Rück über einen Besuch bei Alzheimer am 17. 1. 1968, 18. 1. 1968, in: SRCA, 10.125 334.02.

135 Internes Memorandum der Schweizer Rück, 25. 4. 1967, in: SRCA, 10.125 101.03.

136 Rote Sammlung, Nr. 735, 21. 7. 1965.

137 Rote Sammlung, Nr. 785, 6. 7. 1966.

138 Rote Sammlung, Nr. 737, 4. 8. 1965, Nr. 784, 29. 6. 1966, Nr. 837, 5. 7. 1967.

139 Einschätzung der MR durch die Unternehmensleitung der Schweizer Rück, 27. 3. 1973, in: SRCA, 10.101 628.05.

140 Niederschrift der 313. Aufsichtsratssitzung, in: HAMR, AR-P/44.

141 Protokoll der Vorstandssitzung am 10. 11. 1975, in: HAMR, V-P/29.

142 Rote Sammlung, Nr. 555, 8. 12. 1961.

143 Rote Sammlung, Nr. 773, 13. 4. 1966, Nr. 827, 26. 4. 1967.

144 Schreiben der MR an die Victoria, 7. 2. 1968, in: ERGO-Archiv, Bestand Victoria, Nr. A 0113–00083; Notiz der Victoria über die Verhandlungen mit der MR über eine Stabilisierungsklausel in der Kfz-Rückversicherung am 23. 4. 1968, in: ebd.

145 Rote Sammlung, Nr. 869, 28. 2. 1968.

146 Rote Sammlung, Nr. 848, 20. 9. 1967.

147 Rote Sammlung, Nr. 841, 28. 7. 1967.

148 Geschäftsbericht der MR 1968/69.

149 Schreiben des MR-Vorstandsmitglieds Franz Buchetmann an Winnacker, 25. 4. 1968; Antwortschreiben Winnacker an Buchetmann, 3. 5. 1968, in: HAMR, P/34 (Personalakte Alzheimer).

150 Geschäftsordnung für Vorstand und Aufsichtsrat, Neufassung 1979, in: HAMR, V-P/43.

151 Beratungsvertrag Alzheimer, 19. 8. 1968, in: HAMR, P/32.

152 ERGO-Archiv, Bestand Hamburg-Mannheimer, Nr. A 0002–00018.

153 Interview mit Dr. Edgar Jannott, 15. 5. 2012.

154 Angaben nach der Personalakte Alzheimer, in: HAMR, P/32.

155 Niederschrift der 330. Aufsichtsratssitzung, 24. 10. 1975, in: HAMR, AR-P/55; Niederschrift der 333. AR-Sitzung, 10. 12. 1976, 14. 7. 1977, in: ebd., Nr. AR-P/56. Zu Ernst Matthiensen siehe Friederike Sattler, Ernst Matthiensen 1900–1980. Ein deutscher Bankier im 20. Jahrhundert, Dresden 2009 (Publikationen der Eugen-Gutmann-Gesellschaft, Bd. 4). Zur Wahl Pontos in den Aufsichtsrat siehe seine Aktennotiz vom 2. 8. 1974, in: Historisches Archiv Commerzbank, 500/7879–2002.

156 Der Spiegel, Nr. 50/1977, 5. 12. 1977.

157 Schreiben Alzheimer an Ponto, 17. 12. 1976, in: Historisches Archiv Commerzbank 500/177659.

158 Zum Leben und zur Persönlichkeit Pontos siehe Ralf Ahrens/Johannes Bähr, Jürgen Ponto. Bankier und Bürger. Eine Biografie, München 2013.

159 Niederschrift der 335. Aufsichtsratssitzung am 26. 10. 1977, in: HAMR, AR-P/57; vgl. das Protokoll der Vorstandssitzung vom 16. 9. 1977, in: ebd., Nr. V-P/37.

160 Protokoll der Vorstandssitzung am 18. 10. 1974, in: HAMR, V-P/24.

161 Niederschrift der 339. Aufsichtsratssitzung am 8. 12. 1978, in: HAMR, AR-P/58.

162 Rote Sammlung, Nr. 652, 13. 11. 1963.

163 Protokoll der Vorstandssitzung am 20./25. 9. 1976, in: HAMR, V-P/32. Der Vorstand der MR betrachtete die Abwerbung eines leitenden Mitarbeiters durch die Kölnische Rück als einen «schwerwiegenden Verstoß» gegen den Comment der Rückversicherer.

164 Interview mit Dr. Edgar Jannott.

165 Ebd.

166 Niederschrift der Direktoren-Tischrunde am 27. 10. 1978, in: HAMR, SK/136.

167 So die Äußerung Jannotts in der Direktoren-Tischrunde am 29. 9. 1977, in: ebd.

168 Äußerung Jannotts in der Direktoren-Tischrunde am 19. 8. 1976, in: ebd.

169 Niederschrift der Direktoren-Tischrunden am 20. 7. 1979 und 30. 6. 1980, in: ebd.

170 Ausführungen Jannotts auf der 322. Aufsichtsratssitzung am 27. 10. 1972, in: HAMR, AR-P/47.

171 Niederschrift der 323. Aufsichtsratssitzung am 12. 7. 1973, in: HAMR, AR-P/48. Auf den Briefbögen der MR wurde fortan der deutsche und der englische Unternehmensname verwendet.

172 Protokoll der Vorstandssitzung vom 18. 2. 1974, in: HAMR, V-P/21.

173 Protokoll der Vorstandssitzung vom 16. 9. 1977, in: HAMR, V-P/37.

174 Protokoll der Vorstandssitzung am 17. 5. 1974.

175 Protokoll der Vorstandssitzung am 3. 2. 1976, in: HAMR, V-P/26.

176 So die wörtliche Formulierung im Protokoll der Vorstandssitzung am 24. 7. 1978, in: HAMR, V-P/40.

177 Der Spiegel, Nr. 7/1986.

19. Die Krisen der 1970er Jahre und die Herausforderungen des modernen Risikomanagements

1 Protokoll der Vorstandssitzung am 19. 5. 1980, in: HAMR, V-P/48.

2 HAMR, V-P/38.

3 Horst K. Jannott, Einfluß der Währungsprobleme auf die Rückversicherung, in: Festschrift für Heinz Gehrhardt, Karlsruhe 1975.

4 Geschäftsbericht 1970/71, November 1971.

5 Niederschrift der 309. Aufsichtsratssitzung am 21. 12. 1967.

6 Niederschrift der Partnerbesprechung der US Branch am 5. 12. 1968, in: ERGO-Archiv, Bestand Victoria, Nr. G 0001–00003, Bd. 2.

7 Rote Sammlung, Nr. 1018, 17. 2. 1971, Nr. 1061, 15. 12. 1971.

8 Niederschrift der 320. Aufsichtsratssitzung am 28. 10. 1971, in: HAMR, AR-P/46.

9 Niederschrift der 321. Aufsichtsratssitzung am 15. 7. 1972, in: HAMR, AR-P/47; Niederschrift der 323. Aufsichtsratssitzung am 12. 7. 1973, in: ebd., Nr. AR-P/48.

10 Niederschrift der 337. Aufsichtsratssitzung am 13. 7. 1978, in: HAMR, AR-P/57.

11 Niederschrift der 314. Aufsichtsratssitzung am 30. 10. 1969, in: HAMR, AR-P/44.

12 Vortrag des Vorstandsmitglied Sonnenholzner auf der 323. Aufsichtsratssitzung am 12. 7. 1973, in: HAMR, AR-P/48.

13 Vortrag des Vorstandsmitglieds Sonnenholzner auf der 337. Aufsichtsratssitzung am 13. 7. 1978, in: HAMR, AR-P/57.

14 Niederschrift der 337. Aufsichtsratssitzung am 13. 7. 1978, in: ebd.

15 Referat des Vorstandsmitglieds Theissing «Der Einfluß der Lohn- und Preisentwicklung auf die Schadenleistungen» auf der 316. Aufsichtsratssitzung am 10. 7. 1970, in: HAMR, AR-P/45.

16 Geschäftsbericht 1970/71, November 1971.

17 Schreiben der MR an die Victoria, 8. 10. 1971, in: ERGO-Archiv, Bestand Victoria, Nr. A 0113–00083.

18 Die Zeit, Nr. 49/1971, 10. 12. 1971.

19 Gugerli, Kooperation, S. 279–282.

20 Niederschrift der 321. Aufsichtsratssitzung am 13. 7. 1971, in: HAMR, AR-P/47; vgl. den Geschäftsbericht der MR für 1971/72, November 1972.

21 Niederschrift der 323. Aufsichtsratssitzung am 12. 7. 1973, in: HAMR, AR-P/48.

22 Dietmar Klenke, «Freier Stau für freie Bürger». Die Geschichte der bundesdeutschen Verkehrspolitik 1949–1994, Darmstadt 1995, S. 84–94.

23 Niederschrift der 113. Aufsichtsratssitzung der Hamburg-Mannheimer am 9. 11. 1970, in: ERGO-Archiv, Bestand Hamburg-Mannheimer, Nr. A 0002–00016.

24 Niederschrift der 118., der 119. und der 125. Aufsichtsratssitzung der Hamburg-Mannheimer am 24. 11. 1972, 28. 6. 1973 und 30. 6. 1975, in: ERGO-Archiv, Bestand Hamburg-Mannheimer, Nr. A 0002–00017 und A 0002–00018.

25 Niederschrift der 121. Aufsichtsratssitzung der Hamburg-Mannheimer am 29. 4. 1974, in: ERGO-Archiv, Bestand Hamburg-Mannheimer, Nr. A 0002–00018; vgl. Versicherungswirtschaft 1974, S. 1020.

26 Niederschrift der 123. Aufsichtsratssitzung der Hamburg-Mannheimer am 28. 11. 1974, in: ebd.

27 Niederschrift der 128. Aufsichtsratssitzung der Hamburg-Mannheimer am 11. 5. 1976, in: ERGO-Archiv, Bestand Hamburg-Mannheimer, Nr. A 0002–00019.

28 Protokolle der Aufsichtsratssitzungen der NDHB, undat. (1971) und 26. 4. 1972, in: ERGO-Archiv, Bestand NDHB, Nr. D0001–00008, Bd. 2; Handelsblatt, Nr. 86/1972, 4. 5. 1972. Die Beteiligung an der NDHB hatte 1973 einen Bilanzwert von 13,0 Mio. DM.

29 Die Geschäftsergebnisse der NDHB in den Jahren 1970 und 1971 im Betriebsvergleich, in: ERGO-Archiv, Bestand NDHB, Nr. D0006–00007.

30 Protokoll der Aufsichtsratssitzung der NDHB, 27. 2. 1975, in: ERGO-Archiv, Bestand NDHB, Nr. D0001–00008, Bd. 2.

31 Prüfbericht der Bayerische Treuhand AG über den Jahresabschluss der MR für 1978/79.

32 Protokoll der Vorstandssitzung am 18. 10. 1974, in: HAMR, V-P/24.

33 Der Spiegel Nr. 29/1978.

34 Der Spiegel Nr. 24/1979, Nr. 31/1979.

35 Protokoll der Vorstandssitzung am 9. 7. 1979, in: HAMR, V-P/45.

36 Protokoll der Vorstandssitzung am 19. 11. 1979, in: HAMR, V-P/46; Protokoll der Vorstandssitzung am 7. 1. 1980, in: HAMR, V-P/47.

37 Vortrag Sonnenholzners vor dem Aufsichtsrat am 13. 7. 1978.

38 Niederschrift der Direktoren-Tischrunden am 0.6. und 20. 11. 1980, in: HAMR, SK/136; Geschäftsbericht der DDG Hansa für 1980, in: www.ddg-hansa.de (Zugriff 23. 4. 2013).

39 MR, Meerestechnik. Erdöl und Erdgas aus dem Meer. Technologie. Versicherung, München 1975, 51 S., in: Archiv NR, Nr. AR-P/55.

40 HAMR, V-P/39.

41 Protokoll der Vorstandssitzung am 1. 8. 1974, in: HAMR, V-P/24.

42 Rote Sammlung, Nr. 1294, 30. 6. 1976, Nr. 1328, Nr. 16. 2. 1977.

43 Rote Sammlung, Nr. 1347, 29. 6. 1977.

44 Münchener Rück, Naturkatastrophen in Deutschland. Schadenerfahrungen und Schadenpotentiale, München 1999.

45 Rote Sammlung, Nr. 1377, 11. 1. 1978.

46 Niederschrift der 334. Aufsichtsratssitzung am 14. 7. 1977, in: HAMR, AR-P/56.

47 Niederschrift der 337. Aufsichtsratssitzung am 13. 7. 1978, in: HAMR, AR-P/57.

Verzeichnis der Tabellen und Grafiken

Bildnachweis

Alle anderen Abbildungen stammen aus dem Historischen Archiv und dem Bildarchiv von Munich Re.

Inhabern von Rechten, die nicht ermittelt werden konnten, wird ein berechtigter Anspruch nach marktüblichem Tarif abgegolten.

Abkürzungsverzeichnis

AEG	Allgemeine Elektricitäts-Gesellschaft
AG	Aktiengesellschaft
ANC	African National Congress
ANI	American Nuclear Insurers
Anm.	Anmerkung
BAB	Bundesarchiv Berlin
BAK	Bundesarchiv Koblenz
BAV	Bundesaufsichtsamt für das Versicherungswesen
BayHStA	Bayerisches Hauptstaatsarchiv
BGBl.	Bundesgesetzblatt
Bl.	Blatt
BRD	Bundesrepublik Deutschland
BWA	Bayerisches Wirtschaftsarchiv
CDU	Christlich-Demokratische Union
CHF	Schweizer Franken
Co.	Compagnie
Contigas	Deutsche Continentale Gas-Gesellschaft AG
CSU	Christlich-Soziale Union
DAF	Deutsche Arbeitsfront
DARAG	Deutsche Auslands- und Rückversicherungs AG
D.A.S.	D.A.S. Deutscher Automobil Schutz AG
DDG	Deutsche Dampfschifffahrts-Gesellschaft
DDR	Deutsche Demokratische Republik
Diss.	Dissertation
DKV	Deutsche Kranken-Versicherungs-AG/Deutsche Krankenversicherung AG
DKVG	Deutsche Kernreaktor-Versicherungsgemeinschaft
DM	Deutsche Mark
Eds.	Editors
EDV	Elektronische Datenverarbeitung
ERV	Europäische Reiseversicherung AG
EURATOM	Europäische Atomgemeinschaft
Europäische	Europäische Güter- und Reisegepäckversicherungs AG
EWG	Europäische Wirtschaftsgemeinschaft
EWS	Europäisches Währungssystem
FAVAG	Frankfurter Allgemeine Versicherungs-AG
FDP	Freie Demokratische Partei
GAU	größter anzunehmender Unfall
GDV	Gesamtverband der Versicherungswirtschaft
Gestapo	Geheime Staatspolizei

GmbH	Gesellschaft mit beschränkter Haftung
GPP	Generali Port Polonia Vereinigte Versicherungs-Gesellschaft AG
HAMR	Historisches Archiv von Munich Re
HDI	Haftpflichtverband der Deutschen Industrie
Hg.	Herausgeber
HTO	Haupttreuhandstelle Ost
HUK	Haftpflicht, Unfall, Kasko
IATA	International Air Transport Association
IBM	International Business Machines Corporation
Kfz	Kraftfahrzeug
KG	Kommanditgesellschaft
LKW	Lastkraftwagen
MARC	Munich American Reassurance Company
MR	Münchener Rückversicherungs-Gesellschaft AG/Munich Re
MR SA	Munich Reinsurance Company of South Africa
Mrd.	Milliarde(n)
NARA	National Archives and Record Administration
NDHB	Nord-Deutsche und Hamburg-Bremer Versicherung
nom.	nominal
NS	Nationalsozialismus/nationalsozialistisch
NSDAP	Nationalsozialistische Deutsche Arbeiterpartei
ÖVAG	Österreichische Versicherungs-AG
ÖVZ	Österreichische Versicherungs-Zeitung
o. J.	ohne Jahr
OMGUS	Office of Military Government for Germany (U. S.)
OPEC	Organization of the Petroleum Exporting Countries
PKW	Personenkraftwagen
PML	Probable Maximum Loss
Reamericas	Reaseguradora de las Americas
RGBl.	Reichsgesetzblatt
RGW	Rat für gegenseitige Wirtschaftshilfe
RM	Reichsmark
S. A:	Sociedad Anonyma/Société Anonyme
SBG	Schweizerische Bankgesellschaft
SCOR	Société Commerciale de Réassurance
SPD	Sozialdemokratische Partei Deutschlands
SRCA	Swiss Re Company Archives
SS	Schutzstaffel der NSDAP
UdSSR	Union der Sozialistischen Sowjetrepubliken
US/USA	United States/United States of America
USPD	Unabhängige Sozialdemokratische Partei Deutschlands
VAG	Versicherungsaufsichtsgesetz
VAN	Verenigde Assurantjebedrijven Nederland N. V.
VEB	Volkseigener Betrieb
VIAG	Vereinigte Industrieunternehmungen AG
VW	Volkswagenwerk GmbH/AG

Quellen- und Literaturverzeichnis

Archivbestände

Archiv der ERGO Versicherungsgruppe AG, Düsseldorf/Hamburg/München
    Bestand Hamburg-Mannheimer
    Bestand Victoria
    Bestand Europäische Reiseversicherung AG (ERV)
Archiv des Instituts für Zeitgeschichte, München (IfZ-Archiv)
    Bestand OMGUS
Archiwum Akt Nowych Warszawa, Warschau (Polen)
    2386–131
Archivum Państwowe w Łodzi, Lodz (Polen)
    218–36
Archivum Państwowe w Poznaniu, Posen (Polen)
    221–31178
Bayerisches Hauptstaatsarchiv, München (BayHStA)
    Ministerium für Wirtschaft
Bayerisches Wirtschaftsarchiv, München (BWA)

F 6	Bayerische Versicherungsbank AG	
V 5	Münchener Handelsverein e. V./Börse München (BayHStA)	

Bundesarchiv Berlin (BAB)

NS 3	SS-Wirtschafts-Verwaltungshauptamt
NS 5	Deutsche Arbeitsfront
NS 6	Partei-Kanzlei der NSDAP
R 2	Reichsfinanzministerium
R 3101	Reichswirtschaftsministerium

Bundesarchiv Koblenz (BAK)

B 280	Bundesaufsichtsamt für das Versicherungswesen/Reichsaufsichtsamt für Privatversicherung
Z 45 F	OMGUS

Firmenhistorisches Archiv der Allianz, München
    NS-Bestände
    S-17.14
Historisches Archiv von Munich Re, München (HAMR)

AA	Alte Akten [Sammlung Herzog]
AR-P	Aufsichtsratsprotokolle
FIN	Finanzakten
P	Personalakten
Personalia	Personalia
NA	Nachträge Altarchiv

SK   Sammlung Knoke
V-P   Vorstandsprotokolle
VST   Verstaatlichung
Aktenverfilmung Union Rück
Rote Sammlung
National Archives and Record Administration, College Park, Maryland (NARA) (USA)
RG 260   OMGUS
Siemens Historical Institute, Siemens-Archiv, München
SAA F 207
Swiss Re Company Archives, Zürich (SRCA) (Schweiz)
Münchener Rückversicherungs-Gesellschaft
Union Rückversicherungs-Gesellschaft
Das Erdbeben von San Francisco
Revisionsbüro
Staatsarchiv München
Spruchkammerakten
Stadtarchiv München
Kommunalreferat, Bestand Jüdische Vermögen
ZA-Personen
ZA 1509

Zeitgenössische Zeitungen und Fachzeitschriften

Annalen des gesamten Versicherungswesens
Deutsche Versicherungs-Presse
Deutsche Versicherungs-Zeitung
Frankfurter Zeitung
Hansa
Montag Morgen
Münchner Neueste Nachrichten
Münchener Zeitung
Neumanns Jahrbuch der privaten und öffentlich-rechtlichen Versicherungen im
Deutschen Reich
Neumanns Zeitschrift für Versicherungswesen
Österreichische Versicherungs-Zeitung (ÖVZ)
Rückversicherungs-Rundschau
San Francisco Call
Völkischer Beobachter
Wallmann's Versicherungs-Zeitschrift
Zeitschrift für Versicherungswesen

Quellensammlungen und Gesetzesblätter

Akten der Reichskanzlei, Regierung Hitler 1933–1945, Bd. 2 (1934/35), bearb. von
Friedrich Hartmannsgruber, München 1999.
Reichsgesetzblatt (RGBl. I und II)

Geschäftsberichte

Münchener Rückversicherungs-Gesellschaft AG, Geschäftsberichte
Münchener-Rück-Gruppe, Geschäftsbericht 2004
Union Rückversicherungs-Gesellschaft Zürich, Jahresbericht 1948

Literatur

Abelshauser, Werner (Hg.): Die BASF. Eine Unternehmensgeschichte, München 2002.
Abelshauser, Werner: Deutsche Wirtschaftsgeschichte von 1945 bis zur Gegenwart, Bonn 2011.
Ackerl, Isabella: Der Phönix-Skandal, in: Ludwig Jedlicka/Rudolf Neck (Hg.): Das Juliabkommen von 1936. Vorgeschichte, Hintergründe und Folgen. Protokoll des Symposiums in Wien am 10. und 11. Juni 1976, Wien 1977, S. 241–279.
Ahrens, Ralf/Bähr, Johannes: Jürgen Ponto. Bankier und Bürger. Eine Biografie, München 2013.
Aly, Götz: Modelle für ein deutsches Europa, Ökonomie und Herrschaft im Großwirtschaftsraum, Berlin 1992.
Alzheimer, Alois: Die Entwicklung der Devisenbewirtschaftung für das Versicherungsgewerbe bis zur derzeitigen Rechtslage, München 1934.
Amburger, Erik: Deutsche in Staat, Wirtschaft und Gesellschaft Russlands. Die Familie Amburger in St. Petersburg 1770–1920, Wiesbaden 1986.
Arps, Ludwig: Auf sicheren Pfeilern. Deutsche Versicherungswirtschaft vor 1914, Göttingen 1965.
Arps, Ludwig: Wechselvolle Zeiten. 75 Jahre Allianz Versicherung 1890–1965, Stuttgart 1965.
Arps, Ludwig: Durch unruhige Zeiten. Deutsche Versicherungswirtschaft seit 1914, Teil 1: Erster Weltkrieg und Inflation, Karlsruhe 1970; Teil 2: Von den zwanziger Jahren zum Zweiten Weltkrieg, Karlsruhe 1976.
Atzpodien, Hans Christoph: Die Entwicklung der preußischen Staatsaufsicht über das private Versicherungswesen im 19. Jahrhundert, unter besonderer Berücksichtigung ihres Verhältnisses zum Wirtschaftsliberalismus. Jur. Diss. Universität Bonn 1982.
Bachmann, Willy et. al.: Quellenband zur Informationstechnik bei ERGO 1925–2000, Düsseldorf 2012.
Bähr, Johannes: Die Dresdner Bank in der Wirtschaft des Dritten Reiches (Die Dresdner Bank im Dritten Reich, Bd. 1), München 2006.
Bähr, Johannes/Banken, Ralf/Flemming, Thomas: Die MAN. Eine deutsche Industriegeschichte, München 2008.
Bähr, Johannes/Rudolph, Bernd: Finanzkrisen 1931–2008, München 2011.
Bähr, Johannes/Erker, Paul: Bosch. Geschichte eines Weltunternehmens, München 2013.
Banken, Ralf: Das nationalsozialistische Devisenrecht als Steuerungs- und Diskriminierungsinstrument 1933–1945, in: Johannes Bähr/Ralf Banken (Hg.): Wirtschaftssteuerung durch Recht im Nationalsozialismus, Frankfurt/Main 2006, S. 121–236.
Banken, Ralf: Die deutsche Goldreserven- und Devisenpolitik 1933–1939, in: Jahrbuch für Wirtschaftsgeschichte 1/2003, S. 49–78.

Barth, Boris: Der Gerling-Konzern als Familienunternehmen, in: Susanne Hilger/Ulrich S. Soénius (Hg.): Familienunternehmen im Rheinland im 19. und 20. Jahrhundert (Schriften zur rheinisch-westfälischen Wirtschaftsgeschichte, Bd. 47), Köln 2009, S. 103–118.

Barth, Boris: Möglichkeiten einer Globalgeschichte der Finanzwirtschaft, in: ders./Stefanie Gänger/Niels P. Petersson (Hg.): Globalgeschichten. Bestandsaufnahme und Perspektiven, Frankfurt am Main/New York 2014, S. 113–141.

Bauer, Kurt: Diskrete Gebarung, in: Die Presse – Spectrum, 6. 5. 2006.

Beck, Ulrich: Weltrisikogesellschaft. Auf der Suche nach der verlorenen Sicherheit, Bonn 2007.

Bein, Alex: Friedrich Hammacher. Lebensbild eines Parlamentariers und Wirtschaftsführers 1820–1904, Berlin 1934.

Bensa, Enrico: Il Contratto di Assicurazione nel Medio Evo. Studi e ricerche, Genua 1884.

Berger, Peter: Im Schatten der Diktatur. Die Finanzdiplomatie des Vertreters des Völkerbundes in Österreich, Meinoud Marinus Rost van Tonningen 1931–1936, Wien 2006.

Biensfeldt, Johannes: Freiherr Dr. Th. von Cramer-Klett, erblicher Reichsrat der Krone Bayern. Sein Leben und sein Werk. Ein Beitrag zur bayrischen Wirtschaftsgeschichte des 19. Jahrhunderts, Leipzig/Erlangen o. J. (1922).

Blaich, Fritz: Der Schwarze Freitag. Inflation und Wirtschaftskrise, 2. Aufl. München 1990.

Böhle, Ingo: Die Expansion der Volksfürsorge Lebensversicherung in den mitteleuropäischen Raum 1938–1945, in: Harald Wixforth (Hg.): Finanzinstitutionen in Mitteleuropa während des Nationalsozialismus (Geld und Kapital, Bd. 4, Jahrbuch der Gesellschaft für mitteleuropäische Banken- und Sparkassengeschichte 2000), Stuttgart 2001, S. 181–211.

Böhle, Ingo: «Der Fahne folgt der Kaufmann» – Die Private Krankenversicherung (PKV) in den «angeschlossenen» und annektierten Gebieten Mitteleuropas während der NS-Zeit, in: Alois Mosser (Hg.): Die Versicherungswirtschaft in Mitteleuropa während des Nationalsozialismus (Geld und Kapital, Bd. 6, Jahrbuch der Gesellschaft für mitteleuropäische Banken- und Sparkassengeschichte 2002), Stuttgart 2004, S. 135–170.

Borscheid, Peter: Mit Sicherheit leben. Die Geschichte der deutschen Lebensversicherungswirtschaft und der Provinzial-Lebensversicherungsanstalt Westfalen, Bd. 2, Münster 1993.

Borscheid, Peter: 100 Jahre Allianz 1890–1990, München 1990.

Borscheid, Peter: Vertrauensgewinn und Vertrauensverlust. Das Auslandsgeschäft der deutschen Versicherungswirtschaft 1870–1945, in: Vierteljahrschrift für Sozial- und Wirtschaftsgeschichte 88. Bd., H. 3 (2001), S. 311–345.

Borscheid, Peter/Feiber, Saskia: Die langwierige Rückkehr auf den Weltmarkt, in: Jahrbuch für Wirtschaftsgeschichte 2003, S. 121–152.

Borscheid, Peter: Europe: Overview, in: ders./Niels Viggo Haueter (Eds.): World Insurance, S. 37–66.

Borscheid, Peter: Latin America and Caribbean: Overview, in: Borscheid/Haueter (Eds.) World Insurance, S. 559–577.

Borscheid, Peter/Haueter, Niels Viggo (Eds.): World Insurance. The Evolution of a Global Risk Network, Oxford 2012.

Bosl, Karl (Hg.): Bayern im Umbruch. Die Revolution von 1918, ihre Voraussetzungen, ihr Verlauf und ihre Folgen, München 1969.

Botur, Andre: Privatversicherung im Dritten Reich. Zur Schadensabwicklung bei der Reichskristallnacht unter dem Einfluß nationalsozialistischer Rassen- und Versicherungspolitik, Berlin/Baden-Baden 1994.

Bourne, Peter L.: Fidel Castro, Düsseldorf 1988.

Bruner, Robert F./Carr, Sean D.: The Panic of 1907. Lessons Learned from the Market's Perfect Storm, Hoboken, N. J. 2007 (dt.: Sturm an der Börse. Die Panik von 1907, Weinheim 2009).

Büchner, Franz: Die Entstehung der Hamburger Feuerkasse und ihre Entwicklung bis zur Mitte des 19. Jahrhunderts, in: 300 Jahre Hamburger Feuerkasse, Karlsruhe 1978, S. 1–49.

Burhop, Carsten: Banken, Aufsichtsräte und Corporate Governance im Deutschen Reich (1871–1913), in: Bankhistorisches Archiv 32. Jg. (2006), S. 1–25.

Carswell, John: The South Sea Bubble, Stanford 1960.

Cava, Antonio Rafael de la: The Moncada Attack. Birth of the Cuban Revolution, Columbia 2007.

Collado Seidel, Carlos: Vom Reichswirtschaftsminister zum Gegner des NS-Regimes. Der Wirtschaftsführer Kurt Schmitt, in: Detlef Blesgen (Hg.): Financiers, Finanzen und Finanzierungsformen des Widerstands, Berlin 2006, S. 53–72.

Clark, Geoffrey Wilson: Betting on Lives: the Culture of Life Insurance in England, 1695–1775, Manchester/New York 1999.

Conze, Eckart/Frei, Norbert/Hayes, Peter/Zimmermann, Moshe: Das Amt und die Vergangenheit. Deutsche Diplomaten im Dritten Reich und in der Bundesrepublik, München 2010.

Cramer-Klett, Rosalie Freiin von: Freiherr Theodor von Cramer-Klett (1817–1884) – Unternehmer, Visionär und Wegbereiter. Diplomarbeit Universität Wien, Wien 2010.

Dodd, William E./Dodd, Martha: Diplomat auf heißem Boden, Berlin 1962.

Doehl, Carl: Das Versicherungs-Wesen des Preussischen Staates, Berlin 1865.

Drauschke, Frank: Die Versicherungswirtschaft in den böhmischen Ländern und die Entziehung jüdischer Lebensversicherungspolicen, in: Mosser (Hg.): Versicherungswirtschaft, S. 61–86.

Ebi, Michael: Export um jeden Preis. Die deutsche *Exportförderung* von 1932–1938, Stuttgart 2004.

Eggenkämper, Barbara/Modert, Gert/Pretzlik: Die staatliche Versicherung der DDR, München 2010.

Eggenkämper, Barbara/Modert, Gert/Pretzlik, Stefan: Die Allianz. Geschichte des Unternehmens, München 2015.

Ericksen, Robert P.: Complicity in the Holocaust. Churches and Universities in Nazi Germany, Cambridge 2012.

Fäßler, Peter E.: Durch den Eisernen Vorhang. Die deutsch-deutschen Wirtschaftsbeziehungen 1949–1969, Köln 2006.

Fäßler, Peter E.: Globalisierung, Köln/Weimar 2007.

Feldman, Gerald D.: The Great Disorder. Politics, Economics and Society in the German Inflation, 1914–1924, New York 1993.

Feldman, Gerald D.: Die Deutsche Bank vom Ersten Weltkrieg bis zur Weltwirtschaftskrise 1914–1933, in: Lothar Gall/Gerald D. Feldman/Harold James/Carl-Ludwig

Holtfrerich/Hans E. Büschgen: Die Deutsche Bank 1870–1995, München 1995, S. 137–314.

Feldman, Gerald D.: Die Allianz und die deutsche Versicherungswirtschaft 1933–1945, München 2001.

Feldman, Gerald D.: Competition and Collaboration among the Axis insurers: Munich Re, Generali and Riunione Adriatica, in: Christopher Kobrak/Per H. Hansen (Eds.): European Business, Dictatorship and Political Risk, 1924–1945, New York 2004, S. 41–61.

Fischer, Werner A.: Die Entwicklung der Zahlungs- und Verrechnungsabkommen in Deutschland, Berlin 1937.

Fritz, Ernst: Währungs- sowie Währungsumstellungsprobleme und Versicherungsaufsicht, in: Walter Rohrbeck, 50 Jahre materielle Versicherungsaufsicht (Schiften des Instituts für Versicherungswissenschaft an der Universität zu Köln, H. 9), Berlin 1952.

Frost, Lionel E./Jones, Eric L.: The Fire Gap and the Greater Durability of Nineteenth Century Cities, in: Planning Perspectives 4 (1989), S. 337–347.

50 Jahre Allianz 1890–1940, Berlin 1940.

50 Jahre Münchener Rück, München 1930.

Geldern, Wolfgang von: Wilhelm Oechelhäuser als Unternehmer, Wirtschaftspolitiker, Sozialpolitiker und Kulturpolitiker, Diss. phil. Technische Universität Hannover 1971.

Gerathewohl, Klaus: Rückversicherung. Grundlagen und Praxis, 2 Bde., Karlsruhe 1979.

Geyer, Martin H.: Verkehrte Welt. Revolution, Inflation und Moderne 1914–1924, München 1998.

Glazer, Susan Dora: Business as usual? Triestine companies, the Italian insurance industry, and the «Jewish question» during World War II, PhD. Brandeis University, Waltham/Mass. 2009.

Gömmel, Rainer: Der Aufstieg zum führenden bayerischen Finanzplatz (1860er Jahre bis 1914), in: Hans Pohl (Hg.): Geschichte des Finanzplatzes München, München 2007, S. 91–140.

Grieshaber, Hans: 20 Jahre Weltreisen, Zürich 1943.

Gugerli, David: Kooperation und Konkurrenz. Organisation und Risiken der Rückversicherungsbranche 1860–2010, in: James (Hg.): Swiss Re, S. 213–326.

Guggenbühl, Paul: Schweizerische Rückversicherungs-Gesellschaft 1863–1938, Ms. Zürich 1939.

Gumbel, Emil Julius: Vier Jahre politischer Mord, Berlin 1922.

Habe, Hans: Ich stelle mich, Wien/München 1954.

Habicht, Hermann: 50 Jahre Hermes Kreditversicherungs-Aktiengesellschaft – Ein Beitrag zur Geschichte der Kreditversicherung in Deutschland, Hamburg 1967.

Hachtmann, Rüdiger: Das Wirtschaftsimperium der Deutschen Arbeitsfront 1933–1945, Göttingen 2012.

Hahn, Kerstin: Die Kapitalanlage von Versicherungsunternehmen nach dem VAG unter besonderer Berücksichtigung der Asset-Backed-Securities, Karlsruhe 2005.

Hartenstein, Hans: Devisennotrecht. Kommentar, Berlin 1935.

Hassell, Ulrich von: Vom anderen Deutschland. Aus den nachgelassenen Tagebüchern von 1938–1944, Zürich/Freiburg 1946.

Heinen, Armin: Rumänien, der Holocaust und die Logik der Gewalt, München 2007.

Henkels, Walter: Adenauers gesammelte Bosheiten, Düsseldorf 1983.

Hensel, Rudolf: 50 Jahre Allianz 1890–1940, Berlin 1940.

Herzog, Martin: Was Dokumente erzählen können – Zur Geschichte der Münchener Rück. Unveröffentlichtes Typoskript, überarb. von Gerd Hoffmann, München 2005 (Original: München 1974–1992).

Hockerts, Hans Günter: Sozialpolitische Weichenstellungen im Nachkriegsdeutschland, Stuttgart 1980.

Hoffmann, Bernhard: Wilhelm von Finck 1848–1924. Lebensbild eines deutschen Bankiers, München 1953.

Holocaust Claims Processing Office/New York State Department of Financial Services: The Insurance Industry and the Economies of Central and Eastern Europe, 1918–1945, October 2011, URL: http://www.dfs.ny.gov/consumer/holocaust/hcpor111031.pdf

Holtfrerich, Carl-Ludwig: Die deutsche Inflation 1914–1923. Ursachen und Folgen in internationaler Sicht, Berlin/New York 1980.

Hollitscher, Carl Heinrich von: Internationale Rückversicherung, Berlin 1931.

100 Jahre Kölnische Rückversicherungs-Gesellschaft, Köln o.J. (1952).

100 Jahre Münchener Rück 1880–1980 (Anlage zu: Münchener Rückversicherungs-Gesellschaft AG, Geschäftsbericht 1978/79), München 1979.

Jähnicke, Burkhardt: Die Bemühungen privater Interessenvertreter um die Freigabe deutschen Vermögens in den USA nach dem Ersten und Zweiten Weltkrieg, in: Michael Wala (Hg.): Gesellschaft und Diplomatie im transatlantischen Kontext. Festschrift für Reinhardt R. Dörries zum 65. Geburtstag (USA-Studien, Bd. 11), Stuttgart 1999, S. 345–354.

James, Harold: Die Deutsche Bank im Dritten Reich, München 2003.

James, Harold (Hg.): Swiss Re und die Welt der Risikomärkte. Eine Geschichte, München 2014.

James, Robert A.: Six Bits or Bust: Insurance Litigation over the 1906 San Francisco Earth Quake and Fire, in: Western Legal History, Vol. 24, No. 2 (2011), S. 12–34.

Jannott, Horst K.: Einfluß der Währungsprobleme auf die Rückversicherung, in: Festschrift für Heinz Gehrhardt, Karlsruhe 1975.

Jannott, Horst K.: Einige aktuelle Kernfragen der Assekuranz aus der Sicht eines Rückversicherers, in: Versicherungswirtschaft 34 (1979), S. 283–286.

Janssen, Hauke: Nationalökonomie im Nationalsozialismus, Marburg 1998.

Karlen, Stefan/Chocomeli, Lucas/D'haemer, Kristin/Laube, Stefan/Schmid, Daniel C.: Schweizerische Versicherungsgesellschaften im Machtbereich des «Dritten Reichs» (Veröffentlichungen der Unabhängigen Expertenkommission Schweiz – Zweiter Weltkrieg, Bd. 12), 2 Bde., Zürich 2002.

Kindleberger, Charles P./Aliber, Robert Z.: Manias, Panics, and Crashes. A History of Financial Crises, 6th ed., New York 2011.

Kindleberger: Charles P.: Die Weltwirtschaftskrise 1929–1939, 3. Aufl., München 1984.

Kißkalt, Wilhelm: Die Vollstreckbarkeit kalifornischer Urteile in Deutschland, in: Leipziger Zeitschrift für Handels-, Konkurs- und Versicherungsrecht 1. Jg., Nr. 10, 1.10.1907, Sp. 689–702.

Kißkalt, Wilhelm: Die Verstaatlichung der Privatversicherung, München 1919.

Kißkalt, Wilhelm: Erinnerungen an die Münchener Rück, Ms. Garmisch-Partenkirchen 1953.

Klenke, Dietmar: «Freier Stau für freie Bürger». Die Geschichte der bundesdeutschen Verkehrspolitik 1949–1994, Darmstadt 1995.

Kluge, Harold: Der Einfluss des Geschäfts der «Allianz» auf die Entwicklung der «Münchener Rückversicherungs-Gesellschaft» in deren ersten fünfzig Jahren (1880–1930), in: Jahrbuch für Wirtschaftsgeschichte 2006/2, S. 217–246.

Knochenhauer, Wolfgang: Die für Versicherungsverträge geltenden Devisenvorschriften, Berlin 1935.

Kobrak, Christopher: USA: The international Attraction of the US Insurance Market, in: Borscheid/Haueter (Eds.): World Insurance, S. 274–308.

Koch, Peter: Geschichte der Versicherungswirtschaft in Deutschland, Karlsruhe 2012.

Köhler, Ingo: Die «Arisierung» der Privatbanken im «Dritten Reich», München 2005.

Kölmel, Thorsten C.: Das Auslandsgeschäft deutscher Versicherungsunternehmen in den USA, Frankfurt am Main 2000.

Kößler, Nils: Die Versicherungsaufsicht über Rückversicherungsunternehmen. Vom Reichsgesetz von 1901 bis zur Richtlinie über die Rückversicherung, Hamburg 2008.

Kopf, Edwin W.: Notes on the Origin and Development of Reinsurance, in: Proceedings of the Casualty Actuarial Society (Casualty Actuarial Society) XVI (1929), S. 22–91.

Kopper, Christopher: Hjalmar Schacht. Aufstieg und Fall von Hitlers mächtigstem Bankier, München/Wien 2006.

Kroyer, Silvia: Deutsche Vermögen in Argentinien 1945–1965. Ein Beitrag über deutsche Direktinvestitionen im Ausland, Frankfurt am Main 2005.

Kurzthaler, Siegmund: Hotel Pension und Bad im Schlosse Weißenstein Windischmatrei in Tirol, in: Osttiroler Heimatblätter 69. Jg. (2001), Nr. 6, o.S.

Lembke, Hans H.: Phönix, Wiener und Berliner. Der Sturz eines europäischen Versicherungskonzerns, i.V.

Lutter, Marcus: Der Aufsichtsrat im Wandel der Zeit – von seinen Anfängen bis heute, in: Walter Bayer/Mathias Habersack (Hg.): Aktienrecht im Wandel, Bd. II: Grundfragen des Aktienrechts, Tübingen 2007, S. 389–429.

Manes, Alfred (Hg.): Versicherungs-Lexikon, Berlin 1930.

Martin, Frederick: The History of Lloyd's and of Marine Insurance in Great Britain, Clark N. J. 2004.

Martel, Yolanda Blasco/Rabetino, Rodrigo: Argentina: The Changing Fortunes of the Argentinian Insurance Market, in: Borscheid/Haueter (Eds.): World Insurance, S. 620–644.

Marvan, Miroslav/Mosser, Alois: Die Neuordnung der versicherungswirtschaftlichen Beziehungen, in: Alice Teichova/Herbert Mathis (Hg.): Österreich und die Tschechoslowakei 1918–1938. Die wirtschaftliche Neuordnung in Zentraleuropa in der Zwischenkriegszeit (Studien zur Wirtschaftsgeschichte und Wirtschaftspolitik, Bd. 4), Wien/Köln 1996, S. 211–233.

Matic, Igor-Philip: Edmund Veesenmayer. Agent und Diplomat der nationalsozialistischen Expansionspolitik, München 2002.

Matthews, Herbert L.: Revolution in Cuba, New York 1975.

Mauelshagen, Franz: Sharing the Risk of Hail: Insurance, Reinsurance and the Variability of Hailstorms, in Switzerland, 1880–1932, in: Environment and History 17 (2011), S. 171–191.

Menke, Beate: Die Riemerschmid-Innenausstattung des Hauses Thieme Georgenstraße 7 (Schriften aus dem Institut für Kunstgeschichte der Universität München, Bd. 37), München 1990.

Merki, Christoph Maria: Der holprige Siegeszug des Automobils 1895–1930. Zur Motorisierung des Straßenverkehrs in Deutschland, Frankreich und der Schweiz, Wien/ Köln 2002.

Meuschel, Walther: Geschichte der Münchener Rück. 1. Teil. Erweiterte Niederschrift eines Referats gehalten am 21. 5. 1963, Ms. München 1963.

– Aus der Geschichte der Münchener Rück, 2. Teil. Überarbeitete und ergänzte Niederschrift eines Referates, gehalten am 31. 10. 1963, Ms. München 1963.

Meuschel, Walther: So kam es. Eine Rückschau auf mein Leben, Ms. Garmisch-Partenkirchen 1977.

Meyers Konversationslexikon, 4. Aufl., Bd. 19, Jahressupplement 1891–1892.

Middendorf, Stefanie/Priemel, Kim Christian: Jenseits des Primats. Kontinuitäten der nationalsozialistischen Finanz- und Wirtschaftspolitik, in: Birthe Kundrus/Sybille Steinbacher (Hg.): Kontinuitäten und Diskontinuitäten. Der Nationalsozialismus in der Geschichte des 20. Jahrhunderts, Göttingen 2014, S. 94–120.

Mitchell, Allan: Revolution in Bayern 1918/1919. Die Eisner-Regierung und die Räterepublik, 2. Aufl., München 1982.

Modert, Gerd: 1929: Der Zusammenbruch der Favag und die Hintergründe eines Skandals, in: Barbara Eggenkämper/Gerd Modert/Stefan Pretzlik: Die Frankfurter Versicherungs-AG 1865–2004, München 2004, S. 11–39.

Mosser, Alois (Hg.): Die Versicherungswirtschaft in Mitteleuropa während des Nationalsozialismus (Geld und Kapital, Bd. 6, Jahrbuch der Gesellschaft für mitteleuropäische Banken- und Sparkassengeschichte 2002), Stuttgart 2004.

Mossner, Bernd: Die Entwicklung der Rückversicherung bis zur Gründung selbständiger Rückversicherungsgesellschaften, Berlin 1959.

Münchener Rückversicherungs-Gesellschaft AG: Naturkatastrophen in Deutschland. Schadenserfahrungen und Schadenpotentiale, München 1999.

Müssener, Alexander: Die Entwicklung der Aachener Feuer-Versicherungs-Gesellschaft im 19. Jahrhundert unter besonderer Berücksichtigung ihrer Allgemeinen Versicherungsbedingungen, Hamburg 2008.

Mutzenbecher, Geert-Ulrich: Die Versicherer. Geschichte einer Hamburger Kaufmannsfamilie, Hamburg 1993.

Nerdinger, Winfried: Richard Riemerschmid. Vom Jugendstil zum Werkbund. Werke und Dokumente, München 1982.

Odell, Kerry A./Weidenmeir, Marc D.: Real Shock, Monetary Aftershocks: The San Francisco Earthquake and the Panic of 1907, National Bureau of Economic Research, Working Paper 9176, Cambridge/Mass. 2002.

Oechelhäuser, Wilhelm: Die sozialen Aufgaben der Arbeitgeber, Berlin 1887.

OMGUS: Ermittlungen gegen die Dresdner Bank, bearb. von der Hamburger Stiftung für Sozialgeschichte des 20. Jahrhunderts, Nördlingen 1986.

Paiva Abreau, Marcelo de/Fernandes, Felipe Tamega: Brazil: The Resilience of the Brazilian Insurance Market, in: Borscheid/Haueter (Eds.): World Insurance, S. 578–598.

Pearson, Robin: The Birth Pains of a Global Reinsurer: Swiss Re of Zürich, 1864–79, in: Financial History Review, Vol. 8, Part 1 (April 2001), S. 27–47.

Pearson, Robin: Insuring the Industrial Revolution: Fire Insurance in Great Britain, 1700–1850, Aldershot 2004.

Pohl, Hans: Zur Geschichte von Organisation und Leitung deutscher Großunternehmen seit dem 19. Jahrhundert, in: Zeitschrift für Unternehmensgeschichte 26. Jg. (1981), S. 143–178.

Pohl, Hans: Historische Skizzen zur Bankassekuranz, Stuttgart 2011.

Priemel, Kim Christian: Flick. Eine Konzerngeschichte vom Kaiserreich bis zur Bundesrepublik, Göttingen 2007.

Rath, Klaus Wilhelm: Konkurrenzsystem, Organisationsform und Wirtschaftlichkeit im Versicherungswesen, Leipzig 1942.

Ritschl, Albrecht O.: Deutschlands Krise und Konjunktur 1924–1934. Binnenkonjunktur, Auslandsverschuldung und Reparationsproblem zwischen Dawes-Plan und Transfersperre, Berlin 2002

Röder, Tilmann J.: Rechtsbildung im wirtschaftlichen Weltverkehr. Das Erdbeben von San Francisco und die internationale Standardisierung von Vertragsbedingungen (1871–1914), Frankfurt am Main 2008.

Röder, Tilmann J.: Katastrophe als Katalysator. Der Untergang von San Francisco als Impuls für die Entwicklung einer Weltgesellschaft, in: René Unkelbach/Tobias Werron/Stefan Nacke (Hg.): Weltereignisse. Theoretische und empirische Perspektiven, Wiesbaden 2008, S. 203–226.

Rohland, Eleonora: Sharing the Risk: Fire, Climate and Disaster. Swiss Re, 1864–1906, Lancaster 2011.

Rohrbach, Wolfgang: Vor 40 Jahren. Die Tragödie der Lebensversicheurngsanstalt Phönix, Wien 1976.

Rombeck-Jaschinski, Ursula: Das Londoner Schuldenabkommen, München 2005.

Roth, Karl Heinz: Intelligenz und Sozialpolitik im «Dritten Reich». Eine methodisch-historische Studie am Beispiel des Arbeitswissenschaftlichen Instituts der Deutschen Arbeitsfront, München 1993.

Rücker-Embden, Oskar: Die vertrauensärztliche Untersuchung mit besonderer Berücksichtigung der erhöhten Risiken, München 1928.

Sack, Werner: Die deutsche Rückversicherung in der Entwicklung (Veröffentlichungen des Instituts für Versicherungswirtschaft an der Universität Leipzig, Heft 6), Leipzig 1941.

Sandkühler, Thomas: Europa und der Nationalsozialismus. Ideologie, Währungspolitik, Massengewalt, in: Zeithistorische Forschungen/Studies in Contemporary History, Online-Ausgabe, 9 (2012), H. 3, http://www. zeithistorische-forschungen.de/3-2012/id=4673.

Sattler, Friederike: Ernst Matthiensen 1900–1980. Ein deutscher Bankier im 20. Jahrhundert, Dresden 2009.

Schacht, Hjalmar: Notwendigkeiten der deutschen Außenwirtschaft, Berlin 1934.

Schneider, Jürgen/Schwarzer, Oskar/Zellfelder, Friedrich (Hg.): Währungen der Welt I: Europäische und nordamerikanische Devisenkurse 1777–1914, Teilbd. 3, Stuttgart 1991.

Schubert, Werner (Hg.): Akademie für Deutsches Recht 1933–1945. Ausschuss für Aktienrecht, München 1986.

Schug, Alexander: Der Versicherungsgedanke und seine historischen Grundlagen, Göttingen 2011.

Schütte, Ehrenfried: Das Versicherungswesen der Sowjetunion, Berlin 1966.

Schug, Albert: Der Versicherungsgedanke und seine historischen Grundlagen (Beiträge zu Grundfragen des Rechts, 6), Göttingen 2011.

Sigmund, Karl: Versichern beruhigt: Tauber, Helly und die Wiener Phönix, in: Friedrich Stadler (Hg.): Österreichs Umgang mit dem Nationalsozialismus. Die Folgen für die naturwissenschaftliche und humanistische Lehre, Wien/New York 2004, S. 111–125.

Spindler, Gerald: Recht und Konzern. Interdependenzen der Rechts- und Unternehmensentwicklung in Deutschland und den USA zwischen 1870 und 1933 (Beiträge zur Rechtsgeschichte des 20. Jahrhunderts, 9), Tübingen 1993.

Spree, Reinhard: Eine bürgerliche Karriere im deutschen Kaiserreich. Der Aufstieg des Advokaten Dr. jur. Hermann Ritter von Pemsel in Wirtschaftselite und Adel Bayerns, unter Mitarbeit von Irmgard Robertson, geb. Pemsel, Aachen 2007.

Spree, Reinhard: Two Chapters on early history of the Munich Reinsurance Company: The Foundation/The San Francisco Earthquake (Munich Discussion Paper No. 2010–11, Department of Economics, University of Munich), München 2010.

Stellwag, Richard: Gisela: Ursprung und Wandel eines Versicherungsunternehmens, aufgezeichnet nach Akten, Urkunden, Archivunterlagen, Zeitungen, Zeitschriften, mündlichen Berichten und Persönlichen Erlebnissen, Bd. 1: 1869–1948, München 1966.

Stiefel, Dieter: Die österreichischen Lebensversicherungen und die NS-Zeit. Wirtschaftliche Entwicklung, Politischer Einfluß, Jüdische Polizzen, Wien/Köln 2001.

Straumann, Tobias: Der unsichtbare Riese: Die Geschichte von Swiss Re 1863–2013, in: James (Hg.), Swiss Re, S. 327–465.

Stürmer, Michael/Teichmann, Gabriele/Treue, Wilhelm: Wägen und Wagen. Sal. Oppenheim jr. & Cie. Geschichte einer Bank und einer Familie, 3. überarb. u. erw. Aufl., München 1989.

Suminski, Arno: Versicherung unterm Hakenkreuz, Berlin 1999.

Szabo, Aniko: Vertreibung, Rückkehr, Wiedergutmachung. Göttinger Hochschullehrer im Schatten des Nationalsozialismus, Göttingen 2000.

Tennstedt, Florian: Die Ablösung privater Haftpflicht durch öffentlich-rechtliche Pflichtversicherung gegen Unfälle: die Folgen für die private Unfallversicherung – ein historischer Rückblick aus aktuellem Anlass, in: Andreas Hänlein/Alexander Roßnagel (Hg.): Wirtschaftsverfassung in Deutschland und Europa. Festschrift für Bernhard Nagel, Kassel 2007, S. 483–494.

Tennstedt, Florian/Winter, Heidi: Der Staat hat wenig Liebe. Die Anfänge des Sozialstaats im deutschen Reich. Ergebnisse archivalischer Forschungen zur Entstehung der gesetzlichen Unfallversicherung, in: Zeitschrift für Soziale Reform 39. Jg. (1993), S. 362–392.

Thuringia. 100 Jahre einer deutschen Versicherungsgesellschaft 1853–1953, München 1953.

Tigges, Michael: Geschichte und Entwicklung der Versicherungsaufsicht, Karlsruhe 1985.

Tooze, Adam: Ökonomie der Zerstörung. Die Geschichte der Wirtschaft im Nationalsozialismus, München 2007.

Torp, Cornelius: Die Herausforderung der Globalisierung. Wirtschaft und Politik in Deutschland 1860–1914, Göttingen 2005.

Trebilcock, Clive: Phoenix Assurance and the Development of British Insurance, Vol. II: The Era of Industrial Giants, 1870–1984, Cambridge 1998.

Turner, Henry A.: Die Großunternehmer und der Aufstieg Hitlers, Berlin 1985.

Unabhängige Expertenkommission Schweiz – Zweiter Weltkrieg: Die Schweiz, der Nationalsozialismus und der Zweite Weltkrieg. Schlussbericht, Zürich 2002.

Unger, Corinna: Rourkela, ein «Stahlwerk im Dschungel». Industrialisierung, Modernisierung und Entwicklungshilfe im Kontext von Dekolonisation und Kaltem Krieg (1950–1970), in: Archiv für Sozialgeschichte 48 (2008), S. 367–388.

Unterberger, Siegfried/Billeter, Felix/Strimmer, Ute (Hg.): Die Scholle. Eine Künstlergruppe zwischen Sezession und Blauer Reiter, München 2007.

Wältermann, Philip: Unternehmenserfolg in der Versicherungswirtschaft. Langfristige Erfolgsfaktoren in der Assekuranz, Berlin 2008.

Wagenführ, Horst: Kriegswirtschaft und Versicherung, Leipzig 1939.

Walter, Uli: Der Umbau der Münchner Altstadt (1871–1914), E-Publikation, München 2013.

Wehner, Christoph Julian: Grenzen der Versicherbarkeit – Grenzen der Risikogesellschaft, in: Archiv für Sozialgeschichte 52 (2012), S. 581–605.

Werner, Stephan: Rückversicherung in der Weltwirtschaftskrise. Performanceanalyse professioneller Rückversicherungsunternehmen in der Schaden- und Unfallversicherung 1924–1935, Magisterarbeit Ludwig-Maximilians-Universität München, Ms. München 2010.

Wielenga, Friso: Die Niederlande. Politik und politische Kultur im 20. Jahrhundert, Münster/W. 2008.

Wilkins, Mira: The History of Foreign Investment in the United States to 1914, Cambridge/Mass. 2004.

Wilkins, Mira: Multinational Enterprise in Insurance. An historical Overview, in: Business History Vol. 51, No. 3 (May 2009), S. 334–363.

Winchester, Simon: A Crack in the Edge of the World. America and the Great California Earthquake of 1906, New York 2005.

Zaduck, Otto: Wie und warum mir meine Existenz vernichtet wurde. Ein wahrer Roman über Intrigen und Machinationen in den Arbeitssälen der Münchener Rückversicherungs-Gesellschaft mit vernichtenden Enthüllungen über das Geschäftsgebahren der Verwaltung dieses Konzernunternehmens auf grosskapitalistischer u. privatmonopolistischer Grundlage. Populäre und öffentliche Schilderung der Erlebnisse u. Erfahrungen des ehemaligen langjährigen Beamten der Münchener Rückversicherungs-Gesellschaft Otto Zaduck, Erstes Buch, München 1919.

Zwierlein, Cornel: Der gezähmte Prometheus: Feuer und Sicherheit zwischen Früher Neuzeit und Moderne, Göttingen 2011.

Internetquellen

http://www.bundesbank.de/Redaktion/DE/Standardartikel/Statistiken/kaufkraftvergleiche_historischer_geldbetraege.html

http://cdnc.ucr.edu/cgi-bin/cdnc?a=d&d=SFC19060824.2.109

https://casetext.com/case/galdi-v-jones

http://www.eti-group.biz/eti/g_article/7043

http://www.deutsche-revolution.de/lexikoneintrag-439.html

http://db.dodis.ch/document/24760.

http://firemansfundtimeline.com/year=1906&story=SanFranciscoEarthquake

http://www.iii.org/fact-statistic/earthquakes-and-tsunamis.

http://law.justia.com/cases/federal/appellate-courts/F2/6/742/1551460

http://www.lagis-hessen.de/pnd/117511188

http://www.lloyds.com/lloyds/about-us/history/catastrophes-and-claims/san-francisco-1906-earthquake

http://www.munichre.com/en/corporate/history/re-view_a_magazine/magazine_04.aspx

Personenregister

Unternehmensregister